国家卫生健康委员会“十三五”规划教材
全　国　高　等　学　校　教　材
供基础、临床、预防、口腔医学类专业用

U0591690

急诊与灾难医学

Emergency and Disaster Medicine

第3版

主　编　沈　洪　刘中民
副主编　周荣斌　于凯江　何　庆

人民卫生出版社
People's Medical Publishing House

图书在版编目(CIP)数据

急诊与灾难医学 / 沈洪，刘中民主编. —3 版. —北京：人民卫生出版社，2018
全国高等学校五年制本科临床医学专业第九轮规划教材
ISBN 978-7-117-26643-7

Ⅰ. ①急… Ⅱ. ①沈… ②刘… Ⅲ. ①急救医学—高等学校—教材②灾害学—医学—高等学校—教材 Ⅳ. ①R459.7 ②R129

中国版本图书馆 CIP 数据核字（2018）第 191478 号

人卫智网	www.ipmph.com	医学教育、学术、考试、健康，购书智慧智能综合服务平台
人卫官网	www.pmph.com	人卫官方资讯发布平台

版权所有，侵权必究！

急诊与灾难医学

第 3 版

主　　编：沈　洪　刘中民
出版发行：人民卫生出版社（中继线 010-59780011）
地　　址：北京市朝阳区潘家园南里 19 号
邮　　编：100021
E - mail：pmph @ pmph.com
购书热线：010-59787592　010-59787584　010-65264830
印　　刷：人卫印务（北京）有限公司
经　　销：新华书店
开　　本：850 × 1168　1/16　　印张：22　　插页：9
字　　数：651 千字
版　　次：2008 年 1 月第 1 版　　2018 年 9 月第 3 版
2019 年 4 月第 3 版第 2 次印刷（总第 27 次印刷）
标准书号：ISBN 978-7-117-26643-7
定　　价：56.00 元
打击盗版举报电话：010-59787491　E-mail：WQ @ pmph.com
（凡属印装质量问题请与本社市场营销中心联系退换）

编　者

以姓氏笔画为序

于凯江（哈尔滨医科大学）
刘中民（同济大学附属东方医院）
孙海晨（南京大学医学院）
李树生（华中科技大学同济医学院）
何　庆（西南交通大学医学院）
沈　洪（解放军医学院）
张进祥（华中科技大学同济医学院）
张连阳（陆军军医大学第三附属医院）
陈玉国（山东大学齐鲁医院）
陈雁西（同济大学医学院）
周荣斌（中国人民解放军陆军总医院）
周满红（遵义医科大学）
路晓光（大连大学附属中山医院）
魏　捷（武汉大学医学部）

编写秘书

冯丽洁（解放军医学院）

融合教材阅读使用说明

融合教材介绍：本套教材以融合教材形式出版，即融合纸书内容与数字服务的教材，每本教材均配有特色的数字内容，读者阅读纸书的同时可以通过扫描书中二维码阅读线上数字内容。

《急诊与灾难医学》(第 3 版) 融合教材配有以下数字资源：

教学课件　案例分析　知识链接　图片　动画　视频　自测试卷　英文名词读音

❶ 扫描教材封底圆形图标中的二维码，打开激活平台。

❷ 注册或使用已有人卫账号登录，输入刮开的激活码。

❸ 下载“人卫图书增值”APP，也可登录 zengzhi.ipmph.com 浏览。

❹ 使用 APP “扫码”功能，扫描教材中二维码可快速查看数字内容。

配套教材(共计 56 种)

全套教材书目

全套教材书目

读者信息反馈方式

欢迎登录“人卫 e 教”平台官网“medu.ipmph.com”，在首页注册登录后，即可通过输入书名、书号或主编姓名等关键字，查询我社已出版教材，并可对该教材进行读者反馈、图书纠错、撰写书评以及分享资源等。

序　言

党的十九大报告明确提出，实施健康中国战略。没有合格医疗人才，就没有全民健康。推进健康中国建设要把培养好医药卫生人才作为重要基础工程。我们必须以习近平新时代中国特色社会主义思想为指引，按照十九大报告要求，把教育事业放在优先发展的位置，加快实现教育现代化，办好人民满意的医学教育，培养大批优秀的医药卫生人才。

着眼于面向 2030 年医学教育改革与健康中国建设，2017 年 7 月，教育部、国家卫生和计划生育委员会、国家中医药管理局联合召开了全国医学教育改革发展工作会议。之后，国务院办公厅颁布了《国务院办公厅关于深化医教协同进一步推进医学教育改革与发展的意见》（国办发〔2017〕63 号）。这次改革聚焦健康中国战略，突出问题导向，系统谋划发展，医教协同推进，以“服务需求、提高质量”为核心，确定了“两更加、一基本”的改革目标，即：到 2030 年，具有中国特色的标准化、规范化医学人才培养体系更加健全，医学教育改革与发展的政策环境更加完善，医学人才队伍基本满足健康中国建设需要，绘就了今后一个时期医学教育改革发展的宏伟蓝图，作出了具有全局性、战略性、引领性的重大改革部署。

教材是学校教育教学的基本依据，是解决培养什么样的人、如何培养人以及为谁培养人这一根本问题的重要载体，直接关系到党的教育方针的有效落实和教育目标的全面实现。要培养高素质的优秀医药卫生人才，必须出版高质量、高水平的优秀精品教材。一直以来，教育部高度重视医学教材编制工作，要求以教材建设为抓手，大力推动医学课程和教学方法改革。

改革开放四十年来，具有中国特色的全国高等学校五年制本科临床医学专业规划教材经历了九轮传承、创新和发展。在教育部、国家卫生和计划生育委员会的共同推动下，以裘法祖、吴阶平、吴孟超、陈灏珠等院士为代表的我国几代著名院士、专家、医学家、教育家，以高度的责任感和敬业精神参与了本套教材的创建和每一轮教材的修订工作。教材从无到有、从少到多、从多到精，不断丰富、完善与创新，逐步形成了课程门类齐全、学科系统优化、内容衔接合理、结构体系科学的立体化优秀精品教材格局，创建了中国特色医学教育教材建设模式，推动了我国高等医学本科教育的改革和发展，走出了一条适合中国医学教育和卫生健康事业发展实际的中国特色医药学教材建设发展道路。

在深化医教协同、进一步推进医学教育改革与发展的时代要求与背景下，我们启动了第九轮全国高等学校五年制本科临床医学专业规划教材的修订工作。教材修订过程中，坚持以习近平新时代中国特色社会主义思想为指引，贯彻党的十九大精神，落实“优先发展教育事业”“实施健康中国战略”及“落实立德树人根本任务，发展素质教育”的战略部署要求，更加突出医德教育与人文素质教育，将医德教育贯穿于医学教育全过程，同时强调“多临床、早临床、反复临床”的理念，强化临床实践教学，着力培养医德高尚、医术精湛的临床医生。

我们高兴地看到，这套教材在编写宗旨上，不忘医学教育人才培养的初心，坚持质量第一、立德树人；在编写内容上，牢牢把握医学教育改革发展新形势和新要求，坚持与时俱进、力求创新；在编写形式上，聚力“互联网 +”医学教育的数字化创新发展，充分运用 AR、VR、人工智能等新技术，在传统纸质教材的基础上融合实操性更强的数字内容，推动传统课堂教学迈向数字教学与移动学习的新时代。为进一步加强医学生临床实践能力培养，整套教材还配有相应的实践指导教材，内容丰富，图文并茂，具有较强的科学性和实践指导价值。

我们希望，这套教材的修订出版，能够进一步启发和指导高校不断深化医学教育改革，推进医教协同，为培养高质量医学人才、服务人民群众健康乃至推动健康中国建设作出积极贡献。

林蕙青

2018 年 2 月

全国高等学校五年制本科临床医学专业
第九轮　规划教材修订说明

全国高等学校五年制本科临床医学专业国家卫生健康委员会规划教材自 1978 年第一轮出版至今已有 40 年的历史。几十年来，在教育部、国家卫生健康委员会的领导和支持下，以裘法祖、吴阶平、吴孟超、陈灏珠等院士为代表的我国几代德高望重、有丰富的临床和教学经验、有高度责任感和敬业精神的国内外著名院士、专家、医学家、教育家参与了本套教材的创建和每一轮教材的修订工作，使我国的五年制本科临床医学教材从无到有，从少到多，从多到精，不断丰富、完善与创新，形成了课程门类齐全、学科系统优化、内容衔接合理、结构体系科学的由规划教材、配套教材、网络增值服务、数字出版等组成的立体化教材格局。这套教材为我国千百万医学生的培养和成才提供了根本保障，为我国培养了一代又一代高水平、高素质的合格医学人才，为推动我国医疗卫生事业的改革和发展做出了历史性巨大贡献，并通过教材的创新建设和高质量发展，推动了我国高等医学本科教育的改革和发展，促进了我国医药学相关学科或领域的教材建设和教育发展，走出了一条适合中国医药学教育和卫生事业发展实际的具有中国特色医药学教材建设和发展的道路，创建了中国特色医药学教育教材建设模式。老一辈医学教育家和科学家们亲切地称这套教材是中国医学教育的“干细胞”教材。

本套第九轮教材修订启动之时，正是我国进一步深化医教协同之际，更是我国医疗卫生体制改革和医学教育改革全方位深入推进之时。在全国医学教育改革发展工作会议上，李克强总理亲自批示“人才是卫生与健康事业的第一资源，医教协同推进医学教育改革发展，对于加强医学人才队伍建设、更好保障人民群众健康具有重要意义”，并着重强调，要办好人民满意的医学教育，加大改革创新力度，奋力推动建设健康中国。

教材建设是事关未来的战略工程、基础工程，教材体现国家意志。人民卫生出版社紧紧抓住医学教育综合改革的历史发展机遇期，以全国高等学校五年制本科临床医学专业第九轮规划教材全面启动为契机，以规划教材创新建设，全面推进国家级规划教材建设工作，服务于医改和教改。第九轮教材的修订原则，是积极贯彻落实国务院办公厅关于深化医教协同、进一步推进医学教育改革与发展的意见，努力优化人才培养结构，坚持以需求为导向，构建发展以“5+3”模式为主体的临床医学人才培养体系；强化临床实践教学，切实落实好“早临床、多临床、反复临床”的要求，提高医学生的临床实践能力。

在全国医学教育综合改革精神鼓舞下和老一辈医学家奉献精神的感召下，全国一大批临床教学、科研、医疗第一线的中青年专家、学者、教授继承和发扬了老一辈的优秀传统，以严谨治学的科学态度和无私奉献的敬业精神，积极参与第九轮教材的修订和建设工作，紧密结合五年制临床医学专业培养目标、高等医学教育教学改革的需要和医药卫生行业人才的需求，借鉴国内外医学教育教学的经验和成果，不断创新编写思路和编写模式，不断完善表达形式和内容，不断提升编写水平和质量，已逐渐将每一部教材打造成了学科精品教材，使第九轮全套教材更加成熟、完善和科学，从而构建了适合以“5+3”为主体的医学教育综合改革需要、满足卓越临床医师培养需求的教材体系和优化、系统、科学、经典的五年制本科临床医学专业课程体系。

其修订和编写特点如下：

1．教材编写修订工作是在国家卫生健康委员会、教育部的领导和支持下，由全国高等医药教材建设研究学组规划，临床医学专业教材评审委员会审定，院士专家把关，全国各医学院校知名专家教授编写，人民卫生出版社高质量出版。

2．教材编写修订工作是根据教育部培养目标、国家卫生健康委员会行业要求、社会用人需求，在全国进行科学调研的基础上，借鉴国内外医学人才培养模式和教材建设经验，充分研究论证本专业人才素质要求、学科体系构成、课程体系设计和教材体系规划后，科学进行的。

3．在教材修订工作中，进一步贯彻党的十九大精神，将“落实立德树人根本任务，发展素质教育”的战略部署要求，贯穿教材编写全过程。全套教材在专业内容中渗透医学人文的温度与情怀，通过案例与病例融合基础与临床相关知识，通过总结和汲取前八轮教材的编写经验与成果，充分体现教材的科学性、权威性、代表性和适用性。

4．教材编写修订工作着力进行课程体系的优化改革和教材体系的建设创新——科学整合课程、淡化学科意识、实现整体优化、注重系统科学、保证点面结合。继续坚持“三基、五性、三特定”的教材编写原则，以确保教材质量。

5．为配合教学改革的需要，减轻学生负担，精炼文字压缩字数，注重提高内容质量。根据学科需要，继续沿用大16开国际开本、双色或彩色印刷，充分拓展侧边留白的笔记和展示功能，提升学生阅读的体验性与学习的便利性。

6．为满足教学资源的多样化，实现教材系列化、立体化建设，进一步丰富了理论教材中的数字资源内容与类型，创新在教材移动端融入AR、VR、人工智能等新技术，为课堂学习带来身临其境的感受；每种教材均配有2套模拟试卷，线上实时答题与判卷，帮助学生复习和巩固重点知识。同时，根据实际需求进一步优化了实验指导与习题集类配套教材的品种，方便老师教学和学生自主学习。

第九轮教材共有53种，均为**国家卫生健康委员会“十三五”规划教材**。全套教材将于2018年6月出版发行，数字内容也将同步上线。教育部副部长林蕙青同志亲自为本套教材撰写序言，并对通过修订教材启发和指导高校不断深化医学教育改革、进一步推进医教协同，为培养高质量医学人才、服务人民群众健康乃至推动健康中国建设寄予厚望。希望全国广大院校在使用过程中能够多提供宝贵意见，反馈使用信息，以逐步修改和完善教材内容，提高教材质量，为第十轮教材的修订工作建言献策。

全国高等学校五年制本科临床医学专业第九轮规划教材
教材目录

序号	书名	版次	主编	副主编
1.	医用高等数学	第7版	秦　侠　吕　丹	李　林　王桂杰　刘春扬
2.	医学物理学	第9版	王　磊　冀　敏	李晓春　吴　杰
3.	基础化学	第9版	李雪华　陈朝军	尚京川　刘　君　籍雪平
4.	有机化学	第9版	陆　阳	罗美明　李柱来　李发胜
5.	医学生物学	第9版	傅松滨	杨保胜　邱广蓉
6.	系统解剖学	第9版	丁文龙　刘学政	孙晋浩　李洪鹏　欧阳宏伟　阿地力江·伊明
7.	局部解剖学	第9版	崔慧先　李瑞锡	张绍祥　钱亦华　张雅芳　张卫光
8.	组织学与胚胎学	第9版	李继承　曾园山	周　莉　周国民　邵淑娟
9.	生物化学与分子生物学	第9版	周春燕　药立波	方定志　汤其群　高国全　吕社民
10.	生理学	第9版	王庭槐	罗自强　沈霖霖　管又飞　武宇明
11.	医学微生物学	第9版	李　凡　徐志凯	黄　敏　郭晓奎　彭宜红
12.	人体寄生虫学	第9版	诸欣平　苏　川	吴忠道　李朝品　刘文琪　程彦斌
13.	医学免疫学	第7版	曹雪涛	姚　智　熊思东　司传平　于益芝
14.	病理学	第9版	步　宏　李一雷	来茂德　王娅兰　王国平　陶仪声
15.	病理生理学	第9版	王建枝　钱睿哲	吴立玲　孙连坤　李文斌　姜志胜
16.	药理学	第9版	杨宝峰　陈建国	臧伟进　魏敏杰
17.	医学心理学	第7版	姚树桥　杨艳杰	潘　芳　汤艳清　张　宁
18.	法医学	第7版	王保捷　侯一平	丛　斌　沈忆文　陈　腾
19.	诊断学	第9版	万学红　卢雪峰	刘成玉　胡申江　杨　炯　周汉建
20.	医学影像学	第8版	徐　克　龚启勇　韩　萍	于春水　王　滨　文　戈　高剑波　王绍武
21.	内科学	第9版	葛均波　徐永健　王　辰	唐承薇　周　晋　肖海鹏　王建安　曾小峰
22.	外科学	第9版	陈孝平　汪建平　赵继宗	秦新裕　刘玉村　张英泽　孙颖浩　李宗芳
23.	妇产科学	第9版	谢　幸　孔北华　段　涛	林仲秋　狄　文　马　丁　曹云霞　漆洪波
24.	儿科学	第9版	王卫平　孙　锟　常立文	申昆玲　李　秋　杜立中　母得志
25.	神经病学	第8版	贾建平　陈生弟	崔丽英　王　伟　谢　鹏　罗本燕　楚　兰
26.	精神病学	第8版	郝　伟　陆　林	李　涛　刘金同　赵旭东　王高华
27.	传染病学	第9版	李兰娟　任　红	高志良　宁　琴　李用国

序号	书名	版次	主编	副主编
28.	眼科学	第 9 版	杨培增　范先群	孙兴怀　刘奕志　赵桂秋　原慧萍
29.	耳鼻咽喉头颈外科学	第 9 版	孙　虹　张　罗	迟放鲁　刘　争　刘世喜　文卫平
30.	口腔科学	第 9 版	张志愿	周学东　郭传瑸　程　斌
31.	皮肤性病学	第 9 版	张学军　郑　捷	陆洪光　高兴华　何　黎　崔　勇
32.	核医学	第 9 版	王荣福　安　锐	李亚明　李　林　田　梅　石洪成
33.	流行病学	第 9 版	沈洪兵　齐秀英	叶冬青　许能锋　赵亚双
34.	卫生学	第 9 版	朱启星	牛　侨　吴小南　张正东　姚应水
35.	预防医学	第 7 版	傅　华	段广才　黄国伟　王培玉　洪　峰
36.	中医学	第 9 版	陈金水	范　恒　徐　巍　金　红　李　锋
37.	医学计算机应用	第 6 版	袁同山　阳小华	卜宪庚　张筠莉　时松和　娄　岩
38.	体育	第 6 版	裴海泓	程　鹏　孙　晓
39.	医学细胞生物学	第 6 版	陈誉华　陈志南	刘　佳　范礼斌　朱海英
40.	医学遗传学	第 7 版	左　伋	顾鸣敏　张咸宁　韩　骅
41.	临床药理学	第 6 版	李　俊	刘克辛　袁　洪　杜智敏　闫素英
42.	医学统计学	第 7 版	李　康　贺　佳	杨土保　马　骏　王　彤
43.	医学伦理学	第 5 版	王明旭　赵明杰	边　林　曹永福
44.	临床流行病学与循证医学	第 5 版	刘续宝　孙业桓	时景璞　王小钦　徐佩茹
45.	康复医学	第 6 版	黄晓琳　燕铁斌	王宁华　岳寿伟　吴　毅　敖丽娟
46.	医学文献检索与论文写作	第 5 版	郭继军	马　路　张　帆　胡德华　韩玲革
47.	卫生法	第 5 版	汪建荣	田　侃　王安富
48.	医学导论	第 5 版	马建辉　闻德亮	曹德品　董　健　郭永松
49.	全科医学概论	第 5 版	于晓松　路孝琴	胡传来　江孙芳　王永晨　王　敏
50.	麻醉学	第 4 版	李文志　姚尚龙	郭曲练　邓小明　喻　田
51.	急诊与灾难医学	第 3 版	沈　洪　刘中民	周荣斌　于凯江　何　庆
52.	医患沟通	第 2 版	王锦帆　尹　梅	唐宏宇　陈卫昌　康德智　张瑞宏
53.	肿瘤学概论	第 2 版	赫　捷	张清媛　李　薇　周云峰　王伟林　刘云鹏　赵新汉

第七届全国高等学校五年制本科临床医学专业教材评审委员会名单

顾问

吴孟超 王德炳 刘德培 刘允怡

主任委员

陈灏珠 钟南山 杨宝峰

副主任委员（以姓氏笔画为序）

王辰 王卫平 丛斌 冯友梅 孙颖浩 李兰娟
步宏 汪建平 张志愿 陈孝平 陈志南 陈国强
郑树森 郎景和 赵玉沛 赵继宗 柯杨 桂永浩
曹雪涛 葛均波 赫捷

委员（以姓氏笔画为序）

马存根 王滨 王省良 文历阳 孔北华 邓小明
白波 吕帆 吕兆丰 刘吉成 刘学政 李凡
李玉林 吴在德 吴肇汉 何延政 余艳红 沈洪兵
陆再英 赵杰 赵劲民 胡翊群 南登昆 药立波
柏树令 闻德亮 姜志胜 姚智 曹云霞 崔慧先
曾因明 雷寒 颜虹

主编简介

沈洪

解放军总医院急诊科主任医师，解放军医学院、南开大学教授、博士研究生导师，全军急救医学专业委员会顾问、国际红十字会专家指导委员会委员，白求恩公益基金会智慧医疗专业委会主任委员。

曾任解放军急救医学专业委员会第七、第八届主任委员，中华急诊分会副主任委员，北京市急诊专业委员会副主任委员，中国急诊医师学会副会长，并担任《中国急救医学》杂志编委会主任委员、《中国危重病急救医学》《中华急诊医学杂志》副主编及十余本杂志编委。

长期从事急诊临床工作，特别在心脏急症救治与急危重病的诊治方面，擅长内科疑难病症的诊治，具有丰富的临床、科研和教学工作能力及经验。曾承担军队攻关课题、国家 863 课题、科技部、工信部、首发基金课题十余项，并获多项军队医疗成果奖、科技进步奖、教学成果奖。曾参加 2010 年国际心肺复苏及心血管急救指南修订，2011 国际红十字急救指南制定，主编临床医学本科规划教材《急诊医学》《急诊与灾难医学》第 2 版等教材、专著 15 部，在 *Resuscitation*、*Cardiology*、*Shock* 等期刊发表学术论文 600 余篇，其中 16 篇被 SCI 收录。

刘中民

教授，主任医师，博士研究生导师。享受国务院政府特殊津贴，法国荣誉军团军官勋章获得者。现任同济大学附属东方医院院长，兼任中华医学会理事会理事，中华预防医学会灾难预防医学分会主任委员、中国整形美容协会干细胞研究与应用分会会长、中华医学会灾难医学分会候任主任委员、中国医师协会心血管外科医师分会副会长、上海市医院协会常务理事、上海市医学会常务理事、上海市医学会灾难医学分会主任委员、同济大学学术委员会委员、同济大学校务委员会委员等学术职务。同时还担任世界急救与灾害医学会理事、亚太灾难医学会副主席等职务。

长期从事临床、科研、教学一线工作，是知名心脏外科及急诊与灾难医学专家。先后担任国家急诊医学临床重点专科负责人，上海市领军人才、上海市心力衰竭重点专科负责人，上海市心力衰竭研究中心负责人。先后荣获“全国百名优秀院长”“上海市先进工作者”“上海市领军人才”“浦东开发建设特殊贡献奖”等荣誉称号。获得 863 计划、国家“十三五”重大研发专项等 20 余项国家、省部级课题支持，累计立项经费逾 2 亿元。发表 SCI 论文 24 篇（总影响因子 93.5 分），获中华医学科技奖二等奖、上海市科技进步二等奖等 10 余项科研奖励。

副主编简介

周荣斌

1957年5月生于山东蓬莱，北京军区总医院急诊科主任，主任医师，教授，博士研究生导师。从事本科和研究生教学9年，是校级和院级优秀教师。为中国红十字会救护工作指导委员会委员，中国医师协会急诊医师分会总干事，中华医学会灾难医学分会常务委员，中华医学会科普医学分会委员，全军急救专业委员会常委，北京军区急救医学专业委员会主任委员。任《中国急救医学》等10种专业期刊副主编和编委。

承担国家高技术研究发展计划（863计划）重大项目、全军“十一五”重点课题、全国脓毒症研究基金和首都发展基金联合攻关课题等重点课题。获中华中医药学会三等奖、军队医疗成果一等奖、军队科技成果三等奖和军队医疗成果四等奖。发表论文102篇，主编、副主编教材、专著等10部。

于凯江

主任医师、教授、博士研究生导师。哈尔滨医科大学附属肿瘤医院院长，哈尔滨医科大学重症医学系主任，中俄重症医学研究所所长。中华医学会重症医学分会第四届主任委员、中国抗癌协会肿瘤重症专业委员会主任委员、中国病理生理学会危重病医学专业委员会全国常务委员、中国医师学会危重病医学分会全国常务委员、中华医学会医疗鉴定专家库成员等。享受国务院政府特殊津贴。

主要研究方向为“脓毒症的免疫机制及相应治疗研究”，发表SCI文章30余篇，核心期刊百余篇，主持编写规划教材《重症医学》，出版论著十余部。主持国家自然科学基金、卫生行业专项基金等重大科研项目10余项，累计科研经费达1000余万。荣获省科技进步奖一等奖1项（第1名），省医药卫生科学技术奖一等奖1项（第1名），省新技术应用奖2项（第1名），专利1项。获全国先进工作者、全国卫生系统先进工作者、国家突出贡献中青年专家、黑龙江省劳动模范等荣誉称号。

何　庆

二级教授、博士生导师。现任西南交通大学医学院院长，担任中华医学会急诊医学分会常委、中华医学会灾难医学分会常委、中华医学会复苏专委会常委、中华医学会危急重症论坛专家学术委员会常委、海峡两岸急诊医学会常委、中国中西医结合急诊医学会常委等职务。曾任中国医师协会急诊医师分会第一、第二届副会长。2017 年被中国医师协会急诊医师分会评为“急诊引领者——特殊贡献急诊医师”。

长期从事急诊医学临床、研究和教学工作，是我国百草枯中毒救治和心肺复苏领域的权威专家。参编国家级规划教材《急诊医学》《急诊与灾难医学》等 9 部教材，独著或主编 18 部急诊医学类专著及全套急诊抢救流程图；培养博士后研究人员、博士、硕士研究生 140 余名；先后承担国家自然科学基金等国家、省部级科研项目 30 余项；获得发明专利 3 项；发表学术论文 180 余篇。

前　言

《急诊与灾难医学》第3版是在上版教材基础上，认真总结使用中的反馈意见，本着落实"干细胞"教材突出"基本理论、基本知识、基本技能"的原则，突出急诊与灾难医学专业的学科特点，体现医学人文精神和方法，注重更新学术概念、方法标准，力求语言练达，精益求精的修订思路。对上版教材章节未做整体结构调整，增加了急性高原疾病等内容，调整了部分章节内容，根据学术概念和内容更新修订各章节内容，结合融合教材形式变化增加了急诊案例。教材仍突出从急诊医疗实际应用出发，保持从常见症状入手，讲述如何进行病情控制及可能病因的判断，列举了可能突发生命危险常见疾病的临床特点、诊断与鉴别诊断和救治流程。教学中应结合常见临床急症实例，交叉贯穿相关病理生理机制进行病因的鉴别，快速确定救治方案，帮助和引导医学生运用新的获取途径和学习方法，把学习的知识应用到临床实践中。

本版教材编写的宗旨是成为帮助和引导医学生从课堂走向临床实践的桥梁。较系统地讲授了急诊常见急症及与其最相关可致命的临床疾病；详细介绍了急性感染，休克，多器官功能障碍综合征，水、电解质及酸碱平衡紊乱，心肺脑复苏，急性中毒，创伤，环境及理化因素损伤和灾难救援等专业理论知识。教学的特点是能让学生结合临床实际，跨越各临床疾病学习时的专业界限，能从最初的突出的临床急症着手去分析、判断可能发生的疾病，从而使学习深入到临床最可能出现急诊疾病的诊断和治疗中，学会首先抢救生命，边救治、边观察、边诊断的急诊思维方式。

对本版教材在修订、编写和定稿工作中给予大力支持的中国人民解放军总医院、同济大学上海东方医院、华中科技大学附属同济医院，在此表示由衷的感谢！

主　编

2018年5月

目　录

第一章 绪 论

一、急诊与灾难医学的概念与范畴

（一）急诊与灾难医学的概念

急诊医学（emergency medicine）是一门临床医学专业，涉及院前急救、院内急诊、急危重症监护，现场急救（first aid）、创伤急救、急病（症）救治、心肺复苏、急性中毒、理化及环境因素损伤，以及相关学科的理论和技能皆包含在其学科范畴中。急诊主要针对不可预测的急危病（症）、创伤、意外伤害以及心理急症，进行初步评估判断、急诊处理、治疗和预防，或对人为及环境伤害给予迅速的内、外科治疗及精神心理救助。

灾难医学（disaster medicine）是指因灾难事故中涉及人员伤亡而必须迅速实施的医疗救援，包括对灾难的预见、预防和准备，灾难现场伤员的解救和医疗急救，重大灾难后卫生防疫，如饮水卫生、营养以及适时的心理危机干预等。

随着公众对急诊医疗服务（emergency medical service，EMS）需求的日渐提高，要求在发病或致伤早期采取快速有效的救治方法，目的是在“黄金时间”内抢救生命，控制伤病情恶化，保护器官功能，以期获得良好的临床预后。

急诊医学是对急危重症、创伤和意外伤害评估、急诊处理、治疗和预防的学科专业，其核心是早期判断、有效救治急危重症、创伤及意外伤害。急救的含义更侧重对急危重症、创伤、灾害事件伤害的急救反应能力，包括急救人员、车辆、通讯的调动准备，现场急救、安全转运，乃至到达医院的初期抢救，更突出抢救生命，急救过程中的有效措施和组织管理是其核心。灾难现场急救与急诊医学所涉及的理论、知识和技能相互交叉、重叠，但灾难现场有其救援的特殊性，随着深入实践与理论探讨可以融入于一个完整的急诊医疗服务体系之中。

（二）急诊医疗服务体系

我国目前共识的急诊医疗服务体系（emergency medical service system，EMSS）是院前急救、医院急诊、危重症监护三位一体的模式。

1. 院前急救 院前急救（prehospital emergency）是指到达医院前急救人员对急症、创伤病人开展现场或转运途中的医疗救治。其主要任务是：①对急症、创伤病人进行现场生命支持和急诊处理，快速稳定病情和安全转运；②对突发公共卫生事件或灾难事故现场实施应急医学救援；③在特殊重大集会、重要会议、赛事和重要人物活动中承担意外救护的准备；④承担急救通讯指挥，即联络急救中心（站）、医院和上级行政部门的信息枢纽。

院前急救作为急诊医疗服务体系的重要组成部分，对其技术指标的评价可以控制急救医疗服务质量。其技术指标有：

（1）院前急救时间：包括，①急救反应时间：是从接到求救电话到派出救护车抵达伤病现场的平均时间。考虑受通讯、交通状况、急救人员数量、车辆配置、急救站点分布和急救半径等因素的影响，国际目标要求为 5～10 分钟。②现场抢救时间：是急救人员在现场对伤病员救治的时间，视伤病情允许安全转运而定，也根据是否急需送往医院接受确定性治疗的要求而定。③转运时间：即从现场到医院的时间，往往取决于交通状况、有能力接受危重伤病员救治医院的分布等因素。

（2）院前急救效果：急救反应时间，急救设施，急救人员能力和急救技术水平，以及院前急救系统的管理水平都会影响急救的实际效果。院前心脏骤停的复苏成功率是评价急救效果的重要客观指标之一。熟练实施标准化急救流程会提高急救效果。

（3）院前急救需求：随着公众对EMSS的认识和了解，院前急救需求也在不断增加，而救护车数量、分布，急救电话应答指导和急救人员反应能力等都会制约对急救需求的满足。对突发公共卫生事件或灾害事故应急救援能力也是衡量满足需求的重要指标，这就要求急救医疗机构与其他救援机构相互协调，共同完成重大灾难事故的现场救援任务。从这一角度看院前急救也是政府通过急救机构履行向公众提供急救医疗服务的职能。

2. 医院急诊 医院急诊（hospital emergency）是EMSS中最重要而又最复杂的中心环节。医院急诊的救治能力及质量是医院管理、医护人员素质和急救技术水平的综合体现。

急诊科（emergency department，ED）是医院急症、创伤救治的首诊场所。急诊科实行365天，24小时开放，承担来院急诊伤病员的紧急诊疗服务，为抢救伤病员生命，以获得后续的专科诊治提供支持和保障。急诊科在医院中须有相对独立区域，设置布局和流程合理，急救设施齐备，人员相对固定，是能承担医疗、教学和科研的综合性科室。其主要任务是担负急诊伤病员的院内急诊早期救治和部分危重症病人的急诊监护治疗，也可根据所在区域特点承担院前急救。医院急诊又直接面向社会承担大量非急诊病人的门诊工作，合理处置和分流病员，准备应对随时可能发生的成批量伤病员的急救，充分利用好有限的急诊资源是医院急诊工作中需要特别注意的问题。组织协调好医院各专业科室参加急诊会诊、救治，尽快收容危重伤病员入院治疗也是急诊工作的职责。

急诊分诊根据病情的轻重缓急分为5类：

Ⅰ类 急需心肺复苏或生命垂危病人（fatal patient）：要分秒必争地立即抢救。

Ⅱ类 有生命危险的危重症病人（critical patient）：应在5～10分钟内评估病情和进行急救。

Ⅲ类 暂无生命危险的急诊病人（acute patient）：应在30分钟内经急诊检查后，给予急诊处理。

Ⅳ类 普通急诊病人（emergency patient）：可在30分钟至1小时内给予急诊治疗。

Ⅴ类 非急诊病人（non-emergency patient）：可根据当时急诊抢救情况适当延时给予诊治。

经过急诊诊治的伤病员，根据病情决定给予急诊手术、入院治疗、危重症监护治疗、急诊留观、转专科门诊或离院等处理。

医院急诊科应不断加强相对独立的综合诊治能力，解决大多数内、外科急诊问题，对急危重症、创伤病人进行初期评估和处理。根据我国医院急诊发展现状，许多以急症就诊的病人一时难以明确诊断，或者合并多器官功能障碍或衰竭，造成专科收容困难，从而大量较长时间滞留在急诊科。2009年公布的《急诊科建设与管理指南》明确要求："急诊科应当根据急诊病人流量和专业特点设置观察床，收住需要在急诊临时观察的病人，观察床数量根据医院承担的医疗任务和急诊病人数量确定。急诊病人留观时间原则上不超过72小时。"

3. 危重症监护 危重症监护（critical care）不仅是独立设置的急诊危重症监护室，更重要的是在急诊抢救和观察区域内能实现完备的监护和抢救的医疗功能，即监护床单位都有完备监护设备，能及时抢救生命及器官功能支持。急危重症监护的基本特征是：①在严重伤病发生后的"黄金时间"内给予恰当救治，以避免死亡和伤残；②经过危重症监护培训的医护人员较内、外专科人员能更有效地处理危重症病人。危重症病人住急诊和ICU的时间是一项评价救治效果、衡量医疗质量的重要指标。

现阶段在我国三级以上综合型医院急诊科中已普遍建立急诊危重症监护病房（emergency intensive care unit，EICU）。因为，急危重症病人在急诊科长时间停留更需要实施严密的监护治疗，这类危重症病人的特点是：①心肺复苏后生命指征不稳定，需要持续循环、呼吸支持；②病情垂危而不宜搬动、转运；③只需要短时间监护救治即可治愈，无需再住院治疗；④其他专科难以收住院的复杂危重症病人。

笔记

总之，建立急诊危重症监护室或监护床单位要更注重对急危重症病人连续的急救，加强监护治疗，适时收入院进行后续治疗，以提高危重症病人的救治质量和效果。

二、我国急诊医学的发展阶段

我国急诊医学仍是一门新的临床学科专业。1980年我国卫生部颁布《关于加强城市急救工作的意见》，促进了急救相关领域的学术交流。1986年卫生部颁布《中华人民共和国急救医疗法（草案）》，规定"市、县以上地区都要成立急救医疗指挥系统，实行三级急救医疗体制"，成立医院急诊科、城市急救站（中心）。1987年5月正式成立急诊医学学会，1997年按照中华医学会的要求更名为急诊医学分会。2003年国务院正式颁布《突发公共卫生事件应急条例》。2009年5月卫生部公布了《急诊科建设与管理指南（试行）》，为指导和加强医疗机构急诊科的规范化建设和管理，促进急诊医学的发展，提高急诊医疗水平，保证医疗质量和医疗安全提供了法规性依据。

从我国急诊医学学科的正式创建伊始，急诊医学相继发展的过程分为三个阶段：

1. 第一阶段 三级以上医院成立急诊科，但多采取急诊分诊和专科支援方式来解决临床急诊的医疗问题。

2. 第二阶段 急诊学科逐渐形成，主要围绕急诊发展的需求形成自主型发展模式，着手解决大多数的急诊内、外科问题；能对急危重症、创伤做好初期评估和处理，能进行危重症监护和生命、器官功能支持。急诊专业人员队伍不断壮大，相对稳定，急诊科的规模也不断扩大，急诊教学、科研由浅入深，但大多数急诊执业人员却来自不同学科专业，多未经过急诊专业学习和专科培训。

3. 第三阶段 急诊医学专业逐步形成，急诊医学教育列入医学院校本科教学课程，国家卫生行政管理部门评审出急诊专科医师培训基地，并将专科基地培养急诊医师纳入考核及准入制度，使今后从事急诊工作的人员专科化，能够解决临床涉及的急诊问题，真正成为跨专科、综合性强的临床医学专业。

三、急诊与灾难医学专业的特点及观念

（一）"救人治病"和"先抢后救"的原则

急诊医学要强调"救人治病"的原则，即将抢救生命作为第一目标。"治病"意味着首先要明确疾病的诊断，再采取相应的治疗措施，这一逻辑会支配医生首先要清楚疾病的临床诊断。而通常在急诊工作中，伤病员最突出的表现是病情危重且复杂多变，常主诉病史不清，病情有时不容许进行必要的检查，往往一时很难明确临床诊断，但病情危急时重点应放在立即抢救生命、稳定生命指征上。急诊抢救具有很强的时限性，要尽可能减少院前和院内医生延误救治时间。"黄金时间"更强调从致伤、发病起计时，缩小救治时间窗。只有生命体征稳定的情况下，才能赢得确定诊断和针对病因治疗的时机，而不是让时间浪费在繁杂的检查和诊断过程中，要在医疗制度和抢救流程上确定救命优先的原则。

灾难医学的原则是"先抢后救"，是强调在灾难条件下，先使伤员脱离危险环境，再进行必要的急救。灾难救援要与急救紧密衔接，使之更有效发挥EMSS的作用。

（二）急诊医学专业的特点

医学专科的划分通常是以传统解剖系统为基础，现代医学专业越分越细，同时可能也削弱了医生对多系统疾病或器官病变之间交叉关联的认识与理解，容易造成专业知识和思维方式的局限性，分专科处理急危重病会影响到医疗质量和临床效果。特别是解决复杂的急危重症医疗问题时，急诊医学专业可发挥其理论、医疗实践体现的跨专业综合的突出特点，来弥补专科会诊方式诊治的弊端。其特点有：

1. 危重复杂性 急症和创伤通常是突然发生的，病情危重程度及进展难以预料，伤病机体急性期应激反应强，可能相继发生全身炎症反应综合征（SIRS），以致进展为多器官功能障碍综合征（MODS）或恶化为多器官功能衰竭（MOF）。急性器官功能衰竭伤病者由于代偿能力差，病情进展迅

速，短时间内病情可十分危重，复杂的急危重病症及伤情应作为急诊救治的重点。

2. 时限急迫性　由于危重的伤、病情发展变化快，易出现多器官功能障碍，甚至威胁病人生命，必须尽可能早地阻止伤病情的恶化，早期及时有效地救治会比延误后的补救治疗代价更低、预后更好。因此，急诊强调救治“时间窗”的概念，在时间窗内实现早期目标治疗，可获得更好的救治效果，提高伤病危重症病人抢救的存活率，减少功能伤残。

3. 机制可逆性　急症及伤害导致的急性器官功能障碍与慢性疾病失代偿的功能衰竭机制不同。早期有效纠正器官功能紊乱和失调状态，遏制致伤、病因素的持续影响，阻断病情恶化的病理生理机制，在病理变化的可逆阶段，尽可能使组织结构损害和器官功能障碍得到控制，最终使器官功能逐步恢复正常。这也是急诊早期有效救治的关键所在。

4. 综合关联性　急诊病人涉及的临床症状零乱复杂，急性多器官损害及功能障碍变化规律有别于单一器官的病理变化。临床看似不直接关联的症状、体征，却在复杂病理机制中存在密切的相关性，所以需要具备跨多专科的理论知识进行综合分析判断，寻找影响生命指征稳定的根源。单个病变和伤情可能并不直接致命，而相继发生的多器官功能障碍或衰竭却可导致生命危害。将各种生理功能按其代偿状况进行区分，作为急危重症临床评分的基础，以利于临床判断和确定性救治。

5. 处置简捷性　急诊对危重伤病员的处理原则要求及时、简捷、有效，对众多临床急症，特别是可能快速引起生命危险的急症，应该制定相对固定的临床路径，作为急诊医疗实践可遵循的最基本标准，尽可能依照循证医学的原则，以便急诊医生选择最为适合的诊疗方法。急诊的救治方法简捷有利于现场急救和早期救治的规范使用，也方便记忆和实施操作。往往最简单的方法却是最有效的。

四、急诊教学的特点及方法

急诊医学的教学首先要让学生学会如何去思考，怎样去面对临床急诊问题，把从各专科急症的条理化教学内容综合地放进实际场景中，应该把敏锐和关注特征作为培养一名急诊医生的专业品质来重视。这意味着急诊医生更能在繁乱复杂的急诊或急救环境中，敏锐地把握住威胁生命瞬息变化的病情；能关注到来自医院环境之外社会、心理的问题和需求。在急诊中，首先要确定生命体征是否平稳，以抢救生命作为根本原则。要培养快速采集伤病员病史信息的能力，如简要询问发病、受伤的情况，既往病史，针对相关的伤病部位进行查体。根据伤病情决定应做哪些必要的辅助检查，对获得的所有临床资料进行综合分析，并将分析的结果用于病情判断和急诊救治上。由于急诊时间紧迫，往往伤病员发病信息及检查内容有限，在考虑急症的病因时可参照病因分类表，可以帮助快速鉴别诊断，以减少漏诊。急诊医学教学要密切结合社会、心理、环境等相关要素，培养学生在紧急复杂环境中针对伤病员及家人的人文关怀，注重社会、心理等要素给急诊救治带来的正、负面影响。

要求医学生必须时刻记住需要掌握的急诊处理临床问题的思维方法和解决问题应遵循的急诊流程，可归纳为：①评价病人 A、B、C（气道、呼吸、循环），判断有无生命危险，如有危险要立即抢救；②无论是否能立即做出临床诊断，都要马上评估病情严重程度；③根据病情采取相应的救治措施；④救治中要继续观察病情变化，重复评估，以确认治疗效果。

本教材学习是在医学生已学习过各门专科基本理论之后，要注重培养学生能跨越各门学科专业知识去认识解决临床实际问题的能力，特别是在发生紧急医疗情况时。学习急诊医学不同于内外科系统疾病的学习，不是重复地将疾病从病因、病理机制、临床表现、诊断、鉴别诊断到治疗逐一介绍。急诊中常会遇到不能马上明确诊断，需要从复杂的临床病症，危险的伤、病情评估入手，结合所学专业知识，从中提炼出病症的临床特点。急诊的思维方式更倾向于思考的顺序为：有无生命危险？器官功能障碍以及可能导致的原因？原发疾病及其解剖部位？

笔记

急诊诊治过程首先是抢救生命，边救治、边观察、边诊断，稳定病情、减轻痛苦，将病人安全转送入院。

（沈 洪）

思考题

1. 急诊医学与灾难医学的基本概念是什么？
2. 急诊为何要根据病情分为5类？在实际工作中有何意义？
3. 急诊与灾难医学的基本原则和专业特点是什么？

第二章 急性发热

发热（fever）是机体在内、外致热源作用下，或由于各种病因导致体温调节中枢功能障碍，而出现以体温升高超出正常范围为主要表现的临床症状。通常体表温度>37.3℃可诊为发热。热程在两周以内的发热为急性发热。

第一节 概　述

急性发热可分为感染性发热和非感染性发热。感染性疾病所致急性发热较为多见，常见的感染性发热包括细菌、病毒、衣原体、支原体、立克次体、螺旋体、真菌、原虫、蠕虫感染等。病毒性感染往往具有一定的自限性，自然热程1～2周，如超过2周，应警惕是否在原发感染的基础上合并细菌感染或其他并发症。非感染性发热包括结缔组织疾病，变态反应性疾病，过敏性疾病，恶性肿瘤，中枢神经性发热，创伤、烧伤、手术后吸收热，内分泌和代谢性疾病，散热障碍，以及其他不明原因的发热。

急性发热起病急骤，常有受凉、劳累或进不洁饮食史。发热及伴随症状和体征多种多样，详细询问病史，连续观察热程、热型，仔细查体，完善实验室检查，是发热诊断和鉴别诊断的重要依据。而体温的高低并不是判断疾病危重程度的唯一依据。

发热是一个病因较为复杂的临床症状，而不是一种疾病，是机体对于致病因子的一种全身性的代偿反应。发热的治疗包括正确使用物理降温和解热药物，合理应用抗生素以及糖皮质激素。对于急性发热，需要快速评估病情，密切监测生命体征。出现神志改变、呼吸困难、血流动力学不稳定时，立即给予监护、氧疗、建立静脉通道、呼吸支持等治疗。

发热病人中有部分具有呼吸道传染性或消化道传染性，早期预检分诊发热病人先进入发热门诊、隔离病房，有助于减少传染病医源性传播和流行。对于法定传染病，医护人员有责任和义务严格按照我国《传染病防治法》进行疫情报告，并做好病人隔离和医护人员防护工作。

常见急性发热病因分类及临床表现见表2-1。

表2-1　常见急性发热病因分类及临床表现

分类		主要疾病	主要临床表现
急性感染性疾病	病毒性感染	病毒性感冒	以畏寒、寒战、高热急性起病，伴全身感染中毒症状
		急性病毒性肝炎	可有畏寒、发热，伴黄疸及消化道症状
		乙型脑炎	发热伴中枢症状，脑脊液检查异常
		脊髓灰质炎	流行季节+接触史+发热伴上呼吸道症状
		传染性单核细胞增多症	发热、脏器肿大、周围血出现异形淋巴细胞、嗜异性凝集试验阳性
		流行性出血热、巨细胞病毒（CMV）感染、SARS、AIDS、禽流感	略
	支原体、衣原体、立克次体感染		热程短、自限性，依病原体不同，临床表现各异

续表

分类		主要疾病	主要临床表现
	细菌性感染	社区获得性肺炎	发热、寒战、咳嗽、血痰、胸痛，肺实变体征
		感染性心内膜炎	高热、血培养阳性、心脏彩超发现赘生物或瓣周改变
		急性肾盂肾炎	腰痛伴尿路刺激症状，尿常规证实有脓尿
		急性胆系感染	上腹绞痛，尤其是伴有黄疸
		结核病，急性粟粒性肺结核	PPD 试验（+），相对特异的胸片 / 胸部 CT 表现
		伤寒、副伤寒	肥达试验（+），血或骨髓培养伤寒杆菌阳性
急性非感染性疾病	结缔组织疾病	风湿热	环形红斑、皮下结节、心肌炎、游走性多关节炎、舞蹈病
		系统性红斑狼疮	皮肤、关节炎、肾脏、血液等多系统受累以及抗核抗体（+）、抗 Sm 抗体（+）等多种免疫指标异常
		类风湿关节炎急性期	类风湿因子（RF）高滴度阳性；关节畸形及侵蚀性破坏（累及四肢小关节）
		多发性肌炎 / 皮肌炎（PM/DM）	近端肢体肌无力；CK 增高；肌活检异常；肌电图异常
		白塞病	复发性口腔溃疡、皮肤病变；眼炎
		系统性血管炎	多脏器受累、ANCA 往往阳性，具体分类不同，临床表现各异
		成人 Still 病	高热而中毒症状轻，伴皮疹、关节症状，抗生素治疗无效而激素治疗效果显著，除外其他感染性疾病
		复发性多软骨炎活动期	多有耳、鼻、喉等软骨受累证据，多并发系统性红斑狼疮（SLE）、PM/DM
	肿瘤性疾病	急性白血病	发热、贫血、出血、骨髓象提示原始细胞 / ANC>30%
		淋巴瘤	发热伴淋巴结肿大和由此产生的压迫症状，可有多系统受累，15% 淋巴瘤病人有周期性发热
		恶性组织细胞病	高热，肝脾大，全血细胞减少及进行性衰竭
		再生障碍性贫血	骨髓造血功能低下、全血细胞减少和贫血、出血、感染综合征
	代谢性疾病	甲状腺危象	高热、心动过速、中枢神经系统症状、消化道症状
		垂体危象	高热伴循环系统、消化系统、精神异常
		痛风急性发作	发热、关节炎反复发作、高尿酸血症、痛风结石等
	栓塞性疾病		如肺栓塞、心肌梗死以及其他脏器血管栓塞等，临床表现各异
	药物热		有用药史，多伴有皮疹
	其他		如热射病等，根据疾病不同临床表现各异
原因不明的急性发热			夏秋季节多见，多见于年轻人，有感染中毒症状，查体及实验室检查无异常发现，除外急性器质性疾病

第二节　临床特点及诊断、鉴别诊断

一、临床特点

急性发热的临床表现主要为体温升高及所患疾病的症状和体征。

（一）热度与热程

通常将发热程度分为：①低热：37.3～38℃；②中度发热：38.1～39℃；③高热：39.1～41℃；④超高热：41℃以上。

热程是指发热病程持续的时间。通常按发热持续的时间将其分为急性发热和长期发热，而急性发热在急诊最为常见。

（二）热型

1. 稽留热　体温持续于39～40℃达数日或数周之久，24小时体温波动<1℃。

2. 弛张热　体温持续升高，24小时波动达2℃或更多。

3. 波状热　体温在数日内逐渐上升至高峰，而后逐渐下降至常温或低热状态，一段时间后再升高，体温曲线呈波浪式起伏。

4. 回归热　高热期与无热期各持续数日，周期性交替。

5. 不规则热　发热持续时间不定，变化无规律。

（三）发热时相及临床特点

急性发热临床过程通常经过三个阶段：

1. 体温上升期　体温上升时伴疲乏无力、肌肉酸痛、皮肤苍白、畏寒或寒战等前驱或伴随症状。

（1）骤升型：体温在数小时内达39～40℃或以上，常伴有寒战，多见于疟疾、细菌性肺炎、急性肾盂肾炎及输液反应等，幼儿易在此阶段伴发惊厥。

（2）缓升型：体温逐步上升，在数日内达高峰，多不伴有寒战。常见于伤寒、结核、布氏杆菌感染所致发热。

2. 高热期　体温上升到高峰后在较高水平保持一定的时间。病人不再有寒战，出现颜面潮红、皮肤灼热、呼吸加快、口唇干燥等表现。发热持续时间因病因不同而有差异，如疟疾可持续数小时，流行性感冒、细菌性肺炎可持续数天，伤寒则可为数周。

3. 体温下降期　当病因消除或疾病得到控制，致热原的作用逐渐减弱和消失，体温开始下降并逐渐降至正常水平。此期机体散热>产热，病人表现为汗多、皮肤潮湿等。

体温下降常有两种表现形式：

（1）骤降：体温在数小时内迅速下降至正常，有时可略低于正常，常伴有大汗淋漓。多见于疟疾、细菌性肺炎、急性肾盂肾炎和输液反应等。

（2）渐降：体温在数日内逐渐降至正常，如伤寒、风湿热等。

二、诊断与鉴别诊断

（一）诊断

发热诊断的主要目的是明确发热病因。大部分急性发热病人通过详细询问病史和仔细查体即可明确诊断，少部分需根据病史和体格检查结果，并选择相关的辅助检查以明确诊断。少数病人通过各种检查一时难以做出病因诊断时，则需要在密切观察病情变化的同时采取诊断性治疗。

急性发热病人的病史采集和体格检查应注意的原则：①“有的放矢”的原则，根据具体情况，有目的地采集病史和查体，寻找“定位”线索；②“重复”的原则，由于急诊的特殊性，早期的病史采集不一定确切和全面，需要在诊疗过程中不断完善，甚至更改。

1. 病史　详细认真的病史采集是明确诊断的基础，其中发热的病程、起病急缓、热型特点及伴随症状对明确诊断和预后评估有着重要的临床意义。采集病史时应注意询问是否到过疫区、有无传染病接触史、有无动物或昆虫叮咬史、有无可疑食物或毒物的摄入史；发病时一般情况，如精神状态、食欲和体重改变等，以及诊疗经过；应特别注意老年人和免疫功能低下者发热时其伴随症状往往不典型，可能仅有精神萎靡、神志改变、行动不便和食欲下降等非特异性表现。

2. 体格检查

(1) 全身体检：全面细致的体格检查往往能发现与诊断有关的阳性体征。发热常见的伴随症状有心动过速、呼吸急促，高热和超高热可能伴有神志改变。通常体温每升高 1℃心率相应增加 12～15 次 / 分。如果体温每升高 1℃，心率增加超过 15 次 / 分，见于甲状腺功能亢进、心力衰竭、病毒性心肌炎等。也有一些疾病会出现相对缓脉，见于伪热、药物热、伤寒、布氏杆菌病和钩端螺旋体感染。中枢性神经系统感染，甲状腺功能减退也可存在绝对缓脉。体温每升高 1℃，呼吸频率可增加 2～4 次，如呼吸频率明显增加提示可能存在呼吸系统感染或代谢性酸中毒。应注意老年病人的神志改变可能是重症感染的重要表现。

(2) 头颈部检查：可能发现一些特定部位的感染性病灶，如中耳炎、鼻窦炎等；颈部淋巴结、肿块和甲状腺是检查的重点；颈项强直常见于中枢神经系统感染有脑膜刺激征的病人，但年老体弱者可能不典型，有颈关节疾病和帕金森病的病人可能出现颈部僵硬。

(3) 胸、腹部检查：注意有无肺部感染和心内膜炎体征；有无腹膜炎体征，以及肝脏和脾脏肿大，肝区叩击痛，腹水等。

(4) 皮肤、四肢检查：应注意是否有皮疹、瘀斑、关节及软组织感染的表现。皮疹及瘀斑出现的时间、性状对鉴别诊断尤为重要：发热 1 天后出疹，多见于水痘；发热 4 天左右出疹，多见于麻疹；发热 5 天至 1 周出疹，多见于斑疹伤寒和伤寒；发热伴有环形红斑或结节性红斑，有游走性关节痛，心脏杂音等症状之一，见于风湿热；发热于用药 1 周左右出现，用药后感染控制，体温正常后再次发热，伴有皮疹、瘙痒、关节肌肉酸痛、外周血嗜酸性粒细胞轻到中度增高，要考虑药物热；发热伴有多形性红斑，面部蝶形红斑，合并多器官功能损害，检测血抗核抗体阳性，应考虑系统性红斑狼疮；发热伴有四肢对称性出血性皮疹、关节痛、血尿、腹痛等症状，见于过敏性紫癜；金黄色葡萄球菌脓毒症病人的皮疹为出血性皮疹，顶端有脓点，可进行涂片检查。病人在没有外伤的情况下出现长骨或脊柱的触痛应考虑骨髓炎及肿瘤的可能。老年和长期卧床的病人应注意检查是否存在压疮。

3. 辅助检查

(1) 常规检查：急性发热最重要的辅助检查是血、尿、便常规检查。血常规可以初步判断是否存在细菌感染，但特异性较差；尿常规对泌尿系统感染的诊断有特异性，敏感性相对较高；急性腹泻病人应行便常规检查，以诊断和排除急性肠道感染性疾病和痢疾等肠道传染性疾病，特别是便悬滴试验有利排除霍乱弧菌感染。

(2) X 线和 CT 检查：常用于诊断和排除肺部感染性疾病，但需注意当病人合并慢性阻塞性肺疾病、心功能不全、脱水及一些慢性肺部疾病时，不能单纯依靠胸部 X 线和 CT 等影像学检查诊断和排除肺部感染性疾病。怀疑阑尾炎、憩室炎、胆囊炎或腹腔脓肿时，应行腹腔 CT 检查明确诊断。

(3) 超声检查：对疑有急性渗出性心包炎和感染性心内膜炎病人，应行超声心动图检查。腹部超声检查对胆囊炎、阑尾脓肿等具有诊断意义。

(4) 炎症标志物检查：降钙素原与细菌感染的相关性较好，被推荐用于细菌感染和脓毒症的诊断、危险分层、治疗监测和预后评估。其他反映感染和炎症程度的检查指标如血沉、C 反应蛋白、超敏 C 反应蛋白、白介素 -6、白介素 -8 等，应结合临床表现及其他检查结果综合评价。

(5) 血清抗体检查：可以帮助明确病原学诊断，如支原体、衣原体引起的肺炎，诊断EB病毒、巨细胞病毒以及各种肝炎病毒感染等具有重要价值。免疫球蛋白和T细胞亚群分析有助于评价免疫功能。

(6) 微生物培养和药敏试验：对重症急性发热病人在治疗前应留置各类标本，进行微生物培养和药敏试验。老年病人及慢性病病人出现原因不明发热时，应常规进行血、尿培养；急性发热病人如伴有头痛、恶心、呕吐或不能解释的意识障碍时，应做脑脊液检查。

（二）鉴别诊断

急性发热的鉴别诊断也是病因诊断和病情判断的重要环节。可根据感染性疾病引起急性发热的病情分为：危重症、急症和非急症，见表2-2；亦可根据其伴随症状和体征进行病因的鉴别诊断，见表2-3。

表2-2 感染性疾病致急性发热的病情分类

受累系统	危重症	急症	非急症
呼吸系统	细菌性肺炎伴呼吸衰竭	细菌性肺炎、扁桃体周围脓肿、会厌炎	中耳炎、鼻窦炎、咽炎、支气管炎、流感、结核病
心血管系统		心内膜炎、心包炎	
消化系统	急性腹膜炎	急性阑尾炎、胆囊炎、憩室炎、腹腔内脓肿、急性胰腺炎	结肠炎/小肠炎、急性细菌性痢疾
泌尿生殖系统		肾盂肾炎、输卵管卵巢炎、急性盆腔炎	急性膀胱炎、附睾炎、前列腺炎
神经系统	脑膜炎、海绵窦血栓形成	脑炎、颅内脓肿	
皮肤、软组织		急性蜂窝织炎、软组织脓肿、压疮感染	
全身性疾病	感染性休克、脓毒症		

表2-3 急性发热伴随症状、体征与病因

症状、体征	常见病因
寒战	细菌性肺炎、脓毒症、急性胆囊炎、急性肾盂肾炎、流行性脑脊髓膜炎、疟疾、钩端螺旋体病、药物热、输液反应、急性溶血或输血反应
结膜充血	麻疹、流行性出血热、斑疹伤寒、钩端螺旋体病等
单纯疱疹	细菌性肺炎、流行性感冒、疟疾、流行性脑脊髓膜炎等
淋巴结肿大	传染性单核细胞增多症、风疹、淋巴结结核、局灶性化脓性感染、丝虫病、白血病、淋巴瘤、转移癌等
肝脾肿大	传染性单核细胞增多症、病毒性肝炎、肝及胆道感染、疟疾、结缔组织病、白血病、淋巴瘤、黑热病、急性血吸虫病、布氏杆菌病等
出血	重症感染 急性传染病：流行性出血热、病毒性肝炎、斑疹伤寒等 血液病：急性白血病、重度再生障碍性贫血、恶性组织细胞病等
关节肿痛	脓毒症、风湿热、结缔组织病、痛风、猩红热、布氏杆菌病等
皮疹	麻疹、猩红热、风疹、水痘、斑疹伤寒、风湿热、结缔组织病、药物热等
昏迷	先发热后昏迷：流行性脑脊髓膜炎、流行性乙型脑炎、斑疹伤寒、中毒型菌痢等 先昏迷后发热：急性脑卒中、药物中毒等

第三节 急诊处理

急性发热治疗的根本是病因治疗。对生命体征稳定的低热和中等度发热，应在动态观察体温的同时积极查找病因；对高热和超高热应予以积极降温和对症处理，以稳定病情和缓解病人的痛苦，同时查找病因；对生命体征不稳定的病人应立即开始抗生素经验性治疗，同时动态监测病情。

一、快速评估

对急性发热病人应常规检查神志状态和生命体征。当病人出现神志改变、呼吸窘迫和血流动力学不稳定等危及生命的症状与体征时，应快速处理。虽然，还没有明确病因和病原学诊断，应立即给予监护、建立静脉通道、实施气道管理、液体复苏及氧疗，必要时给予呼吸机支持治疗。动态监测体温，由于高热可以损伤中枢神经系统，对于体温持续高热的病人须立即退热治疗。

对既往体健出现危及生命的急性发热病人，应考虑到由各种急性感染所导致的感染性休克、脓毒症，立即给予抗生素经验性治疗；老年或伴有慢性基础疾病的急性发热，多为呼吸道、泌尿生殖系统、皮肤软组织部位的重症感染性疾病，亦应经验性抗感染治疗。

二、急诊处理

（一）解热治疗

高热、高温中暑，或伴休克、心功能不全，以及儿童和恶性肿瘤等特殊人群的急性发热，立即给予退热治疗。高热的对症治疗包括物理降温和使用非甾体类抗炎药物。物理降温可采用冷、温水擦浴等方法。退热药物可选用布洛芬和对乙酰氨基酚口服，4～6小时一次。也可选用退热栓剂纳肛，或赖氨酸阿司匹林等解热药物静脉注射。退热过程中应注意大量出汗后致血容量不足对血流动力学的影响，尤其要注意老年病人在退热过程中大量出汗后血压和神志的改变。

（二）抗生素治疗

对疑为感染性疾病致急性发热病情严重的病人，可在各种必要的培养标本采集后，根据初步判断给予抗生素经验性治疗。同时，应考虑发热的可能病因和并发症（如粒细胞减少、尿毒症等）选择抗生素种类。而后根据病原学结果针对性用药。

（三）综合治疗

对休克病人应积极进行液体复苏和监测血流动力学变化，必要时使用血管活性药物。对气道阻塞病人应建立人工气道，出现呼吸衰竭予机械通气治疗。高热惊厥或谵妄者可酌情使用镇静药物如地西泮、苯巴比妥等。

三、发热的急诊处理流程

发热的急诊处理流程参见图2-1。

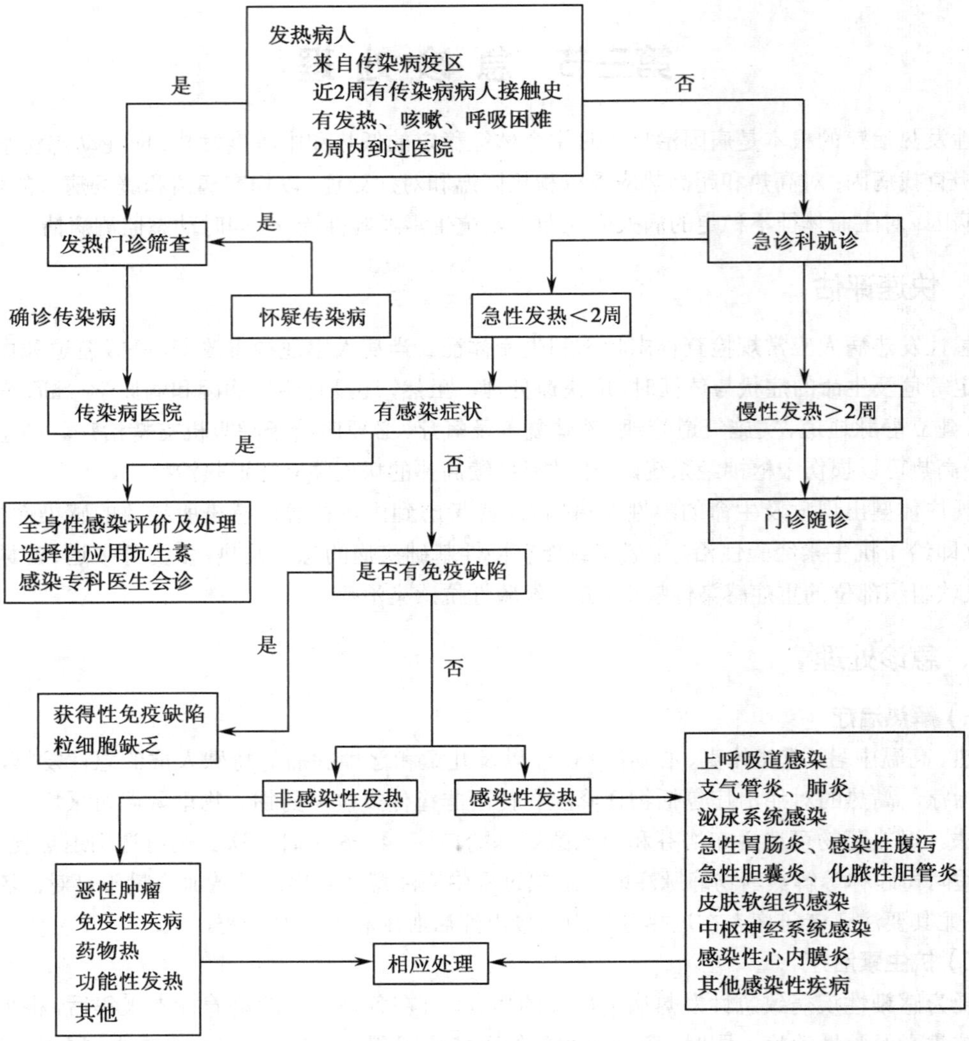

图 2-1 发热的急诊处理流程

（魏 捷）

思考题

1. 急性发热中，判断疾病危重程度的临床依据是什么？
2. 急性发热病人的病史采集和体格检查应遵循什么原则？
3. 急性发热的急诊处置原则有哪些？

第三章　意识障碍与抽搐

意识障碍是指人对周围环境以及自身状态的识别和觉察能力出现障碍。一种以兴奋性降低为特点，表现为嗜睡、昏睡以至昏迷；另一种是以兴奋性增高为特点，表现为高级中枢急性活动失调的状态，包括意识模糊、定向力丧失、感觉错乱、躁动不安、言语杂乱等。

抽搐是指骨骼肌痉挛性痫性发作及其他不自主的骨骼肌发作性痉挛。

第一节　晕厥与昏迷

一、晕厥

晕厥（syncope）又称昏厥，是一过性全脑低灌注导致的短暂性意识丧失，其特点是突然、短暂和自行完全恢复。典型晕厥发作持续时间一般不超过20秒，少数可持续数分钟。

（一）分类及临床特点

晕厥的病因分类见表3-1。

表3-1　晕厥的病因分类

分类		原因
神经反射性晕厥	血管迷走神经性晕厥	情绪异常（恐惧、疼痛、医疗器械检查、晕血）引起的晕厥及立位性晕厥
	情景性晕厥	咳嗽、打喷嚏、胃肠道刺激、排尿后、运动后、饱餐后等
	颈动脉窦性晕厥	颈动脉窦受挤压（见于肿瘤、衣领过紧）
直立性低血压晕厥	原发自主神经异常性晕厥	单纯性自主神经调节紊乱、脑萎缩、帕金森病、痴呆症等
	继发自主神经异常性晕厥	糖尿病、淀粉样变性、尿毒症、脊髓损伤等
	药物诱导的低血压	酒精、血管扩张剂、利尿剂、抗抑郁药、吩噻嗪类药物等
	低血容量	大汗、出血、腹泻、呕吐等
心源性晕厥	心律失常	心动过缓、病态窦房结综合征——慢-快综合征、房室传导系统病变、起搏器故障、快速房颤、室上性或室性心动过速、药物致心律失常
	器质性心、肺疾病	心脏瓣膜病、急性心肌梗死（AMI）或急性缺血、肥厚型心肌病、左心房黏液瘤、心包压塞、冠脉先天异常、肺动脉高压、张力性气胸、主动脉夹层、肺栓塞等

（二）临床特点

晕厥发作是由病人或目击者描述，采集病史时应主要注意询问晕厥发作前状态及体位，发生时伴随症状，发作结束情况。相关病史包括既往病史、家族史、药物应用情况。

前驱期：部分病人晕厥发作前可出现头晕及周身不适、视物模糊、耳鸣、面色苍白、出汗等先兆。

发作期：大多数晕厥无先兆症状而突然出现意识丧失。个别晕厥可出现四肢阵挛性抽搐，瞳孔散大，流涎等。特点为发病迅速，发作时间短暂，大多数意识丧失时间不超过20秒。

恢复期：病人苏醒后定向力和行为随即恢复正常。老年人可有一段时间处于意识混乱、逆行性健忘，甚至呕吐和大小便失禁。

不同病因引起的晕厥特点如下：

1. 神经反射性晕厥

（1）血管迷走神经性晕厥：以青年女性、体质虚弱者常见。诱发因素包括激动、恐惧、焦虑、急性感染、创伤、剧痛等。多在直立位或坐位时诱发。发病前有先兆症状，若继续发展则出现意识丧失，血压迅速下降，脉弱，心率减慢，瞳孔扩大，少数病人可有尿失禁。绝大多数病人都在数秒或数分钟内清醒。醒后可有无力、头晕等不适症状。倾斜试验阳性。

（2）颈动脉窦性晕厥：突然转动头部或衣领过紧均可刺激颈动脉窦引起反射性心率减慢，导致血压一过性下降而发生晕厥，发作时多无先兆。多与颈动脉硬化，近颈动脉窦处外伤、炎症与肿瘤压迫，以及应用洋地黄或拟迷走神经药有关。颈动脉窦按摩试验阳性有助于诊断。

（3）情景性晕厥（situational syncope）：是指特定情况如排尿、排便、咳嗽、站立等相关神经介导的晕厥，亦可见于创伤后应激综合征病人。此类晕厥多见于青年男性，偶见于老年人。发作多无先兆，约1～2分钟后自行清醒。

2. 直立性低血压晕厥 直立性低血压又称体位性低血压，直立性低血压晕厥包括原发和继发性自主神经功能紊乱，以及低血容量状态。病人多由平卧位或久蹲，突然站立出现血压急速下降，脑灌注不足导致短暂性意识丧失。发作时多有先兆，常突然跌倒，发作间期卧位起立试验阳性。

3. 心源性晕厥

（1）心律失常致晕厥：各种原因（包括药物）导致的心动过缓（心室率<40次/分）和快速性室性心律失常（心率>130次/分）均可引起急性脑缺血而发生晕厥。临床表现为突然意识丧失、心音消失（心室扑动或颤动）、抽搐、面色苍白或青紫。心电图或24小时心电图动态监测多能明确诊断（参见第五章“心悸与心律失常”）。

（2）器质性心脏病致晕厥：心脏瓣膜病、急性心肌缺血、心肌梗死、肥厚型心肌病、左心房黏液瘤、心包压塞等。超声心动图和心电图检查有助于诊断。

（三）辅助检查

辅助检查有助于晕厥病因诊断及鉴别诊断。

1. 血糖、血红蛋白测定 须常规检查，有助于鉴别由低血糖、严重贫血引起的意识障碍。

2. 心电图和24小时心电动态监测 下列心电图表现提示可能为心律失常性晕厥：①双束支传导阻滞；②室内传导阻滞；③莫氏Ⅱ型房室传导阻滞；④心率<50次/分或窦房传导阻滞；⑤预激波形；⑥长Q-T间期；⑦ V_1～V_3 导联ST段抬高的右束支传导阻滞（Brugada综合征）；⑧右胸导联T波倒置和心室晚电位异常；⑨右室心肌病；⑩有心肌梗死Q波。

3. 超声心动图 可发现心脏器质性病变，如主动脉瓣狭窄、梗阻性肥厚型心肌病、心房黏液瘤、主动脉夹层等。

4. 脑电图、CT、MRI检查 对单纯晕厥病人此类检查阳性率不高，要视有器质性疾病病人具体情况选择检查。

5. 电生理检查 对于诊断窦房结和房室结功能异常、房性或室性快速心律失常等有重要价值。

6. 冠脉造影检查 用于排除心肌缺血诱发的心律失常。

7. 其他检查 包括运动激发试验、颈动脉窦按摩和直立位激发试验，对于诊断不明原因晕厥有一定意义。

（四）急诊评估及鉴别诊断

根据短暂发作性意识丧失，随即自行完全恢复的临床特点，以及病史、查体、直立位血压和心电图等检查，评估：①是否为晕厥；②病因是否明确；③有无心血管事件或猝死的高危因素。晕厥应与眩晕、癫痫发作和昏迷等症状进行鉴别，见表3-2。

对原因不明晕厥的诊断须符合以下条件：①晕厥有2次或2次以上发作史；②病史和查体排除心脏和神经系统异常；③ ECG、24小时动态心电图、脑电图、头颅CT扫描不能提示晕厥原因；④心脏电生理检查无异常。

（五）急诊处理

1. 现场处理

（1）体位：立即将病人置于平卧位，双足稍抬高。松解衣领及腰带。

（2）呼吸：保持呼吸道通畅，给予吸氧，纠正低氧血症。

（3）心律失常与低血压：心率<40 次 / 分者立即给予阿托品 1mg 静脉注射。不伴有心动过缓，但血压过低者，可立即静脉推注肾上腺素 0.5～1mg，或加入生理盐水或 5% 葡萄糖 250ml 中静脉滴注。

（4）心源性晕厥：如发生心跳、呼吸骤停，立即心肺复苏。

（5）药源性晕厥：停用药物，给予拮抗剂。

晕厥病人处理流程见图 3-1。

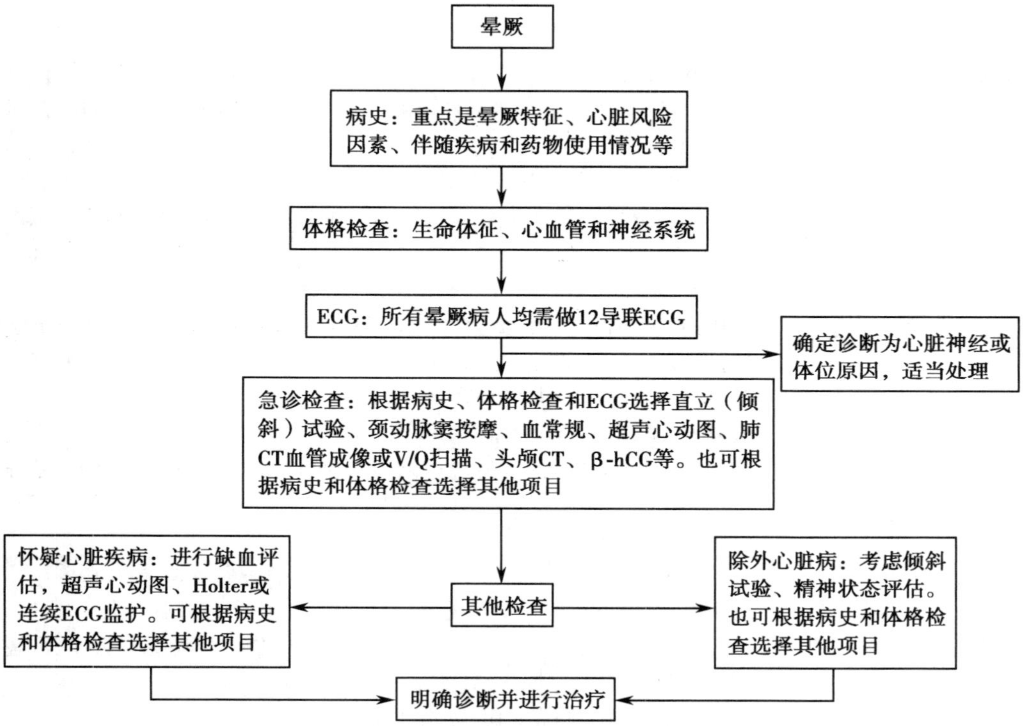

图 3-1　晕厥病人的诊断流程

2. 病因治疗　晕厥病因治疗的目标是预防晕厥反复发作和降低猝死的危险。

（1）血管迷走神经性晕厥：提高心理适应性，避免心理应激引起的过度通气。适当增加含盐饮食和含盐饮料，防止脱水，加强锻炼，避免或减量应用血管扩张药物。药物治疗包括 β- 受体阻断剂、α- 拟交感神经药、抗胆碱药、依替福林、丙吡胺等，但均未取得满意效果，短期治疗对晕厥发作可能有一定的预防作用。对于心脏抑制型血管迷走神经性晕厥，发作频次≥5 次 / 年，或年龄≥40 岁者应安装起搏器。

（2）颈动脉窦性晕厥：无高血压者，首选收缩血管药物和增加食盐量。颈动脉窦按摩时记录到心动过缓，且反复发作者应选择起搏器治疗。

（3）情景性晕厥：避免诱发因素和触发因素是治疗此类晕厥的最好方法。

（4）直立性低血压：大多数病人通过调整伴随疾病治疗药物即可控制症状，包括停用相关药物（如利尿剂、血管扩张剂等），适当增加食盐量和进水量。睡眠时头部抬高<10°，适当体育活动，增加回心血量可能有助于减少晕厥发作。

（5）心源性晕厥：对心律失常和器质性心脏病行病因治疗。

二、昏迷

昏迷(coma)是指人体对内外环境不能够认识，由于脑功能受到高度抑制而产生的意识丧失和随意运动消失，并对刺激反应异常或反射活动异常的一种病理状态。

(一)昏迷的病因

正常情况下，人的意识需要一个完整而正常的中枢神经系统维持，其中较重要的部分为：①上行网状激活系统；②丘脑；③丘脑下部激活系统；④大脑皮质。凡上述各部发生器质性或可逆性病变时，均可导致意识障碍或昏迷。引起昏迷的病因见表3-2。

表3-2 昏迷的病因

低氧血症	严重肺部疾病、重症贫血、有害气体/毒物中毒、高原缺氧、溺水
血糖异常	低血糖：酒精性肝病、胰岛素或降糖药过量、胰岛素瘤 高血糖：糖尿病酮症酸中毒、高渗性高血糖状态
脑低灌注	低血容量休克 心源性疾病：血管迷走神经性晕厥、心律失常、心肌梗死、瓣膜病、充血性心衰、心包填塞 感染：感染性休克、细菌性脑膜炎 血管/血液疾病：高血压脑病、高颅压性脑病、假性脑瘤、血栓性血小板减少性紫癜、DIC等
代谢辅因子缺乏/缺陷	维生素B_1、维生素B_6、叶酸、氰钴胺素、烟酸缺乏
电解质紊乱与酸碱失调	酸中毒/碱中毒、高钠/低钠血症、高钙/低钙血症、高磷血症、高镁/低镁血症
内分泌疾病	黏液性水肿昏迷、甲亢危象、垂体危象、肾上腺皮质功能减退症、库欣综合征、嗜铬细胞瘤、甲状旁腺功能亢进/减退症
内源性毒物	高氨血症、CO_2潴留、卟啉病、尿毒症等
外源性毒物	乙醇类，酸性毒物(水杨酸、副醛等)，抗抑郁药，镇静剂和麻醉剂，镇静催眠药，致幻剂，有毒动植物，挥发性物质；其他包括：氯胺酮、强心苷、抗惊厥药、异烟肼、重金属、有机磷
环境异常与体温调节障碍	低温、中暑、神经抑制恶性综合征、恶性高热、高原脑水肿、减压病
中枢神经系统炎症或浸润	脑膜炎、脑炎、脑病、脑血管炎、蛛网膜下腔出血、类癌性脑膜炎
原发性神经或胶质疾病	Creutzfeldt-Jakob病、Marchiafava-Bignami病、肾上腺脑白质营养不良、进行性多灶性脑白质病、脑胶质瘤、脑桥中部髓鞘溶解
中枢神经系统的局灶性损伤	创伤：颅内出血、脑震荡伤、创伤性轴索剪切伤 卒中：脑梗死、基底动脉夹层、脂肪栓塞、动脉栓塞 肿瘤：脑干肿瘤、转移瘤、垂体瘤、小脑肿瘤、急性脑积水 感染：脑脓肿、小脑脓肿
其他	癫痫、Reye综合征、基底动脉性偏头痛、脑干脱髓鞘

(二)诊断与鉴别诊断

1. 评估 对已昏迷的病人，首先要注意可能危及生命的体征，必要时紧急清除气道分泌物及异物，保持呼吸道通畅，进行有效通气和维持循环。尽快依据病史、全面的体格检查和经验评估昏迷的危重程度。目前常用格拉斯哥昏迷量表(Glasgow coma scale，GCS)作为昏迷程度的量化标准(见附1)。

2. 病史与伴随症状 涉及昏迷的主诉多来自家属或目击者，所提供信息多不可靠，但既往史(如高血压、肝病、糖尿病、创伤、酗酒等)、昏迷发生的缓急和伴随表现多有参考意义。突然昏迷，应考虑脑出血、脑栓塞或高血压脑病；发热应考虑感染原因；昏迷前如有剧烈头痛、呕吐，可能有颅压增高，应考虑脑肿瘤、脑脓肿、脑出血、脑膜炎等。

根据伴随症状鉴别不同病因可能，包括是否存在喷射性呕吐，尿、便失禁，抽搐，高热，低体温，呼吸气味、节律变化，不自主运动，及面色异常等。

笔记

3. 生命体征检查

（1）体温：急性昏迷高热达39℃以上多为脑干、脑室出血，此外，脑炎、脑膜炎、脑型疟疾、脑脓肿、败血症等也可有体温升高。糖尿病性昏迷、低血糖昏迷、肝性脑病及某些中毒体温降低。

（2）呼吸：呼吸障碍的性质有时可决定于昏迷发生的病因。呼吸深长（Kussmaul呼吸）见于糖尿病酸中毒和尿毒症昏迷，并分别伴有烂苹果味和尿有氨味；浅而慢呼吸见于镇静安眠药及成瘾性药物中毒；鼾声呼吸见于脑出血；肝性脑病和酒精中毒病人呼吸分别有肝臭味和酒味；潮式（Cheyne-stokes）呼吸和间歇（Biots）呼吸多见于中枢神经系统疾病，间歇式呼吸病人多预后不良。

（3）脉搏：有助于发现心源性疾病所致昏迷，如心律失常所致脑缺血综合征，昏迷伴有脉搏强弱不等、快慢不均很可能是心房纤颤所致脑栓塞。脑内病变颅压增高者脉搏缓慢，伴发热则脉搏加快。

（4）血压：血压升高见于颅压升高、脑出血、高血压脑病、尿毒症等；血压降低见于感染、糖尿病性昏迷、镇静安眠药和成瘾性药物中毒者。

4. 体格检查

（1）皮肤黏膜：观察皮肤颜色、出汗、皮疹、出血点及外伤等。皮肤巩膜黄染见于肝性脑病；发绀见于窒息、肺性脑病等；皮肤苍白见于休克、贫血、尿毒症、低血糖性昏迷等；潮红见于CO_2、颠茄类及酒精中毒；皮肤湿冷见于休克、低血糖昏迷、吗啡类药物中毒；疱疹、皮肤瘀斑、皮疹等须对疱疹性脑炎、流行性脑脊髓膜炎、脓毒症、流行性出血热等鉴别。

（2）全身检查：头颈部有无皮肤外伤、浣熊眼、脑脊液漏、耳鼻及皮下出血、舌咬伤等，可鉴别颅脑外伤及癫痫大发作。胸部检查可提供心、肺病变所致的神经系统并发症；腹部检查可能发现全身感染、肿瘤、肝病或内脏破裂出血的证据；脊柱、四肢检查可发现肿瘤、长骨骨折引起的脑栓塞等。

（3）特殊检查：对于昏迷病人，应特别注意以下几项检查内容：①神经系统检查：包括瞳孔大小和对光反射、眼球运动、脑干功能及运动反应、各种反射和脑膜刺激征检查。②眼底检查：高血压、糖尿病、尿毒症或颅内压增高可见视神经盘水肿或视网膜出血；成年人玻璃体膜下出血，高度提示蛛网膜下腔出血；严重的视神经盘水肿多数是较长时间的颅内压增高所致，应考虑颅内肿瘤、脓肿等占位性病变。③有无水肿、脱水、黄疸、皮疹、发绀、头部外伤等。

5. 辅助检查

（1）实验室检查：血、尿常规，电解质、血糖、血氨、肝功能、肾功能等生化检查，血气分析等。

（2）脑脊液检查：对了解颅内压力改变、有无颅内感染及出血有着非常重要的意义。正常脑脊液无色透明、均匀一致，血性见于脑出血或蛛网膜下腔出血；脑脊液混浊见于细菌性脑膜炎或化脓性脑膜炎。

（3）相关检查：包括脑电图、脑血流图、头部CT、磁共振、数字减影血管造影等检查。

6. 昏迷诊断的思路　根据病人发病时有无脑局灶体征、脑膜刺激征和脑脊液改变，将昏迷的病因分为：①无脑局灶体征和脑脊液改变；②有脑膜刺激征、脑脊液血性或白细胞增多，常无局部症状；③有脑局灶体征，伴或不伴脑脊液的改变。此分类方法可明确病变的性质，有利于快速治疗。也可根据病史、脑脊液、血糖及生化快速判断昏迷病因。

（1）有神经系统症状和体征，结合病史判断，见图3-2。

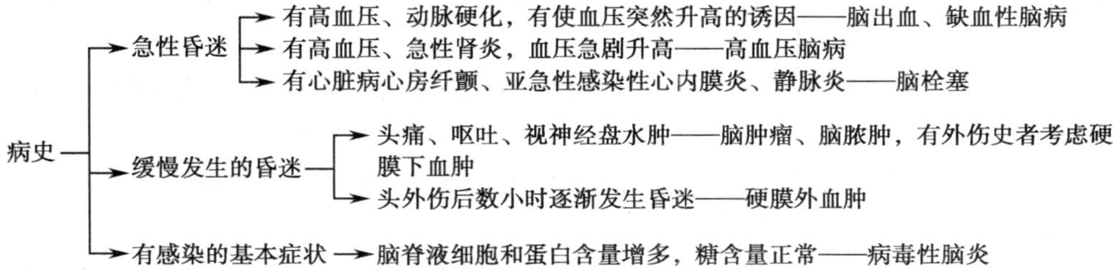

图3-2　有神经系统症状和体征，结合病史判断昏迷病因

（2）有脑膜刺激症状，颅压升高，结合脑脊液（CSF）判断，见图3-3。

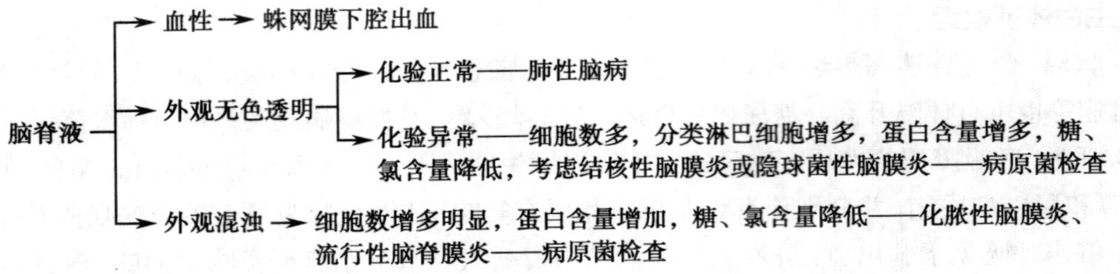

图 3-3 有脑膜刺激症状，结合脑脊液判断昏迷病因

（3）无神经系统症状和体征，结合血糖及生化判断，见图 3-4。

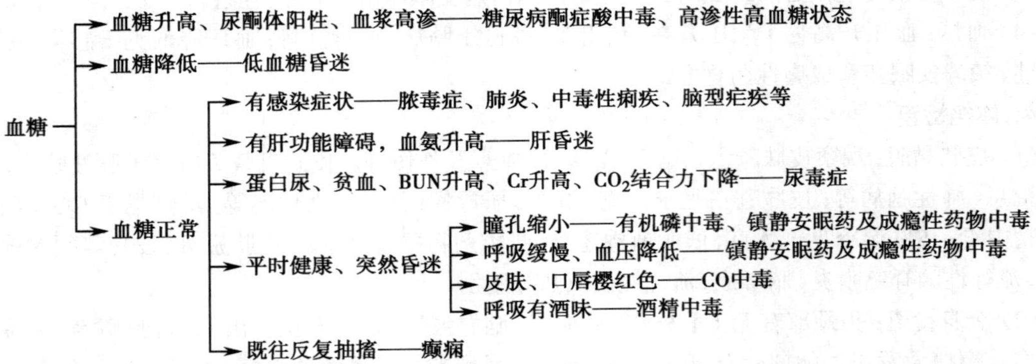

图 3-4 无神经系统症状和体征，结合血糖及生化判断昏迷病因

7. 貌似昏迷的特殊病症

（1）木僵：常见于精神分裂症病人，对外界各种刺激均无反应，四肢不动，不语，不吃，不喝，身体呈蜡样屈曲。常伴有自主神经功能紊乱的表现如流涎、尿潴留、低体温等。

（2）精神抑制状态：常见于癔症或严重精神打击之后。起病突然，对外界刺激无反应，僵卧不语，或呼吸急促或闭气，四肢用力伸直或乱动，双目紧闭或睁眼瞪视，双眼睑急速轻眨，翻开上睑可见眼球活动。神经系统检查正常。

（3）闭锁综合征：只有眼睑活动，如闭眼、睁眼及眼球垂直运动。不能言语，四肢不能动。其思维表达方式为眼睑和眼球的活动。

（三）急诊处理

昏迷的诊断与治疗流程见图 3-5。

1. 对于危及生命的昏迷病人应立即给予有效处置，保持呼吸道通畅，必要时气管插管，人工辅助通气，应用呼吸兴奋剂；纠正休克，维持有效循环。

2. 建立静脉通道，连续呼吸、心率、血压和体温监测。GCS≤8 分时，持续昏迷病人应予气道管理。创伤病人除给予液体复苏外，应特别注意脊柱损伤。

3. 急诊行血、尿常规，肝、肾功能，电解质，血气分析等检查。

4. 有颅压增高表现者给 20% 甘露醇、呋塞米、甘油果糖等降颅压治疗，必要时行侧脑室穿刺引流。

5. 控制癫痫发作、高血压及高热，预防感染。

6. 昏迷伴呼吸衰竭、休克、心力衰竭及癫痫者应予及时救治；严重颅脑外伤昏迷伴高热、抽搐、去大脑强直发作可用人工冬眠疗法。

7. 昏迷病人的重要治疗是找出导致昏迷的原因，针对主要疾病进行病因治疗。

8. 其他治疗

（1）止血：颅内出血、内脏应激性溃疡出血或外伤失血均应给予适当的止血剂，如 6- 氨基己酸、对羧基苄胺、酚磺乙胺、氨甲环酸或中药。

（2）抗感染：因昏迷病人容易合并感染，应选择抗生素经验性治疗。

(3)促进脑细胞功能恢复：可用促脑细胞代谢剂，如ATP、辅酶A、谷氨酸、γ-氨基丁酸和肌苷等。

(4)促醒：常用有纳洛酮、胞磷胆碱、甲氯芬酯、脑活素和醒脑静注射液等。

(5)对症支持治疗：昏迷病人多有进食障碍、呕吐及多汗等，需注意补充营养及水、电解质的平衡。有呕吐及呃逆者，应用维生素B_6、甲氧氯普胺肌内注射。

(6)加强护理：注意口腔、呼吸道、泌尿道及皮肤护理，防止误吸及压疮发生，并留置导尿等。

(7)密切观察病情：病情稳定后，立即送入ICU病房进一步确诊和治疗。

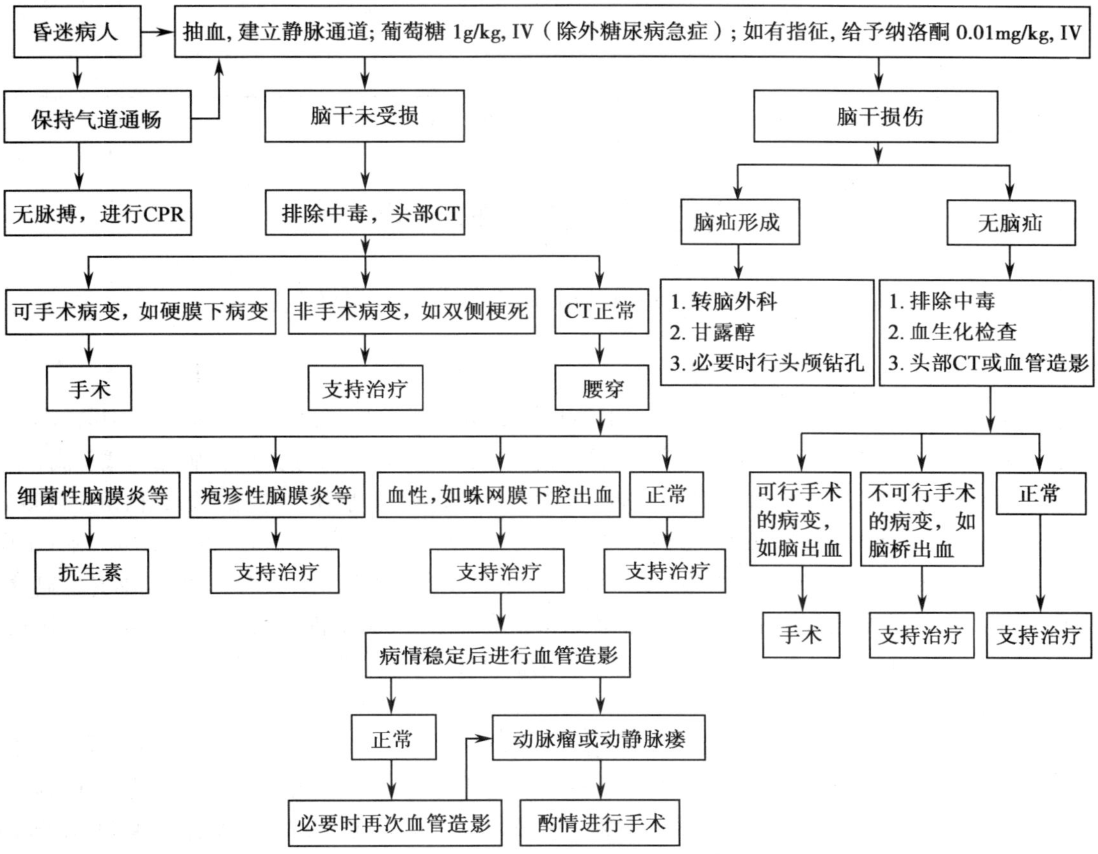

图3-5　昏迷的诊断与治疗流程图

附1　格拉斯哥昏迷量表

格拉斯哥昏迷量表(Glasgow coma scale，GCS)是目前临床上最常用的一种判定昏迷的方法，主要根据病人的语言反应、眼球活动及肢体运动反应三项内容将昏迷程度由轻到重分为四级。正常：15分；轻度昏迷：14～12分；中度昏迷：11～9分，8分以下为重度昏迷。其中7～4分者预后极差，3分及以下者，多不能生存。

检查内容	病人反应	计分
睁眼反应(E)	自动睁眼	4
	语言刺激睁眼	3
	疼痛刺激睁眼	2
	任何刺激不睁眼	1
言语反应(V)	正常	5
	答错话	4
	能理解，不连贯	3
	难以理解	2
	不能言语	1

续表

检查内容	病人反应	计分
运动反应(M)	按指令动作	6
(非瘫痪侧)	刺激能定位	5
	刺激时有逃避反应	4
	刺激时有屈曲反应	3
	刺激时有过伸反应	2
	肢体无活动	1
总分		

注:积分范围为3～15分。3分为意识状态最差;15分是正常人的意识状态

第二节 脑 卒 中

脑卒中(stroke)分为出血性卒中(如脑出血)和缺血性卒中(如脑梗死)。

一、脑出血

脑出血(intracerebral hemorrhage)是指由脑部动脉、静脉或毛细血管破裂引起的脑实质内和脑室内出血,其中动脉破裂出血最为常见。脑出血是急诊常见急症,起病急、病情重、病死致残率高。

脑出血多数发生在大脑半球内,只有少部分原发于小脑、脑干和脑室。基底节区壳核出血最多见,占50%～70%;出血动脉主要来源于大脑中动脉深穿支豆纹动脉,丘脑出血次之,约占20%;脑叶出血,或称大脑皮质下出血,约占15%。小脑出血,约占10%。原发性脑干出血,约占10%。脑室出血分为原发性脑室出血与继发性脑室出血两种。前者系指脑室脉络丛、脑室内和脑室壁血管以及室管膜下1.5cm以内的脑室旁区的出血;后者较为多见,多为脑实质内出血破入脑室所致。

(一)临床表现

脑出血多发生于50岁以上有高血压病史的病人,60～70岁更多见。一年四季皆可发病,寒冷或气温骤变时节发生较多;通常在情绪激动、精神紧张、剧烈活动、用力过度、咳嗽、排便等诱因下发病。一般发病前无预兆,少数病人在出血前数小时或数日可有头痛、头晕、短暂意识模糊、嗜睡、精神症状、一过性肢体运动、感觉异常或说话不清等症状。病情与出血的部位、速度、出血量有关,但都起病急骤,数分钟或数小时内病情即可发展到高峰。

全脑症状包括头痛、呕吐、意识障碍等,系由脑水肿和颅内高压引起;局灶症状系由出血后脑组织受损、破坏后引起一系列神经功能障碍,如表现为肢体偏瘫、失语、颅神经麻痹等。

由于出血部位及范围不同可产生某些特殊定位性临床症状:

壳核-内囊出血(图3-6):临床最常见出血部位,出血病灶对侧常出现偏瘫、偏侧感觉障碍与偏盲的"三偏综合征"。双眼向病灶侧凝视,呈"凝视病灶"。优势半球发生病变可有失语。

丘脑出血(图3-7):常为丘脑膝状体动脉或丘脑穿动脉破裂出血,前者常为丘脑外侧核出血,后者常为丘脑内侧核出血。丘脑出血几乎都有眼球运动障碍,如下视麻痹、瞳孔缩小等。临床表现有明显的意识障碍,甚至昏迷,对侧肢体完全性瘫痪,脑膜刺激征等。丘脑内侧或下部出血,出现双眼内收下视鼻尖,上视障碍,是丘脑出血的典型体征。

脑叶出血(图3-8):绝大多数呈急性起病,多先有头痛、呕吐或抽搐,甚至尿失禁等;意识障碍少而轻;偏瘫较基底节出血少见,而且较轻,有昏迷者多为大量出血压迫脑干所致。

小脑出血(图3-9):多表现为突然发作的枕部头痛、眩晕、呕吐、肢体或躯干共济失调及眼球震颤等,当血肿影响到脑干和脑脊液循环通路时,出现脑干受压和急性梗阻性脑积水。小而局限的出血,多无意识障碍,只有CT检查方可确诊;重者短时间内迅速昏迷,发生小脑扁桃体疝可致突然死亡。

笔记

也有部分病人呈进行性加重，逐渐出现昏迷和脑干受压的体征，如不能得到及时有效的治疗，多在48小时内死亡。

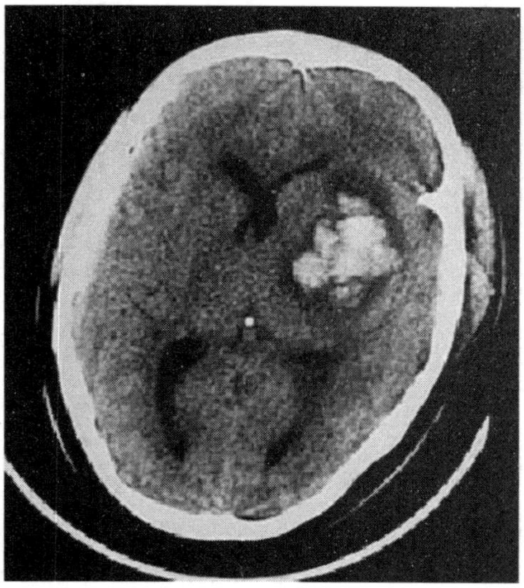

图3-6　壳核-内囊出血

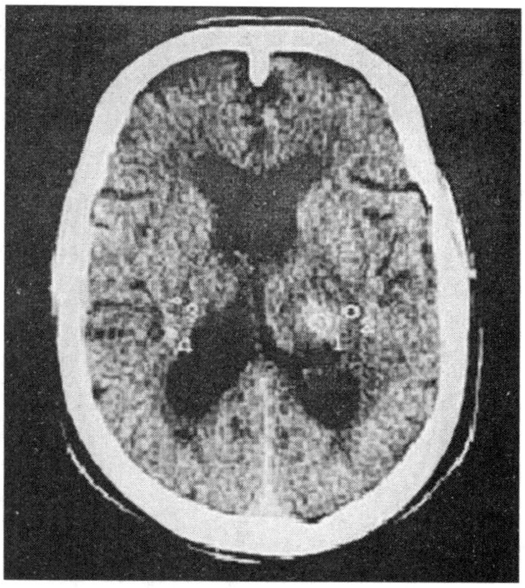

图3-7　丘脑出血

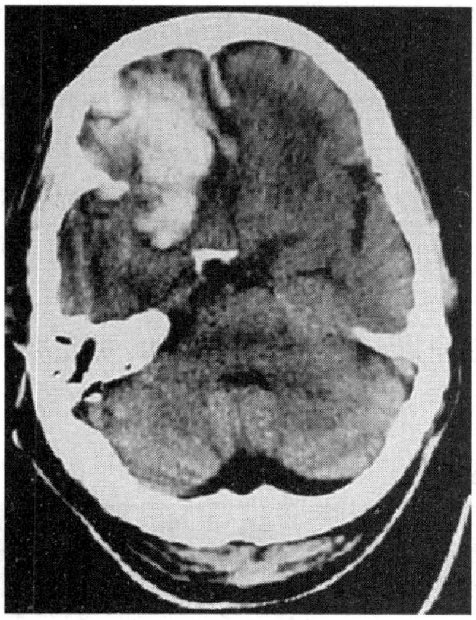

图3-8　脑叶出血

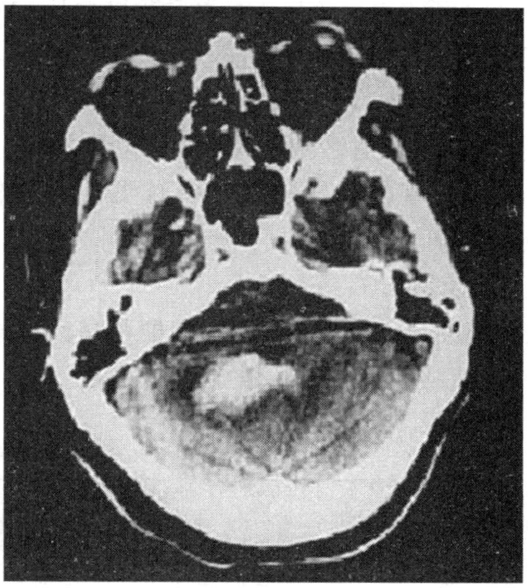

图3-9　小脑出血

原发性脑干出血（图3-10）：90%以上的高血压所致的原发性脑干出血发生在脑桥，少数发生在中脑。①中脑出血：侵犯一侧大脑脚则同侧动眼神经麻痹，伴对侧肢体瘫痪（Weber综合征）。②脑桥出血：常迅速出现深昏迷，瞳孔明显缩小呈针尖样，但对光反射存在；四肢瘫痪，双侧锥体束体征阳性，高热，呼吸不规则，血压不稳；部分病人并发消化道出血，病情进行性恶化，多在短时间内死亡。③延髓出血：一经发生很快死亡。

脑室出血（图3-11）：分为原发性和继发性两种。原发性脑室出血表现为血液成分刺激引起的脑膜刺激征和脑脊液循环梗阻引起的颅内压增高症状；继发性脑室出血除了具有上述原发性脑室出血的临床特征外，还同时伴有原发性出血灶所致神经功能障碍。

（二）辅助检查

1. 颅脑CT扫描　在高清晰度的CT图像上，脑出血的诊断几乎可达100%。CT检查既是有效的诊断方法，也是制订治疗方案、观察疗效、判断预后的重要依据。

2. 颅脑MRI扫描　慢性血肿的MRI特征：高信号血肿，外加一个低信号含铁血黄素环。尽管目前 CT 仍是急性脑内出血的首选检查方法，但 MRI 诊断亚急性与慢性血肿比 CT 敏感，尤其对陈旧血肿，MRI 可清晰显示含铁血黄素衬边的低信号残腔，容易与陈旧性脑梗死鉴别。

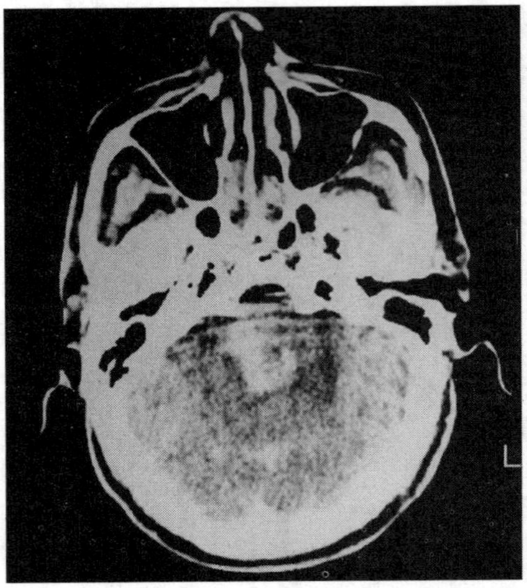

图 3-10　脑干出血

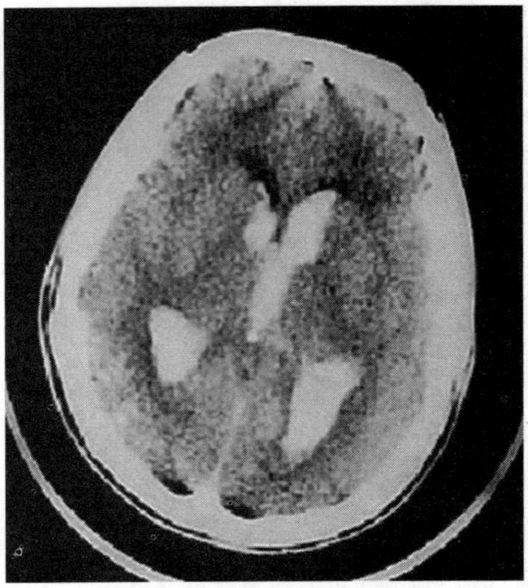

图 3-11　脑室出血

3. 脑血管造影　临床上怀疑动静脉畸形（AVM）或脑动脉瘤破裂出血时，脑血管造影可明确病因。

（三）诊断与鉴别诊断

1. 诊断要点　根据病史资料和体格检查多可做出诊断：病人年龄多在 50 岁以上，既往有高血压动脉硬化史；多在情绪激动或体力劳动中发病；起病突然，发病后出现头痛、恶心、呕吐，半数病人有意识障碍或出现抽搐、尿失禁；可有明显定位体征，如偏瘫、脑膜刺激征；发病后血压明显升高；CT 扫描及 MRI 可见出血灶。

2. 鉴别诊断

（1）脑梗死：由于脑出血和脑梗死在治疗原则上截然不同，因此对两者的鉴别十分重要。应用 CT 检查可直接明确有无脑出血，见表 3-3。

表 3-3　脑出血的鉴别诊断

疾病表现	出血性脑血管病		缺血性脑血管病	
	脑出血	蛛网膜下腔出血	脑血栓形成	脑栓塞
常见病因	高血压	动脉瘤或血管畸形	动脉粥样硬化	脑栓塞
年龄	40～60 岁	中青年	65 岁以上	35～45 岁
起病	急	急	较慢	最急
诱因	情绪激动、用力时	情绪激动、用力时	休息、睡眠时	心房颤动
头痛	常见	剧烈	无	无
呕吐	多见	多见	无	可有
偏瘫	有	无	有	有
脑膜刺激征	有	明显	无	无
脑脊液压力	增高	增高	正常	可增高
血性脑脊液	有	有	无	无

（2）蛛网膜下腔出血：起病急骤，伴剧烈的头痛、呕吐、一过性意识障碍。有明显的脑膜刺激征，很少出现局限性神经系统体征，脑脊液呈血性，一般鉴别不困难（见表 3-3）。脑出血一般先出现偏瘫，待血液破入脑室和蛛网膜下腔时才出现脑膜刺激征；而动脉瘤和动静脉畸形破裂出血可直接进入蛛网膜下腔，故先出现脑膜刺激征，而后才出现偏瘫。脑血管造影可明确诊断。

笔记

（3）颅内肿瘤出血：病程较长，多在原有症状的基础上突然加重，也可为首发症状。增强的头颅CT和MRI对肿瘤出血具有诊断价值。

（四）治疗

脑出血急性期的治疗，主要包括现场急诊处理、内科和手术治疗。

1. 急诊处理 对昏迷病人应及时清除口腔和呼吸道分泌物，保持呼吸道通畅，对呼吸衰竭病人必要时行气管插管给予人工通气。接诊医生简明扼要询问病史，做较全面体检，对血压过高、脑疝危象、抽搐者给予及时处理，尽量减少不必要的搬动。建立静脉通路，监测生命指征。

2. 内科治疗 急性期内科治疗原则是维持生命体征、止血和防止再出血，减轻和控制脑水肿，预防和治疗各种并发症。主要目的是挽救病人生命，降低致残率，防止复发。

（1）一般处理：①绝对卧床休息、监测生命指征，如烦躁不安，可用地西泮类药物，禁用吗啡类药物。②保持呼吸道通畅，吸氧，必要时行气管插管或行气管切开术。有尿潴留者，应保留导尿。对昏迷病人要定时翻身，防止压疮。③保持水、电解质平衡及营养支持：急性期24～48小时应予禁食，并适当静脉补液，总量控制在1500～2000ml/d。48小时后，如果意识好转，且吞咽无障碍者可试进流食，少量多餐，否则应下胃管鼻饲维持营养。④保持功能体位，防止肢体畸形。

（2）特殊治疗：①急性期血压的处理：脑出血后一般血压升高，收缩压>200mmHg时，应给予降压药物，这也是防止进一步出血的关键。使血压维持在160/100mmHg左右。②控制脑水肿、降低颅内压：应立即使用脱水剂。甘露醇的疗效最为确切，作用也最快，常用量为20%的溶液125～250ml，静脉滴注，1次/4～6小时，对于发生脑疝的病人立即应用。病情较平稳的病人可用甘油果糖250～500ml，静脉滴注，2次/日。③止血药物的应用：除有出血倾向和并发消化道出血的病人可适当应用止血药物外，多数病人不必常规使用。④脑保护剂与低温疗法：常用尼莫地平、维生素E、维生素C。甘露醇也有清除自由基的作用。低温可降低细胞的代谢，抑制脑单胺和兴奋性氨基酸递质的合成和释放，对脑组织损伤有确切的保护作用。常用头枕冰袋、冰帽，可起到一定的作用。冬眠疗法配合使用冰毯、冰帽可使体温下降至35℃，起到脑保护的作用。

3. 急诊手术 急诊手术治疗的指征尚无统一的标准。以出血量来选择治疗：壳核出血>30ml、丘脑出血>14ml、小脑半球出血>15ml，应行手术治疗。具体应根据出血量、部位、手术距离出血的时间、病人年龄和全身情况以及术者的经验来决定。常用清除血肿的方法有神经内镜、定向血肿吸引术、开颅血肿清除术等。

4. 防治并发症 脑出血常见的并发症有消化道出血、肺部感染、泌尿道感染、压疮、肾衰竭等。基本治疗原则是在降低颅内压、控制脑水肿、减轻下丘脑及脑干损害的前提下，根据病情对应处理。

高血压性脑出血的抢救流程见图3-12。

二、脑梗死

脑梗死（cerebral infarction，CI）又称缺血性卒中（ischemic stroke），是由于脑血液供应障碍引起缺血、缺氧所致局限性脑组织坏死或软化。包括脑血栓形成、腔隙性梗死和脑栓塞等是最常见的脑血管病急症，约占全部脑卒中的80%。

（一）脑血栓形成

脑血栓形成是指由于脑动脉粥样硬化导致的血管腔狭窄、闭塞，或在狭窄基础上形成血栓，造成局部脑组织急性血液供应中断，致缺血缺氧性坏死，出现局灶性神经系统症状和体征。多见病因为动脉粥样硬化，较少见的有脑动脉炎，还有真性红细胞增多症、多发性骨髓瘤等。

1. 临床表现 可因病灶的部位及大小不同，表现为多种多样的症状和体征。

（1）颈内动脉系统：病灶对侧出现偏瘫，偏身感觉障碍包括面部痛觉减退，同向偏盲，双眼向病灶侧凝视，言语不清，饮水呛咳，吞咽困难，优势半球受累可有失语等，大面积脑梗死及丘脑梗死者可有意识障碍，以嗜睡、昏睡者多见，病情危重者可出现脑疝而死亡。

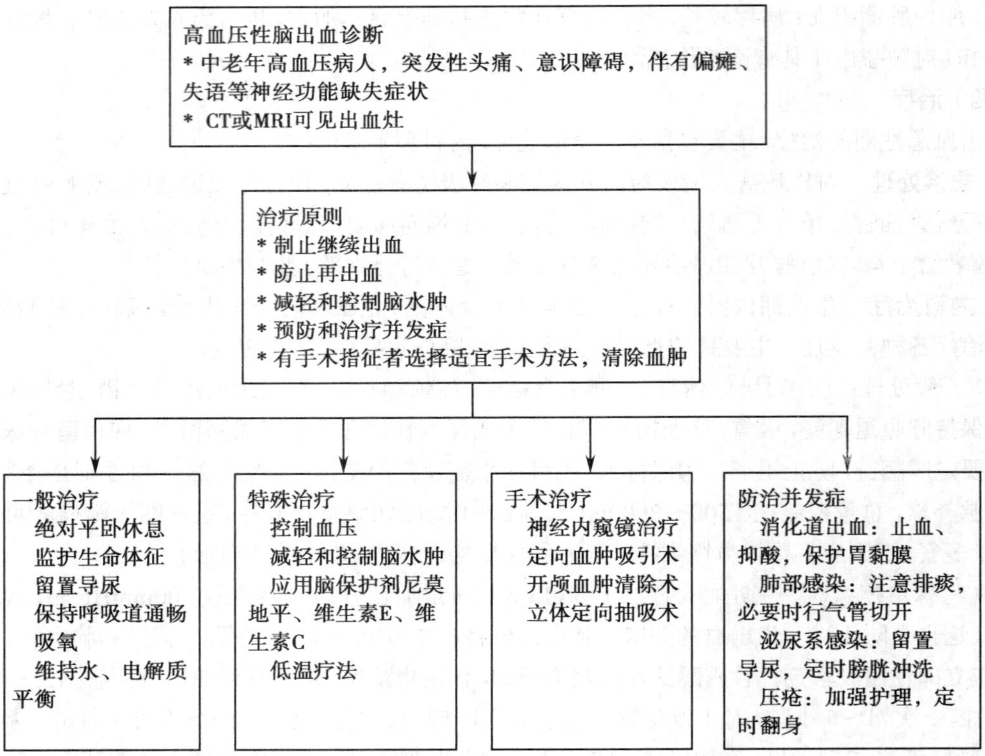

图 3-12 高血压性脑出血的抢救流程

（2）椎 - 基底动脉系统：较特征性的表现为各种类型的交叉瘫。如 Weber 综合征（眼动脉交叉瘫）为病灶同侧动眼神经麻痹，病灶对侧中枢性面瘫、舌瘫和偏瘫。Millard-Gubler 综合征（面神经交叉瘫）为病灶同侧周围性面瘫，病灶对侧中枢舌瘫和偏瘫。特殊类型有：①脑桥梗死：发病即表现为昏迷，双侧瞳孔针尖样大小，四肢瘫，双侧病理征阳性，常伴有呼吸节律的改变。②基底动脉尖综合征：发病即表现为昏迷，双侧瞳孔不等大，病灶侧瞳孔散大，似急性脑疝，四肢瘫，双侧病理征阳性。③延髓背外侧综合征：眩晕、恶心、呕吐；病灶同侧小脑性共济失调；病灶同侧 Horner 征；饮水呛咳，吞咽困难，咽反射消失；交叉性感觉减退（病灶同侧面瘫及对侧偏瘫）。

2. 神经系统及影像检查

（1）神经系统查体有局灶性神经受损的体征，如偏盲、偏瘫、偏侧感觉障碍、失语等。

（2）颅脑 CT 发病 24 小时内未能显示梗死灶，但可以除外脑出血及颅内肿瘤，有助于早期确诊。24 小时后可见梗死灶，在 CT 显示低密度病灶，皮质病变呈底朝外楔形或长方形，髓质病变呈椭圆形、条形等。但脑干及小脑病灶 CT 扫描显示欠佳。

（3）颅脑 MRI 可在发病 1 小时后发现新发病灶，且可以清晰地显示脑干及小脑部位的梗死灶，梗死灶显示在 T_1 为低信号，T_2 为高信号。并可除外脑出血（检查效果不如 CT）、颅内肿瘤及血管畸形等。

3. 鉴别诊断

（1）脑出血：通常有高血压病史，于活动中有一过性血压升高的诱因，如用力、排便、愤怒等，病情发展快，多伴有头痛、恶心、呕吐，颅脑 CT 可见脑出血病灶。

（2）低血糖症：常有糖尿病病史，伴有饥饿、大汗、疲乏无力等表现，血糖<2.8mmol/L，经高浓度葡萄糖治疗后，症状迅速好转。

（3）颅内占位性病变：颅内肿瘤、硬膜下血肿和脑脓肿等经 CT 或 MRI 检查可以确诊。

4. 治疗

（1）早期溶栓：早期溶栓再通可以降低死亡率、致残率，保护神经功能。

1）适应证：①年龄<75 岁；②发病 3～4.5 小时以内使用 rt-PA，6 小时内使用尿激酶；③血压<180/110mmHg；④瘫痪肢体的肌力<3 级，持续时间>1 小时；⑤颅脑 CT 除外脑出血；⑥部分活化凝血活酶时间（APTT）、凝血酶原时间（PT）和纤维蛋白原正常；⑦家属及本人在了解溶栓可致脑出血及全身出血并发症后，征得知情同意。

2）禁忌证：①有出血或出血倾向者；②近 3 个月内有脑卒中、脑外伤史，3 周内有胃肠道或泌尿系统出血病史，2 周内有接受较大的外科手术史，1 周内有在无法压迫的部位进行动脉穿刺的病史；③体检发现有活动性出血或外伤（如骨折）；④血压≥180/110mmHg；⑤颅脑 CT 有大片的低密度病灶；⑥有严重心、肝、肾功能障碍；⑦既往有颅内出血、蛛网膜下腔出血和出血性脑梗死病史者。

3）静脉溶栓疗法：①尿激酶（UK）：100 万～150 万 IU，溶于生理盐水 100～200ml，持续静脉滴注 30 分钟。②重组组织型纤溶酶原激活剂（rt-PA）：一次用量 0.9mg/kg（最大剂量为 90mg）静脉滴注，其中 10% 的剂量先于 2 分钟内静脉注射，其余剂量在 60～90 分钟内持续静脉滴注，用药 24 小时内应严密监护。

4）动脉溶栓疗法：可在数字减影血管造影（DSA）直视下进行超选择性介入动脉溶栓。

（2）降纤治疗：降纤酶和巴曲酶可显著降低血浆纤维蛋白原水平，具有增加纤溶活性、抑制血栓形成的作用，更适合有高纤维蛋白原血症病人，建议对发病<12 小时的脑梗死病人选用降纤治疗。

（3）抗凝治疗：疗效尚不确定，目前多用于进展型卒中病人。

（4）神经保护治疗：发病<2 小时的脑梗死病人应用头部或全身亚低温治疗，可降低脑代谢和脑耗氧量，显著减少脑梗死体积，减轻神经元损伤。

（5）抗血小板治疗：急性脑梗死病人在发病 24～48 小时内应用阿司匹林可降低死亡率与复发率，但溶栓治疗 24 小时内不得使用。对不能耐受阿司匹林者，可考虑选用氯吡格雷等。

（6）急性期血压的控制：缺血性脑卒中发生后血压升高一般不需要紧急处理。发病后 24～48 小时内收缩压>220mmHg、舒张压>120mmHg 或平均动脉压>130mmHg 使用降压药，血压过高（舒张压>140mmHg）可用硝普钠，使血压维持在（170～180）/（95～100）mmHg 水平。注意避免过度降压使灌注压下降而导致卒中恶化。

（7）中药治疗：可使用丹参、银杏叶制剂或水蛭素等中药辅助治疗，可降低血小板聚集，改善脑血流，降低血黏滞度，并具有一定的神经保护作用。

脑血栓形成的救治流程见图 3-13。

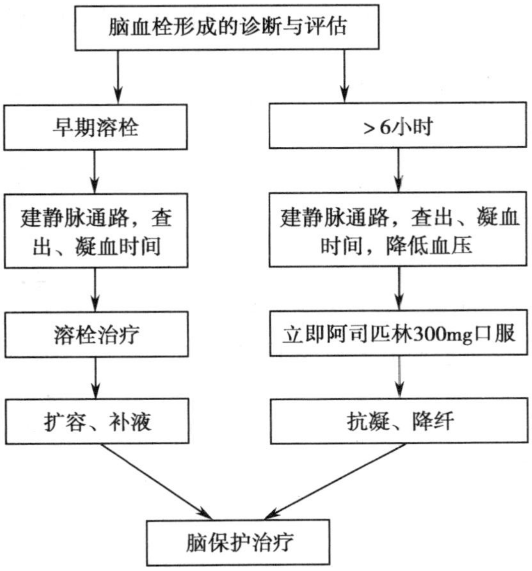

图 3-13　脑血栓形成的救治流程

（二）脑栓塞

脑栓塞（cerebral embolism）系指血液循环中的固体、液体或气体等各种栓子随血流进入颅内动脉，使管腔急性闭塞，造成供血区脑组织缺血缺氧性坏死而出现的急性脑功能障碍。

按栓子来源不同可分为心源性、非心源性和来源不明三大类。临床上以心源性脑栓塞最多，约占半数以上。

1. 临床表现　起病年龄不一，如风心病所致，发病年龄以中青年为主；冠心病、心肌梗死、心房颤动致栓塞者以中老年居多，安静和活动时均可发病。起病急骤，在数秒内症状达高峰，是所有脑血管病中发病最快者。少数病人起病时可伴有一过性意识障碍，当颈内动脉系统主干或椎 - 基底动脉栓塞时可发生昏迷。由于发病快，常引起血管痉挛，癫痫发作较其他血管病常见。如在局限性神经功能缺失症状好转或稳定后又加重，提示栓塞再发或出现梗死后出血。

2. 诊断

（1）起病急骤、有栓子来源，多无前驱症状，常于数秒内病情达高峰。

（2）主要表现为偏瘫、偏身感觉障碍和偏盲，优势半球则有各种类型的失语，少数病人为眩晕、呕吐、眼震和共济失调。

（3）栓子多来源于心脏，故常有风湿性心脏病、冠心病、心律失常、心肌梗死等临床表现。

（4）有其他部位栓塞的症状、体征。

（5）辅助检查：

1）颅脑 CT：不仅可以确定栓塞的部位及范围，而且可明确是单发还是多发。一般于 24～48 小时后可见低密度梗死区，如在低密度中有高密度影提示为出血性梗死。

2）颅脑 MRI：能更早发现病灶，MRA 能显示血管及血流状况。

3）DSA：能准确显示血管阻塞的部位和动脉壁病变。

4）腰穿：脑脊液可正常，亦可压力升高，有出血性梗死时可见红细胞。感染性栓塞时白细胞增加，脂肪栓塞时可见脂肪球。

5）其他：心电图或 24 小时动态心电图可了解有无心律失常、心肌梗死等；超声心动图有助于显示瓣膜疾病、心内膜病变；颈动脉超声可显示颈动脉及颈内外动脉分叉处的血管状况、有无管壁粥样硬化斑块及管腔狭窄等；胸部 X 线检查有助于了解心脏状况及肺部有无感染、癌肿等。

（6）鉴别诊断：应与脑出血、蛛网膜下腔出血、脑血栓形成相鉴别，由颈部大动脉的动脉粥样硬化斑块的碎片脱落造成的脑栓塞，不易与脑血栓形成相鉴别。

3. 治疗　脑栓塞的治疗应包括针对脑部病变和引起脑栓塞的原发病两部分。

（1）脑栓塞治疗：改善脑血液循环、减轻脑水肿、减小梗死范围。对于心肌梗死、风湿性心脏病、心房颤动病人，防止心腔内形成新的血栓，以及栓塞血管出现逆行血栓，主张抗凝治疗及抗血小板治疗。但对出血性梗死、亚急性细菌性心内膜炎及癌性栓塞者，有潜在出血灶或出血性疾病者，禁用抗凝及溶栓治疗。

（2）原发病治疗：对心脏病积极进行内外科处理，对亚急性细菌性心内膜炎和其他感染性栓塞采取有效、足量的抗生素治疗。

脑栓塞的救治流程见图 3-14。

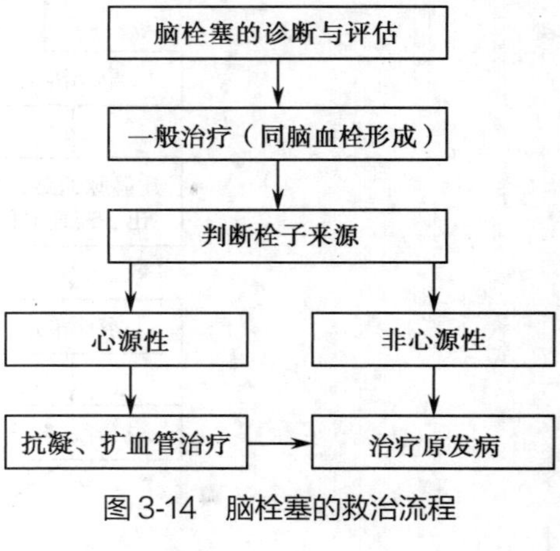

图 3-14　脑栓塞的救治流程

三、蛛网膜下腔出血

蛛网膜下腔出血（subarachnoid hemorrhage）是脑底部或脑表面的血管破裂，血液直接或间接流入蛛网膜下腔，可分为外伤性和自发性两类。国内发病率约为 10/10 万，仅次于脑血栓形成与脑出血，约占所有出血性脑血管病的10%，首次发病率与复发率均在25%左右。

（一）病因

最常见的病因为先天性动脉瘤和动静脉畸形破裂，约占57%；其次是高血压性脑出血，约为15%；其他病变有颅内肿瘤卒中、烟雾病、血液病、颅内炎症、颅内静脉血栓形成、中毒、结缔组织病、抗凝治疗并发症、妊娠并发症以及脊髓血管病变等。通常在30岁以前发病者，多为脑血管畸形；40岁以后发病者，多为颅内动脉瘤破裂；50岁以上发病者，则往往由高血压动脉硬化及脑肿瘤引起。

（二）临床特点

主要表现为突发性剧烈头痛、呕吐、意识障碍、脑膜刺激征及血性脑脊液。

1. 出血前征象　约有1/3病人在出血前出现先兆征象或警告信号，以头痛最为常见。

2. 出血后症状

（1）头痛、呕吐：突发剧烈头痛是本病的首发和重要症状。头痛先为局限性，可起始于额、颞、枕部，但很快蔓延为全头痛，并可延及颈项、肩、腰背部，头痛一般先为劈裂样，难以忍受，后变为钝痛或搏动性，持续1～2周。

（2）意识及精神障碍：发病时立即出现，少数在起病数小时内发生。意识障碍多为一过性，昏迷时间持续数小时至数日不等。其程度和持续的时间与出血的急缓、出血量多少、出血部位及脑损害的程度有关。年龄越大者意识障碍越多见。有些病人清醒数日再度发生意识障碍，可能由于再出血或继发脑血管痉挛所致。部分病人发病后先出现意识障碍，或在一过性意识障碍恢复后出现精神障碍症状。

（3）癫痫发作：可发生在出血时或出血后的短时间内，也可作为第一症状，表现为全身性或部分性癫痫发作。

（4）其他症状：头痛的同时可伴有眩晕；部分病人可有尿潴留与尿失禁等。

3. 出血后并发症　一次出血经治疗后病人可完全恢复健康，部分病人出血后可发生再出血、继发脑血管痉挛、急性脑积水、正常颅压脑积水等并发症。

（1）再出血：再出血的发病率为11%～15.3%，是蛛网膜下腔出血致死、致残的主要原因之一。临床表现为在病情比较稳定的情况下突然出现剧烈头痛，烦躁不安、恶心、呕吐或意识障碍加重，原有神经体征如动眼神经麻痹、视觉障碍、肢体抽动等加重或再现，缓解或消失的脑膜刺激征再加重或出现新的症状和体征，腰穿脑脊液有新鲜出血现象，头颅CT扫描发现新的高密度区。

（2）脑血管痉挛：出血后脑血管痉挛继发脑缺血、脑梗死是蛛网膜下腔出血后常见而且危险的并发症。其发生率为30%～50%。临床脑血管痉挛的主要判断根据：①出现暂时局限性定位体征；②进行性意识障碍；③脑膜刺激征加重；④腰穿新鲜出血征象；⑤脑血管造影显示脑血管痉挛变细。

（3）急性脑积水：其发生率约为20%，指出血后数小时至7日以内的急性或亚急性脑室扩大所致的脑积水。主要为蛛网膜下腔或脑室内的血凝块阻塞脑脊液循环通路所致。头颅CT扫描显示脑室扩大。

（4）正常颅压脑积水：发病率为10%～30%，多发生于病后的4～6周，发病机制可能是出血后引起蛛网膜下腔纤维变性，影响脑脊液回流，脑脊液通过扩大了的脑室膜转移至脑室周围白质，达到新的代偿性脑脊液循环。

（三）诊断与鉴别诊断

对突然发作的剧烈头痛，意识障碍和脑膜刺激征及相应神经功能损害症状者，应高度怀疑蛛网膜下腔出血。

1. 诊断

（1）发病诱因：多数在活动中，情绪激动等诱因下发病。脑出血病前多已有脑受损的局灶性症状和体征，以及颅内压增高的表现，转移瘤可伴有原发病的症状和体征。

（2）发病特点：发病急骤，有剧烈头痛、频繁呕吐、意识障碍与脑膜刺激征。

（3）辅助检查：

1）脑脊液检查：血性脑脊液是蛛网膜下腔出血的最重要诊断依据，也是本病的特征。约 75% 的病人可有颅内压增高，一般为 200～300mmH_2O，颅内高压可持续 2～3 周。

2）脑血管造影：脑血管造影是蛛网膜下腔出血最重要的检查手段。当 CT 或 MRI 发现存在蛛网膜下腔出血及出血部位时，则需要施行脑血管造影。

3）颅脑 CT：在出血的前数日，CT 扫描的阳性率可达 80%～100%。随着时间延长，发现其病变的阳性率逐渐下降，因此，对疑有蛛网膜下腔出血的病人，应尽快行 CT 扫描。其密度程度与出血量及出血时间长短有关，出血量大，扫描时间与出血时间越近密度越高，反之则低（图 3-15）。

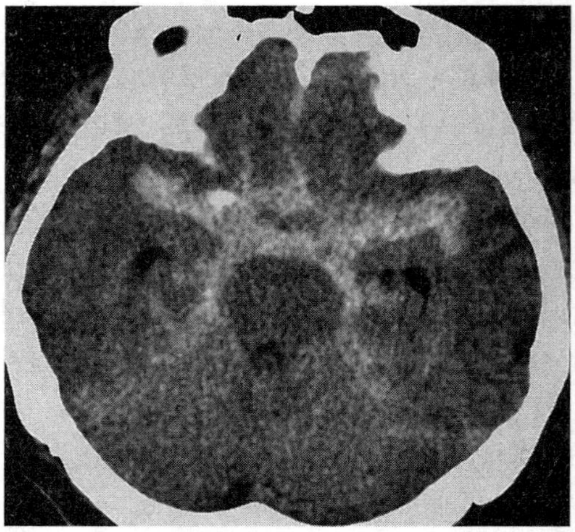

图 3-15 蛛网膜下腔出血

4）磁共振（MRI）：发病后数日内 MRI 显像不如 CT 清晰，主要由于血液被脑脊液稀释和所含血红蛋白以氧合血红蛋白为主，质子密度增加小，造成肉眼分辨信号强度困难。

5）眼底检查：4%～20% 的病人出现玻璃体膜下出血，具有特征性。

6）其他：蛛网膜下腔出血初期，由于出血对脑膜的刺激，可使体温升高，白细胞计数相应升高。心电图检查也可见到显著的异常改变，如 Q-T 间期延长，ST 段和 T 波改变等。

2. 鉴别诊断

（1）脑出血：对疑有动脉瘤或脑动静脉畸形引起蛛网膜下腔出血的病人，脑血管造影可显示出病灶影像。

（2）高血压脑病：也表现为急性剧烈头痛、恶心、呕吐、黑蒙，甚至全身痉挛发作及意识障碍，但无脑膜刺激症状和体征，也无血性脑脊液。更具特征的是本病血压极高，眼底呈现视神经盘水肿，渗血及瘀斑。头颅 CT 扫描可进一步早期明确诊断。

（3）脑膜炎：特别是细菌性脑膜炎，也有剧烈头痛、发热、恶心、呕吐、白细胞升高及脑膜刺激征等，但本病发作不如蛛网膜下腔出血发病急而突然，脑脊液呈非血性炎性改变。

（四）治疗

蛛网膜下腔出血的治疗分为内科治疗和内科治疗基础上的外科治疗。一般对于由高血压脑动脉硬化、血液病、颅内炎症及不明原因等引起的，以及病重不能耐受手术或手术困难，或发病早期病情尚未稳定，病变部位未定和年老的病人均采取内科治疗，其治疗原则为控制继续出血和防止再出血，解除血管痉挛，祛除病因，防治并发症。

1. 一般治疗

（1）绝对卧床：一般为 4～6 周，过早离床活动，有导致再出血的危险。要积极给予对症处理，如剧烈头痛、烦躁不安者可用镇静止痛剂，必要时可肌内注射地西泮及小量冬眠合剂；昏迷者应留置导

笔记

尿；有癫痫发作者应用抗癫痫治疗。

（2）止血：主要用抗纤溶制剂，目的是阻止动脉瘤破裂处血栓溶解，缓解继发性血管痉挛，预防再出血。用法：6-氨基己酸（EACA）6～18g 加入 0.9% 生理盐水 100ml 静脉滴注，每日 1～2 次，连用 2～3 周。或用抗血纤溶芳酸（PAMBA）每次 200～400mg 静脉滴注。

（3）降低血压：血压过高是促发再出血的危险因素，适当应用降压药，使血压降低 10%～20% 为宜。一般血压正常的病人使收缩压维持在 90～100mmHg，高血压病人血压维持在 160/95mmHg。

（4）降低颅内压：脱水剂可缓解头痛、呕吐和意识障碍，减轻脑水肿和脑积水，防止或减轻脑疝。常用 20% 甘露醇 125～250ml 快速静脉滴注，2～4 次 / 日，也可联合呋塞米 20～40mg 静脉注射。使用糖皮质激素如地塞米松 5～10mg 静脉滴注，对减轻脑蛛网膜粘连有一定的作用。

无血肿和脑疝的病人，如头痛、呕吐剧烈或伴发热，也可慎重、少量（5～10ml）、多次、缓慢地抽放脑脊液或进行脑脊液置换术，以达到降低颅内压，减轻血液对脑膜的刺激，预防出血后蛛网膜粘连的目的。

2. 脑血管痉挛的防治　常用口服药物：尼莫地平 30～40mg，3 次 / 日；硝苯地平 10mg，3 次 / 日；维拉帕米 40～80mg，3 次 / 日。可选用尼莫地平注射液 50mg/d，缓慢滴注。

3. 脑积水的防治　急性期脑积水的有效治疗方法是脑室外引流。应及早应用溶栓剂并配合腰穿等压置换血性脑脊液，清除积血和恢复正常的脑脊液循环。

4. 外科治疗　经血管造影发现颅内动脉瘤或动静脉畸形时，如病人无手术禁忌，均应考虑手术治疗，目的是防止再出血的潜在危险。发生脑疝时应急诊手术。

蛛网膜下腔出血的抢救流程见图 3-16。

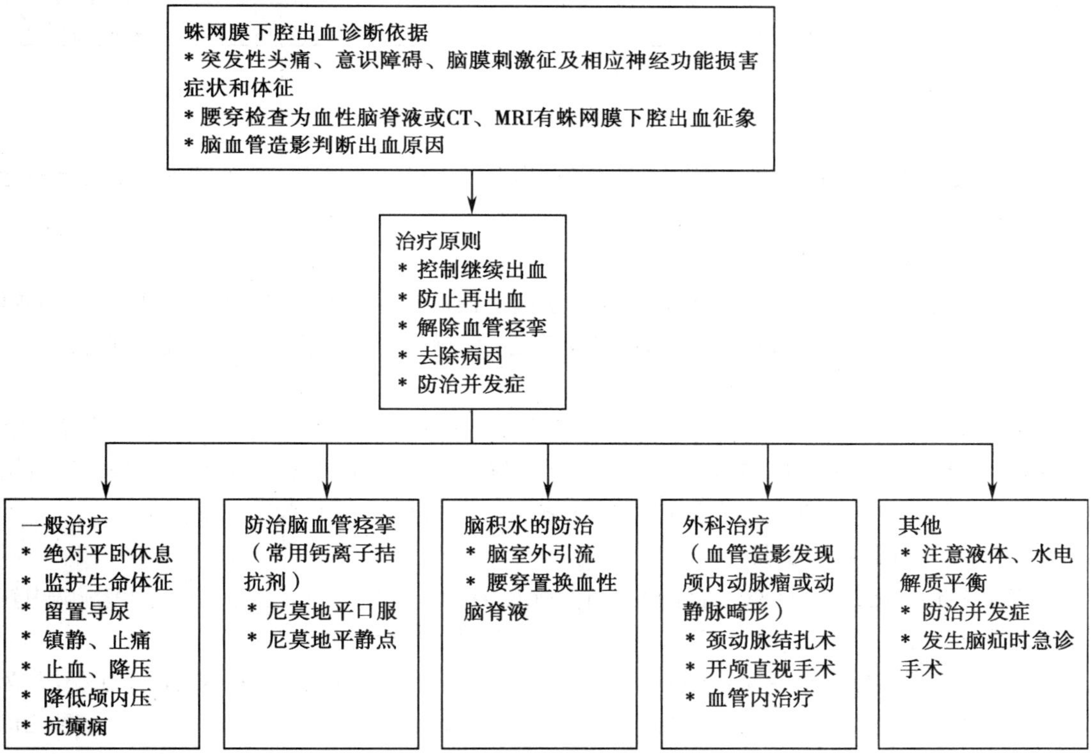

图 3-16　蛛网膜下腔出血的抢救流程

第三节　低血糖症

低血糖症（hypoglycemia）是指血中葡萄糖浓度明显降低（<2.8mmol/L），中枢神经系统因葡

萄糖缺乏所致的临床综合征。低血糖症首先出现自主神经兴奋的症状，称之为神经低血糖表现（neuroglycopenic symptom），严重者导致昏迷，称为低血糖昏迷（hypoglycemic coma），可造成永久性脑损伤，甚至死亡。

一、病因与分类

低血糖症或低血糖昏迷的分类和病因见表 3-4。

表 3-4 低血糖症或低血糖昏迷的病因与分类

分类		病因
空腹低血糖	内分泌异常	胰岛细胞瘤、类癌、垂体前叶功能减退、原发性肾上腺功能减退症（Addison 病）
	严重肝病	重症肝炎、肝硬化、肝癌晚期、心力衰竭时肝淤血
	代谢性酶缺陷	Ⅰ、Ⅲ、Ⅵ、Ⅸ型糖原沉着症、果糖 -1，6- 二磷酸酶缺乏症、丙酮酸羧化酶缺乏症
	营养物不足	婴儿酮症低血糖、严重营养不良（肌肉消耗）；妊娠后期和胰岛素自身免疫性抗体形成
药物性低血糖		胰岛素和口服降糖药物、酒精过量、水杨酸类、土霉素、磺胺类药物、奎宁、β- 受体阻断剂、地西泮类药、苯丙胺、苯海拉明、单胺氧化酶抑制剂和具有降糖作用的中草药
餐后低血糖		早期糖尿病、特发性（功能性）低血糖、胃大部分切除、胃空肠吻合等
其他		Somogyi 效应（低血糖后高血糖）；亮氨酸过敏、遗传性果糖不耐受症、半乳糖血症

二、临床特点

低血糖发作严重且持久，可出现脑组织水肿、出血及不可逆性损害。低血糖症或低血糖昏迷的初期症状分为两类：

（一）自主神经反应症状

由于肾上腺素或去甲肾上腺素过量分泌而引起的低血糖症以自主神经反应症状为主，如饥饿感、乏力、出汗、面色苍白、焦虑、颤抖、颜面以及手足皮肤感觉异常、皮肤湿冷、心动过速等。

（二）中枢神经症状

由于中枢神经功能障碍引起的症状，并随着低血糖时间延长和加重，表现为大汗、头痛、头晕、视力模糊、瞳孔散大、精细动作障碍、行为异常和嗜睡，严重者可出现癫痫发作、意识障碍，直至昏迷。逐渐发生的低血糖症自主神经反应症状多被掩盖，以中枢神经症状为主要表现。

（三）低血糖症的特殊表现

1. 未察觉低血糖综合征（syndrome of hypoglycemia unawareness） 是 1 型糖尿病中较为危险的并发症，无自主神经症状，迅速出现惊厥或昏迷，易误诊而导致死亡。

2. Somogyi 现象（Somogyi phenomenon） 又称低高血糖现象，是 1 型糖尿病治疗过程中较为常见的问题，主要原因是胰岛素过量使用导致未被识别的低血糖发作，通常在晨间睡眠时发作，苏醒后因升血糖激素作用而出现高血糖，这易被误作为增加胰岛素剂量的依据，而导致严重的低血糖症，甚至昏迷。

3. 低血糖后昏迷（posthypoglycemic coma） 血糖浓度恢复正常且维持 30 分钟以上神志仍未清醒者，称为低血糖后昏迷。此类病人可能存在脑水肿。

低血糖症或低血糖昏迷的临床表现因诱发因素及血糖下降速度和幅度不同、个体耐受性不同而表现多种多样。症状性低血糖多发生在青壮年人，对于昏迷的老年人和危重症病人，应特别注意鉴别是否发生低血糖症。

三、实验室检查

低血糖症除常规血糖测定外，其他检查应根据鉴别诊断的需要进行。常用的检查如下：

1. 血糖判断　轻度低血糖，血糖<2.8mmol/L；中度低血糖，血糖<2.2mmol/L；重度低血糖，血糖<1.11mmol/L。糖尿病病人低血糖诊断标准为<3.9mmol/L。

2. 胰岛素与 C- 肽测定　可鉴别低血糖的原因，如 C 肽超过正常，可认为是胰岛素分泌过多所致；如 C 肽低于正常，则为其他原因所致。这对诊断胰岛细胞瘤很有临床价值。

四、诊断

根据低血糖症状、发作时血糖<2.8mmol/L 和静脉补糖后症状迅速缓解（Whipple 三联征）即可诊断低血糖症。如怀疑餐后低血糖症反复发作，应特别注意胃部手术史、糖尿病病史和胰岛 β- 细胞瘤的存在。此外，对能加重低血糖发生的药物要予以足够的重视。

五、鉴别诊断

1. 低血糖昏迷易误诊为脑血管疾病，应通过病史、体格检查和血糖测定等分析鉴别。对昏迷、癫痫发作、意识障碍、药物过量及酒精中毒的病人，应作血糖测定。有糖尿病病史者应适时监测血糖。

2. 低血糖昏迷应与糖尿病酮症酸中毒和高渗性高血糖状态引起的昏迷相鉴别。

六、急诊处理

1. 立即检测血糖。

2. 对昏迷者补充葡萄糖，首剂静脉注射 50% 葡萄糖 40～60ml，然后继续用 5%～10% 葡萄糖静脉滴注，大多数病人迅速清醒。中枢神经系统血糖恢复正常的时间滞后于其他组织，输注葡萄糖时间应持续数小时，以免再次发生低血糖症。老年人可能需要数天才能完全恢复。轻度低血糖症病人给予含糖饮料、进食高碳水化合物即可纠正。果糖不能有效通过血脑屏障，故不能用于纠正低血糖症。

过量口服降糖药所致的低血糖补糖时间应予延长，并应连续监测血糖。迟发型低血糖可在 24 小时后发作，因此，对于此类病人至少应留院观察 24 小时，甚至更长。

3. 胰高血糖素适用于不能迅速建立静脉通道的病人。可根据需要选择 1～2mg 肌内注射或 1mg 静脉滴注，30～60 分钟后可重复使用。本品对糖原缺乏、酒精性低血糖症无效。

4. 至少每 2 小时检测血糖一次。

5. 低血糖后昏迷的治疗：对可能存在脑水肿的病人，应在维持血浆葡萄糖正常浓度的同时行脱水治疗。静脉滴注甘露醇 200ml，于 20 分钟内注射完毕，或静脉注射地塞米松 10mg，或两者联合使用。

6. 病因治疗：病人恢复后应尽快查明低血糖的病因和诱因，治疗原发病和消除诱因。

第四节　糖尿病急症

一、糖尿病酮症酸中毒

糖尿病酮症酸中毒（diabetic ketoacidosis，DKA）是体内胰岛素缺乏，升血糖激素增多等多种原因共同作用的结果，导致糖和脂肪代谢紊乱，临床上以严重脱水、高血糖、高酮血症、酮尿、水电解质紊乱和代谢性酸中毒为主要特征。DKA 可分为：轻度：仅有酮症，无酸中毒；中度：除有酮症外，还有酸中毒；重度：是指酸中毒伴意识障碍，或虽无意识障碍，但二氧化碳结合力（CO_2CP）低于 10mmol/L。

（一）诱发因素

DKA多发生于胰岛素依赖型糖尿病（1型糖尿病），在糖尿病诊断后任何时期均可发生，部分病人首发表现即可能为DKA（约占25%）。患2型糖尿病的部分病人发生DKA的诱因不明，诱发原因见表3-5。

表3-5　DKA的诱发因素

分类	诱因
药物使用不当	停用或减少胰岛素、降糖药物，大剂量使用糖皮质激素、拟交感神经药物（肾上腺素、去甲肾上腺素、生长激素、多巴胺等），过量使用利尿药等
感染	呼吸道、胃肠道、泌尿道感染、脓毒症等
应激状态	创伤、手术、妊娠、分娩、过度紧张、情绪激动、急性心梗、脑血管疾病等
饮食不当	暴饮暴食或进食大量含糖及脂肪食物，酗酒或过度限制碳水化合物摄入
内分泌疾病	皮质醇增多症、垂体瘤等
其他	剧烈呕吐、腹泻、高热、高温环境时进水不足，消化道出血等

（二）临床特点

1. 症状　原有糖尿病症状加重，出现烦渴、尿量增多，疲倦、乏力。早期可有头晕，头痛、精神萎靡，食欲缺乏、恶心、呕吐。部分不典型病人可出现广泛剧烈腹痛，腹肌紧张，偶有反跳痛，常被误诊为急腹症。

2. 体格检查　轻症表现为皮肤干燥、弹性差、眼球下陷、脉搏加快等。进一步加重可出现循环衰竭，表现为心率加快、四肢湿冷、血压下降，甚至休克。严重者因脑细胞脱水出现意识障碍，甚至昏迷，各种反射迟钝或消失。因酸中毒出现快而深长呼吸（Kussmaul呼吸），有酮体呼出可闻到烂苹果味，晚期pH$<$7.0时呼吸可能受到抑制。部分病人可有低体温。

（三）辅助检查

1. 尿常规：尿比重增加，尿糖（++++），尿酮体（+～++++），可出现蛋白及管型。

2. 血糖：通常$>$16.7mmol/L，若$>$33.3mmol/L，则多伴有血浆高渗或肾功能障碍。

3. 血气分析：酸中毒时可见血pH降低（6.9～7.2）；二氧化碳结合力（CO_2CP）下降（血气HCO_3^- $<$16mmol/L）；$PaCO_2$降低；剩余碱水平下降，阴离子间隙升高（正常12～16mmol/L）。DKA时动、静脉血气分析值无明显差异，可考虑使用静脉血进行血气分析，以避免重复动脉穿刺。

4. 血酮体、肌酐：血酮体$>$5mmol/L。少数使用胰岛素治疗的病人血糖可正常，但尿酮和血酮升高，即所谓正常血糖性酮症酸中毒。肾前性氮质血症，血肌酐升高，尿素氮轻、中度升高。

5. 电解质：①血钾：因多尿和呕吐可使体内总量缺失，但酸中毒时细胞内钾离子进入血液，血钾浓度可正常或略高。酸中毒纠正后，钾离子重新进入细胞内而出现低钾血症。②血钠：多为轻中度低钠血症，是由于高血糖的渗透效应，细胞内水分转移到细胞外，钠离子随体液丢失。③其他：包括氯、镁、钙、磷等离子测定，因渗透性利尿体内总量可有缺失。

6. 其他检查：包括血常规、淀粉酶、乳酸等检查。心电图和胸部X线检查有助于发现诱发疾病和继发疾病，如肺部感染、心律失常、心肌梗死等。

（四）诊断与鉴别诊断

1. 诊断：根据症状、体征和辅助检查诊断并不困难。凡疑为糖尿病酮症酸中毒的病人，应立即查尿糖和酮体，如尿糖和酮体阳性，血糖增高，血pH降低，无论有无糖尿病病史皆可诊断。出现以下情况之一者表明病情危重：①重度脱水、酸中毒呼吸和昏迷；②血pH$<$7.1，$CO_2CP$$<$10mmol/L；③血糖$>$33.3mmol/L，血浆渗透压$>$330mOsm/L；④电解质紊乱，如血钾过高或过低；⑤血尿素氮持续升高。

2. 鉴别诊断：应与高渗性高血糖状态、低血糖昏迷和乳酸酸中毒等急症相鉴别。临床常见昏迷的其他原因有严重感染、脑血管意外、中毒、肝性脑病、尿毒症、创伤及脑瘤等也需根据病情予以鉴别；首发症状表现为腹痛者，应与急腹症相鉴别；酗酒者近期突然戒酒，出现深大呼吸伴水果味，血气分析示酸中毒改变应考虑酒精性酮症酸中毒，这部分人血糖正常或有降低。酮症酸中毒亦可见于妊娠后期和哺乳期禁食病人。

3. 并发症：常见有①吸入性肺炎：多由昏迷病人胃内容物误吸所致；②低血糖：多因未能及时监测及时补充葡萄糖所致；③低钾血症：钾补充不足；④充血性心力衰竭：补液过快过多；⑤脑水肿：补液过多，渗透压变化过快；⑥碱中毒：纠酸过量补充碳酸盐时；⑦心肌梗死；⑧静脉血栓形成；⑨弥散性血管内凝血（DIC）；⑩横纹肌溶解症：剧烈运动后出现肌痛、酱油色尿应高度怀疑。

（五）急诊处理 一旦明确诊断，应立即急救治疗。治疗原则：①改善循环血容量和组织灌注；②控制血糖和血浆渗透压至正常水平；③平稳清除血、尿中酮体；④纠正水电解质紊乱；⑤祛除发病诱因。诊断与治疗流程见图3-17。

1. 胰岛素应用 小剂量或生理剂量[0.1U/（kg•h）]胰岛素即能有效控制DKA。以每小时血糖下降3.9～6.1mmol/L（70mg～110mg/dl）为宜，直至降到13.9mmol/L（250mg/dl）时，改为5%葡萄糖或葡萄糖盐水，按葡萄糖（g）：胰岛素（U）比例（3～4）∶1继续静脉滴注。当血糖维持在11.1mmol/L（200mg/dl）左右，尿酮体（-）、尿糖（+）时，可过渡到平时的日常治疗。如治疗后2小时血糖无明显下降，提示可能有酸血症引起的胰岛素抵抗，需将胰岛素剂量加倍。

2. 补液 液体复苏的原则是先快后慢，适时补钾。有心血管疾病病人必要时进行中心静脉压监测。有效的液体复苏可增加机体对胰岛素的敏感性，改善pH和血浆HCO_3^-浓度，有助于纠正酸中毒。

液体选择等渗氯化钠或林格液，最初1～2小时补液量1000～2000ml，以后每1～2小时补液500～1000ml，根据末梢循环、血压、尿量、神志及心血管状态调整输液量及速度。如果血钠>155mmol/L，血浆渗透压>330mOsm/L，可考虑给予适量低渗盐水，但不宜过多，以免渗透压快速下降导致脑水肿。4～6小时内应补液量为总量的1/2。剩余液体应在24小时内补给。严重失水者，可适量增加补液量。伴有休克的病人应适量给予一定量的胶体液，如血浆、右旋糖酐、白蛋白等。

静脉补液的同时可进行胃肠道内补液，且安全可靠，清醒病人鼓励多饮水，昏迷病人可通过胃管给予等渗盐水，以减少静脉补液量。

3. 纠正电解质紊乱 所有DKA病人在静脉滴注胰岛素有尿后即应静脉补钾。补液前高血钾者多因酸中毒所致，随着补液酸中毒的纠正和胰岛素的应用，血钾水平迅速下降，可危及生命。严重低钾常发生在补液后6～12小时，应监测血钾和肾功能。无尿或尿量<30ml/h者，应暂缓补钾。

4. 纠正酸中毒 DKA为继发性酸中毒，补充碱性药物一定要慎重。如果血pH>7.1，一般不必另给碱性药物，使用胰岛素和补液即可纠正。严重酸中毒（血pH≤7.0或CO_2CP 4.5～6.7mmol/L，或HCO_3^-降至5mmol/L）需给予5%碳酸氢钠静脉滴注。补充碳酸氢钠不宜过多过快，否则血pH上升过快，因脑内CO_2透过血脑屏障的能力大于HCO_3^-，脑脊液呈酸性，引起脑细胞酸中毒而加重昏迷。同时，可增加血红蛋白和O_2的亲和力，不利于氧向组织释放，有可能诱发和加重脑水肿。

5. 诱因和并发症防治 积极治疗和预防各种并发症，如感染、休克、心律失常、心功能不全、肾功能不全、DIC、脑水肿、心肌梗死以及静脉血栓形成等。

二、高渗性高血糖状态

高渗性高血糖状态（hyperosmolar hyperglycemic state，HHS）是糖尿病急性失代偿的严重并发症，临床以严重高血糖、血浆高渗、严重脱水和进行性意识障碍为特征，与糖尿病酮症酸中毒的区别在于没有明显的酮症酸中毒。本病多发生于50岁以上的非胰岛素依赖型糖尿病（NIDDM）病人，约半数以上病人发病前未诊断为糖尿病。

NOTE

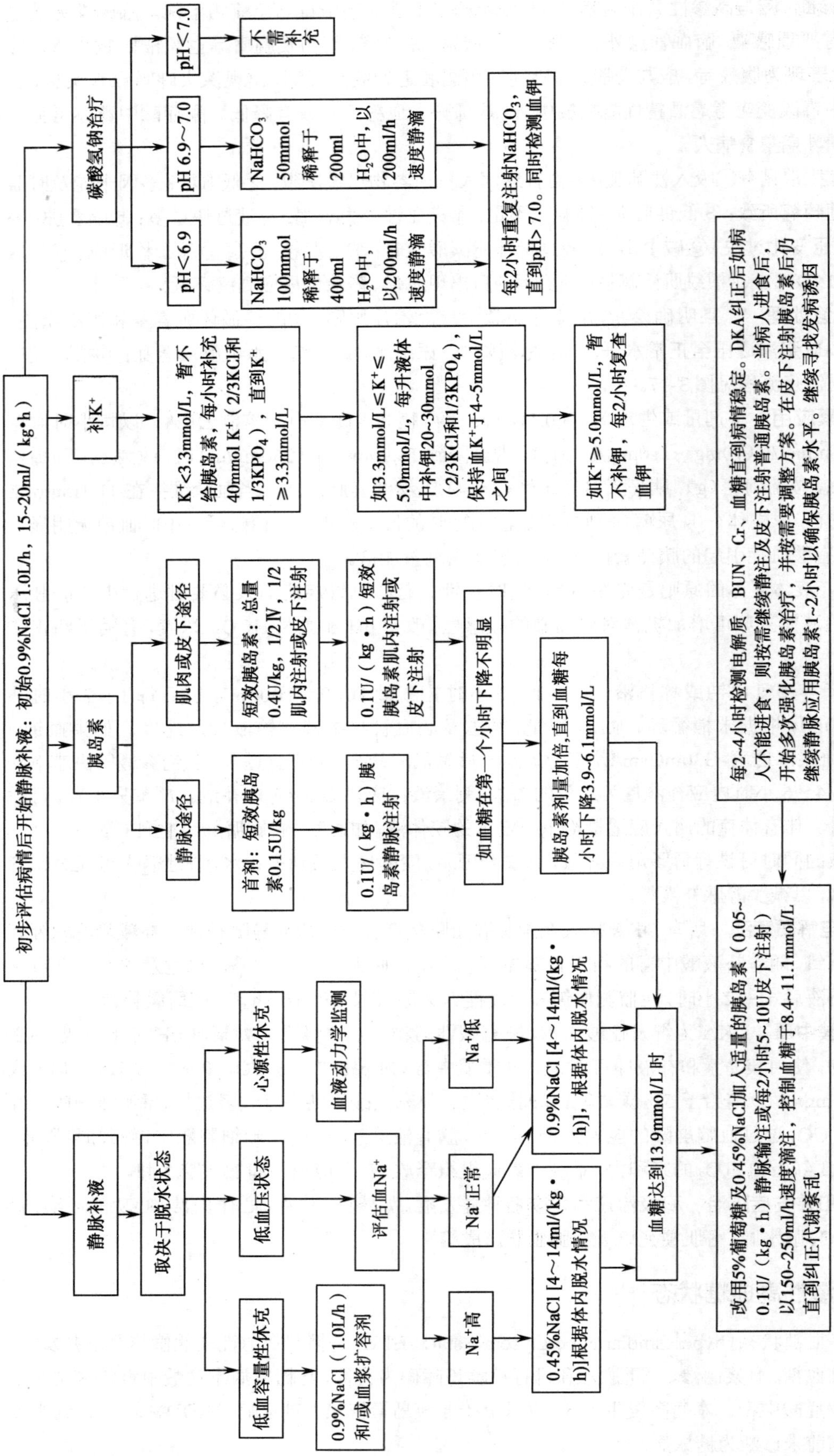

图3-17 糖尿病酮症酸中毒的处理流程

（一）发病诱因

几乎所有 HHS 病人都有明显的发病诱因（表 3-6）。

表 3-6 HHS 的常见诱因

分类	诱因
外界因素	各种创伤、烧伤、血液透析、静脉高营养等
基础疾病加重	各种内分泌疾病如 Cushing 综合征，出血、心肌梗死、肾脏疾病、硬脑膜下血肿、脑卒中，各种感染、腹泻、呕吐
药物	依他尼酸、呋塞米、噻嗪类利尿剂，糖皮质激素，β- 受体阻断剂，氯丙嗪、奥氮平和其他非典型抗精神病药物，免疫抑制剂，苯妥英钠，代谢拮抗剂，*L* - 天冬酰胺酶，氯磺丙脲，西咪替丁，二氮嗪

（二）临床特点

主要特点是严重脱水、血液高渗、血容量不足和神经系统异常。一般起病隐匿，在出现神经系统症状和进入昏迷前多有前驱症状，如多饮多尿，倦怠无力，反应迟钝，表情淡漠，心跳加速，直立性低血压等，但此期持续时间比 DKA 要长。偶有腹痛、恶心、呕吐等症状。病情进一步发展出现严重脱水（失液量>6L），可有发热、唇舌干裂、眼窝凹陷、皮肤弹性差，感觉迟钝，少尿或无尿，体重减轻，大部分病人出现血压降低，少数病人呈休克状态，常见于伴有感染时。

神经系统表现根据失水程度而不同，可有幻觉、偏盲、眼球震颤、吞咽困难、局限性肌阵挛以及意识模糊、嗜睡或昏迷等。一过性偏瘫、脑卒中和癫痫样发作较为常见，且可能作为首发症状易致误诊误治。部分晚期病人可因出现横纹肌溶解而表现为肌痛、肌红蛋白尿及血肌酸激酶升高。如病人出现病理征阳性，中枢性过度换气现象时，则应考虑是否合并有脑卒中或发生脓毒症，如出现高热，多为疾病的临终表现。

（三）实验室检查

1. 血糖检测 >33.3mmol/L（600mg/dl）。

2. 尿液检查 强阳性，尿酮体阴性或弱阳性，尿比重高。出现横纹肌溶解者尿呈酱油色，尿蛋白阳性。

3. 血浆渗透压 >340mOsm/L（正常范围 280～300mOsm/L）。

4. 电解质紊乱 较 DKA 严重，血钠升高>155mmol/L，血糖过高者，血钠反而可能降低，钾、镁和磷离子发病初期可有升高，但总量不足。

5. 血肌酐和尿素氮 多有增高，平均为 393μmol/L 和 18mmol/L，pH 正常或轻度下降。

6. 血常规 由于脱水血液浓缩，血红蛋白增高，白细胞计数多>10×10^9/L。

7. 血气分析 乳酸中毒所致的代谢性酸中毒表现。

（四）诊断与鉴别诊断

1. 诊断 依据病史和发病诱因、循环系统和神经系统的症状和体征，以及实验室检查诊断并不困难。

2. 鉴别诊断 本病须与糖尿病酮症酸中毒相鉴别（表 3-7）。对于昏迷的老年人，脱水伴有尿糖或血糖增高，特别是有糖尿病病史并使用过利尿药或糖皮质激素者，应高度怀疑患有 HHS 昏迷的可能。另外还需与低血糖、低钠血症等导致的意识障碍和各种原因引起的昏迷相鉴别。

表 3-7 高渗性高血糖状态与糖尿病酮症酸中毒的鉴别

	DKA			HHS
	轻	中	重	
血糖（mmol/L）	>13.9	>13.9	>13.9	>33.3
动脉血 pH	7.25～7.30	7.00～7.24	<7	>7.30

续表

	DKA			HHS
	轻	中	重	
CO_2CP（mmol/L）	15～18	10～15	<10	>15
尿酮	+	+	+	±
血酮	+	+	+	±
血浆渗透压（mOsm/L）	不定	不定	不定	>320
神志	有改变	有改变/昏睡	木僵/昏迷	木僵/昏迷

3. 危重程度评估 所有HHS昏迷病人均为危重症病人，有下述表现者提示预后不良：①昏迷持续48小时尚未恢复；②血浆高渗透状态于48小时内未能纠正；③昏迷伴癫痫样抽搐和病理反射征阳性；④血肌酐和尿素氮持续增高；⑤合并革兰阴性菌感染；⑥出现横纹肌溶解或肌酸激酶升高。

（五）急诊处理

本病死亡率高达40%，明确诊断后应立即开始治疗。治疗原则为及时补充血容量以纠正休克和高渗状态；小剂量胰岛素治疗纠正血糖及代谢紊乱；消除诱发因素，积极防治并发症。

1. 一般措施 立即进入急诊危重症监护病房。给予吸氧、同时建立静脉通道补液、常规生命体征监护和器官功能监护，并立即行血、尿常规、血糖、电解质、肾功能、血浆渗透压、血气分析等检查。严密观察病情变化，记录治疗措施和病人反应。

2. 液体复苏 液体复苏最好进行中心静脉压（CVP）监测，以确保安全。在治疗开始时使用等渗氯化钠溶液。如果有低血容量性休克，开始应快速静脉补充等渗氯化钠溶液，以补充细胞外液不足，恢复血容量和血压；若血容量恢复，血压上升而渗透压（>350mOsm/L）和血钠（>155mmol/L）仍不下降时，可改用低渗氯化钠溶液（0.45%）。若病人出现休克或收缩压持续<80mmHg者，在补充等渗液基础上应间断补充胶体溶液。

临床上精确估计病人失液量比较困难，补液量可按"正常体重－发病体重"估算，一般估计为病人体重的10%～20%。补液遵循的原则是先快后慢，如病人意识清醒、无休克，开始2小时静脉滴注1000～2000ml，最初12小时补液量应为失液总量的1/2，其余在24～36小时内补入，并加上当天的尿量。若补液4～6小时仍无尿者，可给予呋塞米20～40mg。

3. 胰岛素 大剂量胰岛素因使血糖降低过快而产生低血糖、低血钾、促发脑水肿，不宜使用。应用小剂量胰岛素发生上述并发症的可能性小。用法、注意事项与DKA相似，经补液后血糖下降至16.7mmol/L，渗透压<350mOsm/L时，应葡萄糖加胰岛素治疗。

4. 纠正电解质紊乱 低钠经补充氯化钠溶液即可纠正；钾的补充与DKA相同，如肾功能正常，在补液和胰岛素治疗2小时后、血钾<4.0mmol/L即应开始补钾。若有血浆钙、镁、磷降低时，可酌情给予葡萄糖酸钙、硫酸镁或磷酸钾。

5. 其他治疗 积极寻找诱因并给予治疗。HHS导致的癫痫禁用苯妥英钠，否则不但无效，而且还可能损害内源性胰岛素释放。应用低分子肝素可减少血栓形成的风险及治疗合并症。

第五节 常见抽搐急症

抽搐（tic）是指骨骼肌痉挛性痫性发作及其他不自主的骨骼肌发作性痉挛。急诊约有1%病人是以抽搐为主诉或伴随症状就诊。其中约有80%为痫性抽搐发作，高热性抽搐占8%～10%，低钙性抽搐占3%～5%，其他不明原因性抽搐占2%～5%。

一、病因分类

笔记

按抽搐发病原因可分为痫性抽搐、高热性抽搐、低钙性抽搐、其他不明原因性抽搐和假性抽搐五类；其中强直 - 阵挛性抽搐及局限阵挛性抽搐均源于大脑神经元的异常放电，可归于癫痫的运动性发作。抽搐按其发病原因可分为原发性和继发性抽搐，统称为真性抽搐。临床中可见到类似抽搐表现的假性抽搐发作，详细分类见图 3-18。

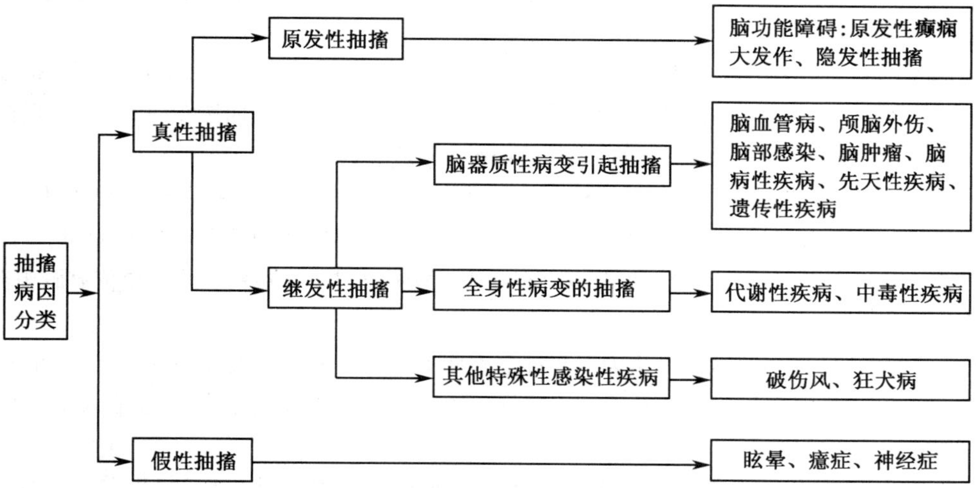

图 3-18　抽搐的病因分类

二、临床特点

（一）抽搐发作的特征

1. 突然发作　典型抽搐发作没有任何先兆。

2. 持续短暂　抽搐发作持续时间一般不超过 120 秒。

3. 意识改变　除轻微部分性抽搐发作，抽搐均伴有意识状态改变。

4. 无目的性活动　如自主性、无方向性强直 - 阵挛性发作。

5. 不能被唤醒　特别是情绪刺激不能唤醒，但儿童高热，成人停药戒断不在此列。

6. 抽搐发作后状态　除部分性发作和失神性发作外，几乎所有抽搐病人发作后均有急性意识状态改变；不典型的发作后状态包括神经源性肺水肿和 Todds 麻痹（一过性偏瘫）等。

抽搐按其发作表现形式可分为强直 - 阵挛性抽搐、局限阵挛性抽搐及抽搐持续状态三类，临床表现各异。

（二）临床表现

1. 强直 – 阵挛性抽搐　临床表现为突然意识丧失，头后仰或转向一侧，眼球向上或转向一侧，四肢强直，持续 10～20 秒，继之全身转为一张一弛的阵挛性抽搐，持续 1～2 分钟。发作中由于呼吸肌突然强直，病人可发出尖叫、呼吸暂停、面唇发绀、瞳孔散大、尿便失禁。发作后转入昏迷状态。

2. 局限阵挛性抽搐　一般无意识障碍，局部出现阵挛性抽搐，多见于口角、眼睑、手指或足部，持续时间多较短暂，也可长达数小时、数日。

3. 抽搐持续状态　强直 - 阵挛性抽搐或局限阵挛性抽搐连续发作，发作期间有意识障碍，发作间隙越来越短，体温升高，需紧急采取措施在 2 小时内控制发作。

（三）诊断及鉴别诊断

1. 诊断

（1）病史：应注意发病年龄、家族史、服药史、头部外伤史、生育史，对 25 岁以上初发病人应着重排除继发性抽搐。

（2）体格检查

1）生命指征：包括心率、脉搏、呼吸、血压和血氧饱和度。

2）体格检查：包括神志状态、瞳孔、眼底、运动系统、脑膜刺激征、神经系统定位征等检查。

（3）实验室及辅助检查

1）一般检查：包括血常规、电解质、肝肾功能、脑脊液检查等。

2）颅脑 CT 及 MRI：在确定病因方面具有很大的价值。可发现颅内占位性病变、脑变性疾病、脑血管病变等多种疾病。

3）脑电图：绝大多数抽搐病人是在发作间期进行脑电图描记，其阳性率仅为 40%～50%。可通过各种诱发方法，使其阳性率提高到 80%～85%。脑电图检查也可区分抽搐发作类型，如强直 - 阵挛性发作，可于发作间期描记到对称性同步化棘波或棘 - 慢波等。

2. 鉴别诊断 首先应明确病人为真性或假性抽搐发作。假性抽搐是指类似抽搐发作的一系列疾病，常有反常的躯体运动和意识障碍，但脑电图检查一般无异常，且无神经定位体征。反常的躯体运动和意识状态易与抽搐相混淆，两者也可存在于同一病人中，其鉴别手段主要依靠脑电图检查。临床中假性抽搐常见于：

（1）癔症：发作常以情绪激动为诱因。与抽搐不同的是病人无意识丧失，且绝大多数无大小便失禁、咬舌、跌伤等。常出现过度换气及长时间屏气。体格检查神经系统无异常，经他人劝导或给镇静药物后可终止。

（2）晕厥：由于各种原因所致大脑供血、供氧不足而引起头晕、心悸、出汗、黑蒙等，单纯晕厥病人并无抽搐，经平卧休息、吸氧后可逐渐缓解。

（3）精神性疾病：一般仅在发作过程中出现意识障碍，对发作过程不能回忆，但发作间期内精神正常。如神游症、恐慌症等。

急诊不仅应该明确病人是否为抽搐发作，还应找出抽搐诱发因素，明确病因诊断。

三、急诊处理

（一）急性发作期的处理

以立即制止抽搐为首要原则，而后查明病因，针对病因治疗（图 3-19）。

1. 强直 - 阵挛性抽搐

（1）将病人平卧于空气流通处，使头偏向一侧以防吸入唾液及呕吐物，并解开衣扣。

（2）保持呼吸道通畅，吸氧。

（3）使用抗癫痫药，可选用地西泮 10mg 静脉注射，或苯巴比妥钠 0.1g 肌内注射。

（4）发作控制后，应嘱长期服用抗癫痫药，可选用苯妥英钠 0.1 克 / 次，3 次 / 日；或丙戊酸钠 0.2 克 / 次，3 次 / 日；或卡马西平 0.1 克 / 次，3 次 / 日。

2. 局限阵挛性抽搐

（1）肌内注射地西泮 10mg 或苯巴比妥钠 0.1g，必要时 2～4 小时重复。

（2）控制发作后，长期服用抗癫痫药，同强直 - 阵挛性抽搐。

3. 抽搐持续状态

（1）地西泮 10～20mg 静脉注射或异戊巴比妥钠（阿米妥钠）0.5g，以 25% 葡萄糖液 20ml 稀释后，缓慢静脉注射，同时密切注意其呼吸抑制的副作用，发作控制后即停止静脉注射，改为肌内注射，每 2～4 小时重复一次。

（2）苯巴比妥钠 0.2g，肌内注射，每 6～8 小时重复一次，可与地西泮或异戊巴比妥钠交替使用，发作控制 24 小时后逐渐减量。

（3）鼻饲或喂服抗癫痫药，同强直 - 阵挛性抽搐。

（4）处理脑水肿，以 25% 甘露醇 250ml 快速静脉滴注，15～30 分钟滴完，每 6～8 小时一次。

（5）纠正代谢障碍和水、电解质紊乱。

（6）吸氧。

笔记

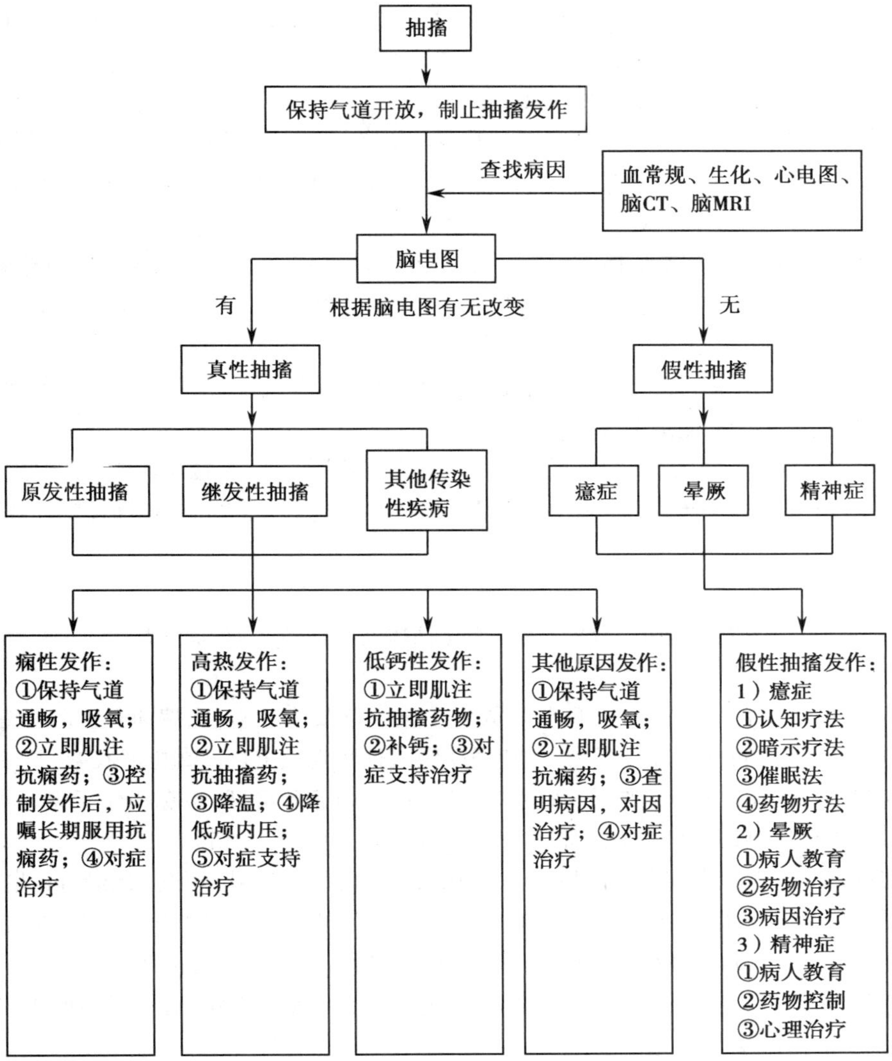

图 3-19 抽搐急性发作期的处理流程图

（7）硫喷妥钠 0.5g 加 0.9% 生理盐水 20ml 缓慢静脉注射，时间不得少于 15 分钟，或者硫喷妥钠 0.5g 加 0.9% 生理盐水 500ml 缓慢静脉滴注。

4. 保持气道通畅 ①定时吸痰、雾化；②化痰解痉药物：如氨茶碱、二羟丙茶碱等；③气管插管：一般在病人血氧饱和度低于 80% 时，应考虑经口（鼻）气管插管；④气管切开：主要应用于经口（鼻）气管插管困难者，如破伤风发作所致的气道狭窄。

5. 对症营养支持、纠正内环境紊乱。

（二）病因治疗

颅内感染应选择可透过血脑屏障的抗生素；脑出血应积极脱水、降颅压；脑血管先天畸形可考虑外科手术等。

四、常见抽搐急症

（一）高热抽搐

高热抽搐（febrile seizures，FS）是急诊常见的急性抽搐之一，指伴随呼吸道或消化道感染，体温>38℃，出现全身抽搐发作，持续数分钟，发作后无神经系统症状和体征，排除中枢神经系统感染及其他脑损伤的临床综合征。好发人群为 4 个月至 4 岁小儿，约占小儿抽搐病因的 5%，成年人较为少见。

在小儿时期发生抽搐的病人成年后可再次发作。多因上呼吸道感染、支气管炎、肺炎引起，某些急性传染病如麻疹、菌痢等也会诱发。高热抽搐可有明显的家族史。

1. 临床特点 临床特点可分为两大类：

（1）单纯性高热抽搐：首次发作多在6个月至3岁之间，发热24小时内出现，体温>38℃，发作呈全身性，持续时间短，一般不超过10分钟，发作后很快清醒且无神经系统体征，24小时内只发作一次，热退1周后脑电图正常。

（2）复杂性高热抽搐：首次抽搐发作年龄可以<6个月或>6岁。低热时也可出现抽搐，发作持续时间>15分钟，呈局限性发作或左右明显不对称，清醒后可能有神经系统异常体征，24小时内反复多次发作，热退1周后脑电图仍有异常，并有遗传倾向。

2. 诊断 首先应考虑病人年龄、体温及其变化，有无高热抽搐史，有无严重的各种非中枢神经系统的急性感染（如上呼吸道感染、肺炎、菌痢）等。

诊断标准：①抽搐初期体温>39℃或抽搐发生在急骤高热开始后12小时内；②过去有高热抽搐史或有家族史；③无明显中毒症状；④抽搐停止后神经系统无异常；⑤退热后抽搐不再发作，即可诊断为高热抽搐。

3. 急诊处理

（1）急救原则：迅速控制抽搐，降低体温，防止抽搐性脑损伤，减少后遗症。

（2）治疗措施

1）急诊处置：①抽搐发作时，立即将病人置于侧卧位或仰卧位，头偏向一侧防止呕吐物吸入。保持呼吸道通畅，及时吸去咽部分泌物，避免发生吸入性肺炎或窒息。②松解衣领、裤带，抢救时减少不必要的刺激。③注意防止舌咬伤，如牙关紧闭者，不可强行撬开，以免损伤牙齿。④加强监护，注意观察病人体温、呼吸、心率、血压、肤色、瞳孔，防止病人坠床、受伤。

2）抗抽搐药物：首选地西泮，可用0.3～0.5mg/kg，缓慢静脉注射，速度<1ml/min，也可肌内注射（注意6个月以下婴儿慎用，用药不当会造成呼吸停顿）。无效者可间隔15～30分钟重复1次，或加用10%水合氯醛0.4～0.6ml/kg，保留灌肠或两者交替使用，为避免抽搐再次发作，应用苯巴比妥作维持治疗，首次先给负荷量5mg/kg肌内注射，使其尽快达到有效血药浓度，然后口服3～7mg/(kg•d)维持治疗，以免抽搐再发。

3）氧疗：应尽早吸氧，以迅速改善组织缺氧。

4）降温：立即采取药物或物理降温。

5）降低颅内压：对于频繁、持续抽搐出现脑水肿者，静脉注射20%甘露醇1～1.5g/kg，每6～8小时一次，和（或）静脉注射呋塞米1mg/kg。

6）应用抗生素控制感染，治疗原发病。

7）纠正水、电解质与酸碱平衡紊乱。

（二）低钙性抽搐

低钙性抽搐（low calcium seizures，LoCaS）是各种原因的血钙降低导致神经肌肉兴奋性增高，而引起的双侧肢体强直性痉挛。

1. 临床特点

（1）症状：口周麻木感、指尖麻木针刺感、喉喘鸣、肌肉痉挛、手足搐搦、精神行为异常。

（2）体格检查：发作时意识清醒，Chvostek征阳性，即敲击耳屏前方2cm处的面神经，发生口角抽搐及眼鼻面肌抽搐；Trousseau征阳性，即将测血压袖套置于一侧上臂，膨胀至收缩压水平，可引起尺侧神经和正中神经所支配的前臂和手腕肌痉挛性收缩，引起该侧手和腕部抽搐；手足搐搦，即间歇性双侧上肢和手部肌肉强直性痉挛，手指伸直内收，拇指对掌，掌指关节和腕部弯曲，常伴有肘部关节伸直和外旋，下肢受累时足趾和踝部屈曲，膝伸直，呈典型“助产士手”。

笔记

（3）实验室检查：血清总钙<2.2mmol/L（8.8mg/dl）时可诊断为低钙血症。诊断低钙血症时的总

钙浓度必须是经血清白蛋白校正后的校正钙浓度，必要时可测定游离钙浓度。校正钙浓度（mg/dl）=总钙（mg/dl）−0.8×［4.0−血清白蛋白浓度（g/dl）］。同时还应查血磷、血镁、PTH、肝功、肾功、白蛋白、尿钙、1，25（OH）$_2$ D$_3$ 等。

2. 诊断与鉴别诊断　根据病史、体格检查及实验室检查，并着重于血钙的影响因素：①有无器质性病变；②有无恶性病变；③营养状况、有无颈部手术及维生素 D 缺乏；④有无导致血钙下降的药物服用史。

3. 急诊处理　一般出现抽搐症状表明血钙水平已降至很低，一经明确原因立即给予处理。

（1）10% 的葡萄糖酸钙或 5% 的氯化钙静脉注射，静脉注射时间控制在 10 分钟以上，必要时可 8～12 小时重复注射。注意监测心率，防止心律失常。注射速度<1.25mmol/min（50mg/min）。

（2）乳酸钙、枸橼酸钙、碳酸钙口服并加用维生素 D，以促进钙离子在肠道内的吸收。

（3）反复抽搐者给予吸氧，应用地西泮、苯巴比妥或 10% 水合氯醛治疗。

（三）癫痫

癫痫（epilepsy）发作是大脑神经元过度同步放电所致的短暂性脑功能障碍，是一种反复发作的慢性临床综合征。由于异常放电所涉及的神经元的部位、范围及功能不同而出现各种不同的临床症状，包括运动、感觉、自主神经及精神意识等障碍。一次突然异常放电所致的神经功能障碍称为痫性发作（epileptic seizure）。以儿童及青春期发病者居多，20 岁以后发病率降低，老年人又有上升趋势。

1. 临床特点　癫痫发作的临床类型繁多，1981 年国际抗癫痫联盟（ILAE）提出癫痫的临床分类，分为全面性发作、部分性发作和不能分类的发作三大类，每个类型又有许多亚型。2001 年 ILAE 进行了部分修订：将部分性发作称为局灶性发作，取消局灶性发作的进一步分类（简单和复杂部分性发作）。目前 1981 年 ILAE 提出的分类仍是临床上最经典、最常用的分类方法。常见类型的临床表现如下。

（1）强直 - 阵挛性发作（大发作）：突然意识丧失，尖叫并跌倒，全身肌肉强直性收缩，同时呼吸暂停，面色青紫，两眼上翻，瞳孔扩大。随后很快出现全身肌肉节律性强力收缩（即阵挛），持续数分钟或更长时间后抽搐突然停止。发作过程中常伴有牙关紧闭，尿便失禁，口鼻喷出白沫或血沫。一次发作达数分钟，事后无记忆。

（2）失神发作（小发作）：见于儿童，表现为突然意识短暂中断，停止原来的活动，呼之不应，双目凝视。持续约 30 秒，意识迅速恢复，对发作无记忆。

（3）单纯部分性发作：不伴意识障碍。部分运动性发作表现为一侧口角、手指或足趾、足部肌肉的发作性抽搐，也可扩至邻近部位；部分感觉性发作常表现为口角、舌部、手指或足趾的麻木感和针刺感，也可表现为简单的幻觉；精神性发作表现为恐惧、忧郁、各种错觉及复杂幻觉。

（4）复杂部分性发作（精神运动性发作）：发作起始有错觉、幻觉等精神症状以及特殊感觉症状。发作时病人与外界环境失去接触，做一些无意识的动作（称自动症），如吸吮、舔唇、抚摸衣扣或机械地重复发作前的动作，甚至突然外出、大吵大闹、脱衣、跳楼等。

任何一类发作若连续或反复发作之间意识不完全恢复者称为癫痫持续状态。发作连续 30 分钟以上不能自行停止，可引起不可逆性脑损伤，致残和致死率高。大发作的持续状态最严重，是内科常见急症。

2. 诊断与鉴别诊断

（1）根据详细的病史，尤其是对发作过程的描述和观察，结合癫痫发作的特点（突发性、反复性、短暂性、发作前先兆症状、发作时状态与发作后意识障碍等），以及体格检查、实验室检查无阳性结果，一般可做出临床诊断。

（2）常规脑电图或诱发试验脑电图可见癫痫波形（棘波、尖波、慢波、或棘 - 慢波组合波等），但脑电图正常不能排除癫痫。

(3) 选择性应用实验室检查、脑血管造影、头颅断层扫描等可进一步作出病因诊断和定位诊断。

(4) 排除其他发作性疾病，如癔症、晕厥、短暂性脑缺血发作、低血糖症。

3. 急诊处理

(1) 急救处置：①将病人置于安全处，解开衣扣，让病人头转向一侧，以利于口腔分泌物流出，防止误吸；②保持呼吸道通畅，吸氧；③病人在张口状态下，可在上下臼齿垫以软物，以防止舌头咬伤；④抽搐时轻按四肢固定以防误伤及脱臼；⑤监测呼吸、血压、脉搏、体温、氧饱和度等，有条件可进行脑电监测。

(2) 全身强直 - 阵挛性发作持续状态的处理：处理原则为迅速控制抽搐，立即终止发作。

1) 选择药物控制抽搐

A. 地西泮(安定)：为首选药物。成人 10～20 毫克 / 次，儿童 0.25～0.5mg/kg，以 2～5mg/min 的速度静脉注射。地西泮 100mg+5% 葡萄糖液(或生理盐水)500ml，以 40ml/h 静脉滴注，直到发作停止。15～20 分钟后可重复给药，总量不超过 100～200mg。地西泮有时可抑制呼吸，需停止用药。

B. 氯硝西泮(氯硝安定)：起效快，一般首次用量 0.5mg 口服，每 5 天增加 0.5～1mg，成人 <20mg/d，静脉滴注或过渡至口服。副作用是对呼吸和心脏的抑制，应用时需严密观察。

C. 苯妥英钠：成人首次剂量 150～250mg，儿童 5～10mg/kg，以生理盐水做溶剂，静脉注射，速度不超过 25mg/min，以免发生低血压、心律失常。

D. 利多卡因：如上述药物仍不能控制发作可选用利多卡因，先以 50～100mg 溶于 10% 葡萄糖 10～20ml，静脉注射，速度 <25～50mg/min；然后用 2～4mg/(kg·h)，静脉滴注 1～3 天，应用时行心脏监测。该药起效快，不降低意识水平，但偶可发生心脏停搏，心脏传导阻滞及心动过缓者慎用。

E. 异戊巴比妥钠(阿米妥钠)：一般应用地西泮、苯妥英钠静脉注射不能控制时，采用此药，用灭菌注射用水或氯化钠注射液溶解成 5% 的溶液，肌内注射或缓慢静脉注射，成人用量 0.1～0.25 克 / 次，儿童 <12 岁用 3～5mg/kg，>12 岁用法同成人。

F. 咪达唑仑：先予 0.1mg/kg 静脉注射后，以 0.1mg/(kg·h) 持续静脉滴注，若癫痫发作未控制，以 0.05mg/(kg·h) 幅度加量。该药起效快，有抑制呼吸、引起低血压作用，应用时需监测使用。

G. 其他药物：水合氯醛、苯巴比妥及丙戊酸钠可酌情选择使用。

2) 治疗脑水肿：癫痫反复发作引起脑水肿，后者又会加重癫痫发作，故需应用甘露醇或地塞米松，积极治疗脑水肿。

3) 其他：维持呼吸、循环功能，纠正水、电解质及酸碱平衡紊乱，控制高热及感染等。

(周荣斌)

思考题

1. 晕厥的定义、分类及其临床特点是什么？
2. 要寻找晕厥的原因，应从哪些方面考虑？
3. 面对一个晕厥病人，如何判定是否处于高危状态？
4. 你知道高血压脑出血的临床表现吗？如何与其他脑血管病相鉴别？
5. 高血压脑出血如何救治？
6. 低血糖症的病因分类是什么？
7. 低血糖症的临床表现是什么？
8. 低血糖症如何诊断与治疗？
9. 诱发 DKA 的常见因素有哪些？
10. 如何诊断高渗性高血糖状态？
11. HHS 与 DKA 如何鉴别？哪些指标说明 DKA 与 HHS 病情危重？

笔记

12. DKA的急救原则及其注意事项是什么？
13. 抽搐发作的特点是什么？
14. 抽搐持续状态的处理原则是什么？
15. 癫痫全身强直-阵挛发作持续状态的药物选择有哪些？

第四章　呼 吸 困 难

呼吸困难指病人的某种不同程度的空气不足、呼吸不畅、费力及窒息等呼吸不适的主观感觉，伴或不伴呼吸费力表现，如张口呼吸、鼻翼扇动、呼吸肌辅助参与呼吸运动等，也可伴有呼吸频率、深度与节律的改变，病人的精神状况、生活环境、文化水平、心理因素及疾病性质等对其呼吸困难的描述会有一定的影响。

第一节　概　　述

一、分类

呼吸困难（dyspnea）按病程分为急性呼吸困难与慢性呼吸困难；急性呼吸困难是指病程 3 周以内的呼吸困难，慢性呼吸困难是指持续 3 周以上的呼吸困难。按病因分类，可分为：肺源性呼吸困难、心源性呼吸困难、中毒性呼吸困难、血源性呼吸困难、神经精神性呼吸困难及其他原因引起的呼吸困难（表 4-1），其中肺源性呼吸困难又分为呼气性、吸气性和混合性呼吸困难。

表 4-1　呼吸困难疾病分类

疾病分类	常见疾病
肺源性	急性支气管炎、肺炎、支气管哮喘、过敏性肺炎、急性呼吸窘迫综合征（ARDS）、肺结核、慢性阻塞性肺疾病（COPD）、急性肺水肿、肺栓塞、自发性气胸、大量胸腔积液、胸膜炎
心源性	急性左心衰、心脏瓣膜病、缩窄性心包炎、急性冠脉综合征、心肌炎、心肌病、严重心律失常、先天性心脏病
中毒性	一氧化碳、药物中毒，毒蛇咬伤等
血源性呼吸困难	重度贫血、高铁血红蛋白血症、甲亢危象、糖尿病酮症酸中毒、急性大出血

二、临床特点

（一）临床表现

1. 起病方式　突然发作的呼吸困难多见于自发性气胸、肺水肿、支气管哮喘、急性心肌梗死和肺栓塞等。夜间阵发性呼吸困难以急性左心衰最为常见，COPD 病人夜间可因痰液聚积而引起咳喘，被迫取端坐体位。慢性支气管炎肺气肿病人的呼吸困难可随肺功能减退而加重。ARDS 病人多在原发病起病后 5 日内，而约半数者在 24 小时内出现呼吸加快，随后呈进行性呼吸困难或呼吸窘迫。

2. 伴随症状　呼吸困难病人可伴有发热、咳嗽、咳痰、胸痛等症状，对病因诊断与鉴别诊断有帮助。

3. 呼吸困难类型　①吸气性呼吸困难：多见于喉、气管狭窄（炎症、水肿、异物或肿物压迫），表现为喘鸣，吸气时胸骨和锁骨上窝及肋间隙凹陷，称“三凹征”。②呼气性呼吸困难：多见于支气管哮喘、COPD，表现为呼气延长伴有喘鸣音。③混合性呼吸困难：见于重症肺炎、肺间质纤维化、大量胸腔积液和气胸。④潮式呼吸（Cheyne-Stokes）和间歇呼吸（Biots）：见于中枢神经系统疾病及糖尿病酮症酸中毒、急性中毒等。

（二）辅助检查

1. **常规检查** 血常规、生化检查，心电图、超声心动图检查。

2. **胸部X线检查** 有助于发现各种心肺及胸腔疾病，对急危重症病人行床边X线检查时尽量取半卧体位，必要时作CT扫描、MRI、放射性核素扫描。

3. **动脉血气分析** 通过动脉血氧分压（PaO_2）、二氧化碳分压（$PaCO_2$）、酸碱指标来判断病情。

4. **肺功能检查** 对病情并非危急的病人可以选择，以帮助判断功能障碍的程度和性质。但肺功能检查项目较多，应按病情需要及病人的耐受能力选择检查。

三、鉴别诊断

呼吸困难最常见于心血管、呼吸和神经肌肉疾病，其鉴别诊断需要综合判断。

应首先区分急性、慢性和发作性呼吸困难。其次应区分两类呼吸困难：一类为病因尚未明确的新发呼吸困难；另一类为已有心肺及神经系统等基础疾病的呼吸困难加重。

因此，对于呼吸困难的鉴别诊断，需全面系统了解病人基础疾病，并遵循“系统、有序、快捷、准确”的原则进行鉴别诊断，见表4-2。

表4-2 常见呼吸困难的鉴别诊断

心血管疾病	心肌病变、心脏压塞及心包缩窄、各种原因所致的左心/右心功能不全等
肺部疾病	慢性阻塞性肺疾病、支气管哮喘、肺栓塞、肺炎等

四、治疗原则

任何原因引起的呼吸困难，最根本的处理措施是针对病人原发病的治疗即病因治疗。

对病因暂时未明的急性呼吸困难者，首先应迅速对其气道、呼吸和循环状况进行评估判断，同时进行相关病史收集和侧重的体检。

对症状紧急、生命体征不平稳者，应立即监测生命体征、建立静脉输液通路并吸氧，同时针对可能病因进行初步治疗。

对症状紧急、生命体征尚平稳者，需立即给予生命体征监测，同时针对可能病因初步治疗，如病人症状或生命体征恶化，应建立静脉输液通路并吸氧。

五、快速评估与处理流程

急性呼吸困难的快速评估与处理流程见图4-1。

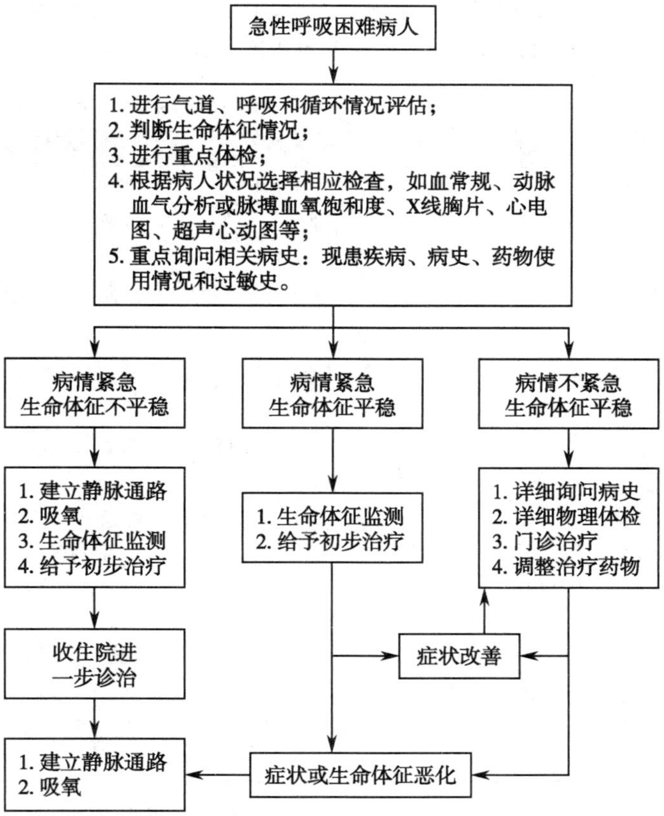

图4-1 急诊呼吸困难病人的处理流程

第二节　支气管哮喘急性发作

支气管哮喘（bronchial asthma），简称哮喘，是一种异质性疾病，通常表现为慢性气道炎症。有喘息、呼吸急促、胸闷和咳嗽等呼吸道病史，且随时间而变化且严重程度也有所不同，伴不同程度的呼气气流受限。可分为急性发作期、慢性持续期和临床缓解期。

哮喘急性发作是指喘息、气急、咳嗽、胸闷等症状突然发生，或原有症状加重，并以呼气流量降低为其特征，常因寒冷、空气污染、接触变应原、化学性刺激物、呼吸道感染、药物及剧烈运动而诱发（表 4-3）。哮喘发作多数为既往已确诊的病人，也可为首次发作。夜间及晨间多发，夜间哮喘死亡率高，可能与血浆肾上腺素水平低，组织胺水平高，胃酸反流、鼻窦炎以及睡眠时鼻后分泌物流入呼吸道有关。近些年来，哮喘平均患病率呈现上升趋势。

表 4-3　哮喘急性发作常见的病因及诱因

呼吸道感染	服用阿司匹林
过敏源，特别是接触猫	某些黄色染料
运动	围月经期女性
气候：寒冷和干燥、天气变化、空气污染	接触有机颗粒：棉花、去污剂、化学刺激物

一、临床特点

1. 病史　哮喘急性发作病人既往病史对诊断很关键，包括发作时间、诱因（如季节、动物接触史）、药物使用及依赖史，最后一次发作时的用药，以及此次发作持续时间。

2. 致命危险因素　①哮喘发作不稳定；②急诊处置 3 次以上；③入院治疗 2 次以上；④过去一年中有住 ICU 或气管内插管病史；⑤伴有心脏病、HIV 阳性或精神病。

3. 临床分级　哮喘发作时肺功能恶化以呼气流量降低为特征，通过病人的症状、肺功能及动脉血气分析可对其急性发作的严重程度进行分级，如表 4-4。

表 4-4　支气管哮喘急性发作时病情严重程度分级

临床特点	轻度	中度	重度	危重度
气短	步行、上楼时	稍事活动	休息时	
体位	可平卧	喜坐位	端坐呼吸	
讲话方式	连续成句	单词	单字	不能讲话
精神状态	可有焦虑，尚安静	时有焦虑或烦躁	常有焦虑、烦躁	嗜睡或意识模糊
出汗	无	有	大汗淋漓	
呼吸频率	轻度增加	增加	常>30 次 / 分	
辅助呼吸肌活动及三凹征	常无	可有	常有	胸腹矛盾呼吸
哮鸣音	散在，呼吸末期	响亮、弥散	响亮、弥散	渐弱，乃至无
脉搏（次 / 分）	<100	100～200	>120	变慢或不规则
奇脉	无	可有	常有（成人）	无，提示呼吸肌疲劳
最初支气管舒张剂治疗后 PEF 占预计值或个人最佳值百分比	>80%	60%～80%	<60% 或 100L/min 或作用时间<2 小时	
静息状态下 PaO_2（mmHg）	正常	≥60	<60	<60
静息状态下 $PaCO_2$（mmHg）	<45	≤45	>45	>45
静息状态下 SaO_2（%）	>95	91～95	≤90	≤90
pH				降低

注：只要符合某一程度的某些指标，无需满足全部指标，即可提示为该级别的急性发作；PEF 为呼气峰流速；PaO_2 为动脉血氧分压；$PaCO_2$ 为动脉二氧化碳分压；SaO_2 为动脉血氧饱和度；1mmHg=0.133kPa

4. 临床表现 主要症状为伴有哮鸣的呼气性呼吸困难。轻度急性哮喘病人可平卧，稍重者喜取坐位，严重者常采用前倾位，伴大汗。危重病人说话断续状或不成句，甚至不能讲话，可出现极度呼吸困难、呼吸过缓、大汗淋漓，此时病人反而取卧位。哮鸣音的响亮程度常提示哮喘的严重程度，但危重时哮鸣音、双侧呼吸音却消失。可以出现中心性发绀，下肢水肿、皮下气肿及吸 / 呼（I/E）比改变（轻度为1∶1，重度为1∶3）等。儿童可出现锁骨上窝、肋间隙凹陷、辅助呼吸肌活动和鼻翼扇动等症状。

二、辅助检查

1. 实验室检查

（1）血液检查：如病人使用糖皮质激素或合并肺部感染白细胞计数可升高，新发急性哮喘病人血嗜酸性粒细胞可增高。用 β_2 受体激动剂治疗可导致低钾血症。

（2）血茶碱测定：有助于监测病人对服药的依从性，排除易被忽视的茶碱中毒。

（3）脉氧饱和度监测：所有急性哮喘病人均需脉搏氧饱和度监测以除外低氧血症，轻度急性哮喘病人的低氧血症很容易经氧疗改善。在使用 β_2 受体激动剂治疗时由于 V/Q 比失调加重，PaO_2 可下降4～10mmHg，所以治疗时需监测脉搏氧饱和度。

（4）动脉血气分析：根据脉氧饱和度测定，少数哮喘病人氧疗后如氧饱和度<90%，需做动脉血气分析。高碳酸血症是由于通气量下降所致，提示需要机械通气，但是否气管内插管应视临床具体情况而定。

2. 胸部 X 线检查 常显示“条索状浸润，双肺过度充气”征象，对伴有胸痛的急性哮喘病人需查胸片，以除外气胸及纵隔气肿，尤其有皮下气肿时。

3. 心电监护 急性哮喘病人常见窦性心动过速或室上性心动过速，提示可能有茶碱中毒。

三、诊断与鉴别诊断

（一）典型哮喘的临床症状和体征

1. 反复发作喘息、气急、胸闷或咳嗽，夜间及晨间多发，多与接触变应原、冷空气、理化性刺激以及病毒性上呼吸道感染、运动等有关。

2. 发作时在双肺可闻及散在或弥漫性以呼气相为主的哮鸣音，呼气相延长。

3. 上述症状和体征可经治疗缓解或自行缓解。

（二）可变气流受限的客观检查

1. 支气管舒张试验阳性，FEV_1 增加>12%，且 FEV_1 增加绝对值>200ml；

2. 支气管激发试验阳性。

符合上述症状和体征，同时具备气流受限客观检查中的任一条，并除外其他疾病所引起的喘息、气急、胸闷和咳嗽，可以诊断为哮喘。

（三）鉴别诊断

虽然咳嗽、喘鸣、呼吸急促和胸闷是哮喘的特征，但也是其他一些呼吸系统疾病、非呼吸系统疾病（如心力衰竭、胃食道反流病）的症状，而且如慢性鼻 - 鼻窦炎、喉咽食管反流等常见疾病可能与哮喘共存且增加哮喘严重程度。

哮喘重点需与慢性阻塞性肺疾病（COPD）相鉴别。哮喘慢阻肺重叠（asthma-COPD overlap）是2017 GINA 和 GOLD 推荐的术语，用于描述具有哮喘和慢阻肺两种疾病特征的病人。哮喘慢阻肺重叠不是一种单一的疾病实体，是指“哮喘”和“慢阻肺”，它可能包括由不同的基础机制引起的几种不同的表型。

四、治疗

哮喘急性发作时程度轻重不一，可在数小时或数天内出现，偶尔可在数分钟内即危及生命，依病情轻重分轻度、中度、重度和危重度四个等级，治疗的目的在于尽快缓解症状、解除气流受限和改善低氧血症，恢复肺功能，同时还应制定长期治疗方案以防再次急性发作，防治并发症。故在处理急性发作哮喘时，要对病情正确评估，以便及时有效的紧急治疗。

（一）急诊处理

哮喘急性发作后，首先应脱离过敏原，避免诱发及危险因素的接触和暴露，呼吸困难的病人给予氧疗。仅在机械通气时使用镇静剂。接诊后，医生应进行病史询问、体检（了解辅助呼吸肌活动情况、心率、呼吸频率，听诊）和辅助检查[呼气峰流速（PEF）或 FEV_1、SpO_2 监测、动脉血气分析]，对哮喘诊断进一步确认，并做初步评估。同时，尽快给以吸氧、SABA（或联合异丙托溴铵）和激素等治疗，1 小时后再次评估病人对初始治疗反应，根据反应不同进行进一步治疗。哮喘急性发作的医院内处理流程见图 4-2。

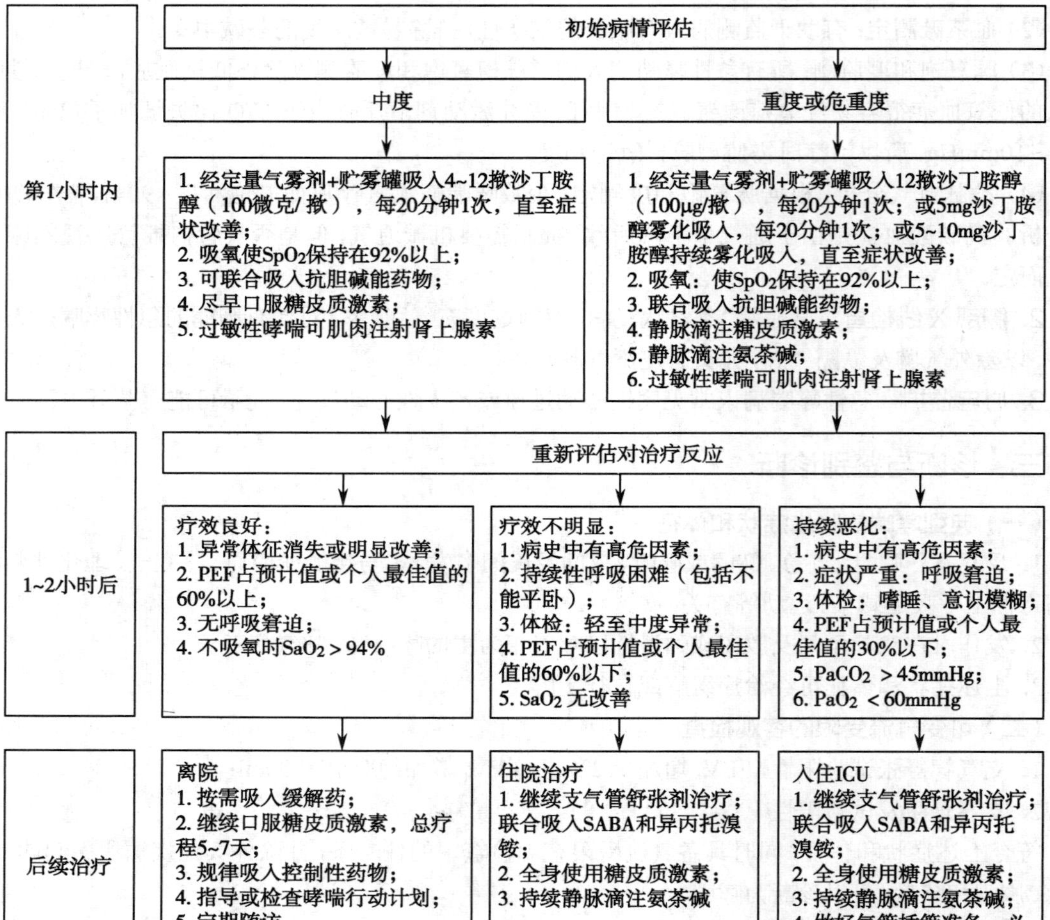

注：PEF为呼气峰流速；PaO_2为动脉血氧分压；$PaCO_2$为动脉血二氧化碳分压；SABA为短效β_2受体激动剂；1mmHg=0.133kPa

图 4-2　哮喘急性发作的医院内处理流程

1. 支气管舒张剂　首选吸入 SABA 治疗，反复使用 SABA 是治疗急性发作最有效的方法。给药方式可用压力定量气雾剂经储雾给药，或使用 SABA 的雾化溶液经喷射雾化装置给药。初始治疗阶段，推荐间断（每 20 分钟）或连续雾化给药，随后根据需要间断给药（每 4 小时 1 次）。

2. 激素的应用　对 SABA 初始治疗反应不佳或疗效不能维持，或在控制药物治疗基础上发生急性发作的病人，应尽早使用糖皮质激素。轻中度推荐使用泼尼松龙 0.5～1mg/kg 或等效剂量的其他全身激素口服 5～7 天；严重的急性发作病人或不宜口服激素的病人，可以静脉给药。推荐用法：甲泼尼龙 80～160mg/d，或氢化可的松 400～1000mg/d 分次给药。

3. 氧疗　对低氧血症（氧饱和度<90%）和呼吸困难的病人可给予控制性氧疗，使病人的氧饱和度维持在 93%～95%。

4. 其他　大多数哮喘急性发作并非由细菌感染引起，应严格控制抗生素使用指征。

5. 治疗评估和后续处理　经初始足量的支气管舒张剂和激素治疗后，如果病情继续恶化需进行再评估，考虑是否转入 ICU 治疗。初始治疗显著改善，PEF 或 FEV_1 占预计值百分比恢复到个人最佳值 60% 以上可回家继续治疗。

其中，急性重度和危重哮喘病人经过上述药物治疗后，若临床症状和肺功能无改善甚至继续恶化，应迅速缓解支气管痉挛和控制呼吸道炎症，纠正低氧血症和呼吸衰竭，及时发现和处理并发症。指征主要包括：意识改变、呼吸肌疲劳、$PaCO_2 \geq 45mmHg$ 等。若无创通气无改善则及早行气管机械通气。药物处理同前所述。

（二）并发症处理

1. 呼吸衰竭　哮喘发作因气道阻塞和缺氧可导致呼吸衰竭，应尽早行动脉血气分析，采取改善通气、给氧，严重时给予呼吸支持治疗。

2. 黏液栓阻塞和肺不张　哮喘严重发作时，黏液腺分泌明显增加，病人张口呼吸，大汗淋漓，使体液耗损过多，增加分泌液黏稠度，且纤毛 - 黏液传输功能明显下降。给予充分补液，化痰药及有效吸痰等。

3. 气胸和纵隔气肿　哮喘急性发作时肺过度充气，肺内压力增加，使哮喘已并发的肺大泡破裂形成自发性气胸。另外，气体亦可进入肺间质，沿支气管血管束至肺门进入纵隔引起纵隔气肿。出现气胸时宜尽早行胸膜腔穿刺或胸腔闭式引流排气。

4. 呼吸、心脏骤停　哮喘急性发作最严重的并发症是呼吸、心脏骤停，立即气管插管，行心肺复苏。

第三节　自发性气胸

气胸可分为创伤性与自发性：创伤性气胸可由胸部钝挫伤、挤压伤或穿入伤引起；自发性气胸为无任何可识别的创伤情况下发生的气胸，是一种常见的胸部疾病。

自发性气胸是一种常见的胸部疾病，指无创伤或医源性损伤因素，自行发生的气体进入胸膜腔内。可以因肺部疾病引起，还有相当一部分病人无明显诱因，甚至胸部 X 线检查无阳性发现，这种情况称为特发性气胸。特发性气胸多见于青年男性，平素身体健康，无肺部疾病。

一、分型

自发性气胸根据肺部是否存在基础病变分为原发性和继发性两种：

1. 原发性自发性气胸　是指原无明确肺部疾病者在无诱发事件情况下发生的气胸，多由胸膜下肺大疱破裂所致。

2. 继发性自发性气胸　是指在肺疾病的基础上并发的气胸，最常见的是慢性阻塞性肺疾病（COPD）、囊性纤维化、坏死性肺炎、结核病等。

还有一种特殊类型自发性气胸为张力性气胸，发生后很快可以危及生命，需要紧急处理，必须立即抽气减压。

二、临床特点

自发性气胸临床表现取决于胸膜腔内的气体量、发病速度、肺萎陷程度、胸膜腔内张力以及病人的年龄和呼吸储备能力。最常见于病人静息时或最低程度劳动时。

常主诉突发呼吸困难，有胸膜炎性胸痛（尖锐或刀刺样疼痛，可能在弹响感后出现），疼痛在患侧呈弥漫性，并放射到同侧肩部。偶尔伴干咳。

查体：患侧胸壁随着呼吸上下起伏减弱、呼吸音减低、叩诊过清音及语音震颤减弱。偶尔还会出现皮下气肿伴捻发音或者气腹所致腹部膨隆。

三、诊断要点

自发性气胸通过胸片确立诊断，条件允许时，应选择直立位拍片。

1. 既往胸部X线检查无明显病变或有COPD、肺结核、哮喘等肺部基础病变。

2. 突发一侧胸痛伴不同程度胸闷、呼吸困难。患侧胸廓饱满、呼吸运动减弱，叩诊鼓音，肝肺浊音界消失，听诊呼吸音减弱，甚至消失。

3. 发病时胸部X线检查是诊断气胸最准确和可靠的方法。

典型自发性气胸诊断不困难。继发性气胸病人可因原有基础疾病而影响诊断，因此，对临床不能用其他原因解释或经急诊处理呼吸困难无改善者，需考虑自发性气胸的可能。因病情危重不能立即行胸部X线检查时，可在胸腔积气体征最明显处进行诊断性穿刺。

四、急诊处理

治疗方法的选择取决于病人临床特征和病情。

1. 给氧 对于临床稳定且首发、少量气胸（胸片显示肺和胸壁间距≤2～3cm）可以观察；对所有住院的气胸病人辅助供氧治疗，以加快胸膜腔内气体的再吸收，应采用面罩给氧。

2. 胸膜腔排气 对大量气胸（胸膜线与胸壁顶之间的气体边缘宽度≥3cm）或伴有明显呼吸困难、低氧血症或剧烈疼痛的病人采取穿刺排气。

对临床上稳定的原发性大量气胸病人，建议针刺抽气，临床上不稳定病人应置入胸腔导管；对存在基础肺部疾病的继发性气胸病人，治疗方式取决于气胸量，但通常优选胸膜腔造口术并置入导管或猪尾状导管而非针刺抽吸；对复发性原发性气胸病人应以胸腔闭式引流术使肺张开，后行手术干预。

3. 手术干预 手术包括将脏层胸膜上破裂的肺小泡或撕裂口予以钉合或缝合，并切除异常的肺组织（若存在）。所用术式包括电视辅助胸腔镜手术（video-assisted thoracic surgery，VATS）、小切口开胸手术以及常规开胸手术。原发性自发性气胸的外科治疗建议首选微创胸腔镜手术，根据个人经验和医院条件可选择单孔、多孔、插管和非插管等多种手术和麻醉方式。原发自发性气胸外科手术，不建议常规进行胸膜固定。继发自发性气胸病人由于年龄大，肺部基础病变复杂，应慎重选择微创，可视术中病灶的处理确实程度附加胸膜固定等手术。

第四节 急性心力衰竭

急性心力衰竭（acute heart failure，AHF）临床上以急性左心衰最为常见，急性右心衰则少见。急性左心衰竭，指急性发作或加重的左心功能异常所致的心肌收缩力明显降低、心脏负荷加重，造成急性心排血量骤降、肺循环压力突然升高、周围循环阻力增加，引起肺循环充血而出现急性肺淤血、肺水肿并可伴组织器官灌注不足和心源性休克的临床综合征。急性心力衰竭常危及生命，必须紧急救治。

一、临床特点

（一）症状

1. 呼吸困难 起病急骤，病情可迅速发展至危重状态。突发的病人常突发极度呼吸困难，呼吸频率达30～40次/分，鼻孔张大，吸气时肋间隙和锁骨上窝凹陷。按严重程度可依次表现为：

笔记

（1）端坐呼吸：平卧时出现气促（坐起后即好转）称端坐呼吸。端坐呼吸是左心衰竭典型表现，平卧时由于腹部、下肢回流至右心及肺部的血流量增多，使原有的肺血增加，平卧时膈肌抬高，使肺容积减少，淤血加重，肺顺应性降低，潮气量减少，呼吸困难迫使病人端坐，减轻肺淤血。病人常两腿下垂，两手抓床沿以助呼吸。端坐咳嗽与端坐呼吸的意义相同。

（2）夜间阵发性呼吸困难：常于夜间睡眠1～2小时后突然惊醒，感胸闷、气急，急于坐起，并企图开窗呼吸。由平卧时血液回流、膈肌上抬，以及睡眠时呼吸中枢对来自肺部传入神经的冲动敏感性减弱所致。严重者可出现哮鸣音，即使坐起并不缓解，所伴有的哮鸣音是支气管黏膜水肿与支气管痉挛所致。

（3）急性肺水肿：是急性左心衰最严重的表现，病人端坐呼吸，极度烦躁不安，口唇发绀，大汗淋漓，有濒死感。咳出大量泡沫样稀薄痰或粉红色泡沫痰，甚至有血痰从鼻孔中涌出。

2. 交感神经兴奋表现 伴有周围血管收缩，动脉压升高，心率增快，面色苍白，四肢湿冷，出冷汗。

（二）体征

听诊时可闻及两肺湿性啰音或哮鸣音。心脏听诊心尖部有舒张期奔马律、P_2亢进、心率增快。随心衰加重，可在周围动脉触及交替脉。

（三）辅助检查

1. 心电图 做12导联，甚至18导联常规心电图及心肌损伤标志物对确定有无急性心肌梗死有重要诊断意义。如首次检查不能确定，应1～2小时后再复查一次。对心律失常的准确诊断需做心电图检查，必要时须连续监测。

2. 胸部X线检查 可显示肺淤血、肺水肿，如出现肺门血管影模糊、蝶形肺门，甚至弥漫性肺内大片阴影等。胸片显示肺间质水肿（出现Kerley A线或B线）或肺泡水肿，双肺门附近云雾状蝶翼形暗影。

3. 超声心动图 对心包积液、心脏扩大、心肌肥厚、瓣膜狭窄及反流、腱索和乳头肌断裂、心肌节段性功能异常等均有较高的敏感性，可检测心脏射血分数（EF），并能提供心脏收缩和舒张功能及血流异常变化，重复性好、易于随诊。

4. 动脉血气分析 急性左心衰竭常伴低氧血症，肺淤血明显者可影响肺泡氧气交换。应监测动脉氧分压（PaO_2）、二氧化碳分压（$PaCO_2$）和氧饱和度，以评价氧含量（氧合）和肺通气功能。

5. 实验室检查 包括血常规和血生化检查，如电解质（钠、氯、钾等）、肝功能、血糖、白蛋白及高敏C反应蛋白（hs-CRP）。

二、诊断与鉴别诊断

1. 诊断要点

（1）原有基础心脏疾病，也可不伴基础心脏病。

（2）突发呼吸困难，呈端坐呼吸，频繁咳嗽，咳粉红色泡沫痰。

（3）面色灰白，口唇发绀，大汗淋漓，听诊双肺湿啰音或哮鸣音，心率130～140次/分，心尖区可闻及舒张期奔马律。

（4）胸部X线检查显示肺间质水肿。

2. 鉴别诊断 急性左心衰竭应与可引起明显呼吸困难的疾病如支气管哮喘和哮喘持续状态、急性大面积肺栓塞、肺炎、严重的慢性阻塞性肺病（COPD）尤其伴感染等相鉴别，也要与其他原因所致的非心源性肺水肿（如急性呼吸窘迫综合征）以及非心源性休克等鉴别。

三、急诊处理

急性心衰危及生命，应迅速抢救。救治目标：改善组织供氧，减少静脉回流，缓解焦虑，治疗原发病和消除诱因。

（一）一般处理

1. 体位　使病人采取最舒适的体位，通常为端坐位，双下肢下垂，以减少静脉回流，降低心脏前负荷，改善氧供。

2. 四肢交换加压　四肢轮流绑扎止血带或血压计袖带，通常同一时间只绑扎三肢，每个 15～20 分钟轮流放松一肢。血压计袖带的充气压力应较舒张压低 10mmHg，使动脉血流仍可顺利通过，静脉回流受阻。此法可降低前负荷，减轻肺淤血和肺水肿。

3. 吸氧　适用于低氧血症和呼吸困难明显（尤其指端血氧饱和度<90%）的病人。应尽早采用，使病人 SaO_2≥95%（伴 COPD 者 SaO_2>90%）。方法可用：

（1）鼻导管吸氧：低氧流量（1～2L/min）开始，如仅为低氧血症，动脉血气分析未见 CO_2 潴留，可采用高流量给氧 6～8L/ min。

（2）面罩吸氧：适用于伴呼吸性碱中毒病人，必要时可采用无创性或气管插管呼吸机辅助通气治疗。

4. 饮食　进易消化食物，避免一次大量进食，不要饱餐。

5. 出入量管理　肺淤血、体循环淤血及水肿明显者应严格限制饮水量和静脉输液速度，对无明显低血容量因素（大出血、严重脱水、大汗淋漓等）者的每天摄入液体量一般宜在 1500ml 以内，不要超过 2000ml。保持每天水出入量负平衡约 500ml/d，以减少水钠潴留和缓解症状。3～5 天后，如淤血、水肿明显消退，逐渐过渡到出入量平衡。

（二）药物处理

1. 镇静剂　首选用吗啡，主要作用在于抑制中枢交感神经，反射性地降低周围血管阻力，扩张静脉而减少回心血量；其他作用包括减轻焦虑、烦躁，抑制呼吸中枢兴奋、避免呼吸过频，直接松弛支气管平滑肌，改善通气。但应密切观察疗效和呼吸抑制的不良反应。伴明显和持续低血压、休克、意识障碍、COPD 等病人禁忌使用。

2. 利尿剂　适用于急性心衰伴肺循环或体循环明显淤血以及容量负荷过重的病人。产生快速利尿效应，且有扩张静脉作用，可减少循环血容量。首选呋塞米 20～40mg，2 分钟静脉注射，必要时增加剂量或重复使用。急性心肌梗死并发急性左心衰病人利尿时要慎重，过快利尿可能引起低血压。

3. 血管扩张剂　此类药可应用于急性心衰早期阶段。血管扩张剂可降低心脏前、后负荷及心肌耗氧量。

（1）硝酸甘油：适用于急性冠状动脉综合征伴心衰的病人。可立即舌下含服 0.4～0.6mg，5～10 分钟后可重复，用药 15 分钟后呼吸困难减轻和肺部啰音减少。如效果不明显，应改用硝酸甘油 10～30μg/min 静脉滴注。

（2）硝普钠：适用于严重心衰、原有后负荷及伴心源性休克病人。初始剂量为 10～15μg/min，每 5～10 分钟增加 5～10μg/min，直至肺水肿缓解或动脉收缩压降至 100mmHg。硝普钠可降低心脏收缩期室壁张力和肺毛细血管楔压，对急性心源性肺水肿特别有效，且作用快、半衰期短。如有低血压，宜与多巴酚丁胺合用。

4. 正性肌力药　适用于低心排血量综合征。①洋地黄类药物适用于房颤伴心室率快，或有心脏扩大伴左心室收缩功能不全者，治疗主要目标是控制心室率，在治疗急性肺水肿中其作用次要。对于急性心肌梗死病人最初 24 小时内尽可能不用洋地黄制剂。通常应先用利尿剂，再根据需要应用正性肌力药物，不可先强心后利尿。重度二尖瓣狭窄伴窦性心律失常的急性肺水肿病人忌用洋地黄。②急性心力衰竭伴低血压者可选用多巴胺。③顽固性心衰病人可考虑使用非洋地黄类正性肌力药物，如多巴酚丁胺、米力农等。

笔记

第五节 急性肺栓塞

肺栓塞(pulmonary embolism，PE)是由内源或外源性栓子阻塞肺动脉引起肺循环和右心功能障碍的临床综合征，包括肺血栓栓塞、脂肪栓塞、羊水栓塞、空气栓塞、肿瘤栓塞等。肺血栓栓塞症(pulmonary thromboembolism，PTE)是最常见的急性栓塞类型，由来自静脉系统或右心的血栓阻塞肺动脉或其分支所致，以肺循环和呼吸功能障碍为主要病理生理特征和临床表现，占急性肺栓塞的绝大多数，通常所称的急性肺栓塞即 PTE。引起 PTE 的血栓主要来源于深静脉血栓形成(deep venous thrombosis，DVT)，多发于下肢或骨盆深静脉，PTE 与 DVT 在发病机制上存在关联，是同一疾病病程中两个不同阶段的临床表现，两者合称为静脉血栓栓塞症(venous thromboembolism，VTE)。

一、病因及诱因

1. 血栓 约 70%～90% 是由于深静脉血栓脱落后随血液循环进入肺动脉及其分支。原发部位以下肢深静脉为主，盆腔静脉血栓是女性肺栓塞的重要来源，多发生于妇科手术后、盆腔疾病等，极少数血栓来自右心。

2. 其他栓子 有脂肪栓、气栓、羊水、骨髓、寄生虫、胎盘滋养层、转移性癌、菌栓、心脏赘生物等。

3. 常见诱因

(1) 血流淤滞：常见于老年、久病卧床、下肢静脉曲张、肥胖、休克、充血性心力衰竭等病人，或妊娠妇女、卒中瘫痪、中心静脉置管等。

(2) 静脉管壁损伤：如外科手术、肿瘤、烧伤、糖尿病等。

(3) 高凝状态：见于肿瘤、真性红细胞增多症、严重溶血性贫血、脾切除术后血小板溶解、高胱氨酸尿症、口服避孕药等。

(4) 其他：重大创伤、下肢骨折、关节置换和脊髓损伤、膝关节镜手术、自身免疫疾病、炎症性肠道疾病等。

二、临床特点

急性肺栓塞缺乏特异性的临床症状和体征，易漏诊。主要临床类型有：

1. 猝死型 肺动脉主干突然阻塞骤然致死。

2. 急性肺源性心脏病 见于堵塞 2 个肺叶以上肺血管，表现为突发呼吸困难、发绀、低血压、右心衰竭等。

3. 急性心源性休克 血栓堵塞约 50% 以上的肺血管，表现为突然的呼吸困难、发绀和休克。

4. 肺梗死 常为外周肺血管堵塞所致，表现为突发气短、呼吸困难、胸痛、咳嗽、咯血、胸膜摩擦音及胸腔积液。

5. 不可解释的“呼吸困难” 是临床最常见的类型，梗死面积相对较小。

当病人有不能解释的呼吸困难、胸痛、恐惧、烦躁、咳嗽、突然发生和加重的充血性心力衰竭，且查体有呼吸频率超过 20 次 / 分、心率>100 次 / 分以上、固定的肺动脉处第二心音亢进及分裂，或者有室上性心律失常、局部湿性啰音及哮鸣音时，均应高度怀疑肺栓塞的可能。

三、诊断要点

对怀疑急性肺栓塞的病人采取“三步走”策略：临床可能性评估；初始危险分层；最后逐级选择检查手段明确诊断。

1. 临床可能性评估 常用的临床评估标准加拿大 Wells 评分和修正的 Geneva 评分表(表 4-5，表 4-6)。

表 4-5　急性肺栓塞临床可能性评估的 Wells 评分标准

项目	原始(版)	简化(版)
既往肺栓塞或 DVT 病史	1.5	1
心率≥100 次 / 分	1.5	1
过去 4 周内手术史或制动史	1.5	1
咯血	1	1
肿瘤活动期	1	1
DVT 临床表现	3	1
其他鉴别诊断的可能性低于肺栓塞	3	1

注：临床可能性根据各项得分总和推算；三分类法（简化版不推荐三分类法）中总分 0～1 分为低度可能、2～6 分为中度可能、≥7 分为高度可能；二分类法中，对于原始版评分标准而言总分 0～4 分为可能性小，≥5 分为可能，对于简化版评分标准而言 0～1 分为可能性小，≥2 分为可能；DVT 为深静脉血栓形成

表 4-6　急性肺栓塞临床可能性评估的 Geneva 评分标准

项目	原始(版)	简化(版)
既往肺栓塞或 DVT 病史	3	1
心率		
75～94 次 / 分	3	1
≥95 次 / 分	5	2
过去一个月内手术史或骨折史	2	1
咯血	2	1
肿瘤活动期	2	1
单侧下肢痛	3	1
下肢深静脉触痛和单侧肿胀	4	1
年龄>65 岁	1	1

注：临床可能性根据各项得分总和推算；三分类法中，对于原始版评分标准而言总分 0～3 分为低度可能、4～10 分为中度可能、≥11 分为高度可能，对于简化版评分标准而言 0～1 分为低度可能，2～4 分为中度可能，≥5 分为高度可能；二分类法中，对于原始版评分标准而言，总分 0～5 分为可能性小，≥6 分为可能，对于简化版评分标准而言，0～2 分为可能性小，≥3 分为可能；DVT 为深静脉血栓形成

2. 初始危险分层　主要根据病人临床状态，只要存在休克或持续低血压即为可疑高危急性肺栓塞；如无休克或持续性低血压则为非高危急性肺栓塞。休克或持续性低血压是指收缩压<90mmHg 和（或）下降≥40mmHg，并持续 15 分钟以上，但除外因新发心律失常、血容量下降、脓毒血症等所致。

3. 诊断策略

（1）休克或持续低血压的可疑急性肺栓塞：此类病人为可随时危及生命的可疑高危急性肺栓塞病人，诊断首选 CT 肺动脉造影，应与急性血管功能障碍、心脏压塞、ACS 和主动脉夹层等鉴别诊断。

（2）不伴休克或持续低血压的可疑急性肺栓塞：对于临床概率为低、中或急性肺栓塞可能性小病人，先行血浆 D- 二聚体检测，建议使用高敏法。

四、急诊处理

1. 血流动力学和呼吸支持　充分补液、氧供，必要时给予正压辅助通气。

2. 抗凝　给予抗凝治疗的目的在于预防早期死亡和 VTE 复发，应尽早给予口服或静脉使用抗凝药。

3. 溶栓治疗　可迅速溶解血栓，恢复肺组织灌注，增加肺毛细血管血容量及降低病死率和复发率。

4. 手术治疗　外科血栓清除术或经皮导管介入治疗。

第六节 急性呼吸窘迫综合征

一、概述

急性呼吸窘迫综合征（acute respiratory distress syndrome，ARDS）是一种危及生命的急性弥漫性炎症性肺损伤，导致肺血管通透性和肺重量增加，而肺含气组织减少。临床特征为低氧血症，影像学为双肺致密影，伴随混合静脉血、生理性无效腔增加以及肺顺应性降低，急性期形态学主要特征为弥漫性肺泡损伤。

二、临床特点

1. 临床表现 ARDS 通常在诱因致病后 6～72 小时内出现，并迅速加重。常表现为呼吸困难、发绀和弥漫性湿啰音。呼吸窘迫常明显，包括呼吸急促、心动过速、出汗和呼吸费力，也可出现咳嗽和胸痛。

2. 动脉血气分析 显示低氧血症，常伴急性呼吸碱中毒和肺泡 - 动脉氧梯度增加。

3. 影像学检查 初使胸片通常显示双侧肺泡浸润，CT 通常显示广泛的斑片状或整合的气腔高密度影，通常在肺部重力依赖区更明显。

三、诊断与鉴别诊断

（一）诊断

一旦排除心源性肺水肿、可引起急性低氧血症的呼吸衰竭及其他原因，可诊断为 ARDS。须满足下列条件才能诊断为 ARDS：

1. 呼吸系统症状须在临床发病后 1 周内起始，或过去 1 周内病人出现新症状或加重。

2. 胸片或 CT 扫描须存在符合肺水肿的双肺阴影。

3. 病人的呼吸衰竭须不能完全用心力衰竭或液体过剩来解释。

4. 须有中至重度氧合障碍。采用动脉氧分压与吸氧分数比值（PaO_2/FiO_2）定义，低氧血症的严重程度确定 ARDS 的严重程度：轻度，PaO_2/FIO_2=201～300mmHg，且呼气末正压（PEEP）或持续气道正压（CPAP）≤5cmH$_2$O；中度，PaO_2/FIO_2=101～200mmHg，且 PEEP≥5cmH$_2$O；重度，PaO_2/FIO_2≤100mmHg，且 PEEP≥10cmH$_2$O 。

（二）鉴别诊断

1. 心源性肺水肿 除可能存在的心功能不全、右心充盈压升高或相关放射影像学异常证据外，其表现几乎与 ARDS 完全相同。

2. 特发性肺纤维化的急性加重 可与 ARDS 具有非常相似的临床表现和胸片异常。

3. 急性间质性肺炎 是一种罕见的暴发型弥漫性损伤，表现类似于 ARDS。

4. 癌症 癌症可在肺中快速播散，以至随后发生的呼吸衰竭可能被误认为 ARDS。

5. 其他 弥漫性肺泡出血、特发性急性嗜酸性粒细胞性肺炎、隐源性机化性肺炎等。

四、治疗

感染、创伤后的全身炎症反应是导致 ARDS 的原因，须针对病因进行及时有效的治疗。同时遏制原发病因诱导的全身失控性炎症反应，是预防和治疗 ARDS 的必要措施。

（一）氧疗

先使用鼻导管，当需要较高的吸氧浓度时，采用可调节吸氧浓度的面罩或带储氧袋的非重吸式氧气面罩，使 SaO_2≥90%，PaO_2 达到 60mmHg 以上。

（二）机械通气支持

机械通气是治疗 ALI/ARDS 的主要方法。应用呼吸末正压通气（PEEP）能改善 ARDS 的换气功能，使萎陷的小气道、肺泡扩张，促进肺间质和肺泡水肿的消退，提高肺顺应性，增加功能残气量，减少生理无效腔，增加肺泡通气量，改善通气/血流比例失调，降低肺内动静脉样分流，降低呼吸功和氧耗，从而提高动脉血氧分压。通过改善氧合加速修复过程，并避免高 FiO_2 进一步损伤肺组织，可延长病人的存活时间，为综合性治疗赢得时间。

预计病情能短期缓解，且 ARDS 病人意识清楚、血流动力学稳定，并能够得到严密监测和随时可行气管插管时，可采用无创机械通气（NIV）治疗。应用 NIV 可使部分合并免疫抑制的病人避免有创机械通气，及发生呼吸机相关性肺炎（VAP），并可能改善预后。

ARDS 病人经高浓度吸氧仍不能改善低氧血症时，应行气管插管机械辅助通气，能更有效地改善低氧血症，降低呼吸功，缓解呼吸窘迫，更有效地改善全身缺氧，防止肺外器官功能损害。

机械通气模式选择应尽量保留自主呼吸，若无禁忌证，应采用 30°～45° 半卧位。治疗可先选用潮气量 6～8ml/kg，目标使 SaO_2>90%，FiO_2<60%，气道平台压<30cmH_2O，预防气道压增高或高氧浓度的并发症。充分复张塌陷肺泡后应用适当水平 PEEP 防止呼气末肺泡塌陷，改善低氧血症，并避免剪切力，防止呼吸机相关性肺损伤（VALI）。

（三）合理的补液

在保持血容量、血压稳定和器官灌注的前提下，限制液体有助于改善 ALI/ARDS 病人的氧合和肺损伤。通常液体入量<2000ml/d，允许适度的体液负平衡（−1000ml～−500ml）。维持 PCWP 在 14～16cmH_2O。必要时可使用呋塞米 40～60mg/d。

（四）糖皮质激素

早期大剂量糖皮质激素并无益处，而在 ARDS 纤维化期（起病后 5～10 日）或病人血液或肺泡灌洗液中嗜酸性粒细胞增高时，则可使用糖皮质激素治疗。如使用应注意足量和短程，氢化可的松 300～400mg/d 或地塞米松 20～40mg/d，连续 2～3 日，若有效，继续使用数日即停。脓毒症和严重感染者使用糖皮质激素 200～300mg/d。

（五）肺外器官功能和营养支持

ARDS 病人往往缺乏营养，应给予鼻饲和静脉高营养，以维持足够的能量供应，以避免代谢和电解质紊乱。尽早开始肠内营养，有助于恢复肠道功能和保持肠黏膜屏障，防止毒素及细菌移位引起 ARDS 的恶化。近来主要死因是继发的多器官功能衰竭，因此肺外器官功能支持在 ARDS 治疗中也不容忽视。

（何　庆）

思考题

1. 简述呼吸困难的主要分类。
2. 如何鉴别支气管哮喘与 COPD？
3. 简述自发性气胸的急诊处理。
4. 肺栓塞的诊断策略是什么？
5. ARDS 如何治疗？

第五章　心悸与心律失常

心悸（palpitation）是一种自觉心脏跳动的不适或心慌感。当心脏收缩过强、心动过速、心动过缓或其他心律失常时，病人均可感觉心悸。除上述因素外，心悸还与精神因素和病人的注意力有关。心律失常（cardiac arrhythmia）是指心脏冲动的频率、节律、起源部位、传导速度或激动顺序的电生理异常，临床主要表现为心悸，可由各种病因所致。

第一节　概　　述

一、心悸的常见病因

一般认为，心脏活动过度是心悸发生的基础，常与心率及心排血量改变有关，心悸的原因可以是生理或病理性的，也可以由功能性疾病引起。心律失常是引起心悸的常见原因，心悸常与心律失常发生及持续时间有关，如阵发性心动过速时症状往往比较明显，突发突止；而慢性心律失常（如心房颤动等）可因逐渐适应而无明显症状。常见原因参见表 5-1。

表 5-1　心悸的常见病因

心血管性
一、心律失常
1. 快速性心律失常：窦性心动过速、房性心动过速、阵发性室上性或室性心动过速等
2. 缓慢性心律失常：窦性心动过缓、病态窦房结综合征、高度房室阻滞等
3. 其他心律失常：窦性心律不齐、期前收缩、心房扑动或颤动等
4. 起搏器或埋藏式心脏复律除颤器功能或程控异常
二、器质性心脏病
1. 心力衰竭：心肌梗死、心肌病、心肌炎
2. 左室增大：高血压性心脏病、主动脉瓣关闭不全、二尖瓣关闭不全
3. 先天性心脏病：动脉导管未闭、室间隔缺损
非心血管性
一、生理性心脏搏动增强　剧烈运动，精神紧张，大量吸烟，喝浓茶、烈酒或咖啡
二、系统性疾病　甲状腺功能亢进、发热、贫血、低血糖、血容量不足、体位性低血压、嗜铬细胞瘤、胸腔大量积液、胆心综合征、高原病等
三、药物作用
1. 拟交感活性药物：肾上腺素、麻黄碱
2. 抗胆碱能药物：阿托品、山莨菪碱
3. 血管扩张剂
4. 停用 β 受体阻滞剂
四、急性中毒
1. 急性药物中毒：阿片类药物如哌替啶中毒、苯丙胺类兴奋剂中毒、氯胺酮中毒、可卡因中毒、阿托品类药物中毒等
2. 急性农药中毒：拟除虫菊酯类农药重度中毒、百草枯中毒、有机氟类杀鼠剂中毒等

续表

3. 有害气体中毒：一氧化碳中毒、氰化物中毒、硫化氢中毒等
4. 有机毒物中毒：急性乙醇中毒等
5. 植物性毒物中毒：亚硝酸盐中毒、乌头碱类植物中毒、菜豆角中毒、夹竹桃中毒等
6. 动物性毒物中毒：毒蛇咬伤、鱼胆中毒、动物肝中毒等
五、电解质紊乱 低钾血症、高钾血症、低镁血症、高镁血症、低钙血症、高钙血症
六、精神心理疾病
1. 焦虑、惊恐发作
2. 抑郁所致的躯体疾病

二、临床特点

心悸病人常用“心乱”“心脏停搏感”“心慌”等语言来形容。心悸可因病因不同，而临床表现不同。

（一）心律失常致心悸

1. 期前收缩 包括房性、交界性、室性期前收缩。正常人可发生，器质性心脏病者更易发生。病人可无症状，可有心悸或心跳停顿感。在情绪激动、精神紧张、疲劳、大量吸烟、浓茶烈酒时引发；有洋地黄、奎尼丁、拟交感神经类药物的毒副作用，以及心脏手术、心导管检查均可引起。频发期前收缩可导致乏力、头晕等症，有基础心脏病者可诱发或加重心绞痛或心力衰竭。心脏听诊可闻及心律不规则，期前收缩的心音提前，第一心音多增强，期前收缩后出现有一长间歇。对室性期前收缩病人要注意有无以下问题：①有黑矇及晕厥病史；②期前收缩心电图表现多源、成对、连续≥3 个或有 R-on-T 现象；③洋地黄中毒；④低钾血症；⑤ QT 间期延长。房性期前收缩、室性期前收缩见图 5-1，图 5-2。

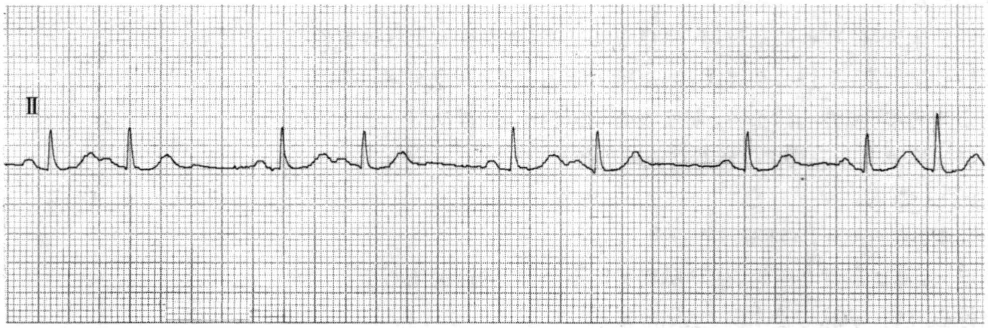

图 5-1 房性期前收缩（二联律）

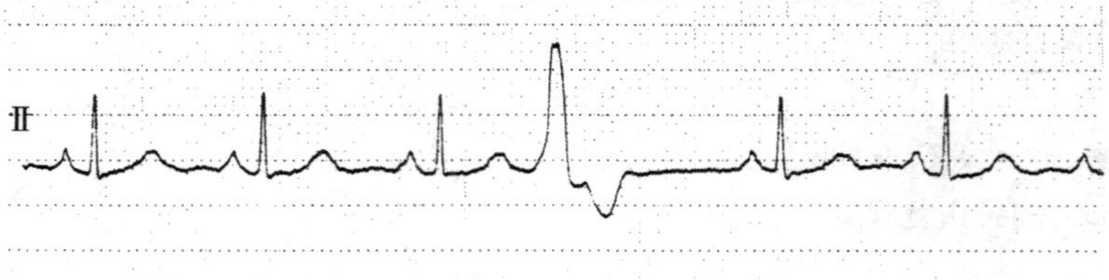

图 5-2 室性期前收缩

2. 心动过速 心动过速时病人常有心悸、心前区不适、不安、恐惧等症状。阵发性心动过速常表现为突发突止，病人可清楚地描述发作时间、诱发方式、发作频率。发作时间可短至数秒，也可长达数天，心率在 100～220 次 / 分。心动过速发作时间较长，可因心排血量降低导致血压下降、头晕、

笔记

胸闷、乏力，严重时可发生晕厥或诱发心绞痛。

（1）窦性心动过速：心悸发作常逐渐开始和终止，节律规整，频率大多在 100～150 次 / 分。正常人多在体力活动、情绪激动或吸烟、饮酒后出现；贫血、甲亢、发热、缺氧、心衰、休克时也可发生。

（2）房性心动过速：发作呈短暂、间歇或持续性。心房率多在 150～200 次 / 分，P 波形态与窦性不同，P 波之间等电线存在（房扑时等电线消失）。常见于心肌梗死、瓣膜病、先天性心脏病等；多源性房性心动过速多见于肺心病，也可见于洋地黄中毒和低钾血症。房性心动过速见图 5-3。

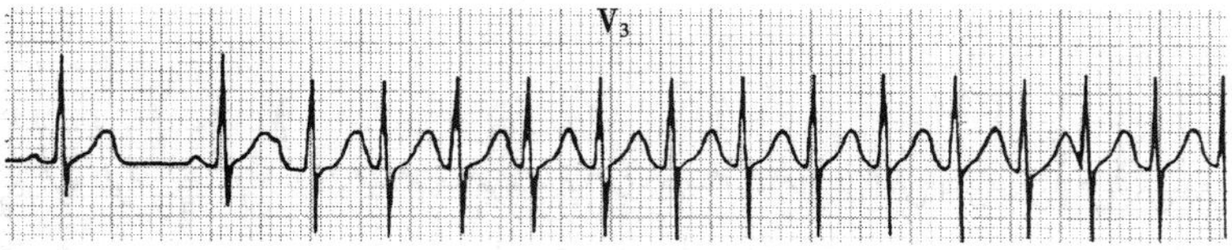

图 5-3　房性心动过速

（3）心房扑动（简称房扑）：多呈阵发性，心房率在 250～350 次 / 分，常以固定房室比例（2∶1 或 4∶1）下传，所以心室节律规整（图 5-4），也可不规则传导（图 5-5）。部分病人可无明显病因，而持续房扑常见于冠心病、高血压性心脏病、心脏瓣膜病及心肌病等。

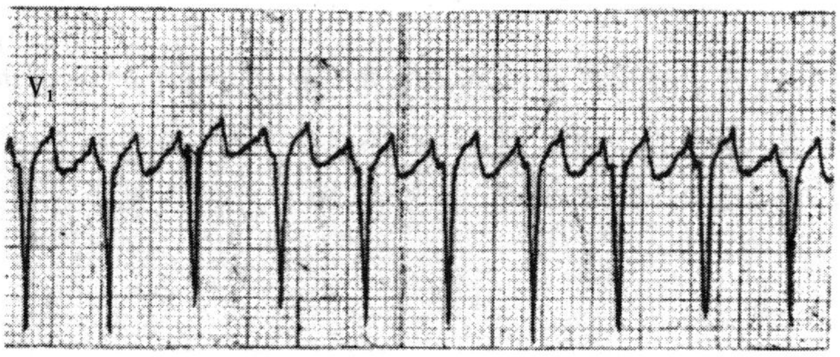

图 5-4　房扑

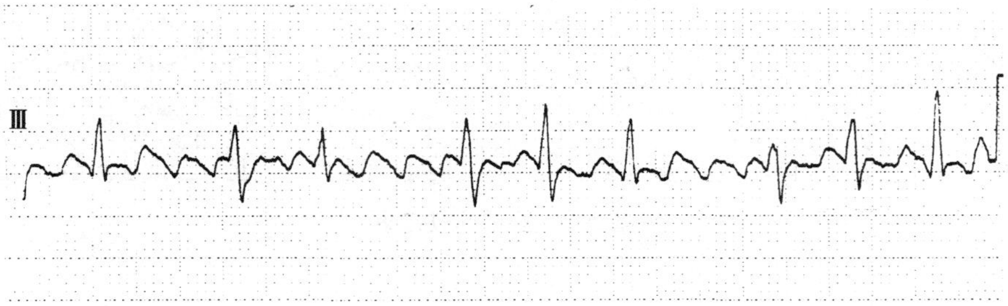

图 5-5　房扑伴不等比传导

（4）心房颤动（简称房颤）：是临床常见的心律失常，心电图 f 波频率 350～600 次 / 分，心室律绝对不规则，QRS 波不增宽。多见于风湿性心脏病、冠心病、高血压性心脏病、甲亢性心脏病、缩窄性心包炎等；也可见于无器质性心脏病。快速型房颤见图 5-6。

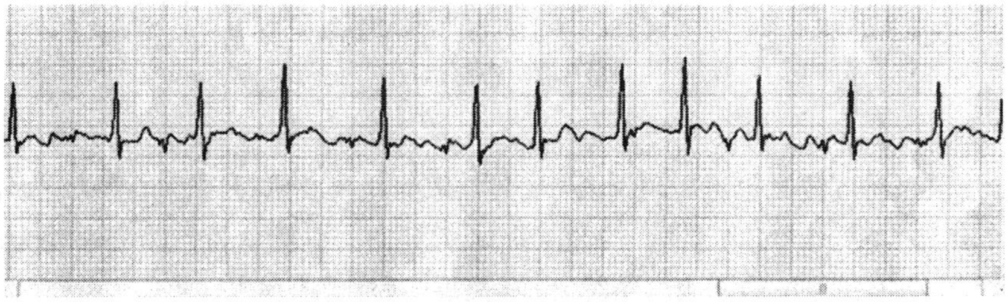

图 5-6　快速型房颤

（5）非阵发性交界性心动过速：渐起渐止，常呈短阵性，可自行终止。心率在70～150次/分，心电图可见逆行P波，房室分离。常见于病毒性心肌炎、急性心肌梗死及洋地黄中毒等。

（6）阵发性交界性心动过速：突然起止，可持续数秒、数小时或数日不等。心率在150～250次/分，偶见逆行P波，QRS波为室上性（图5-7）。多见于无器质性心脏病的青年人，可因饮酒、浓茶、情绪激动、体力活动而诱发，少数由器质性心脏病引起。

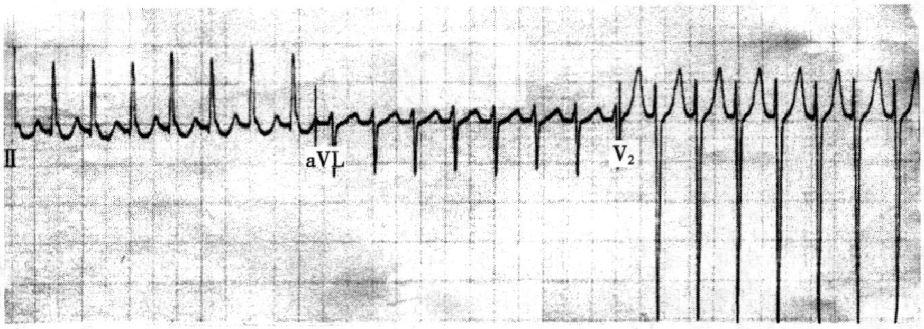

图5-7 阵发性交界性心动过速

（7）室性心动过速：是临床上较为凶险的心律失常，常导致严重的血流动力学障碍。根据心室率不同，病人临床表现差异较大，轻者仅有心悸，重者伴血压下降，甚至猝死。心室率在100～250次/分，QRS波群宽大畸形，时限通常>0.12秒，节律规整（图5-8）。常见于冠心病、扩张型心肌病、肥厚型心肌病等。

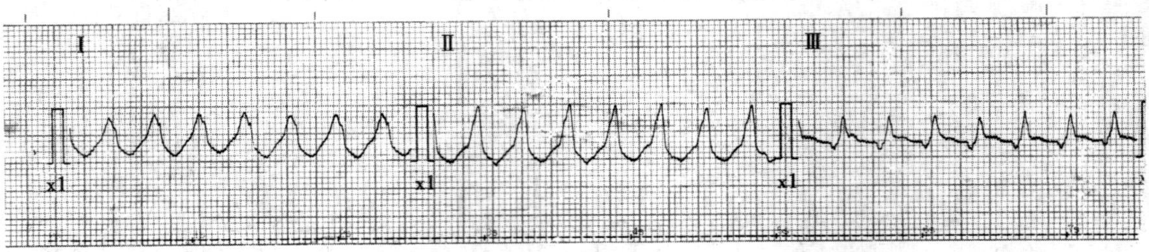

图5-8 室性心动过速

（8）心室颤动：同心脏停搏，病人突发意识丧失、抽搐，无呼吸、心跳，发生猝死（图5-9）。

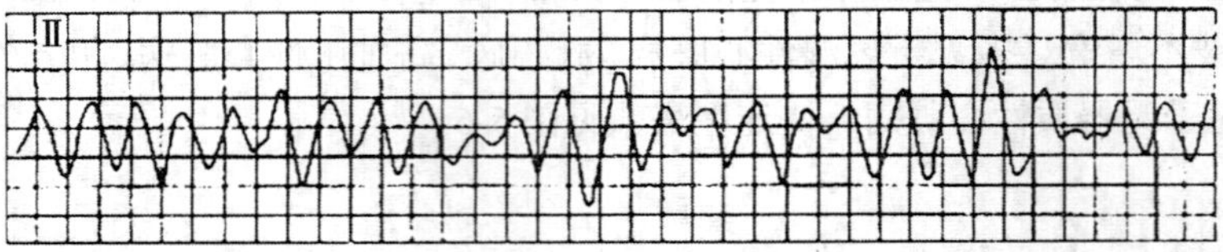

图5-9 心室颤动

3. 心动过缓 心动过缓时也可表现为心悸，其临床症状与心率缓慢程度及伴有血流动力学障碍相关，严重时可出现黑蒙、晕厥，甚至阿-斯综合征或猝死。心脏听诊特点为心率明显减慢。心电图见于窦性心动过缓、窦性停搏、病态窦房结综合征、高度房室阻滞。

笔记

（1）窦性心动过缓：窦性频率<60次/分，常无临床症状。心率<40次/分，可引起心绞痛、心功

能不全或中枢神经系统供血障碍等；也可见于急性心肌梗死（尤其是下壁心肌梗死）、心肌炎及颅内高压、高钾血症等。

（2）窦性停搏：心电图显示PP间期显著延长，多>2秒，且与正常PP间期之间无倍数关系（图5-10）。可见于洋地黄、奎尼丁毒性作用及病态窦房结综合征。

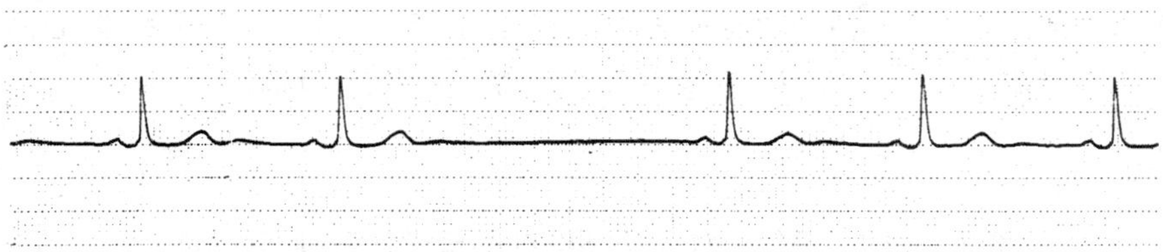

图5-10　窦性停搏

（3）病态窦房结综合征（sick sinus syndrome，SSS）：心电图检查可见各种心律失常，包括窦性心动过缓、窦房传导阻滞、窦性停搏、心动过缓 - 心动过速综合征等。常见于冠心病、心肌炎、心肌病、手术损伤等。

（4）窦房阻滞：心电图表现为PP间期进行性缩短，直至出现一次长PP间期，莫氏Ⅰ型阻滞时，长PP间期短于基本PP间期的两倍；莫氏Ⅱ型阻滞，长PP间期为基本PP间期的整倍数。病因包括心肌梗死、心肌炎、高钾血症、洋地黄或奎尼丁类药物作用，以及迷走神经张力过高等。

（5）房室阻滞：可分为一、二、三度阻滞。一度表现为PR间期>0.12秒；二度为PR间期正常或延长伴部分QRS波群脱漏，又分Ⅰ型（图5-11）和Ⅱ型。三度（图5-12）为P波与QRS波毫无关系（PR间期不固定），心房率>心室率。常见于心肌炎、冠心病、先天性心脏病、洋地黄、奎尼丁等药物影响及电解质紊乱等。

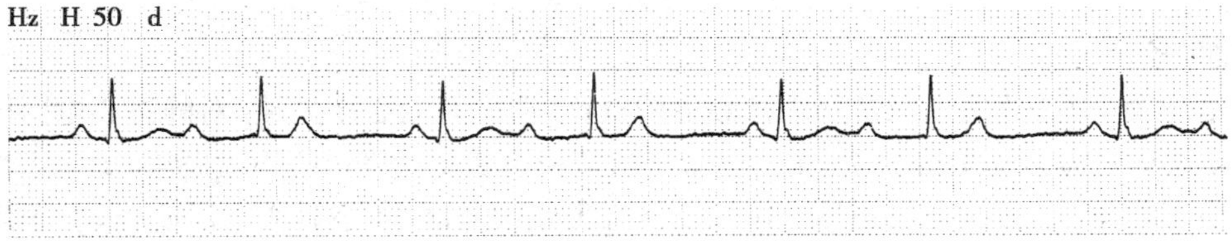

图5-11　二度Ⅰ型房室传导阻滞

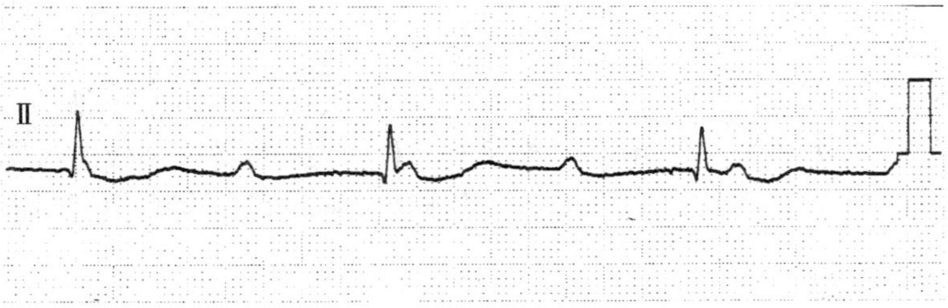

图5-12　三度房室传导阻滞

（二）非心律失常致心悸

1. **器质性心脏病**　见于高血压性心脏病、主动脉瓣关闭不全、二尖瓣关闭不全导致左室增大的情况；动脉导管未闭、室间隔缺损引起心室肥大，导致病理性心脏搏动增强。

2. **生理性心脏搏动增强**　某些生理状态下，心率增快，心排血量较正常增加，见于剧烈运动、精神紧张、大量吸烟、饮浓茶烈酒或咖啡等。

3. 系统性疾病 见于某些疾病，如甲状腺功能亢进、发热、贫血、低血糖、血容量不足、体位性低血压、嗜铬细胞瘤、胸腔大量积液、胆心综合征、高原病等全身性疾病。

4. 药物影响 常见药物有拟交感活性药物、硝酸盐类、氨茶碱、阿托品、甲状腺片等，可使心跳加快、心搏增强，产生心悸感。此类病人一般有用药史，停药后可好转。

5. 心脏神经症 是由自主神经功能紊乱导致，多见于青年女性，主诉较多，除心悸、胸闷、胸痛等症状外，常伴随失眠、头晕、头痛、耳鸣、记忆力减退等神经衰弱表现。

三、诊断

对心悸病人须详细询问病史、进行查体及必要的辅助检查以明确病因诊断。

1. 病史询问及查体

（1）突然发生的心悸，持续时间短，反复发作，多提示心律失常。

（2）心悸出现在幼年，多提示先天性心脏病。

（3）儿童、老年人的心悸，多见于心脏病。

（4）青年女性，心悸多在休息状态下发生、持续时间短，伴有全身乏力、头痛、耳鸣、失眠、多梦，见于心脏神经症。

2. 体格检查

（1）听诊闻及心脏杂音伴有心界扩大，多提示器质性心脏病。

（2）注意检查全身情况，如焦虑、体温、贫血、突眼、甲状腺肿大等。

3. 伴随症状

（1）呼吸困难：多见于心功能不全、急性心肌梗死、心包炎等。

（2）胸痛：可见于心绞痛、急性心肌梗死、心肌炎、急性肺栓塞等。

（3）发热：可见于感染、心肌炎、感染性心内膜炎等。

（4）抽搐、晕厥：见于高度房室阻滞、病态窦房结综合征、心室颤动等。

4. 辅助检查

（1）心电图：对心悸病人应常规进行心电图检查，明确有无心律失常；对静态心电图检查结果正常者，必要时可做运动负荷试验；采用食管心房调搏可诱发或终止的心律失常，如室上性心动过速，可了解其发生机制；动态心电图（Holter）检查可连续监测24小时心电活动，适用于间歇发作的心律失常，可明确心悸、晕厥发生是否与心律失常有关，了解心律失常或心肌缺血与日常生活的关系。

（2）超声心动图：可直观检测心脏及主动脉结构、瓣膜活动、心脏收缩、舒张功能及血流变化，可明确器质性心脏病诊断。

（3）X线检查：可检测心影大小、心胸比例，两肺淤血、炎性病变，胸腔积液等。

（4）实验室检查：三大常规、血生化等检查可对多种引起心悸的疾病作出初步诊断，如贫血、低血糖等，T_3、T_4、TSH等可评估甲状腺功能，尿儿茶酚胺产物浓度可作为嗜铬细胞瘤诊断的线索。

四、急诊治疗原则

心悸与心律失常无关时一般无需特殊治疗，对于心律失常伴随严重血流动力学障碍的病人，终止心律失常是急诊处理的首要原则，须根据心律失常的类型予相应急救处置。并明确病因，积极治疗原发疾病，如应用解毒剂、纠正电解质紊乱等。

五、急诊处理流程

急诊处理流程见图5-13。

笔记

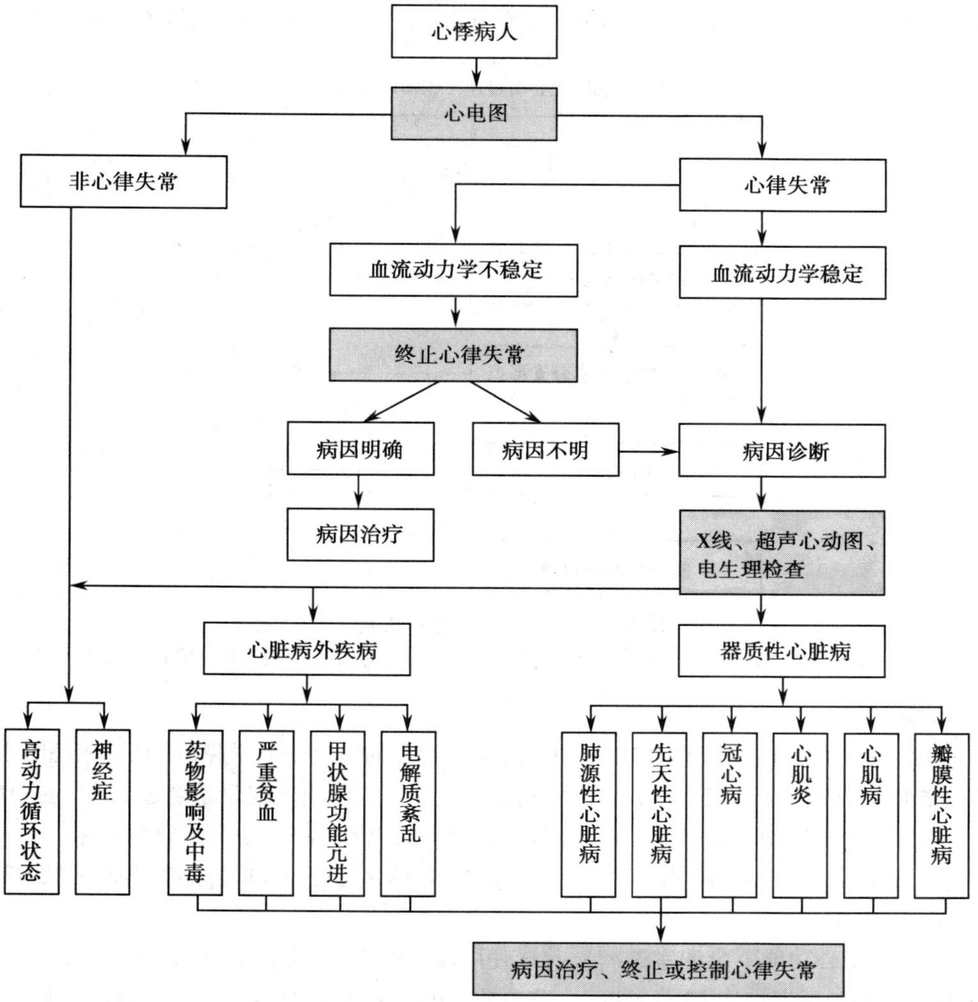

图 5-13　心悸病人急诊处理流程

第二节　严重心律失常

心律失常发作可导致心排血量骤减甚至循环中断，相继发生重要器官缺血缺氧，临床表现为心源性休克、心绞痛、晕厥，甚至心脏性猝死，称之为严重心律失常或恶性心律失常。约 85%～90% 的严重心律失常见于器质性心脏病，10%～15% 见于原发性心电异常如先天性 QT 延长综合征，Brugada 综合征等。此类心律失常常危及生命，要立即识别和纠正血流动力学障碍，纠正与处理基础疾病和诱因。临床判断将其分为快速性心律失常及缓慢性心律失常。

一、快速性心律失常

（一）室性心动过速

室性心动过速（ventricular tachycardia，VT），简称室速，是起源于希氏束分叉以下束支、浦肯野纤维、心室肌，连续 3 个或以上宽大畸形 QRS 波组成的快速性心律失常。

1. 临床表现　轻者仅有心悸，重者出现发绀、气短、晕厥、低血压、休克、急性心衰、心绞痛，甚至心脏骤停。

2. 心电图特点及诊断　VT 心电图表现为 3 个或以上连续出现的室性期前收缩，QRS 波时限超过 0.12 秒，T 波方向与 QRS 主波方向相反，频率常在 100～250 次 / 分，很少超过 300 次 / 分。心律规则或不规则，常呈现房室分离，通常突然发作。VT 的诊断与鉴别诊断可按 Vereckei 新四步法进行（图 5-14）。

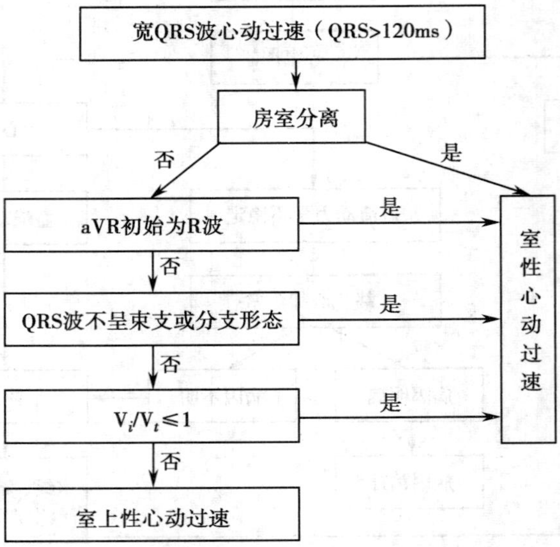

图 5-14　Vereckei 四步法流程图

Vi：同一 QRS 综合波起始 40ms 的电压；*Vt*：同一 QRS 综合波终末 40ms 电压

3. 急诊处理

（1）血流动力学不稳定：若宽 QRS 心动过速伴有明显的血流动力学障碍，则不应耗时去做鉴别诊断，若能排除洋地黄中毒，应立即做直流电同步电复律。首次电击能量不超过 200J，必要时重复。对于血流动力学尚稳定但持续时间超过 24 小时或药物治疗无效的 VT 也可选择电复律。

（2）血流动力学稳定：对难以鉴别且血流动力学稳定的宽 QRS 心动过速者，可首先按 VT 处理。

1）药物治疗：

A. 胺碘酮：有心功能不全的室速病人首选使用，用法：负荷量 150mg（3～5mg/kg），溶于 20～40ml 葡萄糖液，静脉缓慢推注 10 分钟以上，若无效，10～15 分钟后可重复推注，以后按照 1～1.5mg/min 维持 6 小时，根据病情减至 0.5mg/min。注意注射过快容易导致低血压，忌用于严重心动过缓、高度房室阻滞者。

B. 利多卡因：用法：50～100mg 静脉注射（1～2 分钟），必要时每隔 5～10 分钟重复 50mg，直至心律转复或总量达 300mg 为止。注意：高度房室传导阻滞、严重心衰、休克、肝功能严重受损、利多卡因过敏等禁用。

C. β- 受体阻滞剂：主要用于急性冠脉综合征、甲状腺功能亢进、梗阻性心肌病等，可减少急性冠脉综合征远期并发症，包括猝死。禁忌证包括缓慢性心律失常、传导阻滞、低血压、严重充血性心力衰竭、伴有支气管痉挛的肺疾病等。

D. Ⅲ类抗心律失常药物：为钾离子通道阻滞剂，主要阻断快速延迟整流钾电流（Ikr）。用于其他药物无效或不能使用的危及生命的室性心动过速、心室颤动。最严重的不良反应是延长 QT 间期，引起尖端扭转型室性心动过速（TdP）发作。

E. 钙拮抗剂：维拉帕米可用于特殊类型的室速，但不能用于心功能受损病人。用法：2.5～5.0mg，缓慢静脉注射。15～30 分钟后可重复 5～10mg，最大剂量为 20mg。

F. 镁剂：曾用于恶性心律失常的辅助治疗，但已不推荐急性心肌梗死后常规预防性应用。适用于低血镁和扭转型室速。用法：1～2g 硫酸镁用 50～100ml 液体稀释后，5～60 分钟内静脉滴注，维持量 0.5～1.0g/h。

2）射频消融术：采用射频消融已使 VT 的治愈率大为提高。对于瘢痕相关心脏病发作持续性室速或缺血性心脏病发作持续室速而埋藏式心脏复律除颤起搏器（ICD）反复放电者应紧急实施设射频消融术；已植入ICD的缺血性心脏病病人，首次发作持续性室速后应实施射频消融术。

3）埋藏式心脏复律除颤起搏器（implantable cardioverter defibrillator，ICD）：适用于猝死高危病人及药物治疗无效有严重症状的VT病人，可显著降低猝死率，疗效优于抗心律失常药物。

（二）心室扑动／心室颤动

心室扑动／心室颤动（ventricular flutter/ventricular fibrillation）发作时心室肌呈快而微弱地无效收缩或不规则颤动，其结果等于心室停搏。

1. 临床表现　突发意识丧失，抽搐，呼吸停止，心音和脉搏消失，血压测不到，瞳孔散大，发生猝死。

2. 心电图特点　心室扑动心电图表现为连续而规则宽大畸形的QRS波，频率在150～250次／分，QRS波的时限长在0.12秒以上，QRS波呈向上向下的波幅似正弦样曲线，与T波无法分开，QRS波间无等电线，P波消失。心室颤动则为P波、QRS波、T波均消失，代以形状不同、大小各异、极不匀齐的波群，频率为250～500次／分。

3. 急诊处理　参见第十六章心肺脑复苏。

（三）室上性心动过速

室上性心动过速（supraventricular tachycardia，SVT），简称室上速，系指发作和维持需要心房、房室结或二者共同参与的快速性心律失常，包括附加束参与的心动过速。主要包括房性心动过速、心房扑动、折返性室上性心动过速等。多数情况因心率过快，P波无法辨认，故统称为室上性心动过速。

1. 临床表现　特征性症状为突然发作，突然停止，发作时心率150～250次／分，持续数秒、数分钟、数小时或数日。发作时症状与心动过速所致血流动力学障碍程度密切相关，受病人年龄、有无心脏基础疾病及重要脏器基础血供情况影响。频率>200次／分，可导致血压下降、头晕、黑蒙、心绞痛、心力衰竭等。

2. 心电图及诊断　QRS波群正常，心律规整，频率大多在160～250次／分，P′波形态异常，P′-R>0.12秒者为房性；有逆行的P′波或P′-R<0.12秒者为房室交界性。多数情况下P′波与T波融合，无法辨认。ST段压低和T波倒置常见。当伴有预激综合征、心室内差异传导或束支阻滞时，则QRS波群呈宽大畸形。图5-15为窄QRS波心电图的诊断流程。

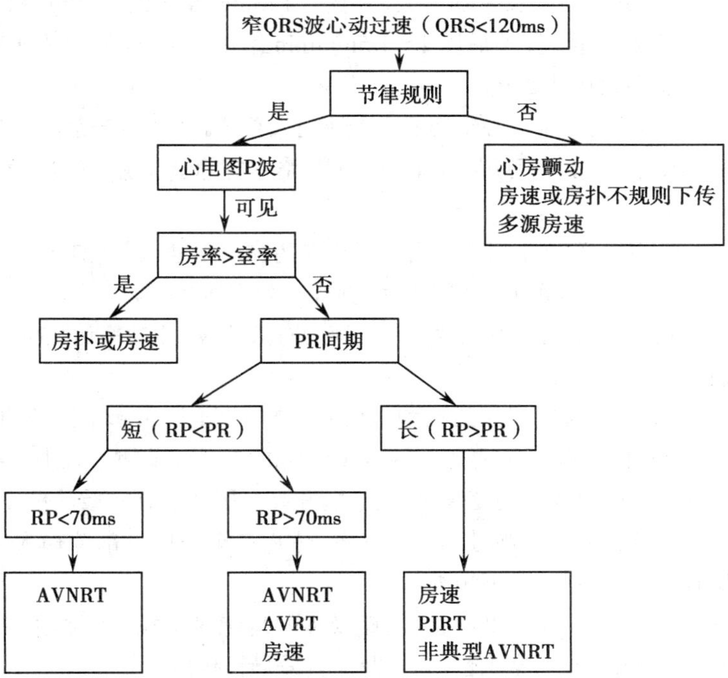

图5-15　窄QRS波心电图诊断流程图

AVNRT：房室结折返性心动过速；AVRT：房室折返性心动过速；PJRT：持续性交界性折返性心动过速

3. 急诊处理

(1) 血流动力学不稳定：对伴有严重血流动力学障碍(低血压、肺水肿、脑灌注不足)的室上性心动过速，不要过分强调心律失常的诊断，需紧急行同步直流电复律。首次电转复能量单相波通常为50～100J，如不成功，可逐渐增加能量。

(2) 血流动力学稳定：对于血流动力学稳定者，可先完善辅助检查，评估病情，纠正重要诱发因素如低钾、缺氧、感染等，进一步明确诊断。可先用简单的迷走神经刺激法，对于无效或效果不良者可采用药物治疗。

1) 机械刺激迷走神经：通过做 Valsalva 动作(即深呼吸后屏气用力呼气)，刺激咽反射，颈动脉窦按摩，压迫眼球，冷水面部浸浴等方法兴奋迷走神经，约 50% 的病人可终止折返性室上性心动过速。

2) 药物治疗

A. 腺苷：作为一种迷走神经兴奋剂，其对窦房结、房室结具有明显的抑制作用，可消除折返环路终止室上速。该药起效快，平均复律时间 30 秒，半衰期 10 秒，转复成功率高达 90% 以上，是室上性心动过速的首选药物。用法：6～12mg 快速静脉注射(5～10 秒)，3～5 分钟后未复律者可加倍剂量重复 1 次。注意：对于合并心绞痛、支气管哮喘、室性心律失常、SSS、年龄>60 岁者等应该慎用或禁用。

B. 普罗帕酮：具有抗心律失常谱广，疗效高，起效快(平均复律时间 8 分钟)，半衰期短等优点，曾是阵发性室上性心动过速的首选药物。用法：70mg 稀释后静脉注射(5 分钟)，10～20 分钟后无效可重复 1 次。注意：对心功能不全病人禁用，对有器质性心脏病、低血压、休克、心动过缓者等慎用。

C. 维拉帕米：钙离子通道阻滞剂，对正常 QRS 波群的阵发性室上速疗效好。静脉注射后 1～5 分钟起效，持续 15 分钟以上。用法：5mg 稀释后静脉注射(5 分钟)，发作中止即停止注射，15 分钟后未能转复者可重复 1 次。注意：心动过缓、低血压、心功能不全、房室传导阻滞、SSS 病人慎用或禁用。

D. 胺碘酮：对各种快速性心律失常均有效。用法：150mg 溶于 20～40ml 葡萄糖液缓慢静脉注射(>10 分钟)，10～15 分钟可重复，然后以 1～1.5mg/min 维持 6 小时，以后依病情减至 0.5mg/min，24 小时一般不超过 1.2g，最大可达 2.2g。

E. β- 受体阻滞剂：伴有高血压或心绞痛的室上速病人首选。用法：普萘洛尔 2～5mg 静脉注射，必要时 20～30 分钟后重复 1 次。也可用艾司洛尔、美托洛尔等静脉注射。注意：有 SSS、支气管哮喘病史者禁用。

3) 经食管心房调搏复律：适用于对药物无效或存在药物应用禁忌者(如孕妇等)。应用比心动过速频率快 20～30 次 / 分的猝发刺激可有效终止室上速，有效率达 90%。

4) 导管射频消融术：此法是治疗室上性心动过速的有效手段，成功率达 95%。

(四) 心房颤动

房颤由于心脏结构重塑造成的肌束结构和电信号传导不匹配，引起不协调的心房乱颤，心室仅接受部分通过房室交界区下传的冲动，故心室率 120～180 次 / 分，节律不规则。绝大多数房颤见于器质性心脏病病人，其中以风湿性二尖瓣病变、冠心病和高血压性心脏病最常见。

1. 临床表现 严重者可致急性肺水肿、心绞痛、休克甚至晕厥。部分病人可出现血栓栓塞症状。心律绝对不齐，心音强弱不等，脉搏短绌。

2. 心电图特点 P 波消失，代之以形态、间距及振幅均绝对不规则的 f 波，频率 350～600 次 / 分。RR 间期绝对不规则，QRS 波呈室上性，偶见呈室内差异性传导。

3. 急诊处理 对于血流动力学不稳定的病人，要立即同步直流电复律。房颤病人治疗主要是心律失常的治疗及血栓的预防。急诊处理见图 5-16。

笔记

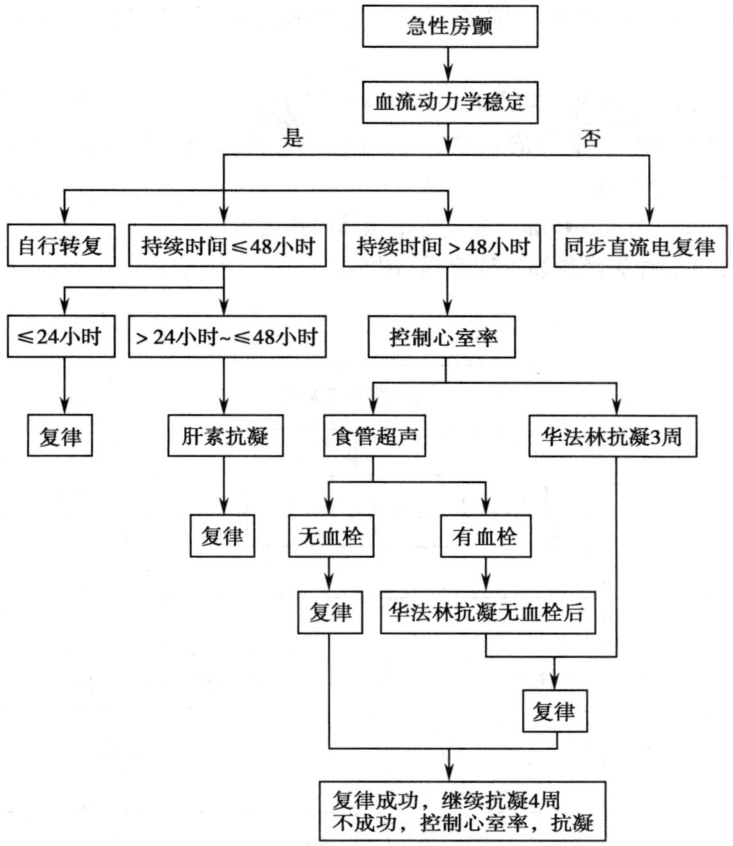

图 5-16　房颤处理流程图

（五）交感风暴

又称心室电风暴（VES）、儿茶酚胺风暴、ICD 电风暴、电风暴等，是指 24 小时内自发 2 次或 2 次以上的快速室速或室颤，是由于心室电活动极度不稳定所导致的最危重恶性心律失常。器质性心脏病是电风暴的最常见原因，如急性冠脉综合征、心肌病、急性心肌炎、各种心脏病引起的左心室肥大伴心功能不全、瓣膜性心脏病以及先天性心脏病等。非心源性疾病，包括急性出血性脑血管病、急性呼吸衰竭、ARDS、嗜铬细胞瘤危象等通过低氧血症、血流动力学障碍、电解质失衡、严重自主神经功能紊乱等可诱发电风暴。

1. 临床表现　表现为急剧发作的晕厥、意识障碍、胸痛、呼吸困难、血压下降、发绀、抽搐等，甚至心脏停搏。

2. 心电图特点　电风暴发作时，表现为自发性室速或室颤，以反复发生室速居多，部分为室颤或混合形式。室速多为多形性、尖端扭转型，频率在 250～350 次 / 分，心室节律不规则，极易恶化为室颤。

3. 急诊处理

（1）电除颤：电风暴发作时，必须尽快电除颤，这是恢复血流动力学稳定的首要措施。在心律转复后，必须进行心肺脑复苏治疗，以保证重要脏器的血供。

（2）药物治疗：抗心律失常药物的应用能有效协助电除颤和电复律，控制交感风暴的发作和减少复发。首选药物为 β 受体阻滞剂，次选为胺碘酮。

1）艾司洛尔：静脉 β 受体阻滞剂对多形性室速风暴最有效。艾司洛尔为超短效 β 受体阻滞剂，负荷量 0.5mg/kg，维持量 0.05～0.3mg/（kg•min），若无效，4 分钟后追加维持剂量。急性心肌梗死病人的电风暴对艾司洛尔有一定疗效。

2）胺碘酮：可以和 β 受体阻滞剂联合用于治疗交感风暴。对于急性心肌缺血引起的多形性室速，也推荐应用胺碘酮。

3）利多卡因：对急性心肌梗死病人的电风暴有一定疗效。

4）维拉帕米：无器质性心脏病病人由极短联律间期室性期前收缩引发的电风暴、电转复无效，应用维拉帕米可取得良好疗效。

5）异丙肾上腺素：在 Brugada 综合征发生电风暴时作为首选。

（六）严重快速性心律失常急诊处理流程（图 5-17）

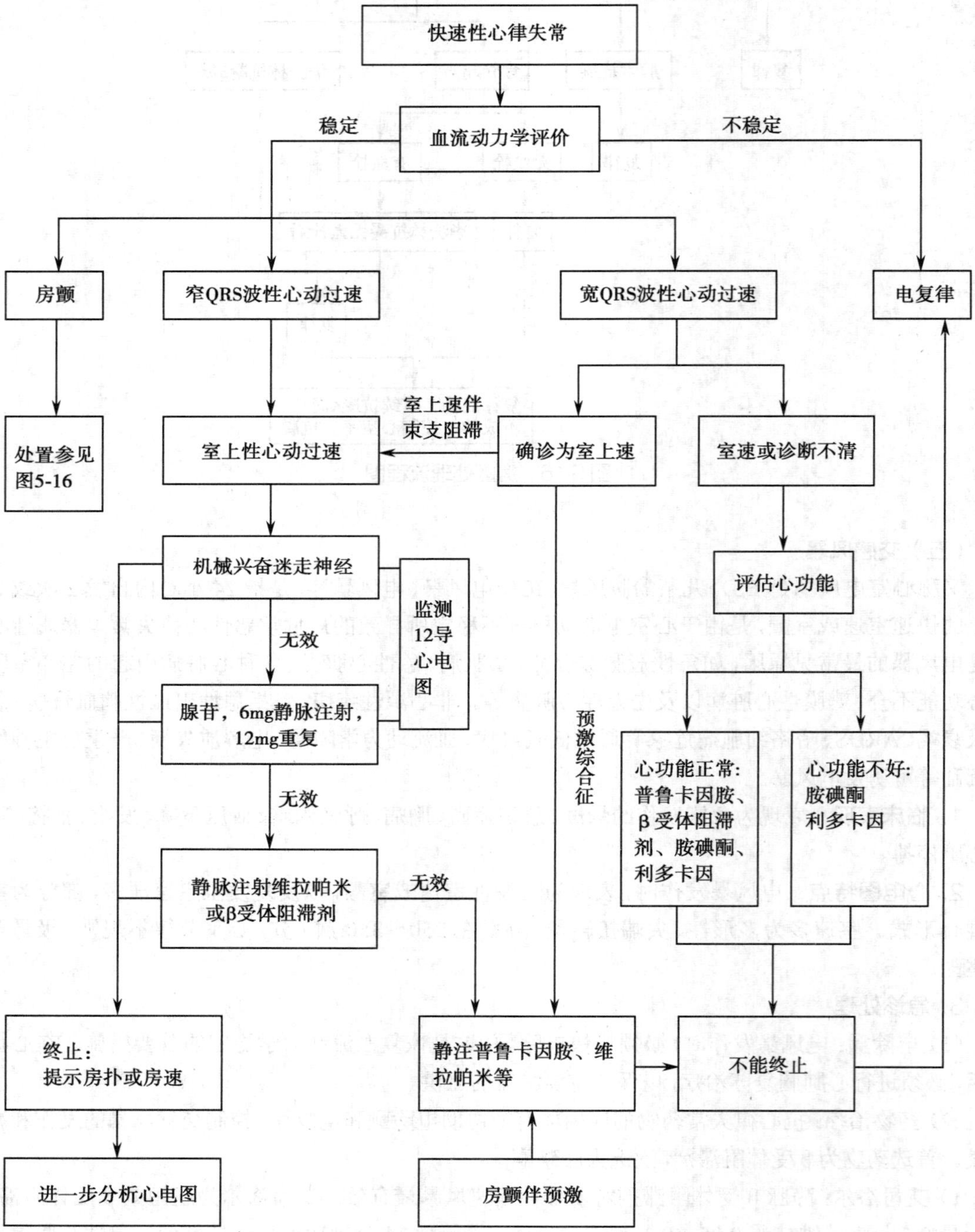

图 5-17　快速性心律失常的急诊处理流程图

二、缓慢性心律失常

（一）窦性停搏及病态窦房结综合征（SSS）

严重窦性停搏及SSS是心源性晕厥的常见原因，当属致命性心律失常。

1. 临床表现　临床症状取决于停搏或缓慢心搏造成的血流动力学障碍的程度。如出现2秒以上窦性停搏或窦性心率突然减慢<40次/分，可出现黑蒙；停搏持续5秒以上则可发生晕厥，如持续10秒以上则会出现阿-斯综合征。

2. 心电图特点　窦性停搏心电图显示规则的PP间期突然显著延长，多>2秒，且与正常PP间期之间无倍数关系。SSS心电图可表现为多种形式：窦性心动过缓最常见，也可表现为频发的窦房阻滞，PP长间歇是窦性周期的倍数；窦性停搏可以是SSS的一种表现形式；此外还包括心房颤动，心房扑动，心动过速-心动过缓综合征等。

3. 急诊处理　窦性停搏及SSS的治疗主要通过药物或起搏器治疗，以维持正常心率，改善血流动力学，并兼顾病因治疗。

（1）药物治疗

1）阿托品：为抗胆碱能药物，能消除迷走神经对窦房结的抑制，使心率增快，对窦房结本身无作用，因此该药物作用有限，长时间应用副作用大。

2）异丙肾上腺素：为非选择性β-肾上腺素能受体激动剂，主要作用于心肌β_1受体，使心率增加，对窦房结本身亦无作用。作用有限，不宜长时间应用。

3）沙丁胺醇：为β_2受体激动剂，能加快心率，缩短RR间期，改善头晕、黑蒙的症状，临床观察表明沙丁胺醇对病态窦房结综合征病人电生理参数改变优于阿托品，作用时间长，无类似阿托品副作用。

4）氨茶碱：为腺苷受体拮抗剂，能增快心率，改善症状。

（2）起搏治疗：对于有临床症状（如黑蒙、晕厥、呼吸困难等）以及无症状，但心率极慢、药物应用受限的SSS病人应给予安装起搏器。

（二）高度房室阻滞

1. 临床表现　高度房室阻滞是指房室传导比例超过2∶1。高度及以上传导阻滞病人在休息时可无症状，或有心悸感。在体力活动时可有心悸、头晕、乏力、胸闷、气短，严重时可发生晕厥、阿-斯综合征等。

2. 心电图表现　心电图可见散在发生的连续2个或数个P波因阻滞未下传心室，>2∶1的房室阻滞。

3. 急诊处理　高度房室传导阻滞处理同三度房室阻滞。对于从未发生阿-斯综合征者，可选用药物，促进传导。

（1）药物治疗

1）阿托品：0.3～0.6mg口服，也可皮下或肌内注射。对于QRS波宽大畸形者慎用。

2）麻黄碱：对α、β受体均有作用，能加快心率。适用于二度或三度房室传导阻滞症状较轻的病人。可用麻黄碱片25mg每6～8小时口服1次。

3）异丙肾上腺素：可用10mg舌下含服，每4～6小时1次。必要时可用0.5～1mg稀释至5%葡萄糖液500ml持续滴注，维护心室率60～70次/分。过量可明显增快心房率而加重房室传导阻滞，而且还能导致严重室性异位心率。

（2）起搏器治疗：对高度及以上房室传导阻滞有晕厥及阿-斯综合征发作者应置入起搏器。若估计为暂时性严重房室传导阻滞应置入临时起搏器，积极治疗去除原发病因。

（三）严重缓慢性心律失常急诊处理流程（图 5-18）

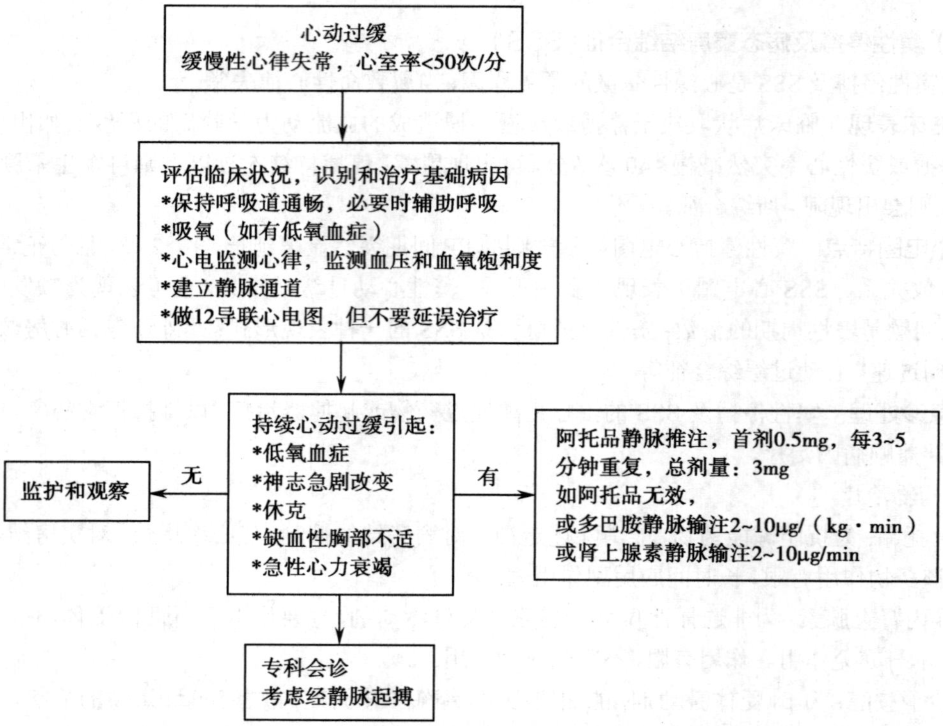

图 5-18　严重心动过缓急诊流程图

（陈玉国）

思考题

1. 何为心悸？心悸的病因有哪些？
2. 简述心律失常的定义及急诊治疗原则。
3. 何为严重心律失常？严重快速性心律失常的类型有哪些？
4. 简述严重快速性心律失常的急诊处理。
5. 简述室上性心动过速的临床表现、心电图特点及急诊处理。

笔记

第六章 急性疼痛

06章

急性疼痛(acute pain)是由躯体组织损伤和局部组织损伤部位的伤害性感受器被激活而突发引起令人不快的感觉和情绪上的感受。急性疼痛持续的时间相对有限,常在潜伏的病理学改变解除后自行消退。这种疼痛常见于某些疾病和创伤后、外科手术治疗后。

第一节 急性头痛

一、概述

头痛(headache)是指额、顶、颞及枕部范围的疼痛,是临床常见的急诊症状。头痛可以是一种独立的疾病,也可是某些疾病的症状或并发症。大多数是功能性的,也可以是某些严重器质性疾病的早期征兆或表现。

(一)病因及发病机制

头痛的常见病因及发病机制见表6-1。

表6-1 头痛的常见病因

病因性质	疾病
颅内病变	
感染	脑膜炎、脑膜脑炎、脑炎、脑脓肿
血管病变	蛛网膜下腔出血、脑出血、脑血栓形成、脑栓塞、高血压脑病、脑供血不足、脑血管畸形、风湿性脑脉管炎和血栓闭塞性脑脉管炎
占位性病变	脑肿瘤、颅内转移瘤、颅内囊虫病或棘球蚴病
颅脑外伤	脑震荡、脑挫伤、硬膜下血肿、颅内血肿、脑外伤后遗症
其他	偏头痛、丛集性头痛、紧张性头痛、头痛型癫痫、腰椎穿刺后及腰椎麻醉后头痛
颅外病变	
颅骨疾病	颅底凹入症、颅骨肿瘤
颈部疾病	颈椎病及其他颈部疾病
神经痛	三叉神经、舌咽神经及枕神经痛
其他	眼、耳、鼻和牙齿疾病所致的头痛
全身性疾病	
急性感染	上感、流感、伤寒、肺炎等发热性疾病
心血管疾病	高血压、心力衰竭
中毒	铅、酒精、一氧化碳、有机磷、药物(如颠茄、水杨酸类)等中毒
其他	尿毒症、低血糖、贫血、肺性脑病、系统性红斑狼疮、月经及绝经期头痛、中暑等
神经症、精神疾病	神经衰弱及癔症性头痛

头痛的发病机制:①颅内外动脉的扩张或收缩(血管性头痛);②颅内痛觉敏感组织被牵引或移位(牵引性头痛);③颅内外感觉敏感组织发生炎症(脑膜刺激性头痛);④颅外肌肉的收缩(紧张性或肌收缩性头痛);⑤传导痛觉的脑神经和颈神经直接受损或发生炎症(神经炎性头痛);⑥耳鼻喉科疾病所致疼痛的扩散(牵涉性头痛)。

（二）临床特点

头痛往往由于病因不同，而临床表现有所不同。

1. 发病特征 ①急性起病伴发热常为感染疾病所致，如急性脑膜炎；②急剧的持续头痛，伴有不同程度的意识障碍而无发热者，常见蛛网膜下腔出血、脑出血、脑外伤等；③长期间歇性发作头痛多为偏头痛、丛集性头痛、癫痫、高血压等；④长期反复发作的搏动性头痛，多为血管病性头痛或神经症；⑤慢性进行性头痛伴颅内高压者应考虑颅内占位性病变。

2. 疼痛部位 ①偏头痛多位于一侧；②颅内病变的头痛常为深在性，且较弥散；③颅内深部病变的头痛多向病灶同侧放射；④全身性或颅内感染性疾病的头痛多为全头痛，呈弥漫性；⑤浅在性头痛常见于眼源性、鼻源性与牙源性，往往与病变部位一致或接近；⑥深在性头痛则多见于脑脓肿、脑肿瘤、脑膜炎、脑炎等，疼痛多向病灶同侧的外面放射。

3. 程度与性质 头痛程度一般分为轻、中、重，但与病情的轻重并无平行关系，三叉神经痛、偏头痛、脑膜刺激所致头痛最剧烈。常见于：①原发性三叉神经痛常呈面部的阵发性电击样短促的剧痛，沿三叉神经的分布区放射；②脑肿瘤疼痛在一个相当长的时期内可能为轻度或中等度，而有时神经功能性头痛也可相当剧烈；③眼源性、鼻源性及牙源性头痛，一般为中等度；④搏动性头痛可见于高血压、血管性头痛、急性发热性疾病、脑肿瘤、神经症性头痛等；⑤蛛网膜下腔出血所致的头痛为炸裂样；⑥偏头痛多为胀痛、跳痛和搏动性痛；⑦神经痛多呈发作性电击样、针刺样或烧灼样；⑧肌紧张性头痛多为头部的紧箍感、重压感或钳夹感；⑨精神性头痛则性质多变、部位不定。

4. 出现与持续时间 某些头痛可发生在特定时间，如：①颅内占位病变时往往清晨加剧；②鼻窦炎的头痛经常发作于清晨和上午；③女性偏头痛常与月经有关；④夜间发作的常为丛集性头痛；⑤长时间阅读后发生的头痛常为眼源性；⑥神经症性头痛以病程长、明显的波动性与易变性为特点。

5. 诱发和缓解因素 ①如咳嗽、打喷嚏、摇头、俯身可使颅内高压性头痛、血管性头痛、颅内感染性头痛及脑肿瘤性头痛加剧；②腰椎穿刺后的头痛常于直立位加重，而丛集性头痛则于直立位减轻；③颈肌急性炎症所致的头痛常于颈部运动后加重，而与职业有关的颈肌过度紧张所致的头痛则于颈部活动后减轻；④偏头痛病人服用麦角胺后头痛常迅速缓解。

6. 伴随症状 ①头痛伴剧烈呕吐者提示为颅内高压；②头痛在呕吐后减轻者可见于偏头痛；③头痛伴眩晕者见于小脑肿瘤、椎 - 基动脉供血不足；④头痛伴发热者见于感染性疾病；⑤慢性进行性头痛伴精神症状者应注意颅内肿瘤；⑥慢性头痛突然加剧并有意识障碍者提示可能发生脑疝；⑦头痛伴视力障碍者可见于青光眼或脑瘤；⑧头痛伴脑膜刺激征者提示脑膜炎或蛛网膜下腔出血；⑨头痛伴癫痫发作者可见于脑血管畸形、脑内寄生虫或脑肿瘤；⑩头痛伴自主神经功能紊乱者可能是神经功能性头痛。

7. 查体 ①生命体征检查；②心、肺、腹部检查；③重点检查头颅有无外伤、颅骨有无凹陷或隆起、鼻窦有无压痛、颞动脉有无怒张或压痛；④有无颈强直、颈背部肌肉痉挛等。

8. 神经系统检查 该项检查对头痛的病因诊断至关重要，除了常规检查外，重点检查有无脑膜刺激征、视神经盘水肿、视网膜出血及提示神经系统或局灶性损害的定位体征。

9. 实验室及其他检查

（1）实验室检查：①常规行血、尿常规、肝肾功能、血电解质检查及其他必要的生化、免疫学、心功能检查；②腰穿、颅内压力监测及脑脊液常规、生化及细胞学、病理学检查是非常重要的诊断手段。

（2）其他检查：脑电图检查对头痛型癫痫、脑炎及脑膜炎的诊断有一定帮助；头颅 CT 及 MRI 对颅内肿瘤、脑血管病、脑寄生虫病、脑脓肿等疾病可帮助明确病变部位和性质；经颅多普勒（TCD）对血管性头痛诊断有一定的辅助作用。

（三）诊断与鉴别诊断

头痛的病因多种多样，诊断中必须详细询问病史，了解病人的职业、情绪和睡眠、用药、中毒史及家族病史，进行全面仔细的体格检查和必要的辅助检查。同时要注意病人的年龄、头痛出现时间、持续时间、部位及性质、有无先兆、伴随症状及如何缓解等情况。常见头痛的鉴别诊断见表 6-2。

笔记

表 6-2 常见头痛的鉴别诊断

常见疾病	起病方式	原因或诱发因素	头痛特征	伴随症状	意识障碍	局部神经定位体征	脑膜刺激征	其他特征
脑膜脑炎	急骤	近期有感染史	弥漫性深部胀痛、可波及颈项部	发热、呕吐、抽搐	有	少见	有	脑脊液检查示炎性改变
蛛网膜下腔出血	急骤	用力或情绪激动	弥漫性、炸裂样痛，波及颈项部	呕吐	有	无或有	有	腰穿为出血性脑脊液
高血压脑病	急骤	血压骤升	全头搏动性痛	呕吐、抽搐、视力模糊、心悸、出汗	少有	无	无	眼底检查可见视网膜火焰状出血、渗出、视神经盘水肿
脑肿瘤	亚急性或慢性	不明确	局部钝痛并进行性加重	呕吐、抽搐、精神障碍	发生于中晚期	有	多无	眼底检查可见视神经盘水肿
一氧化碳中毒	急性	一氧化碳中毒	全头钝痛	头晕、呕吐、胸闷、乏力	有或无	无	无	血液检查：碳氧血红蛋白阳性
偏头痛	急性、可有闪光、雾视等先兆	劳累、情绪紧张、经期	单侧搏动性痛	面色苍白、肢冷、嗜睡、恶心、呕吐	无	偶有	无	常在青春期发病，部分病人有家族史
紧张性头痛	慢性、持续性	头颈部肌肉持续收缩	多为双侧枕颈部钝痛，可伴有紧箍感	头晕、失眠、健忘、烦躁	无	无	无	颈部压痛、青年女性多见
功能性头痛	慢性、持续性	情绪紧张、劳累	部位不定、性质多变	焦虑或抑郁症状及癔症表现	无	无	无	有明确的神经衰弱表现，暗示治疗有效

（四）治疗

1. 治疗原则 急诊处理和治疗原发病。

（1）因感冒所致，给予解热止痛剂，如非甾体类抗炎药（NSAIDs）。

（2）颅内高压者给予脱水、利尿剂；低颅压者，静脉补充低渗液。

（3）高血压性头痛应积极降压治疗。

（4）感染性头痛针对病原进行积极的抗感染治疗。

（5）颅内肿瘤、脑脓肿、硬膜下血肿应手术治疗。

（6）耳鼻喉科疾病所致头痛应作相应的积极治疗。

（7）对焦虑烦躁者可酌情加用镇静剂，对抑郁表现者加用抗抑郁剂。

（8）扩张性头痛给予麦角胺；松弛收缩的肌肉给予按摩、热疗、痛点普鲁卡因封闭等；表浅神经痛可采用封闭治疗。

2. 常见头痛的处理

（1）偏头痛：详见本节“偏头痛”。

（2）丛集性头痛：发作时使用麦角胺咖啡因，或醋酸泼尼松 30mg 顿服，连续 3 日后改为 5～20mg，每日或隔日一次，3 次后停药。

（3）颈性偏头痛：行颈椎牵引术，同时服用扩张血管药或活血化瘀中药，常服用尼莫地平每次 20mg，3 次 / 日，盐酸氟桂利嗪每晚 5～10mg，卡马西平每次 0.1g，3 次 / 日，醋酸泼尼松每次 20mg，1 次 / 日，或封闭星状神经节，治疗并存的颈胸神经根炎。保守治疗无效而症状严重者，可考虑做手术治疗。

（4）肌收缩性头痛：予按摩、热敷、电兴奋疗法以及服用镇静剂，在肌肉压痛点用 2% 利多卡因 2～5ml 封闭。急性颈肌劳损引起者可用醋酸可的松 1ml 加 1% 利多卡因 1～2ml 封闭。因颈椎增生或损伤引起者应加颈椎牵引。

（5）神经炎头痛：除按神经炎原则治疗外，在颅表神经部位如风池穴（枕大神经痛）、眶上切迹（眶上神经痛）等处用 2% 利多卡因 2～5ml 封闭或用无水酒精 0.5ml 封闭；也可口服卡马西平（0.1 克 / 次，3 次 / 日）或苯妥英钠（0.1 克 / 次，3 次 / 日）治疗。对颈椎增生引起的枕大神经痛应加用颈椎牵引。

头痛诊治流程见图 6-1。

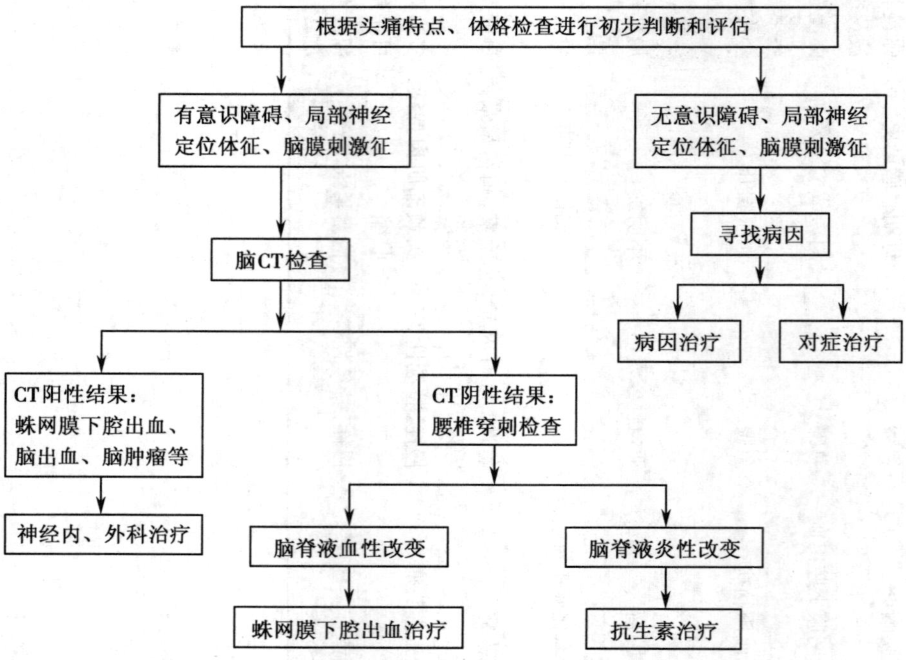

图6-1 头痛诊治流程图

二、颅内压增高

颅内压增高(increased intracranial pressure)是急诊常见临床综合征，也是颅脑损伤、脑肿瘤、脑出血、脑积水和颅内炎症所共有的征象。由于上述疾病使颅腔内容物体积增加，导致颅内压持续在2.0kPa($200mmH_2O$)以上，可引发脑疝，致使呼吸、循环衰竭而死亡，因此，及时诊断和正确处理颅内压增高非常重要。

(一)发生机制

常见有：①颅内容物体积增加超过了机体生理代偿的限度(如颅内巨大肿瘤)；②颅内病变破坏生理调节功能(重度头外伤致严重功能破坏)；③代偿功能滞后于病变的发展速度(颅内急性大出血)；④病变致脑脊液循环通路堵塞，使脑脊液丧失颅内空间代偿功能；⑤全身情况影响颅内原有的调节功能(脑肿瘤病人因并发症而失去再平衡)。

(二)病因

1. 颅腔容积变小　包括先天性颅骨畸形(狭颅症)、颅骨异常增生(颅骨纤维结构不良)及颅骨大块凹陷性骨折等。

2. 颅腔内容物的体积增大　如脑组织体积增大(脑水肿)、脑脊液增多(脑积水)及颅内血流量增多(颅内动静脉畸形)。

3. 颅内占位性病变　是颅内压增高最常见的原因，常见于外伤性颅内血肿、自发性脑内出血、脑瘤、脑转移癌、白血病、脑脓肿、颅内肉芽肿及脑寄生虫病。

(三)临床特点

头痛、呕吐、视神经盘水肿是颅内压增高的三大主征，严重者可导致脑疝而危及生命。

初期颅内压增高所致头痛常位于占位病变同侧，主要由病变邻近的疼痛敏感结构被牵连、移位或因感觉神经直接受压所致。后期头痛由于脑脊液循环通路受阻，引起颅内压升高，使远离病灶的疼痛敏感结构被牵拉、扭曲和移位所致。头痛呈持续性钝痛，晨起较重，咳嗽、打喷嚏或用力排便时加重。头痛的程度一般较偏头痛或颅内出血时轻，多不影响睡眠。随着占位病变的增大及颅内压增高，病人可出现呕吐及视神经盘水肿，最终因继发性视神经萎缩使视力减退或失明。

良性颅内压增高多指病人有头痛和视神经盘水肿等颅内压增高的表现，而无局灶性神经系统定位体征，颅内无占位性病变，预后较好。此类病人大多主诉全头痛，但无脑部结构的移位，头痛可能与脑水肿牵引脑膜与脑血管的神经末梢有关。

(四)诊断

经全面详细地询问病史及神经系统查体，多数病人可做出初步诊断。当确定颅内压增高时，需进一步寻找其病因，有时仅通过病史很难判断是否存在颅内压增高，眼底检查更为重要，但急性颅内压增高时病人可能没有明显的视神经盘水肿，当眼底检查发现静脉充盈等早期视神经盘水肿改变时有重要诊断价值。鉴于病人自觉症状常比视神经盘水肿出现得早，尚需完善颅脑CT、MRI及脑血管造影等辅助检查，尽早诊断和治疗。

(五)治疗

保持病人安静，密切观察生命体征、瞳孔及神志变化，保持呼吸道通畅，避免排便费力。对频繁呕吐者应暂禁食水。

1. 病因治疗　经适当的辅助检查尽快明确引起颅内压增高的原因，针对病因进行治疗，如手术切除脑内肿瘤、清除颅内血肿，控制颅内感染等。

2. 药物治疗　主要应用高渗脱水剂、利尿剂、肾上腺皮质激素等。

(1)高渗性脱水剂：20%甘露醇250ml，快速静脉滴注，每4～6小时可重复用药。心、肾功能障碍者慎用。甘油果糖250ml，1～2次/日，静脉滴注。

(2)利尿性脱水剂：呋塞米20～40mg，静脉注射或肌内注射，2～4次/日。

（3）肾上腺皮质激素：地塞米松 5～10mg 静脉注射或肌内注射，2～3 次 / 日；泼尼松 5～10mg，口服，1～3 次 / 日。

3. 手术治疗 对内科治疗无效或出现颅内高压危象时，可使用脑室引流术、脑室 - 腹腔分流术及颞肌下去骨瓣减压术等。

4. 亚低温疗法 通过物理或药物的方法使病人体温降低，从而达到防止脑水肿及降低颅内压的目的。

5. 过度换气 通过 CO_2 的排出，减少脑血流量，从而降低颅内压。但需警惕发生脑缺血。

6. 其他 限制液体入量及输液速度，纠正酸中毒等代谢紊乱情况。

三、高血压危象

高血压危象（hypertensive crisis）是指在高血压的基础上发生暂时性全身细小动脉强烈痉挛，血压急剧升高引起的一系列临床症状，是高血压过程中的一种特殊临床综合征，可分为高血压急症和亚急症。常发生于长期服用降压药物骤然停药者，亦可发生于嗜铬细胞瘤突然释放大量儿茶酚胺者。其诱因包括过度劳累、精神创伤、寒冷及内分泌失调等。

（一）病理生理机制

1. 高血压脑病 当平均动脉压>180mmHg，血压自动调节机制丧失，收缩的血管突然扩张，脑血流量过多，液体从血管渗出，导致脑水肿和高血压脑病。

2. 小动脉病变 肾脏和其他器官的动脉和小动脉急性血管病变，内膜损伤，促使血小板聚集，纤维蛋白沉积，内膜细胞增生，微血管血栓形成。

3. 肾损害 严重高血压引起肾血管损害，通过肾素 - 血管紧张素 - 醛固酮系统，肾素分泌增加，使血管收缩造成肾缺血；醛固酮分泌增加，血容量增多，从而使血压更为升高。

4. 微血管内凝血 出现溶血性贫血，伴红细胞破碎和血管内凝血。

5. 妊娠高血压综合征 妊娠时子宫胎盘血流灌注减少，使前列腺素在子宫合成减少，从而促使肾素分泌增加，通过血管紧张素系统使血压升高。

（二）临床表现

1. 血压 血压突然升高，升高幅度较大，病程进展急剧。一般收缩压在 220～240mmHg，舒张压 120～130mmHg 以上。

2. 交感神经兴奋 表现为发热、出汗、心率加快、皮肤潮红、口干、尿频、排尿困难及手足颤抖等。

3. 靶器官急性损害的表现

（1）眼底病变：视力模糊、视力丧失，眼底检查可见视网膜火焰状出血、渗出、视神经盘水肿。

（2）心力衰竭：胸闷、心绞痛、心悸、气促、咳嗽，甚至咳泡沫痰。

（3）急性肾损伤：尿频、尿少，血肌酐和尿素氮增高。

（4）脑血管意外：一过性感觉障碍、偏瘫、失语，严重者烦躁不安或嗜睡。

（5）高血压脑病：剧烈头痛、恶心和呕吐，可出现神经精神症状。

4. 高血压急症及亚急症 根据有无靶器官损害和是否需要立即降压将高血压危象分为高血压急症和亚急症。

（1）高血压急症：指高血压伴有急性进行性靶器官病变，收缩压>180mmHg，舒张压>120mmHg，需要立即降压治疗，但不宜立即降至正常水平，注意靶器官保护。常见急症的临床情况：

1）高血压脑病：血压急剧升高，发生严重血管病变导致脑水肿，多以头痛为最初主诉，伴呕吐、视力障碍、视神经盘水肿、神志改变、惊厥、昏迷等，检查有神经病理征。脑脊液压力可高达 400mmH_2O，蛋白增加。经有效的降压治疗，症状可迅速缓解。

笔记

2）急进性高血压：由于某种诱因使血压骤然上升，通常舒张压>140mmHg，有头痛、头晕、视力模糊、心悸、气促等表现，进展迅速，很快出现蛋白尿，血尿，氮质血症或尿毒症，短期内出现心力衰竭，视力迅速下降，眼底检查示视网膜出血或渗出。恶性高血压指急进性高血压出现视神经盘水肿，伴有严重肾功能损害，若不积极降压救治，死亡率极高。

3）颅内出血：血压骤然升高引起脑实质、脑室内和蛛网膜下腔出血。

4）急性左心衰：高血压即是急性心力衰竭最常见的原因，也是心力衰竭主要表现。

5）主动脉夹层：突然发生胸或背部剧烈疼痛，一经拟诊此病，立即行止痛、有效降低血压治疗，目标应降至收缩压100～110mmHg，使用β-受体阻滞剂控制心率。

6）子痫：指在妊娠期高血压疾病的基础上有抽搐或昏迷。先兆子痫是指以下三项中有两项者：血压>160/110mmHg；或尿蛋白（++）～（+++）；伴水肿、头痛、头晕、视物不清、恶心呕吐等症状。

7）嗜铬细胞瘤：常见为肾上腺髓质肿瘤，也可在主动脉分叉、胸腹部交感神经节等部位，可产生和释放大量去甲肾上腺素和肾上腺素。临床表现为血压急剧升高，伴心动过速、头痛、苍白、大汗、麻木、手足发冷，发作持续数分钟至数小时。发作时查尿儿茶酚胺代谢产物VMA和血儿茶酚胺有助确诊。

（2）高血压亚急症：指血压急剧升高而尚无靶器官损害，包括急进性高血压无心脏、肾脏和眼底损害，先兆子痫等。应在数小时内有效降低血压。

（三）诊断依据

1. 有高血压病史。

2. 血压突然急剧升高。

3. 伴有心力衰竭、高血压脑病、肾功能不全，视神经盘水肿、渗出、出血等靶器官严重损害。

（四）治疗

1. 治疗原则 最佳的治疗是既能使血压迅速下降到安全水平，以预防进行性或不可逆性靶器官损害，又不使血压下降过快或过低，以免引起局部或全身灌注不足。

一般治疗：病人取半卧位。予以安慰，消除其恐惧心理，酌情使用镇静止痛剂。

2. 降压原则

（1）高血压急症选择静脉滴注降压药物，初始阶段（数分钟到1小时内）血压控制的目标为平均动脉压降低幅度不超过治疗前水平的25%。随后2～6小时内将血压降至较安全水平，一般为160/100mmHg左右，以后24～48小时逐步降至正常水平。下列情况应考虑调整降压方案：①急性缺血性卒中；②主动脉夹层收缩压已降至100mmHg；③肾功能正常，亦无脑血管病或冠心病者血压可降至正常；④60岁以上有冠心病、脑血管病或肾功能不全，安全血压水平范围（160～180）/（100～110）mmHg。静脉用药在控制血压1～2日后，应加口服降压药，短期内停用静脉给药。

（2）高血压亚急症应口服速效降压药物，如转换酶抑制剂、钙通道阻滞剂、α受体阻滞剂、β受体阻滞剂、血管紧张素受体抑制剂，在24～48小时内将血压逐渐降低至目标水平。

3. 高血压急症的特殊治疗

（1）防治脑水肿：高血压脑病和主动脉夹层需紧急降压治疗。①高血压脑病时加用脱水剂甘露醇、呋塞米等治疗脑水肿；②惊厥者采用镇静方法，如肌内注射苯巴比妥钠、地西泮，水合氯醛灌肠；③高血压合并急性脑血管病，将血压控制在160/100mmHg以下的安全范围，应从小剂量开始，切忌降压太快，以防脑供血不足。

（2）保护心功能：高血压所致急性左心衰竭或肺水肿，常伴有血压显著升高。尽快降低血压十分关键，静脉滴注硝普钠应为首选治疗。伴有心绞痛时，血压持续升高可导致心肌耗氧量增加，使心肌缺血加重。可先予舌下含服硝酸甘油，若疗效欠佳，可改用硝酸甘油静脉滴注，也可合用β受体阻滞剂。

（3）嗜铬细胞瘤：手术前应选用α受体阻滞剂降低血压，或联合使用β受体阻滞剂。首选酚妥拉明、硝普钠与β受体阻滞剂合用，或使用拉贝洛尔。出现嗜铬细胞瘤危象可选用酚妥拉明

5～10mg 静脉缓慢注射，使血压降至 180/110mmHg，减量改口服药维持；血压平稳后可行手术切除治疗。

（4）妊娠期高血压：早期通过限制活动和盐的摄入量以增加子宫、胎盘和肾的血流。如血压升高、视力下降、蛋白尿加重、尿量减少、体重增加或头痛应住院治疗。头痛加重应引起重视，在子痫发生前应终止妊娠。若发生子痫应静脉注射 10% 硫酸镁 10ml，予镇静剂（以地西泮较适宜，必要时静脉注射 10～20mg），病人应绝对卧床休息，避免激惹而再度发生子痫。舒张压>110mmHg 应积极降压治疗。

（5）恶性高血压：病情危急，舒张压>150mmHg，须数小时内控制血压，而在恶性高血压早期，病情尚不十分危急，血压可在数日内下降，可口服或间断静脉给药。伴氮质血症者应在肾功能损害前积极降压治疗。

4. 病情稳定后应逐步过渡至常规抗高血压治疗和原发病的治疗。

5. 常用抗高血压急症的药物

（1）静脉用药

1）硝普钠：为强效动脉血管扩张剂，起始剂量为 0.3～0.5μg/（kg•min）静脉缓慢滴注，渐递增至控制合适血压水平，平均剂量 1～6μg/（kg•min），静脉滴速为 50～400μg/min，适用于高血压脑病、主动脉夹层、恶性高血压，对高血压危象合并急性左心衰竭者尤为适宜。

2）硝酸甘油：多用于心脏缺血伴高血压者，起始 5μg/min 静脉滴注，若无效，可每 3～5 分钟速度增加 5～20μg/min，最大滴速<200μg/min。

3）拉贝洛尔：治疗高血压危象和急性心肌梗死有效，也适用于肾功能减退者。肝功能异常者慎用。起始 0.25mg/kg 静脉注射 2 分钟以上，间隔 10 分钟再给予 40～80mg，或以 2mg/min 起静脉滴注调整，总剂量<300mg。

4）利尿剂：呋塞米适用于各种高血压危象，静脉常用量为 40～120mg，最大剂量<160mg。

5）酚妥拉明：常用于儿茶酚胺诱导的高血压危象，对嗜铬细胞瘤引起的高血压危象有特效。每 5 分钟静脉注射 5～20mg，或以 0.2～0.5mg/min 的速度静脉滴注。

6）乌拉地尔：可改善心功能，治疗充血性心力衰竭，并用于控制围术期高血压，适用于糖尿病、肾衰竭伴前列腺肥大的老年高血压病人。首次缓慢静脉注射 10～50mg，可重复使用，静脉最大剂量<75mg；缓慢静脉注射后可持续静脉滴注 100～400mg/min，或 2～8mg/（kg•min）持续泵入。

7）尼卡地平：能够减轻心脏、脑缺血，对急性心功能不全者尤其适用低心排血量者，但对急性心肌炎、心肌梗死、左室流出道狭窄、右心功能不全并狭窄者禁用。5～10mg/h 静脉滴注，根据效果每 5 分钟增加 2.5mg/h，直至血压满意控制，最大 15mg/h 静脉滴注。

8）艾司洛尔：艾司洛尔适用于室上性心律失常、高血压危象和术后高血压。第 1 分钟 500μg/（kg•min）静脉注射，然后 50μg/（kg•min）泵入，最大维持量为 300μg/（kg•min）。

9）依那普利：适用于高血压危象合并心衰或急进型恶性高血压。1.25mg 于 2～5 分钟内静脉注射，每 6 小时 1 次，可逐渐增大剂量到 5mg，每 6 小时 1 次。轻度肾功能不全应减量，重度肾功能不全及肾动脉狭窄者不用。

10）硫酸镁：主要适用于子痫，25% 硫酸镁 16ml 加入 10% 葡萄糖液 20ml 缓慢静脉注射，继以 40ml 加入 10% 葡萄糖液 1000ml 静脉滴注（1g/h），每日 1 次。

（2）口服降压药：高血压危象时静脉应用降压药使血压下降后，应尽快改用口服降压药。

1）血管紧张素转换酶抑制剂：如卡托普利，每次 25～100mg，3 次 / 日口服，服后 20～30 分钟降压作用达高峰。该药对高肾素性、肾血管性高血压疗效更为满意。卡托普利可降低肌酐清除率，从而使 BUN 和肌酐上升，需加以注意。

2）α 受体阻滞剂：可扩张血管降低外周阻力，对心排血量、心率、肾血流量和肾小球滤过率影响不大。哌唑嗪，口服后 1～2 小时血浆浓度达高峰。第一剂可在睡前口服 0.5mg，以后逐渐加量，从

1毫克/次，一日3次开始，降压剂量为3～20mg/d。

3）钙拮抗剂：①双氢吡啶类钙通道阻滞剂：硝苯地平是短效的钙拮抗剂，口服后5～10分钟血压明显下降，30～60分钟达到高峰，作用维持6小时，被广泛用于高血压危象，严重肾性高血压、术后高血压和妊娠高血压，但高血压合并急性脑血管病时慎用；②非双氢吡啶类钙通道阻滞剂：地尔硫䓬除扩张血管平滑肌降压外，还具有比较明显的扩张包括侧支循环在内的大小冠状动脉作用，为高血压冠心病并发哮喘病人及肥厚型心肌病流出道狭窄者首选药物。

4）β受体阻滞剂：适用于需迅速降压而又不能过猛以致引起心脑肾缺血的病人。阿替洛尔为心脏选择性β受体阻滞剂，口服剂量为25～100mg，一日1次，但可引起心动过缓。

5）血管紧张素受体抑制剂（ARB）：用于对ACEI不能耐受 。

高血压危象抢救流程见图6-2。

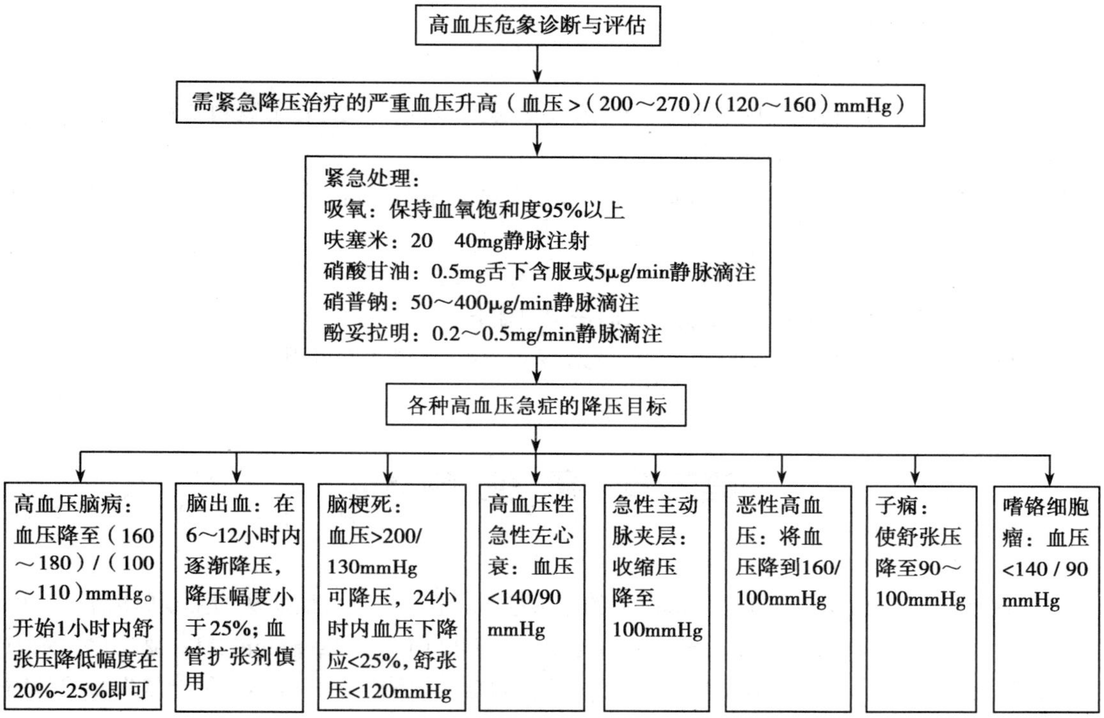

图6-2 高血压危象抢救流程

四、偏头痛

偏头痛（migraine）即头部血管舒缩功能不稳定所致的一种反复发作性头痛，呈一侧或两侧疼痛，常伴恶心和呕吐。

本病和遗传有关，约50%病人有家族史，诱发因素包括情绪强烈波动，进食某些食物如巧克力、奶酪、红酒，以及月经来潮等。

（一）临床表现

本病多起源于青春期，女性约为男性的2～3倍。临床上可分为7种类型，即有先兆型、无先兆型、基底动脉型、眼肌麻痹型、偏瘫型、复杂型偏头痛及偏头痛等位发作，其中有先兆型偏头痛比例较小，无先兆型偏头痛更常见，约占80%。

1. 有先兆型偏头痛 头痛发作前有视觉先兆、嗜睡、烦躁和偏侧肢体感觉或运动障碍的先兆症状。视觉先兆最为常见，多为闪光、暗点及黑蒙，部分可有短暂的单眼盲或双眼一侧视野偏盲。先兆症状大约持续10～20分钟，头痛发作前达高峰，症状消失后出现一侧、双侧或交替性的搏动性头痛，疼痛部位多在眶上、眶后或额颞部，偶尔出现在顶部或枕部。疼痛性质为钝痛，可有搏动感，程度逐渐加强，达高峰后可持续数小时或1～2天，当症状持续数日不缓解时称偏头痛持续状态。头痛时可伴有面色苍白、恶心、畏光、出汗，严重者有呕吐。

2. 无先兆型偏头痛 头痛发作前无先兆症状，性质与典型偏头痛相似，但持续时间较其延长，可持续数天，程度较典型偏头痛轻，多为一侧搏动性头痛，伴恶心、呕吐、出汗及畏光等症状。

（二）诊断和鉴别诊断

1. 诊断 诊断主要依据家族史，典型临床表现，神经系统查体，辅助检查如颅脑CT、MRI、MRA等排除其他疾病。

2. 鉴别诊断 本病主要与丛集性头痛、紧张性头痛及非偏头痛性血管性头痛相鉴别。

（三）治疗

急诊治疗目的是终止头痛发作，缓解伴随症状。以镇痛镇静药物治疗为主。

1. 发作时可选用以下药物

（1）止痛药：可选对乙酰氨基酚、布洛芬、萘普生等。

（2）麦角胺类药物：麦角胺咖啡因0.1～0.2g（1日总量≤0.6g），肌内注射麦角新碱0.2～0.5mg，有妊娠、动脉硬化、心脑血管疾病者禁用。

（3）曲普坦类药物：佐米曲坦2.5mg，口服，2小时症状未缓解可再次口服2.5mg，每日最大剂量不超过10mg。

（4）其他药物：如普萘洛尔、抗癫痫药物等。

2. 扩张颞动脉周围 采用0.5%利多卡因皮下封闭。

3. 颞浅动脉结扎手术 对病程长、发作频繁、药物治疗效果差者可用。

（沈 洪）

第二节 急性胸痛

一、概述

急性胸痛（acute chest pain）是急诊常见的主诉症状，是一些致命性疾病的主要临床表现，如急性冠脉综合征（acute coronary syndrome，ACS）、主动脉夹层（aortic dissection，AD）、肺栓塞、张力性气胸、心包炎致心脏压塞以及食管损伤等。急诊关键问题是要能快速识别出可能导致生命危险的病例，给予及时正确地处理。

（一）病因及鉴别诊断

胸痛常表现为范围广、性质不确切。因心、肺、大血管及食管的传入神经进入同一个胸背神经节，通过这些内脏神经纤维，不同脏器疼痛会产生类似的特征及相近的部位，通常都被描述为烧灼感、针刺样、刀割样或压榨性疼痛。由于背神经节重叠了自上而下3个节段的神经纤维，因此，源自胸部的疾病可表现为范围较广泛的疼痛，可上自颌部，下至腹部。疼痛可放射到颌面部、上肢、上腹以及肩背等部位。

胸痛的主要原因多来自胸部疾病。常涉及有：①胸壁疾病，如带状疱疹、肋间神经炎、肋软骨炎、多发性骨髓瘤等；②胸、肺疾病，如肺栓塞、张力性气胸、肺炎、胸膜炎、肺癌等；③心血管疾病，如急性心肌梗死、主动脉夹层、心脏压塞、肥厚型心肌病等；④纵隔疾病，如纵隔炎、纵隔肿瘤等；⑤食管疾病，如食管撕裂、食管裂孔疝、食管癌等；⑥其他，如过度通气等。

根据病情的危重程度分为危重症、急症或非急症，经临床判断来确定胸痛可能由何种疾病所致，着重考虑是否需要紧急处理。如果病人生命指征不稳定，须立即给予急诊处理，以稳定病情为首要目标，同时查找可能致病的直接原因。鉴别诊断对进一步的针对性治疗有指导作用，见表6-3。

笔记

表 6-3 胸痛的鉴别诊断

器官 / 系统	危重症	急症	非急症
心脏血管疾病	急性心肌梗死 急性冠脉综合征 主动脉夹层 心脏压塞	不稳定型心绞痛 心肌炎	心脏瓣膜病 主动脉瓣狭窄 二尖瓣脱垂 肥厚型心肌病
胸肺疾病	肺栓塞 张力性气胸	气胸 纵隔炎	肺炎 胸膜炎 肿瘤
消化道系统疾病	食管撕裂	食管损伤 胆囊炎 胰腺炎	食管痉挛 食管反流 消化性溃疡 胆囊炎
骨骼、肌肉、关节病变			肌肉劳损 肋骨骨折 肿瘤 肋软骨炎 非特异性胸壁痛
神经系统疾病			脊神经根受压 胸廓出口综合征 带状疱疹
其他			心理性过度通气

（二）快速评估及急诊处理

急性胸痛病人（除外有明确良性原因者）都应尽快送往医院。医生接诊后立即行心电图检查，呼吸、血压、脉氧饱和度监测，给予吸氧，并建立静脉通道。如果病人出现明显呼吸困难，表现为张力性气胸的症状和体征，则立即给予胸腔穿刺排气。确定生命体征平稳后，简要地询问发病情况，既往病史，针对胸痛进行相关查体。应做 12 导联心电图检查，如未发现异常表现，1～2 小时后重复检查，或监测异常表现的变化。多数病人应做胸部 X 线或 CT 扫描检查，特别对肺栓塞、主动脉夹层、张力性气胸、心脏压塞等可迅速致命的疾病有鉴别诊断价值。怀疑为心脏原因所致，生命体征平稳，可使用硝酸甘油来缓解疼痛，首次 0.5mg，舌下含服，3～5 分钟可重复使用。如果病人无凝血功能障碍，且无明确过敏史，可给予阿司匹林 150～300mg 嚼服，对阿司匹林过敏者可应用氯吡格雷（负荷剂量为 300mg）。

二、急性冠脉综合征

急性冠脉综合征（acute coronary syndrome，ACS）是由于冠状动脉粥样斑块表面出现破溃，血小板黏附并聚积在破溃斑块表面，与纤维蛋白原相互结合产生纤维蛋白，进而激活了凝血系统。根据冠状动脉血栓堵塞程度的不同，临床表现为 ST 段抬高心肌梗死（ST elevated myocardiac infarction，STEMI）和非 ST 段抬高 ACS（non-ST elevated-ACS，NSTE-ACS），后者包括不稳定型心绞痛（unstable angina，UA）和非 ST 段抬高心肌梗死（non-ST elevated myocardiac infarction，NSTEMI）的临床综合征。在大多数成人中，ACS 是心脏性猝死的最主要原因。

（一）临床特点及危险分层

1. 临床表现

（1）症状：ACS 病人主要表现为胸痛或胸部不适，其特点包括：胸痛表现为憋闷、压迫感、紧缩感和针刺样感等；疼痛变化可逐渐加重，有间歇却不能完全缓解；疼痛可向肩背、左上肢或下颌等部位放射；疼痛可反复发作，并较前发作频繁，与原有的缓解方式不同，或持续不缓解。病人描述胸痛部位时，要注意其身体语言，如握拳或手掌按在胸部，大多与心肌缺血有关；同时应注意伴随症状，如呼吸困难、出冷汗、恶心、呕吐、头晕目眩和焦虑等；但也须注意不典型胸痛或只表现为胸闷、呼吸困难及眩晕的高危病人，如老年糖尿病病人。

（2）体征：注意神志变化，皮肤灌注状况，动脉血压变化；检查肺部湿性啰音及出现部位（作为Killip分级评估依据），颈静脉是否怒张，心率和节律的改变；如闻及第三心音（S_3）、第四心音（S_4），心音减弱，收缩期杂音等常提示有心肌收缩力的改变。

2. 实验室及辅助检查

（1）心电图：一直用作心肌缺血损伤及心律失常的重要辅助诊断工具，也是决定溶栓、PCI或药物干预治疗的一项重要标准。心电图（ECG）表现ST段抬高为STEMI，而ST段下降的大多数病人最终诊断为NSTE-ACS。注意有ST段抬高的病人中，大约82%～94%为STEMI，但也存在无心肌缺血的情况，如左室肥大、心包炎或早期复极。

1）急性心肌梗死的ECG演变：最早变化为R波和T波振幅增加，所谓超急期ECG表现为T波高尖，之后ST段迅速抬高至最大限度，多数病人在最初12小时内ST段逐渐恢复。R波降低和异常Q波在STEMI最初2小时内可见，通常9小时（4～14小时）内完成衍变。ST段抬高导联常出现T波倒置，下壁STEMI的ECG衍变比前壁STEMI更快，梗死后持续数周或数月仍有ST段抬高表明可能室壁瘤形成，STEMI急性期再度出现ST段抬高表明可能发生梗死扩展。

2）相关冠状动脉致梗死部位的ECG特征见表6-4。

表6-4 相关冠状动脉致梗死部位的ECG特征

梗死部位	相关冠状动脉	相应导联
前壁	左冠状动脉前降支	V_1～V_4
前间隔		V_1、V_2
前壁+侧壁	左冠状动脉前降支近端	V_1～V_6、Ⅰ、aVL
下壁	右冠状动脉 左冠状动脉回旋支	Ⅱ、Ⅲ、aVF
下壁+右室	右冠状动脉近端	Ⅱ、Ⅲ、aVF、V_1、V_2、V_{3R}～V_{5R}
下后壁	右冠状动脉 左冠状动脉回旋支	Ⅱ、Ⅲ、aVF、V_1、V_2、V_7～V_9
后壁	右冠状动脉 左冠状动脉回旋支	V_1、V_2、V_7～V_9
侧 壁	左冠状动脉前降支	V_5、V_6、Ⅰ、aVL
前侧壁	左冠状动脉前降支 左冠状动脉回旋支	V_3～V_6、Ⅰ、aVL
下侧壁	左冠状动脉前降支 左冠状动脉回旋支	Ⅱ、Ⅲ、aVF Ⅰ、aVL、V_5、V_6
后侧壁	左冠状动脉前降支 左冠状动脉回旋支	V_1、V_2、V_7～V_9 V_5、V_6、Ⅰ、aVL

3）ST段压低：ST段代表心脏复极过程，ST段压低提示心内膜下有损伤电流，心内膜下ST向量指向心室腔远离对应心外膜表面的导联，产生对应性ST段压低。在NSTE-ACS和STEMI对应导联会出现ST段压低。心肌无缺血出现的ST段压低包括通气过度、左室肥厚、洋地黄影响和高钾血症。

4）T波倒置：T波倒置可能发生在心肌缺血所致心肌复极延迟。不稳定型心绞痛病人心前区导联（V_1～V_4）T波深倒置是一个重要的亚群，表示冠状动脉前降支高度狭窄，被称为左前降支T波综合征。而成功的冠状动脉再灌注会使T波恢复正常，并可提高左心室功能。T波倒置也可由NSTE-

ACS 引起或出现在 STEMI 演变期后。非缺血心脏疾病，如脑血管意外，ECG 也表现为 T 波倒置。

（2）心肌损伤标志物

1）磷酸肌酸同工酶（CK-MB）：CK-MB 升高提示有心肌坏死，对 AMI 诊断灵敏性可达 98%，如 CK-MB 较正常升高 2 倍可证实心肌发生坏死。CK-MB 一般在症状出现后 6 小时开始升高，18～24 小时达峰值，对指导非典型 ECG 变化心肌梗死的早期再通治疗有其局限性。

2）心肌肌钙蛋白：肌钙蛋白 T（cTnT）和肌钙蛋白 I（cTnI）比 CK-MB 具有更高的特异性和敏感性，特别在心肌损害后 2～4 小时即在外周血中升高，并可维持较高水平 2～3 周（表 6-5）。cTnT 或 cTnI 升高提示心肌损伤坏死，并提供危险分层信息，对 ACS 病人预后判断有指导意义。

表 6-5 心肌损伤标志物变化的特点

心肌标志物	开始升高时间	达峰值时间	持续时间
CK-MB	6 小时	18～24 小时	3～4 天
cTnT	2～4 小时	10～24 小时	10～21 天
cTnI	2～4 小时	10～24 小时	7～14 天

（3）超声心动图：急诊超声心动图检测可发现心肌缺血时节段性运动减弱，甚至消失；可观察到受损心肌的收缩功能减退，以及左室射血分数下降，心肌受损亦可导致心室舒张功能障碍。超声心动图对主动脉夹层、肺栓塞、肥厚型心肌病以及心包积液等有重要的鉴别诊断价值。

3. 诊断及危险分层 STEMI 的 WHO 诊断标准：①胸痛持续>20 分钟，处理后不缓解；② ECG 特征性演变；③心肌损伤标志物升高。而 NSTE-ACS 表现 ST 特征性变化不明显，心肌标志物检测意义更大；UA 心肌标志物不升高或轻微升高，这两种属于 ACS 中严重程度不同的临床类型。

临床指标也可评估冠状动脉病变的可能性和由不稳定型心绞痛恶化为严重心脏事件的危险性，见表 6-6，表 6-7。

表 6-6 心电图及缺血性胸痛病人危险程度的可能性

高危组（>1）	中危组（=1）	低危组（<1）
有心肌梗死病史，致命性心律失常晕厥，已诊断为冠心病	青年人心绞痛	可疑心绞痛
确定为冠心病	老年人可能心绞痛	1 个危险因素、无糖尿病
伴有症状的 ST 改变	可能有心绞痛 糖尿病和另外 3 个危险因素	T 波倒置<1mm
前壁导联 T 波明显改变	ST 段压低≤1mm，R 波直立 导联 T 波倒置≥1mm	正常心电图

表 6-7 ACS 早期危险分层

项目	高风险（至少具备下列一条）	中度风险（无高风险特征，具备下列任一条）	低风险（无高、中度风险特征，但具备下列任一条）
病史	48 小时内缺血症状恶化	既往心肌梗死、脑血管疾病、冠脉旁路移植术或使用 ASA	
疼痛特点	长时间（>20 分钟）静息时疼痛	长时间（>20 分钟）静息时疼痛但目前缓解，有高或中度患冠心病可能；静息时疼痛（<20 分钟）或休息，含服硝酸甘油后缓解	过去 2 周内新发 ACSⅡ或Ⅳ级心绞痛，但无长时间（>20 分钟）静息时疼痛，有中或高度患冠心病可能

续表

项目	高风险 （至少具备下列一条）	中度风险 （无高风险特征，具备下列任一条）	低风险 （无高、中度风险特征，但具备下列任一条）
临床表现	缺血引起肺水肿，新出现二尖瓣关闭不全或原杂音加重，出现 S_3 或新出现啰音或原啰音加重，低血压、心动过速，年龄>75岁		
心电图	静息时胸痛伴一过性 ST 段改变（>0.05mV），aVR 导联 ST 段抬高>0.1mV，新出现束支传导阻滞或持续心动过速	T 波倒置>0.2mV，病理性 Q 波	胸痛时心电图正常或无变化
心肌损伤标记物	明显增高（cTnT>0.1μg/L）	轻度增高（cTnT<0.1μg/L）	正常

（二）急诊处理

1. 院前或转运中处理 为预防 ACS 病人发生心脏骤停，院前急救应注重“生存链”的概念，包括早期识别求救，早期 CPR，早期除颤和早期高级心血管生命支持（ACLS），为后期院内综合治疗奠定基础。院前急救人员须给怀疑患 STEMI 的病人嚼服 150～300mg 阿司匹林，常规做 12 导联 ECG 检查和判断，转运 ACS 途中，ECG 检查可以发现并监测病情变化。如有条件院前急救人员可与所送医院联系，通报病情，传输心电图。

2. 早期一般治疗 对 ACS 胸痛病人，嘱其静卧，立即进行心电、血压、呼吸、脉氧饱和度（SpO_2）监测，建立静脉通路，吸入氧浓度 4L/min，使 SpO_2>93%。做好电除颤和 CPR 的准备。来诊后快速明确诊断，及早行再灌注治疗和必需的辅助治疗。

（1）止痛剂：静脉注射吗啡 2～4mg，如效果不佳，可以重复使用。

（2）硝酸甘油：应控制滴速在 10～20μg/min，监测血流动力学，注意重复观察临床反应，每 5～10 分钟增加 5～10μg，治疗终点是临床症状得到控制，血压正常者平均动脉压下降 10%，高血压者平均动脉压下降 30%。收缩压<90mmHg 时，应减慢滴速或暂停使用。

（3）β 受体阻滞剂及抗心律失常药物：根据病人实际情况给予。

（4）抗凝治疗：使用依诺肝素 1mg/kg，皮下注射 2 次 / 日，或普通肝素使部分活化凝血酶时间（APTT）维持在 50～70 秒。

3. 确定再灌注治疗 应快速评估所有 STEMI 病人是否可行再灌注治疗，并对有适应证的病人立即实施再灌注治疗。

（1）溶栓治疗条件：①就诊时间<3 小时，不适合行介入治疗；②无法提供介入治疗；③血管条件受限，无法行 PCI；④已耽搁介入治疗时机，如转院延迟，就诊至球囊扩张时间>90 分钟等。

（2）介入治疗条件：①可提供专业 PCI 导管室，并有急诊手术能力；②就诊至行球囊扩张时间<90 分钟；③ STEMI 病人并发心源性休克，Killip 分级≥Ⅲ级；④有溶栓禁忌证（出血危险性增加和颅内出血）；⑤就诊延迟（症状发作>3 小时）。

（3）溶栓适应证：①无溶栓禁忌证；②胸痛症状出现后 12 小时内，至少 2 个胸导联或 2 个肢体导联的 ST 段抬高超出 0.1mV，或有新发左束支传导阻滞或可疑左束支传导阻滞；③ 12 导联 ECG 证明为后壁心肌梗死；④症状出现后 12～24 小时内仍有持续缺血症状，并有相应导联 ST 段抬高。STEMI 症状消失>24 小时不行溶栓。

（4）溶栓禁忌证：①溶栓前明确 3 个月内有颅内出血史；②严重头面部创伤；③未控制高血压或脑卒中；④活动性出血或有出血因素（包括月经）。对有颅内出血危险（>4%）的 STEMI 病人应当选择 PCI 治疗。

笔记

4. 再灌注治疗

（1）溶栓治疗：目标要求急诊到开始溶栓时间<30 分钟，可选择不同种类溶栓剂。

常用方法：重组组织纤溶酶原激活剂（rt-PA），50～100mg，30 分钟内静脉滴注；链激酶 150 万～200 万 IU，30 分钟内静脉滴注；尿激酶 150 万～200 万 IU，30 分钟内静脉滴注。溶栓后应用普通肝素 800～1000IU/h，使 APTT 延长 1.5～2 倍。

再灌注间接评价：疼痛明显减轻；ST 段 90 分钟回落>50%。

（2）介入治疗：目标应为急诊至球囊扩张时间<90 分钟。介入治疗时间的选择依据胸痛持续时间而定：①胸痛 <1 小时，行直接 PCI；②胸痛>1 小时，而<3 小时，先行溶栓治疗；③胸痛>3 小时，可行直接 PCI 术。

（3）外科手术：急诊冠状动脉旁路移植手术。

5. 急性冠脉综合征救治流程 见图 6-3。

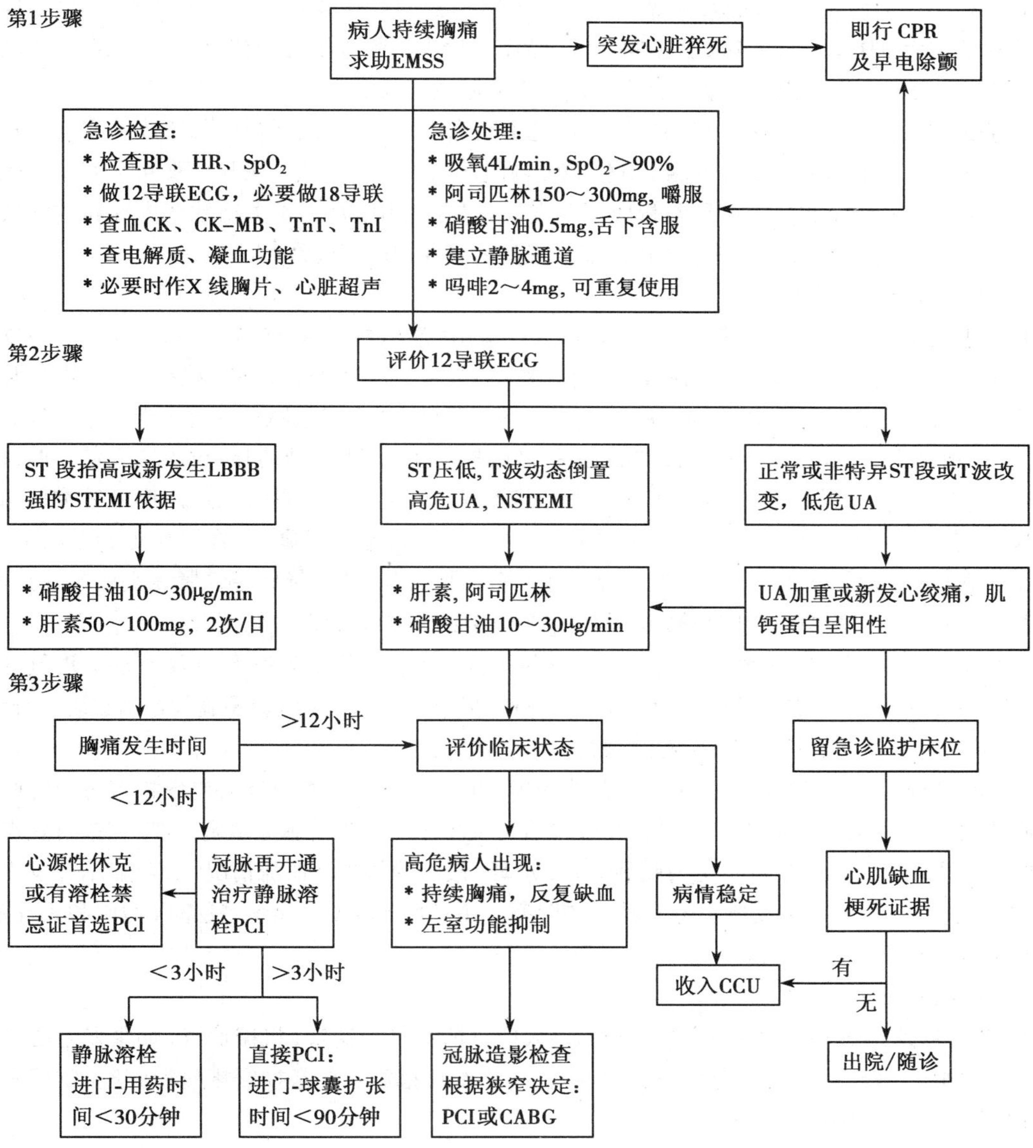

图6-3 急性冠脉综合征救治流程

三、主动脉夹层

主动脉夹层（aortic dissection，AD）是血液进入主动脉中层形成夹层血肿，并沿着主动脉壁延展剥离的危重心血管急症。

（一）病因与病理分型

1. 病因　AD的病因较多，主要有：①高血压与动脉粥样硬化：80%的病人有高血压，除血压绝对值增高外，血压变化率（dp/dt_{max}）也是引发AD的重要因素；②特发性主动脉中层退变：是主动脉中层弹力纤维和胶原进行性退变，并出现黏液样物质，称为中层囊性坏死；③遗传性疾病：常见三种遗传性疾病：马方综合征、Ehlers-Danlos综合征、Tuner综合征，这些遗传性疾病均为常染色体遗传病，具有家族性，常在年轻时发病；④先天性主动脉畸形：主动脉缩窄病人夹层发生率是正常人的8倍，其夹层多出现在主动脉缩窄的近端，几乎从不发展至缩窄以下的主动脉；⑤创伤：主动脉的钝性创伤、心导管检查、主动脉球囊反搏、主动脉钳夹阻断不恰当操作均可引起；⑥主动脉壁炎症反应：巨细胞动脉炎病人自身免疫反应引起的主动脉壁损害与夹层的发生密切相关。

2. 病理分型　应用最为广泛的是Debakey分型，将AD分为三型：Ⅰ型，起源于升主动脉并累及腹主动脉；Ⅱ型，局限于升主动脉；Ⅲ型，起源于胸部降主动脉，未累及腹主动脉者称为ⅢA型，累及腹主动脉者称为ⅢB型。Stanford分型将AD分为：无论夹层起源于哪一部位，只要累及升主动脉者称为A型；夹层起源于胸部降主动脉且未累及升主动脉者称为B型。

3. 病理改变　Ⅰ类夹层：具有的病理特征是主动脉内、中膜撕裂所形成的隔膜将主动脉管腔分为真假两个腔。假腔周径常大于真腔，真假腔经内膜的破裂口相交通。夹层病变可从裂口开始向两端延展，受累的主动脉的分支可导致相应的并发症。Ⅱ类夹层：是由于主动脉壁内滋养动脉破裂出血，并继发壁内血肿，影像学检查中往往不能发现其内膜存在破损或裂口。

（二）临床特点及诊断

1. 临床表现　多见于中老年病人，突发撕裂样胸、背部剧烈疼痛，90%有高血压病史。AD常可表现为主动脉夹层累及分支动脉闭塞，导致脑、肢体、肾脏、腹腔脏器缺血症状：①累及主动脉瓣产生严重反流可出现急性心力衰竭、心脏压塞、低血压和晕厥；②累及冠状动脉可出现心绞痛或心肌梗死；③夹层血肿沿着无名动脉或颈总动脉向上扩展或累及肋间动脉、椎动脉，可出现头晕、神志模糊、肢体麻木、偏瘫、截瘫及昏迷；④累及腹主动脉及其分支，可出现剧烈腹痛、恶心、呕吐等类似急腹症的表现；⑤夹层血肿压迫食管，出现吞咽障碍，破入食管可引起大呕血；⑥血肿压迫肠系膜上动脉，可致小肠缺血性坏死，出现便血；⑦累及肾动脉可引起腰痛及血尿，导致急性肾衰竭或肾性高血压；⑧血肿破入胸腔可引起血胸，出现胸痛、呼吸困难或咯血，或伴有出血性休克。

20%的病人可有周围动脉搏动消失；左侧喉返神经受压时可出现声带麻痹；夹层穿透气管和食管可出现咯血和呕血；夹层血肿压迫上腔静脉出现上腔静脉综合征；压迫颈胸神经节出现Horner综合征；压迫肺动脉出现肺栓塞体征；左侧胸腔积液也常见。

2. 辅助检查　心电图可与心肌梗死鉴别，但约20%的急性A型AD心电图检查可出现心肌缺血或心肌梗死的表现。60%的病人胸部X线检查可发现纵隔或主动脉影增宽。CT扫描可发现主动脉双管征。主动脉Doppler可定位内膜裂口，显示真、假腔的状态及血流情况，并可显示并发主动脉瓣关闭不全、心包积液及主动脉弓分支动脉的阻塞。主动脉MRA可显示夹层真、假腔和累及范围，其诊断准确性和特异性都非常高。

（三）急诊处理

1. 急诊处理　对呼吸、循环状态不稳的病人应立即行气管插管、机械通气，如果发生心脏压塞应急诊行开胸手术。对血流动力学稳定的病人，初步治疗措施主要是控制疼痛和血压，常用吗啡止痛，将血压控制在120/70mmHg。

2. 内科治疗　发病48小时内多采用静脉给药：①硝普钠：为首选用药，静脉用起效快，降压效果肯定；②乌拉地尔：外周和中枢双重作用的抗高血压药，起效虽不如硝普钠快，但降压效果肯定，无抑制心率的作用；③血管紧张素转换酶抑制剂（ACEI）：静脉注射ACEI，以对抗激活的肾素-血管紧张素系统，小剂量开始，依据血压情况逐渐加大剂量；④β受体阻滞剂：是急性期最常用的降压药

笔记

物，可减弱左室收缩力、降低心率；⑤钙通道阻滞剂：地尔硫䓬和维拉帕米，具有扩张血管和负性肌力作用。

3. 外科治疗 ①人工血管置换术：适用于急性期及慢性期A型AD或有并发症的急性期及慢性期B型AD病人，但正逐渐被腔内隔绝术所取代；②介入治疗：使用支架可以覆盖内膜的撕裂口，阻止血液进入假腔，同时扩张狭窄的真腔，已越来越多地应用于临床。

四、自发性食管破裂

自发性食管破裂是发生在腹内压骤然升高的情况下，约70%～80%的病例发生在恶心、剧烈呕吐之后，暴饮暴食后发生者较多见；其次为用力排便、分娩、剧烈咳嗽、癫痫发作及举重物等。某些食管病变，特别是引起食管远端梗阻的病变，如食管炎、肿瘤、食管贲门失弛缓症等，当用力吞咽时食管壁承受的压力突然增加，可引起食管破裂。食管破裂还可发生在颅内疾病时或颅脑手术之后。

（一）临床特点及诊断

1. 早期症状 剧烈呕吐后突然出现胸背部、腹部撕裂样疼痛，疼痛的程度常很剧烈，可放射至左季肋部、胸背下部或左肩部，镇痛剂难以缓解；疼痛的部位与食管破口的位置有关，食管上段破裂主诉胸痛、中段破裂诉腹痛、下段破裂诉腹痛和背痛；吞咽或呼吸时疼痛加重。常伴有呕血、呼吸急促、脉率增快、血压降低等，病情危重，进展迅速，由于剧烈疼痛、失血多等因素可很快发生休克。

2. 伴随症状 空气及内容物自食管破裂处外逸形成纵隔气肿、纵隔炎和纵隔脓肿。气体经纵隔至面部、颈部和胸部形成皮下气肿。纵隔胸膜破裂后，继发形成气胸、液气胸、胸腔积液或脓气胸，严重者可发生脓毒症及感染性休克，甚至猝死。

3. 并发症 包括严重创伤，失血、失液过多，严重感染及毒素作用等，后期可发展为多器官功能障碍综合征，如治疗不及时或措施不当病情可进一步恶化，以至发展到多脏器功能衰竭，使死亡率升高。

4. 胸部X线检查 90%均有一侧或双侧液气胸或胸腔积液，如未能证实诊断，则可口服水溶性造影剂，可见造影剂经食管破口进入周围组织或胸膜腔内。

5. 胸腔穿刺 抽胸水化验淀粉酶增高，常呈酸性，抽取或引流物中含有食物残渣，口服亚甲蓝引流出蓝色胸液即可确诊。

6. 鉴别诊断 ①自发性气胸：常继发于明显的肺部疾病，如肺气肿等，从高气压的环境突然进入低气压的环境，若防护不佳亦可能导致气胸发生。最早出现的症状为胸痛，深呼吸时加剧，继而有胸闷或呼吸困难。胸部X线检查有特异性。②急性心肌梗死：可有高血压或冠心病、心绞痛病史，主要表现为胸骨后或心前区压榨样剧烈疼痛，向左肩臂部放射，可伴胸闷；心电图，心肌损伤标志物监测对诊断的特异性较高。③肺栓塞：可有手术、长期卧床、下肢静脉血栓或长期服避孕药史，出现胸痛、胸闷、咯血，甚至晕厥。D-二聚体升高可作为排除指征，肺CT血管造影对确定诊断有重要价值。

（二）急诊处理

一旦确诊应积极采取手术治疗。治疗中需注意：①须用甲硝唑充分冲洗胸腔破口；②术后持续胃肠减压；③术后持续胸腔闭式引流；④强有效抗生素治疗；⑤有力支持治疗；⑥支气管解痉、祛痰、保持呼吸道通畅；⑦防止呼吸性碱中毒、代谢性酸中毒及电解质紊乱。必须严密观察病情变化，尽早发现器官功能障碍，降低死亡率。

（沈　洪）

第三节　急性腹痛

急性腹痛是一种常见的临床急症，多数发病急，进展快。婴幼儿常因病史不清或未及时发现病情而延误就诊，且抵抗力差，病情进展快；老年人则对急剧的病理生理变化反应迟钝，常伴有心、肺等疾病，可能危及生命。此外，还应重视慢性消耗性疾病、急性失血病人，以及妊娠女性突发的急性腹痛。

一、急性腹痛的分类与临床特点

引起急性腹痛的原因很多，不同疾病可表现为不同部位的腹痛（图 6-4）。还可根据腹痛的常见病因及病变性质，将急性腹痛归纳为以下七类：

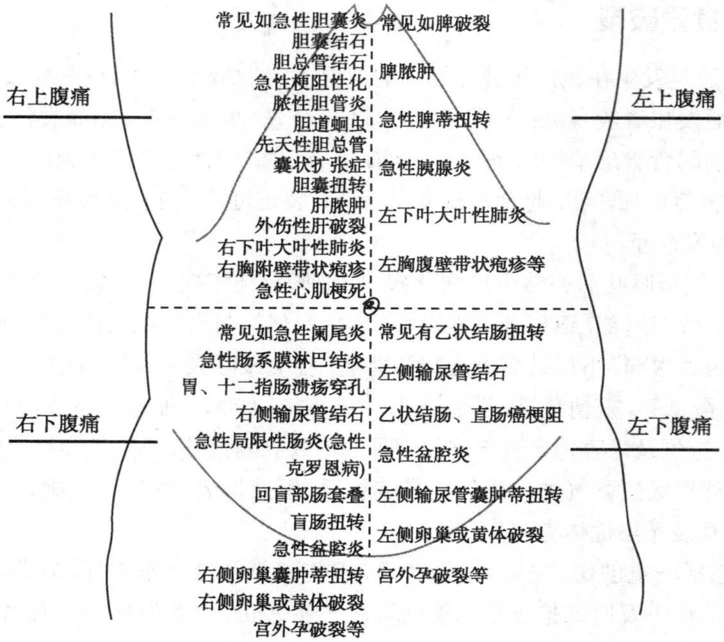

图6-4　常见腹痛病因

（一）炎症性腹痛

临床基本特点：腹痛 + 发热 + 压痛或腹肌紧张。

急性阑尾炎早期可为脐周疼痛，数小时后转移到右下腹，于右下腹麦氏点附近固定性压痛，可有腹肌紧张及反跳痛，白细胞及中性粒细胞明显升高。急性胆囊炎则常发生于饱餐后或夜间，表现为右上腹或剑突下疼痛，放射到右肩背部，右上腹部可以有压痛，但常无明显的肌紧张和反跳痛，墨菲征阳性或可触及肿大的胆囊。急性胰腺炎常在酗酒或饱食后数小时突发上腹部剧痛，呈持续性，伴阵发性加剧，常伴频繁呕吐，可有呼吸急促、烦躁不安、神志模糊、谵妄等，血尿淀粉酶升高。CT 检查可见胰腺肿大，边缘不清，胰周积液。急性坏死性肠炎起病急，表现为高热、腹痛、腹泻、血便并伴频繁呕吐及腹胀，全腹压痛、肌紧张和反跳痛。

急性盆腔炎腹痛部位取决于炎症部位。急性子宫内膜炎腹痛位于中下腹部，急性附件炎位于病侧髂窝处，急性盆腔腹膜炎位于下腹部。可有阴道分泌物增多，伴有臭味。妇科体检可见感染累及的子宫、附件或宫颈处会有不同程度的触痛，个别子宫直肠凹内有炎性积液的体征。化验检查白细胞总数增多，超声检查可以发现盆腔积液和包块。

（二）脏器穿孔性腹痛

临床基本特点：突发的持续性腹痛 + 腹膜刺激征 + 气腹。

以胃、十二指肠溃疡穿孔多见，突然发生的剧烈腹痛，如刀割样，始于上腹部并迅速扩散到全腹，有明显压痛、反跳痛及肌紧张而呈“板状腹”。肝浊音界缩小或消失，肠鸣音消失。立位腹部 X 线平片可有膈下游离气体征。

伤寒肠穿孔好发于夏秋季节，常有 1～2 周发热、头痛、腹泻病史；腹痛常突然发作，并迅速扩展到全腹；腹部体征为弥漫性腹膜炎，肠鸣音消失；下胸部、上腹部皮肤常有玫瑰疹；X 线腹片可见膈下游离气体；发病1～3周内做血、尿、便培养，常可以发现沙门伤寒菌，部分病人肥达反应试验为阳性。

（三）梗阻性腹痛

临床基本特点：阵发性腹痛＋呕吐＋腹胀＋排泄障碍。

肠梗阻临床表现为阵发性腹痛到持续性腹痛，阵发性加重，伴呕吐、腹胀，停止排气、排便。腹部X线检查可发现胀气的肠袢和气液平面。临床最多见的是粘连性肠梗阻。此外肠套叠、肠扭转、嵌顿性疝等有其各自的特点。

胆道系统的梗阻以肝内、外胆管结石为代表，表现为上腹部剑突下偏右方剧烈疼痛，并向右肩背部放射，常合并频繁恶心、呕吐，寒战、高热；出现巩膜、皮肤的黄染，剑突下和右上腹部有压痛、肌紧张，可触及增大之胆囊；肝胆超声检查可以发现肝外胆管系统扩张，胆管腔内有强回声光团。胆道蛔虫病则表现为骤然发作的剑突下方偏右侧的剧烈绞痛，呈钻顶样，向右肩放射。疼痛发作时，病人喜弯腰、屈膝，辗转不安、大汗淋漓，甚至会出现四肢厥冷、面色苍白等休克症状。腹痛可突然缓解，发作数天后可以出现皮肤、巩膜黄染、寒战、高热等急性胆道梗阻感染症状。腹痛程度重而体征轻，即症状与体征两者不符是本病的特点。腹部超声在胆总管内可发现有蛔虫条状回声影。

肾、输尿管结石多为运动后突然发作的剧烈的患侧腹部绞痛，可放射到会阴部或患侧腹股沟区，严重者合并较频繁的恶心和呕吐。腹痛发作后可出现血尿，患侧腹部输尿管走行处可有深压痛。尿常规检查绝大多数病人发现镜下血尿，超声检查患侧有肾盂积水的征象，X线检查有结石的高密度影像。

（四）出血性腹痛

临床基本特点：腹痛＋隐性出血或显性出血＋失血性休克。

异位妊娠破裂出血发生于育龄女性，有停经史，表现为突然的腹痛，常有脉搏细速、血压下降等。腹主动脉瘤破裂出血时，表现为突发的腹部和腰背部“撕裂”样疼痛，常有濒死感，迅速发生休克，血压急剧下降，出现面色苍白、发绀、全身冷汗、心动过速等；腹部有明显的压痛，可触及明显的搏动性肿块。

胆道出血者表现为突发性的右上腹阵发性绞痛，随后出现呕血或便血（黑便）及皮肤、巩膜的黄染，即“腹痛、出血和黄疸”三联征。类似症状可以在1～2周后重复出现，呈“周期性”发作。合并胆道感染者可出现寒战和高热，剑突下和右上腹部有明显的压痛、肌紧张和反跳痛。肝胆超声可见肝脏内外胆管系统扩张。选择性肝动脉造影可以确定出血部位。

肝癌的自发性破裂出血多有外力，腹腔内压力增高或轻度腹部外伤等诱因，表现为突然发作的剧烈腹痛，伴腹胀、恶心和呕吐，面色苍白、冷汗、心悸等内出血的症状，严重者可发生休克；腹部有明显的压痛、肌紧张和反跳痛，并且范围较广泛；腹部叩诊发现移动性浊音阳性；诊断性腹腔穿刺可抽出不凝血样的腹腔液；腹部超声可发现肝脏内有低密度不规则的占位性病灶。

（五）缺血性腹痛

临床基本特点：持续腹痛＋随缺血坏死而出现的腹膜刺激征。

肠系膜血管缺血性疾病包括：急性肠系膜上动脉闭塞、非闭塞性急性肠缺血、肠系膜上静脉血栓形成和慢性肠系膜血管闭塞缺血四种情况。

急性肠系膜上动脉闭塞是肠缺血最常见的原因，病人有冠心病或心房颤动史，初始即发生剧烈的腹部绞痛，难以用一般药物缓解。症状重，体征轻是急性肠缺血的特征。

非闭塞性急性肠缺血多有心脏病，肝、肾疾病，休克，利尿引起血液浓缩等潜在诱因。因过度而持久地血管收缩使血管塌陷，继而累及黏膜及肠壁的深层，病变广泛，可累及整个结肠与小肠。早期症状重，体征轻。发生肠坏死后，腹膜刺激症状明显，伴有呕吐、休克，常有腹泻及血便。

肠系膜上静脉血栓形成多继发于血液凝血病如真性红细胞增多症、抗凝血酶Ⅲ缺乏、C蛋白缺乏、镰状细胞贫血等，常有其他部位静脉血栓形成。表现为逐渐加重的腹部不适、腹胀、食欲缺乏与大便习惯改变，持续1～2周后突发剧烈腹痛、呕吐、腹泻与血便。

慢性肠系膜血管闭塞缺血多发生在中、老年人，常伴有冠状动脉硬化、脑血管硬化、周围动脉闭塞疾病、主动脉瘤等。表现为进食后的弥漫性腹部绞痛，餐后15～30分钟出现，2～3小时后达到高峰，可向背部放射。腹痛严重程度和持续时间长短与进食的量有关系。

育龄女性突然发生的剧烈腹痛应考虑卵巢囊肿蒂扭转的可能。一般呈持续性绞痛，常出现四肢发凉、面色苍白、脉搏细速等类似休克的症状；下腹部可触及压痛性肿块，如果卵巢囊肿破裂，则出现急性腹膜炎的体征。

（六）损伤性腹痛

临床基本特点：外伤＋腹痛＋腹膜炎或内出血。

有明确的外伤史、损伤部位疼痛及体征，诊断多无困难，但对腹部损伤应强调动态观察。应详细了解受伤史，包括受伤时间、地点、致伤条件、伤情、受伤至就诊之间的伤情变化和就诊前的急诊处理等。还应考虑是哪一类脏器受损（实质性或空腔脏器），并进一步确定损伤的具体脏器。注意可能为多发损伤，如：①腹内某一脏器有多处破裂；②腹内有一个以上脏器受到损伤；③除腹部损伤外，尚有腹部以外的合并损伤；④腹部以外损伤累及腹内脏器。

（七）功能紊乱性或其他疾病所致腹痛

临床基本特点：腹痛无明确定位＋精神因素＋全身性疾病史。

排除常见病因引起的急性腹痛后，要考虑全身疾病或罕见疾病引起的急性腹痛，如肠易激综合征、结肠肝（脾）曲综合征、胆道运行功能障碍、慢性铅中毒、腹型癫痫、急性溶血、糖尿病酮症酸中毒以及腹型紫癜等。

综合以上不同类型的急性腹痛特点，归纳为急性腹痛诊断流程图，见图6-5。

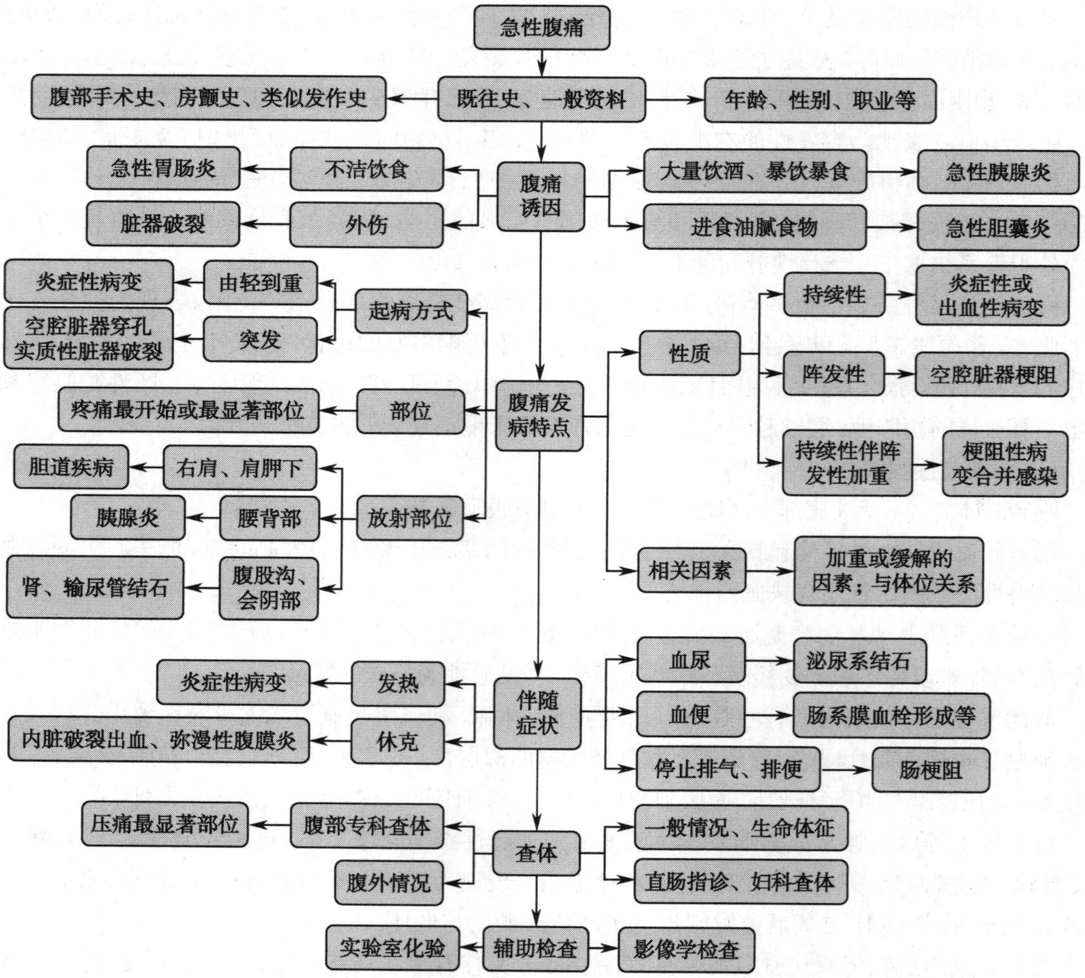

图6-5 急性腹痛诊断流程图

笔记

二、急诊处理

（一）处理原则

要求及时、准确、有效。首先对病人全身情况进行评估，再对腹部情况进行判断。先关注病人是否属于危重情况，需要作何紧急处理。无论诊断是否明确，均应考虑病人有无急诊手术，包括开腹探查的适应证。如果暂时不需手术，应在观察过程中把握中转手术的时机。

（二）危重病情的评估

1. 病人出现血压降低或休克、急性弥漫性腹膜炎，伴脉速（>130 次 / 分）、高热（体温≥39℃）或体温不升（≤36℃）、烦躁、冷汗等严重感染中毒症状，白细胞计数>20×10^9/L 或降低等。

2. 黄疸伴高热病人，如胆道系统严重感染，容易发生感染性休克。

3. 对呕吐、腹泻，出现脱水征，尿少（尿量<25ml/h）病人，血钠<130mmol/L，钾<3.5mmol/L，CO_2结合力<18mmol/L 或>32mmol/L，碱剩余>4mmol/L，血氧分压<60mmHg（8kPa），氧合指数降低应警惕发生 ARDS。

4. 腹部手术后近期出现急性腹痛，多数与手术有关，如出血、吻合口漏、肠梗阻等，少数是腹腔内暴发性感染（如产气性细菌感染）、手术后急性胰腺炎或血管栓塞导致器官梗死等，病情多严重且复杂。

（三）保守治疗

1. 禁食水，必要时给予有效的胃肠减压。

2. 取半卧位，可缓解腹肌紧张，减轻疼痛，有利于腹腔液体引流至盆腔。

3. 补充营养，纠正水、电解质及酸碱失衡。

4. 应用有效抗生素。

5. 对症处理，高热时采用物理降温或解热镇痛剂；疼痛剧烈者给予解痉镇痛剂；急性胰腺炎病人应用抑制胰腺分泌药物；对肠梗阻病人采取安全通便措施。

6. 危重症病人应监测生命体征，留置尿管，详细记录出入量，观测心肺功能、肝肾功能等，根据监测结果随时调整用药、给氧、补液成分和量。对失血的病人，应做输血准备。短时期内不能恢复进食的病人，早期给予胃肠外营养。

（四）诊断明确的腹痛治疗

1. 需要急诊手术的常见疾病有急性阑尾炎、化脓性梗阻性胆总管炎、化脓性或坏疽性胆囊炎、溃疡病急性穿孔伴有弥漫性腹膜炎、绞窄性肠梗阻、肝癌破裂出血等。凡诊断明确，非手术治疗不能遏制病情发展者均应急诊手术。

2. 暂时采用非手术治疗者，应通过密切观察病情进展决定中转急诊手术、择期手术或无需手术。此类疾病包括单纯性急性胆囊炎、空腹情况下的溃疡病急性穿孔而腹膜炎局限者、单纯性肠梗阻等。暂时采用非手术治疗的病人，除给予各种积极的治疗外，应根据病情变化随时调整治疗方案。

（五）诊断不明确的腹痛治疗

1. 无明显腹膜炎，病人一般情况较好，可严密观察生命体征变化，反复检查重要脏器功能情况和腹部体征。同时给予必要的治疗，包括输液、应用抗生素，必要时行胃肠减压及各种必要的辅助检查。未明确诊断前，慎用吗啡类镇痛药，适当选用解痉药，不能排除肠坏死和肠穿孔时，禁用泻药和灌肠。积极纠正水、电解质平衡紊乱。观察期间定时重复检查病人，有可能逐步明确诊断。诊断不明应嘱随访，病情较重者切不可轻易让病人离院，以免延误治疗。

2. 诊断不明确，腹痛持续加重病人剖腹探查手术指征

（1）弥漫性腹膜炎而病因不明者；

（2）腹膜炎刺激征经观察无好转，反而恶化者；

（3）腹部症状和体征经非手术治疗后范围不断扩大和加重者；

（4）腹腔穿刺抽出不凝固血液，伴失血性休克者；

（5）疑有空腔脏器穿孔无局限趋势，且有明显移动性浊音者；

（6）腹膜刺激征不典型，腹痛、腹胀进行性加重、体温和白细胞计数上升、脉速、全身炎症反应严重者；

（7）疑有脏器绞窄者；

（8）腹内病变明确，伴有感染性休克，难以纠正或逐渐加重者。

（六）治疗中的动态评价

非手术治疗病人在治疗过程中要严密观察病情变化：①评价诊断是否正确，当出现新的症状、体征，或经特殊检查有新证据发现，应及时补充或修改原来的诊断；②评价治疗是否有效，治疗无效应及时调整，包括从非手术治疗转为手术治疗；③评价治疗过程中症状、体征及其他化验指标的变化规律，为判断疗效及探讨疗效机制提供依据。

三、常见急性腹痛

（一）急性胃炎

由病原体（如幽门螺杆菌）感染及其毒素等多种因素引起的急性胃黏膜炎症。

1. 临床特点 急性发病，表现为上腹不适、隐痛或无症状，多以突发呕血和（或）黑便而就诊。查体未见异常或仅有上腹部轻微压痛。急诊胃镜检查可见以弥漫分布的多发性糜烂、出血灶和浅表溃疡为特征的急性胃黏膜损伤，一般应激所致的胃黏膜病损以胃体、胃底为主，而NSAID或乙醇所致则以胃窦为主。胃镜检查宜在出血发生后24～48小时内进行，因病变（特别是NSAID或乙醇引起者）可在短期内消失，延迟胃镜检查可能无法确定出血病因。

2. 急诊处置 对服用NSAID（特别是阿司匹林、吲哚美辛等）的病人应针对原发病和病因采取防治措施，视情况应用H_2受体拮抗剂、质子泵抑制剂或米索前列醇预防出血。对处于急性应激状态的病人，除积极治疗原发病外，应常规给予H_2受体拮抗剂或质子泵抑制剂，或具有黏膜保护作用的硫糖铝作为预防措施。对已发生上消化道出血者，按上消化道出血治疗原则处理，常规静脉应用质子泵抑制剂或H_2受体拮抗剂，以促进病变愈合和止血。

（二）胃十二指肠溃疡急性穿孔

指胃十二指肠溃疡活动期逐渐向深部侵蚀，终致穿破浆膜而发生的穿孔。穿孔部位多数位于幽门附近的胃十二指肠前壁，为消化性溃疡最严重的并发症。

1. 临床特点 病人既往多有溃疡病史。穿孔前数日腹痛加重，或有情绪波动、过度疲劳等诱因。常在夜间空腹或饱食后突然发生剑突下、上腹部剧烈疼痛，呈撕裂或刀割样，难以忍受。病人表情痛苦，出现面色苍白、冷汗、脉搏细速等，常伴有恶心、呕吐，疼痛快速波及全腹。仰卧位时不愿变换体位，腹式呼吸减弱或消失，腹肌紧张呈“木板样”强直，全腹压痛、反跳痛，叩诊有移动性浊音，肝浊音界缩小或消失，肠鸣音明显减弱或消失。80%的病人立位X线检查可见右膈下游离气体影，或腹部CT见腹腔游离积气影。

2. 急诊处置

（1）非手术治疗：适于一般情况好，年轻，主要脏器无病变、溃疡病史较短、症状和体征轻的空腹穿孔病人。酌情采用胃肠减压、输液及抗生素治疗。经非手术治疗6～8小时后病情加重则应立即行手术治疗。对非手术治疗痊愈病人，需行胃镜检查排除胃癌，对幽门螺杆菌阳性者应进行标准化治疗。

（2）手术治疗：包括单纯穿孔缝合术和根治性手术两类。前者操作简便易行，手术时间短，风险较小。根治性手术包括：胃大部切除术，十二指肠溃疡穿孔行迷走神经切断加胃窦切除术，缝合穿孔后行迷走神经切断加胃空肠吻合术，高选择性迷走神经切断术等。

（三）急性阑尾炎

笔记

因阑尾管腔阻塞及细菌入侵所致。根据临床过程和病理解剖学变化，可分为急性单纯性阑尾炎、急性化脓性阑尾炎、坏疽性及穿孔性阑尾炎、阑尾周围脓肿四种类型。

1. 临床特点 转移性右下腹痛是本病的典型表现。一般始于上腹痛，逐渐移向脐部，6～8 小时后转移并固定在右下腹。部分病例发病开始即出现右下腹痛。不同类型的阑尾炎其腹痛也有差异，如单纯性阑尾炎为轻度隐痛；化脓性阑尾炎呈阵发性胀痛和剧痛；坏疽性阑尾炎呈持续性剧烈腹痛；穿孔性阑尾炎因阑尾腔压力骤减，腹痛可暂时减轻，但出现腹膜炎后，腹痛又会持续加剧。发病早期可有厌食、恶心、呕吐，可出现心率增快、发热等中毒症状，阑尾穿孔时体温可达 39～40℃，如发生门静脉炎时可出现寒战、高热和轻度黄疸。

右下腹压痛是急性阑尾炎最常见的重要体征。压痛点通常位于麦氏点，可随阑尾位置的变异而改变。当阑尾穿孔时，疼痛和压痛的范围可波及全腹，但仍以阑尾所在位置压痛最明显。出现反跳痛、腹肌紧张、肠鸣音减弱或消失等提示炎症加重。如查体发现右下腹饱满，扪及疼痛性包块，边界不清，固定，应考虑阑尾周围脓肿的诊断。

多数病人白细胞计数升高，可发生核左移。如尿中出现少数红细胞，说明炎性阑尾与输尿管或膀胱相靠近。当诊断不确定时可选择腹部平片、B 超、CT 扫描等检查。

2. 急诊处置

（1）手术治疗：一旦确诊，早期行阑尾切除术，术前即应用抗生素。不同类型急性阑尾炎的手术方法亦不相同。穿孔性阑尾炎应切除阑尾，清除腹腔脓液或冲洗腹腔，放置腹腔引流；阑尾周围脓肿无局限趋势应手术切开引流。如阑尾显露方便，应切除阑尾，阑尾根部完整者仅单纯结扎。如阑尾根部坏疽穿孔，可行“U”字缝合关闭阑尾开口盲肠壁。

（2）非手术治疗：仅适用于单纯性阑尾炎及急性阑尾炎的早期阶段，当病人不接受手术治疗，或客观条件不允许，或伴其他严重器质性疾病有手术禁忌证时，选择有效的抗生素和补液治疗。

（四）急性肠梗阻

肠梗阻是常见的急腹症。不但可引起肠管本身解剖与功能上的改变，而且导致生理功能的紊乱，临床病象复杂多变。一般按其发生的基本原因分为机械性肠梗阻、动力性肠梗阻与血运性肠梗阻三类。

1. 临床特点

（1）腹痛：机械性肠梗阻一般表现为阵发性绞痛。疼痛多在腹中部，也可偏于梗阻所在的区域。腹痛发作时可伴有肠鸣。有时可见肠型和肠蠕动波。听诊为连续高亢的肠鸣音，或呈气过水音或金属音。如果腹痛逐渐演变成剧烈的持续性腹痛，应警惕绞窄性肠梗阻的可能。

（2）呕吐：随梗阻的部位而有所不同，高位肠梗阻时呕吐频繁，吐出物主要为胃及十二指肠内容；低位肠梗阻时呕吐出现迟而少，吐出物可呈粪样。结肠梗阻时，呕吐到晚期才出现。呕吐物如呈棕褐色或血性，提示肠管血运障碍。

（3）腹胀：程度与梗阻部位有关，高位肠梗阻腹胀不明显，但有时可见胃型；低位肠梗阻及麻痹性肠梗阻腹胀显著，遍及全腹。

（4）停止排气、排便：完全性肠梗阻时病人多不再排气、排便。梗阻早期，尤其是高位肠梗阻，因梗阻以下肠内尚残存的粪便和气体，仍可自行或在灌肠后排出，故不能因此而否定肠梗阻的存在。某些绞窄性肠梗阻，如肠套叠、肠系膜血管栓塞或血栓形成，则可排出血性黏液样粪便。

（5）体格检查：早期全身情况多无明显改变。梗阻晚期或绞窄性肠梗阻病人可见唇干舌燥、眼窝内陷、皮肤弹性消失、尿少或无尿等明显缺水征，或脉搏细速、血压下降、面色苍白、四肢发凉等中毒和休克征象。

与病因相关的体征：①机械性肠梗阻常可见肠型和蠕动波，肠鸣音亢进，有气过水声、金属音；②单纯性肠梗阻可有轻度压痛，但无腹膜刺激征；③绞窄性肠梗阻时，可有固定压痛和腹膜刺激征，压痛的包块，常为受绞窄的肠袢，移动性浊音可呈阳性；④蛔虫性肠梗阻时，常在腹中部触及条索状团块；⑤麻痹性肠梗阻时，肠鸣音减弱或消失；⑥直肠指检如触及肿块，可能为直肠肿瘤，极度发展的肠套叠的套头或低位肠腔外肿瘤。

（6）实验室检查：血红蛋白及血细胞比容可因缺水、血液浓缩而升高，尿比重增高。绞窄性肠梗阻时中性粒细胞明显增加。应随时了解酸碱失衡、电解质紊乱和肾功能的状况；呕吐物和粪便检查见大量红细胞或隐血阳性，提示肠管有循环障碍。

（7）X线检查：立位或侧卧位透视或拍片，可见液平面及胀气的肠袢。由于肠梗阻的部位不同，X线表现各有其特点：如空肠黏膜环状皱突可显示“鱼肋骨刺”状；结肠胀气位于腹部周边，显示结肠袋形。

2. 临床诊断 根据痛、吐、胀、闭四大症状和腹部肠型或蠕动波，肠鸣音亢进等，一般可做出诊断。X线检查对确定有否肠梗阻价值较大。

对肠梗阻病人须明确：①是机械性还是动力性梗阻；②是单纯性还是绞窄性梗阻；③是高位还是低位梗阻；④是完全性还是不完全性梗阻；⑤根据年龄、病史、体征、X线检查等几方面分析引起梗阻的原因是什么，为进一步的治疗提供依据。

3. 急诊处理 肠梗阻的治疗原则是纠正因肠梗阻所引起的生理功能紊乱和解除梗阻。具体治疗方法要根据肠梗阻的类型、部位和病人的全身情况而定。

（1）一般治疗

1）胃肠减压：通过吸出胃肠道内的气体和液体，可以减轻腹胀，降低肠腔内压力，减少肠腔内的细菌和毒素，改善肠壁血液循环，有利于改善局部病变和全身情况。

2）纠正水、电解质紊乱和酸碱失衡：输液所需容量和种类需根据呕吐情况、缺水体征、血液浓缩程度、尿排出量和比重，并结合血清钾、钠、氯和血气分析监测结果而定。

3）防治感染和中毒：应用抗肠道细菌包括抗厌氧菌的抗生素，对于防治细菌感染，从而减少毒素的产生都有一定作用。

此外，还可应用镇静、解痉等对症治疗，镇痛剂的使用应遵循急腹症治疗的原则。

（2）解除梗阻：可分非手术治疗和手术治疗两大类。

1）非手术治疗：适用于单纯性粘连性（特别是不完全性）肠梗阻，麻痹性或痉挛性肠梗阻，蛔虫或粪块堵塞引起的肠梗阻，肠结核等炎症引起的不完全性肠梗阻，肠套叠早期等。治疗期间，必须严密观察，如症状、体征不见好转或反有加重，即应手术治疗。非手术治疗除前述基础疗法外，还包括中医中药治疗、针灸疗法、口服或胃肠道灌注生植物油，以及根据不同病因采用低压空气或钡灌肠，经乙状结肠镜插管，腹部按摩及颠簸疗法等各种复位法。

2）手术治疗：各种类型的绞窄性肠梗阻、肿瘤及先天性肠道畸形引起的肠梗阻，以及非手术治疗无效的病人，应行手术治疗。手术的原则和目的是在最短时间内，以最简单的方法解除梗阻或恢复肠腔的通畅。手术方式包括粘连松解术、肠切开取除异物、肠套叠或肠扭转复位术、肠切除肠吻合术、梗阻近端与远端肠袢的短路吻合术、肠造口或肠外置术等，具体术式要根据梗阻的病因、性质、部位及病人全身情况而定。

4. 几种特殊的肠梗阻

（1）粘连性肠梗阻：是较为常见的肠粘连或腹腔内粘连带所致的肠梗阻。常由于腹腔内手术、炎症、创伤、出血、异物等引起，多有肠道功能紊乱、暴饮暴食、突然改变体位等诱因。广泛粘连所引起的肠梗阻多为单纯性和不完全性，而局限性粘连带易引起肠扭转、内疝等闭袢性绞窄性肠梗阻。

治疗粘连性肠梗阻首先要区分为单纯性还是绞窄性，是完全性还是不完全性。通常单纯性肠梗阻选用非手术治疗，如中医的通里攻下、理气、活血化瘀法、针灸疗法等。粘连性肠梗阻经非手术治疗不见好转甚至病情加重，或怀疑为绞窄性肠梗阻时，应及早手术，以免发生肠坏死。对反复频繁发作的粘连性肠梗阻也应考虑手术治疗。

（2）肠扭转：是一段肠管甚至几乎全部小肠及其系膜沿系膜轴扭转360°～720°而造成的闭袢性肠梗阻，同时肠系膜血管受压，扭折不通，血供中断。受其供应的肠管将迅速发生坏死、穿孔和腹膜炎。

1）小肠扭转：多见于青壮年，常有饱食后剧烈活动等诱因，发生于儿童者则常与先天性肠旋转不良等有关。表现突然发作剧烈腹部绞痛，多在脐周，常为持续性疼痛阵发性加重；腹痛常牵涉腰背部，病人往往不敢仰卧，喜取胸膝位或蜷曲侧卧位，呕吐频繁；腹部有时可扪及压痛的扩张肠袢。

2）乙状结肠扭转：多见于男性老年人，常有便秘习惯。病人腹部持续胀痛，逐渐隆起，可有下腹坠痛感，但无排气排便。左腹部明显膨胀，可见肠型，叩之呈鼓音，压痛及肌紧张均不明显。X线平片显示马蹄状巨大的双腔充气肠袢，立位可见两个液平面。部分病人呈急性发作，腹部剧痛、呕吐，触诊有压痛、肌紧张，显示扭转重，肠管充血、缺血明显。

（3）肠套叠：一段肠管套入其相连的肠管腔内称为肠套叠，其发生常与肠管解剖特点、病理因素以及肠功能失调、蠕动异常等有关。按照发生的部位分为回盲部套叠（回肠套入结肠）、小肠套叠（小肠套入小肠）与结肠套叠（结肠套入结肠）等型。

肠套叠是小儿肠梗阻的常见病因，80% 发生于 2 岁以下儿童，最多见为回肠末端套入结肠。肠套叠的三大典型症状是腹痛、血便和腹部肿块，表现为突然发作的阵发性剧烈腹痛，病儿阵发性哭闹不安、面色苍白、出汗，伴有呕吐和果酱样血便。腹部检查常可在腹部扪及腊肠形、表面光滑、稍可活动、具有一定压痛的肿块，常位于脐右上方，而右下腹扪诊有空虚感。空气或钡剂灌肠X线检查，可见空气或钡剂在结肠受阻，梗阻端钡影呈"杯口"状，或"弹簧状"阴影。

早期可用空气（或氧气、钡剂）灌肠复位。一般空气压力先用 8.0kPa（60mmHg），经肛管灌入结肠内，在X线透视再次明确诊断后，继续注气加压至 10.7kPa（80mmHg）左右，直至套叠复位。中药治疗如通里攻下、理气、活血化瘀法适用于早期肠套叠。如果套叠不能复位，或病程超过 48 小时，或怀疑有肠坏死，或空气灌肠复位后出现腹膜刺激征及全身情况恶化，都应行手术治疗。

（4）肠蛔虫堵塞：由蛔虫团、胆石、粪便或其他异物等肠内容物堵塞肠腔称肠堵塞，是一种单纯性机械性肠梗阻。驱虫治疗不当常为诱因，多见于儿童，农村发病率较高。蛔虫堵塞的部位常见于回肠，梗阻多为不完全性。单纯性蛔虫堵塞采用非手术疗法，中医药治疗效果较好。

（五）急性胆囊炎

是胆囊发生梗阻而引起的一类胆囊的急性炎症性病变。包括结石性与非结石性两类，最常见的原因是胆囊结石。

1. 临床特点 腹痛多发于进油腻食物之后，开始时为上腹中部剧烈绞痛，可伴有恶心、呕吐；绞痛发作过后，转为右上腹部疼痛，呈持续性，疼痛可放射至右肩或右腰背部。常伴畏寒、发热，发展至急性化脓性胆囊炎或合并有胆道感染时，则可出现寒战、高热，甚至严重全身感染的症状。大多数病人右上腹部有压痛、肌紧张，墨菲征阳性，常可触到肿大而有触痛的胆囊。有时由于病程较长，肿大的胆囊被大网膜包裹，在右上腹部可触及一边界不清的炎性肿块。部分病人可出现黄疸。

血常规检查常可见白细胞计数及中性粒细胞增高，在急性化脓性胆囊炎、胆囊坏疽等严重情况时，白细胞计数可上升至 20×10^9/L 以上。可有轻度至中等度黄疸，部分病人同时有急性胰腺炎。超声检查可发现胆囊肿大、壁厚、胆石光团及声影、胆汁内沉淀物、胆囊收缩不良等。

2. 急诊处理

（1）非手术治疗：包括对病人的全身支持，纠正水、电解质和酸碱平衡紊乱，禁食，解痉、镇痛，使用抗生素和严密临床观察。对伴发病如老年人的心血管系统疾病、糖尿病等给予相应的治疗。

（2）手术治疗：非手术治疗过程中，有以下情况者，应急诊手术或尽早手术：①寒战、高热，白细胞计数在 20×10^9/L 以上；②黄疸加重；③胆囊肿大，张力高；④局部腹膜刺激征；⑤并发重症急性胰腺炎；⑥老年病人容易发生严重并发症，应早期手术处理。急性胆囊炎的彻底手术方式应是胆囊切除术。对高危病人手术应力求简单，如在局部麻醉下先施行胆囊造瘘术，即达到减压和引流的目的。

（六）急性梗阻性化脓性胆管炎

又称急性重症胆管炎。胆管结石与胆道感染是本病的主要原因。除胆管结石外，肝内、外胆管的炎症性狭窄亦是导致本病的重要因素，胆道梗阻及感染为其基本病理改变。

1. 临床特点 急性起病，右上腹痛，多合并寒战、发热和黄疸，可出现休克和神志障碍，病情进展迅速。体温达 39～40℃，脉搏和呼吸增快，有明显的腹膜刺激征，肝大并有触痛，胆囊亦肿大，可在数小时内昏迷，死亡。白细胞计数及中性粒细胞数升高，核左移，胞浆内出现中毒性颗粒。血清胆红素、ALT、ALP、GGT 升高。B 超、CT 可显示肝大、肝内胆管及胆总管扩张，胆管内结石、虫体及肿瘤的影像；内镜下逆行胰胆管造影（ERCP）及经皮肝胆管造影（PTC）可准确地显示梗阻的部位及结石、虫体、肿块等。

2. 急诊处理

（1）一般治疗：输液、输血补充血容量，必要时给予解痉镇痛剂、血管活性药物，纠正代谢性酸中毒、预防急性肾衰竭及应用肾上腺皮质激素。应用针对厌氧菌的抗生素，及保肝、补充维生素等支持治疗。

（2）手术治疗：原则是操作简单，尽早解除梗阻，迅速减压，畅通胆汁引流。手术方法是胆总管探查、T 形管引流。

（3）中西医结合治疗：采用经内镜胆管引流（ERBD）及内服中药治疗。

（七）急性胰腺炎

急性胰腺炎系胰腺消化酶被激活后对胰腺自身及其周围脏器产生消化作用而引起的炎症性疾病。按临床特点分为轻型急性胰腺炎与重症急性胰腺炎；按病理可分为急性水肿性胰腺炎与急性坏死性胰腺炎两类；病因分类则包括酒精性、胆源性、高脂血症性、损伤性、药物性以及妊娠性等。

1. 临床特点 突然发生的剧烈腹痛，伴腹胀、恶心、呕吐、发热、黄疸。轻型仅有轻度腹胀，上腹正中或偏左有压痛。重症则出现压痛、反跳痛、肌紧张等腹膜炎体征，可有心动过速、血压下降等休克表现，出现腰部水肿并有皮肤青紫（Grey Turner 征）、脐部青紫（Cullen 征）。

血、尿淀粉酶测定是本病诊断的主要手段之一，血钙降低超过 2.0mmol/L（8mg/dl）与血糖升高超过 11.0mmol/L（200mg/dl）提示病情危重。白细胞计数、动脉血气分析对病情程度的分期有意义。超声、CT 及 MRI 可显示病变程度，可作为病情严重程度分级及预后判别的标准。

2. 急诊处理

（1）非手术治疗：①禁食、胃肠减压；②解痉、镇痛；③抑制胰液分泌及抗胰酶的药物应用；④支持性治疗；⑤预防感染；⑥中药治疗；⑦重症监护及器官功能支持；⑧血液滤过治疗。

（2）手术治疗：仅限于胆道有梗阻，病情发展快，非手术治疗无效者。包括解除胆道梗阻、腹腔灌洗、胰腺床引流以及胰腺坏死组织清除等。

（八）异位妊娠

受精卵在子宫体腔以外着床称为异位妊娠，又称宫外孕。异位妊娠依受精卵在子宫体腔外种植部位的不同而分为：输卵管妊娠、卵巢妊娠、腹腔妊娠、阔韧带妊娠、宫颈妊娠等。是孕产妇的主要死亡原因之一。

1. 临床特点 典型症状为停经后腹痛与阴道流血，多有 6～8 周停经史。当异位妊娠流产或破裂时，突现一侧下腹部撕裂样疼痛，常伴有恶心、呕吐，可有肛门坠胀感。随着血液由下腹部流向全腹，疼痛可由下腹部向全腹部扩散，导致弥漫性腹膜炎，偶有膈肌刺激征和肩区的牵涉痛。常有不规则阴道流血，色暗红或深褐，量少呈点滴状。由于腹腔内出血及剧烈腹痛，可出现晕厥，严重者出现失血性休克。出血量越多越快，症状出现越迅速越严重，但与阴道流血量不成正比。

腹腔内出血较多时，病人呈贫血貌。可出现面色苍白、脉快而细弱、血压下降的休克表现。下腹有明显压痛及反跳痛，尤以患侧为著，但腹肌紧张轻微，肠鸣音减弱或消失。子宫颈常呈蓝色，子宫轻度增大。宫颈举痛或摇摆痛阳性。子宫一侧或其后方可触及肿块，其大小、形状、质地常有变化，边界多不清楚，触痛明显。

血 β-hCG 测定是早期诊断异位妊娠的重要方法。超声是证实宫内孕和异位妊娠的最简单和最准确的影像手段。实验室检查可发现血细胞比容降至 30% 或更低，伴白细胞计数升高，可达到

笔记

15×10^9/L。若病人病情平稳，腹腔镜检查具有诊断价值。后穹隆穿刺术、腹腔穿刺术或腹腔灌洗术可发现血性腹腔积液。

2. 急诊处置　异位妊娠破裂引起的急性腹痛，可能难以与卵巢囊肿破裂、急性阑尾炎、溃疡病穿孔等相鉴别。腹腔内出血可引发生命体征不稳定甚至并发失血性休克，故应积极准备手术探查。应酌情保留或切除患侧输卵管。

（路晓光）

第四节　腰背及四肢疼痛

一、病因与临床特点

腰背及四肢疼痛是常见急症，可分为脊柱源性、神经源性、内脏源性、血管源性和精神性疼痛。临床特点如下：

1. 脊柱源性疼痛　可定义为脊柱和脊柱相关结构引起的疼痛。常在日常发生或加剧，经休息而缓解。疼痛可源于脊柱不同结构的病变，更多是由软组织（椎间盘、韧带和肌肉）的改变引起，是临床上最常见的腰背及四肢疼痛。

2. 神经源性疼痛　腰椎神经根被刺激或受压是导致单侧或双侧下肢疼痛最常见的原因，其他原因如中枢神经病灶丘脑肿瘤等也会导致下肢的烧灼痛。此外，临床容易混淆诊断的疾病，如神经纤维瘤、神经鞘瘤、室管膜瘤以及可累及神经根的囊肿和肿瘤。由于这些病变常发生在上腰椎，在常规CT扫描区域之外，MRI阅片时亦容易疏漏。

3. 内脏源性疼痛　内脏源性腰背痛可由肾或盆腔内脏的疾病引起，如腹膜后肿瘤，妇科疾病（如痛经、卵巢病变、子宫脱垂、宫颈癌等），上泌尿道病变（如肾盂肾炎、肾结石等），后位阑尾炎，前列腺炎等均可引起下腰背痛或骶尾痛。

腰痛一般不是内脏疾病的唯一症状。依据所累及脏器的特点，仔细询问病史可发现其他相关症状。内脏源性腰背痛的一个重要特征是疼痛不因活动而加重，也不因休息而减轻。内脏源性疼痛可通过辗转体位而减轻，而脊柱源性引起的疼痛最好的缓解方法是完全静卧休息。

4. 血管源性疼痛　腹主动脉瘤或周围血管疾病（PVD）可引起腰背痛或类似坐骨神经痛的症状。腹主动脉瘤可表现为与活动无关的深在腰痛。臀上动脉供血不足引起臀部疼痛伴有跛行，行走时加重，静止站立后减轻。疼痛会沿坐骨神经支配的区域向下肢放射。疼痛不会因脊柱负荷增加的一些活动（如弯腰、俯身、上举等）而发作或加重。

PVD的症状与椎管狭窄相似，PVD病人通常主诉疼痛和下肢无力，短距离行走后可诱发或加重。而椎管狭窄的一个显著特征是疼痛不会因站立静止而缓解。

5. 精神性疼痛　单纯的精神性腰背痛很少见。对怀疑疼痛与精神情绪暗示有关的病人，必须认真检查，排除器质性疾病，才可诊断精神性疼痛。

二、急诊处理

对急性腰背及四肢痛病人，应予制动平卧、镇痛对症处理。急诊处理前应考虑以下问题：①这是躯体的功能障碍？②这种临床诊断是否是诊断的陷阱？如是不是腹主动脉瘤破裂引起？③是否是机械性疼痛？④是否病史和体格检查可以提示定位线索？⑤复习影像学资料是否存在结构性病变，是否可以解释相应的临床症状？在仔细考虑以上问题后，对病人的诊断和鉴别诊断做出初步判断，即可以进行目的治疗。

1. 对椎管内急性进行性压迫性疾病，如出血、外伤、骨折压迫等，应积极手术治疗。

2. 对椎管内慢性压迫性疾病，如各种良恶性肿瘤，应择期手术。

3. 对常见疾病如椎间盘突出症、椎管狭窄症、腰椎滑移症、软组织损害等经保守治疗无效时，可考虑手术治疗。

4. 对于感染性疾病引起的疼痛，在应用抗生素的同时，可采用适当的镇痛药物缓解疼痛。

三、腰椎间盘突出症

腰椎间盘突出症（lumbar intervertebral disc herniation）是指腰椎间盘发生退行性改变以后，在外力作用下，纤维环部分或全部破裂，单独或者连同髓核、软骨终板向外突出，刺激或压迫窦椎神经和神经根引起的以腰腿痛为主要症状的一种病变，是引起腰腿痛的最常见原因。

（一）病因

1. 椎间盘退变是根本原因　腰椎间盘在脊柱的运动和负荷中承受巨大的应力。随着年龄的增长，在退变的基础上，劳损积累和外力的作用下，椎间盘发生破裂，髓核、纤维环甚至终板向后突出，严重者压迫神经产生症状。

2. 损伤　积累损伤是椎间盘退变的主要原因。反复弯腰、扭转等动作最易引起椎间盘损伤，故本病与职业有一定关系。驾驶员长期处于坐位和颠簸状态，从事重体力劳动者，因过度负荷，均易造成椎间盘早期退变。急性的外伤可作为椎间盘突出的诱发因素。

3. 妊娠　妊娠期间整个韧带系统处于松弛状态，而腰骶部又承受比平时更大的应力，增加了椎间盘突出的风险。

4. 发育异常　腰椎骶化、骶椎腰化和关节突不对称等腰骶部先天发育异常，使下腰椎承受异常应力，均会增加椎间盘的损害。

（二）临床表现

腰椎间盘突出症常见于20～50岁的病人，男女发病比例约为（4～6）∶1。病人多有弯腰劳动或长期坐位工作史，首次发病常在半弯腰持重或突然扭腰动作过程中发生。

1. 症状

（1）腰痛：腰椎间盘突出症的病人，绝大部分有腰痛。腰痛可出现在腿痛之前，亦可在腿痛同时或之后出现。发生腰痛的原因是椎间盘突出刺激了外层纤维环及后纵韧带中的窦椎神经纤维。

（2）坐骨神经痛：由于95%左右的椎间盘突出发生在$L_{4,5}$及L_5、S_1间隙，故多伴有坐骨神经痛。坐骨神经痛多为逐渐发生，疼痛为放射性，由臀部、大腿后外侧、小腿外侧至足跟部或足背。有的病人为了减轻疼痛，松弛坐骨神经，行走时取前倾位，卧床时取弯腰侧卧屈髋屈膝位。坐神经痛可因打喷嚏或咳嗽时腹压增加而疼痛加剧。在高位椎间盘突出时（$L_{2,3}$，$L_{3,4}$），可压迫相应的上腰段神经根而出现大腿前内侧或腹股沟区疼痛。

（3）马尾综合征：中央型的腰椎间盘突出可压迫马尾神经，出现大小便障碍，鞍区感觉异常。急性发病时应作为急症手术的指征。

2. 体征

（1）腰椎侧凸：是一种为减轻疼痛的姿势性代偿畸形，具有辅助诊断价值。如髓核突出在神经根的肩部，上身向健侧弯曲，腰椎凸向患侧可松弛受压的神经根；当突出髓核在神经根腋部时，上身向患侧弯曲，腰椎凸向健侧可缓解疼痛。

（2）腰部活动受限：几乎所有病人都有不同程度的腰部活动受限，其中以前屈受限最明显，是由于前屈位时进一步促使髓核向后移位并增加对受压神经根的牵张之故。

（3）压痛及骶棘肌痉挛：大部分病人在病变间隙的棘突间有压痛，按压椎旁1cm处有沿坐臂神经的放射痛。约1/3病人有腰部骶棘肌痉挛，使腰部固定于强迫体位。

（4）直腿抬高试验及加强试验：病人仰卧，伸膝，被动抬高患肢，正常人神经根有4mm的滑动度，下肢抬高到60º～70º始感腘窝不适，本症病人神经根受压或粘连使滑动度减少或消失，抬高在60º以内即可出现坐骨神经痛，称为直腿抬高试验阳性。在直腿抬高试验阳性时，缓慢降低患肢高度，待放射痛消失，再被动背屈踝关节以牵拉坐骨神经，如又出现放射痛，称为加强试验阳性。

（5）神经系统表现

1）感觉异常：多数病人有感觉异常，L_5 神经根受累者，小腿外侧和足背痛、触觉减退；S_1 神经根受压时，外踝附近及足外侧痛、触觉减退。

2）肌力下降：若神经受压严重或时间较长，病人可有肌力下降。L_5 神经根受累时，足踇指背伸肌力下降；S_1 神经根受累时，足跖屈肌力减弱。

3）反射异常：根据受累神经不同，病人常出现相应的反射异常。踝反射减弱或消失表示骶神经根受累；$S_{3\sim5}$ 马尾神经受压，则为肛门括约肌张力下降及肛门反射减弱或消失。

3. 影像学及其他检查

（1）X 线平片：通常作为常规检查。一般摄腰椎正、侧位片，若怀疑脊椎不稳可以加屈、伸动力位片和双斜位片。在腰椎间盘突出症的病人，腰椎平片的表现可以完全正常，但很多病人也会有一些阳性发现。在正位片上可见腰椎侧弯，在侧位片上可见生理前凸减少或消失，椎间隙狭窄。在平片上还可以看到纤维环钙化、骨质增生、关节突肥大、硬化等退变的表现。

（2）造影检查：脊髓造影、硬膜外造影、椎间盘造影等方法可间接显示有无椎间盘突出及程度。由于这些方法为有创操作，有的存在并发症，有的技术复杂，所以目前临床应用较少，只在一般的诊断方法不能明确时才慎重进行。

（3）CT：能更好地显示脊柱骨性结构的细节。腰椎间盘突出症在 CT 上的表现有椎间盘后缘变形突出、硬脊膜囊受压变形、硬膜外脂肪移位、硬膜外间隙中软组织密度影及神经根鞘受压移位等。CT 还能观察椎间小关节和黄韧带的情况。

（4）MRI：能清楚地显示出人体解剖结构的图像，对于腰椎间盘突出的诊断有极大帮助。MRI 可以全面地观察各椎间盘退变情况，也可以了解髓核突出的程度和位置，并鉴别是否存在椎管内其他占位性病变。在读片时需注意矢状位片和横断面片要对比观察，方能准确定位。

（5）其他：肌电图等电生理检查有助于腰椎间盘突出的诊断，并可以推断神经受损的节段。

（三）诊断

典型的腰椎间盘突出症病人，根据病史、症状、体征以及在 X 线平片上相应的节段有椎间盘退行性改变者即可做出初步诊断，结合 X 线、CT、MRI 等方法，能准确做出病变间隙、突出方向、突出物大小、神经受压情况的诊断。

（四）鉴别诊断

1. 腰肌劳损 中年人多发，与长期保持一种劳动姿势有关。无明显诱因的慢性疼痛为主要症状，腰痛为酸胀痛，休息后可缓解。在疼痛区有固定的压痛点，在压痛点进行叩击，疼痛反而减轻。直腿抬高试验阴性，下肢无神经受累表现。痛点局部封闭有良好的效果。

2. 第三腰椎横突综合征 主要表现为腰痛，少数可沿骶棘肌向下放射。检查见骶棘肌痉挛，第三腰椎横突尖压痛，无神经受累体征。局部封闭有很好的近期疗效。

3. 梨状肌综合征 坐骨神经从梨状肌下缘或穿梨状肌下行，如梨状肌因外伤、先天异常或炎症而增生、肥大、粘连，均可以在收缩过程中刺激或压迫坐骨神经而出现症状。病人主要表现为臀部和下肢疼痛，症状的出现和加重常与活动有关，休息可明显缓解。查体可见臀肌萎缩，臀部深压痛及直腿抬高试验阳性，但神经定位体征多不明确。髋关节外展、外旋位抗阻力时，可诱发症状。

4. 腰椎管狭窄症 椎管狭窄症是指多种原因所致椎管、神经根管、椎间孔的狭窄，并使相应部位的脊髓、马尾神经或神经根受压的病变。以下腰痛、马尾神经或腰神经受压症状为主要表现，以神经源性间歇性跛行为主要特点。主诉症状多而阳性体征少。结合 CT 和 MRI 检查可明确诊断。

5. 腰椎滑脱与椎弓根峡部不连 表现下腰痛，滑脱较重时可发生神经根症状，且常诱发椎间盘退变、突出。腰骶部侧位片可以了解滑脱的程度，斜位片可以了解有无峡部不连。MRI 检查可明确脊髓和神经受压情况。

6. 腰椎结核 有结核病史或接触史。常有午后低热、乏力等全身中毒症状，血沉快。X 线平片上有明显的骨破坏，受累的椎体间隙变窄，病灶旁有寒性脓肿阴影。

7. 脊柱肿瘤　病人腰痛呈进行性加重，平卧不能减轻。恶性肿瘤有贫血和恶病质，血沉快，碱性或酸性磷酸酶升高。X线平片显示骨破坏，CT和MRI均可与椎间盘突出相鉴别。

8. 椎管内肿瘤　发病较慢但是呈进行性加重。首先出现足部的麻木并自下而上发展，感觉、运动障碍，反射减弱，不只限于某一神经的支配区。括约肌功能障碍逐渐出现并加重。脑脊液检查及MRI检查可鉴别。

9. 盆腔疾病　早期盆腔的炎症、肿瘤等，当其本身症状尚未充分表现时，可刺激腰骶神经根而出现腰骶部疼痛，或伴有下肢痛。超声、CT和MRI等检查可以协助诊断。

10. 下肢血管病变　单纯腿痛的病人须注意与血管病变相鉴别。检查时注意肢体的皮温、皮色、血管搏动等情况，必要时行多普勒或DSA检查明确诊断。

（五）治疗

1. 非手术治疗

（1）适应证：①初次发病，病程较短的病人；②休息以后症状可以自行缓解者；③由于全身疾病或有局部皮肤疾病，不能施行手术者；④不同意手术者。

（2）治疗方法：①卧床休息，一般严格卧床3周，带腰围逐步下地活动；②非甾体抗炎药物；③牵引疗法，骨盆牵引最常用；④理疗。

2. 手术治疗

（1）适应证：①腰腿痛症状严重，反复发作，经半年以上非手术治疗无效，且病情逐渐加重，影响工作和生活者；②中央型突出有马尾神经综合征，括约肌功能障碍者，应急诊手术；③有明显的神经受累表现者。

（2）手术方法

1）全椎板切除髓核摘除术：适合椎间盘突出合并有椎管狭窄、椎间盘向两侧突出、中央型巨大突出以及游离椎间盘突出。

2）半椎板切除髓核摘除术：适合于单纯椎间盘向一侧突出者。

3）显微外科腰椎间盘摘除术：适合于单纯腰椎间盘突出。

4）经皮腰椎间盘切除术：适用于单纯腰椎间盘突出。

四、上尿路结石

肾和输尿管结石（renal and ureteral calculi）为上尿路结石，主要症状是疼痛和血尿，其程度与结石部位、大小、活动与否及有无损伤、感染、梗阻等有关。

（一）临床表现

1. 疼痛　肾结石可引起肾区疼痛伴肋脊角叩击痛。肾盂内大结石及肾盏结石可无明显临床症状，活动后出现上腹或腰部钝痛。输尿管结石可引起肾绞痛（renal colic）或输尿管绞痛，典型的表现为阵发性腰部或上腹部疼痛，剧烈难忍，并沿输尿管放射至同侧腹股沟，还可涉及同侧睾丸或阴唇。结石处于输尿管膀胱壁段或输尿管口，可伴有膀胱刺激症状及尿道和阴茎头部放射痛。肾绞痛常见于结石活动并引起输尿管梗阻的情况。

2. 血尿　通常为镜下血尿，少数病人可见肉眼血尿。有时活动后出现镜下血尿是上尿路结石的唯一表现。

3. 恶心、呕吐　输尿管结石引起尿路梗阻，使输尿管管腔内压力增高，管壁局部扩张、痉挛和缺血。由于输尿管与肠有共同的神经支配而导致恶心、呕吐，常与肾绞痛伴发。

4. 膀胱刺激症状　结石伴感染或输尿管膀胱壁段结石时，可有尿频、尿急、尿痛。

5. 并发症　结石继发急性肾盂肾炎或肾积脓时，可有畏寒、发热、寒战等全身症状。结石所致肾积水，可在上腹部扪及增大的肾。双侧上尿路结石引起双侧尿路完全性梗阻或孤立肾上尿路完全性梗阻时，可导致无尿。

（二）诊断

1. 病史和体检 与活动有关的疼痛和血尿，有助于此病的诊断。病史中要问清楚第一次发作的情况，确认疼痛发作及其放射的部位，以往有无结石史或家族史，既往病史包括泌尿生殖系统疾病或解剖异常，或结石形成的影响因素等。体检主要是排除其他可引起腹部疼痛的疾病如急性阑尾炎、异位妊娠、卵巢囊肿扭转、急性胆囊炎、胆石症、肾盂肾炎等。疼痛发作时常有肾区叩击痛。

2. 实验室检查

(1) 血液分析：应检测血钙、白蛋白、肌酐、尿酸等。代谢异常病人应做相关检查。

(2) 尿液分析：常能见到肉眼或镜下血尿；伴感染时有脓尿，感染性尿路结石病人应行尿液细菌培养；尿液分析还可测定尿液 pH、钙、磷、尿酸、草酸等；发现晶体尿及时行尿胱氨酸检查等。

(3) 结石成分分析：是确定结石性质的方法，也是制订结石预防措施和选用溶石疗法的重要依据。结石分析方法包括物理方法和化学方法两种。

3. 影像学检查

(1) 超声检查：能显示结石的高回声影及其后方的声影，亦能显示结石梗阻引起的肾积水及肾实质萎缩等，可发现尿路平片不能显示的小结石和 X 线透光结石。作为首选影像学检查，适合于所有病人，包括孕妇、儿童、肾功能不全和对造影剂过敏者。

(2) X 线检查：①尿路平片能发现 90% 以上的 X 线阳性结石。结石过小或钙化程度不高，纯尿酸结石及基质结石，则不显影。②静脉尿路造影可以评价结石所致的肾结构和功能改变，以及有无引起结石的尿路异常如先天性畸形等。③逆行或经皮肾穿刺造影属于有创检查，往往在其他方法不能确定结石的部位或结石以下尿路系统病情不明需要鉴别诊断时采用。④平扫 CT 能发现以上检查不能显示的或较小的输尿管中、下段结石。有助于鉴别不透光的结石、肿瘤、凝血块等，以及了解有无肾畸形。增强 CT 能够显示肾脏积水的程度和肾实质的厚度，从而反映了肾功能的改变情况。

(3) 磁共振水成像（MRU）：MR 不能显示尿路结石，因而不用于结石的检查。MRU 能够了解结石梗阻后肾输尿管积水的情况，而且不需要造影剂即可获得与静脉尿路造影相似的影像，不受肾功能改变的影响。因此，对于不适合做静脉尿路造影的病人（如造影剂过敏、严重肾功能损害、儿童和孕妇等）可考虑采用。

(4) 放射性核素肾显像：放射性核素检查不能直接显示泌尿系结石，主要用于确定各侧肾功能，评价治疗前肾功能情况和治疗后肾功能恢复状况。

(5) 内镜检查：包括经皮肾镜、输尿管硬、软镜和膀胱镜检查。通常在尿路平片未显示结石，静脉尿路造影有充盈缺损而不能确诊时，借助于内镜可以明确诊断和进行治疗。

（三）急诊治疗

尿石症发病复杂多变，结石的性质、形态、大小、部位不同，病人个体差异等因素，所以治疗方法的选择及疗效也大不相同，有的仅多饮水就自行排出结石，有的即使采用多种方法也未必能取尽结石。

1. 急诊处理 肾绞痛是常见急症，需紧急处理，在用药前注意与其他急腹症鉴别。以解痉止痛为主，常用的止痛药物包括：非甾体镇痛抗炎药物，如双氯芬酸、吲哚美辛及阿片类镇痛药如哌替啶、曲马多等，解痉药如 M 型胆碱受体阻断剂、钙通道阻滞剂、黄体酮等。

2. 病因治疗 少数病人能找到形成结石的病因，如甲状旁腺功能亢进（主要是甲状旁腺瘤），只有切除腺瘤才能防止尿路结石复发；尿路梗阻者，需要解除梗阻，可以避免结石复发。

3. 药物治疗 结石<0.6cm、表面光滑、结石以下尿路无梗阻时可采用药物排石治疗。纯尿酸结石及胱氨酸结石可采用药物溶石治疗，如尿酸结石用枸橼酸氢钾钠、碳酸氢钠碱化尿液，口服别嘌呤醇及饮食调节等方法治疗；胱氨酸结石治疗需碱化尿液，使 pH>7.8，摄入大量液体。α- 巯丙酰甘氨酸（α-MPG）和乙酰半胱氨酸有溶石作用。卡托普利（captopril）有预防胱氨酸结石形成的作用。感染性结石需控制感染，口服氯化铵酸化尿液，应用脲酶抑制剂，有控制结石长大作用；限制食物中磷酸的摄入，应用氢氧化铝凝胶限制肠道对磷酸的吸收有预防作用。在药物治疗过程中，还需增加液体摄入量，包括大量饮水，以增加尿量。中药和针灸对结石排出有促进作用，常用单味中药有金钱草或车前子等；常用针刺穴位是肾俞、膀胱俞、三阴交、阿是穴等。

4. 体外冲击波碎石（extracorporeal shock wave lithotripsy，ESWL） 通过X线或超声对结石进行定位，利用高能冲击波聚焦后作用于结石，使之裂解，直至粉碎成细砂，随尿液排出体外。

（1）适应证：适用于直径≤2cm的肾结石及输尿管上段结石。

（2）禁忌证：结石远端尿路梗阻、妊娠、出血性疾病、严重心脑血管病、主动脉或肾动脉瘤、尚未控制的泌尿系感染等。

（3）并发症：碎石后多数病人出现一过性肉眼血尿，一般不需要特殊处理。感染性结石或结石合并感染者，由于结石内细菌播散、碎石梗阻引起肾盂内高压、冲击波引起的肾组织损伤等因素，可发生尿源性脓毒症，往往病程进展快，可继发感染性休克甚至死亡。碎石排出过程中，由于结石碎片或颗粒排出可引起肾绞痛。如果碎石过多地积聚于输尿管与尿道内可引起所谓“石街”，病人出现腰痛或不适，有时可合并继发感染等。

5. 经皮肾镜碎石取石术（percutaneous nephrolithotomy，PCNL） 在超声或X线定位下，经腰背部细针穿刺直达肾盏或肾盂，扩张并建立皮肤至肾内的通道，在肾镜下取石或碎石。PCNL适用于所有需开放手术干预的肾结石，包括完全性和不完全性鹿角结石、≥2cm的肾结石、有症状的肾盏或憩室内结石、体外冲击波难以粉碎及治疗失败的结石，以及部分L_4以上较大的输尿管上段结石。

6. 输尿管镜取石术（ureteroscope lithotripsy，URL） 经尿道插入输尿管镜，在膀胱内找到输尿管口，在安全导丝引导下进入输尿管，直视下找到结石，用套石篮、取石钳将结石取出，若结石较大可采用超声、激光或气压弹道等方法碎石。适用于中、下段输尿管结石，泌尿系平片不显影结石，因肥胖、结石硬、停留时间长而用ESWL困难者，亦用于ESWL治疗所致的“石街”。

7. 腹腔镜输尿管取石（laparoscopic ureterolithotomy，LUL） 适用于输尿管结石>2cm，原来考虑开放手术或经ESWL、输尿管镜手术治疗失败者。

8. 开放手术治疗 开放手术的术式主要有以下几种：

（1）肾盂切开取石术：主要适用于肾盂输尿管处梗阻合并肾盂结石，可在取石的同时解除梗阻。

（2）肾实质切开取石术：适用于肾盏结石，尤其是肾盂切开不易取出或多发性肾盏结石。根据结石所在部位，沿肾前后段段间线切开或于肾后侧做放射状切口取石。

（3）肾部分切除术：适用于结石在肾一极或结石所在肾盏有明显扩张、实质萎缩和有明显复发因素者。

（4）肾切除术：因结石导致肾结构严重破坏，功能丧失，或合并肾积脓，而对侧肾功能良好，可将患肾切除。

（5）输尿管切开取石术：适用于嵌顿较久或其他的方法治疗无效的结石。手术径路需根据结石部位选定。

（四）预防

尿路结石形成的影响因素很多，其发病率和复发率高，肾结石治疗后在5年内约1/3病人会复发。因而采用合适的预防措施有重要意义。

1. 大量饮水 以增加尿量，稀释尿中形成结石物质的浓度，减少晶体沉积。亦有利于结石排出。除日间多饮水外，每夜加饮水1次，保持夜间尿液呈稀释状态，可以减少晶体形成。成人24小时尿量在2000ml以上，这对任何类型的结石都是一项很重要的预防措施。

2. 调节饮食 维持膳食营养的综合平衡，强调避免其中某一种营养成分的过度摄入。根据结石成分、代谢状态等调节食谱构成。推荐吸收性高钙尿症病人摄入低钙饮食。草酸盐结石的病人应限制浓茶、菠菜、番茄、芦笋、花生等摄入。高尿酸的病人应避免高嘌呤食物如动物内脏。经常检查尿pH，预防尿酸和胱氨酸结石时尿pH保持在6.5以上。

笔记

3. 特殊性预防 在进行了完整的代谢状态检查后可采用以下预防方法：①草酸盐结石病人可口服维生素 B_6，以减少草酸盐排出；口服氧化镁可增加尿中草酸溶解度。②尿酸结石病人可口服别嘌醇和碳酸氢钠，以抑制结石形成。③伴甲状旁腺功能亢进者，必须切除腺瘤或增生。④有尿路梗阻、尿路异物、尿路感染或长期卧床等，应及时去除这些结石诱因。

（路晓光）

思考题

1. 颅内病变所致头痛的常见病因有哪些？
2. 颅内压升高临床表现是什么？如何救治？
3. 高血压危象分为哪两项，其降压原则是什么？
4. 急性冠脉综合征的概念及其临床基本特点是什么？
5. 急性ST段抬高心肌梗死的治疗原则和方法有哪些？
6. 主动脉夹层与急性冠脉综合征临床的鉴别要点有哪些？
7. 根据常见病因及病变性质不同可将急性腹痛分为哪几类？其各自的临床基本特点是什么？
8. 急性腹痛病人剖腹探查指征是什么？
9. 试述胃十二指肠溃疡急性穿孔的临床特点及急诊处置措施。
10. 简述重症急性胰腺炎的急诊处置。

第七章　出　血

出血（bleeding）是某种病变或损伤导致局部血管破裂，或血液系统原发或继发性病变导致凝血、抗凝或纤溶系统功能障碍。按出血程度不同，可表现为皮肤出血、黏膜出血或器官出血，大出血导致失血性休克，重要器官出血可快速导致死亡。

第一节　咯　　血

一、概述

咯血（hemoptysis）是指喉腔、气管、支气管和肺组织出血，由咳嗽动作经口排出。病人常有喉部痒感，血呈弱碱性，色鲜红，泡沫状，多混有痰液，咯血后数天内仍可咳出血痰。临床根据咯血量分为：≤100ml/24h 为少量咯血；≥500ml/24h 或一次咯血量≥200ml 为大量咯血。大量咯血可引起肺泡淹溺和（或）气道阻塞，因窒息、低氧血症而致死亡。

（一）病因与分类

咯血量因病因及其发病机制不同而异，但与病变的严重程度并不完全一致。少量咯血多由于剧烈咳嗽或炎症导致气管支气管毛细血管破裂所致，而大出血多由于支气管动脉破裂引起，虽支气管动脉管径较细，但由于其直接由胸主动脉发出，压力较高，多引起大咯血。大咯血以内科疾病如肺结核、支气管扩张、肺癌和肺炎多见，约占大咯血的 90%，其中感染或恶性肿瘤占 70%。咯血的病因与分类见表 7-1。

表 7-1　咯血病因与分类

出血部位	疾病
咽部和喉部	淋巴瘤、癌症、结核性溃疡
气管和大支气管	良性或恶性原发性肿瘤、毛细血管扩张、主动脉侵蚀、支气管囊肿、干酪钙化淋巴结侵蚀、食管和其他纵隔结构肿瘤侵蚀、重症急性支气管炎、外伤
较小支气管结构	癌症、腺瘤、急性支气管炎、支气管扩张症、支气管肺隔离、慢性支气管炎、外伤
肺实质	原发或转移瘤、肺梗死、肺脓肿、活动性肉芽肿病、陈旧空洞内真菌球、急性肺炎、特发性含铁血黄素沉着症、肾炎肺出血（Goodpasture 综合征）、外伤
心血管	左心衰竭、二尖瓣狭窄、肺栓塞、原发性肺动脉高压、肺动静脉畸形、心房黏液瘤、纤维性纵隔炎伴肺静脉阻塞、主动脉瘤瘘破入肺实质
出凝血障碍	血小板减少；肝素治疗；弥散性血管内凝血；维生素 K 依赖因子缺乏；凝血酶原（Ⅱ因子）、Stuart 因子（Ⅹ因子）、Ⅶ因子、Christmas 因子（Ⅸ因子）；纤维蛋白溶解治疗；尿激酶、链激酶；各种先天性凝血缺陷等
全身性疾病	急性传染病：流行性出血热、钩端螺旋体病（肺出血型），结缔组织病、白血病等

（二）临床特点

多数起病较急，病人初次咯出鲜血，多伴有精神高度紧张，恐惧感。多数病人咯血量为小至中等量，少数由于病变侵犯较大静脉或动脉可发生大咯血，甚至引起气道阻塞导致窒息。常见咯血的病因与临床特点见表 7-2。

表 7-2 常见咯血的病因与临床特点

病因	病史	体检
气管、肺部感染	有发热，咳嗽，咳痰，流行病学及接触史	肺部啰音或实变体征
心血管病	有心瓣膜病或高血压病史、肺动脉高压、肺水肿	心脏杂音、颈静脉扩张、肺部啰音、心衰表现
肺栓塞	起病急、胸痛、创伤或手术、深静脉炎病史	心动过速、发绀、胸腔积液、静脉炎等
肺癌	注意年龄、吸烟史、呼吸道症状	肺部及转移征象
出血性疾病	贫血、血液病、血小板异常史	面色苍白、出血倾向

（三）辅助检查

1. 影像学检查 胸部 X 线可初步判断胸部病变的性质及出血部位；胸部 CT，尤其是高分辨 CT 可显示次级肺小叶为基本单位的细微结构，可明确病变性质及范围，基本上已代替原有的支气管造影，高分辨 CT 及核素扫描可明确心肺血管病变及占位性病变。支气管动脉造影仅作为介入治疗前对出血部位的精确定位。

2. 纤维支气管镜检查 可发现部分病人的出血部位，同时可行局部灌洗，留取样本行病原学和细胞学检查。

3. 痰液的细菌、真菌和细胞学检查 有助于诊断与治疗。

4. 血常规、出凝血功能检查 对出血性疾病的诊断有帮助。

5. 动脉血气分析 有助于判断病情危重病人的肺功能状态。

（四）鉴别诊断

1. 支气管扩张 主要表现为慢性咳嗽，咳大量脓性痰和反复咯血。部分病人以反复咯血为唯一症状，临床上称为“干性支气管扩张”。也有表现为反复肺部感染，同肺段反复发生肺炎并迁延不愈。

2. 肺结核 可有午后热、乏力、盗汗等结核中毒症状。痰液检查可发现结核分枝杆菌。胸部 X 线检查可发现结核病灶。

3. 肺癌 早期可无特殊症状，近期发现痰中带血，并反复出现，影像学检查可见占位性病变或阻塞性肺不张。中晚期可出现咳嗽、咳痰、气促、消瘦等症状。痰液细胞学检查或肺活检病理学检查可确诊。

4. 先天性肺囊肿 表现为反复咳嗽、咳痰、咯血及肺部感染，影像学检查可见多个边界纤细的圆形或椭圆形阴影，壁较薄。

5. 肺脓肿 急性起病，多有劳累、受凉等病史。高热伴有不同程度的咯血。发病两周左右突然咳出大量脓痰及坏死组织，痰咳出后，体温下降。查体可发现局部湿啰音，偶可闻及空瓮音，可见杵状指（趾）。胸部 X 线或 CT 像，痰液细菌培养多能明确诊断。

6. 风心病二尖瓣狭窄 有风湿性心脏病史。可在感冒、活动后出现呼吸困难，严重时不能平卧，常出现急性左心功能不全表现，咳出大量粉红色泡沫样痰。小量咯血多见，偶见大量咯血。查体可见“二尖瓣面容”，心尖部听诊可闻及第一心音亢进、开瓣音、舒张中晚期隆隆样杂音。超声心动图检查可明确诊断。

7. 急性肺栓塞 有长期卧床、骨折、大手术、下肢静脉炎、下肢静脉血栓或心房纤颤等病史。突然出现胸痛、胸闷，甚至晕厥，以小到中等量咯血多见。查体可见呼吸加快，血压下降。监测氧分压降低，D- 二聚体升高、肺动脉 CTA 可明确诊断。

8. 咯血与呕血的鉴别 见表 7-3。

表 7-3 咯血与呕血的鉴别

	咯血	呕血
原发病	原有各种呼吸道疾病（肺结核、支气管扩张症等）	原有各种消化道疾病（胃溃疡、食管静脉曲张等）
前驱症状	胸闷，喉痒，咳嗽等	上腹部不适，恶心，呕吐等
血液性状	色鲜红，泡沫状，伴痰液，呈碱性	色暗红，咖啡色，凝块状，伴食物残渣，呈酸性
演变	大咯血后常持续血痰数天，咽入较多咯血时，可有小量黑便	呕血停止后数天仍有黑便

（五）急诊处理

大咯血抢救的重点为迅速有效止血，保持呼吸道通畅，防止窒息，对症治疗，控制病因及防治并发症，并针对基础病因采取相应的治疗。

1. 窒息紧急处理 咯血窒息是导致病人死亡的主要原因，应及早识别和抢救。重点是开放气道，保持呼吸道通畅和纠正缺氧。如自主呼吸极弱或消失，立即行气管插管或机械通气。呼吸、心脏骤停即行心肺复苏。

2. 急诊处理

（1）绝对卧床：使身体与床呈 40°～90°。大出血时患侧卧位，保持健侧肺及气道通畅，维持氧供。

（2）高流量吸氧：用鼻导管 3～6L/min。

（3）镇静：病人常有恐惧、精神紧张，对无严重呼吸功能障碍者可适当给予镇静剂，口服或肌内注射地西泮，2～3 次 / 日。严重者可用苯巴比妥口服或肌内注射，0.1 克 / 次，必要时可重复。

（4）镇咳：原则上不用镇咳剂，但剧咳可能诱发再次出血，必要时可口服镇咳剂，如喷托维林或盐酸可待因。年老体弱、呼吸功能不全者慎用镇咳药，禁用抑制咳嗽反射和呼吸中枢的麻醉药物。

（5）输血：持续大咯血出现循环容量不足者，应及时输血和补充血容量。

3. 止血 除采用药物止血外，须针对不同病因采取相应的彻底止血措施。

（1）药物止血

1）垂体后叶素：使肺循环压力降低而迅速止血。用法：①大咯血时以垂体后叶素 6～12U 加入 25% 葡萄糖液 20～40ml 缓慢静脉注射（10～15 分钟内）；②持续咯血者可以垂体后叶素 12～24U 加入 5% 葡萄糖液 500ml，缓慢静脉滴注。高血压、冠状动脉疾病、肺源性心脏病、心力衰竭者和孕妇应慎用。

2）普鲁卡因：用于对垂体后叶素有禁忌者。用法：①普鲁卡因 150～300mg 加入 5% 葡萄糖液 500ml 缓慢静脉滴注；②普鲁卡因 50mg 加入 25% 葡萄糖液 40ml，缓慢静脉注射；③用药前应作皮试，防止发生过敏反应。

3）酚妥拉明：为 α- 肾上腺素能受体阻滞剂，能有效扩张血管平滑肌，降低肺循环阻力及心房压、肺毛细血管楔压和左心室充盈压，有较好的止血作用。酚妥拉明 10～20mg 加入 5% 葡萄糖液 250～500ml 中持续静脉滴注。使用时监测血压并保持足够的血容量。

4）纠正凝血障碍药物：常用药物：①氨基己酸，6.0g 加入 5% 葡萄糖液 250ml 静脉滴注；②氨甲苯酸，100～200mg 加入 25% 葡萄糖液 40ml 静脉滴注，或 200mg 加入 5% 葡萄糖液 500ml 静脉滴注；③氨甲环酸，250mg 加入 25% 葡萄糖液 40ml 静脉注射，750mg 加入 5% 葡萄糖液 500ml 静脉滴注。

5）其他止血药物：①卡巴克洛，对毛细血管通透性有较大的抑制作用，并能增加毛细血管抵抗力和加速管壁回缩；②酚磺乙胺，有收缩肺毛细血管、增加毛细血管抵抗力和加速管壁回缩及轻微的促血小板聚集作用；③血凝酶，对纤维蛋白原的降解有选择性作用，在出血部位生理性凝血因子的作用下，纤维蛋白多聚体迅速形成稳固的纤维蛋白，在出血部位发挥凝血作用。

此外，阿托品，中药如白连粉、三七粉、云南白药等，鱼精蛋白注射液，维生素 C，凝血酶原复合物等，根据病情均可酌情使用。

笔记

（2）非药物止血

1）局部止血治疗：适用于大咯血并发窒息和严重反复咯血，病情严重，肺功能较差，不适合手术治疗者。放置气管插管或使用支气管镜时应边插管边吸血，至出血部位后，将聚乙烯导管由活检孔插入至病变部位，注入低温生理盐水（4℃）50ml，留置 30～60 秒后吸出，重复数次，通过冷刺激使血管收缩达到止血目的，或者注入凝血酶 200～400U，或去甲肾上腺素液 1～2mg 局部使用。

2）支气管动脉栓塞：经股动脉放置导管，在 X 线透视下，将导管插到对病变区域供血的支气管动脉内，注入明胶海绵碎粒或聚乙烯醇微粒，栓塞支气管动脉，达到止血目的。

3）手术止血：对于出血部位明确而无手术禁忌者，经多种方法止血无效时，用急诊手术止血可挽救生命。手术指征包括：①肺部病变引起的致命大咯血；②可能引起气道阻塞和窒息。

二、支气管扩张

支气管扩张（bronchiectasis）是咯血的常见病因之一。典型临床表现为慢性咳嗽伴大量脓痰和（或）反复咯血。主要病因是支气管 - 肺组织感染和支气管阻塞，少见原因为先天发育障碍和遗传因素，但有 30% 病因未明。支气管扩张常见病因见表 7-4。

表 7-4 支气管扩张常见病因

病因分类	常见病因或相关因素
支气管 - 肺组织感染	婴幼儿期支气管 - 肺组织感染、支气管内膜结核、肺结核、反复继发感染
支气管阻塞	肿瘤、异物、感染、中叶综合征
支气管先天性发育障碍	巨大气管 - 支气管症、Kartagener 综合征、先天性软骨缺失症、支气管肺隔离症
遗传因素	肺囊性纤维化、遗传性 α_1- 抗胰蛋白酶缺乏症、先天性免疫缺乏症
全身性疾病	类风湿性关节炎、克罗恩病、溃疡性结肠炎、系统性红斑狼疮、人免疫缺陷病毒感染、黄甲综合征
其他	心肺移植术后、先天性丙种球蛋白缺乏症、低球蛋白血症、机体免疫功能失调

（一）临床特点

1. 病史 病人幼年可有麻疹、百日咳、支气管肺炎、肺结核等病史，以后常有反复发作的呼吸道感染。

2. 症状 主要是慢性咳嗽伴大量脓性痰、反复咯血，肺部同一部位反复感染。大量脓痰与体位改变有关，如晨起或入夜卧床时咳嗽、痰量增多。呼吸道感染急性发作时，每日可咳数百毫升黄绿色脓痰。多数病人有程度不等的反复咯血，从痰中带血至大量咯血，咯血量与病情严重程度、病变范围有时不一致。反复发生感染可出现发热、胸痛、乏力、食欲减退、消瘦、贫血等。慢性重症支气管扩张肺功能严重障碍时，可有活动性气促、发绀。

3. 体征 早期或干性支气管扩张可无异常肺部体征。病变重或继发感染时常可闻及下胸部、背部固定而持久的局限性粗湿啰音，有时可闻及哮鸣音。结核引起的支气管扩张多见于肩胛间区，咳嗽时可闻及干湿啰音。部分慢性病人伴有杵状指（趾）、肺气肿征。

4. 实验室和辅助检查

（1）痰液：痰液收集于玻璃瓶中静置后分 4 层，上层为泡沫，下层为脓性成分，中为混浊黏液，底层为坏死组织沉淀物。痰细菌学培养：常为铜绿假单胞菌、金黄色葡萄球菌、流感嗜血杆菌、肺炎链球菌、卡他莫拉菌等。

（2）胸部 X 线检查：轻症病人常无特殊发现，或仅有一侧或双侧下肺纹理局部增多、增粗、排列紊乱现象。支气管柱状扩张典型的 X 线表现是轨道征，系增厚的支气管壁影；囊状扩张特征性改变为卷发样阴影，表现为粗乱肺纹理中有多个不规则的蜂窝状透亮阴影，感染时阴影内出现液平面。

（3）CT 扫描：显示管壁增厚的柱状扩张或成串成簇的囊状改变，并能显示次级肺小叶为基本单位的肺内细微结构，目前已基本取代支气管造影。

(4) 纤维支气管镜：可发现部分病人的出血部位或阻塞原因。可取灌洗液作细菌学和细胞学检查。

(5) DSA：可对支气管动脉和周围血管进行选择性血管造影，有指征时可进行动脉栓塞介入止血。

（二）生命指征评估

1. 评估感染症状与体征，观察体温变化。

2. 评估咯血量。

3. 评估意识、窒息先兆症状。

4. 观察止血措施的效果和副作用。

（三）急诊处理

1. 咯血急救

(1) 药物止血：可用垂体后叶素、抗纤溶药物等。

(2) 防治窒息。

(3) 介入性治疗：可用于药物不能控制、无手术指征的急性大咯血，如：①经纤维支气管镜局部止血；② DSA 支气管动脉栓塞止血。

2. 控制感染 选用有效的抗生素是急性感染期的主要治疗措施。

3. 保持引流通畅 以祛痰药稀释脓痰、支气管舒张药促进排痰、体位引流清除痰液。祛痰药可选用溴己新、氨溴索等。支气管舒张药可选用 β_2 受体激动剂或异丙托溴铵喷雾吸入，或氨茶碱口服。如体位引流痰液仍难排出，可经纤维支气管镜吸痰，以及用生理盐水冲洗稀释痰液。

4. 手术治疗 适用于反复呼吸道急性感染或大咯血，病变范围局限在一叶或一侧肺组织，经药物治疗不易控制，无严重心、肺功能损害者。可根据病变范围作肺段或肺叶切除术，术前应明确出血部位。

三、肺结核

肺结核（pulmonary tuberculosis）是结核分枝杆菌感染后发生以炎症为主的变质、渗出和增生为特征的一种疾病。大咯血窒息是肺结核致死的原因之一。

（一）临床特点

1. 呼吸症状 咳嗽、干咳或咳少量痰，出现空洞或伴有感染时痰液量增多，痰中带血或大咯血。胸痛常为一侧，随呼吸或咳嗽加重。呼吸困难见于大量胸腔积液或干酪性肺炎。

2. 全身中毒症状 发热，常见午后低热，亦可见中、高热，可伴盗汗、乏力、食欲降低、体重减轻、月经失调等。

3. 体征 与病变的性质和范围有关。大量胸腔积液可有气管移位，叩诊浊音，听诊呼吸音消失，语音共振减弱或消失。干酪性肺炎除有肺实变体征外，还可能听到细小湿啰音。出现较大空洞可听到支气管呼吸音。

（二）诊断与鉴别诊断

1. 病史和体征 明确接触史，结核中毒症状，抗结核药物治疗史对诊断有参考意义。

2. 实验室及辅助检查

(1) 病原学检查：结核杆菌与其相关指标的鉴定，包括常规细菌学、免疫学和分子生物学检查。

1) 细菌学检查：①涂片染色：标本来源可以是痰液、支气管肺泡灌洗液等；②痰菌培养；③肺及支气管活检标本。

2) 血清免疫学检测：由于结核杆菌的抗原性和特异性差，结果差异较大，肺结核病人阳性率约为 60%。

3) 结核菌素纯蛋白衍生物试验（purified protein derivative，PPD）：PPD 阳性可表明结核分枝杆菌感染，但不能区分是自然感染还是卡介苗的免疫反应。

4）T-SPOT 试验：作为一种新的酶联免疫斑点技术出现，为结核病的诊断提供了新的方法，诊断结核具有操作简单、周期短、敏感性和特异性高等优点，数小时即可得到结果，因此建议在急诊科和重症监护病房应用这一诊断技术。

5）结核分枝杆菌及耐药基因快速检测（TB-Gene Xpert）：作为结核病新的确诊方法，2015 年世界卫生组织更新建议如下：①应该作为所有成人和儿童疑似结核病病人的最初诊断测试；②应该作为成人和儿童疑似多重耐药（MDR-TB）和 HIV/TB 双重感染的最初诊断测试；③可以用作成人疑似结核病但不存在 MDR-TB 和 HIV/TB 双重感染病人的后续测试，尤其适用于痰涂片阴性病人的进一步测试；④应该作为疑似结核性脑膜炎（脑脊液标本）病人的最初诊断测试；⑤可能替代常规检测方法，用于检测特定的非呼吸道标本（淋巴结和其他组织）的肺外结核病疑似病例（有条件的推荐）。

（2）胸部影像学：肺结核的胸部 X 线表现复杂。局限病变以肺上叶尖后段、肺下叶背段、后基底段多见；X 线影像可呈多形态表现，如同时呈现渗出、增殖、纤维化和干酪性病变，钙化灶或空洞形成；可伴胸腔积液、胸膜增厚与粘连；呈球形病灶时直径多在 3mm 以内，周围可有卫星灶。胸部 CT 扫描可补充 X 线检查的不足。

（3）纤维支气管镜：主要用于支气管结核与淋巴 - 支气管瘘的诊断，同时可以取病变组织活检，毛刷涂片镜检，或取气管分泌物或灌洗液涂片检菌。

3. 诊断 有病史、典型胸部 X 线表现、痰结核分枝杆菌涂片阳性或痰培养结核杆菌阳性，为传染性肺结核活动期。结合典型的临床症状和影像学表现以及气管或肺部组织病理、PPD、T-SPOT、TB 诊断结果和结核分枝杆菌及耐药基因快速检测（TB-Gene Xpert）抗结核治疗有效也有助于诊断。

4. 鉴别诊断 ①发热疾病，如伤寒、脓毒症、自身免疫性疾病、白血病等；②肺炎、支气管扩张、肺脓肿、肺癌等。

（三）急诊处理

肺结核本身无需急诊处理，咯血是其重要的并发症，可造成窒息死亡，需急诊处置。

1. 急救处置 见本章概述。

2. 抗结核治疗原则 肺结核治疗的基本原则是早期、联合、适量、规律、全程，目的是杀灭结核分枝杆菌，防止耐药菌产生，消除传染性，降低咯血等严重并发症的发生。药物治疗全程分为两个阶段。前一阶段称强化治疗期，开始采用多种杀菌药物连续使用至痰菌阴转、症状好转，疗程约为 2～3 个月；后一阶段为继续治疗期，在强化期结束后改为 2 种或 3 种药物连续或间歇使用，直至临床治愈。

四、肺癌

原发性支气管肺癌（primary bronchogenic carcinoma）简称肺癌（lung cancer），是最常见的肺部原发性恶性肿瘤，也是咯血的常见病因之一。

（一）病理类型

肺癌的分布为右肺多于左肺，下叶多于上叶。发生于主支气管、肺叶支气管、肺段支气管肺癌的称为中央型肺癌，发生于肺段支气管以下的称为周围型肺癌。肺癌的组织病理类型有：①非小细胞肺癌，包括鳞状上皮细胞癌（鳞癌）、腺癌、未分化大细胞癌、类癌等；②小细胞肺癌。

（二）临床表现

其临床表现与肺癌的部位、大小、类型、发展阶段、有无并发症或转移有密切关系。主要症状为：①原发肿瘤所致：咳嗽、咯血、喘憋、胸闷、消瘦、发热、体重下降等；②侵犯或压迫周围组织所致：胸痛、呼吸困难、吞咽困难、声音嘶哑、胸腔积液、Horner 综合征等；③肺外转移或肺外表现。肺癌病人近半数可发生咯血，多数为间断血痰或痰中带血，如侵蚀大的血管，可导致大咯血。

（三）辅助诊断方法

主要有胸部 X 线、CT 扫描、MRI、痰脱落细胞、纤维支气管镜等检查。

（四）治疗原则

1. 肿瘤治疗　根据病人的机体状况、肺癌病理类型、侵犯的范围和发展趋势，积极、合理地选择手术、化疗、放疗等。

2. 对症治疗　处理要点是控制咯血、防止窒息、改善呼吸困难、镇咳、止痛等。经支气管动脉造影和纤维支气管镜的介入治疗，可用于控制肿瘤发展、缓解症状和大咯血止血。肺癌大咯血的急诊诊疗流程见图 7-1。

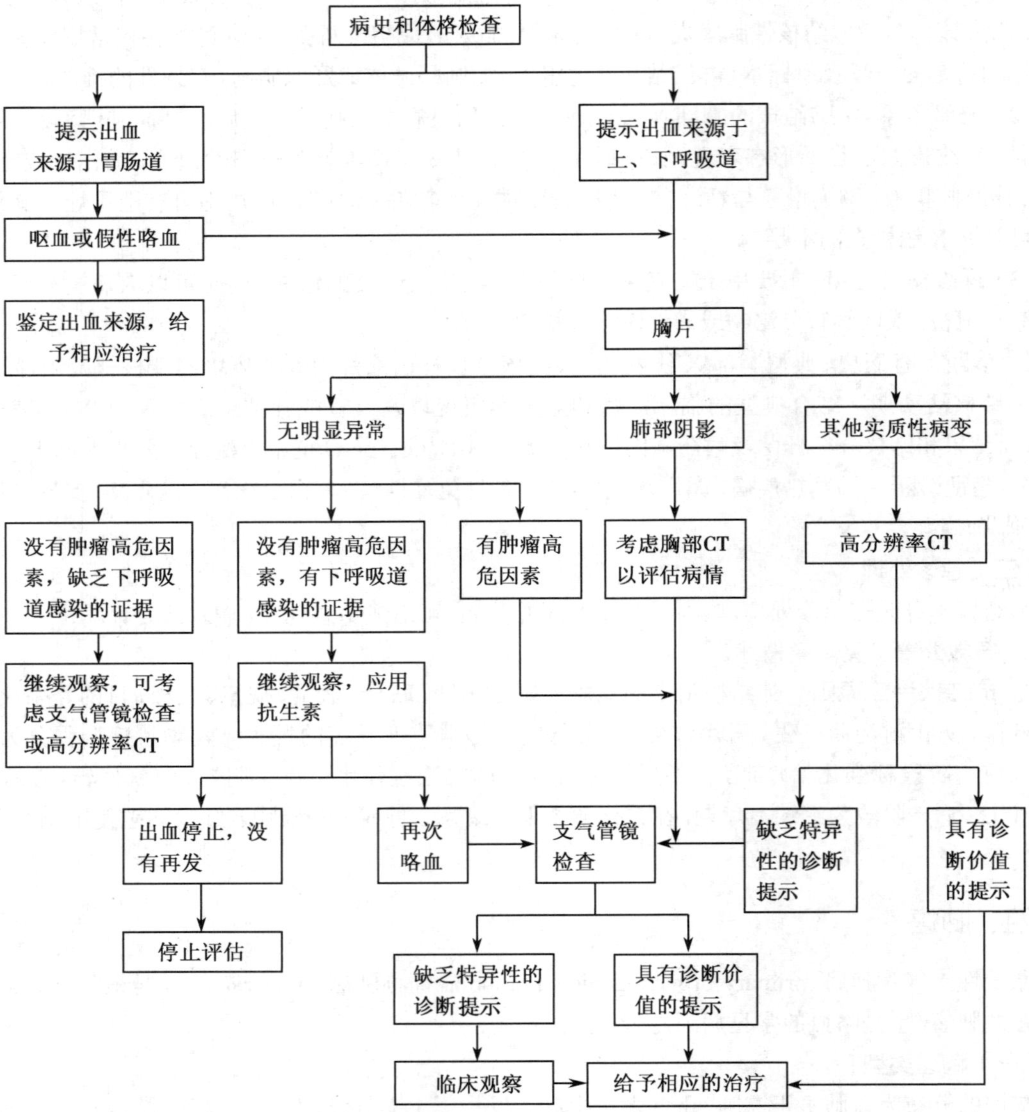

图 7-1　肺癌大咯血的急诊诊疗流程

第二节　消化道出血

一、概述

消化道出血（gastrointestinal hemorrhage）常表现为呕血（hematemesis）和便血（hematochezia）。消化道急性大出血常伴血容量减少引起的急性周围循环障碍，出血量超过 1000ml 或血容量减少 20% 以上，可危及生命。

消化道以屈氏韧带为界分为上、下消化道，根据出血的部位分为上消化道出血和下消化道出血。

上消化道出血一般包括来自食管、胃、十二指肠的出血以及来自胰腺、胆道的出血，胃空肠吻合术后的空肠出血也包括在内；下消化道出血是指包括空肠、回肠、结肠、直肠病变引起的出血。上消化道出血相对下消化道出血更为多见。消化道出血可以发生在任何年龄，但以40～70岁为多，因消化道出血而死亡的多大于60岁。上消化道出血男性多于女性（约为2∶1），而下消化道出血女性更常见。

上消化道疾病及全身性疾病均可引起上消化道出血，见表7-5。最常见的病因是消化性溃疡、食管胃静脉曲张、急性胃黏膜病变和胃癌。上消化道非静脉曲张性疾病引起的出血，统称为急性非静脉曲张性上消化道出血（acute nonvariceal upper gastrointestinal bleeding，ANVUGIB）。食管胃底静脉曲张出血（esophageal and gastric variceal bleeding，EGVB）约有40%～50%的病人将发生破裂出血，而1/3的食管胃静脉曲张病人的上消化道出血可能来自门静脉高压性胃黏膜病变，肝硬化并发上消化道溃疡出血或其他原因。

表7-5　上消化道出血病因分类

病理分类	常见病因或诱因
溃疡	消化性溃疡、胃泌素瘤
急性胃黏膜病变	非甾体抗炎药、肾上腺皮质激素、酗酒、机体应激状态
食管胃静脉曲张	肝硬化（门静脉高压）
肿瘤	胃癌、食管癌、胃息肉、胃淋巴瘤、胃平滑肌肿瘤、神经纤维瘤、壶腹周围癌
炎症	胃、食管、十二指肠炎、憩室炎、胃空肠吻合术后吻合口或空肠溃疡
损伤	异物、器械检查、放射性损伤、化学损伤、创伤
血管异常	胃血管瘤、动静脉畸形、胃黏膜下恒径动脉破裂
邻近器官或组织疾病	胆道出血、胰腺疾病、主动脉瘤、纵隔肿瘤
全身性疾病	出血性疾病、过敏性紫癜、白血病、风湿性疾病、尿毒症
其他	食管贲门黏膜撕裂综合征、胃黏膜脱垂症、胃扭转、膈裂孔疝、钩虫病

下消化道出血常为各种下消化道疾病的最常见症状，也可能是全身性疾病在下消化道的表现之一。临床上最常见的病因是大肠癌、肠道息肉、炎症性病变、血管病变和憩室，其中小肠出血比大肠出血少见，且诊断较为困难。

二、临床特点

（一）呕血与便血

上消化道急性大量出血多数表现为呕血，多呈咖啡样胃内容物，如出血速度快、出血量大，则为暗红色，甚至鲜红色，可有血凝块。上消化道出血后均有黑便，即柏油样便。当出血量大，在肠道停留时间短，可呈暗红色血便。

下消化道出血以血便为主，血便的色泽、性状取决于出血部位、出血量、出血速度以及在肠道内停留的时间。高位下消化道出血在肠内停留过久，亦可呈柏油样黑便。左半结肠及直肠出血，为鲜红色血便。

（二）周围循环衰竭

消化道急性大出血可致循环血容量迅速减少而导致周围循环衰竭，表现为头晕、乏力、心悸、恶心、晕厥、肢体冷、面色苍白、脉速、血压降低；出现休克时，伴有烦躁不安、精神萎靡、四肢湿冷、呼吸急促、意识障碍、少尿或无尿。少数病人已出现周围循环衰竭，但无明显出血表现时，应考虑消化道大出血。

（三）贫血

大量出血后均有失血性贫血，贫血出现的速度和程度主要取决于失血的程度。在出血的早期因有周围血管收缩与红细胞重新分布等生理调节，外周血血红蛋白浓度、红细胞计数与血细胞比容可无明显变化。慢性消化道出血可能仅表现为贫血，可出现头晕、乏力、活动后气促、心悸等。

（四）发热

多数病人在24小时内出现低热，可持续数日。发热的原因可能与血容量减少、贫血、周围循环衰竭、血液或分解蛋白吸收等因素导致体温调节中枢功能障碍有关，但应注意并发吸入性肺炎。

（五）氮质血症

消化道出血后，大量血液蛋白质的消化产物在肠道被吸收，使血尿素氮升高（肠源性氮质血症）。失血使肾血流量暂时性减少，导致氮质潴留（肾前性氮质血症）。一般在纠正低血压、休克后，血尿素氮可迅速降至正常。但严重休克可造成急性肾衰竭。

（六）实验室及特殊检查

1. 实验室检查

（1）隐血试验：大便或呕吐物隐血试验强阳性是诊断消化道出血的重要依据。

（2）血常规：急性出血病人血红蛋白会有不同程度下降，多为正细胞正色素性贫血，血细胞比容降低。但急性出血因早期血液浓缩，血红蛋白及血细胞比容可正常，补液扩容治疗后会明显下降。失血刺激造血系统，外周血网织红细胞增多，可暂时出现大细胞性贫血。慢性失血性贫血多呈小细胞低色素性，为缺铁性贫血。

（3）血尿素氮：一般在出血数小时后血尿素氮开始上升，约24～48小时达高峰，大多不超出14.3mmol/L，3～4日后降至正常。

（4）其他：根据原发病及并发症的不同，可伴有血常规、凝血功能、肝功能或肾功能的变化。

2. 特殊检查

（1）内镜：急诊内镜检查即在出血后24～48小时内作胃镜检查，可提高出血病因诊断的准确性，一般在生命体征平稳时进行。如果心率>120次/分，收缩压<90mmHg或较基础收缩压降低>30mmHg、血红蛋白<50g/L等，应先纠正循环衰竭，并使血红蛋白上升至70g/L。

结肠镜是诊断大肠及回肠末端病变的首选检查方法，可发现活动性出血，并可取活检进行病理检查判断病变性质。可视胶囊内镜（VCE）和双气囊小肠镜（DBE）检查具有一定的互补性，双气囊小肠镜主要用于对小肠病因的诊断。

（2）X线检查：腹部平片对乙状结肠扭转、肠梗阻、肠穿孔有诊断意义。X线钡剂检查仅适用于慢性出血或出血已停止、病情已稳定的病例的检查，对怀疑病变在十二指肠降段以下小肠段，可能有一定的诊断意义。X线钡灌肠检查可发现结肠息肉及结肠癌，应用气钡双重造影可提高检出率。插管小肠钡灌肠气钡造影对发现小肠病变有一定的价值。食管吞钡检查可发现静脉曲张。应注意X线检查发现的病灶不一定就是出血的来源。

（3）选择性血管造影：适用于紧急内镜检查未能确诊的活动性出血。可用于确定消化道出血的部位（特别是小肠出血）和病因诊断以及介入治疗。一般每分钟至少要有0.5ml含有显影剂的血量自血管裂口溢出，才能显示出血部位。但在出血量小或出血间歇期，仍可能发现血管畸形、血管瘤和多血管性肿瘤等病变。数字减影血管造影（DSA）技术的开展，对消化道出血具有诊断和超选择性血管介入治疗的双重价值。

（4）放射性核素显像：放射性核素 ^{99m}Tc（锝）标记自身红细胞后扫描测定放射性核素从血管内溢到肠腔的情况，常用于下消化道出血的初筛定位，有助于上、下消化道出血的鉴别。

三、出血征象和生命指征评估

（一）失血量评估

成人每日消化道出血量在5～10ml时大便隐血试验即可呈阳性，出血量在50～100ml以上可出现黑便，胃内积血量在250～300ml可引起呕血，出血量达1000ml可出现暗红色血便。临床上常根据血容量减少导致周围循环的改变如伴随症状、脉搏和血压、化验检查等综合指标来判断出血量。但血细胞比容常需在24～72小时后才能真实反映出血程度。出血停止后黑便仍可持续数日，不能仅根据排出黑便来判断是否有活动出血。

（二）活动性出血的判断

有以下征象提示有活动性出血：①呕血或黑便次数增多；②经快速补液输血，周围循环衰竭的表现未见明显改善，或虽暂时好转而又恶化；③红细胞计数、血红蛋白与血细胞比容继续下降，网织红细胞计数持续增高；④补液量充足有尿的情况下，血尿素氮持续或再次增高；⑤胃管抽出较多新鲜血；⑥内镜检查见病灶有喷血、渗血或出血征象。

（三）病情程度和预后评估

1. 病情程度分级 根据年龄、有无伴发病、失血量等指标，急性上消化道出血可分为轻、中、重度，见表 7-6。

表 7-6 急性上消化道出血病情分级

分级	年龄（岁）	伴发病	失血量（ml）	血压（mmHg）	脉搏（次/分）	血红蛋白（g/L）	症状
轻度	<60	无	<500	基本正常	正常	无变化	头晕
中度	<60	无	500～1000	下降	>100	70～100	晕厥、口渴、少尿
重度	>60	有	>1500	收缩压<80	>120	<70	肢冷、少尿、意识障碍

2. Rockall 评分系统分级 根据 Rockall 再出血和死亡危险性评分系统将急性上消化道出血分为高危、中危或低危人群，积分≥5 分者为高危，3～4 分为中危，0～2 分为低危，见表 7-7。

表 7-7 急性上消化道出血的 Rockall 再出血和死亡危险性评分系统

变量	评分			
	0	1	2	3
年龄（岁）	<60	60～79	≥80A	
休克	无休克 *	心动过速△	低血压▲	
伴发病	无		心力衰竭、缺血性心脏病和其他重要伴发病	肝衰竭、肾衰竭和癌肿播散
内镜检查	无病变，食管贲门黏膜撕裂综合征	溃疡等其他病变	上消化道恶性疾病	
内镜下出血征象	无或有黑斑		上消化道血液潴留，黏附血凝块，血管显露或喷血	

注：* 收缩压>100mmHg，心率<100 次/分；△收缩压>100mmHg，心率>100 次/分；▲收缩压<100mmHg，心率>100 次/分

四、诊断与鉴别诊断

（一）咯血

呕血前常有恶心，呕血，常混有胃内容物，呈酸性，色泽可呈咖啡色、暗红色，呕血后数日内有黑便，无血痰。咯血前常有咽喉发痒感，咯血呈鲜红色，常混有痰液、泡沫，呈弱碱性，大咯血停止后数日内常有痰内带血。咯血被吞入消化道后可出现黑便。

（二）假性呕血

吞入来自口、鼻、咽部的血液或摄入大量动物血而后呕出。

（三）假性黑便

服用药物（如铁剂、铋剂、生物炭及某些中草药）或食物（如猪肝、动物血）可引起大便发黑或黑便。应按病史、临床观察、隐血试验以及停止药物或食物后隐血试验转阴等加以鉴别。

（四）出血病因和部位的诊断

1. 上、下消化道出血的区分 ①呕血合并黑便，首先考虑上消化道出血，急诊内镜可明确诊断；

②胃管抽吸无血，不能除外上消化道出血；③怀疑小肠、右侧结肠出血表现为黑便时，应经胃镜检查排除上消化道出血后，再行下消化道出血的有关检查。

2. 病因诊断 病史与体征是病因诊断的基础。病史提示：①慢性周期性发作的上腹疼痛或不适病史，提示消化道溃疡出血；②有可引起门静脉高压疾病者，应考虑EGVB；③是否有导致急性胃黏膜病变出血的病因或诱因；④剧烈呕吐后的上消化道出血，可能为食管贲门黏膜撕裂综合征（Mallory-Weiss综合征）；⑤伴有乏力、食欲缺乏、消瘦，以及缺铁性贫血、持续性粪便隐血试验阳性，可能为胃癌等恶性肿瘤；⑥50岁以上原因不明的肠梗阻及便血，应排除结肠肿瘤；⑦有黄疸、右上腹疼痛应考虑胆道出血的可能。

体检需注意有无浅表淋巴结肿大、腹部压痛及腹部包块。仅有血便者应常规作肛门指诊，以及时鉴别直肠癌、直肠息肉、痔疮等。出血原因与部位的确诊有赖于各种特殊检查，急诊内镜检查常为首选。

五、急诊处理

（一）处理原则

1. 监测出血征象和生命体征，评估出血量、活动性出血、病情程度和预后。

2. 积极补充血容量，及时止血，预防并发症。

3. 治疗针对病因，防止再出血，及时专科会诊处置。

（二）一般处理

病人应卧床，活动性出血期间暂禁食；保持呼吸道通畅、吸氧、避免呕血时血液吸入引起窒息，必要时进行气管插管；立即建立静脉输液通道。查血型交叉试验和备血；有意识障碍和排尿困难者需留置尿管，对活动性出血或重度的ANVUGIB可置胃管观察，充分引流同时可以进行活动性出血评估，同时可进行冰盐水灌洗。

（三）出血征象监测

动态观察呕血、黑便或便血的变化，监测意识状态、脉搏、呼吸、心电图、血压、肢体温度、皮肤和甲床色泽、静脉充盈情况、尿量、中心静脉压、血氧饱和度。定期复查红细胞计数、血红蛋白、血细胞比容、血尿素氮等。

（四）治疗要点

1. 补充血容量 根据失血的多少在短时间内输入足量液体，以纠正血液循环量的不足。常用液体包括生理盐水、等渗葡萄糖液、平衡液、血浆、红细胞悬液或其他血浆代用品。急诊大量出血，也应适当补钙。

输血指征：①收缩压<90mmHg，或基础收缩压降低幅度>30mmHg；②血红蛋白<70g/L，血细胞比容<30%；③心率增快>120次/分。

对于EGVB，输血指征为收缩压<80mmHg，血红蛋白为<50g/L，且不宜将血红蛋白纠正至90g/L以上，以诱发再出血。凝血酶原时间延长者应补充凝血酶原复合物。如有效输血且无进行性出血，则每输入1U红细胞，血细胞比容升高3%，血红蛋白升高10g/L。

在补足液体的前提下，如血压仍不稳定，可以适当地选用多巴胺等血管活性药物改善重要脏器的灌注。血容量充足的指征：①神志清楚或者较前好转，无明显的脱水貌；②收缩压90～120mmHg；③脉搏<100次/分；④尿量>40ml/h，血钠<140mmol/L。

2. 控制活动性出血 根据出血病因和部位不同，进行相应的止血治疗。对上、下消化道出血，应及时给予针对性的止血和救治措施。急性上消化道出血（ANVUGIB、EGVB）急诊处理流程见图7-2。

3. 防治并发症 防止吸入性肺部感染，防止输液、输血量过快、过多导致急性肺水肿，保护肾脏等器官功能，防治水电解质和代谢紊乱。

笔记

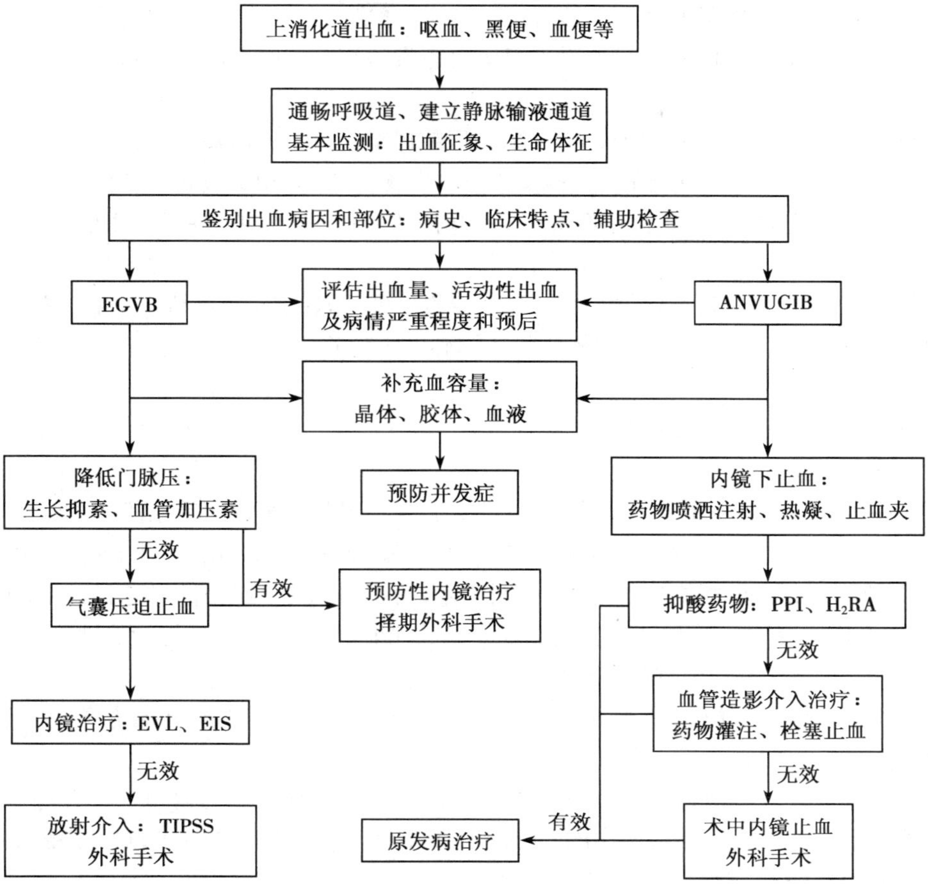

图 7-2 急性上消化道出血（ANVUGIB、EGVB）急诊处理流程

（五）消化性溃疡出血的救治要点

消化性溃疡和急性胃黏膜病变是 ANVUGIB 最常见的病因，其出血救治要点适用于 ANVUGIB 的救治。

1. 内镜下止血 内镜止血起效迅速、疗效确切，应作为消化性溃疡出血的首选止血措施。可根据病变的性质选用药物（肾上腺素等）喷洒和注射、热凝（高频电、氩气血浆凝固术、热探头、微波、激光）和止血夹等介入治疗。

2. 药物止血

（1）中和胃酸的药物：用氢氧化铝凝胶 60ml 灌胃，15 分钟后测胃液 pH，如果 pH<6.0，再注入 60ml，之后每小时测胃液 pH 一次，使其维持在 6.0 之上。

（2）抑酸药物：质子泵抑制剂（PPI）和 H_2 受体拮抗剂（H_2RA）能够通过抑制胃酸分泌，提高胃内 pH，对消化性溃疡、急性胃黏膜病变发挥治疗作用，促进血小板聚集和纤维蛋白凝块的形成，避免血凝块过早溶解，有利于止血和预防再出血，应常规使用。常用药物：

1）PPI：如奥美拉唑、兰索拉唑、泮托拉唑、雷贝拉唑、埃索美拉唑等。PPI 常用方法以及剂量：低危病人奥美拉唑用量为 40～80mg，每日 1～2 次静脉注射；高危病人推荐使用大剂量 PPI 治疗：奥美拉唑 80mg 静脉注射后，以 8mg/h 持续静脉点滴 72 小时。

2）H_2RA：如西咪替丁每次 200～400mg，每 6 小时 1 次；雷尼替丁每次 50mg，每 6 小时 1 次；或法莫替丁每次 20mg，每 12 小时 1 次，静脉滴注。

（3）其他止血药物：对消化性溃疡出血的确切疗效仍有待证实，不作为首选措施。

1）对有凝血功能障碍者，可静脉注射维生素 K_1。

2）为防止继发性纤溶，可用氨甲苯酸等抗纤溶药。

3）经胃管灌注硫糖铝混悬液或冰冻去甲肾上腺素溶液（去甲肾上腺素8mg，加入冰生理盐水100～200ml）。

4）可酌情使用云南白药、血凝酶、凝血酶（口服或局部用）、生长抑素类。

（4）血管造影介入治疗：选择胃左动脉、胃十二指肠动脉、脾动脉或胰十二指肠动脉血管造影，针对造影剂外溢或病变部位经血管导管超高度选择灌注血管加压素或去甲肾上腺素止血，或进行明胶海绵栓塞止血。

（5）手术治疗：经药物和介入治疗无效者，病情紧急可考虑手术，并可结合术中内镜止血治疗。

（6）抗幽门螺杆菌治疗：对幽门螺杆菌阳性的消化性溃疡，无论是否伴有出血，均应给予根除幽门螺杆菌的治疗。

（六）食管胃静脉曲张出血的救治

1. 止血药物

（1）生长抑素（somatostatin）及其类似物：生长抑素通过抑制胰高血糖素等扩血管激素的释放，间接收缩内脏血管，减少门静脉血流和压力、奇静脉血流和曲张静脉内压力；生长抑素还可抑制肠道积血引起的胃肠充血效应，并能抑制胃泌素、胃酸以及胃蛋白酶的分泌。目前用于临床的有：

1）14肽生长抑素，半衰期极短，首剂250μg静脉注射，继以250μg/h持续静脉滴注，维持3～5日，如仍有出血，可增加剂量至500μg/h维持。

2）8肽的生长激素同类物，如奥曲肽（octreotide），半衰期较长，首剂50μg缓慢静脉注射，继以25～50μg/h静脉滴注维持，持续应用3～5天。

生长抑素及其长效类似物控制出血效果等于或优于血管加压素和内镜下曲张静脉硬化治疗（EIS）等，副作用比血管加压素少；与内镜下曲张静脉套扎治疗（EVL）或EIS联合应用，效果优于单一药物或内镜治疗，并可以减少再出血风险。

（2）血管加压素（vasopressin）及其类似物：血管加压素减少门脉血流量、门体侧支循环血流量和曲张静脉压力。止血率60%～80%，不降低再出血率和病死率，有明显的增加外周阻力、减少心排血量和冠状动脉血流量等副作用，如腹痛、血压升高、心律失常、心绞痛，甚至心肌梗死等。可并用硝酸甘油增强血管加压素的降门脉压力作用，并减少其心血管副作用，从而提高其止血的有效率和耐受性。在上消化道静脉曲张出血中应用较多，但并不降低总死亡率。临床常用的有：

1）血管加压素（垂体后叶素可替代血管加压素），一般首剂0.4U/kg静脉注射后，以每分钟0.4～1.0U/kg持续静脉滴注，联合硝酸甘油10～50μg/min静脉滴注。

2）三甘氨酰赖氨酸血管加压素，是血管加压素的合成类似物，对门静脉药理效应较持久。一般首剂2mg缓慢静脉注射后，每4小时静脉注射1mg，持续24～36小时或直至出血被控制。其止血效果优于血管加压素，与生长抑素、血管加压素联用硝酸甘油、气囊压迫和内镜治疗相当，与EIS联用可提高疗效。

3）其他止血药物或制品：对EGVB的确切疗效仍有待证实，不作为一线药物。包括：①血凝酶、凝血酶（口服或局部用）、抑酸药物等可酌情应用；②肝硬化凝血机制障碍者可应用凝血因子（如新鲜冰冻血浆、凝血酶原复合物、纤维蛋白原）、维生素K，伴有血小板减少可输新鲜血小板。

2. 三腔二囊管压迫止血　可有效控制出血，是药物难以控制的大出血的急救措施，进行气囊压迫时，根据病情8～24小时放气1次，拔管时机应在止血后24小时，一般先放气观察24小时，若仍无出血即可拔管。但复发率高，可出现吸入性肺炎、气管阻塞等并发症。

3. 急诊消化内镜检查和治疗　内镜检查在上消化道出血的诊断、危险分层及治疗中有重要作用。尽管一致认为对急性上消化道大出血病人应当尽快进行内镜检查，药物与内镜联合治疗仍是目前首选的治疗方式。内镜治疗方法的选择参考消化专科指南，对无法行内镜检查明确诊断的病人，可进行经验性诊断评估及治疗。消化内镜检查未发现出血部位者，可行小肠镜检查、血管造影、胃肠

笔记

钡剂造影。

消化内镜治疗时机：12 小时内出现的静脉曲张破裂出血；液体复苏后 24 小时内早期内镜检查适合大多数上消化道出血病人。对出血 24 小时内，血流动力学稳定无严重合并症的病人应尽快行急诊内镜检查，有高危征象者，应在 12 小时内进行急诊内镜检查。对怀疑肝硬化静脉曲张出血的病人，应在入院后 12 小时内行急诊内镜检查。内镜下止血后再次出血的预测指标包括：血流动力学不稳定、胃镜检查有活动性出血、溃疡大小>2cm、溃疡部位在胃小弯或十二指肠后壁、血红蛋白<100g/L，需要输血。

4. 放射介入治疗 放射介入疗法如经颈静脉肝内门体分流术（TIPS）可有效地控制出血，但明显增加肝性脑病的危险，适用于对药物和内镜治疗难以控制的曲张静脉出血和等待肝移植的病人。

5. 外科手术 急诊外科手术控制曲张静脉出血和预防再出血的效果确实，但围术期病死率高，术后肝性脑病发生率高，仅在药物和内镜治疗无效、无法施行放射介入治疗的情况下方可使用。肝功能 Child-Pugh 分级 C 级肝硬化病人不宜施行急诊外科手术。择期手术死亡率低，有预防性意义。有条件时亦可考虑作肝移植术。

6. 预防肝性脑病 除积极止血以外，主要是采取清除肠道积血措施（如口服或鼻饲乳果糖、乳梨醇）。

7. 预防再出血 首次出血后存活的病人如无预防措施，有 2/3 可能在 2 个月内再次出血。预防措施包括药物（常用非选择性 β 受体阻滞剂普萘洛尔，可合用单硝基异山梨酯）、内镜治疗（EVL 或 EIS，应在内镜治疗后短期内应用 PPI 预防溃疡形成和促进溃疡愈合）、外科手术和放射介入等。

（七）食管－贲门黏膜撕裂综合征的救治

食管-贲门黏膜撕裂综合征，即 Mallory-Weiss 综合征。是食管下端和胃连接处的黏膜和黏膜下层呈纵行裂伤，并发上消化道出血，一般出血有自限性，但若撕裂累及小动脉则引起严重出血。发病主要是腹内压力或胃内压骤然升高，促使黏膜撕裂。恶心或呕吐是胃内压升高的主要因素，包括妊娠呕吐、食管炎、急性胃炎、放置胃管、内镜检查、糖尿病酮症和尿毒症等都可引起剧烈呕吐。其他凡能引起胃内压升高的任何情况均可致食管-贲门黏膜撕裂综合征，如酗酒、剧烈咳嗽、用力排便、举重、分娩、麻醉期间的严重呃逆、胸外按压、喘息状态、癫痫发作、腹部钝性挫伤等。

确诊有赖于急诊内镜检查。小量出血一般可自限止血，必要时可用去甲肾上腺素加入生理盐水中灌入食管胃腔，促使黏膜下血管收缩。也可在急诊内镜下对出血灶作电凝或光凝止血，或金属夹治疗。少数出血量大而不止者，需外科做裂伤连续缝合术止血。如去除诱因，术后一般无复发可能。

（八）胆道出血的救治

凡由于外伤、炎症、肿瘤或动脉瘤造成肝内或肝外动脉、静脉与胆管或胆囊相通，引起上消化道出血者均属于胆道出血。临床上常有右上腹阵发性绞痛、出血、黄疸，即胆道出血三联征。感染性胆道出血时常有高热和寒战，部分病例可触到肿大的肝脏和胆囊。急诊内镜检查见出血来自乏特壶腹，便可确诊。选择性肝动脉造影很有价值，除可明确出血来源外，还可显示出血部位血管的一些病理改变影像；同时还显示肝脓肿、肝肿瘤与肝外伤等引起胆道出血的一些原发病灶。胆道出血的治疗主要是病因治疗。

（九）下消化道出血的救治

1. 药物止血 可应用抗纤溶药（如氨甲苯酸）、云南白药、凝血酶（口服或局部用）、血凝酶等。经直肠镜或乙状结肠镜发现出血病灶，可局部应用止血药物。

2. 内镜下止血 包括直肠镜、乙状结肠镜下或纤维结肠镜下局部药物喷洒、电凝、激光等治疗，应防止造成穿孔。

3. 血管造影介入 经造影导管选择性动脉灌注血管加压素或栓塞物可以有效止血，对出血原因尚不明确或经药物等治疗无效的下消化道出血具有诊断和治疗价值。

4. 外科治疗 急诊手术仅用于病人活动性出血量多，其他治疗方法不能达到止血，伴有血流动力学不稳定时。如诊断明确为结肠癌，应尽可能行择期手术。

第三节 血 尿

一、概述

血尿（hematuria）是指尿中红细胞异常增多。显微镜下红细胞数超过了标准值为“镜下血尿”。尿液呈血样或淡红色（洗肉水样），甚至有凝血块，则称为“肉眼血尿”。血尿的诊断标准有：①新鲜晨尿离心沉渣涂片镜检，每高倍镜视野红细胞>3 个；②非离心尿液直接涂片镜检，每 2～3 个高倍视野中红细胞>1 个；③尿红细胞排泄率>10 万 / 小时或 Addis 计数尿红细胞>50 万个 /12 小时。每升尿液中含有 1ml 血液时，即可呈现肉眼血尿。血尿的病因可能是泌尿生殖系统疾病、全身系统性疾病或尿路邻近脏器疾病，常见的病因见表 7-8。

表 7-8 血尿的病因分类

病变系统	病变分类	常见病因或诱因
泌尿系统疾病	炎症、感染性	膀胱尿道炎、肾盂肾炎、肾及膀胱结核、前列腺炎
	免疫性	肾小球肾炎、间质性肾炎、IgA 肾病、肾移植排斥
	结石	肾、输尿管、膀胱、尿道、前列腺结石
	肿瘤	肾、输尿管、膀胱、尿道、前列腺肿瘤
	损伤	创伤、手术、器械检查、导尿、膀胱或尿道内异物
	其他	肾囊肿或多囊肾、肾血管疾病、薄基底膜病、肾下垂、游走肾、出血性膀胱炎、膀胱或尿道息肉、膀胱憩室、尿道肉阜、前列腺肥大、运动性血尿、原因不明的“特发性”血尿
全身系统性疾病	血液病	血小板减少症、再生障碍性贫血、白血病、镰状细胞贫血、DIC、血友病
	感染	败血症、急性上呼吸道感染、腮腺炎、感染性心内膜炎、乙型肝炎、流行性出血热、猩红热、风疹、钩端螺旋体病、丝虫病
	风湿性疾病	SLE、血管炎、过敏反应
	心血管疾病	高血压、动脉硬化症、充血性心力衰竭
	代谢与内分泌疾病	痛风、糖尿病、甲状旁腺功能亢进症、特发性高钙尿症
	药物、中毒	抗生素、非甾体类抗炎镇痛药、环磷酰胺（出血性膀胱炎）、抗凝剂
尿路邻近器官疾病		急性阑尾炎、盆腔炎或脓肿、输尿管及附件炎或脓肿、结肠、膀胱内子宫内膜异位症、子宫或阴道炎症、直肠、子宫或卵巢等部位的肿瘤

二、临床特点

（一）病史

1. **发病情况** 血尿可表现为一过性、间歇性或持续性，可以是初发或复发。

2. **原发病症、慢性病及治疗史** 如环磷酰胺、放疗等可导致出血性膀胱炎，抗凝剂导致出血倾向，抗生素导致镜下血尿等。

3. 创伤、烧伤或与泌尿系损伤相关的其他损伤。

4. **前驱感染病史** 上呼吸道感染或腹泻后数小时或 1～3 日内出现血尿，常为急性肾炎综合征，以 IgA 肾病多见；皮肤或上呼吸道感染后 1～3 周内发生血尿可能是急性肾小球肾炎；部分新月体肾炎病人常于起病前 1 个月左右有上呼吸道感染史。

5. **运动、体位诱因** 肉眼血尿前有剧烈运动，短期内血尿自行消失，可能为运动性血尿；瘦长体型的青少年直立体位、活动后出现血尿常为胡桃夹现象(左肾静脉压迫综合征)。

(二)年龄和性别

1. 儿童和青少年镜下血尿常为急性肾炎、尿路畸形伴梗阻、急性上呼吸道感染、损伤、小儿特发性高钙尿症。

2. 青壮年男性常为尿路结石、炎症、损伤、膀胱肿瘤;女性常为炎症、盆腔炎、尿路结石,月经期发生者可为子宫内膜异位症,一过性血尿可能为尿道及膀胱三角区炎症、尿道肉阜或脱垂。

3. 中年男性常为尿路结石、膀胱肿瘤、炎症、损伤、上尿路肿瘤,女性常为炎症、结石、膀胱肿瘤、腹主动脉瘤或主动脉夹层。

4. 老年男性常为前列腺肥大或癌、膀胱肿瘤、尿路感染、上尿路肿瘤和结石,女性常为膀胱或尿道肿瘤、尿路感染,老年无痛性肉眼血尿常为肿瘤。

(三)伴随症状及体征

1. 疼痛

(1) 肾区疼痛:①肾区绞痛伴放射痛是肾、输尿管结石的特征;②伴有高血压,可能为肾动脉栓塞;③伴有休克,可能为肾动脉瘤破裂、肾破裂等;④腰部酸痛且伴有乏力多为肾小球肾炎;⑤持续钝痛或胀痛常为多囊肾或直径较大的单发肾囊肿;⑥钝痛或牵扯痛且平卧后缓解,可见于肾下垂、游走肾等。

(2) 输尿管部位疼痛或绞痛,表现为腹部阵发性绞痛并向会阴部放射,常为输尿管结石、血块或异物阻塞的特征。

(3) 外伤后出现血尿伴绞痛,为泌尿系统损伤。

2. 膀胱刺激症状 常为膀胱、后尿道炎症或结石,可表现为排尿时疼痛及耻骨上、会阴部钝痛,结石时可伴尿流中断、鲜血尿、排尿困难或自尿道排出小石。若排尿刺激症状反复发作,一般药物治疗无效时,可能是泌尿系结核或膀胱肿瘤。

3. 发热 有寒战、腰痛常为急性肾盂肾炎、肾脓肿、肾周脓肿或全身感染性疾病;持续低热可能为泌尿系统结核或肿瘤。

4. 水肿、高血压、少尿 常为肾小球肾炎、高血压肾损害;伴咯血、贫血、短期内肾功能进行性减退,可能为肺出血肾炎综合征。

5. 其他部位出血 常为血液病、全身感染性疾病。

6. 腹部触诊发现 ①触及双侧巨大肾脏常为多囊肾;单侧肾脏肿块,常为肾肿瘤、肾积水。②触及肾脏且位置较低、活动度较大常为游离肾,多数发生于右侧肾。③输尿管压痛点压痛、膀胱区压痛常为尿路感染、结石。④肋脊角压痛、肾区叩痛常为急性肾盂肾炎。

7. 肛门指诊发现 前列腺大常为前列腺肥大或前列腺癌。

(四)血尿特点

1. 血尿持续时间 ①肾小球肾炎:肉眼血尿间断出现,镜下血尿多持续存在;②尿路感染或结石:感染控制或结石排出后血尿消失;③泌尿系统肿瘤:常先表现为镜下血尿,后出现持续肉眼血尿;④肾穿刺活检术或肾挫伤:可为持续肉眼血尿,或镜下血尿和肉眼血尿交替出现。

2. 病变部位

(1) 肾性血尿:血尿呈暗红色及云雾状,尿中可见三角形或锥形(肾盏铸型)或蠕虫状血块(输尿管铸型)。尿液检查常有蛋白质、管型、肾小管上皮细胞或肾盂黏膜细胞。

(2) 膀胱性血尿:血尿颜色较鲜红(若留在膀胱内久则色较深),常有不规则血块,尿液检查有膀胱黏膜上皮细胞,蛋白质少、无管型。常伴有膀胱刺激症状(尿频、尿急、尿痛)。

(3) 尿道性血尿:血尿颜色鲜红,前尿道出血为初始血尿或滴沥状出血,后尿道及前列腺出血多为终末血尿,常伴有膀胱刺激症状或排尿困难症状。

(五)实验室及特殊检查

1. 尿液 ①尿液常规;②尿红细胞计数和形态;③尿三杯试验;④尿液细菌学检查;⑤尿蛋白检

测；⑥尿钙测定：如24小时尿钙排泄量超过0.025mmol/kg（4mg/kg），血钙在正常范围，血尿病因与特发性高钙尿症有关；⑦尿液脱落细胞检查，40岁以上的血尿病人应常规进行此检查，反复多次留尿检查可提高阳性检出率。

尿三杯试验：①初段血尿，来自尿道括约肌以下的前尿道。②第二杯血尿或第二杯明显加重，来自后尿道或膀胱出口处。③终末血尿，常为膀胱颈部、后尿道、前列腺和精囊出血。④全程血尿，来自肾脏、输尿管、膀胱。间歇性无痛性肉眼全程血尿，常为肾或膀胱肿瘤。

导尿管冲洗：①把膀胱内的血尿冲洗干净后，再注入生理盐水随即抽出，若回流液澄清，但停留片刻后回流液体呈现血色，提示血尿来自肾脏；②对膀胱做连续冲洗，如仍见血性回流液体，提示出血来自膀胱。

尿液红细胞形态与血尿来源：根据尿液中红细胞形态检查可将血尿分为均一性红细胞血尿（非肾小球性血尿）、非均一性红细胞血尿（肾小球性血尿）和混合性血尿。肾小球性血尿指血尿来源于原发性或继发性肾小球肾炎，非肾小球性血尿来源于泌尿系结石、肿瘤、感染、血管畸形等多种疾病。

2. 血液 ①血常规；②血生化：尿素氮、肌酐、尿酸、血糖、电解质、肝功能、血脂等；③内生肌酐清除率；④血液细菌学检查：阳性见于全身感染性疾病；⑤免疫学检查：各类自身抗体、免疫球蛋白、补体等；⑥血沉；⑦出凝血时间、凝血酶原时间、凝血因子含量等。

3. X线检查 ①腹部平片：可显示肾的大小、位置或轴向的改变，尿路结石绝大多数含钙盐，平片可发现阳性致密阴影。②排泄性尿路造影（也称静脉尿路造影）：静脉肾盂造影对尿路梗阻、积水、肾结核、慢性肾盂肾炎、肾乳头坏死、肾肿瘤、肾囊肿、多囊肾、肾先天性异常等诊断有价值。排泄性膀胱造影可了解膀胱肿瘤、结石、炎症等情况。③逆行性尿路造影：逆行肾盂造影对于肾盂肾盏的微小肿物和尿路的细小结石有诊断价值，可用于排泄性尿路造影时上尿路显影不满意者、确定尿路内梗阻和占位性病变、了解平片所见腹内致密钙化影与尿路的关系。逆行性膀胱造影可显影膀胱及其与邻近器官的关系。逆行性尿路造影属有创检查，在血尿较重、有出血倾向、急性下尿路感染、肾绞痛发作期、尿道狭窄等情况时，不宜选用。

4. 腹部超声 对肾脏结石（不论X线阳性或阴性结石）、肾盂积水、肾周围脓肿或血肿有诊断价值。

5. CT扫描 常用于发现和证实泌尿系实质性和囊性占位、损伤、结石、肾盂积水和输尿管梗阻、肾及周围脓肿、慢性肾盂肾炎（萎缩瘢痕肾）、前列腺病变、肾先天性异常以及肾血管性疾病等。

6. 磁共振（MRI） 对肾和膀胱肿瘤、肾损伤、肾盂积水、肾脓肿等MRI均有较好的显示。对前列腺肥大比CT更具诊断价值；对结石或钙化，MRI价值较低。

7. 内镜检查 可了解病变部位与病变性质，并可兼作逆行上尿路造影检查。老年人血尿原因未查明时，均应作膀胱镜检查；尿道镜可用于检查和治疗尿道病变；输尿管镜检查和治疗输尿管以上部位的病变，包括输尿管、肾盂、肾盏等。对不明原因的上尿路出血应做肾盂输尿管镜检查。但膀胱镜、尿道镜、输尿管镜检查都是有创检查，应掌握适应证。

8. 核素肾图 是诊断尿路梗阻可靠、简便的方法之一，肾和输尿管结石可出现特征性梗阻图形改变，膀胱结石或肿瘤、盆腔肿物、前列腺增生等引起急性或慢性尿潴留，也可出现梗阻型肾图。

9. 数字减影血管造影（DSA） 有助于发现肾血管异常、鉴别肾脏的囊性或实质性占位、良性或恶性肿瘤。

10. 肾穿刺活检 对肾小球性血尿可用粗针肾穿刺活检进行组织学病理诊断，应严格掌握适应证。

三、诊断与鉴别诊断

（一）假性血尿、红颜色尿、假性血红蛋白尿

1. 假性血尿 月经、痔出血或其他因素污染尿液所致的血尿。

2. 红颜色尿 ①血红蛋白尿（血管内溶血所致）或肌红蛋白尿（肌肉组织损伤疾病所致）：尿色暗红或酱油样，镜检无尿红细胞增多，尿液隐血试验均为阳性，血管内溶血时血浆游离血红蛋白含量增高；②卟啉尿：尿经放置或被日晒后变红棕色或葡萄酒色，镜检无尿红细胞增多，尿卟胆原试验、尿卟啉或粪卟啉试验阳性；③药物及其代谢产物、食品染料的颜色导致红色尿，如氨基比林、山道年、酚酞、利福平、刚果红等。

3. 假性血红蛋白尿 在低渗尿（比重低于1.006）、碱性尿液或尿标本放置过久的情况下，真性血尿中的红细胞可被溶解破坏，形成血红蛋白尿，而尿沉渣中可能检不出红细胞。假性血红蛋白尿时血浆游离血红蛋白、结合珠蛋白含量正常，可与血管内溶血（血浆游离血红蛋白增加、结合珠蛋白减少）相区别。

（二）肾小球性血尿与非肾小球性血尿

1. 如在尿沉渣中发现管型，特别是红细胞管型、含有免疫球蛋白的颗粒管型，多为肾小球性血尿。

2. 血尿伴有较大量蛋白尿（≥1g/24h）多为肾小球性血尿。

3. 从尿红细胞形态特点区分肾小球性血尿与非肾小球性血尿。

（三）血尿的病因诊断

1. 对肾小球性血尿，需要结合临床表现进一步检查：①肾功能检查；②鉴别肾炎综合征或肾病综合征；③鉴别原发性或继发性肾小球疾病；④如为原发性肾小球疾病，应确定临床分型，必要时做肾穿刺活检。

2. 对非肾小球性血尿，通过尿三杯试验，并结合临床特点选择尿液、影像学、膀胱镜等检查，基本上可查明血尿的部位及病因。

四、急诊处理

（一）处理原则

1. 注意休息，避免剧烈运动，监测肾功能和尿量。慎用肾毒性药物。如果出现肾功能损害，按照肾衰竭进行处理。

2. 根据出血部位和病因治疗。

3. 对症处理。

4. 积极针对原发疾病进行治疗。

（二）治疗要点

1. 肾小球性血尿

（1）针对血尿一般无需特殊处理。

（2）原发病的治疗。

2. 非肾小球性血尿

（1）尿路感染血尿：抗感染治疗，尿路结核给予抗结核治疗。

（2）尿路结石血尿：服用排石冲剂、碎石疗法或手术取石。多饮水有利于排石。

（3）泌尿道肿瘤血尿：针对肿瘤的专科手术治疗、抗癌药物治疗。

（4）膀胱息肉和憩室、尿道肉阜等血尿：专科治疗。

（5）损伤性血尿：处理创伤。

（6）对症治疗

1）止血：可选用垂体后叶素静脉滴注止血，初始用量可稍大，6～8U/h，第2小时起根据尿色变化减为2～6U/h，直至尿色正常再维持6～8小时。上尿路出血时，不宜应用大剂量促凝或抗纤溶药，以防止促进血凝块形成而阻塞尿路。

选择性肾动脉造影如能证实动静脉瘘形成或其他血管损伤出血，对大量肉眼血尿可考虑进行超选择性肾动脉分支介入栓塞止血。

2）止痛：对结石伴绞痛，可酌情选用止痛剂、解痉药（山莨菪碱）、黄体酮（月经期不使用）、维生素 K_3 等。

3）出血量较多时应及时予以补充血容量、输血纠正贫血。

4）药物引起的血尿，应立即停用相关药物。

血尿急诊处理的流程见图 7-3。

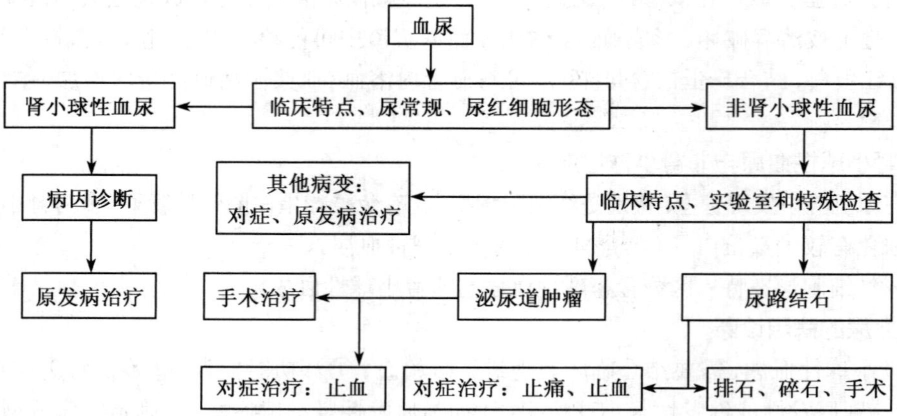

图 7-3 血尿急诊处理的流程

（魏 捷）

思考题

1. 大、中、少量咯血的分类原则是什么？
2. 咯血的临床特点与鉴别诊断是什么？
3. 咯血窒息如何进行急诊处理？
4. 咯血与呕血的区别是什么？
5. 消化道出血量与出血程度如何判断？
6. 消化道出血原因如何判断？
7. 血尿的常见病因是什么？
8. 血尿如何进行鉴别诊断？

第八章　呕吐与腹泻

呕吐是由于内脏和躯体一系列不随意运动所致，先兆症状有恶心、干呕和流涎。呕吐时，胃处于相对被动状态，表现为胃底和胃食管括约肌松弛，腹肌和膈肌强力收缩使腹腔内压力急剧上升，导致胃内容物进入食管并排出体外。

腹泻是指大便的量和次数相对正常状况增加，或粪便呈水样。

第一节　呕　　吐

呕吐（vomiting）是一种常见的急症，病因众多。主要见于消化系统疾病，如急性胃肠炎、肠梗阻等。呕吐也可以是其他疾病的症状之一。呕吐严重者可以导致严重的电解质紊乱、脱水甚至死亡，因此，对呕吐病人应及时、正确诊断和处理。

一、病因与分类

引起呕吐的病因很多，几乎涉及所有的器官和系统。在急诊最常见的还是消化系统疾病所致，其他还有神经系统、内分泌系统疾病和中毒等（表 8-1）。

表 8-1　呕吐的病因

呕吐原因	危重症	急症	非急症
胃肠道	自发性食管破裂综合征（Boerhaave's syndrome） 肠缺血	胃出口梗阻 胰腺炎 胆囊炎 肠梗阻 内脏穿孔 阑尾炎 腹膜炎	胃炎 胃轻瘫 消化性溃疡 胃肠炎 胆绞痛 肝炎
神经系统	颅内出血 脑膜炎	偏头痛 神经系统肿瘤 颅内压增加	
内分泌系统	糖尿病酮症酸中毒	肾上腺功能不全	甲状腺功能减退
妊娠		妊娠剧吐	妊娠呕吐
药物中毒		对乙酰氨基酚 地高辛 阿司匹林 茶碱	
治疗用药（不良反应）			阿司匹林 红霉素 布洛芬 化疗药
药物成瘾			麻醉剂 麻醉剂撤药 酒精

续表

呕吐原因	危重症	急症	非急症
泌尿生殖系统		性腺扭转	尿路感染 肾结石
其他	心肌梗死 脓毒症	一氧化碳中毒 电解质紊乱	晕动病 迷路炎

二、临床特点

（一）临床表现

呕吐的病因不同，所表现的前驱症状，呕吐的时间、频率、内容物和伴随的症状也各不相同。剧烈而大量的呕吐可以导致一系列临床后果，甚至严重后果，因此需要早期发现并紧急进行处理。呕吐可引起下列并发症：

1. 低血容量 与呕吐造成的大量水和氯化物丢失有关。

2. 代谢性碱中毒 主要与呕吐造成的 H^+ 丢失有关。

3. 低钾 低钾主要是由于尿中钾的丢失。代谢性碱中毒导致大量的碳酸氢钠被运送到远端肾小管，其次高醛固酮水平引起大量钠离子重吸收，从而导致大量钾离子排泌到尿中。

4. Mallory-Weiss 撕裂（食管贲门线形撕裂） 多发生在一阵剧烈的呕吐之后，表现为黏膜层和黏膜下层 1～4cm 左右的线形撕裂伤，75% 的病例撕裂伤位于靠近胃食管连接处的胃壁。引起出血，多数很轻并呈自限性，但据统计有 3% 的上消化道出血死亡者是由于 Mallory-Weiss 撕裂所致。

5. Boerhaave 综合征（食管破裂） 指由于剧烈呕吐引起的食管全层穿孔，脏层胸膜撕裂，食管内容物可以进入纵隔和胸腔。85% 的病例裂口位于食管下端的后外侧。如果 24 小时内不进行手术，死亡率达 50%。

6. 误吸 呕吐物的误吸与病人的神志障碍有关，对呕吐后出现肺部改变的病人应进一步对误吸的量和后果进行评估，如胸部 X 片（图 8-1）可以快速诊断有无误吸以及误吸的量。严重者应进行纤维支气管镜检查和肺泡灌洗，必要时进行呼吸机辅助呼吸。

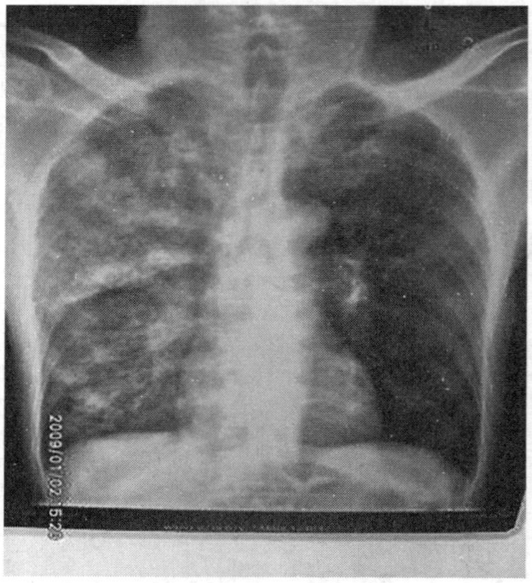

图 8-1 吸入性肺炎

（二）诊断

通过详细的病史采集和体格检查一般都能发现恶心和呕吐的病因。

1. 病史

（1）呕吐物成分：呕吐物有胆汁提示胃出口通道梗阻；反流未消化的食物则提示贲门失弛缓症、食管狭窄或食管憩室可能；呕粪则提示远端肠梗阻等。

（2）呕吐的时间：急性起病的恶心和呕吐提示胃肠炎、胰腺炎、胆囊炎或药物的副作用。症状发生在清晨则有可能是妊娠、尿毒症、饮酒或颅内压增高等所致。进食 1 小时后发生呕吐则提示胃出口梗阻或胃轻瘫可能。呕吐 12 小时前吃进的食物提示可能有幽门梗阻。恶心和呕吐超过 1 个月则为慢性呕吐。

（3）伴随症状：呕吐可伴随有多涎、排便、心动过速、心动过缓、心房颤动和阵发性快速室性心律失常等症状。如果恶心、呕吐伴有慢性头痛则应怀疑有颅内病变。呕吐前无恶心则是神经系统病变的典型表现。

（4）个人史：是否有酗酒和其他药物成瘾。

笔记

(5) 既往病史：应重点关注消化道疾病和手术史。

2. 体格检查　体检的重点见表 8-2。如果发现黄疸、淋巴结肿大、腹部包块和大便带血则有助于确定病因。

表 8-2　呕吐病人的体检要点

体格检查	要点	临床意义
一般体检	皮肤弹性差，黏膜干燥	脱水表现
生命体征	发热	胃肠炎、胆囊炎、阑尾炎、肝炎、肠穿孔
	心动过速/体位性改变	脱水
头、眼、耳、鼻	眼球震颤	迷路炎、椎-基动脉供血不足、小脑梗死或出血、小脑脑桥角肿瘤
	视神经盘水肿	颅内压增加
腹部	腹胀、蠕动波、高亢肠鸣音	肠梗阻、胃轻瘫、胃出口梗阻
	肠鸣音减弱	肠梗阻
	疝或手术瘢痕	可能是肠梗阻
	腹膜刺激征	阑尾炎、胆囊炎、内脏穿孔
神经系统	神志异常、小脑体征、颅神经征	中枢神经系统病变

3. 辅助检查　根据病史和体检发现，确定作适当的辅助检查。

(1) 血常规：红细胞比容和血红蛋白增高提示有血液浓缩。

(2) 电解质：严重的长时间呕吐可以引起低氯血症、低钾血症、代谢性碱中毒。对于症状超过 3 日和需要静脉补液的病人应检测电解质。

(3) 血尿素氮和肌酐：血尿素氮/肌酐比值超过 20∶1 提示有严重脱水。

(4) 血清酶：胰腺炎病人血清胰淀粉酶、脂肪酶升高。

(5) 尿液检查：对所有的育龄妇女都要做尿妊娠试验。尿中有亚硝酸盐、白细胞和细菌提示有尿路感染，酮体则提示糖尿病酮症，血尿则可能有尿路结石。

(6) 血药浓度监测：高度怀疑药物中毒者应进行血药浓度检测。

(7) 腹部影像：怀疑肠梗阻者要拍腹部 X 线平片和立位拍片，对怀疑腹部外科情况者必要时可选择 CT 扫描，怀疑胆结石的成人和考虑幽门狭窄、肠套叠的儿童可进行超声检查。

(8) 心电图：怀疑冠心病者应进行心电图检查。

（三）鉴别诊断

呕吐病因复杂，通过病史、查体和必要的辅助检查可鉴别常见和危急的呕吐病因（表 8-3）。

表 8-3　呕吐病人的鉴别诊断

病因	病史	患病率	体检	实验室检查	注解
妊娠恶心呕吐	发生在清晨，伴有乳房胀，典型者 4～7 周开始，10～18 周达高峰，20 周消失，否则应考虑其他病因	约占孕妇 75%	腹部正常	尿妊娠试验、血电解质、尿酮体以排除妊娠剧吐	所有育龄妇女都应想到妊娠呕吐
胃肠炎	发热、腹泻、腹痛，呕吐和腹痛发生早，随后 24 小时内出现腹泻	常见	腹部正常	一般不需要	胃肠炎早期只有呕吐和脐周痛，可与阑尾炎混淆，诊断胃肠炎必须有腹泻

续表

病因	病史	患病率	体检	实验室检查	注解
消化性溃疡	90%有上腹痛，球部溃疡进食缓解，胃溃疡则加剧。剧痛者考虑有无穿孔	非常常见	上腹轻触痛，大便潜血阳性	出血者Hb低，怀疑穿孔者行腹部立位片	消化性溃疡三大原因：NSAIDs、幽门螺杆菌、高分泌状态
胆道疾病	腹痛位于中上腹或右上腹，常在高脂饮食后发作，过去有类似发作。	非常常见	多有右上腹触痛，血胆红素、Morphy征阳性	WBC、脂酶 碱性磷酸酶 右上腹超声波	WBC、体温正常提示胆绞痛，发热WBC升高、Morphy征阳性提示胆囊炎
心肌梗死	典型胸骨下端胸痛，向左臂和肩背放射，常伴有呼吸困难	常见	可无诊断性发现，病人有紧张焦虑	心电图改变 肌酸磷酸激酶 肌钙蛋白	不是所有人都有胸痛，可以只有恶心、呕吐等
糖尿病酮症酸中毒	先有多饮多尿，随之出现神志改变甚至昏迷，可以由感染、外伤等诱发	常见	呼吸烂苹果味，呼吸急促，脱水和意识改变	血糖、尿酮、血气分析	糖尿病酮症可以是糖尿病的首发表现
胰腺炎	上腹痛，向背部放射多数与胆结石和饮酒有关，其他还有高钙血症、高脂血症、药物等，向右下腹转移	常见	上腹压痛，肠麻痹时腹胀，肠鸣音减弱，休克等，低热	脂酶、WBC、血糖、LDH、AST、血钙、血气分析、腹部CT	病情重，死亡率高，早期容量复苏，重症监护
肠梗阻	典型者腹痛呈间歇发作，频率和程度与梗阻水平相关，疼痛部位也与梗阻水平相关，高位梗阻上腹痛，结肠梗阻下腹痛	常见	腹胀、弥漫性压痛，高调肠鸣音	站立位平片 腹部CT	粘连、疝和肿瘤引起的肠梗阻占90%

（四）治疗

1. 快速评估和处理 首先评估病人的血流动力学状态是否稳定，及时识别危急状况和造成呕吐的原因和疾病（见表8-1）。资料采集包括呕吐持续的时间，呕吐物中有无血液，有无容量不足的临床表现，以及有无提示严重基础疾病的伴随症状。体检内容包括意识水平、腹部情况、有无神经系统局灶体征及重要生命体征。

初始治疗包括建立静脉通路，对容量不足者进行液体复苏、心电监护以及针对基础疾病的治疗（如控制高血压等）。

2. 急诊处理

（1）一般处理：摄入减少是呕吐病人脱水和营养不良的主要原因，对持续性呕吐的病人应该放置胃管。

（2）病因治疗：是缓解恶心、呕吐的根本治疗。

（3）对症治疗：止吐剂的效果因人而异。常用的有抗组胺药物和吩噻嗪类。抗组胺药物有异丙

笔记

嗪、苯海拉明、氯茶碱（茶苯海明），对内耳功能障碍引起的呕吐有效，但由于不作用于化学感受器触发带，对其他原因引起的呕吐效果较差。吩噻嗪作用比较复杂，主要是通过拮抗化学感受器触发带的多巴胺 D_2 受体起到止吐作用，常用的有丙氯拉嗪等，用法见表 8-4。

表 8-4　常用止吐药

药物	剂量	备注
异丙嗪（非那根）	成人：12.5～25mg，iv，im，po 或直肠给药 儿童：1.35mg/kg，iv，im，po 或直肠给药	每 6 小时可重复一次至呕吐缓解 副作用：口干、头晕、视力模糊
丙氯拉嗪	成人：5～10mg，im 或 po，2.5～10mg，iv 或 25mg 直肠给药 儿童：2.5mg，po 或直肠给药 0.16mg/kg，im	iv 或 im 可 4 小时重复一次 直肠给药 12 小时可重复一次 有嗜睡、低血压和锥体外系作用
氟哌啶醇	成人：0.5～5mg，po 或 2～5mg，im 儿童：0.075～0.15mg/（kg•d），分 2～3 次口服	每 8～12 小时可重复一次 有嗜睡和锥体外系作用

多数急诊就诊的呕吐病人是患急性胃肠炎等良性疾病，经过处理后症状很快可以缓解，但对于有严重基础疾病、病因不明、儿童和年老体弱者以及有较严重呕吐并发症的病人应及时收住院，进一步接受诊疗（图 8-2）。

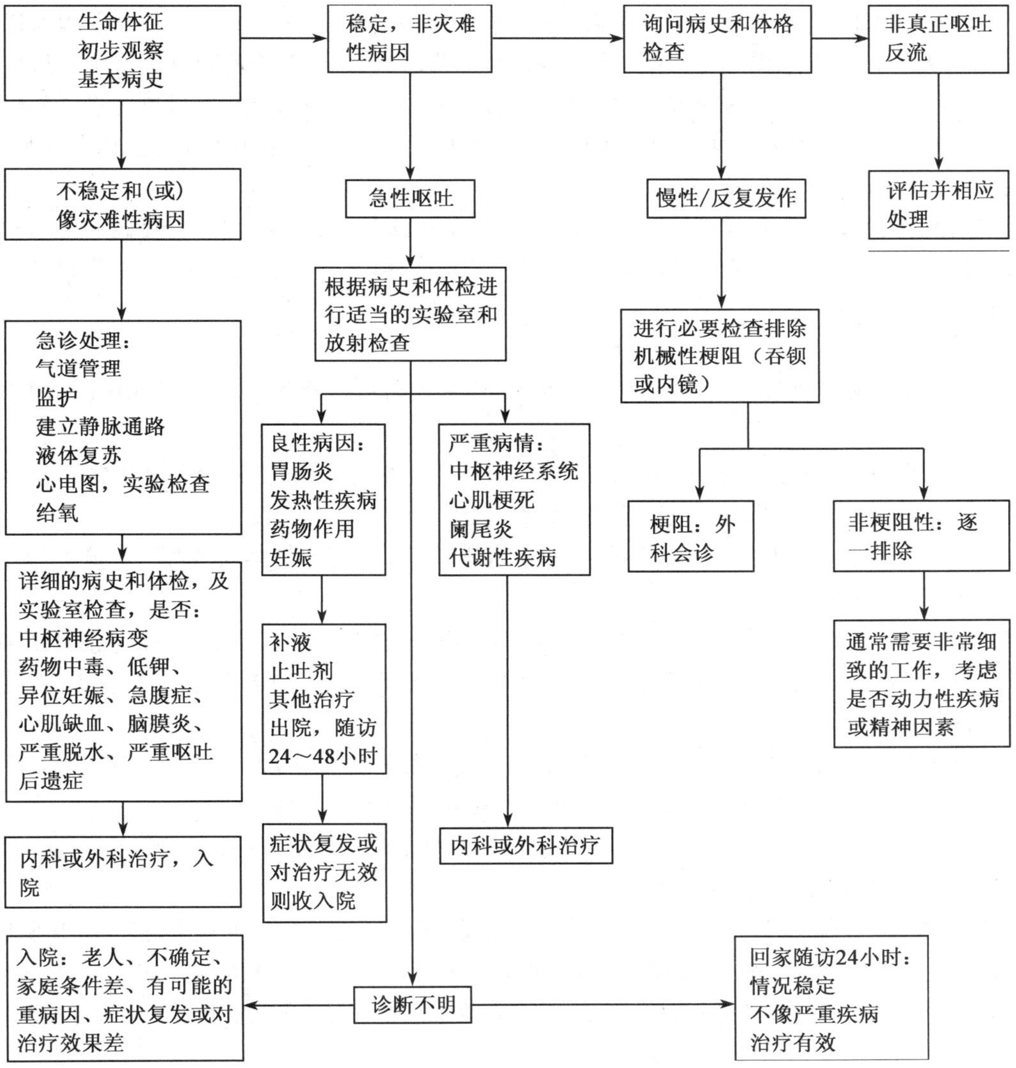

图 8-2　呕吐的急诊处理流程图

第二节 腹 泻

一、概述

腹泻(diarrhea)是相对病人的正常状况而言，大便的量和次数增加，或粪便呈水样。

腹泻是常见的急症之一，约占全部急诊病人的5%，但85%的病例与感染有关。大多数腹泻是自限性的，只需加强护理和对症治疗。感染性腹泻可以引起严重后果，特别是在易感人群可以导致大规模发病和死亡；非感染性腹泻同样可以对健康人和病人造成巨大威胁。腹泻也可以是腹部疾病、内分泌疾病、中毒以及其他系统疾病的临床表现之一。

腹泻可以分为急性和慢性，病程<4周的称为急性腹泻，超过4周的为慢性腹泻。根据腹泻的特点又可分为：渗透性、分泌性、炎性和异常动力性腹泻4种类型。

二、临床特点

(一)腹泻分类

腹泻可以分为感染性和非感染性两种。感染性病因中包括病毒、细菌和寄生虫感染，其中病毒性占70%，细菌性占24%，寄生虫占6%。

1. 感染性腹泻 ①细菌和寄生虫在临床上可以引起侵袭性炎症，造成大规模的发病和死亡，特别是在易感人群和未获得适当医护者。部分侵袭性细菌，多数是沙门菌属和志贺菌属，可以引起菌血症、脓毒血症和死亡。②病毒和部分细菌只引起自限性分泌性腹泻，表现为轻度脱水，而全身症状轻微。③急性阿米巴痢疾在临床上很难与细菌性痢疾相鉴别，由特殊病原菌引起的感染性腹泻很少能在急诊明确诊断。

2. 非感染性腹泻 常见病因有：胃肠道出血、缺血性肠病、急性阑尾炎、肠套叠、异位妊娠和肠梗阻；重金属中毒、食入植物或鱼类毒素等；以及内分泌疾病(如肾上腺功能不全)，还要特别注意病人所用药物和既往手术史。

(二)诊断

经过初步的评估和处理之后，通过病史、体格检查和实验室检查有助于进一步明确腹泻的病因。

1. 病史

(1)了解腹泻开始和持续的时间，大便的量、次数和特征，如大便中是否有血和黏液；有无伴随症状，如呕吐、发热、腹痛、里急后重以及神经系统症状。

(2)了解腹泻开始与其他症状的关系，如大量水样泻后出现痉挛性疼痛多考虑胃肠炎，大便后出现腹痛则提示外科病变；饮食是否加重腹泻。

(3)了解就诊前是否进行过治疗，效果如何；既往用药史和手术史，特别注意对免疫有影响的治疗；有无HIV感染史、糖尿病、胃肠道出血、恶性肿瘤、腹部手术和内分泌疾病；最近是否接受抗生素治疗和使用缓泻剂。

(4)了解个人和家族史中腹泻性疾病的情况、公众接触史、性接触史。异性和同性性接触可以引起阿米巴痢疾、沙门菌属、志贺菌属、蓝氏贾第鞭毛虫和曲菌的交叉感染。

(5)应特别注意病人近期的饮食情况、旅游史和户外活动情况；有无毒物接触史，包括重金属、一氧化碳、水杨酸盐和地高辛；有无过敏反应。

2. 体格检查 体格检查要评估病人的一般情况，查找容量不足的证据和中毒表现，排除腹部外科情况，并明确有无血便。痢疾总是伴有发热，但发热同样可以是急诊外科疾病的表现。

(1)低血压和心动过速则提示容量不足，应当检查黏膜的湿度、皮肤的弹性，是否有意识状态的改变，排尿有无减少，以及体重下降情况。

(2)腹部是查体重点。有明显腹痛的病人应先考虑是否有感染性胃肠炎以外的其他原因，如外科急腹症等。

（3）直肠检查可确定有无粪便嵌塞、黑粪症和血便。大量血液见于消化道出血、缺血性肠病、肠套叠和放射治疗等。同时取标本送检。

3. 辅助检查

（1）大便潜血和细胞计数：临床上常根据便常规检查发现白细胞来判断有无胃肠炎而采用抗生素治疗，这并不恰当，大便中检出白细胞只是支持诊断，对细菌性结肠炎不具特异性。许多因素引起的炎症性腹泻在大便中都可出现红细胞和白细胞，包括细菌、寄生虫和许多非感染性因素，如化疗、放疗、过敏反应、自身免疫性疾病和炎症性肠病等。排泄物中红细胞不一定与白细胞同时存在，如果粪便中只有红细胞而没有白细胞往往提示阿米巴感染、恶性肿瘤、重金属中毒、穿孔、痔疮、肠缺血和消化道出血等。

（2）艰难梭菌毒素检测：艰难梭菌引起的腹泻最常见于抗生素使用过程中，因此，如果病人近期用过抗生素，则应考虑进行该项检查。25%～40% 的病例在使用抗生素后 12 周才出现腹泻。

（3）大肠埃希菌 O_{157}∶H_7 毒素：对流行地区和怀疑溶血性尿毒症综合征的病人可以考虑进行该项检查。

（4）大便细菌培养：对于有发热、中毒表现、免疫抑制和高龄、病程延长、传统治疗无效的病人有必要进行大便培养。

（5）大便寄生虫和虫卵检测：不推荐作为常规检查。仅下列情况可考虑：①慢性腹泻；②有旅游史；③接触过托儿所的婴儿；④ HIV 感染者。

（6）尿液检查：在怀疑泌尿系统感染和妊娠时应进行尿样检查。

（7）放射检查：在考虑腹部外科疾病时应进行相应的放射检查，如肿瘤、梗阻、瘘管、盲袢和克罗恩病等。

（三）鉴别诊断

1. 腹泻最常见的原因还是急性胃肠炎，表现为上消化道症状突出，而腹泻可轻可重。急性胃肠炎这一诊断一般用于不明原因、具自限性、可能由病毒所致的腹泻。

2. 急性阑尾炎、异位妊娠、一氧化碳中毒和蛛网膜下腔出血也容易被误诊为急性胃肠炎，只有进行仔细而系统的病史调查、体格检查才能避免误诊，特别是腹泻开始的时间和严重程度，以及与其他症状的关系。

3. 急性胃肠炎病人在大量水样腹泻后多伴有腹肌痉挛，但在恶心和解稀便后出现腹痛也可以是阑尾炎的表现。痢疾表现为大量腹泻、恶心、发热、肌痛、头痛。

感染性腹泻的鉴别诊断见表 8-5。

表 8-5 感染性腹泻的鉴别诊断

病原菌	病史特点	临床特点	发病率	治疗
弯曲杆菌	食用污染的水、食物，又称为远足者腹泻，潜伏期 2～5 天，持续 1 周，10% 可复发，1～5 岁儿童和大学生多发	3～4 天前驱症状，包括发热、头痛、肌痛，腹肌痉挛和轻微呕吐，大便有红/白细胞	最常见，可以类似阑尾炎或炎症性肠病	对虚弱和脓毒症病人：环丙沙星 500mg，bid×5 天；红霉素 500mg 口服 qid×5 天
沙门菌属	食用污染的水和食物（鸡蛋/乳制品/牛奶），夏季发病，可呈家族性发病，多见于<5 岁儿童和老人，潜伏期 8～24 小时，持续2～5天	前驱症状数小时，有发热、头痛、腹痛、肌痛和轻微呕吐，5%～10% 发生菌血症，大便有白细胞，RBC 少见	在老人和新生儿和免疫缺陷者，脓毒症发生增加	对于脓毒症、老人和危重症病人：头孢曲松，iv；环丙沙星 500mg 口服 bid，3～7 天，TMP/SMX 口服，bid，3～7 天

续表

病原菌	病史特点	临床特点	发病率	治疗
志贺菌属（细菌性痢疾）	食用污染的食物和水，容易接触传染，从人到人，如家族性、工作场所集中发病，1～5岁儿童多发，潜伏期24～48小时，持续4～7天	突发发热、头痛、肌痛、腹痛和腹泻，里急后重，轻微呕吐，菌血症极少，大便每天10～20次，大便成堆红/白细胞	中毒型菌痢多见于2～7岁体质好的儿童，出现高热、四肢厥冷、皮肤花斑和神志改变，甚至发生呼吸循环衰竭，肠道症状轻微。又分为休克型和脑型	症状严重者：环丙沙星500mg口服，bid×3天；TMP/SMX口服，bid×3天
副溶血弧菌	食用生的或没有煮熟的海鲜、小虾和蚝，夏季发病，成人多见，潜伏期10～24小时，病程1～2天	突发腹泻，轻度腹肌痉挛，低热，头痛，恶心伴有小量呕吐，大便有红/白细胞	自限性疾病，菌血症罕见，	加强护理，一般是自限性，对重症和免疫抑制者：四环素或多西环素×7天
肠出血大肠埃希菌 O_{157}：H_7	进食污染的水和食物（生牛肉、牛奶、其他肉类等），机关、托儿所可暴发流行，儿童、老人易感，潜伏期3～8天，病程5～10天	严重腹肌痉挛，呕吐，低热，血便，产生志贺菌样毒素，非侵袭性，大便有红/白细胞	出血性胃肠炎，血样便，类似出血/缺血性结肠炎，可并发溶血性尿毒症综合征或血栓性血小板减少症	加强护理，对于有发生溶血性尿毒症综合征的老人和儿童给予抗生素治疗

（四）急诊处理

1. 快速评估和处理 评估和治疗腹泻病人应当从评估病人的整体健康状况、容量不足的程度和进行必要的监测开始。

（1）监测评估：监测血压、脉搏、呼吸频率、心电、脉搏血氧饱和度和肛温。如果病人严重脱水，预计要进行静脉补液时，要检测血电解质。注意血流动力学不稳定的证据，如低血压、心动过速、皮肤湿冷而苍白、少尿、呼吸急促以及精神状态改变，寻找全身疾病的体征如发热、腹痛、脱水、血便、肌痛、头痛、食欲缺乏等。

（2）急诊救治：对循环不稳定者应给予吸氧、建立静脉通道进行容量复苏。少数情况下可能有必要输血或血液制品。如果腹泻肯定是由感染所致，并且有全身感染的表现，应早期给予抗生素治疗。

2. 进一步治疗 如果有证据表明病人病情严重，或有中毒表现，或已经出现循环不稳定，都需要积极进行治疗（图8-3）。对于年老、年幼、有严重基础疾病和免疫抑制者应收住院治疗，而青壮年很少需要住院。

腹泻病人的初始治疗包括支持护理以及评估脱水程度。轻到中度脱水者可以选择口服补液治疗手段。对儿童病患，口服补液按50～100ml/kg剂量给予糖盐水，4小时即可完成。对于严重脱水的病人，则应选择静脉补充生理盐水或乳酸林格液。儿童按20ml/kg剂量快速补充生理盐水，必要时可重复补液。

对于腹泻病人还要根据病因采取针对性治疗。急诊很难确诊腹泻是由某种特异性病原菌引起的，因此针对微生物只能根据感染性腹泻的常见致病菌采取经验性治疗。对成人目前推荐的经验性抗生素治疗有：环丙沙星，每次500mg，2次/日，连用3～7日，孕妇和<18岁的未成年人禁止使用。如果考虑阿米巴痢疾，推荐在查找大便中寄生虫和虫卵后使用甲硝唑，双碘喹啉治疗。如果病人近期使用过抗生素，怀疑艰难梭菌肠炎，可以选择万古霉素或甲硝唑治疗。

笔记

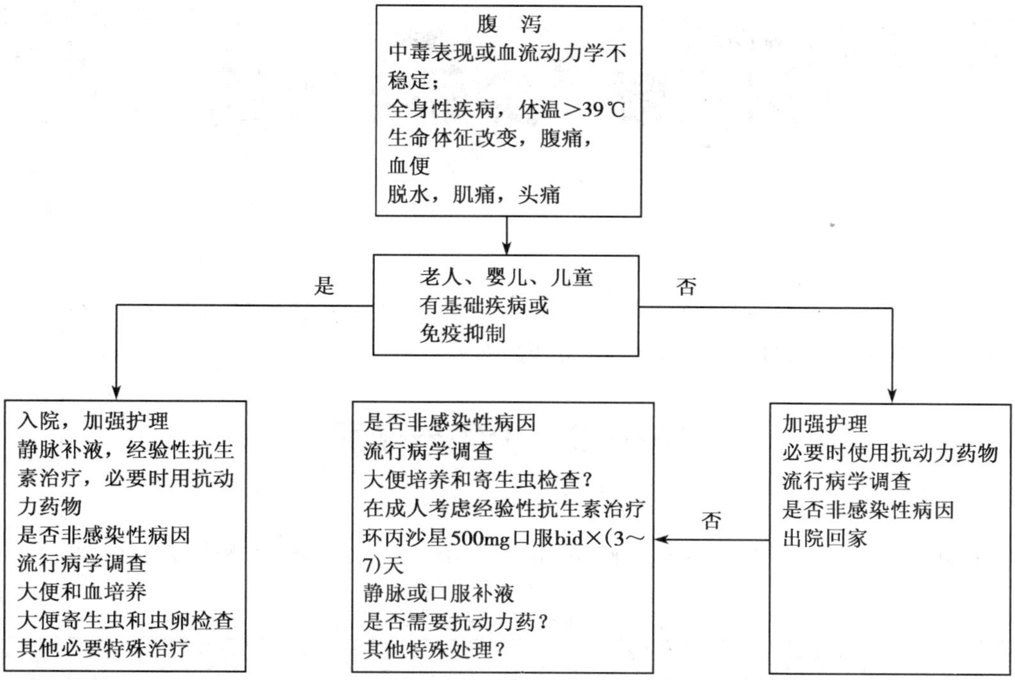

图8-3　腹泻病人诊疗流程图

（李树生）

思 考 题

1. 呕吐病因的主要鉴别诊断有哪些？
2. 腹泻病因的主要鉴别诊断及其临床意义是什么？

第九章　少尿与无尿

24 小时内尿量少于 400ml 或每小时尿量少于 17ml 为少尿；无尿为 24 小时内尿量少于 100ml 或 12 小时内尿量为零。肾前性、肾性和肾后性等病因均可引起少尿或无尿。

第一节　少尿与无尿

一、病因

引起少尿（oliguria）与无尿（anuria）的病因可分成肾前性、肾性和肾后性三大类（表 9-1）。

表 9-1　少尿与无尿的常见原因

类型	常见原因	常见病因
肾前性	低血容量	经皮肤、肾脏、胃肠道置管或出血等体液丢失：大面积烧伤、失血、高温、浆膜腔积液等；血管内体液重新分布：腹膜炎、胰腺炎、各种休克等
	心排血量减少	充血性心力衰竭、急性肺水肿、心脏瓣膜病、心包压塞等
	其他原因	过敏、脓毒症、低蛋白血症、肾病综合征、肝衰竭、溶血、挤压综合征等
肾性	血管源性	肾血管栓塞、全身性血管疾病（血栓性血小板减少性紫癜、DIC、硬皮病、恶性高血压等）、肾上腺皮质血流急剧减少
	肾小球病变	原发性肾小球疾病（急进型肾小球肾炎等）、自身免疫病（系统性红斑狼疮）、细菌性心内膜炎、全身性血管炎等
	肾小管间质病变	缺血性急性肾小管坏死、中毒性肾小管损伤（药物、外源性毒物等）、药物诱发的间质性肾炎、肾实质损伤或压迫（肾脏肿瘤、急性尿酸性肾病、乙二醇中毒等）
肾后性	肾盂和输尿管病变	血凝块、结石、腹膜后纤维化、尿酸 / 草酸结晶沉积、肾乳头坏死、外源肿瘤压迫
	膀胱、前列腺和尿道	肿瘤、结石、血凝块、前列腺增生 / 肿瘤、尿道狭窄、包皮过长、神经源性膀胱功能障碍
	药物影响	磺胺、甲氨蝶呤、阿昔洛韦等

二、临床特点

（一）临床表现

少尿与无尿除原发病的表现外，大多数病人还存在乏力、倦怠、水肿等先驱症状，由于机体蛋白、血肌酐、离子以及酸碱平衡等因素变化，还可见如下主要伴随表现：

1. 消化系统　恶心、呕吐、厌食、呃逆及腹泻等。

2. 呼吸系统　呼吸深而快、常有气促，甚至发生 Kussmaul 呼吸。因代谢产物潴留及免疫功能低下易合并感染，以呼吸系统感染常见，表现为支气管炎、肺炎、胸膜炎合并胸腔积液等。

3. 循环系统　血压升高，重者可发生高血压脑病。发生心包炎时，左胸剧烈疼痛，常伴有心包摩擦音、甚至发生心包填塞。晚期可出现心脏扩大、各种心律失常和心力衰竭等。

4. 血液系统　贫血，多为正细胞、正色素性贫血，随着肾功能减退而加剧。常有皮下出血、鼻出血、月经过多及消化道出血等倾向。

5. 神经系统　头晕、烦躁不安，严重者可出现意识障碍、抽搐、扑翼震颤及肌阵挛等，有思维不集中、失眠或嗜睡、周围神经病变、自主神经症状等。

6. 皮肤表现　面色萎黄、水肿，皮肤干燥、脱屑、无光泽、有色素沉着。较常见顽固性瘙痒，有时出现瘀斑。由于瘙痒及抵抗力降低，易致皮肤化脓性感染。

7. 性腺功能障碍　可出现甲状腺、性腺功能低下，男性可出现性欲减退和阳痿，女性可出现闭经、不孕。

（二）辅助检查

对少尿、无尿的病因学诊断具有重要价值。

1. 尿液检查　肾前性少尿或无尿时尿比重增高，急性肾小管坏死尿比重一般低于1.014。尿中含大量病理成分提示为肾性少尿。尿钠定量>30mmol/L，尿蛋白定性阳性（+～++++）。尿沉渣镜检可见粗大颗粒管型，红、白细胞等。

2. 肾功能检查　血尿素氮和肌酐升高。血尿素氮/血肌酐≤10是重要诊断指标。此外，尿液中尿素/血尿素<15（正常尿中尿素200～600mmol/24h，尿/血尿素之比>20），尿肌酐/血肌酐≤10也有诊断意义。

3. 血液检查　红细胞及血红蛋白均下降，白细胞增多，血小板减少。可有高血钾、低血钠、高血镁、高血磷、低血钙、二氧化碳结合力降低等。慢性肾衰竭者呈负氮平衡。可出现糖耐量减低，甘油三酯水平升高，低密度脂蛋白增高等。

4. 滤过钠排泄分数（FENa）测定　对病因诊断有一定意义。其值>1者为急性肾小管坏死，见于非少尿型急性肾小管坏死及尿路梗阻。其值<1者，为肾前性氮质血症及急性肾小球肾炎。

5. 中心静脉压测定　对鉴别肾前性与急性肾小管坏死有意义，且能指导补液治疗。

6. 影像学检查　有针对性地选择尿路X线（如腹部平片）、超声、CT、MRI、膀胱镜以及DSA等检查，有助于明确病因学诊断。

7. 肾图　是诊断尿路梗阻等肾后性少尿的一种可靠、简便的方法，检出率较高，用于评价尿路梗阻引起的肾功能受损程度，比静脉肾盂造影灵敏。肾图亦可在较早期提供肾功能状态，对于判断疗效和掌握病情的发展很有帮助。

三、诊断

准确计算单位时间内的尿量即可诊断少尿或无尿，还应根据病史、体格检查和必要的实验室及辅助检查综合分析，做出病因学诊断。

四、急诊处理

1. 急诊处置　应优先处理危及生命的严重液体过量或不足、高血钾等。检查一般生命体征和中心静脉压（CVP），评估血容量是否充足。如果血容量不足，应及时补液。如果血容量负荷过重，应考虑紧急血液滤过或透析，并给予呋塞米、硝酸酯类药物等。

2. 高血钾处理　10%葡萄糖酸钙10～20ml静脉注射，根据需要在1小时后重复使用；50%葡萄糖50ml加入胰岛素10U，15～30分钟内输入；病情严重者可行血液透析治疗。

3. 病因治疗　尽快完成相关检查以明确引起少尿或无尿的病因，并采取相应措施。

（1）肾前性疾病：补充血容量，纠正脱水及休克，改善循环，治疗心力衰竭等。

（2）肾实质性疾病：根据其原发病给予不同处理，如血容量充足可适当使用利尿药物。

（3）肾后性疾病：有明确引起梗阻原因者，及时运用包括手术在内的方法解除梗阻。

4. 对症治疗　如有尿潴留，及时导尿治疗，必要时留置导尿管。

第二节 急性肾损伤

急性肾损伤(acute kidney injury，AKI)，以前称急性肾衰竭(acute renal failure，ARF)，表现为进行性的氮质血症，并对机体产生广泛影响，包括代谢紊乱(代谢酸中毒和高钾血症)，体液平衡(容量负荷过重)紊乱等，时间一般不超过3个月。

AKI在很大程度上已经取代了急性肾衰竭(ARF)，这反映了急性肾衰竭这一定义的缺陷性，后者提示明显肾衰竭状态，有证据表明不要忽略肌酐的轻微升高，可能与预后不良相关，而这时仍采用ARF来定义和诊断就会忽视早期轻症，并延误治疗。

引起AKI的原因较多，临床上分肾血流减少(肾前性)、肾实质损坏(肾性)和尿路梗阻(肾后性)三大类。肾性又分为肾小球型、肾血管型、肾间质型、肾小管型4种，其中急性肾小管坏死最常见。急性肾小管坏死又分为肾缺血型和肾毒物型两类，缺血性是由于严重持续的低血压使肾小动脉强烈收缩，导致肾脏低灌注，进而使肾小管发生缺血性坏死；肾毒物型是各种毒物如重金属(汞、砷、铅)、抗生素(庆大霉素、多黏菌素等)、磺胺类、某些有机化合物(四氯化碳、氯仿、甲醇等)、杀虫剂、造影剂、蛇毒、肌红蛋白等经肾脏排泄时直接损害肾小管，引起肾小管上皮细胞坏死。

一、临床特点

AKI临床表现分为少尿型(80%)和非少尿型(20%)。急诊常见的AKI多出现在脓毒症、严重创伤、误输血、中毒等情况，病人迅速出现少尿或无尿，内环境恶化进行性加重，病情进展迅速。临床病程分为三期。

(一)少尿期

最初数日临床表现以原发病为主，数日后出现AKI的典型表现，如水中毒、高血钾、高血镁、低血钠、低血钙、代谢性酸中毒及尿毒症等症状。这些症状随时间延长而加重。少尿期一般持续7～14天，短者2～3天，长者可达30天，持续越久，预后越差。

1. 电解质紊乱

(1)高钾血症：主要由肾脏排泄功能障碍及大量钾离子从细胞内转移到细胞外液所致。一般血钾每日增高0.3～0.5mmol/L，且血清钾增高是病人第一周内死亡的主要原因。早期心电图可见T波高尖。

(2)低钠血症：一般血清钠浓度在135mmol/L以下，甚至低于125mmol/L。低钠血症分为稀释性和缺钠性两种类型，临床上应注意区别。

(3)低钙血症与高镁血症：低钙血症因骨溶解，实验室检查降低不明显，但病人会出现手足搐搦。高镁血症达到一定程度会抑制钙离子释放，使低钙血症进一步加重。

2. 体液过多 表现有血压升高、肺水肿和心力衰竭。病人出现呼吸短促，肺泡呼吸音减低，两肺底出现湿性啰音，心率加快，奔马律，颈静脉怒张，肝大或有轻度下肢水肿。X线胸片可见肺门部蝶形阴影。可有头痛、恶心、呕吐、表情淡漠、定向障碍、意识模糊、抽搐及昏迷等急性水中毒表现。

3. 代谢性酸中毒 表现为过度换气、深大呼吸。

4. 氮质血症 血尿素氮、肌酐明显增高。

AKI早期出现的是食欲减退、恶心、呕吐、腹胀、腹泻、消化道出血、黄疸等消化系统症状。心力衰竭及各种心律失常也较为多见。伴有神经系统症状，如意识淡漠、嗜睡或烦躁不安，严重时可发生谵妄或昏迷(尿毒症性脑病)。皮肤干燥，并伴有水肿，尿素结晶析出，呼气带有尿素味。可有贫血及出血倾向，以及合并感染的表现。

(二)多尿期

笔记

尿量增加超过400～500ml/d，可认为是多尿期的开始。日尿量增至2000ml则表明进入多尿期，尿量超过3000ml为多尿，多尿期的日尿量最高可达6000ml。随着尿量的增加，病人自觉症状日益好转，水肿消退，血压恢复正常。此期由于大量的水、钠及钾的排出，病人可发生脱水、低血钠及低血钾。机体抵抗力降低，易发生感染。多尿期一般经历1～2周。

（三）恢复期

精神及食欲明显好转，但由于大量消耗，病人虚弱无力、消瘦、营养不良、贫血。一般需2～3个月才能恢复健康。少数病人肾功能永久性损害，其中少部分发展成慢性肾衰竭。

非少尿型AKI，病人日尿量>600～800ml，甚至尿量无明显减少，而尿素氮日升高3.5mmol/L，血肌酐日升高44.2μmol/L，尿比重低（<1.020）。

二、诊断与鉴别诊断

（一）病史及病因

根据导致AKI的原发疾病及临床表现，确定是属于肾前性、肾后性或肾实质性，初步确定分期。

（二）体格检查

测量血压，并观察病人是否有脱水、贫血及颈静脉充盈。全面体格检查，结合病史基本可以初步判断AKI性质和类型。

（三）实验室检查

1. 尿液检查 ①尿量变化：少尿型AKI病人每日尿量<400ml，每小时<17ml，非少尿型每日尿量>500ml。无尿与突然尿量增多交替出现是尿路梗阻的特征性表现之一。②尿沉渣检查：尿呈酸性，尿中可见蛋白质、红白细胞及各种管型。③尿肌酐及尿素氮测定：AKI时排泄量减少，肌酐多在1g/d以下，尿素氮多在10g/d以下。④尿钠：肾前性氮质血症时尿钠显著降低，常为5mmol/d，而少尿型急性肾小管坏死时约在25mmol/d。⑤尿渗透压：尿渗透压与血渗透压比值<1∶1，表明肾浓缩功能低下。

2. 血生化及血气分析 血清肌酐及尿素氮逐日增高是AKI的特点，还存在代谢性酸中毒，血浆CO_2CP降低，程度与病情严重性有关。监测血浆钾、钠、氯、钙、镁等离子水平。

3. 肾影像学检查 超声显示肾实质厚度>1.7cm，提示肾性AKI；出现肾、输尿管积水，提示肾后性尿路结石。

4. 肾活检 对肾脏原发性病变的性质具有可靠的诊断价值。

5. 鉴别肾前性氮质血症和急性肾小管坏死

（1）尿比重：多数肾前性氮质血症病人尿比重>1.025，而多数急性肾小管坏死病人尿比重<1.015。

（2）尿渗透浓度：反映单位容量内溶质微粒的数目，与溶质体积大小及密度无关，比尿比重更能准确地表示肾浓缩功能。尿渗透浓度>500mmol/L或<350mmol/L可作为肾前性氮质血症与急性肾小管坏死的鉴别指标。

（3）尿/血浆比重：尿/血浆渗透浓度比重>1.5，提示肾前性氮质血症，<1.2则提示急性肾小管坏死。

（4）尿/血浆肌酐比值：肾前性氮质血症时多在37～45之间，急性肾小管坏死多低于20。

（四）诊断

血肌酐48小时内≥0.3mg/dl（>26.5μmol/l）；或血肌酐在7天内升高达基础值的1.5倍以上；或尿量<0.5ml/（kg•h），持续6小时。

2004年，急性透析质量指导组（ADQI）对AKI进行RIFLE分级，其中包括三个严重程度分级：潜在损害（risk）、损害（injury）、衰竭（failure）和两个结局分类：功能丧失（loss）和终末阶段（end stage）。2007年Acute Kidney Injury Network（AKIN）将RIFLE进行修订，使其更符合临床。研究表明，随着AKI分级的增高，住院死亡率几乎是线性增加（表9-2，表9-3）。

表 9-2 AKI 分级标准（RIFLE）

	肾小球滤过率标准	尿排出量标准
潜在损害	血肌酐升高 1.5 倍或 GFR 下降>25%	尿量<0.5ml/（kg•h）×6h
损害	血肌酐升高 2 倍或 GFR 下降>50%	尿量<0.5ml/（kg•h）×12h
衰竭	血肌酐升高 3 倍或 GFR 下降>75% 或血肌酐>4mg/dl 或快速升高 ≥0.5mg/dL	尿量<0.3ml/（kg•h）×24h 或无尿 ×12h
功能丧失	存在肾功能完全丧失>4 周	
终末阶段	终末期肾病（>3 月）	

表 9-3 AKI 分期标准（AKIN）

	血清肌酐	尿量
1 期	基础值的 1.5～1.9 倍，或增高≥0.3mg/dl（>26.5μmol/l）	<0.5ml/（kg•h）（时间>6h）
2 期	基础值的 2.0～2.9 倍	<0.5ml/（kg•h）（>12h）
3 期	基础值的 3.0 倍，或血肌酐增加至≥4.0mg/dl（353.6μmol/l），或开始肾脏替代治疗	少尿[<0.3ml/（kg•h）]24h 或无尿>12h

（五）鉴别诊断

鉴别 AKI 的原因，对于指导治疗有着至关重要的意义，诊断流程见图 9-1。

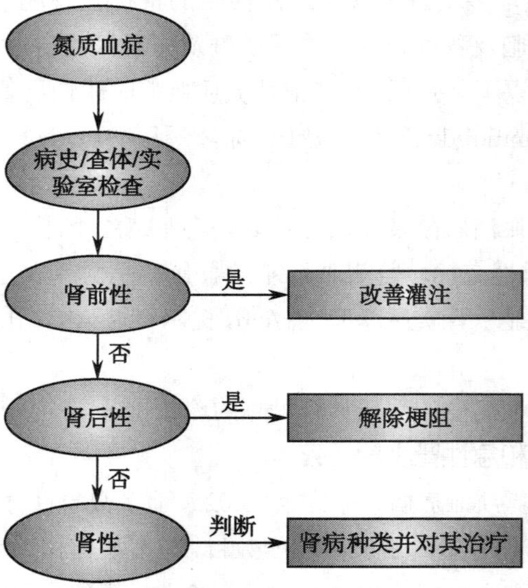

图 9-1 急性肾损伤诊断流程

1. 肾后性 AKI 首先排除肾后性 AKI 或急性梗阻性肾病。梗阻一旦解除，肾功能可迅速恢复正常。急性尿路梗阻所致 AKI 以结石为最常见。B 超、核素肾图、排泄性尿路造影或逆行性肾盂造影、CT、MRI 等对诊断梗阻性肾病有帮助。

2. 肾前性 AKI 主要是急性血容量不足所致 AKI 与急性肾小管坏死的鉴别。

3. 肾实质性 AKI 主要包括急性间质性肾炎、急性肾小球肾炎、肾血管疾病（如双侧肾静脉、肾动脉或腹主动脉栓塞或血栓形成）、子痫等。掌握这些疾病的临床特征，除某些疾病需要肾活检，甚至电镜检测外，鉴别诊断并不困难。

三、急诊处理

笔记

原则是改善血流动力学和最大程度减少肾损害，增加肾小球滤过率和尿排出量、维持体液和电解质平衡，优先处理危及生命的并发症，同时寻找病因，明确分期，依据分期进行处理（图 9-2），并治疗原发病。

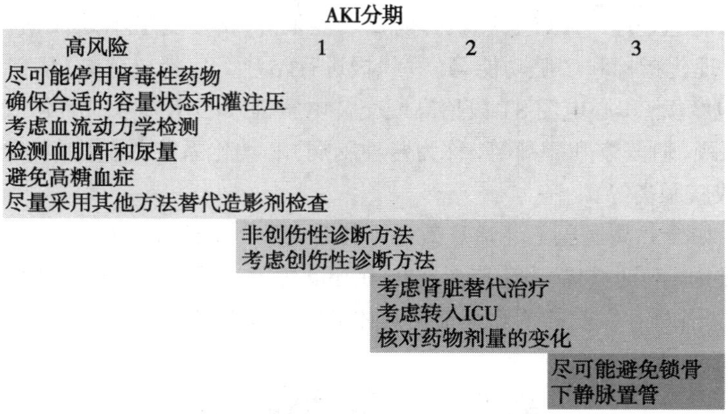

图 9-2　AKI 各期处理措施

1. 少尿期的治疗　原则包括降低肾小球滤过率，增加尿排出量，预防和控制全身并发症。在少尿期威胁生命的主要因素是代谢紊乱（高钾血症、低钙血症、高磷血症和酸中毒等）、容量过负荷（如高血压、心力衰竭等）、继发感染及氮质血症导致的内源性中毒。因此，此阶段的治疗重点在于维持水和电解质平衡、控制感染及排除毒素。

（1）保持体液平衡：严格控制水分摄入，防止体液过多导致急性肺水肿。每日入液量应坚持“量出为入，宁少勿多”的原则，保持体液平衡最为重要。对于某些容量缺失的肾前性少尿，应补充足够的血容量。对于容量过负荷导致的高血压和心力衰竭，常应用利尿药和透析治疗。

（2）维持电解质平衡

1）高钾血症：在少尿期如发现 ECG 改变或血钾≥6mmol/L，必须立即处理。具体措施如下：①避免食用含钾较多的食物和药物；②禁用库存血；③钠型离子交换树脂 15～30g 口服或甘露醇高位灌肠；④ 25%～50% 葡萄糖液加胰岛素（4g∶1U）静脉滴注；⑤ 10% 葡萄糖酸钙 10～20ml 静脉缓慢注射；⑥ 5% 碳酸氢钠 80～100ml 静脉注射；⑦血液透析。

2）低钠血症：少尿期的低钠血症多由血液稀释所致，提示体液过多，限制进水量即可纠正，无需补钠。只有在缺钠性低钠血症，血清钠低于 120mmol/L，或同时伴有高血钾及代谢性酸中毒时才考虑碳酸氢钠补钠。

3）低血钙和高血磷：无症状者可经食物补充钙剂，必要时给予 10% 葡萄糖酸钙 10～20ml 缓慢静脉注射，禁食高磷食物。

4）高血镁：运用钙离子对抗镁离子的作用。

（3）纠正代谢性酸中毒：轻度酸中毒一般无需治疗，当 HCO_3^-<10mmol/L，或血 pH<7.15 时给予碳酸氢钠。

（4）血液净化或透析疗法：紧急透析指征：①血清钾>6.0mmol/L；②体液过负荷，有心力衰竭及肺水肿。其他适应证包括：①血清尿素氮>28.7mmol/L 或肌酐>530.4μmol/L。②严重代谢性酸中毒，血 HCO_3^-<12mmol/L。③高代谢性急性肾小管坏死，每日血清尿素氮升高>10.7mmol/L 或肌酐增高>88μmol/L；每日血清钾增加>1mmol/L 或 HCO_3^- 降低 2mmol/L；血清肌酐>1326μmol/L 或血清磷>2.6mmol/L。在终末期肾脏病人中，锁骨下静脉置管导致静脉狭窄的发生率比颈内静脉置管高。因此 AKI 病人透析静脉导管的插管优先顺序为：右侧颈内静脉、股静脉、左侧颈内静脉、优势肢体侧的锁骨下静脉。

2. 多尿期及恢复期治疗　多尿期早期不宜立即停止透析。尿量增至 2500ml/d 以上时，输入液体总量应为尿量的2/3。其中半量补充生理盐水，半量为5%～10%葡萄糖。如能进食者尽量以口服为宜，不足部分采取静脉补充。

在多尿期后期或恢复期，肾功能未完全恢复正常，仍应注意用药安全，减少毒性反应。

3. 其他脏器影响的处理 AKI会使机体防御功能下降，对全身脏器造成损害，因此应监测身体机能，检测血常规、理化指标和心脏功能等，并积极进行治疗。包括抗感染（多伴有发热）；治疗心脏损伤如心包炎（心包摩擦音、心电图ST段抬高或交替电压等）、心律失常；积极处理神经系统异常（如嗜睡、意识蒙眬、烦躁、肌阵挛和癫痫等，称为肾性脑病）和消化系统并发症，如厌食、恶心、呕吐、消化道出血、胃肠炎或胰腺炎等。

4. 其他治疗 如合并高血压上述治疗效果不佳时，可予以药物降压治疗、伴有心力衰竭者除减少液体负荷外，必要时给予小剂量毛花苷丙0.2～0.4mg静脉注射，贫血严重者（Hb<60g/L）可考虑输注红细胞或新鲜血。各种并发症的治疗应根据具体情况予以选择。

第三节 急性尿潴留

尿潴留（urinary retention）是指尿液在膀胱内不能排出。如尿液完全潴留于膀胱，称为完全性尿潴留。急性发作者膀胱胀痛，尿液不能排出，称为急性尿潴留（acute urinary retention，AUR），以前列腺肥大的老年人最多见；缓慢发生者常无疼痛，经常有少量持续排尿，称为慢性尿潴留，又称假性尿失禁。

一、病因

引起AUR的原因很多，主要有尿道梗阻性疾病、膀胱本身疾病或功能障碍、神经因素和药物等，详见表9-4。

表9-4 成人AUR的常见病因

部位	常见疾病
阴茎	包茎、嵌顿包茎、尿道狭窄、外来物体梗阻
尿道	肿瘤、外来物压迫、结石、重症尿道炎、尿道狭窄
前列腺	良性前列腺增生、癌肿、重症前列腺炎、膀胱颈挛缩、前列腺梗死
神经性原因	运动性麻痹：脊髓休克、脊索综合征（spinal cord syndrome） 感觉性麻痹：脊柱结核、糖尿病、多发性硬化、脊髓空洞症、脊索综合征、带状疱疹
药物	抗组胺药、抗胆碱能药物、解痉药、三环类抗抑郁药、α-肾上腺素能激动剂（麻黄碱衍生物、苯丙胺等）、β-受体阻断剂、麻醉性药物制剂、肌肉松弛剂
精神心理因素	惊恐
昏迷	各种原因导致的昏迷

二、临床特点

病人既往多有排尿无力、尿流变细，夜尿增加或失禁、排尿淋漓不尽感，或有尿潴留、尿道扩张、插管、前列腺手术等病史。如果尿潴留前存在尿路感染，则有尿频、尿急、尿痛等尿路刺激症状。如果病人出现消瘦、骨痛，则提示前列腺癌。

症状与体征：下腹部胀满、自觉排尿困难、尿流中断，排空感不明显或无尿意。检查可见耻骨上部视诊膨隆，叩诊浊音和扪及巨大包块、边缘光滑等膀胱涨满的体征。

AUR病人可出现其他一些并发症，并表现出相应症状和体征，如继发尿路感染、膀胱破裂等。膀胱破裂是尿潴留的严重并发症，在尿潴留的基础上突然发生腹痛，并出现腹膜刺激征时，应考虑膀胱破裂的可能性。

笔记

三、诊断与鉴别诊断

女性尿潴留最常见的原因是常年憋尿导致的膀胱逼尿肌弛缓并失代偿。年轻人出现尿潴留很可能是神经系统病变(脊柱结核、糖尿病、多发性硬化、脊髓空洞症等)的早期表现。包茎、嵌顿包茎、尿道狭窄极少引起尿潴留,但也有这种可能。对于有轻、中度膀胱颈梗阻的老年人,某些药物(见表 9-4)可直接或间接引起尿潴留。50 岁以上的男性在除外良性前列腺增生引起的尿潴留以后,要考虑到前列腺肿瘤、继发性感染或外伤、膀胱弛缓症或神经性原因等。

尿潴留本身诊断不难,寻找病因可询问有无尿路感染、尿石排出、尿道损伤、前列腺病变、中枢神经系统感染以及糖尿病等病史和做相应辅助检查,多能提供诊断线索。辅助检查和实验室检查多能明确病因诊断,包括肾功能检查(BUN、肌酐)和尿液分析。血尿提示存在感染、肿瘤或结石。肾动脉造影、膀胱 X 线平片检查、B 超、膀胱镜、CT、MRI 有助于病因和尿潴留的诊断。

心理因素导致的尿潴留罕见,在做出诊断之前必须由泌尿外科医师排除器质性病变。

四、急诊处理

(一)病因治疗

AUR 需要急诊处理,应立即进行尿液引流。因此,除了急诊可解除的病因外,如尿道结石或血块堵塞、包茎引起的尿道外口狭窄、包皮嵌顿等,其他可在尿液引流后,再针对性地进行治疗。

(二)膀胱减压

1. 导尿术 膀胱以下尿道梗阻或神经源性膀胱等疾病引起的 AUR 病人,可经尿道插入导尿管进行膀胱减压。

2. 耻骨上膀胱穿刺造瘘 耻骨上膀胱穿刺造瘘的适应证包括:对经尿道导尿有禁忌或经尿道插管失败的 AUR 病人,建议采用超声定位引导膀胱穿刺造瘘。

(三)手术治疗

若有手术治疗指征,则病人情况允许时可进行手术治疗,以从根本上避免 AUR 再发,也可避免长期或重复置管。

(四)药物治疗

1. α 受体阻滞剂 α 受体阻滞剂能松弛前列腺和膀胱颈等部位平滑肌,缓解因逼尿肌外括约肌协同失调或尿道外括约肌痉挛所致的尿道梗阻,主要用于缩短 AUR 后导尿管的留置时间,以及避免急性尿潴留复发。

2. 拟副交感神经节药物 作用于膀胱逼尿肌的胆碱能神经,多用于手术后或产后的 AUR,主要适应于非梗阻 AUR、神经源性和非神经源性逼尿肌收缩乏力等。

(张进祥)

思考题

1. 少尿与无尿的分类及常见原因是什么?
2. 少尿与无尿鉴别诊断的重要指标是什么?
3. 急性肾损伤的主要临床特点、辅助检查的意义和急诊处理原则是什么?
4. 急性肾损伤 KIDN 的分期标准?
5. 急性尿潴留原因是什么?如何紧急处理?

第十章 急性中毒

急性中毒是指短时间内吸收大量毒物导致躯体损害，起病急骤，症状严重，病情变化迅速，如不及时治疗常危及生命。根据来源和用途不同可将毒物分为：工业性毒物、药物、农药、有毒动植物等。

第一节 总 论

一、概述

中毒(poisoning)是指有毒化学物质进入人体后，达到中毒量而产生的全身性损害，分为急性中毒和慢性中毒两大类。引起中毒的化学物质称为毒物(poison)。慢性中毒是长时间吸收小量毒物的结果，一般起病缓慢，病程较长，缺乏特异性诊断指标，多不属于急诊范畴。本章节只讲述急性中毒。

（一）病因

1. 职业性中毒 由于生产和使用过程中不注意劳动保护，密切接触有毒原料、中间产物或成品而发生的中毒。

2. 生活性中毒 主要由于误食或意外接触有毒物质、用药过量、自杀或故意投毒谋害等原因使过量毒物进入人体内而引起中毒。

（二）毒物的吸收、代谢及排出

毒物可通过呼吸道、消化道及皮肤黏膜等途径进入人体。毒物吸收后经血液分布于全身，主要在肝脏代谢。多数毒物代谢后毒性降低(解毒)，但也有少数毒物代谢后毒性反而增强。体内毒物主要由肾脏排出，气体和易挥发毒物还可以原型经呼吸道排出，重金属如铅、汞、锰、砷等可由消化道和乳汁排出。

（三）中毒机制

1. 局部腐蚀、刺激作用 强酸、强碱可吸收组织中的水分，并与蛋白质或脂肪结合，使细胞变性、坏死。

2. 缺氧 一氧化碳、硫化氢、氰化物等窒息性毒物可阻碍氧的吸收、转运或利用，使机体组织和器官缺氧。

3. 麻醉作用 脑组织和细胞膜脂类含量高，而有机溶剂和吸入性麻醉剂具有较强的亲脂性，故能通过血脑屏障进入脑内，抑制脑功能。

4. 抑制酶的活力 很多毒物或其代谢产物可通过抑制酶的活力而对人体产生毒性。如有机磷杀虫药抑制胆碱酯酶，氰化物抑制细胞色素氧化酶，重金属抑制含巯基的酶等。

5. 干扰细胞或细胞器的生理功能 四氯化碳代谢生成的三氯甲烷自由基可作用于肝细胞膜中不饱和脂肪酸，产生脂质过氧化，使线粒体、内质网变性，肝细胞坏死。

6. 受体竞争 阿托品通过竞争阻断毒蕈碱受体，产生毒性作用。

二、临床特点

（一）毒物接触史

毒物接触史对于确诊具有重要意义。对怀疑生活性中毒者，应详细了解病人精神状态、长期服用药物种类、家中药品有无缺少等。怀疑一氧化碳中毒时，需查问室内炉火和通风情况、有无煤气泄漏、当时同室其他人员是否也有中毒表现。怀疑食物中毒时，应调查同餐进食者有无类似症状发生。对于职业性中毒，应详细询问职业史，包括工种、工龄、接触毒物种类和时间、环境条件、防护措施以及先前是否发生过类似事故等。

(二)临床表现

急性中毒可以累及全身各个系统，出现相应的临床表现，各类毒物所致系统损害及临床表现见表10-1。

表10-1 各类毒物所致系统损害及临床表现

累及系统	临床表现	毒物
皮肤黏膜	皮肤及口腔黏膜灼伤	见于强酸、强碱、甲醛、苯酚、百草枯等腐蚀性毒物
	发绀	麻醉药、有机溶剂、刺激性气体、亚硝酸盐和苯胺、硝基苯等
	黄疸	毒蕈、鱼胆、四氯化碳、百草枯等
	颜面潮红	阿托品、颠茄、乙醇、硝酸甘油
	皮肤湿润	有机磷、水杨酸、拟胆碱药、吗啡类
	樱桃红色	一氧化碳、氰化物
眼	瞳孔缩小	有机磷类、阿片类、镇静催眠药及氨基甲酸酯类
	瞳孔扩大	阿托品、莨菪碱、甲醇、乙醇、大麻、苯、氰化物等
	视神经炎	甲醇、一氧化碳等
神经系统	昏迷	麻醉药、镇静催眠药、有机溶剂、一氧化碳、硫化氢、氰化物、有机汞、拟除虫菊酯、乙醇、阿托品等
	谵妄	有机汞、抗胆碱药、醇、苯、铅等
	肌纤维颤动	有机磷、有机汞、有机氯、汽油、乙醇、硫化氢等
	惊厥	毒鼠强、窒息性毒物、有机氯杀虫剂、拟除虫菊酯类杀虫剂及异烟肼等
	瘫痪	可溶性钡盐、一氧化碳、三氧化二砷、蛇毒、河豚毒素、箭毒等
	精神异常	二硫化碳、一氧化碳、有机溶剂、乙醇、阿托品、抗组胺药和蛇毒等
呼吸系统	呼吸气味	氰化物有苦杏仁味；有机磷杀虫药、黄磷、铊等有大蒜味 苯酚和甲酚皂溶液有苯酚味
	呼吸加快或深大	二氧化碳、呼吸兴奋剂、水杨酸类、抗胆碱药
	呼吸减慢	催眠药、吗啡、海洛因
	肺水肿	刺激性气体、磷化锌、有机磷杀虫剂、百草枯等
消化系统	中毒性肝损害	磷、硝基苯、毒蕈、氰化物、蛇毒
	中毒性胃肠炎	铅、锑、砷、强酸、强碱、磷化锌
循环系统	心律失常	
	心动过速	阿托品、颠茄、氯丙嗪、拟肾上腺素药
	心动过缓	洋地黄类、毒蕈、拟胆碱药、钙离子拮抗剂、β受体阻滞剂
	心脏骤停	
	直接作用于心肌	洋地黄、奎尼丁、氨茶碱、吐根碱
	缺氧	窒息性毒物
	低钾血症	可溶性钡盐、棉酚、排钾性利尿剂
泌尿系统	肾小管坏死	毒蕈、蛇毒、生鱼胆、斑蝥、氨基糖苷类抗生素
	肾小管堵塞	砷化氢中毒、蛇毒、磺胺结晶等
血液系统	溶血性贫血	砷化氢、苯胺、硝基苯等
	再生障碍性贫血	氯霉素、抗肿瘤药、苯等
	出血	阿司匹林、氯霉素、氢氯噻嗪、抗肿瘤药
	血液凝固障碍	肝素、香豆素类、水杨酸类、敌鼠、蛇毒等

(三)实验室检查

1. 尿液检查 尿液的外观和显微镜检查可为毒物的判断提供线索：①肉眼血尿：见于影响凝血

功能的毒物中毒；②蓝色尿：见于含亚甲蓝的药物中毒；③绿色尿：见于麝香草酚中毒；④橘黄色尿：见于氨基比林等中毒；⑤灰色尿：见于酚或甲酚中毒；⑥结晶尿：见于扑痫酮、磺胺等中毒；⑦镜下血尿或蛋白尿：见于升汞、生鱼胆等肾损害性毒物中毒。

2. 血液检查

（1）外观：①褐色：高铁血红蛋白生成性毒物中毒；②粉红色：溶血性毒物中毒。

（2）生化检查：①肝功能异常：见于四氯化碳、对乙酰氨基酚、重金属等中毒；②肾功能异常：见于肾损害性毒物中毒，如氨基糖苷类抗生素、蛇毒、生鱼胆、重金属等中毒；③低钾血症：见于可溶性钡盐、排钾利尿药、氨茶碱等中毒。

（3）凝血功能检查：凝血功能异常多见于抗凝血类灭鼠药、蛇毒、毒蕈等中毒。

（4）动脉血气：低氧血症见于刺激性气体、窒息性毒物等中毒；酸中毒见于水杨酸类、甲醇等中毒。

（5）异常血红蛋白检测：碳氧血红蛋白浓度增高提示一氧化碳中毒；高铁血红蛋白血症见于亚硝酸盐、苯胺、硝基苯等中毒。

（6）酶学检查：全血胆碱酯酶活力下降提示有机磷杀虫药、氨基甲酸酯类杀虫药中毒。

3. 毒物检测 毒物检测理论上是诊断中毒最为客观的方法但很多中毒病人体内并不能检测到毒物。因此，诊断中毒时不能过分依赖毒物检测。

三、诊断与鉴别诊断

中毒的诊断主要依据接触史和临床表现，同时还应进行相应的实验室及辅助检查或环境调查，以证实人体内或周围环境中存在毒物，并排除其他有相似症状的疾病，方可作出诊断。

四、急诊处理

（一）治疗原则

1. 立即脱离中毒现场，终止与毒物继续接触。
2. 检查并稳定生命体征。
3. 迅速清除体内已被吸收或尚未吸收的毒物。
4. 如有可能，尽早使用特效解毒药。
5. 对症支持治疗。

（二）治疗措施

1. 评估生命体征 若病人出现呼吸、循环功能不稳定，如休克、严重低氧血症和呼吸心脏骤停，应立即进行心肺复苏，复苏时间要延长，尽快采取相应的救治措施。

2. 脱离中毒现场，终止毒物接触 毒物由呼吸道或皮肤侵入时，应立即将病人撤离中毒现场，移至空气新鲜的地方。脱去污染的衣服，用肥皂水或温水（特殊毒物也可选用酒精、碳酸氢钠、醋酸等）清洗接触部位的皮肤和毛发。

3. 清除体内尚未吸收的毒物 对口服中毒者尤为重要。

（1）催吐：适用于神志清楚并能配合的病人，昏迷、惊厥及吞服腐蚀性毒物者禁忌催吐。

1）物理催吐：饮温水 300～500ml，用手指或压舌板刺激咽后壁或舌根诱发呕吐，不断重复直至胃内容物完全呕出为止。

2）药物催吐：吐根糖浆 15～20ml 加入 200ml 水中分次口服。

（2）洗胃：一般在服毒后 6 小时内洗胃效果最好。但即使超过 6 小时，由于部分毒物仍残留于胃内，多数情况下仍需洗胃。对吞服腐蚀性毒物的病人不宜采用。对昏迷、惊厥病人洗胃时应注意呼吸道保护，避免发生误吸。

洗胃时，首先抽出全部胃内容物并留取样本作毒物分析，然后注入适量温开水反复灌洗，直至回收液清亮、无特殊气味。一次洗胃液体总量至少 2～5L，有时可达 6～8L，对有机磷杀虫药中毒病人

笔记

应重复多次洗胃。有机磷中毒时由于胃肠功能紊乱，肠道中毒物可能由于肠道逆蠕动而进入胃中，可在拔除洗胃管后留置普通胃管反复洗胃。

对不明原因的中毒，一般用清水洗胃。

(3) 导泻：洗胃后灌入泻药，有利于清除肠道内毒物。一般不用油类泻药，以免促进脂溶性毒物吸收。常用盐类泻药，如硫酸钠或硫酸镁15g溶于200ml水中，口服或经胃管注入。

(4) 全肠道灌洗：是一种快速清除肠道毒物的方法，可在4～6小时内清空肠道，因效果显著已逐渐取代以前常用的温肥皂水连续灌肠法。主要用于中毒时间超过6小时或导泻无效者。方法：高分子聚乙二醇等渗电解质溶液连续灌洗，速度为2L/h。

4. 促进已吸收毒物的排出

(1) 强化利尿及改变尿液酸碱度：主要用于以原型从肾脏排出的毒物中毒。方法：①强化利尿：如无脑水肿、肺水肿和肾功能不全等情况，可快速输入葡萄糖或其他晶体溶液，然后静脉注射呋塞米，促进毒物随尿液排出；②碱化尿液：静脉滴注碳酸氢钠使尿pH达8.0，可加速弱酸性毒物排出；③酸化尿液：静脉应用大剂量维生素C或氯化铵使尿pH<5.0，有利于弱碱性毒物排出。

(2) 高压氧治疗：高压氧已广泛用于急性中毒的治疗，尤其对于一氧化碳中毒更是一种特效抢救措施，可促进碳氧血红蛋白解离，加速一氧化碳排出，还能减少迟发性脑病的发生。治疗方法：压力2.0～2.5ATA（绝对大气压），1～2次/日，每次1～2小时。

(3) 血液净化治疗：是指把病人血液引出体外，通过净化装置除去其中某些致病物质，达到净化血液、治疗疾病目的的一系列技术，包括血液透析、血液灌流、血浆置换等。

1) 血液透析：可清除分子量<500D、水溶性强、蛋白结合率低的毒物，如醇类、水杨酸类、苯巴比妥、茶碱等物质，而对短效巴比妥类、有机磷杀虫药等脂溶性毒物清除作用差。氯酸盐、重铬酸盐中毒时易引起急性肾衰竭，应首选此法。

2) 血液灌流：对分子量500～40 000D的水溶性和脂溶性毒物均有清除作用，包括镇静催眠药、解热镇痛药、洋地黄、有机磷杀虫药及毒鼠强等。因其对脂溶性强、蛋白结合率高、分子量大的毒物清除能力远大于血液透析，故常作为急性中毒的首选净化方式。

3) 血浆置换：主要清除蛋白结合率高、分布容积小的大分子物质，对蛇毒、毒蕈等生物毒以及砷化氢等溶血性毒物中毒疗效最佳。此外，还可清除肝衰竭所产生的大量内源性毒素，补充血中有益成分，如有活性的胆碱酯酶等。

5. 特殊解毒药的应用

(1) 金属中毒解毒药：①氨羧螯合剂：依地酸钙钠是最常用的氨羧螯合剂，可与多种金属形成稳定而可溶的金属螯合物排出体外，主要治疗铅中毒；②巯基螯合剂：常用药物有二巯丙醇、二巯丙磺钠、二巯丁二钠等。此类药物均含有活性巯基，进入人体后可与某些金属形成无毒、难解离的可溶性螯合物随尿排出。此外，还能夺取已与酶结合的重金属，使酶恢复活力。主要治疗砷、汞、铜、锑、铅等中毒。

(2) 高铁血红蛋白血症解毒药：常用亚甲蓝（美蓝）。小剂量亚甲蓝可使高铁血红蛋白还原为正常血红蛋白，是亚硝酸盐、苯胺、硝基苯等高铁血红蛋白生成性毒物中毒的特效解毒药。用法：1%亚甲蓝5～10ml（1～2mg/kg）稀释后静脉注射，2～4小时后可重复一次，以后视病情逐渐减量，直至发绀消失，24小时总量一般不超过600mg。注意，大剂量（10mg/kg）亚甲蓝的效果刚好相反，可产生高铁血红蛋白血症，适用于氰化物中毒的治疗。

(3) 氰化物中毒解毒药：氰化物中毒一般采用亚硝酸盐-硫代硫酸钠疗法。

(4) 有机磷杀虫药中毒解毒药：主要有阿托品、盐酸戊乙奎醚、碘解磷定等。药物解毒机制及应用方法详见本章第二节。

(5) 中枢神经抑制剂中毒解毒药：①纳洛酮：为阿片受体拮抗剂，对麻醉镇痛药所致的呼吸抑制有特异性拮抗作用，对急性酒精中毒和镇静催眠药中毒引起的意识障碍亦有较好疗效。用法：0.4～

0.8mg静脉注射，酌情重复，总量可达10～20mg。②氟马西尼：为苯二氮䓬类中毒的特效解毒药。用法：0.2mg静脉注射，酌情重复，总量可达2mg。

6. 对症治疗 多数中毒并无特殊解毒疗法，只能通过积极的对症支持治疗，帮助危重症病人渡过难关，为重要器官功能恢复创造条件。

第二节 急性有机磷杀虫药中毒

一、概述

急性有机磷杀虫药中毒（organophosphorous insecticides poisoning）在我国是急诊常见的危重症，占急诊中毒的49.1%，占中毒死亡的83.6%。有机磷杀虫药对人畜的毒性主要在于抑制乙酰胆碱酯酶（acetylcholinesterase），引起乙酰胆碱（acetylcholine）蓄积，使胆碱能神经受到持续冲动，导致先兴奋后衰竭的一系列毒蕈碱样、烟碱样和中枢神经系统症状，严重者可因昏迷和呼吸衰竭而死亡。

有机磷杀虫药大都呈油状或结晶状，色泽由淡黄至棕色，有蒜味。常用剂型有乳剂、油剂和粉剂等。根据动物的半数致死量（LD50），将国产有机磷杀虫药分为剧毒（LD50<10mg/kg）、高毒（LD50 10～100mg/kg）、中度毒（LD50 100～1000mg/kg）和低毒（LD50 1000～5000mg/kg）四类。

（一）病因

1. 生产性中毒 生产和使用过程中，防护措施不当，或生产设备密闭不严，化学物质泄漏，杀虫药经皮肤或呼吸道进入人体引起中毒。

2. 生活性中毒 主要由于误服或自服杀虫药，饮用被杀虫药污染的水源或食入污染的食品所致。

（二）毒物的吸收、代谢及排出

有机磷杀虫药主要经胃肠道、呼吸道、皮肤和黏膜吸收。吸收后迅速分布于全身各器官，以肝脏浓度最高，其次为肾、肺、脾等，肌肉和脑内最少。

有机磷杀虫药主要在肝脏代谢，进行多种形式的生物转化。一般先经氧化反应使毒性增强，而后经水解降低毒性。例如，对硫磷、内吸磷代谢时，首先氧化为对氧磷、亚砜，使毒性分别增加300倍和5倍，然后通过水解反应降低毒性。敌百虫代谢时，先脱去侧链上氧化氢，转化为敌敌畏，使毒性成倍增加，然后经水解、脱胺、脱烷基等降解反应失去毒性。

有机磷杀虫药代谢产物主要通过肾脏排泄，少量经肺排出，48小时后可完全排尽，体内一般无蓄积。

（三）发病机制

有机磷杀虫药能抑制多种酶，但对人畜的毒性主要在于抑制胆碱酯酶。体内胆碱酯酶分布于中枢神经系统灰质、红细胞、交感神经节和运动终板中，对乙酰胆碱水解作用较强。有机磷杀虫药进入体内后能与乙酰胆碱酯酶酯解部位结合，形成磷酰化胆碱酯酶，后者化学性质稳定，无分解乙酰胆碱能力，从而造成体内乙酰胆碱蓄积，引起胆碱能神经持续冲动，产生先兴奋后抑制的一系列毒蕈碱样、烟碱样和中枢神经系统症状。

神经末梢的乙酰胆碱酯酶被有机磷杀虫药抑制后恢复较快，少部分在中毒后第二日即基本恢复；但红细胞的乙酰胆碱酯酶被抑制后一般不能自行恢复，须待数月红细胞再生后胆碱酯酶活力才能逐渐恢复正常。

二、临床特点

（一）临床表现

1. 急性中毒 胆碱能危象（cholinergic crisis）发生的时间与毒物种类、剂量和侵入途径密切相关。口服中毒者多在10分钟至2小时内发病；吸入中毒者30分钟内发病；皮肤吸收中毒者常在接触后2～6小时发病。

(1) 毒蕈碱样症状(muscarinic symptoms):又称 M 样症状,在三种表现中出现最早,因类似毒蕈碱作用而得名。主要由于副交感神经末梢兴奋,引起平滑肌痉挛和腺体分泌增加,临床表现为:恶心、呕吐、腹痛、腹泻、尿频、大小便失禁、多汗、全身湿冷(尤以躯干和腋下等部位明显)、流泪、流涎、心率减慢、瞳孔缩小(严重时呈针尖样)、气道分泌物增加、支气管痉挛等,严重者可出现肺水肿。

(2) 烟碱样症状(nicotinic symptoms):又称 N 样症状,是由于乙酰胆碱在横纹肌神经肌肉接头处过度蓄积,持续刺激突触后膜上烟碱受体所致。临床表现为:颜面、眼睑、舌、四肢和全身横纹肌发生肌纤维颤动,甚至强直性痉挛,伴全身紧缩和压迫感。后期出现肌力减退和瘫痪,严重时并发呼吸肌麻痹,引起周围性呼吸衰竭。

(3) 中枢神经系统表现:中枢神经系统受乙酰胆碱刺激后可出现头晕、头痛、疲乏、共济失调、烦躁不安、谵妄、抽搐、昏迷等症状。

2. 反跳 是指急性有机磷杀虫药中毒,特别是乐果和马拉硫磷口服中毒者,经积极抢救临床症状好转,达稳定期数天至一周后病情突然急剧恶化,再次出现胆碱能危象,甚至发生昏迷、肺水肿或突然死亡。这种现象可能与皮肤、毛发和胃肠道内残留的有机磷杀虫药被重新吸收 ,以及解毒药减量过快或停用过早等因素有关。

3. 迟发性多发性神经病(delayed polyneuropathy) 少数病人在急性重度中毒症状消失后 2～3 周可发生感觉型和运动型多发性神经病变,主要表现为肢体末端烧灼、疼痛、麻木以及下肢无力、瘫痪、四肢肌肉萎缩等异常。目前认为此种病变不是胆碱酯酶受抑制的结果,而是因有机磷杀虫药抑制神经靶酯酶(NTE)并使其老化所致。

4. 中间型综合征(intermediate syndrome,IMS) 是指急性有机磷杀虫药中毒所引起的一组以肌无力为突出表现的综合征。因其发生时间介于胆碱能危象与迟发性神经病之间,故被称为中间型综合征。常发生于急性中毒后 1～4 日,个别病例可在第 7 日发病。主要表现为屈颈肌、四肢近端肌肉以及第Ⅲ～Ⅶ对和第Ⅸ～Ⅻ对脑神经所支配的部分肌肉肌力减退。病变累及呼吸肌时,常引起呼吸肌麻痹,并可进展为呼吸衰竭。中间型综合征的发病机制尚不完全清楚,一般认为是因有机磷杀虫药排出延迟、在体内再分布或解毒药用量不足,使胆碱酯酶长时间受到抑制,蓄积于突触间隙内高浓度乙酰胆碱持续刺激突触后膜上烟碱受体并使之失敏,而导致冲动在神经肌肉接头处传递受阻。

(二)实验室检查

1. 血胆碱酯酶活力测定 血胆碱酯酶活力不仅是诊断有机磷杀虫药中毒的特异性指标,还能用来判断中毒程度轻重,评估疗效及预后。

2. 尿中有机磷杀虫药分解产物测定 临床上已少用。

三、诊断及鉴别诊断

(一)诊断

根据有机磷杀虫药接触史,结合特征性临床表现,如呼出气有蒜味、瞳孔针尖样缩小、大汗淋漓、腺体分泌增多、肌纤维颤动和意识障碍等,一般可做出诊断。如全血胆碱酯酶活力降低,则可确诊。

中毒程度分级:①轻度中毒:以 M 样症状为主,胆碱酯酶活力为 50%～70%(正常人胆碱酯酶活力为 100%);②中度中毒:M 样症状加重,出现 N 样症状,胆碱酯酶活力为 30%～50%;③重度中毒:除 M、N 样症状外,还合并脑水肿、肺水肿、呼吸衰竭、抽搐、昏迷等,胆碱酯酶活力在 30% 以下。

(二)鉴别诊断

除与中暑、急性胃肠炎、脑炎等疾病鉴别外,还应与其他杀虫药中毒相鉴别。

1. 拟除虫菊酯类杀虫药中毒 呼出气和胃液均无特殊臭味,胆碱酯酶活力正常。

2. 杀虫脒中毒 以嗜睡、发绀、出血性膀胱炎为主要特征,无瞳孔缩小、大汗淋漓、流涎等表现,胆碱酯酶活力正常。

四、急诊处理

（一）清除毒物

1. 立即脱离中毒现场，脱去污染的衣服，用肥皂水清洗被污染的皮肤、毛发和指甲。

2. 洗胃　口服中毒者用清水、2% 碳酸氢钠或 1∶5000 高锰酸钾溶液洗胃。注意，敌百虫中毒时禁用碳酸氢钠洗胃，对硫磷中毒时禁用高锰酸钾洗胃，因为碳酸氢钠可将敌百虫转化为敌敌畏，高锰酸钾可将对硫磷氧化为对氧磷，使毒性显著增强。

3. 导泻　洗胃后常用硫酸镁 20～40g，溶于 20ml 水中，一次性口服，30 分钟后可追加用药一次。眼部污染时用清水或生理盐水冲洗。

4. 血液净化治疗　血液灌流或血液灌流加血液透析等方式可有效消除血液中的有机磷杀虫药。血液净化治疗应在中毒后 1～4 天内进行，每天 1～2 次，每次 2～3 小时。

（二）特效解毒药

1. 应用原则　早期、足量、联合、重复用药。

2. 胆碱酯酶复活剂　为肟类化合物，含有季胺基和肟基（=NOH）两个不同的功能基团。季胺基带正电荷，被磷酰化胆碱酯酶的阴离子部位所吸引，而肟基与磷原子有较强亲和力，可与磷酰化胆碱酯酶中磷结合形成复合物，使其与胆碱酯酶酯解部位分离，从而恢复胆碱酯酶活力。常用药物有氯解磷定（PAM-Cl）、碘解磷定（解磷定，PAM）及双复磷（DMO_4）。

胆碱酯酶复活剂能有效解除烟碱样症状，迅速控制肌纤维颤动。

3. 抗胆碱药　此类药物可与乙酰胆碱争夺胆碱能受体，从而阻断乙酰胆碱的作用。

（1）阿托品（atropine）：主要阻断乙酰胆碱对副交感神经和中枢神经系统毒蕈碱受体（M 受体）的作用，能有效解除 M 样症状及呼吸中枢抑制。因其不能阻断烟碱受体（N 受体），故对 N 样症状和呼吸肌麻痹所致的周围性呼吸衰竭无效，对胆碱酯酶复活亦无帮助。

阿托品治疗时，应根据中毒程度轻重选用适当剂量、给药途径及间隔时间，同时严密观察病人神志、瞳孔、皮肤、心率和肺部啰音变化情况，及时调整用药，使病人尽快达到阿托品化并维持阿托品化，而且还要避免发生阿托品中毒。

阿托品化（atropinization）是指应用阿托品后，病人瞳孔较前扩大，出现口渴、皮肤干燥、颜面潮红、心率加快、肺部啰音消失等表现，此时应逐步减少阿托品用量。如病人瞳孔明显扩大，出现神志模糊、烦躁不安、谵妄、惊厥、昏迷及尿潴留等情况，则提示阿托品中毒，此时应立即停用阿托品，酌情给予毛果芸香碱对抗，必要时采取血液净化治疗。阿托品中毒是造成有机磷中毒者死亡的重要因素之一。

临床上很少单独应用阿托品治疗有机磷杀虫药中毒，尤其对于中、重度中毒者，必须将阿托品与胆碱酯酶复活剂联合应用。两药合用时应减少阿托品剂量，以免发生阿托品中毒。

（2）盐酸戊乙奎醚（penehyclidine hydrochloride）：是一种新型抗胆碱药，能拮抗中枢和外周 M、N 受体，主要选择性作用于脑、腺体、平滑肌等部位 M_1、M_3 型受体，而对心脏和神经元突触前膜 M_2 型受体无明显作用，因此对心率影响小，这一点与阿托品等非选择性 M 受体拮抗剂有很大差异。后者因阻断突触前膜及心脏 M_2 受体，使乙酰胆碱释放增多，窦房结发放冲动加快，常引起心动过速和心律失常。

在抢救急性有机磷杀虫药中毒时，盐酸戊乙奎醚较阿托品具有以下优势：①拮抗腺体分泌、平滑肌痉挛等 M 样症状的效应更强；②除拮抗 M 受体外，还有较强的拮抗 N 受体作用，可有效解除乙酰胆碱在横纹肌神经肌肉接头处过多蓄积所致的肌纤维颤动或全身肌肉强直性痉挛，而阿托品对 N 受体几乎无作用；③具有中枢和外周双重抗胆碱效应，且其中枢作用强于外周；④不引起心动过速，可避免药物诱发或加重心肌缺血，这一点对合并冠心病和高血压的中毒病人尤为重要；⑤半衰期长，无需频繁给药；⑥每次所用剂量较小，中毒发生率低。由于存在以上优点，目前推荐用盐酸戊乙奎醚替

笔记

代阿托品作为有机磷杀虫药中毒急救的首选抗胆碱药物。

盐酸戊乙奎醚治疗有机磷杀虫药中毒也要求达到阿托品化，其判定标准与阿托品治疗时相似，但心率增快不作为判断标准之一。一般采用肌内注射，首次剂量依中毒程度而定：①轻度中毒 1～2mg，必要时合用氯解磷定 0.5～0.75g；②中度中毒 2～4mg，同时合用氯解磷定 0.75～1.5g；③重度中毒 4～6mg，合用氯解磷定 1.5～2.0g。如无氯解磷定可用碘解磷定代替。首剂 45 分钟后，若仍有 M 样症状，追加 1～2mg；若同时存在 M、N 样症状，应追加首剂半量 1～2 次。达阿托品化后，以 1～2mg 维持，每 8～12 小时一次。

（三）对症治疗

有机磷杀虫药中毒主要死因为肺水肿、呼吸衰竭、休克、脑水肿、心脏骤停等。因此，对症治疗重在维护心、肺、脑等生命器官功能，包括：①保持呼吸道通畅，正确氧疗，必要时应用机械通气；②发生肺水肿时应以阿托品治疗为主；③休克者给予血管活性药物；④脑水肿者应予甘露醇和糖皮质激素脱水；⑤根据心律失常类型选用适当抗心律失常药物；⑥病情危重者可用血液净化治疗；⑦重度中毒者留院观察至少 3～7 日以防止复发。

有机磷中毒治疗示意图见图 10-1。

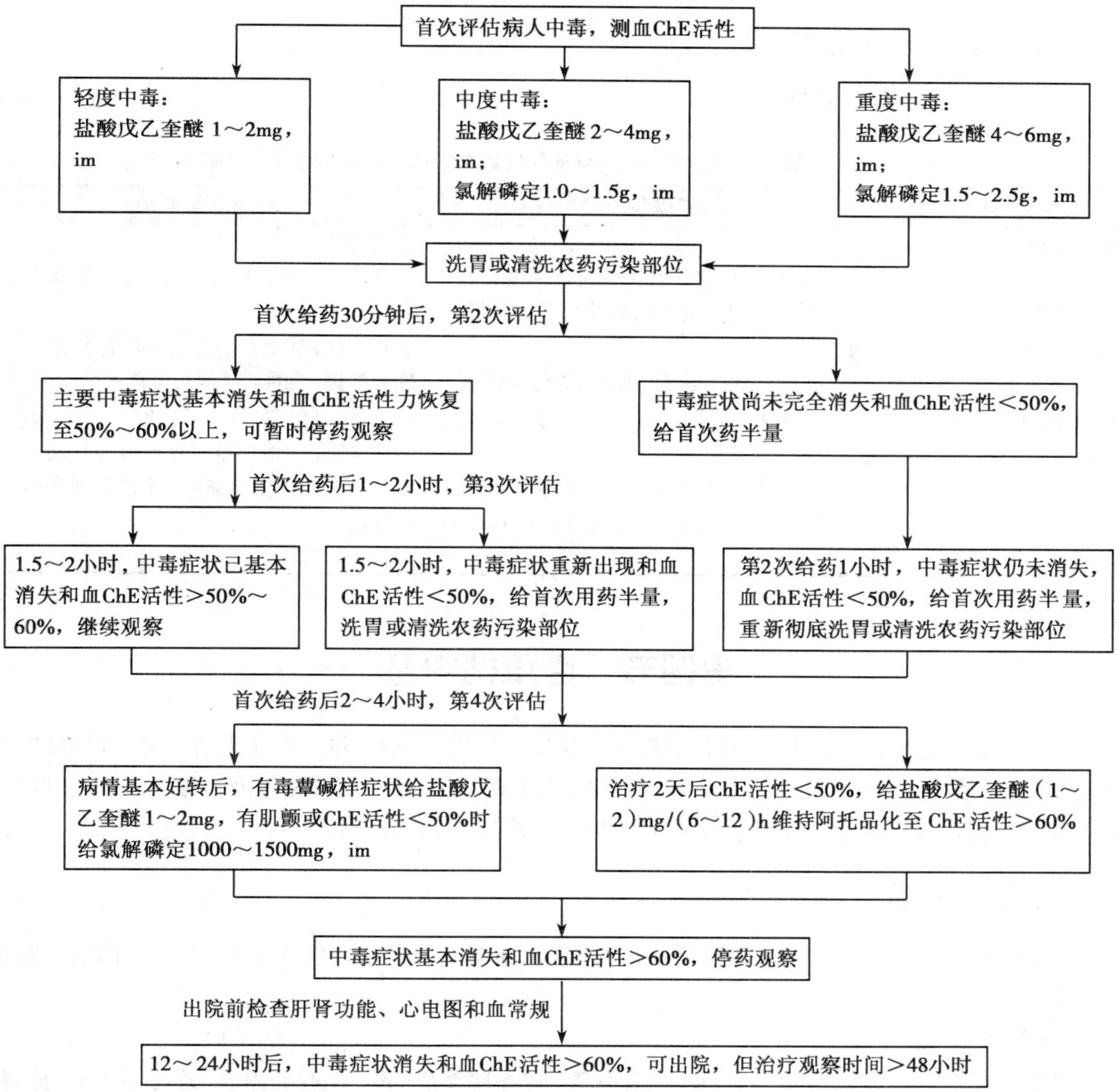

图10-1 有机磷中毒治疗示意图

第三节 氨基甲酸酯类、拟除虫菊酯类、有机氮类杀虫药中毒

一、概述

除有机磷杀虫药外，常用的农业杀虫药还有氨基甲酸酯类、拟除虫菊酯类及有机氮类等，长期或过量接触这些毒物亦可引发中毒。

（一）病因

急性中毒主要是因生产或使用不当、自服或误服使过量毒物进入体内所致。

（二）发病机制

1. 氨基甲酸酯类杀虫药 毒理与有机磷杀虫药相似，可直接抑制乙酰胆碱酯酶。因其在体内易水解失活，胆碱酯酶活性常于2～4小时后自行恢复。

2. 拟除虫菊酯类杀虫药 选择性抑制神经细胞膜钠离子通道“M”闸门的关闭，使除极化期延长，引起感觉神经反复放电，脊髓中间神经及周围神经兴奋性增强，导致肌肉持续收缩。

3. 有机氮类杀虫药（杀虫脒） 除有麻醉作用和心血管抑制作用外，其代谢产物的苯胺活性基团还可使正常血红蛋白氧化为高铁血红蛋白，导致缺氧、发绀和出血性膀胱炎。

二、诊断及急诊处理

诊断及急诊处理详见表10-2。

表10-2 氨基甲酸酯类、拟除虫菊酯类及有机氮类杀虫药中毒的诊断及治疗要点

杀虫药类型	诊断依据	治疗要点
氨基甲酸酯类 呋喃丹、西维因、叶蝉散、涕灭威	接触史 临床表现：M、N样症状及中枢神经系统症状 实验室及辅助检查：全血胆碱酯酶活力降低	清除毒物 解毒疗法：应用阿托品，忌用胆碱酯酶复活剂
拟除虫菊酯类 溴氰菊酯、氰戊菊酯、氯氰菊酯	接触史 临床表现：四肢肌肉震颤、抽搐、角弓反张等	清除毒物，病情危重时行血液净化治疗 控制抽搐：地西泮、苯妥英钠
有机氮类 杀虫脒	接触史 临床表现：发绀、意识障碍、出血性膀胱炎等 实验室及辅助检查：血中高铁血红蛋白含量增加	清除毒物，病情危重时行血液净化治疗 治疗高铁血红蛋白血症：小剂量亚甲蓝 对症治疗

第四节 百草枯中毒

百草枯是速效触灭型除草剂，喷洒后能够很快发挥作用，接触土壤后迅速失活。又名对草快，为联吡啶类除草剂。化学名1，1-二甲基-4，4-联吡啶阳离子盐，20%百草枯溶液为绿色。百草枯可经胃肠道、皮肤和呼吸道吸收，我国报道中以口服中毒多见，死亡率极高。

一、临床表现

百草枯中毒病人绝大多数系口服所致，且常表现为多脏器功能损伤或衰竭，其中肺的损害常见而突出。

（一）消化系统

口服中毒者有口腔烧灼感，唇、舌、咽及食管、胃黏膜糜烂、溃疡，吞咽困难，恶心、呕吐，腹痛、腹泻，甚至出现呕血、便血、胃肠穿孔。部分病人于中毒后2～3日出现中毒性肝病，表现为肝区疼

笔记

痛、肝脏肿大、黄疸、肝功能异常。

（二）呼吸系统

肺损伤是最突出和最严重的改变。大剂量服毒者可在24～48小时出现逐渐加重的呼吸困难、口唇发绀、肺水肿或肺出血，常在1～3日内因急性呼吸衰竭死亡。小剂量中毒者早期可无呼吸系统症状，少数表现为咳嗽、咳痰、胸闷、胸痛、呼吸困难、发绀，双肺可闻及干、湿啰音。经抢救存活者，部分病人经1～2周后可发生肺间质纤维化，肺功能障碍导致顽固性低氧血症，呈进行性呼吸困难，导致呼吸衰竭而死亡。

（三）肾脏

中毒后2～3日可出现尿蛋白、管型、血尿、少尿，血肌酐及尿素氮升高，严重者发生急性肾衰竭。

（四）中枢神经系统

表现为头晕、头痛、幻觉、昏迷、抽搐。

（五）皮肤与黏膜

皮肤接触百草枯后，局部可出现暗红斑、水疱、溃疡等。高浓度百草枯液接触指甲后，可致指甲脱色、断裂，甚至脱落。眼部接触本品后可引起结膜及角膜水肿、灼伤、溃疡等。

（六）其他

可有发热、心肌损害、纵隔及皮下气肿、鼻出血、贫血等。

二、严重程度分型

1. **轻型** 摄入百草枯量<20mg/kg，无临床症状或仅有口腔黏膜糜烂、溃疡，可出现呕吐、腹泻。

2. **中到重型** 摄入百草枯量>20mg/kg，部分病人可存活，但多数病人2～3周内死于肺功能衰竭。服后立即呕吐，数小时内出现腹泻、腹痛、口和喉部溃疡，1～4日内出现肾衰竭、肝损害、低血压和心动过速，1～2周内出现咳嗽、咯血、胸腔积液，随着肺纤维化的出现，肺功能恶化。

3. **暴发型** 摄入百草枯量>40mg/kg。1～4日内死于多器官衰竭。口服后立即呕吐，数小时到数天内出现腹泻、腹痛、肝肾衰竭、口腔喉部溃疡、胰腺炎、中毒性心肌炎、昏迷、抽搐甚至死亡。

三、诊断

有口服百草枯史，结合临床表现和毒物检测即能明确诊断。尿液现场检测（碱性和硫代硫酸钠）阴性时可于摄入百草枯6小时后再次检测。血清百草枯检测有助于判断病情的严重程度和预后（必须采集摄入百草枯4小时后血样，样本保存在塑料试管内，不能用玻璃管）。

四、急诊处理

1. 百草枯无特效解毒剂，必须在中毒早期控制病情发展，阻止肺纤维化的发生。一经发现，即给予催吐并口服白陶土悬液，或者就地取材用泥浆水100～200ml口服。

2. **阻止毒物继续吸收** 尽快脱去污染的衣物，用肥皂水彻底清洗污染的皮肤、毛发。眼部受污染时立即用流动清水冲洗，时间>15分钟。用白陶土悬液洗胃后口服吸附剂（活性炭或15%的漂白土）以减少毒物的吸收，其后用20%甘露醇（250ml加等量水稀释）或33%硫酸镁溶液100ml口服导泻。由于百草枯有腐蚀性，洗胃时应避免引起动作过大导致食管或胃穿孔。

3. **加速毒物排泄** 除常规输液、使用利尿剂外，最好在病人服毒后6～12小时内进行血液灌流或血液透析，血液灌流对毒物的清除率是血液透析的5～7倍。

4. **防止肺纤维化** 早期大剂量应用糖皮质激素，可延缓肺纤维化的发生，降低百草枯中毒的死亡率。根据服毒剂量的多少及病情严重程度，给予地塞米松1～3mg/(kg·d)静脉滴注，分2次使用，1周后逐渐减量，20～30日后改为口服；或氢化可的松，初始剂量1～1.5g/d，分4次使用，之后逐日递减150～200mg，7日后改为400～500mg/d，分2次口服。中到重度中毒病人可使用环磷酰胺。及早给予自由基清除剂，如维生素C、维生素E、谷胱甘肽、茶多酚等，对百草枯中毒有改善作用。高浓度氧气吸入，可加重肺组织损害，仅在氧分压<40mmHg或出现ARDS时才能使用>21%浓度的氧气吸入，或使用呼吸机治疗。

5. 对症与支持疗法 应用质子泵抑制剂保护消化道黏膜，除早期有消化道穿孔的病人外，均应予流质饮食，保护消化道黏膜，防止食管粘连、缩窄。加强对口腔溃疡、炎症的护理，可应用冰硼散、珍珠粉等喷洒于口腔创面，促进愈合，减少感染机会。保护肝、肾、心功能，防治肺水肿，积极控制感染。出现中毒性肝病、肾衰竭时提示预后差，应积极给予相应的治疗措施。

第五节 急性灭鼠剂中毒

一、概述

灭鼠剂是指一类可杀死啮齿类动物的化合物。根据毒性作用机制不同可分为：①抗凝血类灭鼠剂，如敌鼠钠、溴鼠隆等；②中枢神经系统兴奋性灭鼠剂，如毒鼠强、氟乙酰胺等；③其他无机化合物类（磷化锌）。

（一）病因

主要包括：①误食灭鼠剂制成的毒饵或灭鼠剂污染的动、植物；②故意服毒或投毒；③生产加工过程中，灭鼠剂经皮肤或呼吸道侵入人体。

（二）发病机制

1. 溴鼠隆（大隆） 化学结构与维生素K相似，可干扰肝脏对维生素K的利用，抑制凝血因子及凝血酶原合成，同时其代谢产物苄叉丙酮能损伤毛细血管，使血管壁通透性增加，导致严重内出血。

2. 毒鼠强（四亚甲基二砜四胺） 可拮抗γ-氨基丁酸（GABA）受体，使GABA失去对中枢神经系统的抑制作用，导致中枢神经系统过度兴奋而引起惊厥。

3. 氟乙酰胺（敌蚜胺） 进入人体后生成氟柠檬酸。氟柠檬酸能抑制乌头酸酶，使柠檬酸向异柠檬酸转化，导致正常代谢途径中断，三羧酸循环受阻，三磷酸腺苷合成障碍。氟柠檬酸还可直接兴奋中枢神经系统，导致抽搐发作。

4. 磷化锌 口服后在胃酸作用下分解产生磷化氢和氯化锌。磷化氢可抑制细胞色素氧化酶，阻断电子传递，抑制氧化磷酸化，造成组织缺氧，导致意识障碍并诱发惊厥。氯化锌对胃黏膜有强烈刺激和腐蚀作用，可引起胃黏膜溃疡、出血。

二、诊断及急诊处理

诊断及急诊处理详见表10-3。

表10-3 急性灭鼠剂中毒的诊断及急诊处理

灭鼠剂	诊断依据	治疗要点
溴鼠隆	接触史 临床表现：广泛出血 实验室及辅助检查：出凝血时间和凝血酶原时间延长；胃内容物检出溴鼠隆成分	清除毒物 特效措施：维生素K_1 10～20mg静脉注射，每3～4小时一次，24小时总量120mg，疗程一周 输新鲜全血
毒鼠强	接触史 临床表现：阵挛性惊厥、癫痫大发作 实验室及辅助检查：血、尿及胃内容物中检出毒鼠强成分；心电图有心肌损伤改变	清除毒物，病情危重时行血液净化治疗 保护心肌，禁用阿片类药物 抗惊厥治疗：选用地西泮、苯巴比妥钠、γ-羟基丁酸钠、二巯丙磺钠等药物

笔记

续表

灭鼠剂	诊断依据	治疗要点
氟乙酰胺	接触史 临床表现：昏迷、抽搐、心脏损害、呼吸和循环衰竭 实验室及辅助检查：血、尿柠檬酸及酮体含量增高；胃内容物检出氟乙酰胺；心电图有心肌损伤改变	清除毒物：石灰水洗胃 保护心肌，昏迷病人尽早行高压氧治疗 特效解毒药：乙酰胺 2.5～5.0g 肌内注射，每天 3 次，疗程 5～7 日
磷化锌	接触史 临床表现：呕吐物有特殊蒜臭味，惊厥、昏迷，上消化道出血 实验室及辅助检查：血磷升高，血钙降低；血、尿及胃内容物中检出磷化锌及其代谢产物	清除毒物：硫酸铜洗胃 禁用牛奶、蛋清、油类或高脂食物 对症治疗

第六节 镇静催眠药中毒

镇静催眠药是指具有镇静、催眠作用的中枢神经系统抑制药，可分为四类：①苯二氮䓬类，如地西泮、阿普唑仑等；②巴比妥类，如苯巴比妥、戊巴比妥等；③非巴比妥非苯二氮䓬类，如水合氯醛、格鲁米特等；④吩噻嗪类（抗精神病药），如氯丙嗪、奋乃静等。

一、病因及发病机制

（一）病因

急性中毒主要是因过量服用镇静催眠药所致。

（二）发病机制

1. 苯二氮䓬类 在神经元突触后膜表面存在由苯二氮受体、γ- 氨基丁酸（GABA）受体及氯离子通道组成的大分子复合物。苯二氮䓬类与苯二氮䓬受体结合后，可增强 GABA 与其受体的亲和力，使 GABA 受体偶联的氯离子通道开放，从而放大 GABA 的突触后抑制效应。

2. 巴比妥类 效应与苯二氮䓬类相似，但两者的作用部位有所不同。苯二氮䓬类选择性作用于边缘系统；巴比妥类主要抑制网状结构上行激活系统。此类药物具有剂量 - 效应关系，随着剂量增加，效应依次表现为镇静、催眠、麻醉、延髓中枢麻痹。

3. 非巴比妥非苯二䓬类 对中枢神经系统的作用与巴比妥类相似。

4. 吩噻嗪类 可抑制中枢神经系统多巴胺受体，减少邻苯二酚氨生成。主要作用于网状结构，减轻焦虑、紧张、幻觉、妄想等精神症状。还具有抑制血管运动中枢、阻断 α 肾上腺素能受体、抗组胺、抗胆碱能等效应。

二、临床表现

（一）苯二氮䓬类中毒

主要表现为嗜睡、头晕、言语不清、意识模糊、共济失调，很少出现长时间深度昏迷、休克及呼吸抑制等严重症状。

（二）巴比妥类中毒

中毒表现与服药剂量有关，依病情轻重分为：

1. 轻度中毒 服药量为催眠剂量 2～5 倍，表现为嗜睡、记忆力减退、言语不清、判断及定向障碍。

2. 中度中毒 服药量为催眠剂量 5～10 倍，病人昏睡或浅昏迷，呼吸减慢，眼球震颤。

3. 重度中毒 服药量为催眠剂量10～20倍，病人呈深昏迷，呼吸浅慢甚至停止，血压下降，体温不升，可并发脑水肿、肺水肿及急性肾衰竭等。

（三）非巴比妥非苯二氮䓬类中毒

临床表现与巴比妥类中毒相似。

（四）吩噻嗪类中毒

最常见表现为锥体外系反应：①震颤麻痹综合征；②静坐不能；③急性肌张力障碍反应，如斜颈、吞咽困难、牙关紧闭等。还可引起血管扩张、血压降低、心动过速、肠蠕动减慢。病情严重者可发生昏迷、呼吸抑制，全身抽搐少见。

三、实验室及辅助检查

药物浓度测定：血、尿及胃液中药物浓度检测对诊断具有参考价值。

四、诊断及鉴别诊断

1. 诊断依据 包括：①大剂量服药史；②有意识障碍、呼吸抑制、血压下降等表现；③血、尿及胃液中检出镇静催眠药成分。

2. 鉴别诊断 应与颅脑疾病、代谢性疾病及其他中毒所致的昏迷相鉴别。

五、急诊处理

1. 评估和维护重要器官功能 主要是维持呼吸、循环和脑功能。应用纳洛酮等药物促进意识恢复。

2. 清除毒物 参见本章第一节，血液净化治疗对镇静催眠药中毒有很好疗效。

3. 特效解毒疗法 氟马西尼是苯二氮䓬类特异性拮抗剂，能竞争抑制苯二氮䓬受体，阻断该类药物对中枢神经系统的作用。用法：氟马西尼0.2mg缓慢静脉注射，必要时重复使用，总量可达2mg。巴比妥类及吩噻嗪类中毒目前尚无特效解毒药。

4. 对症治疗 主要针对吩噻嗪类中毒，措施包括：①中枢抑制较重时应用苯丙胺、安钠咖等；②如有震颤麻痹综合征可选用盐酸苯海索、氢溴酸东莨菪碱；③肌肉痉挛及肌张力障碍者应用苯海拉明；④提升血压以扩充血容量为主，必要时使用间羟胺、盐酸去氧肾上腺素等α受体激动剂，慎用β受体激动剂；⑤如有心律失常首选利多卡因治疗。

第七节 急性酒精中毒

过量饮酒后引起以神经精神症状为主的急症，称为酒精中毒（alcohol poisoning）。

一、病因及发病机制

1. 病因 急性中毒主要是因过量饮酒所致。

2. 乙醇的吸收与代谢 乙醇主要经胃和小肠吸收。吸收后迅速分布于全身，90%在肝脏代谢分解，产生二氧化碳和水，10%以原型从肺、肾排出。

3. 中毒机制

（1）抑制中枢神经系统功能：乙醇具有脂溶性，可通过血脑屏障作用于大脑神经细胞膜上的某些酶，影响细胞功能。乙醇对中枢神经系统的作用呈剂量依赖性，小量可阻断突触后膜苯二氮䓬-γ-氨基丁酸受体，解除γ-氨基丁酸（GABA）对脑的抑制，产生兴奋效应。随着量增加，可依次抑制小脑、网状结构和延髓中枢，引起共济失调、昏睡、昏迷及呼吸和循环衰竭。

笔记

（2）干扰代谢：乙醇经肝脏代谢可生成大量还原型烟酰胺腺嘌呤二核苷酸（NADH），使之与氧化型的比值（NADH/NAD）增高，影响体内多种代谢过程，使乳酸增多、酮体蓄积，进而引起代谢性酸中毒；还可使糖异生受阻，引起低血糖症。

二、临床表现

中毒表现与饮酒量及个体耐受性有关。临床上分为三期：

1. 兴奋期 血乙醇浓度>500mg/L，有欣快感、兴奋、多语，情绪不稳、喜怒无常，粗鲁无理或有攻击行为，也可沉默、孤僻。

2. 共济失调期 血乙醇浓度>1500mg/L，表现为肌肉运动不协调，如行动笨拙，步态不稳，言语含糊不清，眼球震颤、视物模糊，恶心、呕吐，思睡等。

3. 昏迷期 血乙醇浓度>2500mg/L，病人进入昏迷状态，瞳孔散大，体温不升，血压下降，呼吸减慢，且有鼾声，严重者可发生呼吸、循环衰竭而危及生命。

急性中毒病人苏醒后常有头痛、头晕、乏力、恶心、纳差等症状，少数可出现低血糖症、肺炎、急性肌病等并发症。

三、实验室及辅助检查

血清或呼出气中乙醇浓度测定：对诊断急性酒精中毒、判断中毒轻重及评估预后均有重要参考价值。

四、诊断及鉴别诊断

根据饮酒史、相应临床表现，结合血清或呼出气中乙醇浓度测定，一般可做出诊断。急性酒精中毒应与颅脑疾病、代谢性疾病及其他中毒所致的昏迷相鉴别。

五、急诊处理

（一）一般处理

1. 兴奋躁动者适当约束，共济失调者严格限制活动，以免摔伤或撞伤。
2. 对烦躁不安或过度兴奋者，可用小剂量地西泮，禁用吗啡、氯丙嗪及巴比妥类镇静药。
3. 饮酒后短时间内催吐、洗胃、导泻对清除胃肠道内残留乙醇可有一定作用。
4. 应用葡萄糖溶液、维生素 B_1、维生素 B_6 等，促进乙醇氧化为醋酸，达到解毒目的。
5. 血乙醇浓度>5000mg/L，伴有酸中毒或同时服用其他可疑药物者，应及早行血液透析或腹膜透析治疗。

（二）支持治疗

重在维护心、肺、肝、肾、脑等生命器官功能。应用纳洛酮 0.4～0.8mg 静脉注射，对昏迷病人有促醒作用。

第八节 麻醉性镇痛药过量

麻醉性镇痛药，主要包括阿片（鸦片）和阿片类物质。其中天然提取的有：吗啡、可待因、罂粟碱等；人工合成的有：哌替啶（度冷丁）、海洛因（二醋吗啡）、芬太尼、布桂嗪（强痛定）等。本节主要介绍吗啡、哌替啶及海洛因过量。

一、病因及发病机制

（一）病因

主要是因吸入或注射过量药品所致。

（二）中毒机制

1. 吗啡 与阿片受体结合后可抑制或兴奋中枢神经系统，以抑制作用为主。抑制大脑高级中枢，引起意识障碍；抑制延髓中枢，引起呼吸和循环衰竭；兴奋动眼神经缩瞳核，导致瞳孔针尖样缩小。

2. 哌替啶 ①与阿片受体结合，产生镇静、镇痛、呼吸抑制等中枢作用；②阻断乙酰胆碱M受体，引起口干、瞳孔扩大、心动过速；③抑制心肌收缩力，降低外周血管阻力，造成低血压或休克；④代谢产物甲哌替啶可兴奋神经肌肉而诱发惊厥。

3. 海洛因 是吗啡经乙酰氯和醋酐处理后的半合成衍生物，中毒机制与吗啡相同。镇痛作用为吗啡的4～8倍，毒性及成瘾性为吗啡的5～10倍。

二、临床表现

临床表现与吸入或注射毒品剂量及个体耐受性有关。

1. 吗啡和海洛因过量 ①轻症：头痛、头晕、恶心、呕吐、兴奋或抑制、幻觉、时间和空间感消失等；②重症：常有昏迷、瞳孔针尖样缩小、呼吸抑制“三联征”，病人面色苍白、发绀、瞳孔对光反射消失、牙关紧闭、角弓反张、呼吸浅慢或叹息样呼吸，多死于呼吸衰竭。

2. 哌替啶过量 主要表现为呼吸抑制和低血压。与吗啡及海洛因中毒有所不同，哌替啶中毒时瞳孔扩大，并有中枢神经系统兴奋的症状和体征，如烦躁、谵妄、抽搐、惊厥、心动过速等。

三、实验室及辅助检查

药物检测：①血、尿毒品成分定性试验呈阳性反应；②血药浓度：治疗量0.01～0.07mg/L，中毒量0.1～1.0mg/L，致死量>4.0mg/L。

四、诊断及鉴别诊断

根据吸毒史、临床表现及血、尿毒品成分检测，结合病人对纳洛酮治疗的反应情况，一般可做出诊断。但应与代谢性疾病、神经精神疾病及其他中毒相鉴别。

五、治疗

（一）清除药物

服毒者用高锰酸钾洗胃，活性炭混悬液灌肠，甘露醇导泻。

（二）应用特效拮抗剂

1. 纳洛酮 为阿片受体拮抗剂，可特异性阻断吗啡类物质与阿片受体结合，迅速逆转毒品中毒所致的昏迷和呼吸抑制。用法：首剂0.4～0.8mg静脉注射，10～20分钟重复一次，直至呼吸抑制解除或总量达10mg。

2. 烯丙吗啡 主要拮抗吗啡作用。用法：首剂5～10mg静脉注射，20分钟重复一次，总量<40mg。

（三）对症支持治疗

重在维持呼吸、循环和脑功能。对昏迷时间较长和呼吸抑制严重者，应使用甘露醇、糖皮质激素防治脑水肿，使用安钠咖、尼可刹米（可拉明）等兴奋呼吸中枢。

第九节 摇头丸过量

“摇头丸”的化学名称是亚甲二氧基甲基苯丙胺（MDMA），是苯丙胺类兴奋剂中具有致幻作用的一种，有胶囊、粉剂、小块多种制剂。可抽吸、鼻吸、口服或注射，滥用后可即兴随音乐剧烈摆动头部而不觉痛苦，音乐越强劲越欣快，故名“摇头丸”。国外称之为“舞会药”或“俱乐部药”。

笔记

苯丙胺成瘾性强，单次剂量使用即可产生“急性强化效应”而致成瘾。这与苯丙胺促进脑内两种神经递质多巴胺、去甲肾上腺素释放并由此导致欣快、增加精力和提高社交能力的毒理学作用有关。

一、临床特征

1. 急性中毒

（1）急剧中毒：用量达到 300～400mg，用后 20～60 分钟出现中毒症状，2～3 小时达高峰，持续 8 小时，24～48 小时逐渐恢复。过量后初始症状为头晕、头痛、心悸、焦虑不安、容易激动、面部发红、发热、出汗，继而产生高血压危象。还可以表现为感觉异常、谵妄、狂躁、眼球震颤、共济失调、高热抽搐。经过激动和兴奋期后，转为抑制，出现昏迷、呼吸衰竭、休克和心律失常。可并发脑出血、心绞痛或心肌梗死、肠系膜缺血、横纹肌溶解、急性肾衰竭。极重者可出现惊厥和循环衰竭。滥用甲基苯丙胺后的剧烈活动，加之食欲抑制往往导致体能处于极度“消耗”“透支”状态，出现脱水、晕厥。

致死的原因主要有：高热综合征（高热，横纹肌溶解，代谢性酸中毒）、弥散性血管内凝血（DIC）、急性肾衰竭、急性呼吸衰竭、急性肝衰竭、休克、心室纤颤。

（2）中低剂量：用量达到 50～150mg，病人有情绪紧张、心理紊乱、头痛、抑郁、失眠、焦虑、心悸、震颤、面红、多汗、瞳孔扩大、腱反射亢进。达 250～300mg 时出现视觉扭曲和短暂的情绪变化，由欣快感转为沮丧、抑郁。

2. 慢性中毒 长期滥用可导致：①苯丙胺性精神病，表现为顽固性失眠、精神激动、幻听、幻视及类偏执狂妄想；②恶心、呕吐和腹泻；③明显消瘦；④体温升高；⑤心血管功能障碍；⑥黄疸；⑦抽搐。

二、诊断

对摇头丸过量的诊断，主要根据病史和临床表现。分为：

轻度：表现为精神兴奋、好动多语，呼吸加快，但神志清楚。

中度：体温<38.5℃，神志恍惚，精神紧张，头痛，胸痛，运动不能。

重度：体温≥38.5℃，神志不清或昏迷，抽搐，瞳孔散大，牙关紧闭，衰竭状态。

三、急诊处理

1. 一般治疗

（1）中小剂量中毒仅表现为短暂性心理障碍，给予戒毒和心理治疗。

（2）烦躁、激动时，给予地西泮 5～10mg 口服。

（3）心动过速给予普萘洛尔 40～60mg，分次口服，或 40～60mg 缓慢静脉滴注，每分钟不少于 1mg，控制心率在 90 次 / 分。

（4）出现偏执状态可给予氟哌啶醇 5mg 肌内注射，每日两次，或加用地西泮 40mg/d。

（5）中毒导致冠状动脉痉挛是引起心肌缺血和心肌梗死最常见的原因，可口服硝苯地平缓解痉挛，改善心肌缺血。

（6）酸化尿液，给予氯化铵 1～2g，3 次 / 日。维生素 C 静脉滴注，8g/d。

2. 急救治疗

（1）保持呼吸道畅通和给氧：必要时气管插管，呼吸机辅助呼吸。

（2）清除毒物：清水或 1∶5000 高锰酸钾溶液洗胃，直至洗出液透亮为止。

（3）促进毒物排泄：以 20% 甘露醇 250ml 加活性炭 30g 制成混悬液口服，2 次 / 日。

（4）镇静：地西泮 10～20mg 肌内注射或静脉注射，必要时可重复应用。重度中毒以 5% 葡萄糖 500ml 加入地西泮 100mg，持续静脉滴注。用药期间密切观察病人神志、瞳孔及生命体征变化。

（5）血液净化治疗。

（6）对症支持治疗：纠正酸碱失衡和电解质紊乱、控制体温、保护心脑功能等治疗。肌肉松弛是控制体温的有效方法，可缓慢静脉注射硫喷妥钠或用肌肉松弛剂琥珀酰胆碱，血压增高者给予降压治疗。

第十节 气体中毒

常见急性气体中毒包括刺激性气体中毒和窒息性气体中毒。

刺激性气体对机体作用的共同特点是对眼和呼吸道黏膜有刺激作用，并可致全身中毒。常见的刺激性气体有氯气、光气、氨气、氮氧化物、氟化氢、二氧化硫、三氧化硫等。窒息性气体是指造成组织缺氧的有害气体。常见的窒息性气体可分为单纯窒息性气体（甲烷、氮气、二氧化碳及惰性气体）和化学性窒息性气体（一氧化碳、硫化氢、氰化物）两大类。化学性窒息性气体吸收后与血红蛋白或细胞色素氧化酶结合，影响氧在组织细胞内的传递、代谢，导致细胞缺氧，称为“内窒息”。

一、刺激性气体中毒——氯气中毒

氯气为黄绿色有强烈刺激性的气体，溶于水和碱溶液，遇水生成次氯酸和盐酸，次氯酸再分解为新生态氧、氯和氯酸，对黏膜有刺激和氧化作用，引起黏膜充血、水肿和坏死。较低浓度作用于眼和上呼吸道，高浓度作用于下呼吸道，极高浓度时刺激迷走神经，引起反射性呼吸、心脏骤停。

（一）临床特点及诊断

1. 轻度中毒 主要表现为急性化学性支气管炎或支气管周围炎。表现为咳嗽、咳少量痰、胸闷等。查体两肺可闻及散在干啰音或哮鸣音，可有少量湿啰音。胸部X线表现为肺纹理增多、增粗、边缘不清，一般以下肺野较明显。经治疗后症状于1～2日内消失。

2. 中度中毒 主要表现为急性化学性支气管肺炎、间质性肺水肿或局限的肺泡肺水肿。表现为阵发性呛咳、咳痰，有时咳粉红色泡沫痰或痰中带血，以及胸闷、呼吸困难、心悸等。头痛、乏力、恶心、呕吐、腹胀常见。查体可见轻度发绀，两肺闻及干、湿性啰音。胸部X线示肺门影不清，透过度降低或局限性的散在点、片状阴影。

3. 重度中毒 表现为弥漫性肺泡性肺水肿或成人呼吸窘迫综合征，支气管哮喘或喘息性支气管炎。有下列严重病变之一，亦属重度中毒：①高浓度氯气吸入后引起迷走神经反射性呼吸、心脏骤停，甚至“闪电式死亡”；②由于喉头、支气管痉挛或水肿造成窒息；③发生休克或出现中、深度昏迷；④并发严重的气胸或纵隔气肿；⑤并发严重的心肌损害。

（二）急诊处理

1. 立即脱离现场，将病人转移至空气新鲜处，注意保暖。眼和皮肤接触液氯时，要立即用清水彻底清洗。

2. 轻度中毒者至少要观察12小时，并对症处理。中、重度中毒者需卧床休息，吸氧，保持呼吸道通畅，解除支气管痉挛。可用沙丁胺醇气雾剂或氨茶碱0.25g、地塞米松5mg加入生理盐水20～50ml中雾化吸入，亦可用5%的碳酸氢钠加地塞米松雾化吸入。

3. 防治喉头水肿、痉挛、窒息，必要时气管切开。

4. 合理进行氧疗，高压氧治疗有助于改善缺氧和减轻肺水肿。

5. 早期、适量、短程应用肾上腺皮质激素，积极防治肺水肿和继发感染。

二、窒息性气体中毒——急性一氧化碳中毒

一氧化碳（carbon monoxide）是含碳物质不完全燃烧所产生的一种无色、无味和无刺激性气体，不溶于水。吸入过量可发生急性一氧化碳中毒（acute carbon monoxide poisoning），又称为煤气中毒。

（一）临床特点

临床表现与血液碳氧血红蛋白（COHb）浓度有关。急性一氧化碳中毒分为轻、中、重度三种临床类型：

1. 轻度中毒 血COHb浓度达10%～20%。表现为头晕、头痛、恶心、呕吐、全身无力。

2. 中度中毒 血COHb浓度达30%～40%。皮肤黏膜可呈“樱桃红色”，上述症状加重，出现兴

笔记

奋、判断力减低、运动失调、幻觉、视力减退、意识模糊或浅昏迷。

3. 重度中毒 血 COHb 浓度达 30%～50%。出现抽搐、深昏迷、低血压、心律失常和呼吸衰竭，部分病人因误吸发生吸入性肺炎。

（二）诊断及鉴别诊断

1. 病史 生活性中毒多，有同居室人发病，职业性中毒多为意外事故，集体发生。

2. 临床表现 有中枢神经损害的症状、体征。

3. 实验室检查 血液 COHb 定性阳性。

4. 中毒的鉴别 一氧化碳中毒昏迷病人应与其他气体中毒、安眠药中毒、脑血管意外和糖尿病酮症酸中毒相鉴别。

（三）急诊处理

1. 撤离中毒环境 发现中毒病人应立即撤离现场，转移至空气清新环境。

2. 监测生命体征 保持呼吸道通畅，注意观察意识状态和监测生命体征。

3. 氧疗 氧疗能加速血液 COHb 解离和 CO 排出，是治疗 CO 中毒最有效的方法。

（1）面罩吸氧：神志清醒病人应用密闭面罩吸氧，氧流量 5～10L/min。通常持续吸氧 2 天才能使血液 COHb 浓度降至 15% 以上。症状缓解和血液 COHb 浓度降至 5% 时可停止吸氧。

（2）高压氧治疗：高压氧治疗能增加血液中物理溶解氧含量，提高总体氧含量，COHb 解离速度较正常吸氧时快 4～5 倍，可缩短昏迷时间和病程，预防迟发性脑病发生。通常 3 个大气压下氧分压超过 160mmHg，可使血浆携氧量达 50ml/L。高压氧治疗适用于中、重度 CO 中毒，或出现神经精神、心血管症状和血液 COHb 浓度≥25% 者。老年人或妊娠妇女 CO 中毒首选高压氧治疗。一般高压氧治疗每次 1～2 小时，1～2 次 / 日。

4. 机械通气 对昏迷、窒息或呼吸停止都应及时行气管内插管，应用机械通气。

5. 脑水肿治疗 严重 CO 中毒后，24～48 小时脑水肿达高峰。应积极采取以下措施，降低颅内压和恢复脑功能。

（1）脱水治疗：① 50% 葡萄糖溶液 50ml 静脉输脉推注；② 20% 甘露醇 1～2g/kg 静脉滴注（10ml/min），6～8 小时一次，症状缓解后减量；③呋塞米 20～40mg 静脉注射，8～12 小时 / 次。

（2）糖皮质激素治疗：地塞米松 10～20mg/d，疗程 3～5 日。

（3）抽搐治疗：地西泮 10～20mg 静脉注射，抽搐停止后苯妥英钠 0.5～1.0g 静脉滴注，根据病情 4～6 小时重复应用。

（4）促进脑细胞功能恢复：常用静脉药物有三磷酸腺苷、辅酶 A、细胞色素 C 和大剂量维生素 C 等。

第十一节 急性食物中毒

急性食物中毒（acute food poisoning）的含义非常广泛，凡是食用被致病菌及其毒素污染的食物，或被毒物（重金属、农药等）污染的食物，以及自身含有某种毒素（毒蕈、河豚等）的食物引起的急性中毒性疾病都可被称为急性食物中毒。急性食物中毒具有潜伏期短、急性发病、多群体发病等特征，且有明显的季节性特征，如急性细菌性食物中毒多发生在夏季。

根据急性食物中毒的病因一般将其分为两大类：①细菌性食物中毒：常见的致病菌有沙门菌属、变形杆菌、副溶血弧菌、产肠毒素性大肠埃希菌等，均有一定的传染性。而葡萄球菌和肉毒杆菌引起的食物中毒与其产生的毒素有关，不具传染性。②非细菌性食物中毒：见于食物被有毒化学物质污染和食用有毒动植物。

一、临床特点

常见细菌性食物中毒的临床特点见表 10-4。

笔记

表 10-4 常见细菌性食物中毒的特征

	沙门菌属食物中毒	副溶血弧菌食物中毒	变形杆菌食物中毒	蜡样芽孢杆菌食物中毒	大肠埃希菌食物中毒	金黄色葡萄球菌食物中毒	肉毒杆菌食物中毒
潜伏期	4～24 小时，可长达 2～3 天	6～20 小时	胃肠型：3～20 小时；过敏型：0.5～2 小时	肠毒素：1～2 小时；细菌：8～16 小时	2～20 小时，一般为 4～6 小时	0.5～5 小时	1～2 天，可达 8～10 天
污染食物	肉类、禽类、蛋类	海产品，腌渍品	隔夜剩饭菜、肉类及鱼类	隔夜剩饭菜、肉类及乳类	隔夜剩饭菜、肉类及淀粉食物	淀粉食物、肉类、乳及乳制品	罐头食品、豆制品、蜂蜜
发病情况	先有腹痛、呕吐，继而腹泻，多伴有发热	先有腹痛发热，后有腹泻及呕吐	胃肠型：先有腹痛、呕吐及腹泻 过敏型：皮肤潮红、头痛、酒醉貌、荨麻疹等	有呕吐、腹痛及腹泻	先有食欲缺乏、腹痛、腹泻、水样便或黏液便	先有恶心、头痛，迅速发生腹痛及呕吐	突然发病，主要为中枢神经系统症状：乏力、头痛、睑下垂、吞咽困难、尿潴留等
发热	较常见，可有高热	绝大多数有发热	低热	无	低热	无	多正常
腹痛	轻	重	轻	轻	轻	轻	无
腹泻	水样便，很少带脓血，量多	水样便，血水样或脓血便	黄色水样便，臭，可有黏液	水样便	水样便或黏液便，臭	黄色水样便，臭，少量	无
呕吐	多数有	可有可无	较轻	部分有，较重	少有	剧烈	无
脱水	轻、中度	轻、中度	轻、中度	无	轻度	轻度	无
大便培养	沙门菌属	副溶血弧菌	变形杆菌	蜡样芽孢杆菌	大肠埃希菌	金黄色葡萄球菌	无
病死率	低，0～2%	低，0～3%	无	无	无	低	10%

二、诊断与鉴别诊断

根据进食可疑食物后短期内出现的急性胃肠炎症状，结合相应的流行病学资料，一般不难做出临床诊断。对可疑食物、病人呕吐物和粪便进行培养，如果分离出相同病原菌，则可以确诊细菌性食物中毒。

在进食可疑食物后出现眼肌瘫痪，呼吸、吞咽和言语困难的病人，特别是在集体发病的情况下，应考虑肉毒中毒可能，并可对食物进行细菌学检测。

以胃肠炎为主的细菌性食物中毒应与非细菌性食物中毒、菌痢、霍乱、病毒性肠炎等进行鉴别。肉毒中毒则应与河豚和毒蕈中毒进行鉴别。

三、急诊处理

1. 以急性胃肠炎为主要表现食物中毒的处理

（1）一般处理：多数急性食物中毒病人临床症状较轻，且为一过性而不需要特殊处理。对呕吐严重者应暂时禁食。对呕吐、腹痛症状严重者可给予山莨菪碱（654-2）10mg 肌内注射。

（2）补液治疗：对呕吐、腹泻严重者，特别是年老体弱者和婴幼儿，应及时评估病人的脱水程度，有无电解质紊乱等。对有脱水症状和短期内不能进食的病人应进行补液治疗，选择乳酸林格液和5%～10% 葡萄糖，补液量视脱水情况决定，并补充必要的电解质和维生素。

（3）病原菌治疗：多数病人不需要使用抗生素，对伴有高热、呕吐与腹泻严重者可酌情使用抗生素治疗。

2. 肉毒杆菌中毒的治疗

（1）抗毒素治疗：尽早使用肉毒抗毒血清，发病 24 小时内最有效。在皮试阴性者静脉或肌内注射 5 万～8 万 U，必要时 6～8 小时重复注射，儿童和成人剂量相同，重症病人应加倍。皮试阳性者可先进行脱敏注射。

（2）促进肠道毒素排泄：对于疑诊和确诊病人应立即洗胃，可选择清水或 1∶4000 高锰酸钾溶液，同时进行灌肠。

（3）保持呼吸道通畅：监测病人呼吸情况，及时清理咽喉部分泌物，对呼吸肌麻痹造成呼吸衰竭者应及时进行气管插管和呼吸机辅助呼吸，必要时也可选择气管切开。对已经发生误吸者应及时行纤维支气管镜检查，灌洗并吸出误吸物。选择适当抗生素进行治疗。

（4）对症支持治疗。

（李树生）

思考题

1. 各类毒物导致的系统损害及临床表现有哪些？
2. 急性中毒的治疗原则及措施有哪些？
3. 有机磷农药中毒的发生机制与临床特征是什么？
4. 镇静催眠药中毒的发生机制与临床特征是什么？
5. 气体中毒的临床特点有哪些？

第十一章 环境及理化因素损伤

在人类生存的自然、生活和生产环境中，存在多种物理、化学和生物等致损性因素，在特定或偶然条件下，它们可对人体造成急性伤害，处理不及时将危及生命。因此，施救者有必要掌握相关急救知识，以对病情做出快速、准确的判断和开展有效的救治。同时若能有效普及相关科学知识，则可预防很多损伤的发生。

第一节 淹　溺

淹溺（drowning）常称溺水，是指淹没或沉浸在水或其他液性介质中引起呼吸系统损伤导致窒息和缺氧的过程。淹溺引起的窒息死亡称溺亡（drowned）。机体突然接触比体温低5℃的液体时可导致心律失常，晕厥，进而导致继发性淹溺，称为浸渍综合征（immersion syndrome）。全球每年约35万人溺亡，老人和小孩发生的风险最大，以男孩居多。

一、临床特点

（一）临床表现

淹溺最重要的表现是窒息导致的全身缺氧，可引起心脏、呼吸骤停、脑水肿；肺部吸入污水可引起肺部感染、肺损伤。随着病程演变将发生低氧血症、弥散性血管内凝血、急性肾损伤、多器官功能障碍综合征等，甚至死亡。如淹溺于粪坑、污水池和化学物质贮存池等处，还会伴有相应的皮肤、黏膜损伤和全身中毒症状。

根据溺水时间长短，淹溺可分为以下三种程度：

1. 轻度淹溺　落水片刻，吸入或吞入少量液体，有反射性呼吸暂停，意识清楚，血压升高，心率加快，肤色正常或稍苍白。

2. 中度淹溺　溺水1～2分钟，水可经呼吸道或消化道进入体内，由于反射依然存在，引起剧烈呛咳、呕吐，可出现意识模糊、烦躁不安，呼吸不规则或表浅，血压下降，心率减慢，反射减弱。

3. 重度淹溺　溺水3～4分钟，昏迷，面色青紫或苍白、肿胀，眼球突出，四肢厥冷，血压测不到，口腔及鼻腔充满血性泡沫，可有抽搐；呼吸、心搏微弱或停止；胃扩张，上腹膨隆。

（二）实验室及特殊检查

可出现白细胞总数和中性粒细胞增高，尿蛋白阳性。吸入淡水较多时，可出现低钠、低氯、低蛋白血症及溶血。吸入海水较多时，可出现短暂性血液浓缩，高钠血症或高氯血症。胸部X线、CT检查呈多种征象并存，常见肺纹理增粗，可出现局限斑片状影，广泛棉絮状影，主要分布于两肺下叶，肺水肿及肺不张可同时存在。心电监护可见窦性心动过速、ST段和T波改变、室性心律失常、心脏阻滞等表现。动脉血气分析可呈现混合性酸中毒，以及不同程度的低氧血症。

二、诊断与鉴别诊断

根据淹溺的病史和临床表现，即可诊断。须鉴别继发于其他疾病的淹溺，主要通过详细了解既往史和检查资料判断。

三、急诊处理

（一）现场急救

决定淹溺预后最重要的因素是缺氧持续时间和程度，因此最重要的现场紧急治疗措施是迅速使病人脱离淹溺环境，立即进行通气和供氧，包括清除口鼻内水、泥沙污物及分泌物，恢复呼吸道通畅，对心搏骤停或无呼吸者立即行心肺复苏（CPR）。

（二）急诊处理

经现场抢救的淹溺者应及时送至医院给予进一步评估和监护，采取综合措施进行治疗，特别是保护循环、呼吸和神经等功能。

1. 机械通气　对意识不清、呼吸急促、全身发绀、咳粉红色泡沫痰、血压下降及血氧饱和度<85%的病人，应进行气管插管及机械通气。原则是维持合适氧供及尽可能低的气道压。当病人意识清楚、呼吸恢复、循环稳定、血气分析正常、胸部X线好转可撤机。

2. 补充血容量，维持水、电解质和酸碱平衡　淡水淹溺时，因血液稀释，应适当限制入水量，并适当补充氯化钠溶液、血浆和白蛋白；海水淹溺时，由于大量体液渗入肺组织，血容量偏低，需及时补充液体，可用葡萄糖溶液、低分子右旋糖酐、血浆，严格控制氯化钠溶液；注意纠正高钾血症及酸中毒。

3. 防治急性肺损伤　早期、短程、足量应用糖皮质激素，防治淹溺后的急性肺损伤或急性呼吸窘迫综合征。

4. 防治脑缺氧损伤、控制抽搐　应用甘露醇、甘油果糖、白蛋白、呋塞米、地塞米松或氢化可的松等治疗来减轻脑水肿、降低颅内压，并适当应用头部低温，保护中枢神经系统，以改善病人预后。

5. 防治低体温　溺水后体温一般低于30℃，需要给淹溺者复温。为减少脑及肺再灌注损伤，建议初始复温到34℃，然后在经过24小时温和的低体温治疗后，再恢复到正常体温。

6. 对症治疗　对血红蛋白尿、少尿或无尿病人，应积极防治急性肾功能不全；溶血者及时碱化尿液，激素治疗，适当输血；防治多器官功能障碍及感染等。

第二节　中　　暑

中暑（heat illness）是指人体在高温环境下，由于水和电解质丢失过多、散热功能障碍，引起的热损伤性疾病，以中枢神经系统和心血管系统功能障碍为主要表现，可导致永久性脑损伤、肾衰竭，是一种危及生命的急症，可导致死亡。

中暑的致病因素包括：高温环境作业，或在室温>32℃、湿度>60%、通风不良的环境中长时间或强体力劳动。若存在机体适应高温环境的能力下降的情况，如年老、体弱、产妇、肥胖、甲状腺功能亢进和应用某些药物（如苯丙胺、阿托品）、汗腺功能障碍（如硬皮病、先天性汗腺缺乏症、广泛皮肤烧伤后瘢痕形成）等，则中暑更容易发生。

一、临床特点

（一）临床表现

根据临床表现的轻重程度分为以下三种：

1. 先兆中暑　口渴、乏力、多汗、头晕、目眩、耳鸣、头痛、恶心、胸闷、心悸、注意力不集中等表现，体温可正常或略高，不超过38℃。

2. 轻症中暑　早期循环功能紊乱，包括面色潮红、苍白、烦躁不安、表情淡漠、恶心呕吐、大汗淋漓、皮肤湿冷、脉搏细数、血压偏低、心率加快、体温轻度升高。

3. 重症中暑　痉挛、惊厥、昏迷等神经系统表现，或高热，或休克等；分以下三型：

（1）热痉挛（heat cramp）：可以是热射病的早期表现，常发生于高温环境下强体力作业或运动时。出汗后水和盐分大量丢失，仅补充水或低张液，形成低钠、低氯血症，出现四肢、腹部、背部的肌肉痉挛和疼痛，常发生于腓肠肌，呈对称性和阵发性，也可出现肠痉挛性剧痛。病人意识清楚，体温一般正常。其中横纹肌溶解症是一种非常罕见的并发症，多由长时间的肌肉痉挛引起。

（2）热衰竭（heat exhaustion）：由于高热引起脱水、电解质紊乱、外周血管扩张，周围循环容量不足等休克征象，表现为头晕、头痛、恶心、呕吐、脸色苍白、皮肤湿冷、大汗淋漓、呼吸增快、脉搏细数、心律失常、晕厥、肌痉挛、血压下降等。体温正常或略高，一般不超过 40℃。若中枢神经系统损害不明显，病情轻而短暂者称为热晕厥（heat syncope），可发展为热射病。常见于老年人、儿童和慢性疾病病人。

（3）热射病（heat stroke）：是中暑最严重的类型，也称中暑高热。在高温、高湿或强烈的太阳照射环境中作业或运动数小时（劳力性热射病 exertional heatstroke），或老年、体弱、有慢性疾病病人在高温和通风不良环境中维持数日（非劳力性 / 经典型热射病 classic heatstroke），热应激机制失代偿，使中心体温骤升，导致中枢神经系统和循环系统功能障碍。病人出现高热、无汗、意识障碍，体温超过 40.5℃。可出现皮肤干燥、灼热、谵妄、昏迷、抽搐、呼吸急促、心动过速、瞳孔缩小、脑膜刺激征等表现，严重者出现休克、心力衰竭、脑水肿、ARDS、急性肾损伤、DIC、多器官功能衰竭（MOF）甚至死亡。

（二）辅助检查

白细胞总数增加，中性粒细胞增高，血小板减少，凝血功能异常，尿常规异常，转氨酶、肌酐和尿素、血乳酸脱氢酶（LDH）和肌酸激酶（CK）升高，血液浓缩，电解质紊乱、呼吸性和代谢性酸中毒，心电图改变多样。疑颅内出血时，可作 CT、MRI 或脑脊液检查。

二、诊断与鉴别诊断

在高温、高湿环境下，重体力作业或剧烈运动过程中或之后出现相应的临床表现即可诊断。对肌痉挛伴虚脱、昏迷伴有高热的病人应考虑重度中暑。须注意鉴别与流行性乙型脑炎、细菌性脑膜炎、中毒性细菌性痢疾、脑型疟疾、脑血管意外、脓毒症、甲状腺危象、伤寒、抗胆碱能药物中毒等原因引起的高温综合征。

三、急诊处理

（一）先兆及轻症中暑

立即转移到阴凉、通风的环境，口服淡盐水或含盐清凉饮料，休息。对有循环功能紊乱者，可经静脉补充 5% 葡萄糖盐水，密切观察，直至恢复。

（二）重症中暑

1. 热痉挛 主要为补充氯化钠，静脉滴注 5% 葡萄糖盐水或生理盐水 1000～2000ml。

2. 热衰竭 及时补足血容量，防止血压下降。可用 5% 葡萄糖盐水或生理盐水静脉滴注，适当补充血浆。必要时监测中心静脉压指导补液。

3. 热射病

（1）降温：快速降温是治疗的首要措施，病死率与体温过高及持续时间密切相关。如果降温延迟，死亡率明显增加。当病人脱离高温环境后立即开始降温，并持续监测体温。降温目标：使核心体温在 10～40 分钟内迅速降至 39℃以下，2 小时降至 38.5℃以下。但达到正常提体温时应停止降温，避免体温过低。

降温方法：

1）体外降温：头部降温可采用冰帽、电子冰帽，或用装满冰块的塑料袋紧贴两侧颈动脉处及双侧腹股沟区。全身降温可使用冰毯，或用冰水擦拭皮肤。

2）体内降温：用 4℃盐水 200ml 灌胃或直肠灌洗；或 4℃的 5% 葡萄糖盐水 1000～2000ml 静脉滴注，开始时滴速控制在 30～40 滴 / 分。

（2）液体复苏：①首选晶体液，如生理盐水、葡萄糖液、林格液，输液速度控制在尿量200～300ml/h。②第一个24小时输液总量可达6～10L，动态监测血压、脉搏和尿量，调整输液速度。③利尿：充分补液扩容后，如尿量仍不达标，可给予呋塞米10～20mg静推，可根据尿量追加剂量。监测电解质，及时补钾。④碱化尿液：补充碳酸氢钠，使尿pH>6.5。

（3）血液净化：体温持续高于40℃、持续无尿、高血钾、尿毒症、严重感染和多器官功能衰竭者，可采用床旁血液透析治疗。

（4）综合与对症治疗：保持呼吸道通畅，昏迷或呼吸衰竭者行气管插管，机械辅助通气；脑水肿时予以脱水、激素及头部低温治疗；防治多脏器功能不全；给予质子泵抑制剂预防上消化道出血；适当应用抗生素预防感染等。

第三节　冻伤及冻僵

冻伤（frostbite）即冷损伤（cold injury），是低温作用于机体引起局部乃至全身的损伤。冻伤的轻重程度与低温强度及作用时间、空气湿度和风速等密切相关。手足、耳鼻部及面颊部是最常发生的部位。慢性疾病、营养不良、饥饿、疲劳、年老、神志不清、痴呆、醉酒、休克和创伤等是冻伤的易患因素。暴露于零点温度以上者称非冻结性冻伤，零点温度以下者称冻结性冻伤。冻僵又称意外低体温（accidental hypothermia），是指处在寒冷环境中的机体中心体温低于35℃，伴神经和心血管系统损伤为主要表现的全身性疾病。

一、临床特点

（一）非冻结性冻伤

指长时间暴露于0～10℃的低温、潮湿环境中造成的局部损伤，无冻结性病理改变，包括冻疮、战壕足及浸泡足。冻疮是最常见的非冻结性损伤，是由于反复低温暴露引起的慢性真皮血管炎，毛细血管系统出现功能障碍。好发于手指、手背、足趾、足跟、耳郭、面颊，局部表现为红斑、水肿，伴大小不等的结节，感觉异常，灼痒，胀痛，有时出现水疱，水疱破溃后形成浅溃疡，渗出浆液，可感染化脓；战壕足则是长时间在潮湿、寒冷地区站立不动或少动引起的非冻结性损伤，在陆军战壕中多发此病而得名；浸泡足是长期浸渍于寒冷水中所引起的局部损伤，多见于海员和海军官兵。

（二）冻结性冻伤

包括局部冻伤和全身冻伤（冻僵），大多发生于意外事故或战时。当组织温度降至冰点以下（皮肤暴露温度降至-5℃以下）时就会发生冻结，形成冰晶体，这是区别非冻结性损伤的病理特点。

1. 局部冻伤　常发生在鼻、耳、颜面、手和足等暴露部位。患处温度低、皮肤苍白、麻木、刺痛。局部冻伤可分为反应前期、反应期及反应后期。

（1）反应前期（前驱期）：系指冻伤后到复温融化前的阶段，主要临床表现有受冻部位冰凉，苍白、坚硬、感觉麻木或丧失。由于局部处于冻结状态，其损伤范围和程度往往难以判定。

（2）反应期（炎症期）：为复温融化过程中及之后的阶段。冻伤范围、程度逐渐明显。其临床表现见表11-1。

表11-1　冻结性冻伤分度

分度	病理损害	临床表现	预后
Ⅰ度冻伤	红斑性冻伤，损害在表层	受冻皮肤早期苍白，复温后呈红色或紫红色，充血水肿。无水疱	1周后脱屑愈合，不留瘢痕
Ⅱ度冻伤	水疱性冻伤，损害在真皮层	复温后皮肤呈红色或暗红色，水肿明显，触之灼热，有水疱，充满橙黄色或红色透明浆液性液体，疱底鲜红	2～3周后，如无感染，可痂下愈合，少有瘢痕

续表

分度	病理损害	临床表现	预后
Ⅲ度冻伤	坏死性冻伤，损害在全层及皮下	复温后皮肤呈紫红或青紫色，皮温较低，水肿明显，有散在的厚壁血性水疱，疱底暗红，有血性渗出	4～6周后，坏死组织脱落形成肉芽创面，愈合缓慢，愈后留有瘢痕或功能障碍
Ⅳ度冻伤	深层坏死，损害侵及肌肉、骨髓	感觉丧失，肢体痛。复温后皮肤呈紫蓝或青灰色，皮温低，水肿明显，可有厚壁血性水疱，疱液咖啡色，疱底污秽，严重时无水肿	3周左右冻区逐渐干燥变黑，组织干性坏死，自行脱落形成残端或需截肢；若感染，形成湿性坏疽甚至气性坏疽

(3) 反应后期（恢复期）：系指Ⅰ、Ⅱ度冻伤愈合后，和Ⅲ度冻伤坏死组织脱落后，肉芽创面形成的阶段。可出现：①冻伤皮肤局部发冷，感觉减退或敏感；②对冷敏感，寒冷季节皮肤出现苍白或青紫；③痛觉敏感，肢体不能持重等。这些表现系由于交感神经或周围神经损伤后功能紊乱所引起。

2. 冻僵 常发生于暴风雪、冰水环境中，表现为低体温（hypothermia）及多系统损伤。

(1) 神经系统：体温在34℃时可出现健忘症，低于32℃时触觉、痛觉丧失，而后意识丧失，瞳孔扩大或缩小。体温低于33.5℃，脑电波开始变化，19～20℃时，脑电波消失。

(2) 循环系统：体温下降后，血液内水分由血管内移至组织间隙，血液浓缩，黏度增加，20℃时半数以上的外围小血管血流停止，肺循环及外周阻力加大；19℃时冠状动脉血流量为正常的25%，心输出量减少，心率减慢，出现传导阻滞，可发生心室颤动。

(3) 呼吸系统：呼吸中枢受抑制，呼吸变浅、变慢，29℃时呼吸比正常次数减少50%，呼吸抑制后进一步加重缺氧、酸中毒及循环衰竭。

(4) 肾脏功能：单纯的寒冷刺激可引起利尿，低体温抑制肾脏血流。体温27℃时，肾血流量减少一半以上，随后排出大量低渗尿液，称“冷利尿”。如果持续时间过久，导致代谢性酸中毒、氮质血症及急性肾损伤。

二、诊断与鉴别诊断

根据受冻、受湿冷史、保暖情况、局部组织或全身低温的症状及体征即可诊断冻伤，注意根据接触冰点温度的上下以及持续时间来判断非冻结、冻结的类型及程度。

有受冻史及中心体温测量小于35℃即可诊断冻僵，临床上肺动脉测温最准确，较常用的是直肠、膀胱、鼓膜、食管测温。

三、急诊处理

（一）冻僵

1. 迅速恢复中心体温 将冻伤者移入温暖环境，脱掉衣服、鞋袜，采取全身保暖措施。如盖棉毛毯，用热水袋（注意不要直接放在皮肤上，以防烫伤）放腋下及腹股沟，电毯包裹躯体，采用红外线和短波透热等。也可将冻僵者浸入37～39℃温浴，至肛温升至34℃并有规则的呼吸和心跳。对严重冻僵者，可采用中心复温法，包括体外循环血液加温、气道复温、腹膜透析、透热疗法等。

2. 防治并发症 监护器官功能，加强支持治疗等综合措施，注意处理低血容量、低血糖、应激性溃疡、心肌梗死、脑血管意外、深部静脉血栓形成、肺不张、肺水肿、肺炎等并发症。特别注意防治多脏器功能衰竭。

（二）冻结性冻伤

1. 治疗原则 ①迅速脱离寒冷环境；②保暖，尽早快速复温；③局部涂敷冻伤膏；④改善局部微循环；⑤可内服活血化瘀等类药物；⑥抗休克；⑦预防感染；⑧Ⅱ、Ⅲ度冻伤未能分清者按Ⅲ度冻伤治疗；⑨减少伤残，最大限度保留尚有存活能力的肢体功能。

笔记

2. 快速复温 伤员脱离寒冷环境后，立即进行温水快速复温，水温应控制在 37～39℃，水温超过 39℃并不会使复温时间缩短，相反会使病人疼痛加剧，影响复温效果；水温超过 42℃时会造成额外损伤。

复温方法：将冻肢浸泡温水中，至冻区皮肤转红，尤其是指（趾）甲床潮红，组织变软为止，时间不宜过长。对于颜面冻伤，可用温湿毛巾局部热敷。在无温水的条件下，可将冻肢置于自身或救护者的温暖体部，如腋下、腹部或胸部。

严禁火烤、雪搓、冷水浸泡或猛力捶打冻伤部。

3. 改善局部微循环 Ⅲ度冻伤初期可应用低分子右旋糖酐，静脉滴注，每日 500～1000ml，维持 7～10 天，以降低血液黏稠度，改善微循环。必要时也可采用抗凝剂（如肝素）或血管扩张剂（罂粟碱、苄胺唑啉）等。

4. 局部处理

（1）局部用药：复温后局部立即涂敷冻伤外用药膏，可适当涂厚，指（趾）间均需涂敷，无菌敷料包扎，每日换药 1～2 次，面积小的Ⅰ度、Ⅱ度冻伤，可不包扎，但注意保暖。

（2）水疱处理：无菌条件下抽出水疱液；如水疱较大，可低位切口引流。

（3）感染创面和坏死痂皮处理：感染创面应及时引流，防止痂下积脓。

（4）及时清除坏死痂皮：肉芽创面新鲜后尽早植皮，消灭创面。对冻伤后截肢应取慎重态度，一般让其自行分离脱落，尽量保留有活力的组织，必要时可进行动脉造影，以了解肢端血液循环情况。

5. 预防感染：严重冻伤应口服或注射抗生素，常规预防性注射破伤风。

（三）非冻结性冻伤

1. 冻疮 脱离寒冷潮湿环境，每日用 42℃温水浸泡，每次 20 分钟，如有破溃感染者可在局部涂冻疮膏。局部用药应涂厚，每日数次温敷创面。根据创面情况每日换药，无菌纱布包扎。

2. 战壕足、浸泡足 早期治疗可减轻感染及局部损伤，治疗方法与冻疮局部疗法相同。

第四节 急性高原疾病

高原疾病（high-altitude illness）是指到达一定海拔高度后（大于 2500m），身体不能适应相应变化而引起一系列代谢变化和症状。高原气候的特点为随海拔高度增加，大气压及氧分压逐渐降低，表现为低气压、低氧分压、寒冷干燥、辐射强、温差大等。高原一般被划分为四个等级：中等海拔（1500～2500m）、高海拔（2500～4500m）、特高海拔（4500～5500m）、极高海拔（5500m 以上）。流行病学资料显示全球约有 4000 万人长期生活在 3000m 以上，并没有患急性高原疾病。高原病的发生率和严重程度与海拔上升的速度和高度直接相关，从平原快速到达海拔 3000m 以上时 50%～75% 的人出现急性高原病。

人体位于中等海拔时，一般无症状或仅有轻度症状；位于高海拔时，会出现明显症状，血氧饱和度低于 90%；位于特高海拔时，缺氧症状进一步加重，血氧饱和度低于 80%；位于极高海拔时，机体完全不可能适应，逗留时间过长，病情迅速恶化。按病程可分为急性和慢性两种。慢性高原病，较少见，不在此赘述，包括：慢性高原反应、高原红细胞增多症、高原血压改变、高原心脏病。

急性高原病较常见，包括：①急性高原反应（acute mountain sickness，AMS），指由平原进入高原或由高原进入更高海拔地区后，机体在短时期（数小时或 1～2 天）发生的一系列高原性缺氧应激反应；②高原肺水肿（high-altitude pulmonary edema，HAPE），是因缺氧引起急性肺动脉高压、肺毛细血管压力增加、肺血管的扩张及渗漏，发生肺泡和间质水肿，多数在抵达高原后 2～4 天发病，是导致高原死亡的主要原因；③高原脑水肿（high-altitude cerebral edema，HACE），由于低氧血症导致脑血流及脑血容量增加出现血管源性脑水肿，同时低氧应激导致多种炎症因子、自由基产生，增加血管通透性，进一步加重脑水肿，是急性高原疾病中最少见的，但预后最差。

值得注意的是，在高海拔地区生活过一段时间的人，到低海拔地区后，也会感到不适。出现呼吸困难、乏力、嗜睡、惊厥、抽搐等缺氧表现，俗称为醉氧。

一、临床特点

（一）临床表现

快速从平原进入海拔3000m以上高原或由高原进入更高地区，在数小时或1～2天发病。

1. 急性高原反应 头痛、头晕、恶心、呕吐、心悸、气短、胸闷、胸痛、失眠、嗜睡、食欲减退、腹胀及手足麻木等。临床特点为休息时仅表现为轻度症状，如心悸、气短、胸闷、胸痛，但活动后症状加重。出现脉搏增快，血压改变，口唇及手指发绀，眼睑面部水肿等体征。

2. 高原肺水肿 安静状态下出现呼吸困难、咳嗽、咳痰、头痛、食欲减退、发绀、肺部啰音、呼吸急促、心动过速等症状和体征。其特点为夜间加重，休息亦无缓解。

3. 高原脑水肿 出现共济失调、剧烈头痛、恶心呕吐、精神状态改变、癫痫发作、昏迷等症状和体征。其中意识改变和小脑共济失调是最早出现的特异性症状，可以帮助早期诊断高原脑水肿。

严重的高原肺水肿和高原脑水肿病人可通过眼底镜检查发现视网膜出血。

（二）辅助检查

血常规血细胞计数和血细胞比容增加，氧饱和度降低，X线胸片及肺部CT检查可判断高原肺水肿严重程度，心电图检查及心脏超声可显示心动过速及心脏负荷加重，颅脑MRI可判断高原脑水肿病情。

二、诊断与鉴别诊断

根据病史及临床特点可做出诊断，同时应判断是否有高原脑水肿及肺水肿。

急性高原性疾病主要与病毒性疾病相鉴别，流感常有咽喉痛，打喷嚏、鼻塞、流涕、发热、头痛以及全身肌肉痛；急性高原病一般无发热，无肌肉痛。

高原性肺水肿要与高原肺炎相鉴别，高原肺炎是到高原地区的人群因T淋巴细胞受损而易感染，出现与肺炎类似的症状，当HAPE与高原肺炎诊断难以鉴别时，可予以经验性抗生素治疗。此外还应与急性肺栓塞鉴别，急性高原疾病由于血细胞比容增高和脱水，血液黏稠度增加，使机体呈高凝状态，容易形成深静脉血栓，脱落造成肺栓塞。肺栓塞临床表现与高原肺水肿相似，但血栓性疾病发作更为迅速，胸痛更加明显。

高原脑水肿还应与病毒性、细菌性脑炎及脑膜炎，脑出血相鉴别。

三、急诊处理

基本原则：停止活动，休息，吸氧，转运至低海拔地区，避免发展为严重的高原病。

轻型病人无需特殊治疗，多数人在12～36小时获得充分的休息和适应后，症状自然减轻或消失。

（一）对于症状持续甚至恶化者需要酌情以下处理

1. 休息 是最重要的治疗措施，过度活动可增加氧耗量，降低氧饱和度，加重症状。

2. 氧疗 经鼻管或面罩吸氧（1～2L/min），间断小量吸氧，能缓解机体对高原的适应性反应。

3. 镇静和止痛 可酌情使用镇静剂，如地西泮5mg，口服或肌内注射。还可口服用阿司匹林、布洛芬、对乙酰氨基酚等缓解头痛。

4. 利尿剂 可减轻体内水分潴留，是治疗的重要手段，包括乙酰唑胺、螺内酯和呋塞米。

5. 皮质醇激素 能抑制炎症反应、减少脑血流，缓解脑水肿。

6. 高压氧 能迅速缓解脑水肿，早期应用，能迅速控制疾病的进展。

7. 传统中药及藏药 传统中药（人参、黄芪等）及藏药（红景天）能明显减轻急性高原疾病症状，降低急性高原疾病的发生率。

（二）高原肺水肿

确诊后应立即转至低海拔地区，转运过程中应避免寒冷和过度活动，尽早给予吸氧治疗，或面罩吸氧（6～12L/min），甚至高压氧治疗。可用利尿剂、硝苯地平、皮质醇激素降低肺动脉压、肺血管阻力并治疗其他并发症。

笔记

（三）高原脑水肿

确诊后应立即转至低海拔地区，转运过程中避免寒冷和过度活动，给予高流量吸氧（6～12L/min），运用利尿剂及高渗溶液降低颅内压。给予皮质激素预防神经系统损伤，严重意识障碍者需要气管插管和机械性过度通气，此外高压氧舱是一种有效的治疗方法。早期诊断、早期治疗很关键，越早干预，预后越好。昏迷后再治疗，死亡率将超过60%。认知障碍和共济失调等神经后遗症可能会持续一段时间，

使用飞机返航时，机舱压力相当于2500m海拔的压力，建议在转运前增加氧疗时间，或飞机备有吸氧装置。

四、预防

1. 进入高原前体检　对于重症胃肠道疾病，如消化道溃疡活动期、慢性活动性肝炎等；其他严重的肝、肾、脾、内分泌系统功能不全；糖尿病未获控制、肥胖症（体重指数>30）者；妊娠期；现患重症感冒者等，不宜进入高原。伴有基础疾病对高原病的发生有明显影响者，应谨慎进入高原，存在诱发高原疾病的基础状态时，应禁止进入高原（见表11-2）。

表11-2　基础状态对高原疾病发生的影响

影响程度	内容
有明显影响	稳定心绞痛或冠心病 代偿性充血性心力衰竭 严重心率失常 脑血管疾病 中度COPD 睡眠呼吸暂停综合征 无症状肺动脉高压 有癫痫病史者 高危妊娠 镰状细胞遗传症状 放射状角膜切开术 重度肥胖
禁忌	心绞痛 失代偿性心力衰竭 不易控制的房性或室性心律失常，或6个月内有ICD治疗/植入的心律失常 6个月内有心肌梗死和或冠状动脉搭桥手术 3个月内有失代偿性心力衰竭 先天性心脏病 严重的心脏瓣膜病 控制不良的高血压（休息时血压≥160/100mmHg，运动时收缩压为220mmHg） 6个月内有脑卒中，短暂性脑缺血发作或脑出血 重度COPD 肺动脉高压有显著症状或平均肺动脉压>30mmHg 镰状细胞贫血，曾有抢救史 先兆子痫

2. 对于刚进入高原的人进行防护知识的教育　要求多喝水，多休息，3天内避免高强度运动。注意保暖，预防感冒及冻伤。

3. 加强对高原适应性的锻炼　包括登高速度的限制；在中间高度（2000～3000m）停留两周做适应性锻炼；进入高原后体力活动应循序渐进。

4. 药物预防　可适当使用乙酰唑胺或红景天。地塞米松可预防急性高原病，但不主张常规预防

使用，尤其是糖尿病或精神疾病病人。

5. 吸氧 是一种有效的预防方法。

6. 年龄 是一个相对危险因素，2 岁以下婴幼儿很少患有高原肺水肿；>20 岁者，容易出现；老年人发病率低于其他年龄段。

7. 性别 与急性高原反应的发生无关，但女性高原肺水肿的发病率小于男性。同时遗传因素也是高原病的易感因素。

第五节 烧 烫 伤

烧烫伤（burn）指各种热源、光电、放射线等因素所致的人体组织损伤，本质是蛋白质变性。热源包括：热水、热液、热蒸汽、热固体或火焰等。烧烫伤是常见的急诊意外损伤，轻微的烧烫伤一般预后良好，大面积烧伤者，病情危重，需紧急救治。

一、临床特点

烧伤组织出现变性坏死，体液渗出引起组织水肿、变性。小面积浅度烧伤，体液渗出有限，经代偿不影响全身的有效循环血量。大面积或深度烧伤时，因大量渗出、休克、感染等病理变化，易并发脓毒症和多器官功能障碍。

（一）烧伤面积的估算

烧伤面积指皮肤烧伤区占人体表面积的百分数。常用中国九分法（表 11-3）计算或手掌法估算。手掌法：不论年龄、性别，将病人五个手指并拢，其手掌面积即估算为 1% 体表面积。如果医生手掌与病人接近，可用医生手掌估算。小面积烧伤，一般用手掌法估算烧伤面积，大面积烧伤常与九分法联合使用。

表 11-3 九分法估算烧伤面积

部位	成人各部位面积（%）	小儿各部位面积（%）
头颈	9×1=9（发部 3，面部 3，颈部 3）	9+（12－年龄）
双上肢	9×2=18（双手 5，双前臂 6，双上臂 7）	9×2
躯干	9×3=27（腹侧 13，背侧 13，会阴 1）	9×3
双下肢	9×5+1=46（双臀 5，双大腿 21，双小腿 13，双足 7）	46－（12－年龄）

（二）烧伤深度判断

临床已普遍采用的方法是三度四分法（表 11-4）：

Ⅰ度烧伤：仅伤及表皮浅层。

Ⅱ度烧伤：浅Ⅱ度伤及表皮的生发层与真皮乳头层（真皮浅层）；深Ⅱ度伤及皮肤真皮乳头层及部分真皮网状层。

Ⅲ度烧伤：是全皮层烧伤甚至达到皮下、肌肉或骨骼。

表 11-4 烧伤深度分级

分度	皮损性状	皮损状态	感觉	预后
Ⅰ度	粉红或红色	干燥	疼痛	数天
浅Ⅱ度	粉红、大水疱	潮湿	疼痛	2～3 周
深Ⅱ度	粉红、出血性水疱	潮湿	疼痛	数周，或发展为Ⅲ度，需植皮
Ⅲ度	白色、褐色	干燥、似皮革	无感觉	需切痂皮、植皮、皮瓣移植或截肢

（三）烧伤伤情分类

笔记

对于烧伤严重程度，主要根据烧伤面积、深度及是否有并发症进行判断。具体如下：

轻度烧伤：总面积9%以下的Ⅱ度烧伤。

中度烧伤：Ⅱ度烧伤总面积达10%～29%，或Ⅲ度烧伤面积在9%以下。

重度烧伤：烧伤总面积30%～49%；Ⅲ度烧伤面积在10%～19%；或烧伤面积虽不足30%，但全身情况较重或已有休克、复合伤、呼吸道吸入性损伤或化学中毒等并发症。

特重度烧伤：烧伤面积50%以上；Ⅲ度烧伤面积在20%；已有严重并发症。

二、诊断与鉴别诊断

根据烧伤病史、临床表现，可以明确诊断。注意诊断要点应包括对烧伤严重程度的判断和对烧伤原因的鉴别，需排除电和化学烧伤。

三、急诊处理

（一）现场急救

1. 迅速脱离热源，脱去烧烫过的衣物，切忌粗暴剥脱，以免造成水疱脱皮。在烧伤现场可用干净敷料或布织物保护伤处避免再污染和损伤，之后立即送往医院治疗。

2. 初步估计伤情，如有大出血、窒息、开放性气胸、严重中毒等，应迅速组织抢救。烧伤常伴有呼吸道受烟雾、热力灼伤，特别要注意有无呼吸道吸入性损伤。应保持呼吸道通畅，必要时气管切开。出现心脏呼吸骤停时，确定环境安全后，立即行心肺复苏。

3. 轻度烧伤，特别是四肢烧伤，应立即用冷水连续冲洗或浸泡，可迅速降低热度及减轻热源对组织的持续烧伤。

4. 对大面积严重烧伤须立即建立静脉通道，予以补液、抗休克治疗。

5. 转运伤员遵循就近的原则，严重烧伤早期切忌长途转运。

（二）急诊治疗

1. 轻度烧伤 主要是处理创面，包括剃净创面周围毛发，清洁健康皮肤，去除异物。Ⅰ度烧伤创面无需处理，可外敷清凉药物。小面积浅Ⅱ度烧伤，水疱完整者，应予保存，水疱大者，可用消毒空针抽去水疱液，然后消毒包扎。如水疱已经撕破，用无菌纱布、油性敷料包扎。创面无感染者，无需经常换药。面颈部与会阴部烧伤可予以暴露。关节部位Ⅱ度烧伤或Ⅲ度烧伤，必须用夹板固定关节。按需要应用止痛剂和镇静剂。酌情使用破伤风抗毒素。

2. 中度以上烧伤 严重烧伤应运送到有烧伤专科的医院，处理要点：

（1）吸氧、呼吸支持、建立输液通道、留置尿管，观察每小时尿量、比重、pH。注意有无血红蛋白尿、肌红蛋白尿。

（2）估算烧伤面积、深度。

（3）液体复苏、抗休克，应用林格氏液、生理盐水、葡萄糖液及胶体溶液。

（4）创面处理，包括烧伤清除术、创面覆盖物应用、环状焦痂切开减压术、植皮术。

（5）镇静、止痛。

（6）创面污染重或深度烧伤者，注射破伤风抗毒血清。

（7）抗感染，积极防治烧伤脓毒症。

（8）积极进行肠内或肠外营养支持，如情况允许，应尽量使用肠内营养。

（9）尽量减少瘢痕和挛缩，进行功能康复。

第六节 电 击 伤

电击伤（electrical injury）也称触电，由电源直接接触人体引起的机体损伤和功能障碍。电流能量转化为热量还可造成电烧伤。雷电（闪电，lightning）击伤是瞬间的超高压直流电造成的特殊损伤。

引起电击伤的原因主要是缺乏安全用电知识；违规安装和维修电器、电线；电线上挂吊衣物；意外事故中电线折断落到人体；雷雨时树下躲雨或用铁柄伞而被闪电击中。电击损伤程度与电流强度、电流种类、电压高低、通电时间、人体电阻、电流途径有关。身体各组织单独对电流的阻力按自小而大顺序排列为血管、神经、肌肉、皮肤、脂肪、肌腱、骨组织。电流通过心脏易导致心脏骤停，通过脑干使中枢神经麻痹、呼吸暂停。

一、临床特点

（一）全身表现

轻者仅出现痛性肌肉收缩、惊恐、面色苍白、头痛、头晕、心悸等。重者可导致意识丧失、休克、心跳呼吸骤停。电击后常出现严重室性心律失常、肺水肿、胃肠道出血、凝血功能障碍、急性肾损伤等。有些严重电击病人当时症状虽不重，1 小时后却可突然恶化。应特别重视多重损伤并存的可能性，如强制性肌肉损伤、内脏器官损伤和体内外烧伤。幸存者可能有心脏和神经后遗症。

（二）局部表现

低电压所致的烧伤：常见于电流进入点与流出点，伤面小，直径 0.5～2cm，呈椭圆型或圆形，焦黄或灰白色，干燥，边缘整齐，与健康皮肤分界清晰，一般不伤及内脏，致残率低。

高压电击的严重烧伤常见于电流进出部位，皮肤入口灼伤比出口严重，进口与出口可能都不止一个，烧伤部位组织焦化或炭化。触电的肢体因屈肌收缩关节而处于屈曲位，在肘关节、腋下、腘窝部及腹股沟部，其相互接触的近关节皮肤可因电流经过产生间断性创面。电击创面的最突出特点为皮肤的创面很小，而皮肤下深度组织的损伤却很广泛。

口腔电击伤通常发生于儿童意外咀嚼或吸吮电线，可出现迟发性出血，甚至发生在损伤后 5 天或更长时间。

血管病变为多发性栓塞、坏死；胸壁电击伤可深达肋骨及肋间肌并致气胸；腹壁损伤可致内脏坏死或中空脏器坏死、穿孔；触电时肌群强直性收缩可致骨折或关节脱位。常因肌肉组织损伤、水肿和坏死，使肢体肌肉筋膜下组织压力增加，出现神经、血管受压体征，脉搏减弱，感觉消失，发生间隙综合征（compartment syndrome）。

闪电损伤时皮肤上可出现微红的树枝样或细条状条纹，这是电流沿着或穿过皮肤所致的Ⅰ度或Ⅱ度烧伤；佩戴指环、手表、项链或腰带处可有较深的烧伤。大约半数电击者有单侧或双侧鼓膜破裂、视力障碍、单侧或双侧白内障。孕妇电击伤可导致胎死宫内或流产。

（三）并发症和后遗症

大量组织的损伤和溶血可引起高钾血症。低血压、液体及电解质紊乱和严重的肌球蛋白尿可引起急性肾损伤。可出现失明、耳聋、周围神经病变、上升性或横断性脊髓病变和侧索硬化症，亦可发生肢体瘫或偏瘫。少数受高压电损伤者可发生胃肠道功能紊乱、胆囊局部坏死、胰腺灶性坏死、肝脏损害伴有凝血机制障碍、甚至性格改变。

（四）辅助检查

心电图可见房室传导阻滞，房、室期前收缩等心律失常、急性心肌损伤变化、非特异性 ST-T 改变；X 线可显示骨折；生化检测可见心肌酶升高，血淀粉酶升高，血肌酐、尿素升高，高血钾，LDH 水平升高，出现肌红蛋白尿、血红蛋白尿；动脉血气分析有酸中毒、低氧血症，CT、MRI 可反映内脏及中枢神经系统损伤。

二、诊断与鉴别诊断

根据触电病史和现场情况，可做出诊断。应了解有无从高处坠落或被电击抛开的情节。注意颈髓损伤、骨折和内脏损伤的可能性。少数病人触电后，心跳和呼吸极其微弱，甚至暂时停止，处于“假死状态”，要认真鉴别，不可轻易放弃对触电者的抢救。

笔记

三、急救处理

（一）现场急救

1. 脱离电源 首先强调确保现场救助者自身的安全。在第一时间切断电源，或用绝缘物使触电者与电源分离，或采取保护措施将伤者搬离危险区。

2. 心肺复苏 对心脏、呼吸骤停者立即行心肺复苏。发生心室颤动者先注射肾上腺素 1mg，心室颤动波粗大，即行电除颤，有利于恢复窦性节律。

（二）急诊治疗

1. 补液 对低血容量性休克和组织严重电烧伤病人，应迅速静脉补液，补液量较同等面积烧伤者要多。输液量应依据病人对输液治疗效果来决定，包括每小时尿量、周围循环情况及中心静脉压监测。

2. 对症治疗 监测和防治高钾血症，纠正心功能不全，防治脑水肿，治疗急性肾功能不全，维持酸碱平衡等。

3. 创面和烧伤综合处理 清除创面坏死组织；应用抗生素，预防创面感染，减少继续释放肌红蛋白的来源。因深部组织的损伤、坏死，伤口采取开放治疗。对于广泛组织烧伤、器官创伤和骨折者，应由有经验的专业医师及时给予相应处置。包括对坏死的皮肤、组织进行清创；对间隙综合征按需行筋膜切开减压术；对需要截肢者，须严格掌握手术指征；对电击伤深部组织损伤情况不明者应进一步检查；注射破伤风免疫球蛋白；内脏器官穿透伤者行手术治疗；创面分期处理等。

四、预防

1. 安全教育 大力宣传安全用电，加强自我保护与相互保护意识，熟知预防措施和安全抢救方法。

2. 严格执行电业安全工作流程 严格遵守安全生产的组织与技术措施。电器的安装和使用必须符合标准，定期检查和维修。推广使用触电保护器。严禁私拉电线和在电线旁晒衣被。火警时应先切断电源。

3. 防止跨步电压电击伤 当电线落地时，人与落地点保持室内 4m、室外 8m 以上安全距离，若小于上述距离，应单脚跳跃或双脚并小步迅速离开不安全区域。进入不安全区域应穿绝缘鞋。

4. 防止雷电击伤 雷雨时不能在高压电线附近作业，不得靠近避雷器，不要在树下避雨，不撑铁柄伞，避免停留在高地，应平躺，家中切断外接天线。

5. 防止医源性电击伤 使用心导管、心电监护、起搏器时，注意防止使用除颤仪电击时伤害到他人。

第七节 强酸、强碱损伤

强酸、强碱损伤是指强酸或强碱类物质接触皮肤、黏膜后造成的腐蚀性烧伤，以及进入血液后引起的全身中毒损伤，多因意外事故经体表接触或口服所致。在工业上，可由生产过程中接触或吸入所致。

强酸类对组织的损伤程度，与其浓度、接触时间、剂量和温度相关。机制是游离氢离子使皮肤、黏膜接触部位的组织坏死。皮肤、黏膜接触强酸后，细胞脱水，组织蛋白发生凝固性坏死、溃疡，形成结痂，对阻止创面继续受损有一定作用。

强碱类对组织的损伤程度，主要决定于浓度。机制是氢氧根离子对组织的作用。强碱作用于机体，迅速吸收组织水分，使组织细胞脱水。与人体内脂肪结合，引起脂肪皂化产热反应，导致细胞结构破坏、深层组织坏死，易致深度烧伤。强碱类引起蛋白质和胶原组织溶解，导致组织液化性坏死，与强酸所致的凝固性坏死不同，更易于引起受损组织溶化、穿孔。

一、临床特点

（一）强酸损伤

1. 常见强酸损伤的特点

（1）浓硫酸作用于组织时，其吸水性强，能使有机物质炭化。浓硫酸含三氧化硫，吸入后对肺组织产生强烈的刺激和腐蚀作用，可导致严重肺水肿。

（2）硝酸吸收入血后，逐步代谢为亚硝酸盐和硝酸盐，前者可使血红蛋白变为正铁血红蛋白，引起中毒性肾病。硝酸烟雾与空气接触，释出二氧化氮，吸入后直接刺激支气管黏膜和肺泡细胞，可导致肺水肿。

（3）浓盐酸遇空气呈白色的烟雾，具有剧烈的刺激气味，可引起口腔、鼻、支气管黏膜充血、水肿、坏死、溃疡，眼睑痉挛或角膜溃疡。

（4）氢氟酸可溶解脂肪和脱钙，造成持久的局部组织坏死，损害可深达骨膜，甚至骨骼坏死。高浓度氢氟酸可伴发急性氟中毒，游离的氟离子容易与钙、镁离子结合，造成低钙、低镁血症，同时抑制三羧酸循环和Na^+-K^+-ATP酶，导致高钾血症。

（5）草酸可结合钙质，引起低血钙、手足搐搦。皮肤及黏膜可产生粉白色顽固溃烂。

（6）铬酸可引起溃烂及水疱，如处理不及时，铬离子可从创面吸收，导致全身性中毒。铬酸雾反复吸入接触后，可发生鼻中隔穿孔。

2. 各部位强酸损伤的表现

（1）皮肤接触者：创面干燥，边界分明，坏死可深入到皮下组织，局部灼痛。皮肤呈暗褐色，严重者出现糜烂、溃疡、坏死，迅速结痂，一般不起水疱。皮肤大面积烧伤时，可导致休克。烧伤痂皮或焦痂色泽：硫酸为黑色或棕黑色，硝酸为黄色，盐酸为灰棕色，氢氟酸为灰白色。

（2）眼部接触者：发生眼睑水肿、结膜炎、角膜混浊、穿孔，甚至全眼炎、失明。

（3）吸入强酸类烟雾者：出现咳嗽、咳泡沫状痰或血痰、气促、喉或支气管痉挛、喉头水肿、胸部压迫感、呼吸困难、窒息，甚至ARDS。

（4）口服强酸者：立即出现消化道损伤处的剧烈烧灼样疼痛，口腔、咽喉部等易见黏膜充血、糜烂、溃疡；难以抑制的呕吐，呕吐物中可有血液和黏膜组织。重者发生胃穿孔、休克。酸类吸收入血，可致代谢性酸中毒、肝肾功能受损、昏迷、呼吸抑制。幸存者常形成食管和胃部瘢痕收缩、狭窄，腹膜粘连，消化道功能减退等后遗症。

（二）强碱损伤

1. 常见强碱损伤的特点

（1）氢氧化钠和氢氧化钾，具有强烈的刺激性和腐蚀性，能和组织蛋白结合形成复合物，使脂肪组织皂化，产生热量继续损伤组织，烧伤后疼痛剧烈，创面较深，愈合慢。

（2）生石灰，遇水产生氢氧化钙并释放大量热能，导致热和化学烧伤双重作用，除对皮肤有刺激性和腐蚀性外，加上其产热对皮肤的热烫伤，使组织烧伤程度较深，创面较干燥。

（3）氨水，主要成分为氢氧化氨，挥发后释放出氨，对呼吸道有强烈刺激性，可致黏膜充血、水肿、分泌物增多，严重者可发生喉头水肿、支气管肺炎和肺水肿。

2. 各部位强碱损伤的表现

（1）皮肤接触者：局部充血、水肿、糜烂、溃疡，起水疱，局部灼痛，可形成白色痂皮。周围红肿，可出现红斑、丘疹等皮炎样改变。皮肤烧伤可达Ⅱ度以上。

（2）眼部接触者：结膜充血、水肿，角膜溃疡、混浊、穿孔，甚至失明。

（3）吸入强碱者：吸入高浓度氨气体，表现为刺激性咳嗽、咳痰，甚至咳出溶解坏死组织碎片，导致喉头水肿和痉挛、窒息、呼吸困难、肺水肿，可迅速发生休克和昏迷。

（4）口服强碱者：口腔、咽部及食管剧烈灼痛，腹部绞痛，恶心、呕吐，可并发消化道出血，呕出血性黏液和黏膜组织坏死碎片。可有血性腹泻。固体的碱颗粒可黏附在口咽和食管黏膜表面，引起环形烧伤，可致局部穿孔。口服液体碱可对消化道黏膜产生快速和严重的液化性腐蚀损伤。强碱吸收入血后可引起代谢性碱中毒、手足痉挛、肝肾功能损伤，重者昏迷、休克，迅速危及生命。幸存者常遗留食管狭窄。

二、诊断与鉴别诊断

根据强酸、强碱损伤史和相应临床表现即可做出诊断。同时了解损伤化学物的种类、接触途径、浓度剂量及接触时间。痂皮等损伤特征有助于分析损伤物的种类。皮肤接触者注意了解面积大小。现场处理时，应注意收集病人的呕吐物、排泄物等标本用作化学毒物分析。

三、急诊处理

（一）局部处理

抢救者需做好自身防护，如穿戴防护衣、防护手套、防护眼镜、防护面罩等。立即将伤者救离现场。

1. 皮肤损伤处理　应迅速脱除污染的衣物，清洗毛发皮肤。

对强酸损伤，先大量清水冲洗10～30分钟，再用2%～4%碳酸氢钠溶液冲洗10～20分钟，或用1%氨水、肥皂水或石灰水等冲洗，然后用0.1%苯扎溴铵、生理盐水或清水冲洗创面，直到干净。

对强碱损伤，先大量清水反复持续冲洗1小时以上，直至创面无滑腻感，然后用1%醋酸、3%硼酸、5%氯化钠或10%枸橼酸钠等中和，或用2%醋酸湿敷皮肤损伤处。皮肤烧伤应及时处理。

2. 眼损伤处理　立即用清水冲洗眼部持续10分钟，再以生理盐水冲洗10分钟，边冲洗边眨眼，受影响的眼睛低于未受影响的眼睛，可滴入1%阿托品眼液、可的松和抗生素眼药水。但生石灰烧伤禁用生理盐水冲洗，以免产生更强的氢氧化钠。强碱所致的眼损伤，勿用酸性液体冲眼，以免产热造成眼睛热力烧伤。眼内有石灰粒者可用1%～2%氯化铵溶液冲洗，使之溶解，禁用酸性液中和。眼部剧痛者，可用2%丁卡因滴眼。

（二）吸入性损伤处理

可予以异丙肾上腺素、麻黄碱、普鲁卡因、地塞米松类激素及抗生素气管内间断滴入或雾化吸入。对症治疗包括镇咳、吸氧，呼吸困难发生肺水肿时，应尽快行气管切开术，呼吸机辅助呼吸，以保护呼吸道通畅，防止坏死黏膜脱落窒息。

（三）口服损伤处理

抢救原则：迅速清除、稀释、中和腐蚀剂，保护食管、胃肠黏膜；减轻炎症反应，防止瘢痕形成；止痛、抗休克等对症治疗。

一般禁忌催吐和洗胃，避免发生消化道穿孔及反流的胃液再度腐蚀食管黏膜。可立即口服清水1000～1500ml，以稀释强酸或强碱的浓度，并保护消化道黏膜。

对口服强酸者，禁服碳酸氢钠、碳酸钠等碳酸盐类中和，以免产生大量二氧化碳致胃肠胀气、穿孔。可先口服蛋清、牛奶或豆浆200ml稀释强酸，继之口服氢氧化铝凝胶、2.5%氧化镁或7.5%氢氧化镁60ml，或石灰水200ml中和强酸。

对口服强碱者，可先口服生牛奶200ml，之后口服食醋，1%～5%醋酸、柠檬水，但碳酸盐（如碳酸钠、碳酸钾）中毒时需改用口服硫酸镁，以免产生过多二氧化碳导致胃肠胀气、穿孔。

（四）对症及综合治疗

疼痛剧烈者，可予以止痛剂。对有昏迷、抽搐、呼吸困难等症状的危重病人应立即给氧，建立静脉通道，组织抢救，防治肺水肿和休克；维持酸碱、水电解质平衡；保护肝、肾功能，防治多脏器功能衰竭等严重并发症。

第八节　动 物 咬 伤

自然界中能够攻击人类造成损伤的动物有数万种，它们利用其牙、爪、角、刺等展开袭击，造成咬伤（bite）、蜇伤（sting）和其他损伤（包括过敏、中毒、继发感染、传染病等）。大多数动物咬伤是由人类熟悉的动物（宠物）所致，常见的有狗、猫、鼠咬伤等。

狗、猫、鼠咬伤部位以下肢、上肢、头面部、颈部多见。创口严重程度取决于动物的大小、撕咬力度、凶悍性以及咬伤时的具体状况。咬伤时，除造成局部组织撕裂损伤外，由于动物口腔牙缝、唾液内常存在多种致病菌或病毒，尤其是有丰富的厌氧菌，如破伤风杆菌、气性坏疽杆菌族、梭状芽孢杆菌、螺旋体等，可造成伤口迅速感染。因动物咬伤的伤口常较深、组织破坏多，非常适合厌氧菌繁殖，并容易发展成非常危险的状态，甚至导致死亡。

一、临床特点

局部有利牙撕咬形成的牙痕和伤口，周围组织水肿，皮下出血、血肿，局部疼痛。部分病例在8～24小时后出现伤口感染表现，伤口疼痛加剧，周围渐次出现红肿、脓性分泌物，分泌物可有异常气味。从咬伤部位向外扩散红丝，咬伤部位上方引流淋巴结肿大。

全身症状一般较轻，如伤口感染严重可出现淋巴管炎、头痛、头晕、发热等症状，甚至脓毒症、化脓性关节炎、骨髓炎等并发症。

被狗咬伤易感染狂犬病毒。狂犬病毒能在狗的唾液腺中繁殖，咬人后通过伤口残留唾液使人感染，潜伏期是指被咬伤后到首发症状出现的时期，长短不一，多数为20～90天（也有短至10天，长达10年以上的报道），与年龄、伤口部位、伤口深浅、入侵病毒数量和毒力等因素相关。典型临床经过分为3期：①前驱期，可持续1天到1周，表现非特异性，常出现伤口的麻、痒，还有全身症状，如低热、恶心、呕吐、头痛、肌痛、咽喉痛、流涕、乏力等；②急性神经症状期，80%表现为狂躁型（furious），表现为烦躁不安、恐慌、恐水、意识改变、易激怒、过度兴奋；20%表现为麻痹型（dumb），开始少有意识改变，仅表现为四肢无力、发热，继而出现肢体软弱、腹胀、共济失调、肌肉瘫痪、大小便失禁等；③麻痹期，在急性神经症状期过后，逐渐进入安静状态的时期，此时痉挛停止，病人渐趋安静，出现弛缓性瘫痪，尤以肢体软瘫最为多见，随着病情发展出现呼吸微弱、脉搏细数、血压下降、反射消失、瞳孔散大，进入昏迷状态。除在危重症监护室给予器官支持治疗者，一般多在昏迷2～3天后死亡。死因通常为咽肌痉挛导致的窒息或呼吸循环衰竭，由于狂犬病无特效药物，病死率极高，近乎100%。

二、急诊处理

（一）犬咬伤

不管能否判断有狂犬病的可能，都必须及时进行治疗。

1. 伤口处理　①如伤口流血，只要流血不是过多，不要急于止血。流出的血液可将伤口残留的狂犬唾液带走，起到一定的消毒作用。②对流血不多的伤口，要从近心端向伤口处挤压出血，以利排毒。在2小时内，及早彻底清洗，减少狂犬病毒感染机会。③用干净刷子，浓肥皂水反复刷洗伤口，尤其是伤口深部，及时用清水冲洗，刷洗时间至少30分钟。④冲洗后，用70%乙醇或50%酒精度～70%酒精度白酒涂搽伤口数次，不包扎，保持伤口裸露。对于被狗抓伤、舔吮，以及唾液污染的伤口，均应按咬伤处理。伤口深而大者应放置引流条，以利于污染物及分泌物的排除。只要未伤及大血管，一般不包扎伤口，不作一期缝合，不用油剂或粉剂置入伤口。对伤口延误处理且已结痂者，应去除结痂后按上述原则处理。伤及大动脉、气管等重要部位或创伤过重时，须迅速予以生命支持措施。

2. 免疫预防　免疫球蛋白的被动免疫和疫苗的主动免疫，具体参考表11-5。

3. 抗感染治疗　尤其注意抗厌氧菌。

笔记

（二）鼠咬伤

老鼠喜欢吃带有奶味的婴儿嫩肉，所以婴儿被鼠咬伤的事时有发生。当熟睡婴儿突然啼哭时，需仔细检查婴儿，是否有鼠咬伤。鼠咬伤的伤口很小，易被忽视。然而老鼠能传播多种疾病，如鼠咬热、钩端螺旋体病、鼠斑疹伤寒和鼠疫等，被咬伤后，应及时处理：①立即用嘴吮吸 2～3 次，用流动水和肥皂水冲洗伤口，把伤口内的污血挤出，再用过氧化氢溶液消毒；②尽快到医院，按犬咬伤的伤口处理，口服抗生素。

（三）猫咬伤

伤口局部红肿、疼痛，易于感染，严重的可引起淋巴管炎、淋巴结炎或蜂窝织炎。如猫染有狂犬病，后果更严重。被咬伤后，应及时处理：①四肢咬伤，在伤口上方结扎止血带，再清创处理。先用清水、生理盐水或 1∶2000 高锰酸钾溶液冲洗伤口，然后用碘酒或 5% 苯酚局部烧灼伤口（其他部位的伤口处理参考四肢）。②对伤势严重的应送医院急救。③在狂犬病流行区，猫咬伤的处理参照狗咬伤，以预防狂犬病。

表 11-5　狂犬病暴露分级及处置原则

暴露类型	接触方式	暴露程度	暴露后免疫预防处理
Ⅰ	符合以下情况之一者： 1. 接触或喂养动物； 2. 完整皮肤被舔舐； 3. 完好的皮肤接触狂犬病动物或人狂犬病病例的分泌物或排泄物	无	确认接触方式可靠则不需处置
Ⅱ	符合以下情况之一者： 1. 裸露的皮肤被轻咬； 2. 无出血的轻微抓伤或擦伤	轻度	1. 处理伤口； 2. 注射狂犬病疫苗
Ⅲ	符合以下情况之一者： 1. 单处或多处贯穿皮肤的咬伤或抓伤； 2. 破损的皮肤被舔舐； 3. 开放性伤口或黏膜被唾液污染（如被舔舐）； 4. 暴露于蝙蝠	重度	1. 处理伤口； 2. 注射狂犬病被动免疫制剂（抗狂犬病血清 / 狂犬病人免疫球蛋白）； 3. 注射狂犬病疫苗

注：接种程序，① 5 针法程序：第 0、3、7、14 和 28 天各接种 1 剂，共 5 剂；②“2-1-1”程序：第 0 天接种 2 剂（左右上臂三角肌各接种 1 剂），第 7 天和第 21 天各接种 1 剂，共接种 4 剂（只适于我国已批准可使用此程序的狂犬病疫苗产品）。接种途径和部位为肌内注射，2 岁及以上儿童和成人在上臂三角肌注射，2 岁以下儿童在大腿前外侧肌注射。

第九节　节肢动物螫伤

节肢动物（arthropod）具有毒腺（毒囊）、螫针、毒毛或毒性体液，可能螫伤（即蜇伤，sting 或 bite）和毒害人类。其中，较常见的有昆虫纲的蜜蜂、黄蜂、蚂蚁、蝗虫、松毛虫、蜘蛛、蝎子、螨、蜱、蜈蚣等。螫伤后可发生局部伤口损害、毒液注入人体所致的局部和全身的中毒和（或）过敏性损伤、毒毛接触人体所致毒性损伤及严重过敏反应。

一、蜂螫伤（bee sting）

常见的是蜜蜂和黄蜂（又称马蜂）螫伤。蜂的尾部有毒腺及与之相连的尾刺（螫针），雌蜂和工蜂螫人时尾刺刺入皮肤，并将毒液注入人体，引起局部反应和全身症状。雌蜜蜂尾刺为钩状，螫刺后尾刺断留在人体内，飞离后毒囊仍附着在尾刺上继续向人体注毒。螫人后蜜蜂将死亡，雄蜂一般不螫人。蜂毒可致神经毒、溶血、出血、肝或肾损害等作用，也可引起过敏反应。不同蜂种蜂毒成分有所不同。

（一）临床特点

常发生于暴露部位，如头面、颈项、手背和小腿等。轻者仅出现局部疼痛、灼热、红肿、瘙痒，少数形成水疱，数小时后可自行消退，很少出现全身中毒症状。黄蜂或群蜂多次螫伤伤情较严重，局部肿痛明显，可出现螫痕点和皮肤坏死，全身症状有头晕、头痛、恶心、呕吐、腹痛、腹泻、烦躁、胸闷、四肢麻木等；严重者可出现肌肉痉挛、晕厥、嗜睡、昏迷、溶血、休克、多器官功能障碍。对蜂毒过敏者即使单一蜂螫也可引发严重的全身反应，可表现为荨麻疹、喉头水肿、支气管痉挛、窒息、肺水肿、过敏性休克。螫伤部位在头、颈、胸部及上肢的病人，病情也较重。

（二）急救处理

四肢的严重螫伤，应立即绷扎被刺肢体近心端，总时间不宜超过 2 小时，每 15 分钟放松 1 分钟，可用冷毛巾湿敷。仔细检查伤口，若尾刺尚在伤口内，可见皮肤上有一小黑点，用针尖挑出。在野外无法找到针或镊子时，可用嘴将刺在伤口上的尾刺吸出。不可挤压伤口以免毒液扩散。也不能用汞溴红溶液、碘酒之类涂搽患部，会加重患部的肿胀。

尽可能确定螫伤的蜂类。蜜蜂毒液呈酸性，可用肥皂水、5% 碳酸氢钠溶液或 3% 淡氨水等弱碱液洗敷伤口，以中和毒液；黄蜂毒液呈碱性，可用 1% 醋酸或食醋等弱酸性液体洗敷伤口。局部红肿处可外用炉甘石洗剂或白色洗剂以消散炎症，或用抗组胺药、止痛药和皮质类固醇油膏外敷。红肿严重伴有水疱渗液时，可用 3% 硼酸水溶液湿敷。

症状严重者，可口服或局部应用蛇药。某些种类的抗蜂毒血清已在国外研制成功，可选择使用。疼痛严重者可用止痛剂。有过敏反应者，用抗组胺药、肾上腺皮质激素、肾上腺素针剂等。有肌肉痉挛者，用 10% 葡萄糖酸钙 20ml 静脉注射。有全身严重中毒症状者，应采取相应急救和对症措施。

二、蜘蛛螫伤（spider bite）

蜘蛛螯肢（毒牙）是头胸部最前面一对角质附肢，螫人时毒腺分泌的毒液通过毒牙注入伤口。毒蜘蛛种类繁多，黑寡妇蜘蛛（红斑黑毒蛛）是毒性最强的。

蜘蛛毒液成分主要为胶原酶、蛋白酶、磷脂酶及透明质酸酶等，具有神经毒、组织溶解、溶血、致过敏等作用。

（一）临床特点

局部伤口常有 2 个小红点，可有疼痛、红肿、水疱、瘀斑，严重时组织坏死，形成溃疡，易继发感染。全身中毒反应可表现为寒战、发热、皮疹、瘙痒、乏力、麻木、头痛、头晕、肌痉挛、恶心、呕吐、出汗、流涎、眼睑下垂、视物模糊、呼吸困难、心肌损害等，严重者出现昏迷、休克、呼吸窘迫、急性肾损伤、弥散性血管内凝血等，甚至死亡。腹肌痉挛性疼痛可类似急腹症。儿童毒蜘蛛咬伤后全身症状较严重，致死者多为较低体重儿童。

（二） 急救处理

四肢伤口应予以近心端绷扎，方法同蜂类螫伤。立即用 5% 碳酸氢钠溶液或 3% 淡氨水等弱碱性溶液或清水冲洗伤口并局部冷敷。严重者以伤口为中心做十字切开，用 1∶5000 高锰酸钾或 3% 过氧化氢冲洗伤口，负压吸引排毒。还可用 0.25%～0.5% 普鲁卡因溶液在伤口周围做环形封闭。

可局部应用或口服蛇药。还可选择某些毒蜘蛛的特异性抗毒血清进行中和治疗。

伤口深、污染严重时，给予破伤风抗毒素。

全身对症和综合治疗：及时补液；应用抗组胺药、肾上腺皮质激素；酌情应用 10% 葡萄糖酸钙、地西泮、阿托品；疼痛剧烈时应用止痛剂；必要时可应用血液净化疗法；积极防治感染、溶血、急性肾损伤、弥散性血管内凝血等并发症。

三、蝎子螫伤（scorpion sting）

蝎子后腹细长而呈尾状，最后一节的末端有锐利的弯钩（即尾刺、毒钩），与一对毒腺相通，螫人时毒液通过尾刺进入人体。其毒液称蝎毒素，呈酸性，主要为神经毒以及类似于蛇毒的血液毒（溶血毒素、心脏毒素、出血毒素、凝血毒素等）作用。不同蝎种毒力强弱不一，毒性较弱的仅有局部麻痹作用，毒力强的与眼镜蛇毒相当。

（一）临床特点

局部常迅速出现剧痛，伤口可有红肿、麻木、水疱、出血、淋巴管及淋巴结炎，严重时可有组织坏死。全身症状多见于大蝎子螫伤或儿童病人，表现为头晕、头痛、呼吸加快、流泪、流涎、出汗、恶心、呕吐，病情进展迅速，重症病人可出现舌和肌肉强直、视觉障碍、抽搐、心律失常、低血压、休克、昏迷、呼吸窘迫、DIC、急性心功能衰竭、肺水肿，甚至呼吸中枢麻痹而死亡。

（二）急救处理

四肢螫伤者可在伤部近心端绑扎，方法同蜂类螫伤。尽早将蝎子尾刺拔除，必要时可切开伤口取出，并负压吸引排毒。用弱碱性溶液（如 5% 碳酸氢钠、肥皂水等）或 1∶5000 高锰酸钾溶液冲洗伤口，并涂含抗组胺药、止痛剂和肾上腺皮质激素类的软膏。疼痛明显可用 0.25%～0.5% 普鲁卡因溶液（皮试不过敏者）在伤口周围做环形封闭。

可局部应用或口服蛇药。已有特异性的抗蝎毒血清用于临床，也可选择抗蛇毒血清。

对症和综合治疗：给氧、输液、应用肾上腺皮质激素、按需应用止痛剂及阿托品，防治感染等。缓解肌肉痉挛可用 10% 葡萄糖酸钙 20ml 或用地西泮 5～10mg 静脉注射。休克时使用多巴胺，应与间羟胺及糖皮质激素等合用，因毒素能阻滞多巴胺受体，故单独使用多无效。

四、蜈蚣螫伤（centipede sting，centipede bite）

蜈蚣的第 2 对足为毒螯（毒钩），呈钳钩状，锐利，有毒腺开口。螫人时，毒腺所分泌的毒液通过毒螯尖端注入人体而引起中毒。蜈蚣毒液含有类似蜂毒的有毒成分，如组织胺类物质及溶血蛋白质等，并含蚁酸，毒液呈酸性，有神经毒、溶血、致敏等作用，但致敏作用不如蜂毒常见。

（一）临床特点

伤口为一对小出血点，局部红肿、刺痛、瘙痒，严重者可出现水疱、红斑、组织坏死、淋巴管炎及局部淋巴结肿痛等。全身反应一般较轻微，可有畏寒、发热、头痛、头晕、恶心、呕吐等，严重者可出现烦躁、谵妄、抽搐、全身麻木、昏迷。过敏反应严重者可出现过敏性休克。严重者以儿童多见，可危及生命。

（二）急诊处理

蜈蚣的毒液呈酸性，用碱性液体能中和。发现被蜈蚣咬伤后，可立即用 5%～10% 的碳酸氢钠溶液或肥皂水、石灰水冲洗，然后涂上较浓的碱水或 3% 的氨水。如在野外可用鲜蒲公英或鱼腥草嚼碎捣烂后外敷在伤口上。也可将蛇药片用水调成糊状，敷于伤口周围。疼痛剧烈者可用 0.25%～0.5% 普鲁卡因溶液在伤口周围做环形封闭。出现过敏反应者，抗过敏治疗。对于症状严重者，可参考蛇咬伤或蜂螫伤治疗。

第十节　毒 蛇 咬 伤

毒蛇口腔内有毒腺，由排毒管与毒牙的基部牙鞘相连。毒腺所分泌的毒液，称为蛇毒，其毒性化学成分主要是具有酶活性的多肽和蛋白质。不同蛇的毒性成分不同，一种蛇可含多种有毒成分，但常以一种成分为主。每年被毒蛇咬伤的人数在 30 万以上，死亡率约为 10%。我国已发现毒蛇约 50 种，其中剧毒、危害大的蛇种主要有眼镜蛇科（眼镜蛇、眼镜王蛇、金环蛇、银环蛇），蝰蛇类的蝰亚蛇科（蝰蛇）、腹亚蛇科（五步蛇即尖吻蛇、竹叶青、蝮蛇、烙铁头），海蛇科（海蛇）。蛇生活的适宜温度为 25～35℃，故蛇咬伤在我国南方和沿海地区较常见，尤以两广地区最严重，夏、秋两季多见，咬伤部位多为四肢。

一、中毒原理

（一）毒蛇的分类

1. 神经毒为主　有金环蛇、银环蛇及海蛇等，神经毒可麻痹感觉神经末梢引起肢体麻木，阻断运动神经与横纹肌之间的神经传导，引起横纹肌弛缓性麻痹。

2. 血液毒为主 有竹叶青、蝰蛇和龟壳花蛇等。血液毒主要影响人体血液及心血管系统，引起溶血、出血、凝血及心脏衰竭。

3. 兼有神经毒和血液毒 有蝮蛇、眼镜王蛇和眼镜蛇等。其毒液具有神经毒和血液毒的两种特性。

（二）蛇毒的作用成分

蛇毒中的磷脂酶A可有神经毒、细胞毒、心脏毒、溶血、出血、促凝、抗凝等不同活性作用；蛋白水解酶可溶解破坏肌肉组织、血管壁和细胞间基质，引起出血、局部肌肉坏死、水肿，并加速蛇毒吸收和向全身扩散；透明质酸酶能水解透明质酸，使组织通透性增加，局部炎症扩展，并促使蛇毒从咬伤局部扩散和吸收；部分成分具有凝血酶样作用，且促凝活性常不能被肝素抑制；其他的还具备抗凝血活性酶和纤维蛋白溶解作用，可引起严重出血。

（三）蛇毒的毒性强度

各种毒蛇毒液的毒性强度互不相同，有的毒蛇伤人后死亡率高，有的仅引起症状。

二、临床特点

（一）神经毒损伤

蛇毒吸收快，伤口反应较轻。因局部症状不明显，咬伤后不易引起重视，一旦出现全身中毒症状，则病情进展迅速和危重。

1. 局部症状 表现轻微，仅有微痒和轻微麻木，无明显红肿，疼痛较轻或感觉消失，出血少，齿痕少渗透液。

2. 全身症状 一般在约1～3小时后出现，表现为视物模糊、四肢无力、头晕、恶心、胸闷、呼吸困难、晕厥、眼睑下垂、流涎、声音嘶哑、牙关紧闭、语言及吞咽困难、惊厥、昏迷等，重者迅速出现呼吸衰竭和循环衰竭。呼吸衰竭是主要死因，病程较短，危险期在1～2日内，幸存者常无后遗症。神经毒引起的骨骼肌弛缓性麻痹，以头颈部为先，扩展至胸部，最后到膈肌，好转时以反方向恢复。

（二）血液毒损伤

常见于蝰蛇、五步蛇、蝮蛇、竹叶青、烙铁头、眼镜蛇、眼镜王蛇等。局部症状显著。

1. 局部症状 局部明显肿胀，伤口剧痛，伴有水疱、出血、咬痕斑和局部组织坏死。肿胀迅速向肢体近端蔓延，并引起淋巴管炎或淋巴结炎、局部淋巴结肿痛，伤口不易愈合。

2. 全身症状 多在咬伤后2～3小时出现，可有头晕、恶心、呕吐、胸闷、气促、心悸、口干、出汗、发热等症状，重者可有皮肤巩膜及内脏广泛出血、溶血、贫血、血红蛋白尿、心肌损害、心律失常，甚至发生急性心、肝衰竭，急性肾损伤、休克，弥散性血管内凝血。

由于局部症状出现较早，一般开始救治较为及时。但由于发病急，病程较持久，所以危险期也较长。脏器出血、循环衰竭是主要死因。幸存者常留有局部及相关系统的后遗症。

（三）肌肉毒损伤

海蛇咬伤除上述神经毒表现外，可引起横纹肌瘫痪和肌红蛋白尿，称之为肌肉毒损伤。病人出现肌肉大量坏死，引起高钾血症、肌红蛋白尿、急性肾损伤。幸存者肌力恢复较慢。

（四）混合毒素损伤

眼镜蛇、眼镜王蛇、蝮蛇等咬伤常可同时出现神经毒、血液毒的临床表现。临床特点为发病急，局部与全身症状均较明显。

三、诊断与鉴别诊断

1. 是否为蛇咬伤 首先必须排除蛇咬伤的可能性。其他动物也能使人致伤，如蜈蚣咬伤、黄蜂螫伤，但后者致伤的局部均无典型的蛇伤牙痕，且留有各自的特点，如蜈蚣咬伤后局部有横行排列的

笔记

两个点状牙痕，黄蜂或蝎子螯伤后局部为单个散在的伤痕。一般情况，蜈蚣等致伤后，伤口较小且无明显的全身症状。

2. 是否为毒蛇咬伤　主要依据特殊的牙痕、局部伤情及全身表现来鉴别。毒蛇咬伤的伤口表皮常有一对大而深的牙痕或两列小牙痕上方有一对大牙痕，有的大牙痕里甚至留有断牙，伤口周围明显肿胀及疼痛或有麻木感，局部有瘀斑、水疱或血疱。全身症状也较明显。无毒蛇咬伤则无牙痕或有两列对称的细小牙痕。如蛇咬伤发生时，无法辨识蛇形，从伤口上也无法分辨是否为毒蛇所伤时，必须按毒蛇咬伤处理。毒蛇与无毒蛇咬伤的区别见表 11-6。

表 11-6　毒蛇与无毒蛇咬伤的区别

比较项目		有毒蛇	无毒蛇
蛇外观	头型	多数呈三角形，亦有椭圆形	多数呈椭圆形，少数呈三角形
	体背、斑纹	体背见特殊斑纹，粗短，不匀称	多呈暗色，无斑纹，较均匀
	尾巴、外观	尾短钝或侧扁，不甚怕人，爬行慢	长，细，怕人，爬行快捷
	牙痕	一对，深、浅、粗、细依蛇种而论	呈锯齿状，浅小，密集成排
伤情	疼痛	剧痛、灼痛，渐渐加重，麻木感	疼痛不明显，不加剧
	出血	可见出血不止	出血少或不出血
	肿胀	瘀斑，血疱，变黑坏死，进行性肿胀	无肿胀
	淋巴结	附近淋巴结肿痛	无
	全身症状	较快出现	除紧张外无症状
	血、尿检查	早期异常	无异常

3. 哪一种毒蛇咬伤　准确判断何种毒蛇致伤比较困难。从局部伤口的特点，可初步将神经毒的蛇伤和血液毒的蛇伤区别开来。眼镜蛇咬伤时瞳孔常缩小，蝰蛇咬伤半小时可出现血尿，蝮蛇咬伤后可出现复视。

四、急诊处理

（一）现场急救

1. 将伤者与蛇隔离，防止再次咬伤，可用木棍、专业器具等移开，必要时可以将蛇杀死。

2. 减慢毒液的扩散

（1）绑扎法：用手帕、布条或者长袜等，在最短时间内结扎伤口近心端，阻断毒液经静脉和淋巴回流入心，而不妨碍动脉血的供应。绑扎无需过紧，松紧度维持于能使被绑扎的肢体下部（即远端）动脉搏动稍微减弱为宜。每隔 30 分钟松解绑扎一次，每次 1～2 分钟，以免影响肢体血液循环，造成组织坏死。一般在医院内开始有效治疗（如注射抗蛇毒血清、伤口处理）10～20 分钟后可去除绷扎。

（2）冰敷法：有条件时，在绑扎的同时用冰块敷于伤肢，使血管及淋巴管收缩，减慢蛇毒的吸收。也可将伤肢或伤指浸入 4～7℃的冷水中，3～4 小时后再改用冰袋冷敷，持续 24～36 小时。

（3）伤肢制动：被毒蛇咬伤后，不要惊慌失措，奔跑走动，这样会促使毒液快速向全身扩散。最好是将伤肢临时制动后放于低位，送往医院。必要时可给予适量的镇静剂，使病人保持安静。

3. 减轻毒液负荷　如果随身带有茶杯，则可对伤口作拔火罐处理。先在茶杯内点燃一小团纸，然后迅速将杯口扣在伤口上，使杯口紧贴伤口周围皮肤，利用杯内产生的负压吸出毒液。如无茶杯，也可用嘴吮吸伤口排毒，但吮吸者的口腔、嘴唇必须无破损、无牙病，否则有中毒的危险。吸出的毒液随即吐掉，吸后要用清水漱口。

4. 如条件允许，对毒蛇进行识别、照相，或将蛇与受害人一起送医院。

5. 尽早进行医疗干预　应用止痛剂，可进行心电监护，静脉输液，吸氧及血样品的采集。

（二）急诊处理

1. 伤口处理 及时冲洗伤口可以起到破坏、中和、减少蛇毒的目的。可选用 1∶5000 高锰酸钾溶液、3% 过氧化氢、生理盐水、肥皂水或 1∶5000 呋喃西林溶液，冲洗后可行局部温敷。冲洗时可用负压吸引。还可作局部皮肤切开排毒，即以牙痕为中心“作十字”形或“纵形”切口，长约 2～3cm，深达皮下但不伤及肌膜，使淋巴液及血液外渗。伤口深并污染者，或伤口组织有坏死时，应及时切开清创，伤口扩大后，仍可用各种药物作局部的冲洗或温敷。

2. 局部解毒

（1）胰蛋白酶 2000～4000U 以 0.5% 普鲁卡因稀释，在伤口及周围皮下进行浸润注射或做环形封闭。宜早用，并可酌情重复使用。可用糜蛋白酶代替胰蛋白酶。

（2）依地酸钙钠能与蛇毒蛋白水解酶中的金属离子整合。可尽早用 2%～5% 依地酸钙钠注射液 25ml 冲洗伤口，或加 1% 普鲁卡因做伤口及周围皮下浸润注射。

（3）用相应的抗蛇毒血清 1/4～1/2 支、地塞米松 5～10mg、2% 利多卡因 5ml 加入 0.9% 生理盐水 20ml 中，于绷扎上沿或伤口周围做环形浸润封闭。

（4）选用蛇药制剂，可将药片溶化后涂于伤口周围。

3. 抗蛇毒血清 是能中和蛇毒的首选特效解毒药，及早或在进行伤口处理时运用，剂量要足。要求在毒蛇咬伤后 24 小时内（最好在 6～8 小时内）应用，如病人病情进行性加重，应重复应用抗蛇毒血清，或重新评估毒蛇的种类，必要时联用多种抗蛇毒血清。

4. 中医中药治疗 中医中药治疗要点是清热解毒。各地有针对常见毒蛇为主的中成药制剂，如南通蛇药、上海蛇药、广东蛇药、群生蛇药、吴江蛇药等，均可及早选用。口服剂量一般首次加倍，以后每隔 4～6 小时再服，3～5 日为一疗程。

5. 对症与支持治疗 注射呋塞米或甘露醇利尿，必要时应用血液净化疗法加速蛇毒排出；及时行气管插管或气管切开，正确应用呼吸机抢救呼吸衰竭；常规注射破伤风抗毒素 1500～3000U，酌情应用抗生素防治感染；肾上腺皮质激素大剂量及短疗程应用，对抗毒血症、组织损伤、炎性反应、过敏反应和溶血；控制重要脏器出血；纠正低血压、抗休克；输液、输血、补充血容量；纠正酸中毒和高钾血症；抗心律失常；防治急性肾损伤、心功能衰竭、肝衰竭、DIC 等。

五、预防

建立蛇伤防治网络，搞好住宅周围的环境卫生，彻底铲除杂草，清理乱石，消灭毒蛇的隐蔽场所，经常开展灭蛇及捕蛇工作。教育群众预防蛇伤的基本知识。进入草丛前，应先用棍棒驱赶毒蛇。进入山区、树林、草丛地带时应穿好长袖上衣、长裤及鞋袜，并扎紧裤腿，必要时戴好草帽，注意排查毒蛇的存在。在山林地带宿营时，睡前和起床后，应检查有无蛇潜入。不要随便在蛇可能栖息的地方坐卧，禁止用手伸入鼠洞和树洞。遇到毒蛇时，应远道绕过，不要惊慌失措，或采用左、右拐弯的走动来躲避追赶的毒蛇，或站在原处，面向毒蛇，注意来势左右避开。四肢涂防蛇药液及口服蛇伤解毒片，也能发挥预防蛇咬的作用。

（张进祥）

思考题

1. 淹溺时临床表现有哪些？
2. 淹溺的急救处理有哪些？
3. 急性高原疾病的类型及处理？
4. 中暑的定义是什么，如何诊断中暑？
5. 中暑的急救处理有哪些？
6. 冻伤的急救原则是什么？

7. 如何有效地预防冻伤？
8. 烧伤是如何进行分度的？
9. 试述中国烧伤九分法。
10. 电击伤的临床表现有哪些？
11. 电击伤的急救处理有哪些？
12. 强酸、强碱吸入性损伤的处理应注意哪些方面？
13. 抢救口服强酸、强碱损伤的病人应遵循哪些原则？
14. 蛇咬伤的处理原则有哪些？

第十二章 急性感染

急性感染（acute infection）多由细菌、病毒、真菌、支原体或衣原体、寄生虫等病原微生物引发，所涉及的部位可由浅表组织到深部器官，临床表现复杂、多样；有时虽有感染的典型临床表现，但感染病灶却难以确定，甚至可以感染性休克为临床首发表现；特别是目前临床上广义的急性感染还涵盖了传染性疾病，因此，急性感染既是急诊最常见的急症或危重症，又是在短时间急诊中难以明确诊断的困难病症，如诊治不及时、有效，部分病人可因多器官功能衰竭导致死亡。

第一节 急性感染诊断与处理原则

一、基本临床特点

发热是感染的基本特征，发热高于38℃提示严重感染的可能性，而相对于基础体温出现低体温也可能表示有严重感染，甚至是脓毒症。

急性感染由于病因、发生部位不同、患病季节或易患人群不同，临床特点也不尽相同，可以根据病原体不同分类。

（一）急性细菌性感染

细菌是急性感染最常见的致病微生物，急性细菌性感染约占各类急性感染的半数以上，也是临床急诊最常见的感染类型。急性细菌性感染可由革兰阳性或阴性菌引起，也可能是多种细菌混合性感染。其主要临床特点为：

1. 发热 发热是急性细菌性感染最常见的临床症状之一，除小的局灶性感染外，大多数细菌感染多伴有发热，发热程度、热型根据感染部位、范围及细菌毒力而异，参阅第二章“急性发热”。

2. 典型体征 查体可见皮肤、浅表组织或器官存在化脓性病灶，同时伴有红、肿、热、触痛；深部器官感染则多在病变相对应部位的体表存在局限或放散性压痛，并可见相关器官功能障碍的临床表现。

3. 白细胞增高 白细胞计数增高是急性细菌性感染辅助检查中最具有特征性的改变之一，特别是在末梢血白细胞分类检测时出现嗜中性粒细胞增高或明显核左移，更是支持急性细菌感染的有力证据。如在尿、便常规或脑脊液、各浆膜腔积液常规检测中发现白细胞增高也具有同样重要的临床意义。

4. 细菌涂片或培养 无论痰、尿、便、血或任何引流液、穿刺液中，细菌涂片或培养呈阳性反应，均可为急性细菌感染提供最为确切的诊断或鉴别诊断佐证。

5. 感染生化标志物

（1）血清C反应蛋白（C-reactive protein，CRP）：是一种与肺炎链球菌非特异性菌体的多糖成分——C-多糖发生凝集反应并于急性感染时出现的蛋白质，当机体处于应激状态下，IL-6、IL-1、TNF-α等炎性因子可诱导肝细胞合成CRP。在正常人血清中，CRP含量极微，通常不超过5mg/L，并在人体内长期保持稳定。大多数细菌感染均可引起血清CRP水平明显升高，在感染发生后6～8小时开始升高，于24～48小时达高峰，比正常值高几百倍甚至上千倍，升高幅度与感染程度呈正相关，在疾病治愈后，1周内可恢复正常。病毒感染时，CRP常不增高。可将CRP作为细菌性感染诊断和与病毒性感染鉴别诊断的首选指标。此外，由于在炎症恢复期CRP水平下降速度快，也可用此特性来评价抗生素治疗效果。

(2) 降钙素原(PCT): PCT是血清降钙素(CT)的前肽物质，在正常生理情况下，由甲状腺C细胞分泌产生。健康人血液中的PCT浓度非常低，小于0.05ng/ml。感染发生时降钙素原升高与感染程度呈正相关，而局部感染病人PCT一般不升高或仅轻度升高，因此，也可将其作为判断细菌性感染的良好指标。

(二) 急性病毒性感染

病毒所致急性感染四季均可发生，尤以冬春季节发病率较高。多种传染性疾病与病毒感染密切相关，特别是SARS病毒、H7N9禽流感病毒所致的肺炎，不但具有较强的传染性，而且具有较高的死亡率。

1. 发热 急性病毒性感染早期，大多数病人常以高热或超高热为临床首发表现，一般高于38℃，常呈持续性高热，可伴畏寒、头痛、乏力、肌肉和关节酸痛，随后才出现其他相关临床症状。

2. 白细胞 多数病人白细胞计数在正常范围内，部分病人白细胞总数降低，分类中淋巴细胞或单核细胞比值也可能升高。

3. 病毒抗原检测 利用核酸杂交技术及PCR技术检测留取标本中病毒核酸，或采用免疫荧光标记技术、化学发光技术检测组织细胞内的病毒抗原和细胞外游离病毒抗原有助于对病毒性感染的判断，特别是核酸检测已成为病毒性感染临床早期诊断的可靠方法之一。

4. 感染生化标志物 病毒性疾病时PCT不增高或仅轻度增高，一般不超过1～2ng/ml，PCT鉴别病毒性疾病的敏感度和特异性均高于传统标记物(如C反应蛋白、白细胞，红细胞沉降率等)。

(三) 支原体感染

支原体是介于细菌和病毒之间的一群原核微生物，临床上引起人类最常见的疾病是支原体肺炎，与细菌、病毒等其他微生物所致肺炎常不易鉴别。但也有其临床特征，鉴别时应注意以下要点:

1. 发热 体温多在38～39℃之间，很少超过39℃。

2. 临床特征 起病相对较缓，发病多类似上呼吸道感染，阵发性、刺激性干咳为其最主要临床特征，但个别病人也会出现少量黏痰或由于剧烈咳嗽引起的血痰。

3. 血常规 外周白细胞总数和中性粒细胞比例正常，细胞分类大多正常，仅个别病人可能出现淋巴细胞轻度升高。

4. 病原学检查 血清支原体抗体IgM是支原体感染后最早出现的特异性抗体，发病后1～2天即可出现阳性结果，因此，有利于早期临床诊断，是目前诊断支原体感染采用的首选方法。

5. 胸部X线检查 常缺乏特异性改变，病灶大多呈小叶性、多发性分布，或呈单叶、肺段分布。

(四) 真菌感染

真菌性感染根据侵犯人体部位可分为浅表、皮肤、皮下和系统性四种，一般多为浅表组织的感染，临床较易辨认和诊断，而全身性侵袭性真菌性感染并不多见。随着疾病谱发生了改变，社区内全身性侵袭性真菌性感染有所增加，但此类病人仍多见于医院获得性肺炎或免疫力低下、营养不良等长期应用广谱抗生素、化疗药物、服用免疫抑制药物的病人。临床使用的G试验和GM试验有利于对侵袭性真菌性感染进行判断。

(五) 其他微生物感染

寄生虫和衣原体、螺旋体、立克次体等其他微生物引起的急性感染。

二、诊断与鉴别诊断

(一) 诊断思维方法

1. 急性感染的分类 急性感染的分类方法较多，按致病微生物进行分类是临床最常用的方法。为了便于对急诊病人诊治，目前采用最便捷急性感染的分类方法是：社区获得性感染和医院获得性感染。

医院获得性感染是指原无感染的病人在住院后(>48 小时)获得的感染，包括在住院期间发生的感染和在住院期间内获得的致病微生物引发的出院后短时间内(<72 小时)发生的感染。医院获得性感染可分为：①内源性感染：又称自身感染，是指各种原因引起的病人在医院内遭受自身固有或定植病原体侵袭而发生的感染；②外源性感染：又称交叉感染，是指各种原因引起的病人在医院内遭受非自身固有病原体的侵袭而发生的感染。

2. 病史 急性感染由于致病原不同、引发感染的部位不同、病人年龄、性别、身体基本素质和有无基础病，以及用药史的不同，其临床表现可有较大差异，详细询问病史不但有利于临床诊断，也有利于鉴别诊断。按系统顺序询问病史是便于急诊诊断、不易漏诊的简便思维方式。

3. 症状与体征

(1) 系统部位感染：浅表组织的红、肿、热、痛及功能障碍是局部感染最常见的主诉，也是最常见的体征，感染严重者甚至局部挤压后可有脓液排出，此类感染多不易引起临床误诊。但深部组织或器官的感染除具有急性感染的基本临床特点外，其临床表现亦有较大差异。

1) 神经系统感染：多表现为发热、头痛、头晕、恶心、呕吐等症状，严重者可发生抽搐或昏迷，查体多可见颈强直及病理性反射。

2) 上呼吸道感染：往往缺乏特异性症状，应区分以中耳、咽喉、扁桃体、鼻部感染何部位为主。头痛、嗽咳、流涕为最常见的表现，部分病人可伴有鼻塞、咽部充血或扁桃体肿大，表面常附有脓点或脓性分泌物。

3) 下呼吸道感染：咳嗽、咳痰是下呼吸道感染的典型症状，应区分支气管炎或肺炎，严重者常伴有气短、喘息或呼吸困难。查体可见呼吸急促，甚至发绀，肺部听诊可闻及不同程度的干性或湿性啰音。

4) 胃肠道感染：恶心、呕吐、腹痛、腹泻为常见症状，可伴有食欲减退、脱水、乏力等。查体上腹、左下腹或全腹部有不固定的轻度压痛，不伴有反跳痛，肠鸣音可增强或亢进。

5) 腹腔器官感染：临床症状与胃肠道感染相似，但可有黄疸、放射性疼痛，查体多于感染器官相应腹部触及明显压痛，如同时伴有反跳痛、腹肌紧张及肠鸣音减弱、消失，提示炎症波及腹膜，器官发生梗阻或穿孔。

6) 泌尿系感染：尿急、尿频、尿痛是急性泌尿系感染特有的症状，部分病人可伴有腰痛、血尿或脓尿。查体多无阳性体征，部分病人可有下腹正中压痛或肾区叩击痛。

(2) 全身性感染：脓毒症是全身性感染的典型代表，如血中培养出细菌、病毒等微生物时又可称为菌血症或病毒血症。临床上常表现为寒战、高热、呼吸急促，心率加快等；严重者可由于血流动力学改变引起休克，以及多器官功能障碍或衰竭。

(二) 诊断

急性感染诊断多不困难，如有突然或短时间内发热或低体温，白细胞总数增高或降低，同时能确定感染病灶部位，并有相关症状与体征临床诊断可确立。如病人仅以某些临床症状为首发表现，则需结合查体和辅助检查进一步确定。明确病原学是急性感染诊断最困难的问题，虽然临床上绝大多数急性感染是由细菌引起，但诊断时要注意非细菌性感染和传染性疾病。

(三) 鉴别诊断

诊断急性感染应注意与其他非感染性发热或白细胞增高、减少性疾病相鉴别：

1. 血液病与恶性肿瘤 白血病、恶性组织细胞病、恶性淋巴瘤等疾病常可表现为发热、贫血、乏力、出血、白细胞计数增高或降低、肝脾肿大或淋巴结肿大，如未检查到感染性病灶，以及病原学与血清学检查均为阴性，或抗生素治疗无效时应注意此类疾病的可能，必要时可通过骨髓涂片常规检查予以鉴别。

2. 变态反应疾病 药物热、血型不合的输血等常在应用某种药物或输血后随即发生高热，甚至寒战、皮疹、呼吸困难、血红蛋白尿等，但不具备感染的证据。

3. 结缔组织病 系统性红斑狼疮、皮肌炎、结节性多动脉炎、混合性结缔组织病等常有长期不规则发热，有不同程度的皮肤、关节、内脏损害，病情可发作与缓解交替，辅助检查多有血沉增快，免疫球蛋白增高，抗核抗体阳性，但一般白细胞总数不高，抗生素治疗无效。

4. 其他 如甲状腺功能亢进、甲状腺危象、严重失水或出血，热射病、中暑、脑出血、内脏血管梗塞、组织坏死等均可以出现发热、白细胞增高等，但相关病史和临床特点会有助于鉴别诊断。

三、急诊处理

（一）一般处理

1. 休息与补液 无论何种感染，保证足够的休息与液体补充是最常用措施。

2. 降温或退热 高热时应采用物理或药物降温，适当给予一般退热药或非甾体类抗炎药物等对症治疗，无感染性休克时应慎用或禁用糖皮质激素类药物。

（二）抗生素的选择

1. 急性细菌感染时大多情况可先根据经验选择抗生素，必要时应对微生物进行培养和药敏试验，并根据药敏结果对抗生素进行调整。

2. 对局部脓肿类感染应尽量采用开放引流，必要时加用全身性抗生素治疗。

3. 严重的全身细菌感染（如脑膜炎、脓毒症、感染性休克等）不适宜在急诊留观治疗，应尽快住院治疗。

（三）抗病毒感染药物的选择

目前尚无有效的、适宜可普遍应用的抗病毒药物，仅有的部分药物也只是针对某些病毒感染有效。缓解症状、对症处理仍为病毒感染治疗的主要措施。如果采用抗病毒药物通常应在感染后24～48小时开始使用，以便获得最好的临床效果。

（四）抗真菌感染药物的选择

对于局限性浅表性真菌感染可采用局部用药，对侵袭性深部真菌感染可酌情采用口服或静脉抗真菌药物，由于此类药物肝肾毒性较大，故应在治疗过程中监测肝、肾功能变化。

（五）外科治疗

对于浅表性局限性脓肿或深部组织、器官的感染如经常规抗感染治疗效果不良或无效时，可进行外科引流或手术治疗。

第二节 社区获得性肺炎

社区获得性肺炎（community-acquired pneumonia，CAP）是指在医院外罹患的感染性肺实质性炎症，包括由于其他原因入院但具有社区病原体潜伏、并在入院后短期（<48小时）内发病的肺炎。CAP在全球的发病率与死亡率高，是严重威胁人类健康的常见感染性疾病之一，也是临床急诊门诊最常见的肺炎类型。

一、发病机制与分类

（一）发病机制

CAP感染通常起源于肺部，主要由细菌感染引起，部分由其他病原体引起。双肺持续暴露于微粒和微生物，这些物质会出现在上呼吸道，然后通过微量误吸进入下呼吸道。下呼吸道通常由于肺部的防御机制而保持无菌状态。这些宿主防御可被分为先天性（非特异性）和获得性（特异性）两类。CAP的发生提示宿主防御的缺陷、暴露于毒力特别高的微生物或大量的细菌定植。尽管微量误吸是导致病原体到达肺部最常见的发病机制，但其他机制还包括远处感染部位的血源播散、邻近病灶的直接蔓延以及大量误吸，具体包括：

1. 毒力因子 某些微生物已产生特异性机制以打破宿主的肺部防御并导致感染。如，肺炎衣原体、肺炎支原体、流感病毒、肺炎链球菌和脑膜炎奈瑟菌等。

2. 易感性宿主身体状况 意识水平的改变、吸烟、饮酒、低氧血症、酸中毒、肺水肿、尿毒症、营养不良、支气管机械性梗阻、支气管扩张症、慢性阻塞性肺疾病（COPD）、纤毛不动综合征、肺癌等。

3. 药物因素 抗精神病药、ACE 抑制剂、糖皮质激素类等都与 CAP 发生有一定关系。

（二）分类

引发 CAP 的致病微生物的组成和耐药特性在不同国家、不同地区之间存在明显差异，而且随着时间推移不断发生着变迁。特别是近年医院内耐药菌感染增加对社区菌群的影响，耐药菌感染的 CAP 有增高趋势。按照感染致病微生物的不同，一般可将 CAP 分为五大类。

1. 细菌性感染 CAP 以细菌性感染最为常见，致病菌主要包括肺炎链球菌、金黄色葡萄球菌和流感嗜血杆菌、嗜肺军团菌、肺炎克雷伯菌、鲍曼不动杆菌等。虽然肺炎链球菌感染所致比例有所下降，但目前仍是 CAP 最主要的致病菌。在慢性阻塞性肺疾病（COPD）人群中流感嗜血杆菌、卡他莫拉菌所致 CAP 发生率较高。另外，不动杆菌、铜绿假单胞菌、肺炎克雷伯菌等耐药菌感染所致的 CAP 有增高趋势。

人群对军团菌感染具有普遍易感性，尤以成年男性为主，特别是糖尿病、肿瘤、长期接受血液净化治疗或肾移植等免疫力低下病人更是军团菌感染的高危人群，多呈散发性发病，夏秋季发病率较高。

2. 病毒性感染 病毒性 CAP 以甲型、乙型流感病毒、腺病毒、副流感病毒、冠状病毒感染为常见，冬春季节为高发时间段，大多呈区域性散在发生。随着病毒检测技术的发展与应用，呼吸道病毒在 CAP 病原学中逐渐受到重视。但由冠状病毒变异产生的 SARS 病毒和 H5N1 禽流感病毒所致的 CAP 呈现出在一定范围内暴发性流行的特点，而且具有较强的传播性和致死率。

3. 非典型病原体感染 随着临床对非典型病原体检测方法的改进，非典型病原体的检出率不断增高，因此其在 CAP 中的致病性受到重视。目前认为肺炎支原体感染在非典型病原体所致的 CAP 中占到首位，其次为肺炎衣原体，冬季发病率明显高于其他季节。

4. 真菌性感染 真菌所致的 CAP 并不多见，一般此种类型肺内炎症多为医院获得性，特别是合并有基础疾病或免疫力低下的老年人感染比例较高。常见的致病菌为白色念珠菌、曲霉菌、隐球菌、荚膜组织胞浆菌。

5. 混合性感染 由不同致病微生物混合感染所致的 CAP 近年来成为临床上一个值得关注的问题，细菌合并非典型病原体或病毒感染是常见的混合感染形式，其中以肺炎链球菌合并肺炎支原体或病毒感染较为多见。

二、临床特点

血液检查主要异常表现为白细胞增多，伴核左移。也可出现白细胞减少，通常提示预后不良。

（一）典型临床表现

临床主要表现为新近出现的咳嗽、咳痰或原有呼吸道疾病症状加重，并出现脓性痰，伴或不伴胸痛；发热；肺实变体征和（或）闻及湿啰音；白细胞异常；胸部 X 线检查显示片状、斑片状，浸润性阴影或间质性改变，伴或不伴胸腔积液。

1. 病史 大多数 CAP 起病急，常有上呼吸道感染史，受寒、劳累等为常见诱因，老年人、糖尿病、慢性支气管病变、血液病、艾滋病等全身性基础疾病的人群多有易感倾向，而且起病隐匿。特别是 CAP 的常见致病微生物与病人某些生活习惯、嗜好或特定生活环境密切相关，了解这些规律性有利于初步诊断的推断和经验性药物应用，详见表 12-1。

笔记

表 12-1 特定状态下易导致 CAP 的病原体

特定状态	易感染的病原体
酗酒	肺炎链球菌(包括耐药的肺炎链球菌)、厌氧菌、肠道革兰阴性杆菌、嗜肺军团菌属
COPD/吸烟者	肺炎链球菌、流感嗜血杆菌、卡他莫拉菌
居住在养老院	肺炎链球菌、肠道革兰阴性杆菌、流感嗜血杆菌、金黄色葡萄球菌、厌氧菌、肺炎衣原体
患流感	金黄色葡萄球菌、肺炎链球菌、流感嗜血杆菌
接触鸟类	鹦鹉热衣原体、新型隐球菌
疑有吸入因素	厌氧菌
结构性肺病(支气管扩张、肺囊肿、弥漫性泛细支气管炎等)	铜绿假单胞菌、洋葱伯克霍尔德菌、金黄色葡萄球菌
近期应用抗生素	耐药肺炎链球菌、肠道革兰阴性杆菌、铜绿假单胞菌

2. 发热 CAP 病人大多伴有不同程度发热，体温多在 38℃以上；肺炎链球菌、金黄色葡萄球菌、病毒性 CAP 常出现高热，体温可达 39～40℃以上，但年龄较大病人通常不伴发热，其体温在清晨可能会出现令人迷惑的降低。部分病人有寒战、畏寒等表现。

3. 咳嗽 是 CAP 的常见典型症状，因感染病原体的不同咳嗽程度也不相同，大多早期表现为轻咳或干咳，连续刺激性咳嗽多见于支原体肺炎；随病情进展逐渐出现咳痰，多为白色黏液状痰，化脓菌感染者可为黄色脓性痰，肺炎链球菌感染可为铁锈色痰，但典型者在临床上已较为少见。

4. 胸痛 是 CAP 又一典型症状，且因病变程度或病变部位不同而异，咳嗽、咳痰多为加剧诱因。病变累及胸膜时疼痛多呈针刺样或随呼吸加重，下叶肺炎波及膈胸膜时疼痛可放射至肩部或腹部。

5. 全身症状 其他常见特征包括胃肠道症状(恶心、呕吐、腹泻)和精神状态改变。重症病人可出现呼吸急促或窘迫，甚至嗜睡、意识障碍等。

(二)体格检查

1. 多见急性病容，个别病人口周或鼻周可见单纯疱疹；重症可出现呼吸浅快、不同程度发绀；严重者可伴有血压下降、心动过速、四肢湿冷、皮肤花斑、出血点等感染性休克的表现。

2. 早期查体胸部多无异常体征，典型者可见患侧呼吸运动减弱，叩诊病变部位呈浊音，可闻及呼吸音减弱、管性呼吸音以及不同程度的干湿性啰音。

(三)实验室检查

1. 血常规 主要异常表现为白细胞增多，伴核左移。也可出现白细胞减少，通常提示预后不良。

2. 痰涂片或培养 痰液直接涂片镜检可快速判定细菌或真菌感染类型，痰培养及药物敏感试验则有助于病原学诊断及抗菌药物选择。

3. C 反应蛋白 是一种能与肺炎球菌 C 多糖发生反应并形成复合物的急性时相反应蛋白，可用于细菌和病毒感染的鉴别诊断。细菌感染时 CRP 水平升高，而病毒性感染时 CRP 大多正常。因此，CRP 对评估细菌、病毒或非典型病原体感染筛查，并对治疗效果判断具有一定参考价值。

4. 肺炎衣原体抗体检测 采用微量免疫荧光(MIF)法对肺炎衣原体抗体进行检测，有助于肺炎衣原体急性感染的诊断和鉴别诊断。由于本方法特异性敏感性均较高，且可用于区分原发感染和再感染，因此目前是最常用且最敏感的血清学方法。

5. 肺炎支原体血清 IgG 检测 在成人病人中 IgG 抗体阳性是急性肺炎支原体感染的指标。

6. 氧饱和度和必要的动脉血气分析 用于需要紧急氧疗的成年病人。

7. 尿素氮和电解质检查 评估病人病情的严重程度。

（四）胸部X线检查

胸部影像学是急诊诊断CAP最重要的诊断方法。对于发现和排除CAP具有高度的敏感性和特异性，一般病人出现症状后12小时内胸片常显示出肺内异常阴影。典型的由肺炎链球菌引起的CAP多为大叶性炎症改变阴影，而由流感嗜血杆菌或葡萄球菌引起的CAP则多为小叶性肺炎（或称支气管肺炎）改变。

主要特征表现：细菌性肺炎往往病变范围较大，多呈肺叶、多肺叶、一侧肺甚至两侧肺分布；非细菌性肺炎可为肺小叶或肺段分布，也可演变为肺叶病变，但一侧肺或两侧肺同时发生病变相对少见，病变多以网织和磨玻璃影为主，可见局部肺萎陷及病变内支气管扩张影。

三、诊断与鉴别诊断

由于引发CAP的病原学不同，临床表现也不尽相似，可轻可重，取决于病原体和宿主的状态，但无论何种致病微生物引发的CAP均有某些共同的临床表现，这是CAP临床诊断的基础，同时相关的病原学检查则是定性诊断的重要依据。

1. 临床诊断

（1）在社区环境中新近出现的咳嗽、咳痰或原有呼吸道疾病症状加重，并出现脓性痰或血痰，伴或不伴胸痛。

（2）病变范围大者可有呼吸困难、呼吸窘迫，大多数病人有发热。

（3）早期肺部体征无明显异常。出现肺实变时有典型的体征，如叩诊浊音、语颤增强和支气管呼吸音等，也可闻及湿啰音。

（4）WBC$>10\times10^9$/L或$<4\times10^9$/L，伴或不伴细胞核左移。

（5）胸部X线检查显示片状、斑片状浸润性阴影或肺间质性改变，伴或不伴胸腔积液。

以上1～4项中任何1项加第5项，包括肺结核、肺部肿瘤、非感染性肺间质性疾病、肺水肿、肺不张、肺栓塞、肺嗜酸性粒细胞浸润症及肺血管炎等肺部疾病，即可建立临床诊断。

部分CAP病人，特别是老年病人可能仅表现为部分上述症状，甚至临床表现不典型，容易漏诊及误诊。

2. 病原学诊断

对于需住院的CAP病人，尤其是ICU病人，病原学检测结果意义重大。一般而言，病原学证据及病原体的药敏结果是抗感染治疗成功的关键。

（1）轻、中度CAP病人不必常规进行病原学检查，当初始经验性治疗无效时才需要进行病原学检查。

（2）对于收入急诊病房住院的病人，应同时进行常规血培养和呼吸道标本的病原学检查。

（3）凡合并胸腔积液并能够接受穿刺者，均应进行诊断性胸腔穿刺，并抽取胸腔积液行常规、生化及病原学检查。

（4）侵袭性诊断技术仅选择性适用于以下情况：①经验性治疗无效或病情仍然进展者，特别是已经更换抗菌药物1次以上仍无效时；②怀疑特殊病原体感染，而采用常规方法获得的呼吸道标本无法明确致病病原时；③免疫抑制宿主罹患CAP经抗菌药物治疗无效时；④需要与非感染性肺部浸润性病变鉴别时。

3. 重症肺炎的诊断标准 CAP是急诊最常见的肺炎类型之一，大部分病人可以在急诊得到有效的治疗。但CAP也涵盖了部分重症病人，如不提高诊断的鉴别能力则可能发生漏诊或误诊。建议病人ICU治疗。因此，加强病情严重程度评估关系到病人的预后。

（1）主要标准：①气管插管机械通气；②感染性休克，需要血管活性药物。

笔记

（2）次要标准：①呼吸频率≥30次/分；② $PaO_2/FiO_2\leq250$；③多叶、段性肺炎；④低血压、需要积极的液体复苏；⑤意识障碍/定向障碍；⑥氮质血症（BUN≥7mmol/L）；⑦白细胞减少症（WBC≤4×10^9/L）；⑧低体温（中心体温<36℃）。

满足1条主要标准或3条次要标准即可诊断。

4. 鉴别诊断 CAP的诊断和鉴别诊断并不困难，但由于其他呼吸道疾病可能会出现与本病类似的症状、体征和辅助检查结果，因此，在做出诊断时仍需根据病史、既往史及辅助检查进行仔细鉴别。

（1）流行性感冒：临床上多以高热、畏寒、头痛、乏力、全身酸痛为主要症状发病，可同时伴有咽痛、干咳、流涕、鼻塞等症状。此类病人与CAP的部分症状相似，或可进一步发展为CAP，不同之处在于流感多在季节变换时节为发病高峰期，有地域性迅速蔓延、传播的特点，呼吸道症状缺如或相对较轻。因此，对于初诊病人需要进一步鉴别。

（2）上呼吸道感染：临床特征与流感相似，不同在于没有流行史，部分上感病人如若咽部充血明显或扁桃体增大时均可能引起刺激性咳嗽，但不伴咳痰、呼吸困难等呼吸系统症状，一般情况下与CAP鉴别并不困难。

（3）肺结核：部分肺结核临床症状及影像学改变与CAP有相似之处，除结核性渗出性胸膜炎发病之初可伴有高热外，一般结核均为规律性低热，并且血常规检查多无白细胞增高或中性粒细胞增高，仔细询问病史和认真综合分析不易误诊。

（4）吸入性肺炎：常见于老年人、帕金森综合征及脑血管疾病后遗症病人，由于社区内发病和医院内发病的CAP致病微生物有所差异，追问病史有利于病情评估。

（5）急性肺脓肿：此类病人早期临床表现多与葡萄球菌性肺炎相似，部分病人可能由于前趋症状不典型而急诊就医。如若病变时间较长病人的特异性表现为咳大量脓痰，X线胸片检查可助鉴别，影像学除显示出炎症表现外，典型者还可见脓腔与液平。

（6）肺癌：部分周围型肺癌有时需与CAP的X线表现相鉴别，不同在于此类病人不伴发热或仅有低热，无明显白细胞增高，但如合并肺部炎症时常可使肺癌的X线特征改变受到掩盖，此时容易导致误诊。

四、急诊处理

CAP病人是急诊留观、急诊住院和EICU收治的主要对象。急诊医师应早期诊断CAP，准确进行危险分层并给予及时治疗。

（一）一般处理原则与措施

1. 病情轻微的病人可采取医院外或社区诊所治疗。

（1）根据病情需要给予退热、补液、对症治疗。

（2）咳嗽、痰多者适当给予化痰、解除气道痉挛及止咳药物治疗。

2. 病情稍重但暂时又不需住院者，可以安排在急诊留诊观察区或回社区诊所进行观察治疗；原有呼吸系统疾病或缺氧明显者应给予适当氧疗。

3. 病情严重者或伴感染性休克时应尽快安排住院治疗。

（二）抗感染治疗

1. 经验性抗感染治疗 确诊CAP在采取病原学检查及标本采样后，根据病人年龄、基础疾病、临床特点、实验室及影像学检查、疾病严重程度、肝肾功能、既往用药和药敏情况，分析最可能的病原体，并评估耐药风险，选择恰当抗感染药物和给药方案。

基本方案：

（1）首剂抗感染药物争取在诊断CAP后尽早使用，以改善疗效，降低病死率，缩短住院时间。

（2）对门诊轻症CAP病人，尽量使用生物利用度好的口服抗感染药物治疗。建议口服阿莫西林或克拉维酸治疗；年轻病人、无基础疾病病人或考虑支原体、衣原体感染病人，口服多西环素/米诺环素；我国肺炎链球菌及肺炎支原体对大环内酯类药物耐药率高，在耐药率较低地区可用经验性抗感染治疗。

(3) 对需要住院的 CAP 病人，推荐单用 β- 内酰胺类或联合多西环素、米诺环素 / 大环内酯类或单用呼吸喹诺酮类。

(4) 对需要入住 ICU 的无基础病青壮年 CAP 病人，推荐青霉素类 / 酶抑制剂复合物、三代头孢菌素、厄他培南联合大环内酯类或单用呼吸喹诺酮类静脉治疗，而老人或有基础病病人推荐联合用药。

(5) 年龄≥65 岁或有基础疾病（如充血性心力衰竭、心脑血管疾病、慢性呼吸系统疾病、肾损伤、糖尿病等）的住院 CAP 病人，要考虑肠杆菌科细菌感染的可能。

(6) 在流感流行季节，对怀疑流感病毒感染的 CAP 病人，推荐常规进行流感病毒抗原或者核酸检查，并应积极应用神经氨酸酶抑制剂抗病毒治疗，即使发病时间超过 48 小时也推荐应用。

(7) 抗感染治疗一般可于热退 2～3 天且主要呼吸道症状明显改善后停药，但疗程应视病情严重程度、缓解速度、并发症以及不同病原体而异。

2. CAP 目标性抗感染治疗 一旦获得 CAP 病原学结果，就可以参考体外药敏试验结果进行治疗。

（三）抗病毒治疗

对怀疑病毒感染的病人一般不必选择抗病毒药物，对伴有典型流感症状（发热、肌痛、全身不适和呼吸道症状）、发病时间<2 日的高危 CAP 病人可应用抗病毒治疗。

（四）其他辅助治疗

除针对病原体的抗感染治疗外，补液、保持水电解质平衡、营养支持以及物理治疗等辅助治疗对 CAP 病人也十分必要。

（五）CAP 初始治疗效果的评价

对急诊留观或再次到医院急诊就医病人，应对初始经验性治疗后 48～72 小时的病情和诊断进行初步评价。

1. 治疗有效 经治疗后体温下降，呼吸道症状改善，反映感染严重程度的检测指标如血 WBC、CRP 及 PCT 等恢复正常，临床一般情况改善，达到临床稳定，认为治疗有效。临床稳定的判定标准包括：体温≤37.8℃；心率≤100 次 / 分；呼吸频率≤24 次 / 分；收缩压≥90mmHg；血氧饱和度≥90% 或动脉血氧分压≥60mmHg。

经初始治疗后，症状明显改善者可不参考病原学检查结果，继续原有治疗。对达到临床稳定且能接受口服药物治疗的病人，进行序贯治疗。

2. 治疗无效 病人对初始治疗反应不良，症状持续无改善，或一度改善又恶化，病情进展，出现并发症，甚至死亡，认为治疗失败。主要基于临床症状缓解的时间和胸部影像学进展来判断。主要表现为：①进展性肺炎，在入院 72 小时内进展为急性呼吸衰竭需要呼吸机支持或感染性休克；②对治疗无反应，不能达到临床稳定标准。

（何 庆）

思考题

1. 急性感染临床基本特征表现有哪些？
2. 不同急性感染的基本临床特点有哪些？
3. 应如何把握急性感染的诊断思维方法？
4. 在急诊应如何把握急性感染基本处理原则？
5. 什么是社区获得性肺炎？
6. 应如何把握社区获得性肺炎的诊断思维方法？
7. 如何把握社区获得性肺炎抗生素的选择？

笔记

第十三章 休　克

休克（shock）是由各种致病因素作用引起的有效循环血容量急剧减少，导致器官和组织微循环灌注不足，致使组织缺氧、细胞代谢紊乱、器官功能受损乃至结构破坏的综合征。血压降低是休克最常见、最重要的临床特征。迅速改善组织灌注，恢复细胞氧供，维持正常的细胞功能是治疗休克的关键。

第一节 概　　述

一、病因分类

（一）低血容量性休克（hypovolemic shock）

由于血容量的骤然减少所致，常见病因包括：

1. 失血 常见于外伤，如肝脾破裂；消化道大出血，如消化性溃疡出血、食管曲张静脉破裂出血；妇产科疾病，如异位妊娠破裂；动脉瘤破裂等导致的出血。故又称为失血性休克。

2. 脱水 中暑、严重吐泻、肠梗阻引起大量水、电解质丢失。

3. 血浆丢失 大面积烧伤、烫伤、化学烧伤。

4. 严重创伤 骨折、挤压伤、大手术等，又称为创伤性休克（trauma shock）。

（二）心源性休克（cardiogenic shock）

由于心肌受损致心排血量降低，常见于：

1. 心肌收缩力降低 最常发生于大面积心肌梗死、急性心肌炎及各种心脏病的终末期。

2. 心脏射血功能障碍 大面积肺栓塞、乳头肌或腱索断裂、瓣膜穿孔、严重主动脉瓣或肺动脉瓣狭窄等。

3. 心室充盈障碍 急性心包压塞、快速性心律失常、严重左或右心房室瓣狭窄、主动脉夹层等。

（三）感染性休克（septic shock）

是细菌、真菌、病毒和立克次体等病原微生物的严重感染所致，常见病因包括：

1. 革兰阴性（G^-）杆菌 如大肠埃希菌、铜绿假单胞菌、变形杆菌、痢疾杆菌引起的脓毒症、腹膜炎、化脓性胆管炎等。

2. 革兰阳性（G^+）球菌 如金黄色葡萄球菌、肺炎球菌等引起的脓毒症、中毒性肺炎等。

3. 病毒及其他致病微生物 流行性出血热、乙型脑炎病毒，立克次体，衣原体等感染也可引发休克。

（四）过敏性休克（allergic shock）

由于抗原进入被致敏的机体内与相应抗体结合后发生Ⅰ型变态反应所致，常见抗原包括：

1. 异种蛋白 胰岛素、加压素、蛋白酶、抗血清、青霉素酶、花粉浸液、食物中的异体蛋白如蛋清、牛奶、海味品等。

2. 药物 抗生素类、局麻药、化学试剂等。

（五）神经源性休克（neurogenic shock）

由于剧烈的神经刺激引起血管活性物质释放，使动脉调节功能障碍，外周血管扩张，有效循环血量减少所致。常见于外伤所致剧痛、脊髓损伤、药物麻醉等。

二、病理生理机制

（一）微循环变化

1. 休克早期微循环以收缩为主，有效循环血容量减少，反射性引起交感神经 - 肾上腺髓质系统兴奋，使心率加快、心肌收缩力增强、小血管收缩，周围血管阻力增加，以维持血压水平。此外，毛细血管网的血流减少，毛细血管内流体静压降低，有利于液体进入血管，从而也增加了回心血量。

2. 休克代偿期未能有效控制时，毛细血管前阻力显著增加，大量真毛细血管网关闭，组织细胞处于严重的缺血、缺氧状态，导致微循环内淤血加重，回心血量减少，血压下降，休克发展至不可逆状态。此时周围血管的阻力也降低，重要器官出现严重缺血。

3. 微循环淤血后缺氧激活凝血因子Ⅻ，启动内源性凝血系统引起弥散性血管内凝血（DIC）。微循环障碍更加明显，形成微血栓。由于 DIC 早期时消耗了大量的凝血因子和血小板，而后继发出血，一旦发生 DIC 临床预后较差。

（二）体液代谢改变

1. 休克时儿茶酚胺释放能促进胰高糖素生成，促使血糖升高。肝脏灌注不良时，乳酸在肝内不能正常代谢，而引起酸中毒。由于蛋白质分解代谢增加，致使血中尿素、肌酐及尿酸增加。

2. 因血容量和肾血流量减少使醛固酮及抗利尿激素分泌增加，以保留水分，增加血容量。

3. 由于细胞缺氧，细胞膜的钠泵功能障碍，导致细胞肿胀，甚至死亡。

4. 缺氧使三磷酸腺苷生成减少，代谢性酸中毒导致组织蛋白分解为具有生物活性的多肽如缓激肽、心肌抑制因子和前列腺素等，这些物质具有强烈的扩张血管作用，使微循环障碍更为显著。线粒体膜破坏使细胞的呼吸功能中断而致细胞死亡。

（三）炎症介质释放及再灌注损伤

严重创伤、感染、休克可刺激机体过度释放炎症介质产生“瀑布效应（cascade）”（参见第十四章“多器官功能障碍综合征”）。

（四）重要器官的继发损害

1. 心脏 休克中晚期，血压明显降低使冠状动脉血流减少，心肌缺血；低氧血症、酸中毒、高血钾、心肌抑制因子均使心脏功能抑制；DIC 形成后心肌血管微血栓形成，影响心肌的营养，发生局灶性坏死和心内膜下出血使心肌受损，心脏收缩力下降，最终发生心功能不全。

2. 肺 肺微循环障碍使肺泡表面活性物质减少，出现肺泡塌陷，发生肺不张。肺内分流、无效腔样通气、通气 / 血流比例失调和弥散功能障碍导致动脉血氧分压进行性下降，出现急性呼吸衰竭，即急性呼吸窘迫综合征（acute respiratory distress syndrome，ARDS）。

3. 脑 当收缩压<60mmHg 时，脑灌流量严重不足，微循环障碍又加重了脑缺氧程度，产生脑水肿。表现为神经系统的功能紊乱，由烦躁不安、神志淡漠、谵妄至昏迷。

4. 肾脏 早期时大量儿茶酚胺使肾血管痉挛，产生功能性少尿。随缺血时间延长，使肾小管受累出现急性肾小管坏死，导致急性肾损伤。

5. 肝脏 休克时肝细胞缺血缺氧，使肝脏的代谢过程延缓或停顿，凝血因子合成障碍，经肠道吸收的毒素不能在肝脏解毒。

6. 胃肠 胃肠小血管的痉挛，使黏膜细胞因缺氧而坏死，最终形成急性胃黏膜病变、急性出血性肠炎、肠麻痹、肠坏死。

7. 多器官功能障碍综合征（MODS） 休克晚期可发生 MODS（参见第十四章“多器官功能障碍综合征”）。

三、临床特点

（一）临床分期

1. 休克代偿期 病人表现为精神紧张或烦躁、面色苍白、手足湿冷、心动过速、换气过度等。血压可骤然降低（如大出血），也可略降，甚至可正常或轻度升高，脉压缩小。尿量正常或减少。此期如果处理得当，休克可以得到及时纠正；若处理不当，则病情发展，进入休克抑制期。

2. 休克抑制期 病人出现神志淡漠、反应迟钝、神志不清甚至昏迷，口唇发绀、冷汗、脉搏细速、血压下降、脉压更小。严重时，全身皮肤黏膜明显发绀，四肢湿冷，脉搏不清，血压测不出，无尿，代谢性酸中毒等。皮肤黏膜出现花斑，消化道出血，提示已进展至DIC阶段。如出现进行性呼吸困难，严重低氧血症，已发生ARDS。

（二）临床分级

休克临床表现是随病情变化而变。根据休克的严重程度分为：轻度、中度、重度和极重度。临床分级见表13-1。

表13-1 休克的临床分级

临床表现		轻度	中度	重度	极重度
神志		神清、焦虑	神清、表情淡漠	意识模糊、反应迟钝	昏迷，呼吸浅不规则
口渴		口干	非常口渴	极度口渴或无主诉	无反应
皮肤黏膜	色泽	面色苍白、肢端稍发绀	面色苍白、肢端发绀	皮肤发绀，可有花斑	极度发绀或皮下出血
	温度	四肢温暖或稍凉	四肢发凉	四肢湿冷	四肢冰冷
血压		SBP 80～90mmHg 脉压<30mmHg	SBP 60～80mmHg 脉压<20mmHg	SBP 40～60mmHg	SBP<40mmHg
脉搏		有力，≥100次/分	脉细数，100～120次/分	脉细弱无力	脉搏难以触及
心率		心率≥100次/分	100～120次/分	120次/分	心率快、慢不齐
体表血管		正常	毛细血管充盈迟缓	毛细血管充盈极度迟缓	毛细血管充盈极度迟缓
尿量		尿量略减	<17ml/h	尿量明显减少或无尿	无尿
休克指数（脉率/收缩压）		0.5～1.0	1.0～1.5	1.5～2.0	>2.0

四、实验室及辅助检查

（一）实验室检查

1. 血常规 红细胞计数及血红蛋白测定有助于对失血性休克的诊断，以及对休克过程中血液浓缩和治疗效果的判断；白细胞计数及分类则是感染性休克诊断的重要依据。

2. 尿、便常规 有助于了解休克对肾功能的影响及病因判定；便常规检查及潜血试验对感染性或失血性休克具有帮助诊断价值。

3. 血生化检查 丙酮酸、乳酸、血pH及二氧化碳结合力有助于了解休克时酸中毒的程度；尿素氮、肌酐有助于了解休克时肾功能，判断是否有上消化道出血；肝功能检查有助于了解休克对肝功能的影响；心肌标志物检测有助于判断休克对心肌代谢的影响及心源性休克的诊断；电解质检测有助于了解休克时电解质平衡紊乱。

4. 出、凝血功能检测 血小板计数、出凝血时间、凝血酶原时间、纤维蛋白原及纤维蛋白降解产物（FDP）的测定有助于判断休克的进展及DIC的发生。

（二）辅助检查

1. X线检查 对休克的病因判断有一定意义。

2. 心电图 有利于心源性休克的诊断，并能了解休克时心肌供血及心律失常情况。

3. 血流动力学监测

（1）中心静脉压：有助于鉴别休克病因，低血容量性休克时降低，心源性休克时通常增高。

（2）肺动脉楔压：有助于了解左室充盈压，相当于肺毛细血管压（PCWP）用于指导补液。心源性休克病人常升高。

（3）心排血量及心脏指数：有助于了解心脏功能状态。心排血量正常值为 4～8L/min，心脏指数正常值为 2.5～4.1L/（min•m^2）。心脏指数<2.0L/（min•m^2）提示心功能不全，<1.3L/（min•m^2），同时伴有周围循环血容量不足提示为心源性休克。

（4）脉搏指示连续心输出量（PiCCO）监测：适用于感染性休克病人的血流动力学监测，指导其液体复苏治疗。其容量性指标（ITBVI、EVLWI），能更准确、可靠地反映病人的容量状态，从而实施精细、优化的液体管理，可有效改善氧合，降低急性肺水肿、急性呼吸衰竭的发生率，改善预后。

4．微循环检查　检眼镜检查可见小动脉痉挛和小静脉扩张，严重时出现视网膜水肿。甲皱微血管的管袢数目明显减少，排列紊乱，袢内血流状况由正常的线形持续运动变为缓慢流动，微血栓形成，血细胞聚集成小颗粒或絮状物；压迫指甲后放松时，血管充盈时间延长>2 秒。

五、诊断与鉴别诊断

（一）诊断标准

1．具有休克的病因。

2．意识障碍。

3．脉搏>100 次 / 分或不能触及。

4．四肢湿冷、胸骨部位皮肤指压征阳性（再充盈时间>2 秒）；皮肤花斑、黏膜苍白或发绀；尿量<0.5ml /（kg•h）或无尿。

5．收缩压<90mmHg。

6．脉压<30mmHg。

7．原有高血压者收缩压较基础水平下降 30% 以上。

凡符合 1、2、3、4 中的两项，和 5、6、7 中的一项者，即可诊断。

（二）特殊情况

1．诊断同时应对休克的病因及早做出判断，特别是病人意识不清，无家属或护送者提供发病情况、现场资料及体表无明显外伤征象时，更需追溯原发病史。

2．应注意不典型的原发病，特别是老年病人，如免疫功能低下者的严重感染往往体温不升、白细胞计数不高；急性心肌梗死以呼吸困难、晕厥、昏迷、腹痛、恶心、呕吐等为主要表现，而无心前区疼痛以及典型心电图改变。要防止只重视体表外伤，而忽略潜在的内脏出血、消化道穿孔，或由于脊髓神经损伤及剧烈疼痛导致的血流分布异常。

3．应警惕休克的早期表现，特别是脉细数、心音低钝、心率增快、奔马律、呼吸急促、肢端湿冷、尿量减少、少数病人血压升高，这些表现往往发生在微循环障碍或血压下降之前。尿比重、pH 的监测可客观地反映组织灌注状况。血气分析、氧饱和度监测能了解缺氧和 CO_2 潴留及酸碱失调状况。

4．对重要器官功能障碍要注重早期识别，及时采取相应的抢救措施，如及时监测 CVP、PCWP、血尿素氮、肌酐、乳酸、胆红素、酶学生化、血糖、肌钙蛋白、血小板、凝血因子、FDP 等变化。

（三）鉴别诊断

1．低血压与休克的鉴别　低血压是休克的重要临床表现之一，但低血压者并非都发生休克。一般正常成年人肱动脉血压<90/60mmHg 为低血压，是一种没有休克病理变化的良性生理状态，与休克有着本质的区别。常见有：

（1）体质性低血压：又称原发性低血压，常见于体质瘦弱者，女性居多，可有家族倾向，一般无自觉症状，多在体检中发现，收缩压可仅为 80mmHg。少数人可出现疲倦、健忘、头晕、头痛，甚至晕厥；也可有心前区压迫感、心悸等表现。上述症状也可由慢性疾病或营养不良引起，无器质性病变表现，心率不快，微循环充盈良好，无苍白和冷汗，尿量正常。

（2）直立性低血压：是由于体位改变引起的低血压，常由平卧位突然转变为直立位，或长久站立所致。严重的直立性低血压可以引起晕厥。直立性低血压可以是特发性的，也可以为继发性。前者可能为自主神经功能失调，后者可继发于某些慢性疾病或某些药物的影响。

2. 不同类型休克的鉴别　各型休克的病理机制、临床表现及一般处理大致相同，但各型休克有各自的特点，治疗重点上有所不同。因此，分辨休克类型对处理急诊病人很重要。

（1）低血容量性休克：有明确的内、外出血或失液原因（包括严重呕吐、腹泻、肠梗阻和各种内出血等），失血量占总血容量的 15%（750ml）以上，有明显的脱水征，中心静脉压常 $<5cmH_2O$。

（2）感染性休克：有感染的证据，包括急性感染、近期手术、创伤、传染病等。有感染中毒征象，如寒战、发热、白细胞增高及异型核细胞增加。

（3）心源性休克：有心脏疾病病史及临床表现。如急性心肌梗死病人有明显心绞痛，心电图典型 ST-T 改变。心脏压塞时可有心电图低电压、中心静脉压 $>12cmH_2O$ 等。

（4）过敏性休克：有明确的致敏因素，如易致敏的药物（青霉素等）、生物制品或毒虫叮咬等。绝大多数骤然发病，1/2 的病人在 5 分钟内发病。除血压骤降外，可有过敏性皮肤表现以及呼吸系统症状，如喉头水肿、支气管哮喘、呼吸困难等，病情凶险。

（5）神经源性休克：有强刺激因素，如创伤、疼痛及其他可导致机体强烈应激反应的原因。

六、治疗

休克的治疗原则首先是稳定生命指征，保持重要器官的微循环灌注和改善细胞代谢，并在此前提下进行病因治疗。休克救治流程见图 13-1。

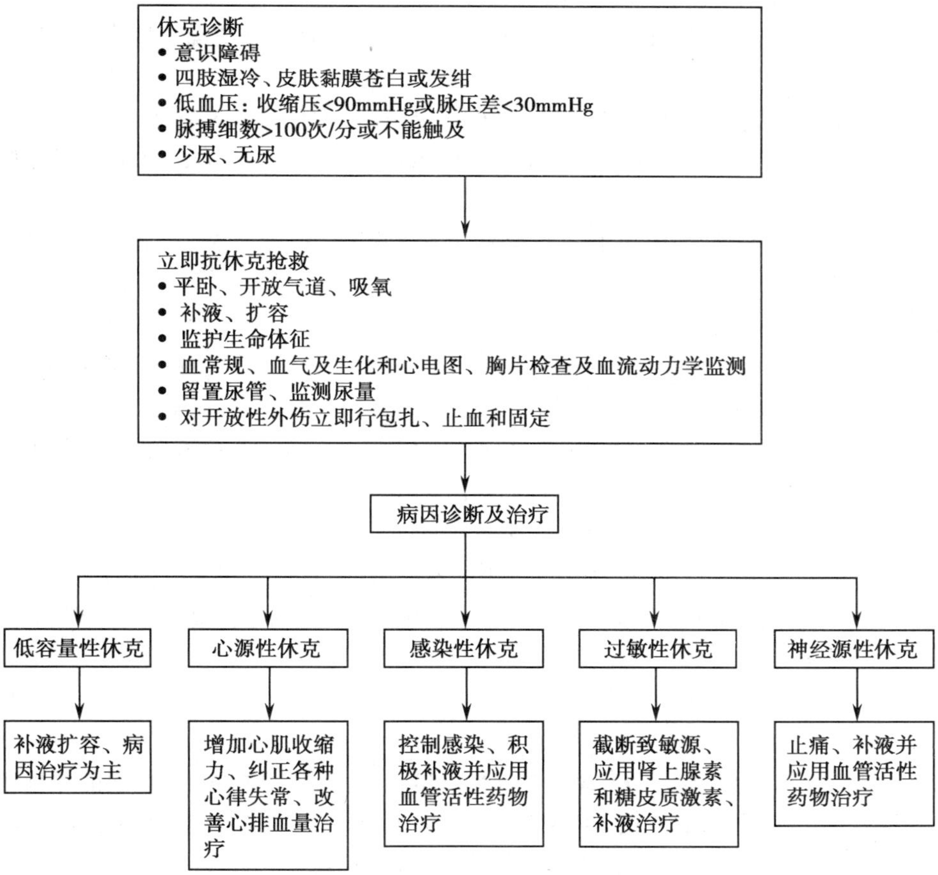

图13-1　休克急诊救治流程图

1. 一般处理 镇静、吸氧、禁食、减少搬动；仰卧头低位，下肢抬高 20°～30°，有心衰或肺水肿者半卧位或端坐位。行心电、血压、脉氧饱和度和呼吸监护，血常规、血气分析及生化检查、12 导联心电图、胸片、中心静脉压等检查，留置导尿管，监测尿量，注意保暖。

2. 原发病治疗 应按休克的病因针对性治疗。

3. 补充血容量 除心源性休克外，补液是抗休克的基本治疗。尽快建立大静脉通道或双通路补液，先快速补充等渗晶体液（如林格液或生理盐水），相继补充胶体液（低分子右旋糖酐、血浆、白蛋白或代血浆），必要时进行成分输血，根据休克的监护指标调整补液量和速度。动脉血压和中心静脉压是简便客观的监护指标，当中心静脉压明显>12cmH_2O 时，应警惕发生肺水肿。补充盐、糖液，胶体、晶体的比例，应根据休克类型和临床表现不同而异，血细胞比容降低时应输红细胞，血液浓缩宜补等渗晶体液，血液稀释宜补胶体液。

4. 纠正酸中毒 休克时常合并代谢性酸中毒，当机械通气和液体复苏后仍无效时，可给予碳酸氢钠 100～250ml，静脉滴注，根据血气分析结果调整，治疗还需结合病史、电解质及阴离子间隙等因素综合考虑，并纠正电解质紊乱。

5. 改善低氧血症 ①保持呼吸道通畅；②宜选用可携氧面罩或无创正压通气给氧，使血氧饱和度保持>95%，必要时行气管插管和机械通气；③选择广谱抗生素控制感染。

6. 应用血管活性药物 适用于经补足血容量后血压仍不稳定，或休克症状未见缓解，血压仍继续下降的严重休克。常用药物有：

（1）多巴胺：5～20μg/（kg•min）静脉滴注，多用于轻、中度休克；重度休克 20～50μg/（kg•min）。

（2）多巴酚丁胺：常用于心源性休克，2.5～10μg/（kg•min）静脉滴注。

（3）异丙肾上腺素：0.5～1mg 加 5% 葡萄糖液 200～300ml 静脉滴注，速度为 2～4μg/min。适用于脉搏细弱、少尿、四肢厥冷或心率缓慢（心动过缓、房室传导阻滞）、尖端扭转型室速的病人。

（4）去甲肾上腺素：适用于重度、极重度感染性休克，5% 葡萄糖或葡萄糖氯化钠注射液稀释，4～8μg/min 静脉滴注。

（5）肾上腺素：应用于过敏性休克，小儿 0.01mg/kg，最大剂量 0.5 毫克 / 次，皮下注射，必要时每隔 15 分钟重复 1 次；成人首次 0.5mg，皮下或肌内注射，随后 0.025～0.05mg 静脉注射，酌情重复。

（6）间羟胺：与多巴胺联合应用，15～100mg 加入氯化钠注射液或 5% 葡萄糖注射液 500ml 内，100～200μg/min 静脉滴注。

7. 其他药物

（1）糖皮质激素：适用于感染性休克、过敏性休克，应用氢化可的松 300～500mg/d，疗程不超过 3～5 日，或地塞米松 2～20 毫克 / 次，静脉滴注，一般用药 1～3 日。

（2）纳洛酮：阿片受体阻滞剂，具有阻断 β- 内啡肽作用。首剂 0.4～0.8mg 静脉注射，2～4 小时可重复，可 1.6mg 纳洛酮加在 500ml 液体内静脉滴注。

8. 防治并发症和重要器官功能障碍

（1）急性肾损伤：①纠正水、电解质及酸碱平衡紊乱，保持有效肾灌注；②在补充容量的前提下使用利尿剂，呋塞米 40～120mg 或丁脲胺 1～4mg 静脉注射，无效可重复；③必要时采用血液净化治疗。

（2）急性呼吸衰竭：①保持呼吸道通畅，持续吸氧；②应用呼吸兴奋剂尼可刹米、洛贝林；③必要时呼吸机辅助通气。

（3）脑水肿：①降低颅内压：可用 20% 甘露醇 250ml 或甘油果糖 250ml 快速静脉滴注，及利尿剂、糖皮质激素。②昏迷病人酌情使用呼吸兴奋剂，如尼可刹米；烦躁、抽搐者使用地西泮、苯巴比妥。③脑代谢活化剂：ATP、辅酶 A、脑活素等。④加强支持疗法。

笔记

（4）DIC：①抗血小板凝集及改善微循环：双嘧达莫、阿司匹林、低分子右旋糖酐或丹参注射液静脉滴注；②高凝血状态：肝素 1mg/kg 加葡萄糖液静脉滴注，根据凝血酶原时间调整剂量；③补充凝血因子；④纤溶低下、栓塞者：酌情使用溶栓剂；⑤处理各类并发症。

第二节　各类休克的特点及救治

一、低血容量性休克

低血容量性休克常常由于大量失血或体液丢失，或液体积存于第三间隙，引起有效循环血容量减少所致，也是急诊常见的休克类型。由大血管破裂或脏器出血引起的称为失血性休克；各种损伤或大手术后同时具有失血及血浆丢失而发生的称为创伤性休克。低血容量性休克的主要临床特点：①有创伤、胃肠道出血或大量体液丢失的临床证据；②外周静脉塌陷，脉压差变小；③血压：早期正常，晚期下降；④血流动力学改变：中心静脉压降低、回心血量减少、心排量下降，外周血管阻力增加和心率加快。⑤微循环障碍造成的各种组织、器官功能不全和病变。

及时补充血容量、针对病因治疗和制止其继续失血、失液是治疗此型休克的关键。

（一）失血量的估计

1. 休克指数（脉率 / 收缩压）为 0.5，表明血容量正常或失血量不超过 10%；休克指数为 1.0，失血量约为 20%～30%；休克指数为 1.5，失血量约为 30%～50%。

2. 收缩压<80mmHg，失血量约在 1500ml 以上。

3. 凡有以下一种情况者，失血量约在 1500ml 以上：①苍白、口渴；②颈外静脉塌陷；③快速输入平衡液 1000ml，血压不回升；④一侧股骨开放性骨折或骨盆骨折。

（二）急诊处理

快速补充血容量同时积极处理原发伤病，控制出血和体液丢失。先建立快速通畅的静脉通路，补充血容量同时尽快止血。监测中心静脉压能客观地评价液体复苏治疗的效果及安全性。

二、心源性休克

（一）临床特点

心源性休克是由于心脏收缩功能、舒张功能障碍以及心律失常等原因导致的心排血量不足、组织灌注减少和组织缺氧的病理生理改变。原有高血压者虽收缩压未低于 90mmHg，但比基础血压下降 40mmHg 以上，并伴脉压缩小时应警惕发生心源性休克。

心源性休克病人多有基础心脏病病史，多发生于中老年人急性发作，特别是发生急性心肌梗死时，表现为持续胸痛，伴出冷汗、头晕、乏力及心律失常和心功能不全等症状。查体：心音低钝，奔马律，双肺底可闻及湿啰音等。心源性休克心功能指标下降为：心脏指数（CI）<2.2L/（m^2•min），肺动脉楔压（PAWP）>18mmHg。常迅速出现血压下降，重要脏器和组织供血严重不足，全身微循环功能障碍等休克的表现。死亡率极高。

（二）　急救处理

取半卧位，保持气道通畅、吸氧，建立静脉通路，给予镇静、抗心律失常、血管活性药物，限制补液量，对症支持治疗。必要时可考虑应用心脏机械辅助循环装置，包括主动脉内球囊反搏（IABP）。

三、感染性休克

（一）临床特点

感染性休克常有严重感染的病史，如急性感染、近期手术、创伤、器械检查以及传染病流行病史。当有广泛非损伤性组织破坏和体内毒性产物吸收时也易发生感染性休克。临床上根据四肢皮肤暖冷差异又可分为“暖休克”和“冷休克”（表 13-2）。

表 13-2 感染性休克的临床表现

临床表现	暖休克	冷休克
意识	清醒	躁动、淡漠、嗜睡、昏迷
皮肤色泽	潮红或粉红	苍白、发绀或花斑
皮肤温度	不湿、不凉	湿凉或冷汗
脉搏	乏力、慢，可触及	细数或不清
脉压	>30mmHg	<30mmHg
毛细血管充盈时间	<2 秒	延长
尿量	>30ml/h	0～30ml/h
病因	多见于 G^+ 球菌感染	多见于 G^- 杆菌感染

（二） 急救处理

尽早采用初始经验性治疗控制感染，并清除感染源；积极液体复苏，使病人在最初 6 小时内能达到以下标准：①中心静脉压达到 8～12mmHg；②平均动脉压≥65mmHg；③尿量≥0.5ml/（kg•h）；④中心静脉或混合静脉氧饱和度（SvO_2 或 $ScvO_2$）≥70%。同时应用血管活性药物，必要时应用正性肌力药物以及输血治疗，并根据病情使用激素治疗。

四、过敏性休克

（一）临床特点

过敏性休克是一种极为严重的过敏反应，绝大多数为药物所引起，若不及时进行抢救，重者可在 10 分钟内发生死亡。临床表现为用致敏药物后，迅速发病，常在 15 分钟内发生严重反应，少数病人可在 30 分钟，甚至数小时后才发生，又称“迟发性反应”。早期表现为全身不适，口唇、舌及手足发麻，喉部发痒，头晕、心悸、胸闷、恶心、呕吐、烦躁不安等；随即全身大汗、面色苍白、口唇发绀、喉头阻塞、咳嗽、呼吸困难，部分病人有垂危濒死恐怖感；严重者有昏迷及大小便失禁等表现。查体可见球结膜充血，瞳孔缩小或散大，对光反应迟钝，神志不清，咽部充血，四肢厥冷，皮肤弥漫潮红和皮疹，手足水肿，心音减弱，心率加快，脉搏细数难以触及，血压下降，严重者测不出。有肺水肿者，双下肺可闻及湿啰音。

（二） 急救处理

必须立即停止所使用药，反复检测血压、脉搏，观察呼吸，保持呼吸道通畅，吸氧，立即注射肾上腺素、糖皮质激素、升压药、脱敏药等，发生心跳呼吸停止立即行心肺复苏。

五、神经源性休克

（一）临床特点

因强烈神经刺激如创伤、剧痛等病因引起，病人表现为低血压和心动过缓，部分病人可表现为快速心律失常，四肢却温暖、干燥。

（二） 急救处理

1. 祛除病因 剧痛可给予吗啡、盐酸哌替啶等止痛；停用致休克药物（如巴比妥类、神经节阻滞降压药等）。

2. 吸氧 立即给予肾上腺素 0.5～1mg 皮下注射，必要时重复。

3. 使用血管活性药物 如多巴胺、肾上腺素。

4. 补充有效血容量 应用右旋糖酐。

笔记

（周满红）

思考题

1. 休克如何进行分类和分期，其基本的临床表现是什么？
2. 休克的临床诊断标准是什么？确诊的休克按何种流程救治？
3. 试述低血容量休克时的急救处理？

第十四章 多器官功能障碍综合征

多器官功能障碍综合征是指在多种急性致病因素所致机体原发病变的基础上，相继引发 2 个或 2 个以上器官同时或序贯出现的可逆性功能障碍，其恶化的结局是多器官功能衰竭。

第一节 概 述

一、概念

多器官功能障碍综合征（multiple organ dysfunction syndrome，MODS）是指在多种急性致病因素所致机体原发病变的基础上，相继引发 2 个或 2 个以上器官同时或序贯出现的可逆性功能障碍的临床综合征。MODS 病情危重恶化为多器官功能衰竭（multiple organ failure，MOF），病死率随衰竭器官数量的增加而上升，总病死率约 40% 左右，其中 2 个器官功能衰竭为 52%～65%，3 个或 3 个以上器官功能衰竭达 84%，4 个或以上器官功能衰竭者近乎 100%。

1973 年，Tilney 首次提出了序贯性系统衰竭（sequential system failure）的概念，并指出继发功能障碍的器官可以是远隔器官。1977 年，Eiseman 将不同原发疾病导致的多个器官相继发生功能衰竭命名为“多器官功能衰竭”（multiple organ failure，MOF）。此外，还有“多系统进行性序贯性器官功能衰竭”“远隔器官衰竭”“多系统功能衰竭”“急性器官系统衰竭”等不同的命名。1992 年，ACCP/SCCM 正式提出 MODS 的概念，即多种疾病导致机体内环境失衡，器官不能维持自身的正常功能而出现一系列病理生理改变和临床表现，包括早期多器官功能障碍到晚期 MOF 的连续过程，同时倡议将 MOF 更名为 MODS，目的为了更精准地反映该综合征的进行性和可逆性，MODS 的提出为早期识别、早期诊断以及早期干预奠定了基础。MODS 的提出是对 MOF 认识上的深化，MODS 的器官功能障碍可以是相对的，也可以是绝对的，强调的是器官功能障碍是一个连续的、动态的演变过程，MOF 是 MODS 的终末阶段。目前认为，MODS 是全身性炎症反应失控引起的多器官功能障碍，MODS 可以理解为全身性炎症反应综合征＋多个器官功能障碍。

1. MODS 区别其他疾病致器官功能障碍的特点

（1）发病前器官功能基本正常，或器官功能受损但处于相对稳定的生理状态。

（2）衰竭的器官往往不是原发致病因素直接损害的器官，而是发生在原发损害的远隔器官。

（3）从初次打击到器官功能障碍有一定间隔时间，常大于 24 小时，多者为数日。

（4）器官功能障碍的特点是呈序贯性发生，原发因素所致的器官损害后，远隔器官功能障碍接踵而来，最先受累的器官常见于肺和消化器官。

（5）病理变化缺乏特异性，器官病理损伤和功能障碍程度不相一致。

（6）病情发展迅速，一般抗感染、器官功能支持或对症治疗效果差，死亡率高。

（7）无论是原有机体完全健康，还是器官功能慢性损害过程中，由一个急性致病因素的作用下引发的 MODS 过程，器官功能障碍和病理损害都是可逆的，治愈后器官功能可望恢复到病前状态，不遗留并发症，不复发。

（8）发生功能障碍的器官病理上以细胞组织水肿、炎性细胞浸润、微血栓形成等常见，缺乏病理特异性，却显著不同于慢性器官功能衰竭时组织细胞坏死、增生、纤维化和器官萎缩等病理过程。在 MODS 死亡病例中，30% 以上尸检无病理改变。

(9) 休克、感染、创伤、急性脑功能障碍(心跳、呼吸骤停复苏后,急性大面积脑出血)等是其常见诱因。SIRS 可能是引起远隔器官序贯性功能障碍的始动环节。

2. MODS 需排除的情况

(1) 器官功能障碍所致相邻器官并发症,如"肝肾综合征""肝性脑病""肺性脑病""心源性肺水肿",以上均有简单而明确的病理生理过程,缺乏由 SIRS 导致远隔器官功能障碍的临床表现。

(2) 多种病因作用所致多个器官功能障碍的简单相加,常见于老年多发慢性疾病的晚期改变。

(3) 恶性肿瘤、系统性红斑狼疮等全身性疾病终末期多器官功能受累,受损器官有与原发病一致的特征性的病理损害。

二、病因与发病机制

(一) 病因

各种原因均可导致 MODS 的发生,常见疾病有:①严重感染;②休克;③心肺复苏后;④严重创伤;⑤大手术;⑥严重烧(烫、冻)伤;⑦挤压综合征;⑧重症胰腺炎;⑨急性药物或毒物中毒等。

原有慢性疾病的基础,遭受急性打击后更易发生 MODS。常见的慢性基础疾病包括慢性心、肾、肝功能障碍,COPD,糖尿病等。诱发 MODS 和死亡高危因素包括:高龄、慢性疾病、营养不良、昏迷、大量输血(液)、创伤及危重病评分增高等(表 14-1)。

表 14-1 诱发 MODS 的主要高危因素

复苏不充分或延迟复苏	营养不良
持续存在感染病灶	肠道缺血性损伤
持续存在炎症病灶	外科手术
基础脏器功能障碍	糖尿病
年龄≥55 岁	应用糖皮质激素
嗜酒	恶性肿瘤
大量反复输血	使用抑制胃酸药物
创伤严重度评分≥25 分	高乳酸血症

(二) 发病机制

MODS 的发病机制非常复杂,迄今未完全阐明。以往认为,MODS 是严重感染、烧伤、严重创伤等疾病损害机体的直接后果。目前认为,MODS 不仅与原发病直接损失相关,更与机体应对原发病的免疫炎症反应失控相关。与下列学说可能有关:①组织缺血再灌注损伤;②炎症反应失控;③肠道屏障功能破坏;④细菌毒素;⑤二次打击或双相预激;⑥基因调控等。各种学说相互之间有一定的重叠和联系,并从不同的侧面阐明了 MODS 的发病机制(图 14-1)。

一般来说,机体遭受严重损害因素打击,激发防御反应,起到保护自身的作用。如果反应过强,释放大量细胞因子、炎症介质及其他病理性产物,损伤细胞组织,导致器官功能障碍,启动了 MODS。在这一过程中,组织缺血 - 再灌注和(或)全身炎症反应是其共同的病理生理基础,二次打击所致的炎症反应失控被认为是 MODS 最重要的病理生理基础。

炎症反应学说被认为是 MODS 发病的基石。全身性炎症反应综合征(SIRS)的提出是对 MODS 认识的深化,使对 MODS 的研究从感染、创伤等本身转移到机体炎症反应这一方面上来,也使 MODS 的治疗从控制感染、创伤延伸到调控机体炎症上。各种致病因素可以直接造成组织的损伤,通过激活单核 - 巨噬细胞等炎性细胞,使 TNF-α、白介素 -1β(IL-1β)等促炎症介质释放,参与机体的防御反应。炎症介质过度释放可加重组织细胞损伤,并诱导其他细胞产生白介素 -6(IL-6)、白介素 -8(IL-8)、血小板激活因子(PAF)、一氧化氮(NO)等炎症介质。这些炎症介质又可诱导产生下一级炎症介质,同时又反过来刺激单核 - 巨噬细胞等炎性细胞进一步产生 TNF-α、IL-1β。炎症介质间的相互作用，导致其数量的不断增加，形成炎症介质网络体系。炎症过强刺激或持续刺激导致炎症反应过度失调而引发自身性损害。过度炎症反应也会诱导代偿性抗炎症介质的产生，其结局是造成免疫功能的紊乱。代偿性抗炎症介质过度释放，促炎症介质/抗炎症介质平衡失调，导致免疫抑制状态，称为代偿性抗炎反应综合征（compensatory anti-inflammatory response syndrome，CARS）。其特点是IL-4、IL-10、IL-11、IL-13、TGF-α、IL-1rα、sTNFr等抗炎症介质释放过多，单核-巨噬细胞活性下降，抗原呈递功能减弱，人类白细胞DR抗原（HLA-DR）表达降低，T细胞反应低下，免疫功能受到广泛抑制，造成"免疫麻痹"使感染扩散。SIRS/CARS平衡时表现为生理性炎症反应，机体趋于痊愈。SIRS/CARS失衡时表现为两种极端：一是大量炎症介质释放产生"瀑布效应"，而内源性抗炎症介质不足以抵消其作用，结果导致SIRS；另一极端是内源性抗炎症介质释放过多，结果导致CARS。炎症和抗炎反应相互存在、交叉重叠，并引起相应的临床症状，称为混合性抗炎反应综合征（mixed antagonistic response syndrome，MARS）。SIRS/CARS失衡的后果是炎症反应失控，使其由防御性作用转变为自身损害性作用，不但损伤局部组织细胞，同时累及远隔器官，最终导致MODS。

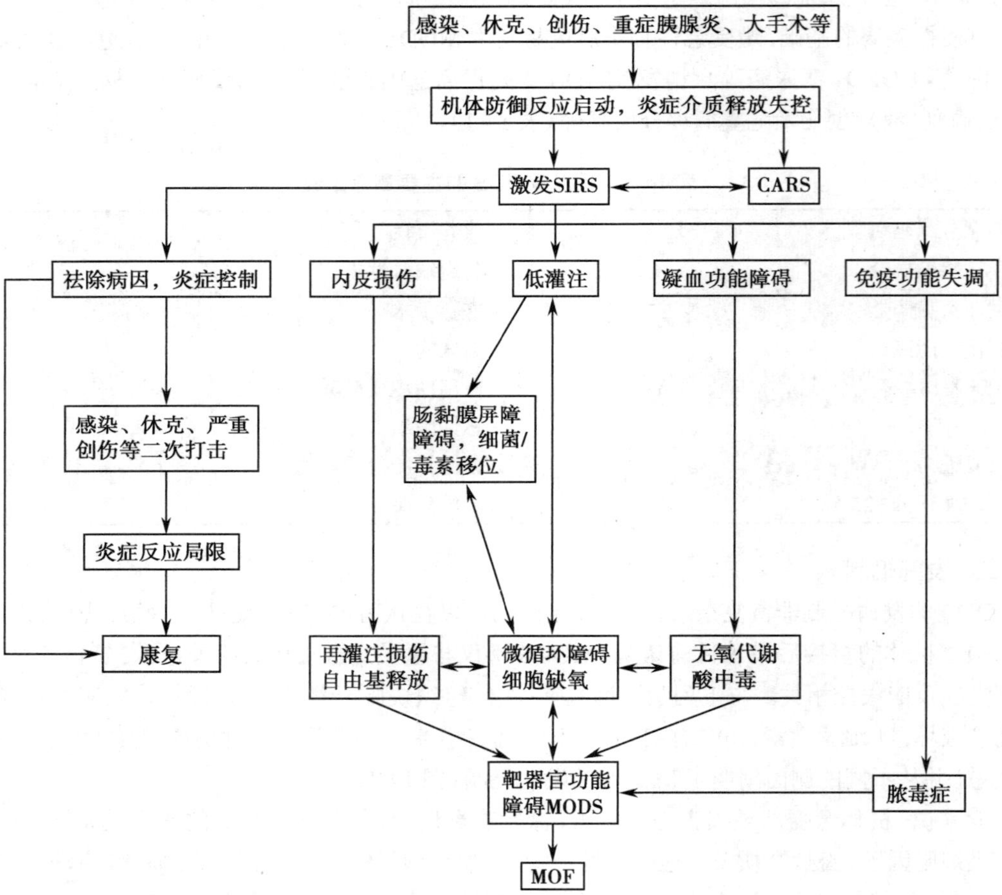

图14-1　MODS的发病机制

第二节　全身性感染

一、概念

全身性感染（systemic infection）是人体对侵入的病原微生物产生的失控性全身反应，如伴随出现危及生命的器官功能障碍，又称脓毒症（sepsis）。严重时可导致感染性休克和多器官功能障碍综合征。有资料表明，美国每年有75万例脓毒症病人，其中约21.5万人死亡，并呈逐年上升趋势，系良性疾病的第一死因。国内尚缺乏详细的临床流行病学资料。

二、病因与发病机制

（一）病因

细菌、真菌、病毒、支原体、衣原体及其他特殊病原体均可导致全身性感染，致病微生物种类及致病性随其来源、地域、时间的变化而不同。细菌是全身感染最常见的病因，医院获得性感染以革兰阴性杆菌多见，且耐药菌株远多于社区获得性感染。社区获得性感染以革兰阳性细菌常见。真菌性全身感染多见于免疫功能低下或长时间应用超广谱抗菌药物、免疫抑制剂者，以念珠菌最常见。病毒也是全身性感染的重要病原，如 SARS 病毒、H1N1 流感病毒引起感染可见于所有人群。宿主防御功能减退是造成全身性感染的另一原因，主要包括烧伤、创伤、手术、某些介入性操作造成人体局部防御屏障受损；先天免疫系统发育障碍或受放射疗法、细胞毒性药物、免疫抑制剂、人类免疫缺陷病毒感染等因素影响造成的后天性免疫功能缺陷；抗菌药物的广泛使用导致菌群失调，削弱人体各部位正常菌群的生物屏障等。

（二）发病机制

尚未阐明。致病微生物及其毒素刺激机体免疫应答，不仅分泌大量细胞因子，产生过度的炎症反应，而且引起凝血、神经内分泌等一系列失控反应，导致组织器官损害。以细菌内毒素为例，LPS 在血液循环中可与脂多糖结合蛋白结合形成复合物，并与细胞表面受体 CD14 分子作用，激活 Toll 样受体（Toll-like receptor，TLR），尤其是 TLR4，启动 TLR4-MPKK-NF-κB 信号转导通路，调控合成下游促炎因子（肿瘤坏死因子 -α、白介素 -1、白介素 -6 等）和抗炎因子（白介素 -4、白介素 -10 等），导致促炎 / 抗炎反应平衡失调、机体免疫应答障碍和组织器官的损伤。全身性感染进展和组织器官损害主要是致病微生物所致失控性机体反应，而非微生物或毒素直接损害的结果。

三、临床表现及诊断标准

（一）临床表现

1. **全身表现**　主要表现为发热、寒战、心动过速、呼吸加快，白细胞计数改变等。

2. **血流动力学**　严重时可伴血流动力学改变（如低血压、休克等）。

3. **组织灌注变化**　组织灌注减少（如意识改变、皮肤湿冷、尿量减少等）。

4. **器官功能障碍**　各个脏器或系统功能损伤（如肌酐或尿素氮升高、血小板减少、高胆红素血症等）。

（二）诊断标准

有细菌学证据或有高度可疑的感染灶，同时 SOFA 评分（表 14-2）≥2。若病人尚无 SOFA 翔实数据，可行 qSOFA（quick SOFA）评分（表 14-3），满足两项及以上者可诊断为脓毒症，并进一步行 SOFA 评分确认。经充分液体复苏，仍需要升压药物维持平均动脉压≥65mmHg，并且血乳酸>2mmol/L 的脓毒症病人可诊断为感染性休克。

表 14-2　SOFA[Sequential(Sepsis-Related)Organ Failure Assessment]评分

系统	分值				
	0	1	2	3	4
呼吸功能					
PaO_2/FiO_2，mmHg (kPa)	≥400（53.3）	<400（53.3）	<300（40）	<200（26.7）（呼吸机支持下）	<100（13.3）（呼吸机支持下）
凝血功能					
血小板，$\times 10^9$/ L	≥150	<150	<100	<50	<20

续表

系统	分值				
	0	1	2	3	4
肝功能					
胆红素 mg/dL (μmol/L)	<1.2（20）	1.2～1.9（20～32）	2.0～5.9（33～101）	6.0～11.9（102～204）	>12.0（204）
循环功能	MAP≥70mmHg	MAP<70mmHg	多巴胺<5 或多巴酚丁胺（任何剂量）μg/（kg·min）	多巴胺 5.1～15 或肾上腺素 ≤0.1 或去甲肾上腺素≤0.1μg/（kg·min）	多巴胺>15 或肾上腺素>0.1 或去甲肾上腺素>0.1μg/（kg·min）
中枢神经系统					
Glasgow 评分	15	13～14	10～12	6～9	<6
肾功能					
肌酐 mg/dL (μmol/L)	<1.2（110）	1.2～1.9（110～170）	2.0～3.4（171～299）	3.5～4.9（300～440）	>5.0（440）
尿量 mL/d				<500	<200

注：PaO_2，动脉氧分压；FIO_2，给氧浓度；MAP，平均动脉压，

表 14-3 qSOFA(quick SOFA)评估

呼吸频率 ≥22/min
意识改变
收缩压 ≤100mmHg

无论是以往以 SIRS 为基础的诊断标准，还是新采用的脓毒症诊断标准，所涉及的指标均非特异性。各项指标都可能会出现于许多非脓毒症的内外科急症、慢性疾病中，因此，当感染不能确认存在时，需要进行详细的鉴别诊断，只有在异常指标难用其他疾病所解释时，才可考虑确立脓毒症的诊断。

四、急诊处理

需立刻救治，并入住重症监护室。

（一）早期复苏

对严重的全身性感染伴组织低灌注者（血乳酸>2mmol/L），应立即实施早期复苏，可用天然 / 人工胶体或晶体液进行液体复苏，首选去甲肾上腺素或多巴胺作为纠正感染性休克低血压的血管加压药物，并尽可能在最初 6 小时内实现复苏目标。

（二）抗感染治疗

在留取合适的标本后尽早经验性的单一或联合使用抗生素治疗，并每天评价抗生素治疗方案，以达到理想的临床治疗效果，防止细菌耐药产生，减少毒性及降低费用。推荐疗程一般为 7～10 天，但对于临床治疗反应慢、感染病灶未完全清除或免疫缺陷（包括中性粒细胞减少症）病人，应适当延长疗程。

（三）感染灶的处理

应对所有严重脓毒症病人进行评估，确定是否有可控制的感染源存在。控制手段包括引流脓肿或局部感染灶、感染后坏死组织清创、摘除可引起感染的医疗器械或对仍存在微生物感染的源头控制。

（四）糖皮质激素

对液体复苏和血管加压药治疗不敏感者可考虑小剂量短疗程应用激素，静脉应用氢化可的松作为首选。

笔记

(五)支持对症治疗

1. 对脓毒症所致急性肺损伤(ALI)/急性呼吸窘迫综合征(ARDS)病人应尽早机械通气,实行小潮气量、适当呼气末正压通气、允许性高碳酸血症的肺保护性通气策略。

2. 对血流动力学稳定、轻度呼吸衰竭、能自主咳痰和保护气道的少数 ALI/ARDS 病人可考虑使用无创通气。

3. 对重症脓毒症合并急性肾损伤病人,应尽早实行血液净化治疗,对血流动力学不稳定者可予持续肾替代治疗。

4. 对已初步稳定重症脓毒症合并高血糖病人,应使用静脉胰岛素治疗控制血糖。

5. 还需警惕应激性溃疡、下肢静脉血栓形成等。

五、预后

该病病死率达 30%~50%,尽管脓毒症的基础研究取得进展,但临床治疗并未取得突出进展,死亡率仍居高不下。

第三节 多器官功能障碍综合征

一、MODS 的临床特征与诊断

(一)临床分期

MODS 的临床表现复杂,由于受损器官的数目、种类在不同的病人不尽一致,个体差异大,且受原发疾病,功能障碍器官受累范围和程度,以及损伤是一次打击还是多次打击的影响,MODS 的临床表现缺乏特异性。其临床特征:①从原发损伤到发生器官功能障碍有一定的时间间隔;②功能障碍的器官多是受损器官的远隔器官;③循环系统处于高排低阻的高动力状态;④持续性高代谢状态和能源利用障碍;⑤氧利用障碍,使内脏器官缺血缺氧,氧供需矛盾突出。MODS 的病程一般约为 14~21 日,经历休克、复苏、高分解代谢状态和器官功能衰竭 4 个阶段,各个阶段的临床分期表现见表 14-4。

表 14-4 MODS 的临床分期和临床表现

临床表现	1 期	2 期	3 期	4 期
一般情况	正常或轻度烦躁	急性病态,烦躁	一般情况差	濒死感
循环系统	需补充容量	容量依赖性高动力学	休克,CO ↓,水肿	依赖血管活性药物维持血压,水肿,SvO_2 ↑
呼吸系统	轻度呼吸性碱中毒	呼吸急促,呼吸性碱中毒,低氧血症	ARDS,严重低氧血症	呼吸性酸中毒,气压伤,高碳酸血症
肾脏	少尿,利尿剂有效	肌酐清除率↓,轻度氮质血症	氮质血症,有血液透析指征	少尿,透析时循环不稳定
胃肠道	胃肠道胀气	不能耐受食物	应激性溃疡,肠梗阻	腹泻、缺血性肠炎
肝脏	正常或轻度胆汁淤积	高胆红素血症,PT 延长	临床黄疸	转氨酶↑,重度黄疸
代谢	高血糖,胰岛素需求↑	高分解代谢	代谢性酸中毒,血糖升高	骨骼肌萎缩,乳酸酸中毒
中枢神经系统	意识模糊	嗜睡	昏迷	昏迷
血液系统	正常或轻度异常	血小板↓,白细胞增多或减少	凝血功能异常	不能纠正的凝血功能障碍

(二)分类分型

1. 分为原发性与继发性两类

(1)原发性 MODS:是严重创伤、大量多次输血等明确的生理打击直接作用的结果,器官功能障碍由打击本身造成，损伤早期出现多个器官功能障碍，在原发性 MODS 发生病理过程中，SIRS 未起主导作用。

（2）继发性 MODS：并非损伤的直接后果，而是机体异常反应的结果，原发损伤引起 SIRS，进一步导致自身破坏，作为器官功能损害的基础，造成远隔器官功能障碍。继发性 MODS 与原发损伤之间有一定时间间隔，多并发脓毒症。

原发性 MODS 如能存活，则原发损伤和器官功能损害激发和导致 SIRS，加重原有受损器官或引起新的远隔器官功能障碍，使原发性 MODS 转变为继发性 MODS。

2. MODS 分型　根据临床特征可把 MODS 分为单相速发型、双相迟发型和反复型三型：①单相速发型是在感染或心、脑、肾等器官慢性疾病急性发作诱因下，先发生单一器官功能障碍，继之在短时间内序贯发生多个器官功能障碍；②双相迟发型是在单相速发型的基础上，经过一个短暂的病情恢复和相对稳定期，在短时间内再次序贯发生多个器官功能障碍；③反复型是在双相迟发型的基础上，反复多次发生 MODS。

根据不同年龄的病理生理特点、发病诱因、临床特征、治疗重点不同和预后差别，也提出了老年 MODS（MOFE）和儿童 MODS（MOFC）的概念和临床类型。

（三）临床监测

由于受累功能障碍器官的不同及器官功能障碍的程度不同，MODS 的临床表现缺乏特异性，临床观察的重点就特别强调对各器官生理、生化指标监测（见第十八章“急危重症监护”）和影像学及其他特殊检查，以及时明确 MODS 的诊断并早期治疗干预。

（四）诊断标准

具有严重创伤、感染、休克等诱因；存在 SIRS 或脓毒症临床表现；发生 2 个或 2 个以上器官序贯功能障碍应考虑 MODS 的诊断。目前尚无公认的 MODS 诊断标准，现在常用的诊断标准、系统有：1997 年修正的 Fry 诊断标准，反应 MODS 病理生理过程的 Marshall 多器官功能障碍综合征计分系统，Sauaia 的创伤后评分、创伤严重程度评分（ISS）和全身性感染相关器官功能障碍评分（SOFA）等也可作为评价创伤后器官功能障碍和脓毒症严重程度的早期诊断方法。主要介绍前两个诊断系统。

1. 修正的 Fry 诊断标准　1980 年 Fry 提出了第一个多器官功能衰竭的诊断标准。该标准是目前被公认的、应用最普遍的 MOF 的诊断标准。但该标准未包括神经系统、血液系统、循环系统等常见器官功能障碍，且以器官功能衰竭为诊断标准，难以反映 MODS 动态演变的病理生理过程，不利于早期诊断、治疗。针对上述问题，1997 年重新修正 Fry 诊断标准（表 14-5），包括了常见受累的器官或系统，较为简洁，但仍未包括 MODS 的病理生理过程。

表 14-5　MODS 的诊断标准

器官或系统	诊断标准
循环系统	收缩压<90mmHg，持续 1 小时以上，或循环需要药物支持维持稳定
呼吸系统	急性起病，$PaO_2/FiO_2 \leq 200$（已用或未用 PEEP），X 线胸片见双肺浸润，PCWP≤18mmHg，或无左房压升高的证据
肾脏	血 Cr 浓度>177μmol/L 伴有少尿或多尿，或需要血液透析
肝脏	血清总胆红素>34.2μmol/L，血清转氨酶在正常值上限的 2 倍以上，或有肝性脑病
胃肠道	上消化道出血，24 小时出血量>400ml，或不能耐受食物，或消化道坏死或穿孔
血液系统	血小板计数<50×10^9/L 或减少 25%，或出现 DIC
代谢	不能为机体提供所需能量，糖耐量降低，需用胰岛素；或出现骨骼肌萎缩、无力
中枢神经系统	Glasgow 昏迷评分<7 分

2. Marshall 多器官功能障碍综合征计分系统　器官功能障碍是一个先从代偿性功能异常发展为失代偿，最终恶化为功能衰竭的不可逆阶段过程。所以要重视器官功能障碍在临床过程中的动态

笔记

变化，树立早期诊断和早期干预的理念，可采用计分法定量诊断、动态评价 MODS 病理生理变化和疾病程度。1995 年 Marshall 提出的 MODS 计分系统（表 14-6）可对 MODS 严重程度及动态变化进行客观评估。MODS 计分分数与病死率呈显著正相关，对 MODS 临床预后的判断有一定指导作用。

表 14-6　MODS 评分标准

器官及系统	0 分	1 分	2 分	3 分	4 分
呼吸系统（PaO_2/FiO_2）	>300	226～300	151～225	76～150	≤75
肾（血清肌酐 μmol/L）	≤100	101～200	201～350	351～500	>500
肝（血胆红素 mg/L）	≤20	21～60	61～120	121～240	>240
心血管（PAR）	≤10.0	10.1～15.0	15.1～20.0	20.1～30.0	≥30.0
血液（血小板 $\times 10^9$）	>120	81～120	51～80	21～50	≤20
中枢神经系统（Glasgow 昏迷评分）	15	13～14	10～12	7～9	≤6

注：PAR（压力调整后心率）= 心率 ×［右心房（中心静脉）压 / 平均血压］；Glasgow 昏迷评分：如使用镇静剂或肌松剂，除非存在内在的神经障碍证据，否则应作正常计分

二、急诊处理

MODS 缺乏特效的治疗方法，对器官功能的监测和支持仍是 MODS 的主要治疗措施，预防 MODS 的发生和发展是降低其病死率的最重要的方法。MODS 病情复杂，涉及多个器官，治疗矛盾多，还没有固定的治疗模式。治疗原则：①控制原发病，祛除诱因；②合理应用抗生素；③加强器官功能支持和保护；④改善氧代谢，纠正组织缺氧；⑤重视营养和代谢支持；⑥免疫和炎症反应调节治疗；⑦中医药治疗。

（一）控制原发病

控制原发病是 MODS 治疗的关键。及时有效地处理原发病，可减少、阻断炎症介质或毒素的产生释放，防治休克和缺血再灌注损伤。创伤病人采取彻底清创，预防感染；严重感染的病人，清除感染灶、坏死组织、烧伤焦痂等，应用有效的抗生素；胃肠道胀气的病人，要及时进行胃肠减压和恢复胃肠道功能；休克病人应进行快速和充分的液体复苏，对于维持胃肠道黏膜屏障功能具有重要意义。

（二）器官功能支持

循环和呼吸系统功能的支持：氧代谢障碍是 MODS 的重要特征之一，注意要维持循环和呼吸功能的稳定，改善组织缺氧状态。治疗重点在增强氧供和降低氧耗。氧供（DO_2）反映循环、呼吸支持的总效果，主要与血红蛋白（Hb）、氧饱和度（SaO_2）和心排血量（CO）相关，$DO_2 = 1.38 \times Hb \times SaO_2 \times CO$，MODS 时最好维持 $DO_2 > 550ml/(min \cdot m^2)$。

1. 提高氧供的方法　①通过氧疗或机械通气（小潮气量通气，必要时采用 PEEP）以维持 $SaO_2 >$ 90%，增加动脉血氧合；②维持有效的 $CO > 2.5L/(min \cdot m^2)$；适当补充循环血容量，必要时应用正性肌力药物；③增加血红蛋白浓度和血细胞比容，以 Hb>100g/L、血细胞比容>30% 为目标。

2. 降低氧耗的措施　①对于发热病人，及时使用物理和解热镇痛药等方法降温；②给予合并疼痛和烦躁不安的病人有效的镇静和镇痛；③对于惊厥病人，需及时控制惊厥；④呼吸困难病人，采用机械通气呼吸支持的方法，降低呼吸做功。

（三）易受损器官的保护

MODS 和休克导致全身血流分布异常，胃肠道和肾脏等内脏器官处于缺血状态，持续的缺血缺氧，将导致急性肾衰竭和肠道功能衰竭，加重 MODS。及时充分纠正低血容量和应用血管活性药物是防治内脏功能缺血的有效方法。休克病人可选择去甲肾上腺素加多巴酚丁胺联合应用，具有改善肾脏和肠道等内脏器官灌注的作用。在补足血容量之后可应用袢利尿剂，若 6 小时后无尿状态仍得不到逆转，应停止利尿剂应用，可能的情况下尽量停用血管收缩药物，可试用莨菪类药物，或立即行

血液净化治疗。

预防应激性溃疡：①应早期给予胃黏膜保护剂、胃酸抑制药物（H_2 受体阻断剂或质子泵抑制剂）；②尽可能早期恢复胃肠内营养，以促进胃肠功能恢复；③应用氧自由基清除剂减轻胃肠道缺血 - 再灌注损伤；④给予微生态制剂恢复肠道微生态平衡；⑤中药大黄对 MODS 时胃肠功能衰竭有明显的疗效，可使中毒性肠麻痹得以改善。

（四）代谢支持和调理

MODS 病人处于高度应激状态，呈现高代谢、高分解为特征的代谢紊乱。需要按照高代谢的特点补充营养，并且对导致高代谢的各个环节进行干预。代谢支持和调理的要求如下：①增加能量供给，注意氮和非蛋白氮能量的比例，使热 / 氮比值保持在 100∶1 左右，提高支链氨基酸的比例。能量供给中蛋白∶脂肪∶糖的比例一般要达到 3∶4∶3，使用中、长链脂肪酸以提高脂肪的利用，并且尽可能地通过胃肠道摄入营养；②代谢支持既要考虑器官代谢的需求，又要避免因底物供给过多加重器官的负担；③代谢调理是从降低代谢率促进蛋白质合成的角度，应用某些药物干预代谢。常用药物有环氧酶抑制剂吲哚美辛，抑制前列腺素合成，降低分解代谢，减少蛋白分解；应用重组生长激素和生长因子，促进蛋白合成，改善负氮平衡。

（五）合理使用抗生素

预防和控制感染，尤其是肺部感染、院内感染及肠源性感染。危重病人一般需要联合用药，在经验性初始治疗时尽快明确病原菌转为目标治疗，采用降阶梯治疗的策略，并注意防止菌群失调和真菌感染。

（六）免疫调理

基于炎症介质的失控性释放是对 MODS 本质的认识，拮抗炎症介质和免疫调节治疗是 MODS 治疗的重要策略。免疫调理的目的是恢复 SIRS/CARS 的平衡。近年来针对各种炎症介质采取了多种治疗对策，如应用各种类毒素抗体、TNF-α 抗体、可溶性 TNF-α 受体及 IL-1 受体拮抗剂、E- 选择素抗体、LTB_4 受体拮抗剂等对抗介质的治疗，但均未取得满意疗效。也可应用抗炎症反应药物乌司他丁和自由基清除剂。

（七）连续性肾脏替代治疗（continuous renal replacement therapy，CRRT）

方法有连续动 - 静脉血液滤过（CAVH）和连续静脉 - 静脉血液滤过（CVVH）等。CRRT 能精确调控液体平衡，保持血流动力学稳定，对心血管功能影响小，机体内环境稳定，便于积极的营养和支持治疗，直接清除致病炎症介质及肺间质水肿，有利于通气功能的改善和肺部感染的控制，改善微循环和实体细胞摄氧能力，提高组织氧的利用。在 MODS 中已得到广泛应用，但其临床效果有待进一步评价。

（八）中医药

清热解毒、活血化瘀、扶正养阴，可应用大黄、当归、黄芪等。

（周荣斌）

思考题

1. 脓毒症的概念是什么？
2. 脓毒症的诊断标准是什么？
3. 什么是脓毒症的液体复苏治疗？
4. MODS 的定义、特点及处理原则是什么？
5. 全身炎症反应综合征的诊断标准与治疗原则是什么？

笔记

第十五章　水、电解质与酸碱平衡紊乱

水、电解质紊乱与酸碱平衡失调常伴随于多种疾病或创伤的病理过程中，如不能及时纠正，可导致机体各器官系统功能障碍，甚至死亡，所以水、电解质紊乱与酸碱平衡失调应该视为一个重要的急症。

第一节　水、电解质平衡紊乱

一、概述

体液的容量、渗透压和电解质含量、分布是机体代谢和各器官功能正常的基础，多种疾病、创伤均可能导致或伴随体内水、电解质和酸碱平衡紊乱。

（一）体液的量、分布及其组成

正常成年男性的体液量约占体重的 60%，成年女性为 55%，小儿的体液量较多，新生儿可达体重的 80%。体液分为细胞内液和细胞外液两部分。细胞外液量均占体重的 20%，又可分为血浆和组织间液两部分，血浆量约占体重的 5%，组织间液量约占体重的 15%。其占体重的比例见图 15-1。

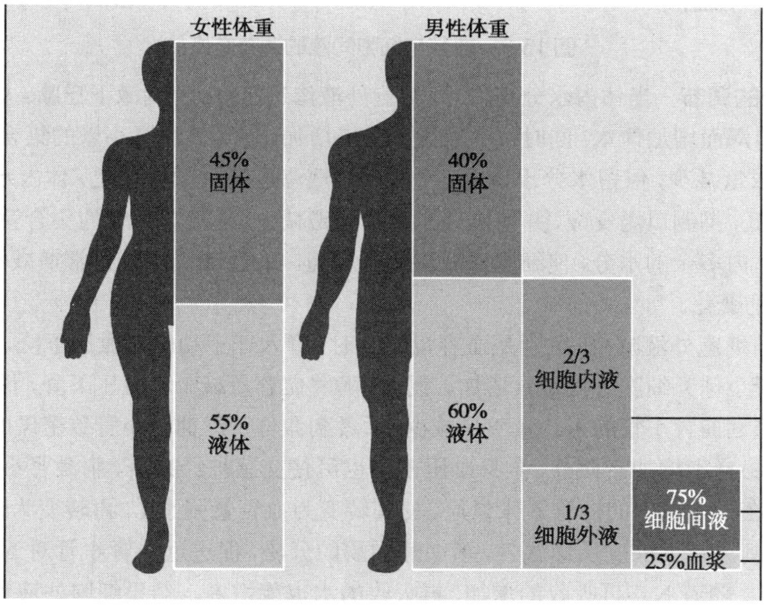

图 15-1　人体体液分布

组织间液分为功能性细胞外液和无功能性细胞外液。功能性细胞外液指能迅速地和血管内液体或细胞内液进行交换的组织间液，约占组织间液的 90%。无功能性细胞外液仅有缓慢地交换和取得平衡的能力，约占组织间液的 10%，如脑脊液、关节液和消化液等。

细胞外液中最主要的阳离子是 Na^{+}，其次为 Ca^{2+}；主要的阴离子是 Cl^{-}、HCO_3^{-} 和蛋白质。细胞内液中的主要阳离子是 K^{+} 和 Mg^{2+}，主要阴离子是 HPO_4^{2-} 和蛋白质。

（二）渗透压调节

渗透压是指溶液中溶质微粒对水的吸引力。细胞外液渗透压的 90% 以上来源于 Na^+ 和 Cl^-。细胞外液和细胞内液的渗透压相等，正常为 290～310mmol/L。

（三）体液平衡调节

1. 水的摄入和排出 人体水的来源：①体内物质代谢生成的代谢水，200~400ml/d；②从体外摄入的水，为保证代谢产物排出、减轻肾脏负担，摄入应为 2000~2500ml/d。

人体水的排泄途径包括：①尿：为其主要途径，1000~1500ml/d；②粪便：约 100ml/d；③呼吸：约 400ml/d；④蒸发或出汗：约 500ml/d，随体温或环境温度而改变。

2. 水在各部分体液之间的流动 细胞膜为细胞内及细胞外腔隙间的屏障，细胞内外水的流动方向由渗透梯度所决定。血管及间质之间的水交换发生在毛细血管水平，由静水压及血浆胶体渗透压共同调节（图 15-2）。

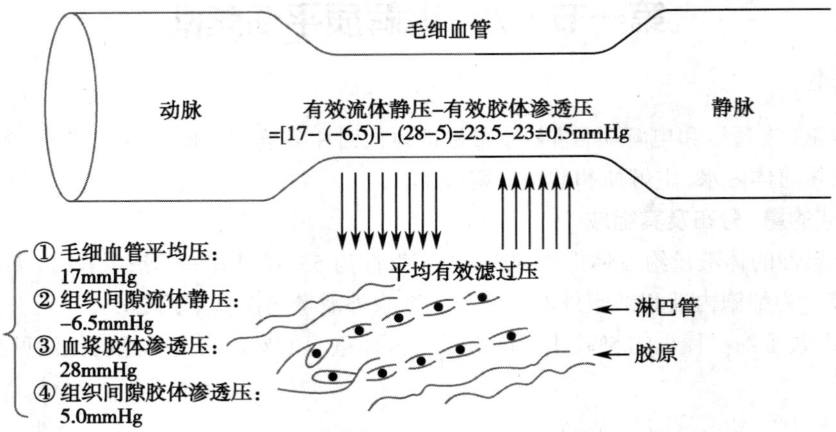

图 15-2 血浆与细胞间液的调节交换

3. 体液平衡的调节 当体内水分丧失时，细胞外液渗透压增高，刺激下丘脑 - 垂体后叶 - 抗利尿激素系统，引起口渴而增加饮水；同时抗利尿激素分泌增加，使肾远曲肾小管的集合管上皮细胞加强水分的再吸收，尿量减少，保留水分于体内，使细胞外液渗透压降低。反之，体内水分增多时，细胞外液渗透压即降低，抑制口渴反应，并使抗利尿激素分泌减少，远曲肾小管的集合管上皮细胞再吸收水分减少，排出体内多余的水分，使细胞外液渗透压增高。血浆渗透压较正常增减不到 2% 时，即有抗利尿激素分泌的变化。

另一方面，当细胞外液减少，特别是血容量减少时，肾入球小动脉的血压下降，刺激位于管壁的压力感受器，使肾小球旁细胞分泌肾素增加。同时，随着血容量减少和血压下降，肾小球滤过率也相应下降，以致流经远曲肾小管的 Na^+ 量明显减少，后者刺激位于远曲肾小管致密斑的钠感受器，引起肾小球旁细胞分泌肾素增加。此外，全身血压下降也可使交感神经兴奋，刺激肾小球旁细胞分泌肾素。肾素催化存在于血浆中的血管紧张素原，使其转变为血管紧张素Ⅰ，再转变为血管紧张素Ⅱ，引起小动脉收缩和刺激肾上腺皮质球状带，增加醛固酮的分泌，促进远曲肾小管对 Na^+ 的再吸收和促使 K^+、H^+ 的排泄。随着 Na^+ 再吸收的增加，再吸收的水也就增多。结果细胞外液量增加，以保持细胞外液的稳定。

血容量锐减时，机体将以牺牲维持体液渗透压为代价，优先保持和恢复血容量，使重要生命器官的灌流得到保证，以维护生命安全。

二、水、钠代谢紊乱

水、钠代谢紊乱往往合并存在，包括容量失调和浓度失调（表 15-1）。等渗性、低渗性及高渗性脱水的病因、临床表现不同（表 15-2）。

笔记

表 15-1 水、钠代谢紊乱分类

分类	细胞外液变化	临床表现
容量失调	细胞外液渗透压不变	细胞外液缺乏——等渗性脱水 细胞外液过多——水中毒
浓度失调	细胞外液渗透压改变	低钠血症——低渗性脱水 高钠血症——高渗性脱水

（一）等渗性脱水

钠与水成比例地丢失，血钠和血浆渗透压均在正常范围。

1. 诊断 主要根据病史、临床表现、红细胞压积、血钠和渗透压检测（表 15-2）。实验室检查可发现红细胞计数、血红蛋白和红细胞压积均明显增高，提示血液浓缩。血 Na^+ 和 Cl^- 正常。尿比重增高。

表 15-2 等渗性、低渗性、高渗性脱水的鉴别

	低渗性脱水	等渗性脱水	高渗性脱水
血浆渗透压	<280mmol/L	280～320mmol/L	>320mmol/L
病因	消化液丢失等	消化液、腹水丢失等	高热、大汗、烧伤等
失水、钠情况	失钠为主	失水、失钠大致成比例	失水为主
体液丢失	细胞外液低渗，细胞外液丢失为主	细胞外液等渗，细胞内外液均有丢失	细胞外液高渗，细胞内液丢失为主
皮肤弹性降低	不明显	明显	很明显
眼球下陷	明显	可有	很明显
口渴	无	可有	明显
肌痉挛	常见	可有	无
精神、神经症状	淡漠	轻度精神、神经症状	烦躁、惊厥、谵妄
尿量	减少或正常	减少	显著减少
尿钠	显著降低	降低	正常
血钠	<130mmol/L	130～145mmol/L	>145mmol/L
血压	明显降低	正常或降低	降低
治疗	补生理盐水或高渗盐水，用 2/3 张含钠液	补水为主，用 1/2 张含钠液	补低渗盐水，用 1/3 张含钠液

2. 治疗 处理引起等渗性脱水的原因，减少水和钠丧失。如出现脉搏细速和血压下降等，常表示细胞外液的丧失量已达体重的 5%，应先从静脉快速滴注平衡盐溶液或生理盐水约 3000ml（按体重 60kg 计算），以恢复血容量。如无血量不足的表现，则补给 1500～2000ml，或按红细胞压积来计算：

补等渗盐水量（L）=（红细胞压积测得值 − 红细胞压积正常值）/ 红细胞压积正常值 × 体重（kg）×0.25

此外，还应补给每天的生理需要量：水 2000ml 和钠 4.5g。

平衡盐溶液的电解质含量和血浆内含量相近，可避免生理盐水输入时 Cl^- 过多而导致的高氯血症。常用的平衡盐溶液有 1.86% 乳酸钠和林格液（1∶2 比例）。在纠正缺水后，钾的排泄有所增加，血 K^+ 浓度也会因细胞外液量增加而被稀释降低，故应注意防治低钾血症，在尿量达 40ml/h 后补充氯化钾。

（二）低渗性脱水

水和钠同时缺失，缺水少于失钠，血钠<135mmol/L，血浆渗透压<280mmol/L。常由呕吐、腹泻或肠瘘等引起大量消化液丧失后，只补水未补盐，或补充水分过多所致。

1. 诊断 根据病史、临床表现、血钠和血浆渗透压检测诊断（见表 15-2）。根据缺钠的程度分为 3 级（表 15-3）。

表 15-3　缺钠分级

	轻度缺钠	中度缺钠	重度缺钠
临床表现	疲乏感、头晕、手足麻木，口渴不明显，尿钠减少	除轻度缺钠表现外，尚有恶心、呕吐，皮肤弹性差，静脉萎陷，血压不稳定或下降，尿少、比重低	除中度缺钠表现外，还有表情淡漠，肌肉痉挛、抽搐，严重时可出现昏迷、休克
血 Na^+	130～135mmol/L	120～129mmol/L	<120mmol/L
缺钠量	0.5g/kg	0.5～0.75g/kg	0.75～1.25g/kg

2. 治疗　除治疗原发疾病外，静脉输注含盐溶液或高渗盐水，以纠正体液的低渗状态和补充血容量，常用生理盐水。出现低血压、神经症状时才使用 3%～5%NaCl，输注时至少监测血钠 1 次 /2 小时。过快纠正低钠血症有导致渗透性脱髓鞘综合征的危险，可引起四肢瘫痪、失语等。纠正低钠的速度推荐最初为 1～2mmol/（L•h），不超过 8mmol/（L•d）或 0.5mmol/（L•h）。

低渗性缺水的补钠量可按公式计算：

需补钠（mmol）=［142mmol/L－血钠测得值（mmol/L）］× 体重（kg）×0.6（女性为 0.5）

对出现休克者，应先补足血容量，以改善微循环和组织灌流，静脉滴注高渗盐水（一般 5%NaCl 溶液）200～300ml，纠正低钠血症，进一步恢复细胞外液量和渗透压，使水从水肿的细胞内移出。以后根据病情再决定是否需继续输给高渗盐水或改用等渗盐水。在尿量达到 40ml/h 后，应补充钾盐。

（三）高渗性脱水

水和钠虽同时缺失，缺水多于缺钠，血钠>145mmol/L，血浆渗透压>320mmol/L。常见于高温、缺水环境中，或地震、矿难等灾难受困断水时。24 小时未摄入水分，体液丢失为体重的 2%，超过 15% 时可致死亡，这种情况常见于断水 7～10 天。

1. 诊断　根据病史、临床表现、血钠及血浆渗透压检测诊断（见表 15-2）。根据缺水程度分为 3 级（表 15-4）。

表 15-4　缺水分级

	轻度脱水	中度脱水	重度脱水
临床表现	口渴、尿少	严重口渴、口干、尿少、尿比重高、乏力、皮肤弹性下降	除上述症状外，出现躁狂、幻觉、谵妄，甚至昏迷等，体温升高（脱水热），血压下降或休克
缺水量占体重比例	2%～4%	4%～6%	>6%

2. 治疗　尽早去除病因，减少失液量。早期应补足水分，以纠正高渗状态，然后再酌量补充电解质，注意避免补液过速，以免高渗状态降低过快，引起脑水肿、惊厥等。喝水可迅速吸收，必要时静脉内输入。先补 5% 葡萄糖溶液，待脱水基本纠正后给予 0.45%NaCl（即生理盐水与 5% 葡萄糖的 1∶1 混合液），以防转为低渗性脱水。对发热的病人，体温每升高 1℃，从皮肤丧失低渗体液约 3～5ml/kg；中度出汗者，需额外补充液体 500～1000ml（含 NaCl 1.25～2.50g）；大量出汗时，补充 1000～1500ml。气管切开者，每日自呼吸蒸发的水分比正常的多 2～3 倍，需额外补充 1000ml 左右。

常根据血 Na^+ 浓度来计算：

补水量（ml）=［血钠测得值（mmol/L）－142mmol/L］× 体重（kg）×4（女性为 3，婴儿为 5）

（四）水中毒

指各种原因引起机体入水总量超过排水总量，体内水分潴留过多，细胞外液量增加，导致的稀释性低钠血症，过多的水从细胞外进入细胞内，可造成细胞内的低渗状态。常见于水摄入过多，或颅脑损伤、大手术、感染、休克、疼痛等刺激抗利尿激素分泌过多而引起水潴留，或肾功能障碍致少尿或无尿时。

笔记

1. 诊断　根据病史、临床表现和低钠血症诊断。脑细胞肿胀和脑组织水肿造成颅内压增高，可引起各种神经、精神症状，如头痛、失语、精神错乱、定向能力失常、嗜睡、躁动、惊厥、谵妄，甚至昏迷。实验室检查血浆渗透压与血钠明显降低；尿钠正常或偏低；血钾、氯及血浆白蛋白、红细胞计数、血红蛋白、红细胞压积等均降低；红细胞平均体积增大。

2. 治疗　积极治疗原发病，注意控制水输注量。急性肾功能障碍者应严格限制入水量。对水中毒病人，应立即停止水分摄入。程度较重者，除禁水外，可用利尿剂促进水分排出，如 20% 甘露醇或 25% 山梨醇 200ml 静脉内快速滴注。也可静脉注射呋塞米和依他尼酸。

三、钾代谢紊乱

体内钾总含量的 98% 存在于细胞内，K^+ 在维持神经、肌肉及心肌细胞功能方面起着重要作用。细胞内外的 K^+ 浓度之比取决于细胞的静息电位，轻微细胞外钾浓度的变化就可以影响与膜电位有关的生理功能。机体通过食物摄入钾的含量与排出体外的量互相调节来达到平衡。虽然有部分钾通过胃肠道排出，但大多数钾从尿中排出。血清钾正常浓度为 3.5～5.5mmol/L。

（一）低钾血症

血 K^+<3.5mmol/L。常见于：①钾摄入不足：如禁食、厌食，或肠梗阻等不能进食。②肾排钾过多：长期用排钾利尿剂，急性肾衰多尿期等，以及肾上腺皮质激素（醛固酮）过多等。③肾外途径排钾过多：频繁呕吐、腹泻，长期胃肠道减压、肠胆胰瘘；大面积皮肤创伤、烧伤渗液；大量放腹水；炎热天气或剧烈运动时大量出汗也可经皮肤失钾。④ K^+ 分布异常：大量输注胰岛素与葡萄糖，呼吸性或代谢性碱中毒，使钾向细胞内转移。临床上缺镁常伴随缺钾。

1. 诊断　根据病史、临床表现、血 K^+ 测定，以及心电图诊断（表 15-5）。心电图可见 T 波低、宽、双相或倒置，ST 段降低、QT 间期延长和 U 波（图 15-3）。低钾血症不一定出现心电图改变，不能单纯依赖心电图改变来判定有无低钾血症的存在。尿 K^+ 测定对于判断病因常有帮助，尿 K^+ 大于 20mmol/L 提示经肾丢失引起。

表 15-5　低钾血症和高钾血症的鉴别

	低钾血症	高钾血症
血 K^+ 水平	<3.5mmol/L	>5.5mmol/L
病因	钾摄入不足，丢失过多或分布异常等	肾脏排钾减少，进入体内（或血液内）的钾增多或 K^+ 从细胞内外移
神经肌肉系统表现	肌无力，先四肢后躯干；重者软瘫、腱反射减退或消失；抑郁、嗜睡及表情淡漠、谵妄和昏迷	肌无力，甚至瘫痪，通常循下肢—躯干—上肢—呼吸肌发展；轻度神志模糊或淡漠、感觉异常等
消化系统表现	腹胀、恶心、呕吐，甚至肠麻痹	恶心、呕吐、腹泻
心血管系统表现	T 波低、宽、双相或倒置，ST 段降低、QT 间期延长和 U 波	心率缓慢、心律失常或传导阻滞，心脏可扩大，心衰较少见；T 波高而尖，QRS、PR 间期延长；血 K^+>7mmol/L 时，几乎都有心电图改变的出现
酸碱平衡	碱中毒，反常性酸性尿	酸中毒

2. 治疗　严重低钾血症属急症，应积极治疗。包括治疗原发病，如纠正酸中毒、休克等。补钾治疗时，轻度缺钾以口服最为方便、安全，可用 10% 氯化钾 10～20ml 每日 3 次，如有胃肠道刺激可改用枸橼酸钾。严重低钾血症、胃肠吸收障碍或出现心律失常，甚至呼吸肌无力应尽早静脉补钾，可在 500ml 生理盐水或 5% 葡萄糖溶液中加入氯化钾 1.0～1.5g（每克氯化钾含钾 13.4mmol），补液速度<1g/h；为避免钾输入引起静脉炎疼痛，必要时可深静脉置管；切忌滴注过快，血 K^+ 浓度突然增高可导致心搏骤停。禁忌静脉推注氯化钾。慎用输液泵泵入氯化钾，泵注速度>40mmol/h 时，应持续心电监护、监测血 K^+。补钾量视病情而定，作为预防，通常成人补充氯化钾 3～4g/d；作为治疗，则为 4～6g/d 或更多。

注意见尿补钾，尿量>（30～40）ml/h 时才考虑补钾；K^+ 进入细胞内较为缓慢，一般需补钾 4～6 天，重者需 10～20 天；对难治性低钾血症应注意有无合并碱中毒及低镁血症；低钾血症与低钙血症并存时，后者症状可被掩盖，补钾后如出现手足搐搦，应予补钙。伴有酸中毒、高氯血症或肝功能损害者，可考虑应用谷氨酸钾，每支 6.3g 含钾 34mmol，可加入 5% 葡萄糖液 500ml 内静脉滴注。

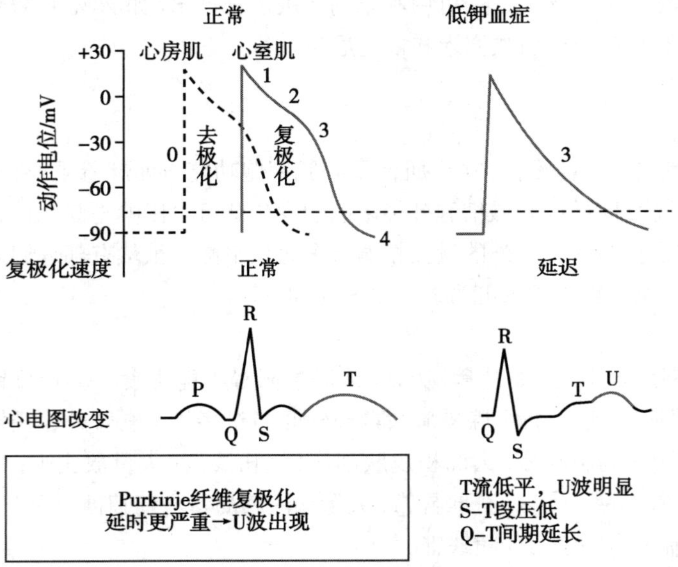

图 15-3　低钾血症心电图

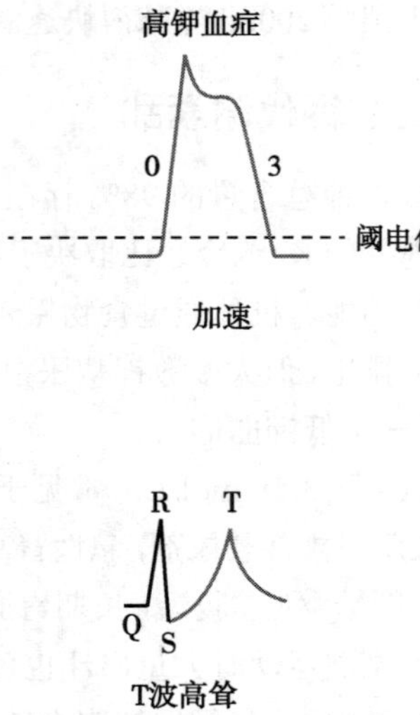

图 15-4　高钾血症心电图

（二）高钾血症

血 K^+>5.5mmol/L。常见于：①肾排钾减少：急性肾衰竭少尿期或慢性肾衰竭晚期；肾上腺皮质激素不足，如 Addison 病，低肾素性低醛固酮症等；保钾利尿剂长期应用，如安体舒通、氨苯蝶啶。②进入体内（或血液内）的 K^+ 增多：大量输入库存血，或含钾溶液输入过多、过快。③细胞内的钾移出：溶血、组织损伤或坏死等，尤其是挤压伤时；酸中毒；高钾血症周期性麻痹；注射高渗盐水及甘露醇后，由于细胞内脱水，改变细胞膜的渗透性或细胞代谢，使细胞内 K^+ 移出。

1. 诊断　根据病史、临床表现、血 K^+ 测定，以及心电图诊断（见表 15-5）。典型心电图改变为早期 T 波高而尖，两支对称，QRS、PR 间期延长（图 15-4）。血钾 >7mmol/L，都有心电图改变。

2. 治疗　急性高钾血症可能导致心脏骤停，应紧急救治。首先是停止钾的摄入，停用保钾利尿剂、β 受体阻滞剂、非甾体类解热镇痛药或血管紧张素转化酶抑制剂。当出现心脏损害，或血 K^+>6mmol/L 时，不必等待血钾重复测定结果，立即开始排钾治疗，并考虑血液净化。而存在肾功能障碍时，尤其合并高分解代谢或组织损伤时，血 K^+>5mmol/L 时，即应开始排钾治疗。

（1）注射钙剂：对抗 K^+ 的心肌毒性作用。常用 10% 葡萄糖酸钙 10～20ml 以 25%～50% 葡萄糖液等量稀释，5～10 分钟内缓慢静注。如已有严重心律失常者可在心电监护下 5 分钟内注入。洋地黄治疗者应谨慎补钙。

（2）促进钾向细胞内转移：①静脉注射胰岛素 5～10U，继而 50% 葡萄糖 50ml 快速滴注，再用 10% 葡萄糖 50ml/h 静脉滴注以避免低血糖，可在 15 分钟内降低血钾；②也可注射葡萄糖胰岛素溶液：25%～50% 葡萄糖溶液 60～100ml 或者 10% 葡萄糖 500ml，按 5g 糖加入 1U 胰岛素进行静脉滴注。必要时 3~4 小时重复使用；③治疗酸中毒：静注 11.2% 乳酸钠溶液 40～60ml 或 5% 碳酸氢钠 60～100ml，必要时于 15～30 分钟后重复。补充 Na^+ 可拮抗 K^+ 对心肌的毒性作用，HCO_3^- 能增加钾排泄。

（3）加速钾的排泄：①呋塞米或利尿酸 20～60mg 加入 50% 葡萄糖 40ml 静注，适用于高钾血症伴心力衰竭、水肿，而无肾衰竭的病人；②血 K^+>6mmol/L 时可应用低钾或无钾透析液进行血液透析，透析开始后血 K^+ 即下降，1～2 小时后血 K^+ 几乎均可恢复到正常。也可应用腹膜透析或口服阳离子交换树脂肠道排钾。

四、钙代谢紊乱

体内钙大部分以磷酸钙和碳酸钙的形式贮存在骨骼中。45% 为离子化钙起着维持神经肌肉稳定性的作用；55% 为非离子化钙，其中 50% 与血清蛋白相结合，5% 与血浆和组织间液中其他物质相结合。离子化与非离子化钙的比率受 pH 影响，pH 上升可使离子化钙减少。血 Ca^{2+} 浓度的正常值为 2.25～2.75mmol/L。

（一）低钙血症

血 Ca^{2+}<2.25mmol/L。

表 15-6　低钙血症和高钙血症的鉴别

	低钙血症	高钙血症
血钙	<2.25mmol/L	>2.75mmol/L
病因	低蛋白血症，甲状旁腺功能损害，碱中毒及急性胰腺炎等	甲状旁腺功能亢进症，骨转移性癌及乳碱综合征等
临床表现	兴奋性增强，手足抽搐，肌痉挛，喉鸣与惊厥，疲乏，易激动，记忆力减退，幻觉，甚至癫痫发作	兴奋性降低，肌无力或乏力；血钙 3.0～4.0mmol/L，可头痛、行走不稳，语言、视觉及听力障碍，定向力减弱，腹痛、麻痹性肠梗阻、消化性溃疡等表现。严重者呕吐、高热、意识不清，可引起肾衰竭、心律失常甚至心脏骤停

1. 诊断　根据病史、临床表现及血 Ca^{2+} 测定诊断（见表 15-6）。一旦出现搐搦，血 Ca^{2+} 常≤1.75mmol/L。

2. 治疗　伴有症状的急性低钙血症，特别是有抽搐、心律失常者需立即治疗。在纠正低钙血症的同时，应积极治疗病因；大量输血后，每输入 1500ml 血后静脉注射 10% 葡萄糖酸钙 10ml；纠正酸中毒后应及时补钙。对于慢性低钙血症及低钙血症症状不明显者可适当口服钙盐。口服葡萄糖酸钙或乳酸钙 2～3g，每日 3 次。出现抽搐时，10% 葡萄糖酸钙 10～20ml 或 10% 氯化钙 5～10ml，稀释于 25%～50% 葡萄糖 20～40ml 中，缓慢静脉注射（<2ml/min），但仅维持数小时，可持续静脉滴注 10% 葡萄糖酸钙，注意每 3～4 小时复查血 Ca^{2+} 至正常。对用钙剂未能纠正者每天可给维生素 D 500～5000U。

（二）高钙血症

血 Ca^{2+}>2.75mmol/L。

1. 诊断　根据病史、临床表现及血 Ca^{2+} 测定诊断（见表 15-6）。血 Ca^{2+}>3.75mmol/L 称高钙血症危象，常见于严重脱水、感染、应激状态、手术、创伤等情况，表现为严重呕吐、脱水、高热、嗜睡、意识不清、酸中毒，并迅速出现肾衰竭、心律失常，心电图有 QT 间期缩短，甚至心脏骤停。血 Ca^{2+} 达 4～5mmol/L 时，即有生命危险。

2. 治疗　症状轻，血 Ca^{2+}<2.88mmol/L 时，只需治疗原发疾病；出现高钙血症危象时应紧急处理，包括扩充血容量、增加尿钙排泄和减少骨的重吸收等；甲状旁腺功能亢进症应进行手术治疗；血液净化治疗适用于肾小球滤过率下降病人。

（1）补充水分及利尿：肾功能正常者，可输注大量液体增加钙的排泄，每日补给等渗盐水 4000～6000ml 以上，使尿量达 3L/d。由于高钙血症常有容量不足，开始利尿前应首先补充生理盐水。利尿时应注意补钾。

（2）糖皮质激素：泼尼松 20～80mg/d 或氢化可的松 200～300mg 静脉滴注，持续 3～5 天，起效慢，维持时间短，常与其他降钙药物联合应用。

（3）普卡霉素：减少骨重吸收和拮抗甲状旁腺素作用。成人 0.04～0.1mg/kg，小儿 50～100μg/kg，隔日一次静脉滴注。一般 25μg/kg 加入 5% 葡萄糖 500ml 中静脉滴注，持续 3～6 小时。对骨转移性高钙血症极有效。普卡霉素对肝、肾和造血系统有副作用，必要时 5～7 天后才能重复使用。

(4) 降钙素：抑制骨的重吸收、促进尿钙排泄，从而使血钙降低。4～8U/kg 皮下注射，1 次 /12 小时，与泼尼松（30～60mg/d，分 3 次口服）联合应用控制恶性肿瘤所致的严重高钙血症。

(5) 二磷酸盐：可减少骨的重吸收，使血钙不被动员进入血液，广泛用于恶性肿瘤高钙血症的一线治疗。如氯甲双磷酸二钠成人 2.4～3.2g/d，分 2～3 次口服；或 3～5mg/kg·d 静脉滴注。

第二节 酸碱平衡失调

人体在代谢过程中，不断产生酸性和碱性物质，体液中 H^+ 浓度可发生变化。体内酸和（或）碱过多或不足，引起血液氢离子浓度改变，可导致酸碱平衡失调。

一、概述

人体能通过血液中的缓冲系统、肺的呼吸和肾的调节等作用，使血液内 H^+ 浓度仅在小范围内变动，保持动脉血的 pH 在 7.35～7.45 之间。

（一）酸碱平衡调节

1. 血液中的缓冲系统作用 血液中的 HCO_3^-/H_2CO_3 是最重要的一对缓冲物质。只要 HCO_3^-/H_2CO_3 的比值保持为 20/1，无论 HCO_3^- 和 H_2CO_3 绝对值的高低，动脉血的 pH 均能保持为 7.40。

2. 肺的呼吸调节作用 肺呼吸排出 CO_2，使血液中的 $PaCO_2$ 下降，也即调节血中的 H_2CO_3（图 15-5）。

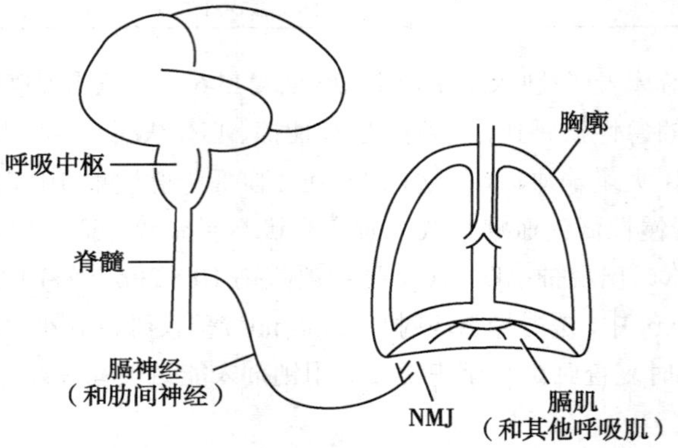

图 15-5 肺的呼吸调节作用

3. 肾的调节作用 是最主要的酸碱平衡调节机制，能排出固定酸和过多的碱性物质，以维持血 HCO_3^- 浓度的稳定。肾调节酸碱平衡的机制包括：① H^+-Na^+ 交换；② HCO_3^- 的重吸收；③分泌 NH_3 与 H^+ 结合成 NH_4^+ 排出；④尿的酸化而排出 H^+。

（二）酸碱平衡评估指标

表 15-7 为常用酸碱平衡指标缩略语、正常值及临床意义。静脉血 pH 较动脉血低 0.03～0.05。

表 15-7 常用酸碱平衡指标及其缩略语、正常值

缩略语	名称	正常值	降低	升高
pH	酸碱度	7.35～7.45	酸中毒	碱中毒
$PaCO_2$	动脉血二氧化碳分压，反映呼吸因素	35～45mmHg	呼吸性碱中毒或代谢性酸中毒代偿	呼吸性酸中毒或代谢性碱中毒代偿
HCO_3^-	碳酸氢根浓度，反映代谢因素	22～27mmol/L	代谢性酸中毒或呼吸性碱中毒代偿	代谢性碱中毒或呼吸性酸中毒代偿
BE	剩余碱，反映代谢因素	−3～+3mmol/L	负值代谢性酸中毒	正值代谢性碱中毒

笔记

二、常见酸碱平衡紊乱

原发性酸碱平衡紊乱有代谢性酸中毒、代谢性碱中毒、呼吸性酸中毒和呼吸性碱中毒 4 种。同时存在两种或两种以上的原发性酸碱平衡紊乱时称混合型酸碱平衡紊乱。

（一）代谢性酸中毒

是体内非挥发酸性物质积聚过多致 H^+ 浓度增高，或碱性物质耗损过多致 HCO_3^- 浓度减少所致，是最常见的酸碱平衡紊乱（表 15-8）。

表 15-8 代谢性酸中毒和呼吸性酸中毒的鉴别

	代谢性酸中毒	呼吸性酸中毒
血 pH	<7.35mmol/L	
病因	固定酸生成过多，肾功能不全及碱性物质丧失过多等	呼吸中枢抑制，胸廓及肺部疾病，呼吸道吸入性损伤，呼吸机使用不当，ARDS，全麻过深等
临床表现	呼吸深而快，重者呼吸节律异常或呼吸衰竭；酮症酸中毒时呼气中带有酮味；可心律不齐、急性肾功能不全和休克	呼吸困难，换气不足和全身乏力；可气促、发绀、头痛、胸闷。重时可心律失常、血压下降、谵妄或昏迷。脑缺氧可引起脑水肿、脑疝，甚至呼吸骤停
血气	代偿期，血 pH、HCO_3^-、$PaCO_2$ 均有一定程度降低，BE 负值增大；失代偿时，血 pH 值和 HCO_3^- 明显下降	急性呼吸性酸中毒，血 pH 明显下降，$PaCO_2$ 升高，血 HCO_3^- 可正常。慢性呼吸性酸中毒时，血 pH 值下降不明显，$PaCO_2$ 增高，HCO_3^- 增加

1. 诊断 根据病史，呼吸深快；血气 pH <7.35，HCO_3^- 明显降低，$PaCO_2$ 正常或轻度降低；尿 pH 降低，或血清钾升高，可明确诊断，并了解代偿情况和酸中毒的严重程度。动脉血气分析临床表现随病因不同而不同，轻者常被原发病症状所掩盖。

2. 治疗 消除引起代谢性酸中毒的原因，维持内环境稳定，尤其是休克状态时复苏恢复组织血供，纠正组织缺血缺氧状态，是纠正代谢性酸中毒的主要措施。轻度酸中毒通过机体代偿机制可自行纠正，不需应用碱剂治疗。对血 HCO_3^-<10mmol/L 者，应尽早应用液体和碱剂进行治疗。1.25% 碳酸氢钠适用于伴有明显脱水的酸中毒。紧急情况下可采用 5% 碳酸氢钠（每 100ml 含有 Na^+ 和 HCO_3^- 各 60mmol），按 2～4ml/kg 体重计算，30 分钟左右滴入。亦可按以下公式计算出所需碳酸氢钠的量：

所需 HCO_3^- 量（mmol/L）=[（24mmol/L−HCO_3^- 测得值（mmol/L）]× 体重（kg）×0.4

计算所得量的 1/2 在 2～4 小时内滴入，再复查血气及视病情决定剩余部分是否输入。应注意避免碳酸氢钠输注速度过快和剂量过大，以防加剧中枢神经系统症状；或导致血红蛋白对 O_2 亲和力增加，血红蛋白解离曲线左移，组织实际供氧情况恶化。纠正酸中毒过快还可引起大量 K^+ 转移至细胞内，引起低钾血症。在酸中毒时，离子化 Ca^{2+} 增多，即使存在低钙血症，也可无手足抽搐出现。但在纠正酸中毒后，离子化 Ca^{2+} 减少，便有发生手足抽搐的可能，应及时静脉注射葡萄糖酸钙予以控制。

（二）呼吸性酸中毒

指肺泡通气功能减弱，不能充分排出体内生成的 CO_2，以致血液的 $PaCO_2$ 增高而引起高碳酸血症（见表 15-8）。

1. 诊断 有呼吸障碍病史，结合血气分析结果可诊断。

2. 治疗 应尽快治疗病因，纠正缺氧，保持呼吸道通畅，排出过多 CO_2，必要时应用呼吸机支持。应避免单纯给高浓度氧，以防抑制呼吸中枢感受器对缺氧刺激的反射，呼吸更受抑制。对呼吸抑制病人，必要时可给呼吸中枢兴奋剂，如尼可刹米，每小时 0.25～0.5g；或多沙普仑，1～2mg/kg 体重静滴。血 pH<7.2 或伴有代谢性酸中毒、高钾血症时，可酌量补碱，不宜过多或长期应用（图 15-6）。

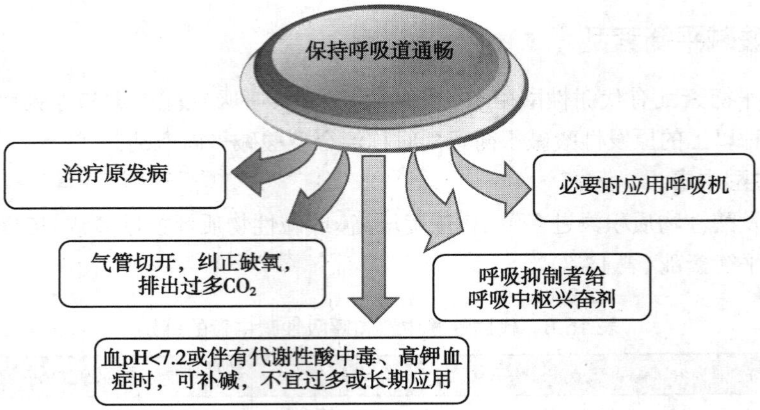

图15-6 呼吸性酸中毒的治疗

（三）代谢性碱中毒

各种原因引起的体液 H^+ 丢失或 HCO_3^- 增多所致的综合征，称为代谢性碱中毒（表15-9）。碱中毒时，氧合血红蛋白解离曲线左移，氧合血红蛋白不易释出氧，即使含量和氧饱和度正常，组织仍可缺氧。

表15-9 代谢性碱中毒和呼吸性碱中毒的鉴别

	代谢性碱中毒	呼吸性碱中毒
血pH	>7.45mmol/L	
病因	氢离子丢失过多，碱性物质输入过多，低钾血症，使用利尿剂	休克、高热、革兰阴性菌感染、脑部损伤或炎症、呼吸机等所致过度通气
临床表现	常无明显症状，或呼吸浅慢；可烦躁不安、谵妄、精神错乱；腱反射亢进、手足抽搐等	呼吸浅快短促，可叹息样呼吸；头晕、胸闷；四肢及口唇部麻木，肌肉震颤，手足抽搐；重者可眩晕、意识障碍，肌肉强直及四肢抽搐
血气	代偿时，血pH正常，HCO_3^- 和 $PaCO_2$ 增高。失代偿时，血液pH值和 HCO_3^- 明显升高	血pH增高，$PaCO_2$ 和 HCO_3^- 下降

1. 诊断 根据病史和症状可以作出初步诊断，血气分析pH>7.45，$HCO3^-$ 明显升高，$PaCO_2$ 正常或轻度升高，可确定诊断及其严重程度。代谢性碱中毒可伴有尿pH升高，低氯血症和低钾血症。

2. 治疗 应着重于原发疾病的积极治疗，补充血容量。纠正碱中毒不宜过快，也不要求完全纠正。轻症只需补充生理盐水便可纠正。碱中毒时几乎都伴低钾血症，应同时补钾。

严重的碱中毒（血 HCO_3^- 45～50mmol/L、pH>7.65），应尽快排除过多 HCO_3^-。可用盐酸稀释液或盐酸精氨酸溶液来迅速排出过多的 HCO_3^-。输入酸只有一半可用于中和 HCO_3^-，其余一半要被非碳酸氢盐缓冲系统中和。计算补酸量可采用以下公式：

需补酸量（mmol/L）=［测得 HCO_3^-（mmol/L）－希望达到 HCO_3^-（mmol/L）］× 体重（kg）×0.4

第一个24小时内，一般可给计算所得的补给量一半。在治疗过程中，可以经常测定尿内的氯含量，如尿内有多量的氯，表示补氯量已足够，不需继续补氯。

（四）呼吸性碱中毒

呼吸性碱中毒系指肺泡通气过度所引起 CO_2 排出过多，以致血中 $PaCO_2$ 降低而引起的低碳酸血症（见表15-9）。

1. 诊断 根据病史、临床表现，结合血气分析可作出诊断。

2. 治疗 积极治疗原发疾病。如系呼吸机使用不当，造成通气过度时，调整呼吸机频率、压力和容量后，碱中毒即可解除。为提高血 $PaCO_2$，用纸袋罩住病人口鼻，增加呼吸道无效腔，减少 CO_2 的呼出和丧失。也可给病人吸入含 5% CO_2 的氧气。适当应用镇静剂，对抽搐者可使用钙剂，如静注 10% 葡萄糖酸钙（图 15-7）。

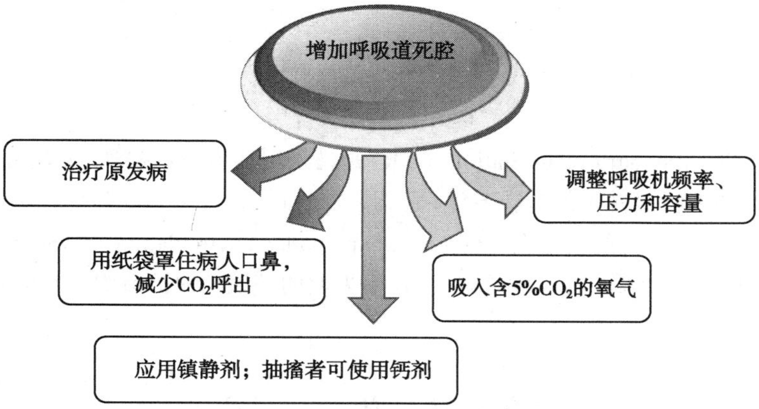

图 15-7 呼吸性碱中毒的治疗

（张连阳）

思考题

1. 等渗性、低渗性和高渗性脱水的常见原因有哪些？其诊断和治疗原则有哪些？
2. 低钾血症发生的常见原因有哪些？补钾时应注意什么？
3. 高钾血症发生的常见原因有哪些？急性高钾血症的救治原则有哪些？
4. 代谢性酸中毒发生常见原因有哪些？治疗原则有哪些？

第十六章　心肺脑复苏

心肺复苏（cardiopulmonary resuscitation，CPR）是指采用徒手和（或）辅助设备来维持呼吸、心脏骤停病人人工循环和呼吸最基本的抢救方法，包括开放气道、人工通气、胸外心脏按压、电除颤以及药物治疗等，目的是尽快使自主循环恢复（return of spontaneous circulation，ROSC）。脑复苏（cerebral resuscitation）是为减轻心脏骤停后全脑缺血损伤，而采取的脑组织保护救治，以达到脑神经功能良好的复苏后存活。

第一节　概　　述

心脏骤停（sudden cardiac arrest，SCA）是指各种原因所致心脏射血功能突然停止，病人随即出现意识丧失、脉搏消失、呼吸停止。心脏性猝死（sudden cardiac death，SCD）指未能预料的于突发心脏症状1小时内发生的心脏原因死亡。心脏骤停不治是心脏性猝死最常见的直接死因。

一、心脏骤停的原因

心脏骤停的原因有多种，常见原因见表16-1。

表16-1　心脏骤停的常见原因

分类	原因	疾病或致病因素
心脏	心肌损伤	冠心病、心肌病、心脏结构异常、瓣膜功能不全
呼吸	通气不足	中枢神经系统疾病、神经肌肉接头疾病、中毒或代谢性脑病
	上呼吸道梗阻	中枢神经系统疾病、气道异物阻塞、感染、创伤、新生物
	呼吸衰竭	哮喘、COPD、肺水肿、肺栓塞
循环	机械性梗阻	张力性气胸、心包填塞、肺栓塞
	有效循环血量过低	出血、脓毒症、神经源性休克
代谢	电解质紊乱	低钾血症、高钾血症、低镁血症、高镁血症、低钙血症
中毒	药物	抗心律失常药、洋地黄类药物、β受体阻滞剂、钙通道阻滞剂、三环类抗抑郁药
	毒品滥用	可卡因、海洛因
	气体中毒	一氧化碳、氰化物、硫化氢
环境		雷击、触电、低/高温、淹溺

二、病理生理机制

心脏骤停导致全身血流中断，不同器官对缺血损伤的耐受性有所不同，大脑是人体最易受缺血缺氧损害的器官，其次是心脏、肾脏、胃肠道、骨骼肌等。正常体温情况下，心脏停搏4分钟后，脑细胞开始发生不可逆的缺血损害；心脏骤停10分钟内未行心肺复苏，神经功能极少能恢复到发病前的水平。心脏骤停与心肺复苏相关的缺血再灌注损伤的病理生理机制，按时间依次划分为骤停前期、骤停期、复苏期、复苏后期四个阶段。

（一）骤停前期

心脏骤停前，身体潜在的病变及促发心脏骤停的因素能显著影响心肌细胞的代谢状态，也将影响到复苏后细胞的存活能力。如窒息引起心脏骤停，之前的低氧血症和低血压状态消耗了细胞能量储存，导致酸中毒，又可明显加剧复苏中缺血损伤的程度。相反，细胞也可能对慢性或间断性缺血产生“预处理”效应，从而可对较长时间的缺血有较好的耐受性。

（二）骤停期

心脏骤停引起血液循环中断，数秒内即导致组织缺氧和有氧代谢障碍，细胞转为无氧代谢。无氧代谢所产生的三磷酸腺苷极少，难以维持细胞存活所必需的离子浓度梯度。心肌能量消耗与心脏骤停时的心律失常类型相关，与无脉电活动或心室静止相比较，心室颤动时心肌要消耗更多的能量。能量的耗竭导致细胞膜去极化，从而触发启动了一系列的代谢反应，包括细胞内钙超载、大量自由基产生、线粒体功能异常、基因异常表达、降解酶（磷脂酶、核酸内切酶、蛋白酶等）的激活和炎症反应等。

（三）复苏期

复苏阶段仍是全身缺血病理过程的延续，标准的胸外按压产生的心排血量仅为正常的30%左右，并随着复苏开始时间的延迟和胸外按压时间的延长而下降。大量研究表明，标准心肺复苏所产生的灌注压远不能满足基础状态下心脏和脑的能量需要。最初数分钟，内源性儿茶酚胺和血管活性肽大量释放，增加了次要组织的血管收缩，使得血液优先供应脑和心脏组织。然而，在自主循环恢复（ROSC）后持续存在着血管收缩状态，对血流动力学有着明显不良的影响。复苏后的血管收缩导致后负荷的增加，会对心脏收缩增加额外的负荷，也导致一些器官持续的缺血状态。

目前解释胸外按压的机制有两种学说：

1. 心泵理论　胸外按压时心脏受到胸骨和胸椎的挤压，使心室和大动脉之间产生压力梯度，这种压力驱使血液流向体动脉循环和肺动脉循环。心脏瓣膜能防止血液倒流，然而随着复苏时间的延长除了主动脉瓣外，其他瓣膜的功能逐渐减弱。

2. 胸泵理论　胸外按压时胸腔内压力增高，在胸腔内血管和胸腔外血管之间形成了压力梯度。血液顺着形成的压力梯度流向外周动脉系统。由于上腔静脉和颈内静脉连接部位的静脉瓣膜具有防止血液逆流的功能，在按压情况下逆流到脑静脉系统的血流得以受限。根据胸泵理论，由于右心室和肺动脉之间没有压力梯度，此时其作用仅为血流的被动通道。

（四）复苏后期

复苏后期的病理生理特征为持续缺血诱发的代谢紊乱及再灌注启动的系列级联反应，两者都介导了细胞的继发性损伤。在初始缺血阶段存活下来的细胞可能由于再灌注损伤而导致凋亡。心脏骤停后综合征（post-cardiac arrest syndrome，PCAS）定义为严重的全身系统性缺血后多器官功能障碍和衰竭。

心脏骤停后脑损害：持续长时间心脏骤停ROSC后即使提供较高的灌注压，脑部灌注压升高与脑血管自身调节的障碍也会引起脑部再灌注性充血，由此导致脑水肿与再灌注损伤；另一方面，仍可见脑部微循环障碍，导致脑组织持续性缺血、灶性梗死。

心脏骤停后心肌损害：ROSC后血流动力学处于不稳定状态，表现为心排血量降低、低血压、心律失常；其发生机制包括心肌功能不全、血管内容量减少与血管自身调节失常。应当认识到，心脏骤停者在ROSC后出现的心肌功能障碍，主要源自弥漫性心肌运动减弱（心肌顿抑），是可逆的与可治的。

全身性缺血/再灌注损伤：ROSC后由于心肌功能不全、血流动力学不稳定与微循环障碍等，组织氧供不足也是持续存在的，并导致再灌注损伤。系统性缺血与再灌注引起广泛的免疫系统与凝血系统活化，进而发生全身炎症反应综合征（SIRS）、高凝状态、肾上腺功能受抑、组织氧供/氧需受损、感染易感性增加、酸碱失衡与水电解质紊乱、应激性溃疡和肠出血、高血糖、多器官功能衰竭等。

三、心脏骤停的表现

心脏骤停“三联征”：突发意识丧失、呼吸停止和大动脉搏动消失，临床表现为：

1. 突然摔倒，意识丧失，面色迅速变为苍白或青紫。
2. 大动脉搏动消失，触摸不到颈、股动脉搏动。
3. 呼吸停止或异常出现叹息样呼吸，继而停止。
4. 双侧瞳孔散大。
5. 可伴有因脑缺氧引起的抽搐和大小便失禁，随即全身松软。
6. **心电图表现** ①心室颤动（ventricular fibrillation，VF）；②无脉性室性心动过速（pulseless ventricular tachycardia，VT）；③心室静止（ventricular asystole）；④无脉心电活动（pulseless electric activity，PEA）。

（一）病史及体征

复苏中注意向家人、目击者和急救人员询问发病过程，有助于判断发病原因和预后。询问内容：心脏骤停时是否被目击、发生时间、当时状态（吃饭、运动、受伤）、服用药物、开始复苏时间、初始心电图表现，急救人员采用的急救措施等。既往史：健康和精神状况，有无心脏、肺、肾脏疾病或其他恶性肿瘤，有无感染或出血，有无ACS或肺栓塞等危险因素，还需要了解病人过敏史等。

查体的意义：①检查气道是否通畅，有无异物；②寻找心脏骤停病因的证据；③动态监测有无复苏引起的并发症。但查体必须在保证CPR不受影响的前提下进行，复苏后需多次重复查体，以评价复苏效果和可能的并发症。异常体征可提示的问题见表16-2。

表16-2 异常体征提示心脏骤停可能病因及并发症

查体	异常体征	可能病因
一般表现	苍白、冰凉	出血、低温
气道	分泌物、呕吐物或血液 正压通气阻力异常增高	误吸、气道阻塞 张力性气胸、气道阻塞、支气管痉挛
颈部	颈静脉怒张 气管移位	张力性气胸、心包压塞、肺栓塞 张力性气胸
胸部	胸骨切开术瘢痕	既往心脏手术史
肺脏	单侧呼吸音 呼吸音遥远，无呼吸音或无胸廓起伏 喘鸣 啰音	张力性气胸、插管进入右侧支气管、误吸 气管插管误入食管、气道阻塞、严重支气管痉挛 误吸、支气管痉挛、肺水肿 误吸、肺水肿、肺炎
心脏	听不清心音	血容量过低、心包压塞、张力性气胸、肺栓塞
腹部	膨胀和浊音 膨胀和鼓音	腹主动脉瘤破裂、宫外孕破裂 气管插管误入食管、胃胀气
直肠	鲜血、黑便	胃肠道出血
肢体末端	动脉搏动双侧不对称 肾透析动静脉分流或瘘管	主动脉夹层 高钾血症
皮肤	针孔痕迹或溃疡 烧伤、电击痕迹	静脉药瘾 烟雾吸入、触电

（二）复苏的有效性监测

心肺复苏过程中常根据心电波形、大动脉搏动和循环体征改善判断复苏的有效性。客观、科学的监测指标还有：

笔记

1. **冠状动脉灌注压（coronary perfusion pressure，CPP）** 是主动脉舒张压和右房舒张压的压差，CPP 的高低决定心肌的血流量多少，实验和临床研究均表明 CPP>15mmHg 是复苏成功的必需条件。但由于 CPP 是有创性监测，限制了在复苏中的实际应用。

2. 呼气末 CO_2 分压（end tidal CO_2，$ETCO_2$） 可作为心肺复苏中反映心排血量的可靠指标。研究表明，$ETCO_2$ 与冠状动脉灌注压、脑灌注压变化呈正相关。在未使用血管药物的情况下，$ETCO_2$ <10mmHg 提示预后不良。此方法具有无创、简便、反应灵敏的特点。

第二节　基本生命支持

基本生命支持（basic life support，BLS）是心脏骤停后挽救生命的最关键措施，包括识别心脏骤停和启动急救服务系统，早期徒手心肺复苏和现场使用自动体外除颤器（AED）快速除颤。早期心肺复苏技术被归纳为 A、B、C、D，即 A（airway）——开放气道；B（breathing）——人工呼吸；C（circulation）——胸外按压；D（defibrillation）——电除颤。BLS 用于发病或伤害现场，包括对病情判断评估和采用必要的抢救措施，目的是使心脏骤停病人早期得到及时心肺复苏以恢复自主循环。

院外心脏骤停（OHCA）或院内心脏骤停（IHCA）发生的连续抢救环节被称为“生存链”，包括五个环节：①识别心脏骤停和启动急救服务系统；②立即心肺复苏；③尽早电除颤；④进行高级生命支持；⑤复苏后监护。前三个环节构成了基本生命支持的主要内容。

一、成人基本生命支持

BLS 救治流程见图 16-1。

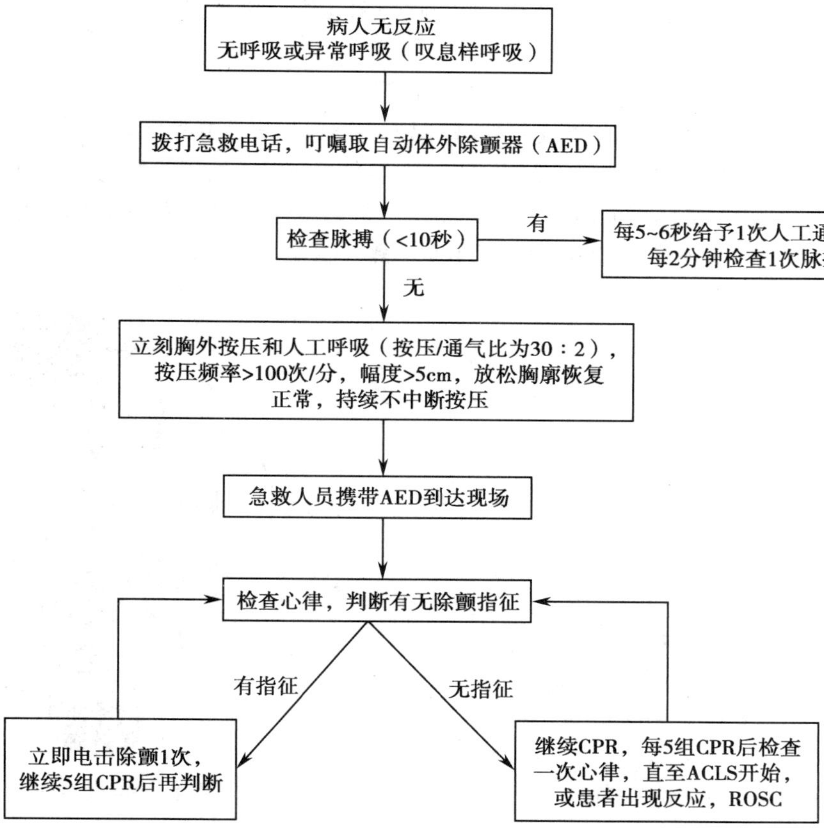

图 16-1　基本生命支持流程图

ROSC：自主循环恢复

（一）检查意识及反应

发现突然意识丧失倒地者，现场人员（first responder，或 lay rescuer）首先要确定现场有无威胁病人和急救者安全的因素，如有应及时躲避或脱离危险，在没有危险的环境中尽可能不移动病人。采用动作或呼叫来判断病人有无意识，如拍病人肩部并呼叫："你怎么了？"观察病人有无意识或动作反应。对有反应者使其采取自动恢复体位；无反应病人应采取平卧位，立即启动急救医疗服务系统（EMSS）。如怀疑病人有颈椎受伤，翻转身体时应保持病人头颈部和躯干在一个轴面上，以避免脊髓受到损伤。

（二）求救 EMSS

发现病人无意识，无反应，应立即请求附近人员帮助并拨打急救电话求助 EMSS。拨打急救电话时，急救人员应该向 EMSS 调度员说明发病现场的位置、事情经过、发病人数以及相应的病情，以及采用的急救措施等。如是未经 CPR 培训的现场救助人员，可听从调度员的电话指导。

（三）检查呼吸、脉搏

检查有无呼吸或是否为叹息样呼吸（即濒死的无效呼吸），同时检查大动脉搏动，时间限制在 10 秒之内。判断已无呼吸或仅有异常呼吸，且不能明确地触及大动脉搏动时，应立即开始 CPR。

（四）胸外按压

胸外按压（chest compressions）是通过增加胸腔内压力和直接按压心脏驱动血流，有效的胸外按压能产生 60～80mmHg 动脉压。心脏骤停最初心电图多为心室颤动，电除颤前先行胸外按压（一般按 2 分钟），可改善心肌供氧，提高除颤成功率，对心室颤动时间>4 分钟的病人，电击前的胸外按压尤为重要。在电除颤终止心室颤动后的最初阶段，尽管心脏恢复了有节律的心电活动，但心脏常处于无灌流或低灌注状态，电击后立刻胸外按压 2 分钟，有助于心律恢复。

高质量胸外按压，即按压频率 100～120 次 / 分；按压幅度达 5～6cm；确保按压后放松期胸廓完全恢复原状；尽量减少因分析心律、检查脉搏和其他治疗措施所致胸外按压中断，中断时间<10 秒；避免过度通气。

1. 复苏体位 CPR 时将病人放置平卧位，平躺在坚实平面上。

2. 按压部位 在胸骨中线中下 1/3 交界处，即两乳头连线与胸骨中线交叉处（图 16-2）。

3. 按压手法 急救人员跪在病人一侧身旁，一个手掌根部置于按压部位，另一手掌根部叠放其上，双手指紧扣进行按压；身体稍前倾，使肩、肘、腕于同一轴线上，与病人身体平面垂直（图 16-3）。用上身重力按压，按压与放松时间相等，放松时手掌不离开胸壁。

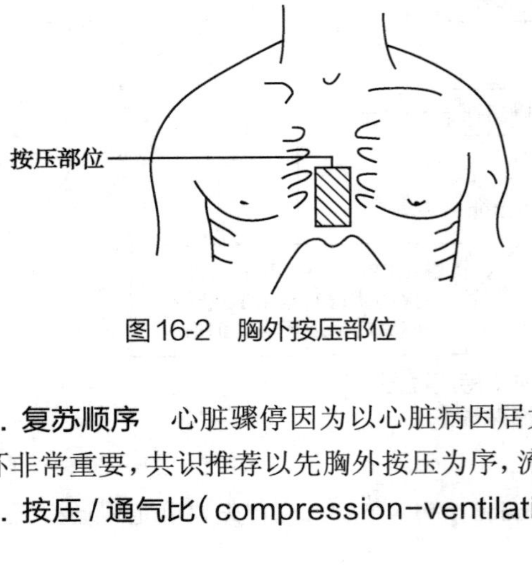

图 16-2 胸外按压部位

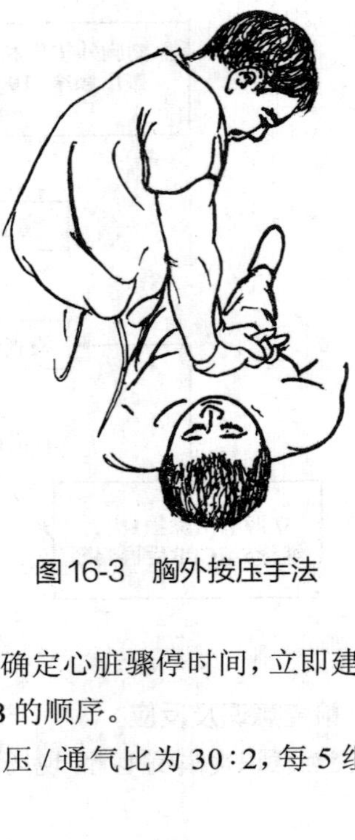

图 16-3 胸外按压手法

4. 复苏顺序 心脏骤停因为以心脏病因居大多数，当难以确定心脏骤停时间，立即建立辅助血液循环非常重要，共识推荐以先胸外按压为序，流程为 C—A—B 的顺序。

笔记

5. 按压 / 通气比（compression-ventilation ratio） 按压 / 通气比为 30∶2，每 5 组 30∶2 的

CPR 为一个周期，时间约 2 分钟。

6. 按压轮换　2 人以上 CPR 时，每隔 2 分钟，应交替做 CPR，以免按压者疲劳使按压质量和频率降低。轮换时要求动作快，尽量减少按压的中断。

（五）开放气道与人工通气

病人无意识时，舌根后坠、软腭下垂会阻塞气道，因此检查呼吸或人工通气前需要开放气道。

1. 开放气道方法

（1）仰头抬颏法（head tilt-chin lift）：如病人无明显头、颈部受伤可使用此法。病人取仰卧位，急救者站在病人一侧，将一只手放置病人前额部用力使头后仰，另一只手食指和中指放置下颏骨部向上抬颏，使下颌尖、耳垂连线与地面垂直（图 16-4）。

（2）双手托颌法（jaw thrust）：在怀疑病人有颈椎受伤时使用。病人平卧，急救者位于病人头侧，两手拇指置于病人口角旁，余四指托住病人下颌部位，在保证头部和颈部固定的前提下，用力将病人下颌向上抬起，使下齿高于上齿（图 16-5）。

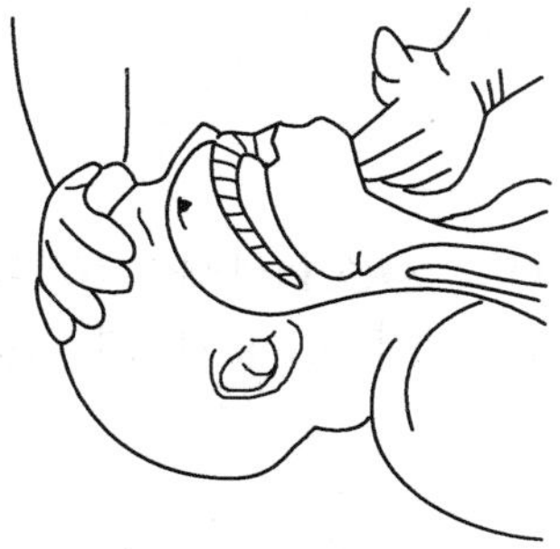

图 16-4　仰头抬颏法

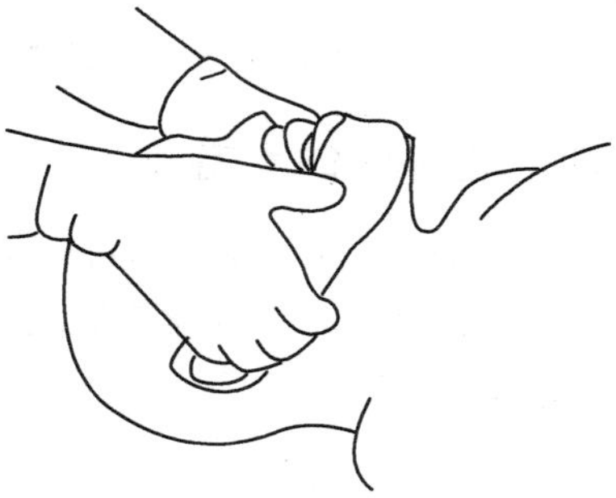

图 16-5　托颌法

2. 人工通气方法

（1）口对口呼吸：急救者正常呼吸，用示指和拇指捏住病人鼻翼，用口封罩住病人的口唇部，将气吹入病人口中。

（2）口对鼻呼吸：用于口唇受伤或牙关紧闭者，急救者稍上抬病人下颏使口闭合，用口封罩住病人鼻子，将气体吹入病人鼻中。

（3）口对导管通气：对气管切开病人可通过导管进行人工通气。

（4）口对面罩通气：用面罩封住病人口鼻，通过连接管进行人工通气。

无论何种人工通气方法，急救者每次吹气时间持续 1 秒，应见胸廓起伏，潮气量 6～7ml/kg。

3. 注意

（1）心肺复苏过程中，维持相对低的通气 / 血流比例，避免急速、过大潮气量的人工呼吸更有利于复苏：① CPR 中实际经过肺的血流明显减少（约为正常的 25%～33%），要求潮气量和呼吸频率均较生理状态下更低，符合此时的病理生理状态；②可避免引起胃胀气、膈肌上抬，而降低肺的顺应性及胃内容反流造成误吸。

（2）对于有自主循环（可触到脉搏）的病人，人工呼吸维持在 10～12 次 / 分，大致每 5～6 秒给予 1 次人工通气，每 2 分钟重新检查 1 次脉搏。

（3）心脏骤停最初数分钟内，血中氧合血红蛋白还保持一定水平，心、脑的氧供更多取决于血流量降低程度，所以心肺复苏最初阶段的胸外按压比人工通气相对更重要，应尽可能避免中断胸外按压。

（4）人工通气时，要注意始终保持气道开放状态。

（5）人工气道建立前，人工呼吸频率为 10～12 次 / 分；建立人工气道后呼吸频率为 8～10 次 / 分，胸外按压频率 100～120 次 / 分，此时不再需要按压 / 通气 30∶2 比例进行。

（六）电除颤

心脏骤停80%～90%由心室颤动所致。单纯胸外按压一般不可能终止心室颤动和恢复有效血流灌注，电击除颤是终止心室颤动的最有效方法。早期电击除颤是决定心脏骤停病人能否存活的关键因素，除颤每延迟1分钟病人存活率下降7%～10%。

1. 当院外心脏骤停被目击或发生院内心脏骤停，如有AED或手动除颤器（manual defibrillator）在现场，经培训过的急救人员应立刻进行CPR和尽早电除颤。

2. 当院外心脏骤停发生时未被急救人员目击，尤其是从呼救至到达现场的时间超过5分钟，先进行30次胸外按压，再做2次人工呼吸，行5组CPR（大约2分钟），分析心律后实施电除颤。

3. 当发现心室颤动或无脉性室性心动过速时，急救人员应先电击除颤1次，后立刻进行5组的CPR（约2分钟），之后再检查心律和脉搏，必要时再行电除颤。

4. 除颤能量选择：双相波120J，双向切角指数波150～200J，随后的除颤能量选择可使用第一次的能量或增加能量。单相波除颤使用360J。

5. 注意：电极位置为右侧放置于病人右锁骨下区，左侧电极放置于病人左乳头侧腋中线处。电击前警告在场所有人员不要接触病人身体，放电时电极板用力贴紧皮表。

二、小儿基本生命支持

小儿心肺复苏（pediatric cardiopulmonary resuscitation，PCPR）与成人CPR比较，有其特点。根据儿童年龄段划分为：1个月以内为新生儿，1岁以内为婴儿，1～8岁为小儿。8岁以上儿童心肺复苏程序及方法基本同成人。

（一）概述

1. 解剖学特点 小儿的解剖生理结构与成人相比有较大差异，心肺复苏时需要了解和掌握这些差异特点，并针对不同年龄的患儿采用不同的复苏手法。

（1）头部与身体比例：婴儿头部所占比例较成人大，枕凸明显，无意识时更易使头部前屈造成气道阻塞；颈部短而圆胖，不易触及颈动脉搏动。

（2）气管软骨软弱：颈部过度伸展时易造成气管塌陷；咽喉部软组织松弛、舌体大，易后坠阻塞气道；咽部腺体组织大，经鼻插管困难；气道狭小，有炎症水肿时易阻塞。

（3）环状软骨气道最窄：小儿气管插管时若导管进入声门后阻力大，不可用力送进，应考虑是否遇狭窄部位而更换小一号导管。

（4）婴儿会厌柔软：其游离缘与咽后壁贴近，喉镜用直叶片更容易将会厌挑起暴露声门。

2. 心脏骤停的特点 成人心脏骤停多因突发心脏原因所致，小儿更多因为呼吸功能障碍或是心血管功能相继恶化的结果，心脏骤停是继发的。成人心脏骤停多为心室颤动或无脉性室性心动过速，小儿心脏骤停约78%是心室静止，其次为心动过缓或无脉性电活动，室性心律的发生率<10%。因此，对非原发性心脏骤停患儿，复苏早期更要注重呼吸支持，改善缺氧，心脏复苏较成人复苏的时间要更长。

3. 小儿心肺复苏生存链的顺序 ①预防心脏停搏；②早期有效心肺复苏；③快速求救EMSS；④早期高级生命支持。只有一位急救人员在现场时，对8岁以下的患儿应先给基本生命支持1分钟，再求救EMSS，即先急救、再求救。8岁以上儿童则同成人，先求救、再急救。

（二）小儿基本生命支持方法

1. 开放气道，判断自主呼吸 小儿意识丧失后，由于舌后坠而致上气道阻塞，应立即采用仰头抬颏法或托颌法开放气道。

（1）仰头抬颏法：将一只手放在小儿前额并轻柔地使头部后仰，同时将另一只手指尖放在下颏中点处，抬高下颏以开放呼吸道。

（2）双手托颌法：如怀疑颈部损伤，应避免头颈后仰，急救者位于患儿头顶端，用双手2～3个手指分别放在患儿两侧下颌角处，轻轻用力托下颌向上，开放气道。

（3）判断自主呼吸：开放气道后，急救者用面颊贴近患儿口鼻部感觉有无呼出气流，并观察患儿有无胸腹部起伏，时间<10 秒，若判断呼吸时间过短，缓慢的自主呼吸有可能被遗漏。确认患儿无呼吸，即开始人工呼吸。

2. 人工呼吸　采用口对口人工呼吸，先吹气 2 次，每次约 1 秒，稍短于成人，潮气量以使胸廓抬起为度。若吹气时阻力大或胸廓不能抬起，提示气道阻塞。气道阻塞最常见的原因是气道开放不正确，需重新调整体位，开放气道后再试。如果吹气后仍无胸廓起伏，应考虑气道内有异物存在。小婴儿可采用口对口鼻呼吸，或面罩 - 球囊通气。

3. 人工循环　气道开放并提供 2 次有效人工呼吸后，急救者应检查患儿脉搏决定是否实行胸外按压，以提供人工循环支持。1 岁以上小儿可触颈动脉搏动，婴儿由于颈部短而圆胖，可触及肱动脉或股动脉搏动，时间<10 秒。无脉搏，即行胸外按压：向脊柱方向挤压胸骨，压迫心腔内血液排入主动脉。具体方法：

（1）双掌按压法：适用于成人和 8 岁以上儿童。急救者将手掌重叠置于患儿胸骨中下 1/3 交界处，操作者肘关节伸直，肩臂力量垂直作用向患儿脊柱方向挤压。按压与放松时间相等，挤压时手指不触及胸壁，避免压力致使肋骨骨折。放松时手掌不离开患儿胸骨，以免按压处移位。

（2）单掌按压法：适用于 1～8 岁的小儿，仅用一手掌按压，方法同上。

（3）平卧位双指按压法：急救者一手置于患儿后背，另一手食指和中指置于两乳头连线下方，向后背方向按压。

（4）单掌环抱按压法：用于新生儿和早产儿。复苏者一手四指置于患儿后背，拇指置于前胸，具体按压部位同双指按压法。

（5）双手环抱按压法：用于婴儿和新生儿。急救者用双手围绕患儿胸部，双拇指并列或重叠于前胸，位置同前，其余两手手指置患儿后背相对方向按压。

小儿胸外按压深度大致为其胸廓厚度的 1/3～1/2 较为适宜，此按压深度可产生相对较高的冠状动脉灌注压。按压频率为 100 次 / 分。胸外按压必须与人工呼吸交替进行，小儿心脏按压与人工通气比值，单人复苏时同成人为 30∶2，双人时为 15∶2。

第三节　高级心血管生命支持

高级心血管生命支持（advanced cardiovascular life support，ACLS）通常由专业急救人员到达发病现场或在医院内进行，通过应用辅助设备、特殊技术和药物等，进一步提供更有效的呼吸、循环支持，以恢复自主循环或维持循环和呼吸功能。

ACLS 是在基本生命支持基础上，对已自主循环恢复或未恢复的心脏骤停病人，使用人工气道或机械通气，建立静脉液体通道并给予复苏药物的进一步支持治疗。可归纳为高级 A、B、C、D，即 A（airway）——人工气道；B（breathing）——机械通气；C（circulation）——建立液体通道，使用血管加压药物及抗心律失常药；D（differential diagnosis）——寻找心脏骤停原因。

一、人工气道与机械通气

CPR 过程中人工通气的目的是维持血液充分氧合和清除二氧化碳潴留。在 BLS 和 ACLS 阶段应给病人 100% 的吸氧浓度（fraction of oxygen，FiO_2），使动脉血氧饱和度（oxygen saturation，SaO_2）达最大化，以迅速纠正严重缺氧，氧合好转，可逐渐降低 FiO_2 至 40%～60%，并维持 SaO_2>93%。

心脏骤停最初数分钟内，心、脑供氧受到血流中断的影响最大，此时胸外按压较人工通气更重要，应尽可能避免因建立人工气道而影响胸外按压。熟练掌握面罩 - 球囊供氧和通气方法。CPR 中插入气管导管或喉罩气道的过程势必会影响胸外按压，因此急救人员应该权衡两者当时的重要性，可以在病人对CPR、电除颤无反应，或自主循环恢复后建立人工气道。

（一）人工气道

人工气道（artificial airway）应在心肺复苏中尽早建立，由于存在各种引起气道不畅的因素，如舌后坠、软腭部松弛致气道阻塞，除手法开放气道外，可使用口咽或鼻咽气道、食管堵塞导管通气等方法。尽可能早地建立确切的人工气道，多采取气管内插管（endotracheal intubation）会给气道管理带来便利。更重要的是建立人工气道行机械通气后可不再因人工通气而中断连续胸外心脏按压。

1. 插管位置 由于气管导管被牵拉或病人被搬动，很容易造成气管导管移位、脱出或过深插入右侧主支气管内。如果有效通气时，血氧饱和度仍持续偏低，首先需要考虑导管插入过深的可能性。一般从气管导管刻度，双肺听诊、两侧呼吸动度和胸廓抬举是否对称不难发现。呼气末 CO_2 分压（$ETCO_2$）可以监测气管导管是否移位进入食管。

2. 气管导管的维护

（1）保持导管通畅：气管分泌物干结阻塞易造成导管不通畅，要预防性湿化气道，吸痰，及时清除管腔内分泌物。必要时重新更换导管或行气管切开术。由于病人可能出现咀嚼肌痉挛，咬瘪导管，需用牙垫固定及保护。

（2）导管保护：病人意识恢复中出现烦躁不安，常会吐出或自行拔除导管。需加强护理观察，很好固定气管导管，对病人上肢予以必要的束缚，并适当使用镇静剂。

（3）导管套囊维护：适当掌握气囊能使气道密封的充气量，有助于机械通气，防止胃内容物及口咽分泌物的误吸。应采用分次少量注气的方法，直至正压通气时听不到套囊周围漏气声，监测套囊内压<25mmHg。

（二）机械通气

机械通气（mechanical ventilation）是目前临床上使用确切而有效的呼吸支持手段，其目的是：①纠正低氧血症，缓解组织缺氧；②纠正呼吸性酸中毒；③降低颅内压，改善脑循环；④保障镇静剂使用安全，减少全身及心肌氧耗。

当复苏病人无自主呼吸时需要采用控制通气（control ventilation，CV）模式，设置所需通气参数，有规律、强制性通气。CV可分为两种类型：

1. 容量控制通气（volume control ventilation，VCV） 应用VCV时一般预设潮气量、分钟通气量、呼吸频率、吸气时间、吸气流速、吸/呼比（I/E）等参数。

2. 压力控制通气（pressure control ventilation，PCV） 应用PCV时预设吸气压力、I/E和呼吸频率（RR）等参数，此时潮气量随肺顺应性、气道阻力而改变。应用PCV时肺通气量相对不稳，应监测呼出气潮气量，最好用于呼吸力学状况稳定、气道阻力较小的病人。

机械通气是一种非自然呼吸的方式，会影响正常的呼吸生理过程，随着复苏病人呼吸、循环状况的逐渐改善，机械通气的使用应根据病人的全身情况、血气分析，选择合适的通气模式，调整呼吸机参数，以达到最佳治疗效果，减少机械通气带来的气压损伤和感染等并发症。

二、复苏药物的应用

（一）给药途径选择

1. 静脉途径 急救人员应放置较大的外周静脉通道，一般药物经由外周静脉到达心脏需要1～2分钟的时间，药物静脉注射后再推注20ml液体，有助于药物进入中心循环。但建立外周静脉通道时尽可能不中断CPR操作。

2. 气管途径 如果静脉通道不能建立，复苏药物可经由气管内给予，用量是经静脉给药剂量的2～2.5倍。

3. 骨髓途径 由于骨髓腔有不会塌陷的血管丛，是另外一种可供选择的给药途径，其效果相当于中心静脉通道。如果无法建立静脉通道的话，可建立经骨髓给药通道。

笔记

（二）给药时机

复苏抢救程序是：在 1 次电击和 CPR 后，如 VF/VT 持续存在，推荐给予血管加压药物，但不能因给药而中断 CPR。应当在 CPR 过程中和检查心律后尽快给药，其流程为：CPR—检查心律—给药—电除颤。

反复电除颤、CPR 和应用血管加压药后，如果 VF/VT 仍持续存在，可使用抗心律失常药物，首选胺碘酮 300mg；对有长 QT 间期的尖端扭转型室性心动过速，可选用镁剂。

（三）复苏药物的选择

1. 血管加压药物 迄今已很难获得安慰剂对照临床试验结果，血管加压药物对 VF/VT、PEA 或 VA 神经功能恢复有益，并可提高出院存活率。有证据表明应用血管加压药物有助于初始阶段自主循环恢复。

肾上腺素（epinephrine）：在复苏过程中的作用主要是激动 α 受体，α 肾上腺素能作用可提高复苏过程中心脏和脑的灌注压。推荐成人首选给予肾上腺素 1mg，每隔 3～5 分钟可重复使用。

2. 抗心律失常药

（1）胺碘酮（amiodarone）：已证明胺碘酮（300mg 或 5mg/kg）能够提高入院存活率，提高 VF/VT 对电除颤的成功率。推荐对 CPR、电除颤和血管加压素无反应的 VF/VT，首选胺碘酮，初始剂量为 300mg，静脉注射，无效可再加用 150mg。

（2）利多卡因（lidocaine）：利多卡因作为无胺碘酮时的替代药物。初始剂量为 1～1.5mg/kg 静脉推注。如 VF/VT 持续，可给予额外剂量 0.5～0.75mg/kg，每隔 5～10 分钟静脉推注一次，最大剂量为 3mg/kg。

（3）镁剂（magnesium）：能有效中止尖端扭转型室性心动过速。1～2g 硫酸镁溶于 10ml 5% 葡萄糖中，缓慢静脉注射，而后可用 1～2g 硫酸镁溶于 50～100ml 5% 葡萄糖中，缓慢静脉滴注。

3. 阿托品（atropine） 应用阿托品对心室静止或 PEA 有益，却由于迷走神经张力过高可导致和（或）加剧心室静止，故不常规推荐阿托品用于心室静止或 PEA。

4. 碳酸氢钠（sodium bicarbonate） 只在特定情况下考虑应用，如心脏骤停前存在代谢性酸中毒、高钾血症或三环类抗抑郁药过量，初始剂量为 1mmol/kg，应尽可能在血气分析监测的指导下应用。

（四）小儿用药

1. 给药途径 首选静脉给药，但小儿复苏时建立静脉通路较困难，骨髓通路给药日渐受到重视。推荐复苏时静脉穿刺失败 3 次或时间>90 秒，为建立骨髓通路的指征。

2. 肾上腺素 用法：1∶10 000 肾上腺素溶液，0.01mg/kg，静脉注射，5 分钟后可重复。气管内给药为 0.1mg/kg。

3. 碳酸氢钠 使用指征：pH<7.20，严重肺动脉高压、高血钾。足够通气状态下，肾上腺素给药后效果不佳者可考虑使用。

第四节 特殊情况下的心肺复苏

特殊情况下发生心脏、呼吸骤停各有其特点，心肺复苏时需要适当调整方法，区别实施。如淹溺、低温、电（雷）击、创伤及妊娠。

一、淹溺

淹溺（drowning）是呼吸道被液体淹没而引起窒息的过程，最重要的复苏措施是尽快恢复通气和氧供，缺氧时间长短决定溺水者是否发生心脏停搏并影响预后。现场复苏方法：

1. 水中救起 发现溺水者，立即从水中将其救起，施救时急救人员必须注意自身安全。如发现淹溺者颈部明显受伤应考虑颈部固定保护。

2. 人工通气　人工通气是淹溺复苏最重要的措施，如未发生心脏骤停，迅速人工通气可增加淹溺者的存活机会。人工呼吸可在淹溺者救上岸或还在浅水区时就开始实施。大多数淹溺者在溺水过程中只会吸入少量的水，并不造成气道梗阻，人工呼吸前只需适当清除溺水者口中可视的异物。

3. 胸外心脏按压　检查淹溺者无意识、无呼吸后，立即胸外心脏按压，按压/通气比为30∶2。冷水淹溺时，淹溺者的动脉搏动难以触及，即便专业急救人员检查颈动脉搏动，也不能超过10秒。

4. 其他情况处理　淹溺者多伴有低体温，在复苏时要按低温治疗处理。复苏过程中出现呕吐，应将其头部偏向一侧，用手指、纱布等清除或用吸引器抽吸呕吐物。

二、雷、电击

雷击（lightning strikes）、电击（electric shock）是电流对心脏、脑、血管平滑肌直接作用，以及电能在体内转化为热能产生的热效应损伤。电流作用于心肌导致心室颤动和心室静止是雷、电击死亡的首位原因。部分病人导致呼吸停止，其原因是：①电流经过头部引起延髓呼吸中枢抑制；②触电时膈肌和胸壁肌肉强直性抽搐；③长时间的呼吸肌麻痹。复苏的特点如下：

1. 急救人员施救前首先确认急救现场安全，自身无受电击的危险。

2. 病人无意识、呼吸、脉搏，立即开始CPR，求助EMS系统，尽可能早期行电除颤。遭受雷、电击的病人没有心肺基础疾病，立即实施CPR，存活可能性较大，甚至需要超过一般CPR要求的时间。

3. 雷、电击均可导致复合伤，可有头颈部和脊柱损伤，应注意保护和制动。病人燃烧的衣服、鞋、皮带应予以去除，避免进一步损伤。

4. 颌面部和颈前等部位有烧伤的病人，可能出现软组织肿胀而导致呼吸困难，即使存在自主呼吸，也应尽早气管插管建立人工气道。

5. 对有低血容量性休克和广泛组织损伤的病人，应迅速静脉补液，抗休克治疗，维持水、电解质平衡，保持足够的尿量，以促进组织损伤时产生的肌红蛋白、钾离子等排出体外。

三、低温

严重低体温（<30℃）伴随心排血量和组织灌注下降，机体功能显著降低，表现出临床死亡征象。低温时，心脏对药物、起搏刺激及电除颤反应性明显下降，因此，低温致心脏骤停的救治原则是在积极处理低体温同时进行CPR。

（一）保温与复温

1. 保温　除去病人湿的衣物，避免继续暴露于低温环境，以防热量进一步丢失。

2. 复温　复温方法的选择取决于病人有无灌注心律以及体温下降程度。

（1）按病人中心体温可将体温下降程度分为：①轻度低体温（>34℃）；②中度低体温（30～34℃）；③重度低体温（<30℃）。

（2）复温方式：①被动复温：覆盖保暖毯或将病人置于温暖环境；②主动体外复温：通过加热装置包括热辐射、强制性热空气通风和热水袋等进行复温；③主动体内复温：指采用加温加湿给氧（42～46℃）、加温静脉输液（43℃）、腹腔灌洗、食管复温导管和体外循环等有创性技术复温。

（3）复温方式选择：有灌注节律的轻度低体温病人采用被动复温；有灌注节律的中度低体温病人采用主动体外复温；重度低体温和无灌注心律的心脏骤停病人采用主动体内复温。

（二）复苏的特殊方法

1. 病人还未出现心脏呼吸骤停时，重点处理复温，一旦出现心脏呼吸骤停，要边CPR边复温。

2. 人工通气时尽可能给予加温（32～34℃）加湿氧气面罩通气。

3. 低温时电除颤效能下降，中心体温<30℃时，电除颤往往无效。存在室颤时，可立即给予1次电除颤，如室颤仍存在，则应继续CPR和复温，体温达到30℃以上考虑再次除颤。

笔记

4. 低温时间超过45～60分钟的病人在复温过程中血管扩张、血管床容量增大，需要及时进行补液治疗。

四、创伤

创伤致心脏骤停的主要原因包括：①气道阻塞、严重开放性气胸和支气管损伤或胸腹联合伤等导致缺氧；②心脏、主动脉或肺动脉等重要脏器损伤；③严重头部创伤影响生命中枢；④张力性气胸或心脏压塞导致心排血量急剧下降；⑤大量血液丢失导致低血容量和氧输送障碍。创伤性心脏骤停病人复苏成功率极低。

1. 现场实施 CPR，对怀疑颈部损伤者开放气道时应采用托颌法，以免损伤脊髓。如有可能，安装固定病人头颈部的颈托。

2. 评估病人呼吸状况，如果无呼吸或呼吸浅慢，立即进行面罩 - 球囊通气。通气中如未见病人胸廓起伏，要注意出现张力性气胸和血胸。在复苏过程中应注意检查病人潜在的致命伤，根据情况做出相应处理。

五、妊娠

急救人员在妊娠妇女复苏的过程中，要尽力抢救母亲和胎儿两个生命，同时要考虑到孕妇孕产期生理改变的因素。正常妊娠时孕妇心排血量、血容量增加 50%；妊娠 20 周后，孕妇处于仰卧位时，增大的子宫压迫内脏血管减少血液回流，心排血量可下降 25%，CPR 时应考虑到这一影响因素。

对危重症孕妇应采取以下措施预防心脏骤停的发生：①左侧卧位；②吸入纯氧；③建立静脉通路并补液；④考虑可能引起孕妇发生心脏骤停的可逆因素，并积极处理。孕妇可能因妊娠和非妊娠因素发生心脏骤停，通常包括硫酸镁等药物过量、急性冠脉综合征、羊水栓塞、子痫以及先兆子痫、肺栓塞、脑卒中、创伤、主动脉夹层等。

现场复苏的特点如下：

1. 孕妇体内激素水平的改变可以促使胃食管括约肌松弛，增加反流的发生率。

2. 对无意识孕妇进行人工通气时应持续压迫环状软骨以防止误吸。

3. 为了减少妊娠子宫对静脉回流和心排血量的影响，可以将一个垫子（如枕头）放在病人右腹部侧方，使其向左侧倾斜 15°～30°，然后实施胸外心脏按压。由于膈肌抬高的影响，胸外心脏按压可取胸骨中间稍上部位。

4. 气管插管时也应按压环状软骨以防止误吸。因为孕妇可能存在气道水肿，使用的气管导管内径要较非妊娠妇女使用的小 0.5～1.0mm。

5. 一旦孕妇发生心脏骤停，应该考虑是否有必要行急诊剖宫产手术。妊娠 20 周后子宫达到一定大小可产生阻碍静脉回流的作用，而妊娠 24～25 周后胎儿才有存活的可能。因此妊娠<20 周的孕妇不应该考虑急诊剖宫产手术，妊娠 20～23 周的孕妇施行急诊剖宫产手术对复苏孕妇有利，但不可能挽救婴儿的生命。妊娠 24～25 周以上实施急诊剖宫产手术对于挽救母亲和胎儿生命均可能有利。急诊剖宫产手术应尽量在孕妇心脏骤停 5 分钟内实施。

第五节　气道异物阻塞与处理

气道异物梗阻（foreign body airway obstruction，FBAO）是导致窒息的紧急情况，如不及时解除，数分钟内即可致死亡。FBAO 造成心脏停搏并不常见，但在有意识障碍或吞咽困难的老年人和儿童发生几率相对较多。FBAO 是可以预防而避免发生的。

一、气道异物阻塞的原因及预防

任何人突然呼吸骤停都应考虑到 FBAO。成人通常在进食时易发生，肉类食物是造成 FBAO 最常见的原因。易导致 FBAO 的诱因有：吞食大块难咽食物，饮酒后，老年人戴义齿或吞咽困难，儿童口含小颗粒状食品或物品。

注意以下事项则有助于预防 FBAO，如：①进食切碎的食物，细嚼慢咽，尤其是戴义齿者；②咀嚼和吞咽食物时，避免大笑或交谈；③避免酗酒；④阻止儿童口含食物时行走、跑或玩耍；⑤将易误吸入的异物放在婴幼儿拿不到处；⑥不宜给小儿需要仔细咀嚼或质韧而滑的食物（如花生、坚果、玉米花、果冻等）。

二、气道异物梗阻

异物可造成呼吸道的部分或完全阻塞，识别气道异物阻塞是及时抢救的关键。

（一）气道部分阻塞

病人有通气，能用力咳嗽，但咳嗽停止时出现喘息声。此时，救助者不宜妨碍病人自行排除异物，应鼓励病人用力咳嗽，并自主呼吸，但应守护在病人身旁，并监视病人的情况，如不能解除，即求救 EMS 系统。

FBAO 病人可能一开始就表现为通气不良；或开始通气好，但逐渐恶化，表现乏力、无效咳嗽、吸气时高调噪音、呼吸困难加重、发绀。对待这类病人要同气道完全梗阻病人一样，须争分夺秒地抢救。

（二）气道完全阻塞

病人不能讲话，呼吸或咳嗽时，双手抓住颈部，无法通气。对此征象必须能立即明确识别。救助者应马上询问病人是否被异物噎住，如果病人点头确认，必须立即救助，帮助解除异物。由于气体无法进入肺脏，如不能迅速解除气道阻塞，病人将很快出现意识丧失，甚至死亡。如果病人意识已丧失、猝然倒地，应立即实施心肺复苏。

三、解除气道异物梗阻

对气道完全阻塞病人必须争分夺秒地解除气道异物。通过迫使气道内压力骤然升高的方法，产生人为咳嗽，把异物从气道内排出。具体方法如下：

（一）腹部冲击法（Heimlich 法）

可用于有意识的站立或坐位病人。救助者站在病人身后，双臂环抱病人腰部，一手握拳，握拳手拇指侧紧顶住病人腹部，位于剑突与脐间的腹中线部位，用另一手再握紧拳头，快速向内、向上使拳头冲击腹部，反复冲击直到把异物排出。如病人意识丧失，即开始 CPR。

采用此法后，应注意检查有无危及生命的并发症，如胃内容物反流造成误吸、腹部或胸腔脏器破裂。除必要时，不宜随便使用。

（二）自行腹部冲击法

气道梗阻者本人可一手握拳，用拳头拇指侧顶住腹部，部位同上，用另一手再握紧拳头，用力快速向内、向上使拳头冲击腹部。如果不成功，病人应快速将上腹部抵压在一个硬质的物体上，如椅背、桌沿、走廊护栏，用力冲击腹部，直到把气道异物排除。

（三）胸部冲击法

病人是妊娠末期或过度肥胖者时，救助者双臂无法环抱病人腰部，可用胸部冲击法代替 Heimlich 法。救助者站在病人身后，把上肢放在病人腋下，将胸部环抱住。一只拳的拇指侧放在胸骨中线，避开剑突和肋骨下缘，另一只手握住拳头，向后冲压，直至把异物排出。

（四）对意识丧失者的解除方法

1. 解除 FBAO 中意识丧失 救助者应立即开始 CPR。在 CPR 期间，经反复通气后，病人仍无反应，急救人员应继续 CPR，按 30∶2 的按压 / 通气比例操作。

2. 发现病人已无反应 急救人员初始可能不知道病人发生了 FBAO，只有在反复通气数次后，

笔记

病人仍无反应，应考虑到FBAO。可采取以下方法：

(1) 在CPR过程中，如有第二名急救人员在场，一名实施救助，另一名求救EMSS。病人保持平卧。

(2) 如果可看见口内异物，可试用手指清除口咽部异物。

(3) 如通气时病人胸部无起伏，重新摆放头部位置，注意开放气道状态，再尝试通气。

(4) 异物清除困难，如果通气仍未见胸廓起伏，应考虑进一步的抢救措施（如Kelly钳，Magilla镊，环甲膜穿刺/切开术）开通气道。

(5) 如异物去除、气道开通后仍无呼吸，需继续缓慢人工通气。再检查脉搏、呼吸、反应，如无脉搏，即行胸外按压。

（五）小儿气道异物处理

怀疑小儿气道异物梗阻时，如患儿咳嗽有力，应鼓励连续自主咳嗽，以咳出异物；如咳嗽无力或呼吸困难明显，并出现意识丧失的患儿，应立即采取解除气道梗阻措施。婴儿推荐使用拍背/冲胸法；1岁以上儿童使用Heimlich手法及卧位腹部冲压法。

1. 拍背/冲胸法 急救者取坐位，将患儿俯卧位置于前臂上，前臂放于大腿上，用手指张开托住患儿下颌并固定头部，保持头低位；用另一只手的掌根部在婴儿背部肩胛区用力叩击5次；拍背后将空闲的手放于婴儿背部，手指托住其头颈部，小心地将婴儿翻转过来，使其仰卧于另一只手的前臂上，前臂置于大腿上，仍维持头低位。实施5次快速胸部冲压，位置与胸外按压相同。冲压与按压的不同之处在于冲压时间短促，利用肺内压力突然增高将异物排出。如能看到患儿口或鼻中异物，可将其取出；不能看到异物，则继续重复上述动作，直到异物排除。

2. Heimlich手法及卧位腹部冲击法 同成人。

第六节 脑缺血损伤与脑复苏

脑复苏(cerebral resuscitation)是指以减轻心脏骤停后全脑缺血损伤，保护神经功能为目标的救治措施。100年前，Guthrie首次提出将脑作为复苏的靶器官，但长期以来强调呼吸、循环功能的复苏。直至20世纪70年代，脑复苏治疗才逐步得到重视，CPR目标也由促使心脏骤停病人ROSC和提高存活率，而逐步转变为维持和恢复病人的神经功能。

一、病理生理机制

（一）脑血流与代谢异常

脑代谢消耗很高，脑虽只占体重的2%，却消耗机体20%的氧和25%的糖，正常脑功能的维持对脑血流量(cerebral blood flow，CBF)的依赖性极大。安静状态下，CBF约为750ml/min，约占心输出量的15%。CBF取决于脑的动、静脉压力差和脑血管的血流阻力。正常情况下，脑血管可通过自身调节的机制使脑灌注压维持在80～100mmHg，使CBF保持相对稳定。

心脏骤停是造成脑组织缺血损伤的主要原因。当平均动脉压<60mmHg时，脑失去自身调节能力，CBF开始下降。当CBF下降至基础值的35%左右时，脑的氧供和正常功能不能维持，当CBF继续下降至基础值的20%以下时，氧供完全中断，脑代谢只有依赖低效的糖无氧酵解，而不能满足神经细胞生理需要。持续、严重的脑缺血、缺氧使神经细胞由于能量代谢障碍而触发一系列损伤级联反应，最终导致凋亡或坏死。脑组织本身对缺氧耐受性差，临床上脑血流突然停止15秒即可昏迷；1分钟脑干功能停止；2～4分钟无氧代谢停止、不再产生ATP；4～6分钟ATP消耗殆尽，所有需能代谢活动停止，最终出现不可逆的脑损伤。

ROSC后，缺血脑组织得到再灌注。CBF恢复的最初几分钟为反应性充血期，CBF较正常为高，随后为迟发性低灌注期，此期可持续2～12小时，是脑缺血损伤最重要阶段。此时尽管CBF

得到一定程度的恢复，但海马、大脑皮质等局部仍处于低灌注状态，甚至出现无复流现象（no flow phenomenon），低灌注状态使得相应供血部位的脑组织能量供应明显下降。产生延迟性低灌注的原因，可能与内皮细胞增加内皮素的释放而引起血管痉挛，及中性粒细胞聚集、微血栓形成等导致的微血管阻塞有关。再灌注期脑代谢障碍也可能与线粒体和细胞呼吸链损伤有关。

（二）脑水肿

脑缺血损伤可形成细胞性和血管源性两种类型脑水肿。

1. 细胞性脑水肿 主要表现是细胞肿胀，间隙缩小，颅内压（intracranial pressure，ICP）变化较小。缺血期即可发生细胞性脑水肿，再灌注期由于细胞膜离子通透性增加可进一步进展。

2. 血管源性脑水肿 常伴有 ICP 升高，并可继发性出血，主要由于再灌注期血脑屏障（blood-brain barrier，BBB）破坏引起。血管源性脑水肿的发展有两个高峰期，第一个出现于再灌注后数小时，第二个出现于 24～72 小时。脑水肿的临床表现视发展速度和严重程度而异。

（三）神经细胞损伤

脑缺血后经由启动环节、中间环节和最终损伤环节等组成级联反应，最终导致神经细胞损伤，继而引起相应的神经功能缺失。

1. 能量代谢障碍 ATP 下降及耗竭是神经细胞损伤最为重要的启动环节。由于 CBF 和氧供下降，ATP 等高能磷酸代谢产物产生减少，由 ATP 分解和代偿性的无氧酵解导致的无机磷酸盐和乳酸增加等使细胞出现酸中毒。由于缺乏 ATP，不能维持能量依赖的跨膜离子梯度，当 ATP 水平<50% 时，大量的钠、钙离子通过电压门控通道内流导致细胞去极化。神经细胞去极化后释放大量兴奋性神经递质。谷氨酸是最为主要的兴奋性神经递质，也是神经细胞缺血损伤另一重要的启动环节。谷氨酸通过激活 N- 甲基 -D- 天冬氨酸受体（NMDA 受体）和 α- 氨基 -3- 羧基 -5- 甲基 -4- 异唑丙酸受体等门控离子通道进一步促进钙、钠内流，并且通过与代谢型谷氨酸受体作用激活 G 蛋白等缺血损伤中间环节，最终导致细胞损伤。

2. 神经细胞损伤 主要的中间环节包括：①钙超载：细胞内钙超载是神经细胞损伤最为重要的中间环节；②一氧化氮（NO）合成增加；③蛋白激酶和基因激活等。

3. 细胞损伤的最终环节 包括坏死、炎症和凋亡。缺血后的炎症反应过程十分复杂，是通过多种机制引起细胞死亡。

脑缺血损伤具有延迟性和选择性的特征。缺血发生只有数分钟，但引起的细胞损伤则可持续数天以上。脑的不同部位以及不同细胞类型对缺血敏感性存在差异。缺血易损区域包括海马、皮质、丘脑等部位。各类细胞中，神经元缺血敏感性最高，其次为星形胶质细胞、少突胶质细胞和内皮细胞。

二、临床特点及诊断

（一）临床表现

1. 发生心脏停搏即出现意识丧失，如果快速实施 CPR 成功，病人即可清醒。

2. 复苏后意识未恢复病人，多数持续 1 周左右处于昏迷状态，不睁眼，受刺激时可出现不同程度的肢体运动反应；2～3 周内进入植物状态，一般昏迷时间不超过 1 个月。

3. 病人开始出现睁眼（若无双侧动眼神经麻痹），最初睁眼是对疼痛的反应，以后发展为呼唤后睁眼，不久后可出现自动周期性睁眼，不需要任何刺激。有时则进入睡眠，病人开始出现睡眠 - 醒觉周期。

4. 病人早期可出现去大脑强直，但在 2～3 周后开始消退。有害刺激可引起肢体屈曲回缩，但通常在较长的延迟之后，动作缓慢，张力失调，缺乏正常的急速运动反应。

5. 有明显握力反射，这种反射常被家属和没经验的人误认为有目的的随意运动。有的病人可以有肌阵挛，由于脑干功能相对保留，脑神经除一些需有意识支配的运动外，多数是正常的。

6. 瞳孔反射大多正常，少数有两侧不对称，偶尔可有核间性眼肌麻痹。

7. 将液体放入口腔可以吞咽，但没有咀嚼运动，因为咀嚼运动需要大脑皮质支配。多数病人常保留呕吐、咳嗽、吸吮反射。

8. 当下丘脑发生功能障碍时，可出现中枢性发热、多汗、水电解质平衡失调等，表示预后不良。

9. 病人没有情感反应，遇有害刺激时出现呻吟，有些病人在看到或听到亲人的声音时流泪，表明意识开始恢复。

10. 植物状态病人都有大小便失禁。

（二）诊断

1. 植物状态的诊断标准

（1）认知功能丧失，无意识活动，不能执行指令。

（2）保持自主呼吸和血压。

（3）有睡眠-觉醒周期。

（4）不能理解和表达语言。

（5）能自动睁眼或刺激下睁眼。

（6）可有无目的性眼球跟踪运动。

（7）下丘脑及脑干功能基本保存。

2. 持续性植物状态的诊断标准 任何原因所致的植物状态持续 1 个月以上即可诊断为持续性植物状态。

三、脑复苏治疗

脑复苏原则：尽快恢复脑血流，缩短无灌注和低灌注的时间；维持合适的脑代谢；中断细胞损伤的级联反应，减少神经细胞丧失。主要治疗措施包括：

（一）尽快恢复自主循环

开始 CPR 及 ROSC 时间的长短决定脑缺血损伤的严重程度。及早 CPR 和早期电除颤是复苏成功的关键。胸外按压至少可产生正常心排血量 20%～30% 的供血，可维持一定的冠状动脉灌注压而提高自主循环恢复比率，还可保持一定的 CBF，延缓脑缺血损伤的进程。

（二）低灌注和缺氧的处理

脑复苏需要维持足够的脑灌注压、血流阻力和合适的血氧饱和度，以保证脑的养分和氧供。由于缺血损伤后脑代偿机制丧失，ROSC 后 CBF 主要决定于动脉血压。动脉血压降低势必影响 CBF，因此应该积极处理低血压，必要时予以补充血容量和血管活性药物治疗。在一定的高血压状态进一步提高 CBF 可能对脑复苏治疗有利，因此舒张压<120mmHg 时一般不需要处理。但血压过高可促进 BBB 损伤、加重脑水肿。

脑血管阻力是影响 CBF 的另一因素。ROSC 后脑血管失去自身调节作用，但对氧和二氧化碳浓度变化具有一定的反应性。通气过度时，二氧化碳分压（$PaCO_2$）降低可引起脑血管扩张而迅速减少 CBF。在 ICP 增高的情况下，过度通气可降低 ICP 而暂时性地抑制脑疝形成，但在 ICP 不高的情况下，过度通气可明显减少 CBF 而产生有害作用。通常情况下，维持 $PaCO_2$ 在 35～40mmHg 是安全和合适的。

（三）体温调节

体温过高和发热可加重脑缺血损伤。体温升高不仅增加脑代谢需求，还可促进谷氨酸释放和氧自由基产生，加重脑水肿。在复苏过程应该监测病人的中心体温（通常为直肠、膀胱和食管温度），如果病人出现体温过高或发热，应给予退热剂或通过物理降温方式积极处理。

低温治疗已在临床研究中被证实是有效的脑保护措施。国际复苏学联合会（ILCOR）于 2003 年颁布：院外心脏骤停和初始心律为室颤的意识丧失成人应予 32～34℃的低温治疗 12～24 小时，对其他初始心律和院内心脏骤停的病人，此治疗同样有益。

（四）血糖控制

ROSC 后的高血糖状态可加重脑血流紊乱和脑代谢紊乱，促进脑水肿形成，加重脑缺血损伤。高血糖的有害作用可能是通过谷氨酸介导。在脑复苏治疗时积极处理高血糖，除非有低血糖发生，应避免输注含糖液体。

（五）抗癫痫

癫痫可因全脑缺血损伤引起，并进一步加重缺血损伤。癫痫发作时，脑代谢水平增加 300%～400%，因此而加重氧供 / 氧需失衡和脑代谢紊乱。尽管预防癫痫治疗并未改善神经功能预后，但通常的共识是对癫痫应予以积极、有效的处理。常用的抗癫痫治疗药物有苯二氮䓬类、苯妥英钠以及巴比妥类。

（六）其他治疗

可能具有应用前景的脑复苏治疗措施包括：深低温和头部选择性降温治疗等。

（沈　洪　周满红）

思考题

1. 心脏骤停与心脏性猝死含义有何不同？
2. 成人心肺复苏的操作标准和顺序是什么？
3. 成人与婴幼儿心肺复苏各自的特点是什么？
4. 主要复苏药物的作用和使用方法是什么？
5. 各种特殊心肺复苏的特点是什么？

笔记

第十七章　创伤急救

创伤是指机械性致伤因素作用于人体所造成的组织结构完整性的破坏或功能障碍。根据致伤因素、受伤部位、皮肤完整性以及伤情轻重来确定创伤类型。严重创伤可引起全身反应，局部表现有伤区疼痛、肿胀、压痛；骨折脱位时有畸形及功能障碍，还可能导致致命性大出血、休克、窒息及意识障碍。急救时应先维持生命指征，防治休克，对伤口止血、包扎，伤肢固定，将伤员安全、迅速地转送到医院进一步治疗。

创伤急救（trauma care）是急诊医学的重要组成部分，提高救治反应能力和水平，可以提高伤员存活率，减少伤残率。创伤急救要求急救人员到达致伤现场，即对伤员进行初级创伤生命支持，并安全转运伤员到相关医院。院内急救包括急诊抢救和后续相关专科治疗，主要目的是对伤员进行高级创伤生命支持，平稳生命体征，同时由创伤专科会诊决定确定性手术治疗。

第一节　创伤的院前急救

院前急救（prehospital emergency）是指创伤发生到伤员进入医院前这段时间现场或转运（transport）中的救治。

一、创伤评分和分拣

为客观地对伤病员的严重程度进行评估，须进行创伤分类，确定救治的具体措施及需转送医院的要求。以下是几种国际上普遍采用的院前评分和分拣（triage）方法：

（一）创伤指数（TI）

经选择受伤部位、损伤类型、循环、呼吸、意识五项参数，按其异常程度记为 1、3、5 或 6 分，相加求得积分（5～24）即为 TI 值。TI 值 5～7 分为轻伤；8～17 分为中重度伤；>17 分为极重伤（预计约有 50% 的死亡率）。TI 的分拣标准为 >10，急救人员应将 TI>10 的伤员送往创伤中心或医院。创伤指数记分方法见表 17-1。

表 17-1　创伤指数

指标	1	3	5	6
部位	肢体	躯干背部	胸腹	头颈
创伤类型	切割伤或挫伤	刺伤	钝挫伤	弹道伤
循环	正常	BP<13.6kPa P>100 次 / 分	BP<10.6kPa P>140 次 / 分	无脉搏
意识	倦怠	嗜睡	半昏迷	昏迷
呼吸	胸痛	呼吸困难	发绀	呼吸暂停

（二）CRMAS 评分法

CRMAS 评分法是以循环、呼吸、腹部情况、运动、语言作为评判指标的评估方法。每项评分内容分为 0～2 三个分值，将五项分值相加，即为伤员的 CRMAS 得分。总分 9～10 分为轻伤，7～8 分为重伤，6 分为极重度伤。此评分法简单易行，适用于院前创伤评分。CRMAS 评分法见表 17-2。

表 17-2 CRMAS 评分

指标	分值		
	2	1	0
循环(C)	毛细血管充盈正常 SBP>100mmHg	毛细血管充盈迟缓 SBP 85～99mmHg	无毛细血管充盈 SBP<85mmHg
呼吸(R)	正常	费力，浅或>35 次 / 分	无自主呼吸
胸腹(A)	无压痛	有压痛	连枷胸、板状腹或有穿透伤
运动(M)	正常	只对疼痛刺激有反应	无反应
语言(S)	正常	言语错乱，语无伦次	说话听不懂或不能发音

(三) 创伤评分(trauma scoring)

创伤评分根据呼吸、循环、中枢神经以及毛细血管充盈状况、意识状态等五项生理检测指标积分相加作为创伤评分。

1. 昏迷评分 GCS 评分 14～15 为 5 分，11～13 为 4 分，8～10 为 3 分，5～7 为 2 分，3～4 为 1 分。

2. 呼吸频率 20～24 次 / 分，为 4 分；25～35 次 / 分，为 3 分；>35 次 / 分，为 2 分；<10 次 / 分，为 1 分；无为 0 分。

3. 呼吸困难 无为 1 分，有为 0 分。

4. 收缩压 >90mmHg 为 4 分，70～89mmHg 为 3 分，50～69mmHg 为 2 分，0～49mmHg 为 1 分，无脉搏为 0 分。

5. 毛细血管充盈 正常充盈为 2 分，延迟 2 秒以上为 1 分，无充盈为 0 分。

创伤评分为生理状态正常者为 16 分，分值愈少，伤情愈重。1～3 分：生理功能严重紊乱，死亡率高达 96%；4～13 分：功能明显紊乱，经救治疗可能存活；14～16 分：功能轻度紊乱，存活率可达 96%。

(四) 批量伤员分拣方法

出现大批量伤员时，伤员数量和严重程度超过当地急救机构的现场救治能力时，要以抢救尽可能多的伤员为原则。分拣伤员时要识别有生命危险但可以救活的伤员，以便优先进行救治和转运。抢救中应采用批量伤员分拣法。

按照国际规范，制订的分类标志应该是醒目、共识、统一的，这个标志称为“标签”，我国传统也称为“伤票”。

我国现统一采用：红、黄、绿、黑四种颜色的标签，分别表示不同的伤病情及获救轻重缓急的先后顺序。

(1) 红色：危重伤，表示伤病情十分严重，随时可致生命危险，为急需进行抢救者，也称“第一优先”。如呼吸、心脏骤停，气道阻塞，中毒窒息，活动性大出血，严重多发性创伤，大面积烧烫伤，重度休克等。

(2) 黄色：重伤，伤病情严重，应尽早得到抢救，也称“第二优先”。如各种创伤，复杂、多处骨折，急性中毒、中度烧烫伤、昏迷、休克等。

(3) 绿色：轻伤，伤员神志清醒，身体受伤但不严重，诱发疾病已有所缓解等。可容许稍后处理，等待转送，也称“第三优先”。

(4) 黑色：濒死伤，确认已经死亡或无法救活，不作抢救。

初步“检伤分类”后，现场急救人员应立即给已受检的伤病员配置不同颜色的分拣标签，以表明该伤病员伤势病情的严重程度，也表示其应该获得救护、转运先后的顺序。

(五) 批量伤员现场分拣步骤(见文末彩图 17-1)

二、创伤基本生命支持

创伤基本生命支持(basic trauma life support，BTLS)主要包括：通气、止血、包扎、固定和搬运。

笔记

（一）现场心肺复苏

对有呼吸困难或呼吸停止的伤员，应紧急开放气道、人工呼吸，心脏骤停者立即心脏按压，见第十六章第二节。

（二）止血

止血方法有多种，可根据具体伤情选择。

1. 指压法 为止血短暂应急的措施，适用于头部和四肢的动脉出血，用手指压在出血近心端的动脉处，将动脉压迫闭合在骨面上，阻断血流，达到迅速和临时止血的目的。各部位指压法见图 17-2～图 17-7。

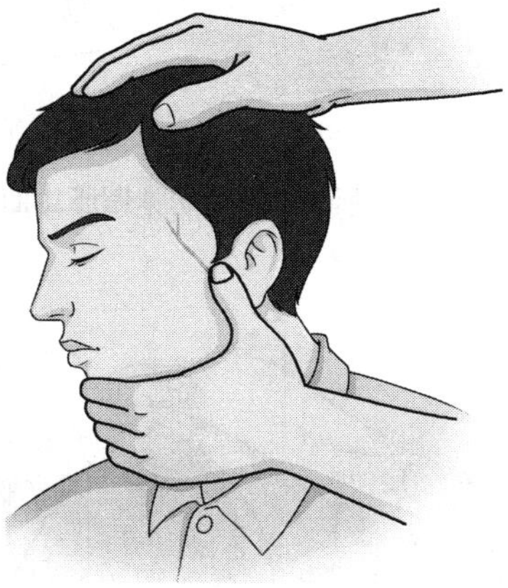

图 17-2 颞动脉的指压止血法

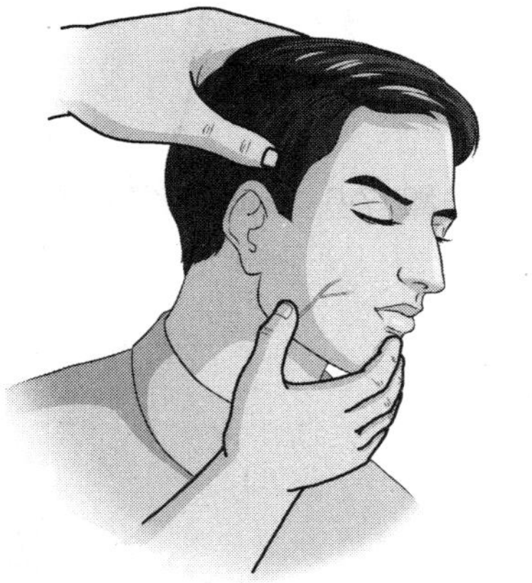

图 17-3 面动脉的指压止血法

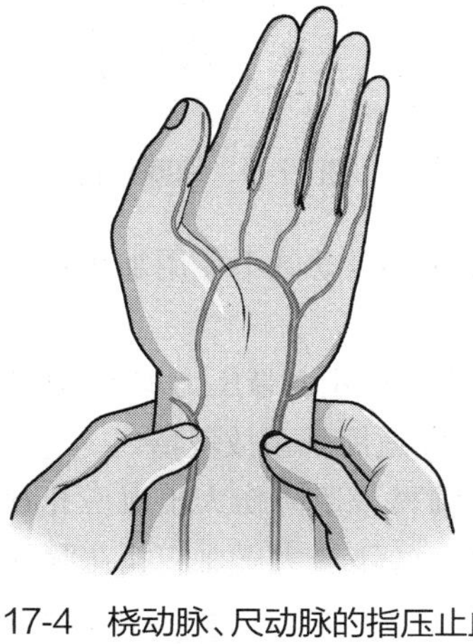

图 17-4 桡动脉、尺动脉的指压止血

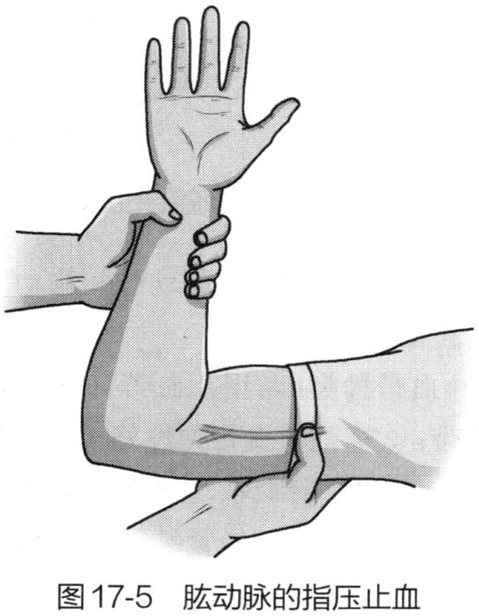

图 17-5 肱动脉的指压止血

2. 加压包扎止血法 适用于四肢、头颈、躯干等体表血管伤时的出血处。可用无菌纱布或洁净敷料覆盖伤口，对较深大的出血伤口，宜用敷料填充，再用绷带加压包扎。力度以能止血而肢体远端仍有血液循环为宜（图 17-8）。

3. 填塞止血法 适用于颈部、臀部或其他部位较大而深的伤口，难以加压包扎时，以及实质性脏器的广泛渗血。先将无菌纱布塞入伤口内，如仍止不住出血，可添加纱布，再用绷带包扎固定。一般 3～5 日始缓慢取出填塞纱布，过早取出可能再发生出血，过晚则易引起感染（图 17-9）。

4. 止血带法 能有效控制肢体出血，使用恰当可挽救大出血伤员的生命，使用不当则可带来严重并发症，以致引起肢体坏死，肾衰竭，甚至死亡。

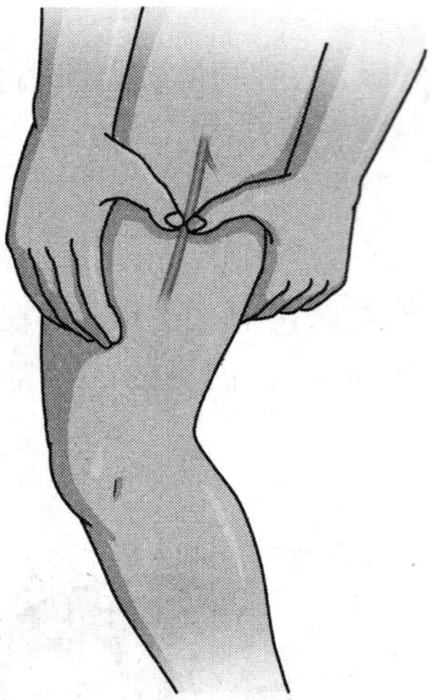

图17-6　股动脉指压止血

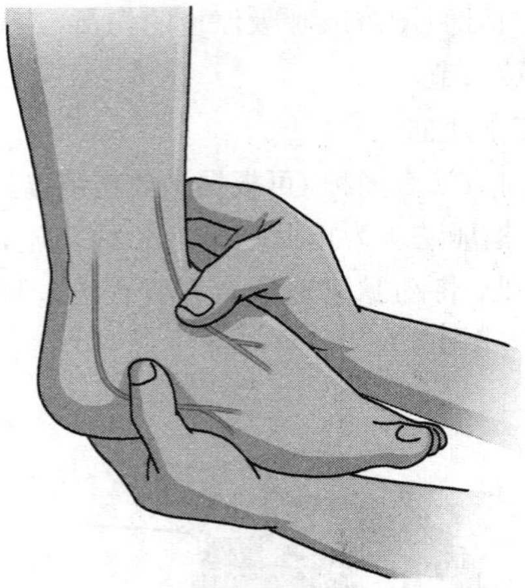

图17-7　胫前、胫后动脉指压止血

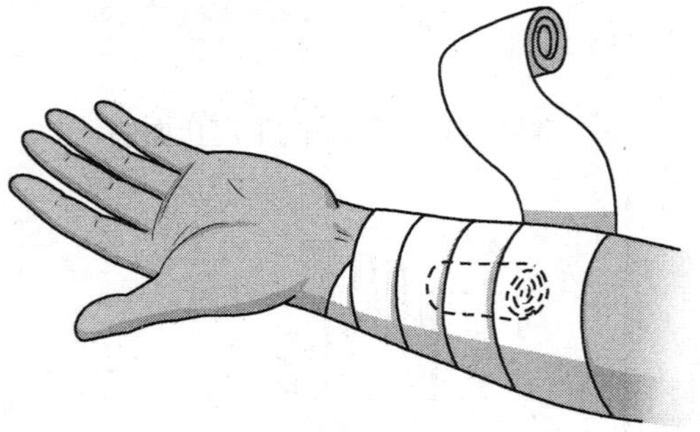

图17-8　加压包扎止血

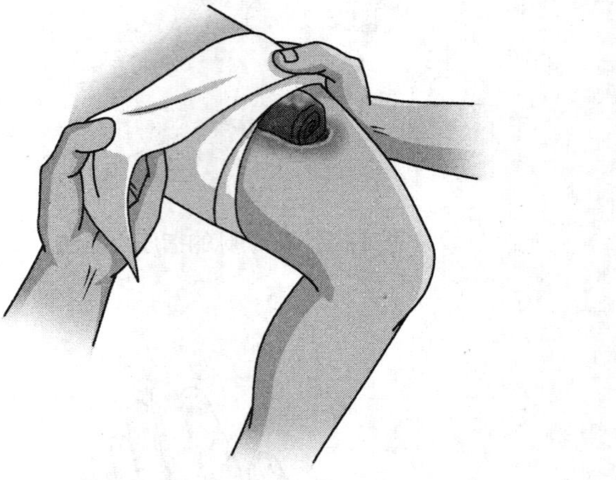

图17-9　填塞止血

（1）适应证：①适用于腘动脉和肱动脉损伤引起的大出血；②股动脉不能用加压包扎止血时，应立即使用止血带。

（2）止血带种类：常用止血带有充气型和橡胶型两种：①充气型止血带压力均匀，压力可以调节，但不便携带；②橡胶止血带弹性好，止血效果好，携带使用方便，适用于事故现场。

（3）止血带使用部位：①上臂大出血应扎在上臂上 1/3；前臂或手外伤大出血应扎在上臂下 1/3 处，上臂中下 1/3 处有神经紧贴骨面，不宜扎止血带，以免损伤；②下肢大出血应扎在股骨中下 1/3 交界处。

（4）止血步骤：先在止血带部位（伤口上方）用纱布、毛巾或伤者衣服垫好，然后以左手拇指、示指、中指拿止血带头端，另一手扭紧止血带绕肢体两圈，将止血带末端放入左手示指、中指间拉回固定。

（5）注意事项：①扎止血带时间以<1 小时为宜，必须延长时则应在 1 小时左右放松一次（3～5 分钟）；②必须做出显著标志，注明时间；③扎止血带时，应在肢体上放衬垫，避免勒伤皮肤。

（6）止血带的松紧度：止血带的压力上肢为 250～300mmHg，下肢为 400～500mmHg，不可过大，以刚达到远端动脉搏动消失、阻断动脉出血为度（图 17-10～图 17-11）。

5. 钳夹止血法　如有可能在伤口内用止血钳夹住出血的大血管断端，连止血钳一起包扎在伤口内，注意不可盲目钳夹，以免伤及邻近神经或血管，影响修复。

笔记

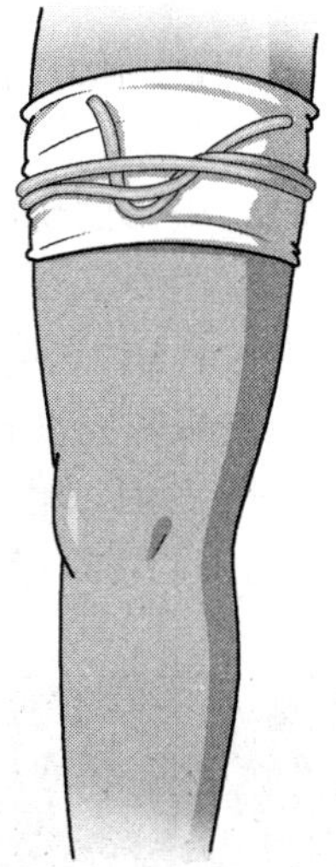

图 17-10 止血带止血法，选用橡皮带固定于股骨中下 1/3 交界处

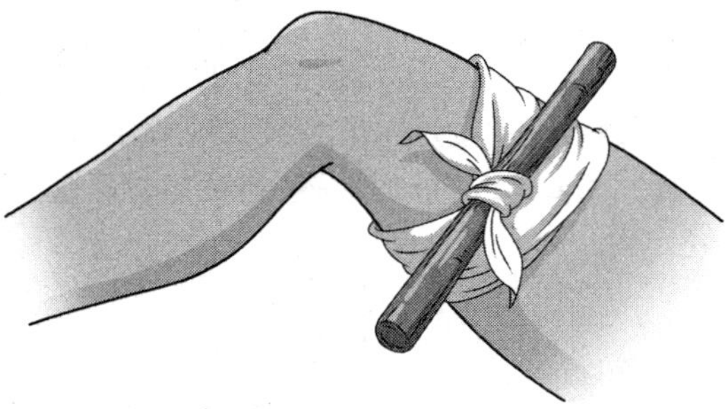

图 17-11 止血带止血法，无橡皮带的情况下可改用细木棍（或树枝）

（三）包扎

包扎的目的是保护伤口，减少污染，固定敷料和协助止血。

1. 包扎材料

（1）绷带：长度和宽度有多种规格。

（2）三角巾：三角巾制作简单，使用方便。用边长为 1m 正方形白布，将其对角剪开即成两块三角巾。

（3）尼龙网套：主要用于头部的包扎与固定，操作简单方便（图 17-12）。

图 17-12 尼龙网套头部包扎示意图

2. 包扎的种类

（1）绷带包扎法：①环形包扎法多用于手腕部或肢体粗细相等的部位；②螺旋包扎法适用于上下肢粗细不同处的外伤；③“8”字包扎法适用于包扎屈曲的关节，如肘、膝关节外伤；④回返包扎法适用于包扎有顶端的部位，如头顶、断肢残端等。

（2）三角巾包扎法：①头部包扎法；②头部风帽式包扎法；③面部面具式包扎法常用于面部烧伤或较广泛组织伤，包扎后在相当于眼、鼻、口处各开一小孔，以便观察；④腹部包扎法用于腹部内脏脱出时，不能送回腹腔，以免引起腹腔感染，可将脱出的内脏先用急救包或大块敷料覆盖，然后用换药碗等扣住，再用三角巾包扎；⑤前胸部或背部包扎法用于背部创伤时，底边打结应放在胸部；⑥燕尾三角巾单、双肩包扎法；⑦臀部包扎法；⑧上肢包扎法；⑨手、足包扎法。

（3）便捷材料包扎：就地取材，如毛巾、床单撕成条形，用最便捷的方法，采取最快的速度，对伤口或伤肢进行包扎。

3. 包扎的要求及注意事项

（1）包扎的动作要轻、快、准、牢。避免碰触伤口，以免增加伤员的疼痛、出血和感染。

（2）对充分暴露的伤口，尽可能先用无菌敷料覆盖伤口，再进行包扎。

（3）不要在伤口上打结，以免压迫伤口而增加痛苦。

（4）包扎不可过紧或过松，以防滑脱或压迫神经和血管，影响远端血液循环。四肢包扎时，要露出指（趾）末端，以便随时观察肢端血液循环。

（四）固定

对骨折部位尽早进行临时固定，可以有效防止因骨折断端的移位而损伤血管、神经等组织，减轻伤员痛苦。

1. 固定原则 注意伤员全身情况，外露的骨折端暂不应送回伤口，畸形的伤部也不必复位，固定要牢靠，松紧要适度。

2. 固定目的 限制受伤部位的活动度，避免再伤，便于转运，减轻在搬运与运送中伤者的痛苦。

3. 固定材料 ①夹板：常用的有铁丝夹板、木质夹板、塑料制品夹板和充气式夹板、真空夹板等。②敷料：衬垫，如棉花、衣物等；固定可用三角巾、绷带等。③颈托、颈围、胸围或器具。④外固定支具。⑤就地取材，如木棒、树枝等。颈托、胸围、支具等固定方法见图17-13～图17-18。

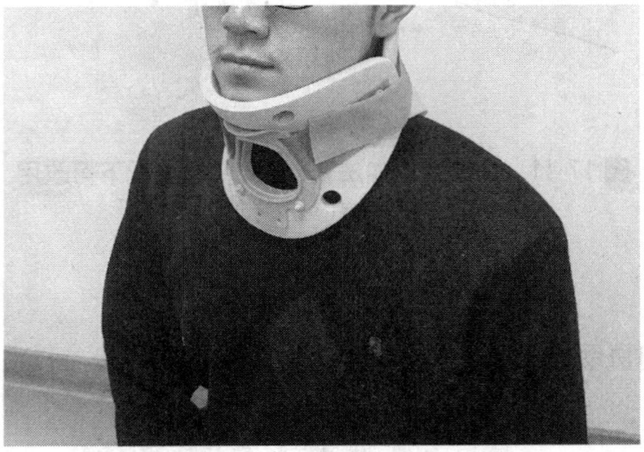

图17-13 颈托的使用示意图

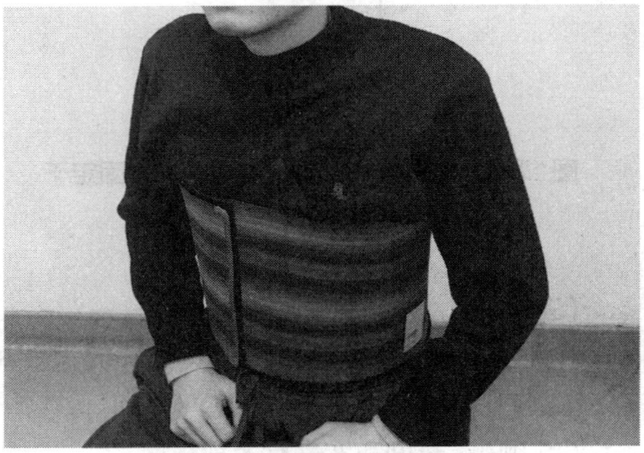

图17-14 肋骨固定带的使用示意图

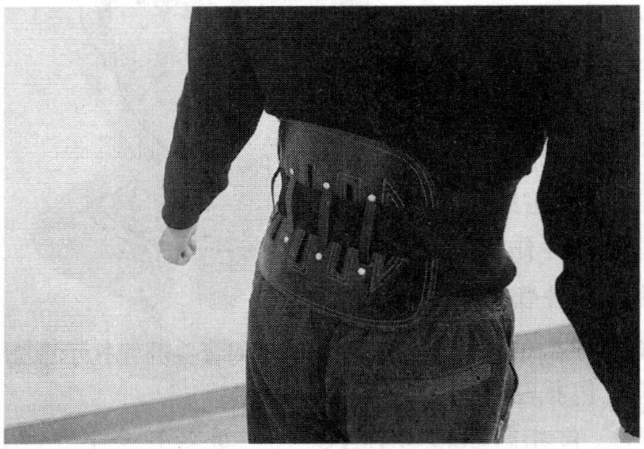

图17-15 腰托的使用示意图

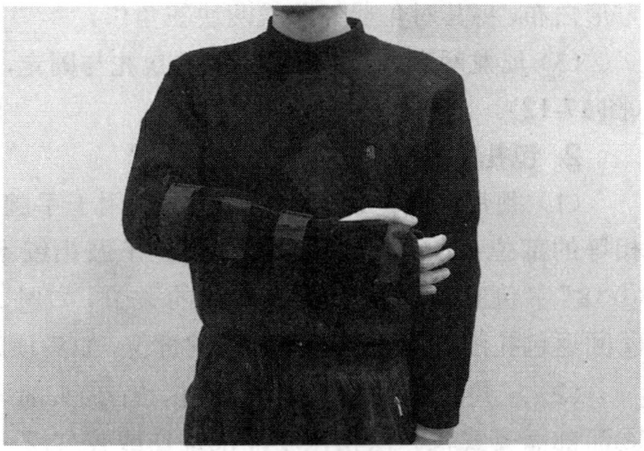

图17-16 前臂支具的使用示意图

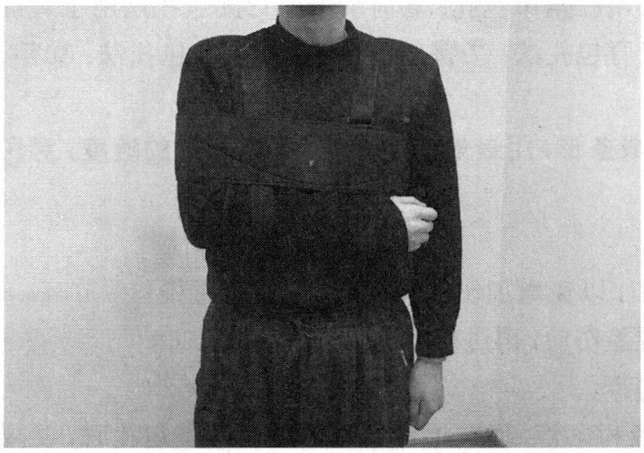

图17-17 肩肘吊带的使用示意图

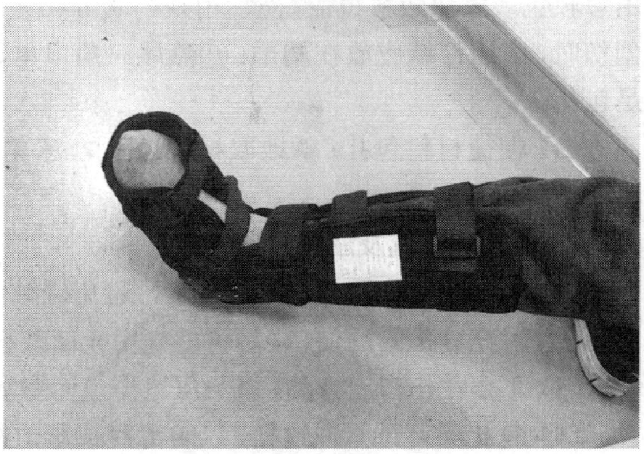

图17-18 胫腓超踝支具的使用示意图

4. 固定方法

(1) 夹板固定法：根据骨折部位选择适宜的夹板，并辅以棉垫、纱布、三角巾、绷带等来固定。多用于上下肢骨折。

(2) 自体固定法：用绷带或三角巾将健肢和伤肢捆绑在一起，适用于下肢骨折，应注意将伤肢拉直，并在两下肢之间骨突出处放上棉垫或海绵，以防局部压伤。

(五) 搬运

1. 搬运目的 使伤员及时、迅速、安全地搬离事故现场，避免伤情加重，并迅速送往医院进一步救治。急救人员应考虑伤者伤势，必须在原地检伤、包扎止血及简单固定后再搬运。

2. 注意事项

(1) 凡怀疑有脊柱、脊髓损伤者，搬运前先固定。搬动时将伤者身体以长轴方向拖动，不可以从侧面横向拖动。

(2) 严密观察伤者生命体征，维持呼吸通畅，防止窒息，注意保暖。

3. 徒手搬运方法 ①扶行法：适用于清醒、无骨折、伤势不重、能自行行走的伤者；②背负法：适用于老幼、体轻、清醒的伤者；③拖行法：适用于体重体型较大的伤者，不能移动，现场又非常危险需立即离开者，拖拉时不要弯曲或旋转伤员的颈部和背部；④轿杠式：适用于清醒伤者；⑤双人拉车式：适用于意识不清的病人。

4. 器械搬运及各部位损伤搬运法

(1) 担架搬运：方便省力，适用于病情较重，不宜徒手搬运，又需要较远路途转送的伤员。①四轮担架：可从现场平稳地推至救护车、救生艇、飞机舱或在医院内转接伤员。②铲式担架：适用于脊柱损伤等不宜随意翻动、搬运的危重伤员。③帆布折叠式担架：适用于一般伤员的搬运，不宜转运脊柱损伤的伤员。

(2) 担架搬动方法：急救人员由 2～4 人一组，将伤者水平托起，平稳放在担架上，脚在前，头在后，以便观察。抬担架的步调、行动要一致，平稳前进，向高处抬时(如过台阶)，前面的人要放低，后面的人要抬高，以使伤者保持在水平状态；下台阶时则相反。

(3) 抬担架时注意事项：①担架员应边走边观察伤员生命体征，如神志、呼吸、脉搏。有病情变化，应立即停下抢救，先放脚，后放头；②用汽车转运时，要固定好担架防止车启动、刹车时碰伤。

(4) 颈椎骨折的搬运：颈椎损伤应由专人牵引伤员头部，颈下须垫一小软垫，使头部与身体成一水平位置，颈部两侧用沙袋固定或使用颈托，肩部略垫高，防止头部左右扭转和前屈、后伸。

(5) 胸、腰椎骨折的搬运：急救人员分别托住伤员头、肩、臀和下肢，动作一致把伤员抬到或翻到担架上，使伤员取俯卧位，胸上部稍垫高，注意取出伤员衣袋内的硬物品，将伤员固定在担架上。

(6) 开放性气胸搬运：首先用敷料严密地堵塞伤口，搬运时伤员应采取半卧位并斜向伤侧。

(7) 颅脑损伤搬运：保持呼吸道通畅，头部两侧应用沙袋或其他物品固定，防止摇动。

(8) 颌面损伤搬运：伤员应采取健侧卧位或俯卧位，便于口内血液和分泌液向外流，保持呼吸道的通畅，防止窒息。

第二节 特殊创伤急救

对急诊伤员首先需要进行病情评估，根据伤情，采取不同的高级生命支持措施，包括保持气道通畅、吸氧、建立静脉通道快速补液等。保持生命体征平稳，同时完成相关辅助检查，如血常规、心电图、床旁B超、X线检查等，请相关专科会诊，需要急诊手术时由专科医生进行手术，收住专科病房。

一、多发伤急救

(一) 多发伤的定义

多发伤(multiple trauma)是指在同一机械致伤因素(直接、间接暴力，混合性暴力)作用下，机体同时或相继遭受两种以上解剖部位或器官的较严重损伤，至少一处损伤危及生命或并发创伤性休克。常见多发伤：

1. 头颅伤 颅骨骨折伴有昏迷、半昏迷的颅内血肿、脑挫伤及颌面部骨折。

2. 颈部伤 颈部外伤伴有大血管损伤、血肿、颈椎损伤。

3. 胸部伤 多发肋骨骨折、血气胸、肺挫伤、纵隔、心脏、大血管和气管破裂。

4. 腹部伤 腹内出血、腹内脏器破裂、腹膜后大血肿。

5. 泌尿生殖系统损伤 肾破裂、膀胱破裂、子宫破裂、尿道断裂、阴道破裂。

6. 骨折 复杂性骨盆骨折（或伴休克）；脊椎骨折、脱位伴脊髓伤，或多发脊椎骨折；上肢肩胛骨、长骨骨折，上肢离断；下肢长管状骨骨折，下肢离断。

7. 严重软组织损伤 四肢广泛皮肤撕脱伤。

（二）多发伤的特点

多发伤伤情严重，可在短时期内致机体内生理功能失衡、微循环紊乱，以及严重缺氧等一系列影响组织细胞功能的循环和氧代谢障碍，处理不当可能迅速危及伤员生命。

1. 损伤机制复杂 同一伤者其不同机制所致损伤可能同时存在，如一交通事故伤者可由撞击、挤压等多种机制致伤；高处坠落可同时发生多个部位多种损伤。

2. 伤情重、变化快 多发伤具有加重效应，总伤情重于各脏器伤相加。伤情发展迅速、变化快，需及时准确的判断与处理。

多发伤的三个死亡高峰：

第一死亡高峰：出现在伤后数分钟内，为即时死亡。死亡原因主要为脑、脑干、高位脊髓的严重创伤或心脏主动脉等大血管撕裂，往往来不及抢救。

第二死亡高峰：出现在伤后6～8小时之内，这一时间称为抢救的“黄金时间”，死亡原因主要为脑内、硬膜下及硬膜外的血肿、血气胸、肝脾破裂、骨盆及股骨骨折及多发伤大出血。如迅速、及时，抢救措施得当，大部分病人可免于死亡。

第三死亡高峰：出现在伤后数天或数周，死亡原因为严重感染或器官功能衰竭。

3. 生理功能紊乱 由于多发伤伤情复杂，常累及多个重要脏器，可直接造成组织器官及功能损害。由于急性血容量减少，组织低灌注状态与缺氧等病理生理变化，引发一系列复杂的全身应激反应，以及组织器官的继发性损害，如果不能得到有效控制，可导致多器官功能障碍综合征（MODS），详见第十四章。

4. 易漏诊、误诊 因多发伤病人损伤部位多、伤情复杂、伤势重，病史收集困难，很容易造成漏诊与误诊。伤者可同时有开放性伤和闭合性伤、明显创伤和隐匿创伤；这些创伤可能互相掩盖，以及各专科会诊时存在专业的局限性，救治中只注意发现主要和显而易见的创伤，而容易忽视深在和隐蔽部位创伤；病情危重时不允许作详细相关的辅助检查，均是常见的漏诊原因。

5. 处理顺序与救治原则的矛盾 严重多发伤常需要手术治疗，由于创伤的严重程度、部位和累及脏器不同，对危及生命的创伤处理重点和先后次序也不一样。有时多个部位的创伤都很严重，多个损伤都需要处理，处理的先后顺序可能发生矛盾。不同性质的损伤处理原则不同，如颅脑伤合并内脏伤大出血，休克治疗与脱水的矛盾；腹部创伤大出血合并休克，既要迅速扩容，恢复有效循环血容量和组织灌注，又要立即手术控制出血，而且在手术控制大出血以前不能过快地输血，以防引起或加重出血和凝血功能障碍等。

6. 并发症 多发伤由于组织器官广泛损伤及破坏，失血量大，生理功能严重紊乱，容易发生各种并发症，如机体免疫、防御系统功能下降，容易导致严重感染和脓毒症。

（三）临床特征和诊断

多发伤可发生在身体的任何部位，在不耽误必要的抢救时机前提下，要求采用简便的诊断方法，在最短的时间内明确脑、胸、腹等部位是否存在致命性损伤。主要包括：

笔记

1. 简要询问病史，了解伤情。

2. 监测生命体征，判断有无致命伤。

3. 按照“CRASH PLAN”顺序检查，以免漏诊。其含义为 C——心脏（cardiac）、R——呼吸（respiration）、A——腹部（abdomen）、S——脊柱（spine）、H——头部（head）、P——骨盆（pelvic）、L——四肢（limb）、A——动脉（arteries）、N——神经（nerves）。

4. 辅助检查

（1）穿刺：简单、快速、经济、安全，准确率达 90%，可反复进行，为胸腹部创伤首选方法。

（2）腹腔灌洗：简便，可在床边进行，阳性率达 95%，可反复进行，用于腹部创伤。可能造成医源性损伤。

（3）X 线：简便、无创、费用低。为骨关节伤的首选方法，也常用于其他部位伤。

（4）B 超：简便，可在床边进行。主要用于腹部创伤，对腹腔积血、实质性脏器损伤和心脏压塞准确性高，空腔脏器和腹膜后损伤准确性差。

（5）CT：实质性脏器损伤可以定性，颅脑、胸腹创伤意义较大。

（6）MRI：多角度、多层面成像，软组织分辨率极高。但操作复杂，费用高，金属异物影响检查。主要用于脑和脊髓伤。

（7）血管造影：可以同时进行诊断和治疗，能够判定出血来源。在特定情况下有意义，用于腹部及盆腔创伤。

（8）内镜技术：可以同时进行诊断和治疗。在特定情况下，用于胸腹创伤。

（四）急诊救治

1. 生命支持 对多发伤伤员首先进行生命支持。

（1）呼吸道管理：颅脑损伤出现昏迷，舌后坠阻塞咽喉入口；颈部、面颊部伤时血凝块和移位肿胀的软组织可阻塞气道；咽喉或气管软骨骨折可引起气道狭窄；痰、呕吐物、泥土、义齿可阻塞气道。上述情况均可导致窒息，如不及时解除，会立即导致死亡。急救时应迅速除去堵塞气道的各种因素，保持气道通畅。昏迷病人放置口咽通气管，紧急情况下先行环甲膜穿刺术，然后行气管切开术。建立人工气道最可靠的方法是气管插管，能完全控制气道、防止误吸，也可保证供氧及气道给药。

（2）心肺复苏：心肺复苏参见相关章节。多发伤者如伴有胸骨骨折、多发肋骨骨折、血气胸、心脏压塞、心脏破裂，可开胸行心脏挤压。

（3）抗休克治疗：多发伤者大多伴有低血容量性休克。应根据伤者的血压、脉搏、皮温、面色判断休克程度，并控制外出血。①迅速建立两条以上静脉通路，可行深静脉穿刺置管术，以便输液和监测。②立即用乳酸林格液或 5% 葡萄糖生理盐水 1000～2000ml 在 15～20 分钟内输入。③小剂量高渗液（7.5% 氯化钠 200ml）能迅速扩张血容量，直接扩张血管，改善心血管功能，在休克早期有较好的复苏效果。④全血是抗休克最好的胶体液，可提供红细胞、白细胞、白蛋白及其他血浆蛋白和抗体。其他胶体液如血浆、白蛋白、右旋糖酐等均可使用。晶体：胶体比例一般为 2∶1，严重大出血时可为 1∶1。⑤当血容量基本补充后，平均动脉血压仍 <65mmHg，应使用血管活性药，扩张小动、静脉，降低外周阻力，可用小剂量多巴胺［$<10\mu g/(kg \cdot min)$］或酚妥拉明等。⑥如休克时间较长，可使用小剂量碱性药物。

2. 急救原则 多发伤治疗与诊断同时进行，不可等待诊断结束后才开始治疗。

（1）以颅脑损伤为主的伤者则应首先输入甘露醇降低颅压，然后再进行各项检查。

（2）以失血为主的伤者，如实质性脏器破裂：血管损伤、骨盆或长骨骨折等，要立即快速补液。

（3）多发伤应视为一个整体，根据伤情的需要以整体观来制订抢救措施、手术顺序及器官功能的监测与支持，切不可将各部位损伤孤立开来救治。

3. 进一步处理 多发伤者在初步复苏和生命支持后，生命体征相对趋于平稳，可行进一步的检查，根据检查结果再进行相应的处理。

（1）颅脑伤处理：多发伤中颅脑损伤的发生率很高，仅次于四肢损伤，是导致伤者死亡的首要因素。对于颅脑损伤关键要防止因颅内高压导致脑疝。如果伤者全身情况允许，应尽早行颅脑CT检查，了解颅脑损伤的变化。昏迷伤者应保持气道通畅，防止呼吸道误吸。根据意识变化、生命体征、瞳孔反应、眼球活动、肢体运动反应及颅脑CT检查，判断是否有颅内出血、脑挫裂伤及脑组织受压情况。如脑组织受压明显，应即刻行开颅血肿清除和（或）减压术。

（2）胸部伤处理：胸部多发伤合并腹部损伤时，多数情况下可先行胸腔闭式引流术，再处理腹内脏器损伤和四肢开放性损伤。根据胸腔引流血量的多少和速度再决定是否行开胸探查术。当置管后一次性引流血量>1000～1500ml，或3小时内引流速度仍每小时>200ml以上，应行开胸探查。多发肋骨骨折有反常呼吸伴有心脏大血管损伤，应争分夺秒地进行手术止血。

1）以胸部损伤为主的伤员，伤侧胸廓呼吸运动都明显减弱或消失，胸部叩诊鼓音，应特别注意伤员的呼吸变化及胸廓起伏，以及听诊呼吸音的变化。

2）创口处理：对开放伤者立即用5～6层凡士林油纱布封闭伤口，外用无菌敷料严密包扎，使开放性伤口变成闭合性伤口。

3）气胸处理；闭合性气胸者如确定是张力性气胸，应立即用9～16号针头作为穿刺针，在锁骨中线第二肋间或腋间第四、第五肋间刺入胸膜腔紧急排气，并给予高流量吸氧，以改善缺氧状态。

4）伤员转运：在搬运和转运过程中，应保持伤者平卧位，头部稍后仰，以保持呼吸道畅通。转运途中严密观察生命体征，一旦出现呼吸困难加重，脉搏细速且血压迅速下降，应迅速查明原因及时给予处理。转运伤员时救护车需减慢行驶速度。

（3）腹部伤处理：多发伤合并腹内脏器损伤是导致伤者死亡的主要原因之一。尤其对昏迷伤者缺乏主诉、腹部体征不明显，容易漏诊。腹部诊断性穿刺及床旁超声检查有助于动态观察及临床诊断。尽早明确是否有剖腹探查指征，争取早期、快速手术。开腹首先探查主要损伤脏器，迅速止血，同时予以快速补液输血，待血压稳定后再彻底、有顺序地逐一探查腹内脏器。

1）注意伤员神志、血压及腹痛的变化：早期腹痛比较局限，随着渗出液增加，腹痛持续加重，向整个腹部弥漫，常伴腹胀、压痛、反跳痛、恶心、呕吐、肠鸣音消失、休克。

2）腹部内脏膨出物的处理：用无菌碗状物扣盖保护内脏，再包扎，禁止还纳使腹腔污染。

3）伤员转运：转运时应注意观察伤者症状、体征，及时补充液体，抗休克，并保证呼吸循环支持。对重度休克者应取抬高头部15°，下肢抬高30°平卧的休克体位。禁止给伤员喝水。

（4）四肢骨盆、脊柱伤处理：对四肢开放性损伤、血管神经损伤、脊柱骨折、脊髓损伤应在伤者生命体征稳定后早期进行手术处理，最好于24小时内行手术固定。

1）肢体骨折可用夹板和木棍、竹竿等将断骨上、下方两个关节固定，若无固定物，则可将受伤的上肢绑在胸部，将受伤的下肢同健肢一并绑起来，避免骨折部位移动，以减少疼痛，防止伤势恶化。

2）开放性骨折，伴有大出血者，先止血，再固定，用干净织物或纱布覆盖伤口，然后速送医院救治。切勿将外露的断骨推回伤口内。若在包扎伤口时骨折端已自行滑回创口内，到医院后须向医生说明，提请注意。

3）疑有颈椎损伤，在使伤员平卧后，用沙土袋（或其他代替物）放置头部两侧以使颈部固定不动。

4）腰椎骨折应将伤员平卧在硬木板（或门板）上，并将腰椎躯干及两下肢一同进行固定预防致瘫。搬运时应数人合作，保持平稳，躯体不能扭曲。平地搬运时伤员头部在后，上楼、下楼、下坡时头部在上，搬运中应严密观察伤员，防止伤情突变。

4. 多发伤手术处理顺序及一期手术治疗 多发伤者当有两个以上部位需要手术时，顺序选择合理与否是抢救成功的关键。多发伤手术的原则是在充分复苏的前提下，用最简单的手术方式，最快的速度修补损伤的脏器，减轻伤员的负担、降低手术危险性，以挽救伤员生命为重。

笔记

（1）颅脑伴有脏器损伤：根据各脏器挫伤轻重程度，采取先重后轻的原则。

(2) 胸腹联合伤：可同台分组行开胸及剖腹探查术。多数情况下可先作胸腔闭式引流，再行剖腹探查术。

(3) 腹部伤伴有脏器伤：腹腔内实质性脏器及大血管伤，抗休克的同时积极进行剖腹手术，病情平稳后再依次处理其他部位损伤。

(4) 四肢骨折：开放伤可急诊手术，闭合性骨折可择期处理。

(5) 多发性骨折：应争取时间尽早施行骨折复位及内固定术，便于护理及康复。

5. 损伤控制外科（damage control surgery，DCS） 是指针对严重创伤者进行阶段性修复的外科策略，旨在避免因严重创伤者生理潜能的耗竭，避免"死亡三联征（低温、代谢性酸中毒、凝血紊乱）"出现，造成不可逆的病理过程，其目的在于有效降低严重创伤病人的死亡率。

损伤控制手术分为三个阶段：

(1) 救命手术：包括 ①控制出血可采用填塞、结扎、侧壁修补、血管腔外气囊压迫、血管栓塞、暂时性腔内转流等简单有效的方法；②控制污染采用快速修补、残端封闭、简单结扎、置管引流等；③快速关腹采用巾钳、单层皮肤缝合、人工材料、真空包裹技术，突出强调有效、快速和简单。

(2) ICU 复苏：包括复温（电热毯、暖水袋、空调、热湿气体吸入、温盐水腹腔灌洗、加热输液装置）、纠正凝血障碍、呼吸机通气支持、纠正酸中毒及全面体检避免漏诊。

(3) 确定性再手术：包括取出填塞、全面探查、解剖重建。

严重多发伤病员的救治成功与否并不依赖手术恢复解剖关系，而取决于对严重内环境紊乱的全面、快速纠正。DCS 理念是将外科手术看作复苏过程整体的一个部分，而不是治疗的终结。通过简单、有效的外科操作，控制致命性的活动性大出血和腹腔污染，避免严重腹腔感染的发生，恢复病人创伤应激储备，提高再手术的耐受力。DCS 理念更加符合多发伤病员的病理生理，既把创伤对伤病员的损害降到最低程度，又最大限度地保存机体生理功能，是兼顾整体和局部逻辑思维的充分体现。

6. 营养支持 创伤后机体处于高代谢状态，能量消耗增加，大量蛋白质分解，负氮平衡，如不能及时纠正，病人易发生营养不良、感染和多器官功能衰竭。因此，创伤后营养支持尤为重要。一般来讲，消化道功能正常者，以进食为主；昏迷或不能进食者，可用鼻饲或造瘘；不能从消化道进食者，可采用短期肠外营养。

(1) 胃肠道营养：创伤后早期胃肠道营养，不但能提供足够营养，纠正负氮平衡，还能维持胃肠道的正常结构及功能，防止黏膜萎缩，维护胃肠道的防御系统。

(2) 胃肠外营养：如伤者伴有腹内脏器损伤或胃肠道需要休息，不能从消化道进食，可通过静脉予全胃肠外营养。成人每天需给总能量 210～290kJ（50～70kcal/kg），其中蛋白质 0.4～0.6g 氮 /(kg•d)，（1g 氮相当于 6.25g 蛋白质），脂肪乳剂占总能量的 25%～30%，葡萄糖每日供给不超过 600g，输入速度控制在 7mg/(kg•min)，并给予适量外源性胰岛素。另外需补充钾、钠、氯、钙、磷、镁等无机盐和维生素及微量元素。

7. 预防感染 多发伤感染的渠道是多方面的，既可来源于开放的创口，也可以来自各种导管使用中消毒不当造成的院内感染，还来自肠道的细菌移位、长期使用广谱抗生素发生的二重感染。因此，感染的防治是降低多发伤死亡率的一个重要环节。

(1) 彻底清创：对于开放性创口关键在于早期彻底清创，这是任何抗生素都无法替代的。清创应彻底去除异物及坏死组织，逐层缝合，消灭死腔，较深的创口应留置引流管。

(2) 预防院内感染：多发伤者留置的导管比较多，如导尿管、引流管、深静脉置管、气管插管等，应注意定期消毒、无菌操作，完善消毒隔离制度，增强医务人员的无菌观念。对于多发伤病人，可先采用经验性用药，选用广谱强效抗生素，然后再根据细菌培养及药敏结果选择针对性的抗生素。

二、复合伤急救

（一）复合伤的定义

复合伤（combined injuries）是指两种或两种以上致伤因素同时或相继作用于人体所造成的损伤，

所致机体病理生理功能紊乱常较多发伤和多部位伤更严重而复杂，是引起死亡的重要原因。常见原因是工矿事故、交通事故、火药爆炸事故、严重核事故等各种意外事故。临床上依据其主要损伤的特征来命名，如创伤复合伤、烧伤复合伤等。

（二）复合伤的特点

创伤复合伤的基本特点是有两种致伤因素，其中一种主要致伤因素在伤害的发生、发展中起着主导作用。在机体遭受两种或两种以上致伤因素的作用后，创伤不是单处伤的简单相加，而是相互影响，使伤情变得更为复杂棘手。

主要致死原因：要害部位大出血；休克（失血性休克、感染性休克、创伤性休克和烧伤引起的休克）；有害气体急性中毒或窒息；急性肺水肿、肺出血；急性心力衰竭；多器官功能障碍等。

（三）临床特征及诊断

1. 致伤因素 有两种以上致伤因素受伤史，如冲击伤、烧伤、创伤。

2. 创面或伤口 能间接地推测可能发生的伤情，如烧伤、冲击伤体表创面为轻伤，但内脏损伤多较重。

3. 症状与体征 临床根据损伤的部位体征可出现相应的症状。如肺冲击伤可伴有胸闷、咳嗽或呼吸困难等。

4. 全身性反应 可有不同程度的休克，严重低氧血症，全身免疫能力低下，伤后感染发生较早，而且较严重。

5. 实验室检查及影像学检查 有助于确诊，如各项化验、X 线、超声及 CT 检查等，根据病情需要适当选择。

（四）救治原则

1. 撤离现场 迅速而安全地使伤员离开现场，避免再度受伤和继发性损伤。

2. 呼吸支持 保持呼吸道通畅，如怀疑有颈部损伤，不宜行仰头抬颏法，采用托颌法，必要时行环甲膜穿刺、气管插管或气管切开术。

3. 心肺复苏 心跳呼吸骤停者，立即行心肺复苏。

4. 复合伤处理 综合应用各类多发伤的救治原则。

5. 止痛镇静 给予止痛、镇静剂，有颅脑伤或呼吸抑制者，禁用吗啡、哌替啶。

6. 放射性损伤 ①尽早给予抗放射性药物，如胱胺、巯乙胺、雌激素、S-Z- 氨基丙基磷酸以及中草药等，同时还可与其他促进造血再生药物合用。②尽早消灭创面或伤口，尤其是清除放射性的污染创面，应注意先将伤口覆盖，以防止带有放射性物质的洗液进入伤口，创口用生理盐水反复冲洗。对于难以冲洗的创口，可采用清创术来消除污染，一般需作延迟缝合。

三、特殊复合伤

（一）烧伤复合伤

烧伤复合伤多见于战争时期，但平时亦不少见，如各种意外爆炸（锅炉爆炸、火药爆炸、瓦斯爆炸等）、电击和交通事故时均可发生。战时烧伤复合伤多为烧伤合并冲击伤，而平时则多见合并各种脏器和组织的机械性损伤。

1. 临床特点

（1）全身情况差，症状多样：特别是在合并冲击伤时，可表现为神情淡漠、反应迟钝、乏力、嗜睡；合并颅脑伤时，出现意识障碍；合并胸腹脏器损伤时，则出现各种胸腹伤的相关症状。

（2）肺功能不全：合并冲击伤时，伤者感觉胸闷、憋气，或出现肺水肿。心跳常表现先缓慢，40～50 次 / 分，持续 2～3 小时，而后加快至 200 次 / 分，并出现心律失常。

（3）急性肾损伤：合并冲击伤时，即使烧伤不太严重时，也可出现少尿、血尿、无尿，血尿素氮持续升高，甚至发生急性肾损伤。

笔记

2. 诊断 烧伤复合伤诊断可根据受伤史及全面查体，不难做出正确诊断。对合并冲击伤者，主要依据病史。当临床表现与烧伤程度不吻合，或有精神症状时，应考虑到有内脏冲击伤的可能，需做详细检查。

3. 治疗 烧伤复合伤的处理原则：①及早判断复合伤的部位、类型、程度；②对危及生命及肢体存活的重要血管、内脏、颅脑损伤及窒息等，在抗休克同时，应优先处理；③不危及生命或肢体存活的复合伤待休克基本控制，全身情况稳定后再行处理。

常见烧伤复合伤的处理：

（1）烧伤合并骨关节损伤：这类复合伤的处理较单纯性烧伤或骨折复杂。一方面与骨折造成出血易发生休克有关；另一方面，由于骨关节损伤部位有皮肤烧伤，易发生感染，给复位和固定带来困难。处理方法要依据烧伤面积的大小及严重程度而定。

1）小面积浅度烧伤合并闭合性骨折：可试用手法复位石膏托固定。不能手法复位的骨折如股骨骨折，胫、腓骨不稳定型骨折等，可用骨牵引或髓内针固定。后者有利于骨折的术后护理和烧伤创面的处理。

2）大面积深度烧伤合并闭合性骨折：以处理烧伤为主，对骨折只保持肢体对线即可。如发生畸形愈合，可后期手术处理。如初期病情允许，也可行骨牵引。

3）小面积深度烧伤合并闭合性骨折：可行早期切痂植皮，同时可行骨折开放复位内固定。

4）烧伤合并开放性骨折：如病情允许应及早彻底清创，简单对合骨折，用软组织覆盖骨折处，一般不行内固定。但如果清创彻底，痂皮切除后可植皮覆盖时，也可酌情使用内固定。

5）烧伤合并骨折、血管损伤：威胁伤者生命或危及肢体存活时应在抢救休克的同时，早期实施确定性手术。

（2）烧伤合并颅脑损伤的处理：这种复合伤诊断上有一定困难。因为肢体和面部的烧伤影响感觉、运动及脑神经的检查。需仔细询问病史，注意生命体征及意识的变化。最为困难的是抢救烧伤休克与防治脑水肿之间的平衡。前者需要大量补液，后者则需要限制补液量并进行脱水。一般早期进行补液治疗，一旦休克被控制，即适当限制补液并及早使用脱水剂，根据血压、脉搏、呼吸的变化，调整脱水剂的剂量。

（3）烧伤合并冲击伤的处理：多见于战时，诊断上易延误，但根据前述的临床特点，只要考虑到复合伤发生的可能性，做全面细致检查，一般能及时做出诊断。治疗中应注意以下几点：

1）补液量要充足：烧伤合并冲击伤较单纯烧伤的补液量需充足。与冲击伤引起广泛的小血管和淋巴管通透性增加或破裂造成组织间液体潴留有关。

2）保护心肺功能：烧伤合并冲击伤时，会出现心肺功能障碍。在补液的同时，需密切注意呼吸、心率、心律的改变。在补足液体量后，脉搏增至150次/分以上，并伴有心律失常时，可静脉缓慢注射强心药物。

3）早期给氧：尽量少用镇静止痛剂。因心肺功能障碍导致的缺氧，伤者常表现为烦躁不安，且镇静药物往往无效，应及早给予吸氧，加压给氧，必要时行气管插管，机械通气治疗。

4）防治急性肾损伤：由于外伤引起肾小球和肾小管的病理改变，易产生肾损伤。防治的主要措施是及早纠正休克和缺氧状态，改善心肺功能，有效控制感染。

5）及时发现和处理肺水肿、脑水肿和内出血等。

（二）化学性复合伤

各种创伤合并毒剂中毒或伤口直接染毒者，称为化学性复合伤，多见于战时使用化学武器，平时偶然可见。

1. 临床特点

（1）毒剂中毒合并创伤时，中毒程度明显加重。合并其他损伤时可使毒剂的致死剂量减少到未受伤时的1/15～1/10。

（2）创伤伤口染毒后，依据其毒剂种类，各有其特殊表现。如神经性毒剂染毒伤口，一般无特殊感觉，伤口及其周围组织的改变也不明显，但不久即可出现伤口局部持续性肌颤，当全身吸收中毒后则出现流涎、恶心、呕吐、腹痛、胸闷、惊厥、昏迷等。芥子气染毒伤口后局部出现明显的炎症反应，并有水疱发生，继而坏死。路易剂染毒伤口后疼痛剧烈，局部出现青灰色斑点，周围皮肤充血、发红、水肿及有水疱形成。双光气染毒伤口后疼痛较重，出血较多，2～3 小时后迅速发生水肿。

2. 诊断

（1）中毒史：根据受伤时所处环境，可大致做出推断。

（2）查体：根据上述各种毒剂染毒伤口的局部特点，并注意伤者衣服、伤口和绷带上的毒剂斑点，结合特殊气味，如芥子气有大蒜气味，路易剂有天竺葵气味等，可初步做出诊断。

（3）实验室检查：根据上述初步检查结果做有关毒剂中毒的实验室检查。如神经性毒剂中毒时可检验血液胆碱酯酶活力；路易剂中毒时尿液检查常有砷出现等。

（4）毒剂检验：从伤口分泌物中取样做毒剂鉴定，可准确判断染毒种类。

3. 处理

（1）如伤口位于四肢，急救时应及时使用止血带，以减少毒剂吸收。

（2）及时清洗残余毒物。

（3）如全身情况允许，应及时做清创处理，并注意做好防护，以防交叉染毒和急救人员染毒。

（4）各种创伤处理原则与单纯伤基本相同。

（三）放射性复合伤

放射性复合伤是指人体在遭受放射性损伤的同时，又受到机械性损伤等。在核电站事故、核爆炸时有多种致伤因素同时作用于机体；其中以合并烧伤、冲击伤较为多见。

1. 临床特点

（1）休克发生率高：休克发生率和严重程度均较其他损伤为重，一般放射剂量越大，休克发生率越高，程度也越严重。

（2）感染发生率高：复合伤时病人发生全身感染的概率明显高于其他创伤病人，而且出现越早，死亡率越高。感染是放射性复合烧伤的凶险并发症，并且常为致死的原因，烧伤创面长期存在，感染源主要是外源性的，但也可能从肠道或呼吸道侵入感染。在伴有放射性损伤时，烧伤创面的感染更具有向深部蔓延的倾向，常并发致命的脓毒症。

（3）造血系统功能严重损害：复合伤较单纯放射性损伤出现的骨髓破坏更为严重，并且出现时间较早。

（4）创伤愈合过程延缓：通常中度以下的复合伤对创伤愈合的影响，与单纯伤相比无明显差别，但遭受较大剂量照射时，创伤的愈合速度明显减慢。

2. 诊断

（1）有放射性物质接触史，如曾在放射沾染区或接触过各种形式的放射源。

（2）临床表现为难以解释病因的休克、感染、造血功能损害等。

（3）放射检测装置发现体内存留放射物质。

3. 处理

（1）现场紧急救护：从事故现场抢救病人，关闭辐射区，电话报告防护组及救援中心。

（2）污染伤口处理：现场急救，可用大量清水清洗污染伤口，伤口上方扎一止血带，减少出血量。伤口根据放射性核素种类，以二乙烯三胺五乙酸（DTPA）冲洗，或用生理盐水冲洗。经探测仪表明污染已不明显时，方可进行手术切除污染伤口，切除组织作监测计数或放化分析、放射自显影，记录污染核素类型。

（3）自救互救及初步医疗救护措施：①迅速脱离放射沾染区；②局部洗消皮肤暴露部位的沾染；③清水冲洗鼻孔及口腔，佩戴防护面罩；④催吐；⑤用力咳出痰液。

笔记

四、挤压伤与挤压综合征救治

（一）挤压伤与挤压综合征

挤压伤（crush injury）广义是指机体任何一个部位受到挤压，使组织结构的连续性受到破坏和功能障碍。但临床所提的挤压伤特指人体肌肉丰富的部位，如四肢、躯干，受压榨或挤压后所造成的损伤，通常受压肌肉组织大量变性、坏死，组织间隙渗出、水肿。临床表现为受压部位的肿胀，感觉迟钝或缺失，运动障碍，以及肌红蛋白血症和一过性肌红蛋白尿。进一步进展为高钾血症，以及以肌红蛋白血尿为特征的急性肾衰竭则称为挤压综合征（crush syndrome）。

（二）临床特征及处理

挤压伤和挤压综合征常可见于手、足被钝性物体如砖头、石块、门窗、机器或车辆等暴力所致挤压伤；也可见于爆炸冲击所致的挤压伤，伤害常伤及内脏，造成胃出血、肝脾破裂等；更严重的挤压伤见于地震、房屋倒塌、建筑事故等引起的压埋伤。

1. 手指、脚趾挤压伤 可见指（趾）甲下血肿，呈黑紫色；也可为开放性损伤，甚至有骨折。应立即用冷水或冰块冷敷其受伤部位，以减少出血和减轻疼痛；后期可用热敷以促进淤血吸收。对甲下积血应及时排除，不仅可以止痛，还可以减少感染，以保存指甲。

2. 内脏及肢体伤 应密切观察有无呼吸困难、脉搏细数、血压下降等改变，及时送往医院救治。肢体挤压伤严重肿胀者，及时行切开减压术，以保证肢体的血液循环，防止肢体坏死。

3. 筋膜间隔综合征 是指四肢肌肉和神经都处于由筋膜形成的间隔中，当筋膜间隔内压力增加，会影响该处的血液循环及组织功能，最后导致肌肉缺血坏死，神经麻痹，甚至危及生命。造成筋膜间隔内压升高有多种原因，如重物挤压、包扎过紧、肢体长时间受压，以及血管损伤而致血肿，肌肉过度活动后发生肿胀等，都将使间隔内和全身发生一系列的病理生理变化。

（1）临床表现：初期可有伤肢间歇性的麻木和异样感，随后深部组织广泛而剧烈的进行性灼痛，向远端放射，远端动脉搏动减弱。缺血持续 12 小时以上，将导致肢体功能障碍，如肌肉挛缩、感觉消失、运动无力、远端动脉搏动消失等。早期症状不明显，易被贻误，应密切观察伤肢局部变化。骨折复位后，无论用棉垫绷带包扎或石膏外固定，都应密切观察伤肢远端血供情况，即皮肤颜色、温度和远端动脉搏动，包括桡动脉或足背动脉。

（2）救治原则：对肢体肿胀严重者，应注意外固定包扎的松紧度，局部敷用消肿散以助消肿。如肿胀异常，应立即松解外固定及敷料，制动伤肢，切忌按摩和热敷。经一段时间观察血液循环仍不改善，应及时手术切开减压，以确保肢体安全。晚期伤肢有严重血运障碍或无血运，肢体确定无功能，有全身中毒症状，经过减张引流后仍不缓解，或合并气性坏疽者，应截肢，以免发生致命性并发症。

4. 挤压综合征 当四肢或躯干肌肉丰富的部位被外部重物长时间挤压，或长期固定体位的自压，解除压迫后出现以肢体肿胀、肌红蛋白尿、高钾血症为特点的急性肾衰竭，称为挤压综合征。多在意外事故、自然灾害及战争时发生。

挤压综合征的全身变化主要是急性肾衰竭的代谢变化，临床表现和生理功能紊乱主要由水、电解质和酸碱平衡失调引起。病情轻者历时 3～5 日，病重者 1～2 周；3 周以上仍不恢复者，后果严重，死亡率高达 40%。急性肾衰竭根据尿量改变分为三期：少尿或无尿期，多尿期和恢复期。

（1）现场急救处理：一旦发现有人被重物埋压时，应采取以下措施：

1）及时解除挤压伤员身体的重物，以减少挤压综合征发生的可能。

2）对伤肢要做好制动，尽量减少伤员活动，并将伤肢暴露在凉爽处，或用凉水降低伤肢温度。可以降低伤肢组织内代谢和毒性物质的吸收。

3）注意绝不能抬高伤肢，更不能对伤患处进行按摩、热敷和活动，这样会加快毒物吸收并严重损伤肾功能。

4）对有开放性出血者应及时止血。有骨折者应给予临时固定。

经以上现场急救处理后，立即组织送医院作进一步救治。

(2) 辅助检查：检查血常规判断感染及失血状况；尿常规判断损伤程度及肾功能状况，尿比重可连续监测判断肾功能状况；尿肌红蛋白定性及定量作为诊断的依据；血电解质判断电解质平衡状况；血肌酸磷酸激酶判断肌肉损伤程度；血肌酐判断肾功能状况；血气分析判断酸碱平衡及肺功能；出血、凝血功能可监测预防DIC发生。

心电图可判断有无高、低血钾引起的心律失常。

X线判断有无骨折及软组织损伤状况。

(3) 全身治疗

挤压伤阶段：

1) 抗休克：大量补液。在监护下予充分的容量复苏，早期成人输液量可达6L/d。

2) 碱化尿液：一般予碳酸氢钠静滴，使尿中的酸性正铁血红素溶解度增加，有利于排出，预防肌红蛋白在肾小管沉积，保护肾功能，预防酸中毒。

3) 利尿、脱水：在充分容量复苏的基础上，利尿脱水有助于增加肾血流量，防止肾衰竭，同时可减轻筋膜间区内的压力，使部分病人避免行筋膜间区切开术。

4) 抗感染：使用广谱抗生素，包括抗厌氧菌。注射破伤风抗毒素。

挤压综合征阶段：若已出现急性肾衰竭，则应按急性肾衰竭处理。

1) 严格控制液体摄入量。

2) 治疗代谢性酸中毒。

3) 纠正水、电解质紊乱，尤其是高钾血症。

4) 预防及控制感染。

5) 促进肾功能恢复。

6) 加强营养。

7) 血液净化措施，包括血液透析和持续血液过滤治疗等。

(4) 局部(伤肢)治疗

1) 筋膜切开术：可以缓解间区压力，改善血液循环，防止肌肉、神经等进一步缺血坏死。

适应证：①肢体明显肿胀，张力高，或局部有淤斑、水疱发生。②尿肌红蛋白持续阳性。③筋膜间区压力超过40mmHg或(舒张压-30mmHg)。

方法与要点：①切开所有受累的筋膜间隔区，必要时切除部分腓骨，充分暴露肌肉；②方向沿肢体长轴；③切开后作彻底清创，难以判断肌肉组织是否坏死时，应在隔日检视。不作一期缝合；④注意无菌操作；⑤勤换药，密切观察伤口变化。

副作用：①容易继发感染；②大量渗出，丢失体液及胶体。

2) 截肢术：肢体损伤严重，无可挽救时，为避免更严重的并发症，考虑行截肢术。

3) 高压氧：促进伤肢神经、肌肉恢复。

(5) 预防：因本症的死亡率较高，预防非常关键。

(刘中民　陈雁西)

思考题

1. 创伤院前急救的评分和分拣方法有哪些？
2. 创伤基本生命支持主要包括哪些内容？
3. 多发伤的临床特点是什么？
4. 复合伤的临床特点是什么？
5. 挤压综合征的全身和局部治疗有哪些？

笔记

第十八章　急危重症监护

急危重症监护是以“抢救生命、稳定生命体征、支持器官功能”为核心的急危重病医疗环节。可通过各种技术方法和应用不同医疗设备，对病人的危重情况及器官功能进行评估、检测和监护，快速有效地开展生命支持。

第一节　概　　述

一、急危重症监护的概念

急诊病人中虽然只是部分可危及生命，但需要常备紧急气管插管、心肺复苏、急诊手术的抢救人员及急救设施。应考虑在各种急诊环境中和抢救病床旁对所有急危重症进行监护和救治。急诊危重症监护室（emergency intensive care unit，EICU）是以监护生命体征，随时提供准确、有效的抢救措施，实施紧急情况脏器功能监护及支持。

二、急危重症监护的基本设置

1. 结构　EICU 应该位于急诊抢救区内或临近区域，与急诊抢救单元直接相连通，而且要相对独立和安静。EICU 内部环境设计和布局需兼顾病人和工作人员的需要，划分为病床监护区、护士站、治疗区和医生工作区，留置抢救监护设备的空间。床单位之间要留有足够间距，以便于床位移动和抢救操作。为了保护个人隐私，应用透气移动隔帘分开。床单位一般采用可以升降和四轮制动的病床，便于医护人员抢救和病人转送。

2. 设施　EICU 的设备可分为监测和治疗两类。常用的监测设备有各种监护仪、心电图机，综合医院还应配备便携式超声仪和床旁 X 线机，还可以配备快速床旁检验设备。常用治疗设备有负压吸引器、输液泵、注射泵、呼吸机、除颤器、洗胃机、抢救车和各种护理用具等。

3. 功能　EICU 不同于急诊抢救室，主要收治心肺复苏后需进一步生命支持、急性中毒、急危重病症、严重慢性病急性发作、严重急性创伤，以及未能确诊却存在高危因素的病人。有时 EICU 要接受部分不能马上收入专科治疗的危重症病人。

4. 人员　EICU 人员包括医师、护士及其他辅助工作人员。应该建立层级查房，每日定时查房制度，定期病案和死亡讨论。由于工作强度大，医务人员应该按设置床位配备人数。

5. 管理　EICU 的医护人员应学习掌握各种危重症的救治指南，尽可能制定以国际国内指南为基础，和所在 EICU 的实际情况结合的救治方案和流程，以提高医护人员对急危重症病情变化的应急处理能力，提高病人在 EICU 救治过程中的安全性，确保 EICU 标准化和规范化的治疗水准，从技术层面规避医疗风险。EICU 对医务人员在心理治疗与护理方面比综合 ICU 和普通病房的要求更高，需要在抢救生命、稳定病情的高质量医疗技术服务的同时，更多体现人文精神，体现对病人及家属的尊重和理解。

第二节　循环系统功能监护

循环系统功能监护是重症监护病房最常用的基本监护措施，包括无创性和有创性监测，如心电图、血流动力学、尿量及体温等。

一、心电监护

常用的心电监护仪都具有连续性无创监测心电图变化功能，急危重症病人都应心电监护。连续心电监护可用于监测心率、心律失常及起搏器功能，并有助于发现心肌缺血及电解质紊乱等。必要时应配合全导联心电图检查使之判断更准确。

二、血流动力学监护

血流动力学监测（hemodynamic monitoring）是根据物理学的定律，对循环系统中血液运动的规律性进行测量和分析，主要目的在于用各种监测手段客观反映病人的血流动力学状态。血流动力学的评估需考虑到病人特有的病理生理状况，根据体检结果和其他客观数据如乳酸、SvO_2或尿量等指标对组织灌注进行综合推断。

1. 动脉血压（arterial pressure，AP） 动脉血压与器官血流呈正相关，主要受心功能、外周血管阻力、有效循环血容量等因素的影响。足够的灌注压是保证器官血流灌注的基本条件，常采用平均动脉压（mean arterial pressure，MAP）间接反映灌注压，MAP=1/3 收缩压 +2/3 舒张压，平均动脉压需维持在 65mmHg 以上。低血压的病理生理机制及相应处理如图 18-1 所示，在急危重症的发展过程中，常出现低血压，进行液体复苏，应用血管活性药物和正性肌力药是维持血压的常用方法。不同病理生理机制可导致血管活性对血流的调控障碍，血流灌注更直接的受到动脉血压的影响。

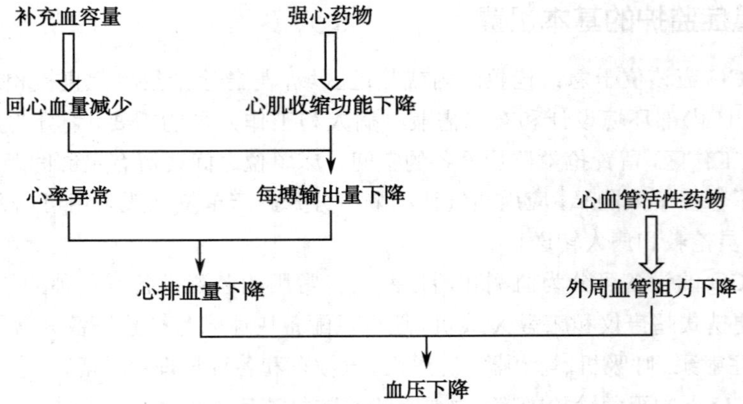

图 18-1　低血压的病理生理机制

（1）无创血压监测：在急诊监护病房中，震荡测压法如自动无创动脉血压测定是广泛运用的无创监测普遍方法，能够定时快速地重复测量收缩压、舒张压、平均动脉压、脉率等参数并分次记录测量值，操作简单、快速。但无创血压监测的局限性易受外界因素的影响，袖带宽度、病人活动、病人血压过高或过低以及心律失常，都可能影响无创血压监测的准确性。

（2）有创血压监测：动脉内导管监测不仅是最准确的血压监测方法，还可用于动脉采血。其适应证：①血流动力学不稳定，有创血压监测可以提高准确性；②血压短时间波动大或需要严格控制血压，需要对血压进行持续监测时；③各类休克；④需频繁行动脉采血。

动脉穿刺置管的部位最常在桡动脉，亦可选用股动脉、肱动脉。不同的动脉血管波形曲线不同，靠近中心的血管波形较平滑，远端则较高尖。心电监护仪多具有监测有创动脉压的功能，可与心电图同步显示动脉压曲线，两者能够综合评估心脏电活动和机械功能及外周循环状态。

2. 中心静脉压 中心静脉压（central venous pressure，CVP）是指血液流经右心房及上下腔静脉胸腔段压力，是右室前负荷和右心功能状态的指标，可以有限度反映体循环静脉回流与心输出量的关系，正常值为 5～12cmH_2O。同时监测血压值或心输出量，综合分析能更好地判断血压降低原因

（表 18-1）。

表 18-1 中心静脉压与血压之间的关系

中心静脉压	血压	提示意义
降低	降低	有效血容量不足
升高	降低	心功能不全
升高	正常	容量负荷过重
进行性升高	进行性降低	严重心功能不全或心包压塞
正常	降低	心功能不全或血容量不足，可予补液试验

CVP 监测值本身用于评估血容量并不可靠，对照多项血流动力学指标的动态变化监测，对于准确评估心脏对容量的反应性及对输血、输液的耐受程度可能更佳。除 CVP 外，评估血容量的相关指标还包括如肺动脉楔压、胸腔内血容量、动脉血压的呼吸变异等。

CVP 最常用的监测方法为中心静脉置管，适应证包括：①需持续测定中心静脉压用于评估心功能或血容量；②作为急危重症病人静脉给药通道或胃肠外营养静脉通道。最常用的穿刺部位为颈内静脉或锁骨下静脉，导管尖端应置于上腔静脉与右心房交界处。

3. 肺动脉楔压、肺动脉压、心输出量 这些血流动力学指标是通过肺动脉导管监测，主要适用于血流动力学不稳定或存在相关潜在危险的病人，也用于采集混合静脉血等。

肺动脉导管（pulmonary artery catheter，PAC）是带有漂浮球囊的导管，其中 Swan-Ganz 导管最常用。插管途径常用经右颈内静脉穿刺，漂浮导管依次通过右心房、右心室、肺动脉直至嵌顿部位。监护仪上能观察到导管送入不同部位时的不同血压波形，包括 CVP、右室压、PAP 和 PAWP。

（1）肺动脉楔压（pulmonary artery wedge pressure，PAWP）：亦视为肺毛细血管压（pulmonary capillary wedge pressure，PCWP），能间接反映左心舒张末期时的压力，是监测左室前负荷和左室功能的指标，正常值 5～12mmHg。当升高时提示左心功能不全。

PAWP 另一个重要用途是估计肺循环容量，并指导液体复苏治疗。与 CVP 相同，PAWP 也同样受到心脏和血管顺应性、胸内压、心脏瓣膜情况、心室间相互作用的影响，直接通过 PAWP、CVP 估计心脏前负荷和心脏充盈情况并不准确，需要结合病人病情综合分析。

（2）肺动脉压（pulmonary arterial pressure，PAP）：反映肺循环压力，根据肺动脉压能够判断肺血管的血流和血管阻力，其收缩压正常值 15～20mmHg，舒张压正常值为 5～12mmHg。通过肺动脉舒张末压和肺动脉楔压的差值测定有助于肺栓塞的诊断（如两者相差>6mmHg，排除其他疾病提示肺栓塞）。

（3）心输出量（cardiac output，CO）：是反映心脏功能的直接指标，通过 PAC 采用热稀释法测定 CO，通过时间 - 温度曲线计算出 CO。心输出量 / 体表面积即为心脏指数（cardiac index，CI）。CO 与每搏输出量和心率直接相关，而每搏输出量又同时受心脏前负荷、心肌收缩功能等的影响。因此，测定 CO 对于低血压、休克等病理生理状态的病因判断具有重要意义。

4. 胸腔内血容量和全心舒张末期容积 心脏的容量负荷指标如胸腔内血容量（intrathoracic blood volume index，ITBVI）和全心舒张末期容积（global end-diastolic volume，GEDV）能够更直接地反映心脏的前负荷和充盈情况，并能进一步反映循环血量。ITBVI 由左右心腔舒张末期容量及肺血容量组成。压力负荷指标如 CVP 等用于估计液体反应性并不十分准确，而采用胸腔内血容量和全心舒张末期容积能够更好地评估输液反应性和指导临床补液治疗。

5. 机械通气时收缩压变异、脉压变异和每搏输出量变异 随着机械通气吸气相和呼气相的交替引起胸腔内压周期性变化，导致动脉血压也发生相应的周期性变化，这种变化在血容量不足时更为显著。动脉血压的变异反映了心脏对前负荷变化和扩容的敏感性，通常当呼吸变异较大时，液体反应性较好，补液治疗具有良好的效果。但其需要采用脉搏轮廓技术测定，而且这些参数能运用于心律正常的在深度镇静状态下的机械通气病人。

6. **脉搏指示连续心排血量监测（pulse-indicated continuous cardiac output，PiCCO）** 测定胸腔内血容量、全心舒张末期容积、动脉血压的呼吸变异、每搏输出量变异等参数常用PiCCO监护技术，不仅可以测定上述参数，亦可进行连续心输出量监测，测定每搏输出量、血管外肺水等。监护时需要进行中心静脉置管和特殊的PiCCO动脉导管置管。

PiCCO监护技术优势在于能够在创伤较小情况下测定多种反映心功能和循环容量的指标，并且能够更好地评估病人的血流动力学状态并指导临床治疗。其局限性在于不能直接测定肺动脉压和肺动脉楔压，因此不能用于直接评估肺循环阻力和左右心功能。

7. **超声心动图** 超声心动图可判断心室收缩、舒张功能及心脏瓣膜功能异常，用于心包压塞、主动脉夹层及肺栓塞的诊断。二维超声可观察不同轴面心脏结构变化，心脏各房室心肌收缩活动状态，各瓣膜、大血管形态变化，同时还可测定心脏收缩/舒张末容积比，即射血分数（EF）；多普勒超声还能观察血流变化和测定血管内压力；三维超声心动图更直接地显示心脏的空间结构和收缩舒张情况，并能准确地对左室容积、心输出量等指标进行测定。超声心动图的优势在于能够直接观察心脏收缩情况等，但不便于用作实时监测。

三、尿量

尿量是简单而有意义的临床监测指标，是评估心功能和心排血量及器官灌注状况的重要标志之一。尿量<30ml/h，提示器官灌注不良、血容量不足或心功能不全；尿量极少或无尿，提示血压<60mmHg，肾动脉极度痉挛。

四、肢体温度

肢体皮肤温度和色泽反映末梢血液循环灌注情况。病人四肢温暖、皮肤干燥、甲床和口唇红润，表明器官灌注良好；四肢冰凉、皮肤苍白，表明器官灌注较差。

第三节 呼吸功能监护

呼吸功能监测是急危重症病人监测的一个重要内容，不仅可以及时观察病情变化、了解呼吸功能状况、指导呼吸机参数调节和撤机，还对临床预后的评估有指导意义。呼吸功能监测主要包括：临床症状、体征、血气分析、肺功能监测和影像学等。

一、呼吸频率和幅度

呼吸频率和幅度是肺通气功能的重要参数。呼吸频率：最基本的监测项目，反映病人通气功能和呼吸中枢的兴奋性。呼吸幅度监测主要用来了解病人的通气量，可通过查体了解肺通气、肺舒张以及气道分泌物的情况。

二、经皮脉搏氧饱和度（SpO_2）监测

经皮血氧饱和度监测是一种无创连续的动脉氧饱和度监测方法。监测SpO_2不仅能够及时发现急危重病人的低氧血症，也是反映氧合功能的重要指标。但由于受到氧解离曲线的影响，当SpO_2>70%时，SpO_2与PaO_2具有很好的相关性，但当SpO_2>90%～94%时，SpO_2对PaO_2的变化相对不敏感。

在某些特定情况下可能出现误差：①当发生严重低氧时（氧饱和度<70%），测定的数据会出现误差；②碳氧血红蛋白及高铁血红蛋白血症会显著影响脉搏氧饱和度测定的准确性；③灌注不足、剧烈

笔记

的血管收缩（休克）、严重贫血等也会引起读数的不准。SpO_2 监测具有无创性、操作简便等优势，持续监测能够减少有创动脉血气分析的次数。

三、血气分析

血气分析主要是通过对动、静脉血中不同类型气体和酸碱物质进行分析的过程，客观评价病人的通气、氧合、酸碱状况以及其他脏器的功能状况，是急危重症病人抢救的重要监测指标。动脉血和静脉血均可成为血气分析的采集标本，临床上常选用动脉血。两者的差别能更准确地反映组织气体代谢、酸碱失衡状况并且准确地解释结果。

1. 动脉血氧分压（PaO_2） 是指物理溶解在动脉血中 O_2 所产生的压力，降低的原因包括通气功能障碍、肺部气体弥散功能障碍、通气血流比异常及肺内分流等。PaO_2 与吸入氧浓度密切相关，分析时应综合考虑，PaO_2 升高主要见于氧疗病人或过度通气病人。

氧合指数是指 PaO_2（mmHg）与吸入氧气浓度（FiO_2）的比值（正常范围为 400～500），用来判断动脉血的摄氧功能状况。氧合指数明显降低主要发生在通气 / 血流（V/Q）比例失调和肺内动 - 静脉分流的病人中。急性肺损伤时氧合指数小于 300，急性呼吸窘迫综合征（acute respiratory distress syndrome，ARDS）时氧合指数小于 200。

针对呼吸衰竭的低氧血症病人，氧疗时通常把 PaO_2 提高到 60mmHg 以上，而对严重低氧血症者（PaO_2<45mmHg），且氧疗无效时应考虑机械通气治疗。

2. 动脉血二氧化碳分压（$PaCO_2$） 是指物理溶解在动脉血中 CO_2 所产生的压力，与 CO_2 的产量和肺泡通气量相关，作为肺通气功能评估和酸碱失衡判断性指标。$PaCO_2$ 升高表示通气功能不足，提示呼吸性酸中毒或代谢性碱中毒的呼吸代偿；$PaCO_2$ 降低表示通气过度，提示呼吸性碱中毒或代谢性酸中毒的呼吸代偿。根据伴或不伴 $PaCO_2$ 升高将呼吸衰竭分为Ⅰ型和Ⅱ型。$PaCO_2$<50mmHg 时为Ⅰ型呼吸衰竭；当 $PaCO_2$>50mmHg 时为Ⅱ型呼吸衰竭，提示除肺部气体交换障碍外，还存在 CO_2 潴留和肺部通气功能障碍。

临床上通常采用增加或者减少通气量的方式来纠正 $PaCO_2$ 过高或过低，使其治疗达到的满意范围（$PaCO_2$ 30～50mmHg）。为避免呼吸衰竭病人在机械通气治疗时因大潮气量而引起的肺损伤，可采取控制性低通气量呼吸支持（减少潮气量和呼吸频率）。治疗过程中允许 $PaCO_2$ 有一定程度升高，即允许性高碳酸血症，但应控制 $PaCO_2$ 不超过 80mmHg，pH 不低于 7.20 为宜。

3. 动脉血氧饱和度（SaO_2） 是指血液中 Hb 与 O_2 结合程度的百分比，主要受 PaO_2 及血红蛋白与氧的亲和力的影响。

在氧离曲线无偏移的情况下：①当 PaO_2 为 100mmHg 时，SaO_2 约为 98%；②当 PaO_2 为 60mmHg 时，SaO_2 约为 90%；③当 PaO_2 40mmHg 时，SaO_2 约为 75%；④当 PaO_2 在 60～100mmHg 时，氧离曲线处于平坦段，SaO_2 仅从 90% 增加到 98%；⑤当 PaO_2 在 60mmHg 以下时，氧离曲线处于陡直段，PaO_2 的轻度增加即可引起 SaO_2 的大幅度增加。

4. 动脉血 pH 受 $PaCO_2$ 和 HCO_3^- 浓度两方面的影响。动脉血 pH 用于判断酸碱失衡，当其超出正常范围表示失代偿性酸碱失衡。然而其处于正常范围内时并不代表不存在酸碱失衡，可能发生代偿性酸碱失衡或者复合型酸碱失衡。临床上不能单凭 pH 区别代谢性与呼吸性酸碱失衡，尚需结合其他指标进行判断。

5. 实际碳酸氢盐（AB）、标准碳酸氢盐（SB）、缓冲碱（BB）、碱剩余（BE）、阴离子间隙（AG） 均为反映血中 HCO_3^- 水平的指标。其中 SB 指在标准条件下测得的血中的 HCO_3^- 水平，因此不受呼吸因素的影响，是提示代谢性因素对酸碱平衡影响的重要指标。AG 升高（AG>16mmol/L）用于 AG 增高型代谢性酸中毒的判断和代谢性酸中毒的病因判断。

6. 静脉血气分析 静脉血氧分压能够反映氧输送功能和氧耗，在某些情况下更能客观反映组织缺氧状况（表 18-2）。

表 18-2 血气分析主要参数及其临床意义

项目	定义	正常值	临床意义
pH	pH 为 H^+ 浓度的负对数，即 $pH=-lg[H^+]=lg(1/[H^+])$	7.35～7.45	pH<7.35：失代偿性酸中毒（失代偿性代谢性酸中毒或失代偿性呼吸性酸中毒） pH>7.45：失代偿性碱中毒（失代偿性代谢性碱中毒或失代偿性呼吸性碱中毒） pH 正常：无酸碱失衡或代偿范围内的酸碱紊乱 人体能耐受的最低 pH 为 6.90，最高 pH 为 7.70
PaO_2	动脉血氧分压（PaO_2）是指物理溶解在动脉血中的 O_2 所产生的压力	90～100mmHg	轻度缺氧：90～60mmHg 中度缺氧：40～60mmHg 重度缺氧：20～40mmHg
$PaCO_2$	动脉血二氧化碳分压（$PaCO_2$）是指物理溶解在动脉血中的 CO_2 所产生的压力	35～45mmHg	判断肺泡通气量 判断呼吸性酸碱失衡 判断代谢性酸碱失衡有否代偿及复合性酸碱失衡
SaO_2	SaO_2 是指 Hb 氧含量（Hb 实际结合的氧量）与氧容量（Hb 所能结合的最大氧量）之比值（%）	96%～100%	与 PaO_2 高低、Hb 与氧的亲合力有关 与 Hb 的多少无关
AB	AB 是人体血浆中 HCO_3^- 的实际含量	（25±3）mmol/L	动脉、静脉血 HCO_3^- 大致相等 呼吸性酸中毒时，AB>SB；呼吸性碱中毒时，AB<SB HCO_3^-（AB）增高为代谢性碱中毒（此时 pH 增高），或为呼吸性酸中毒的代偿反应（此时，pH 降低），其代偿极限为 HCO_3^-45mmol/L；HCO_3^- 降低为代谢性酸中毒（此时，pH 降低），或呼吸性碱中毒的代偿反应（此时 pH 增高），其代偿极限为 HCO_3^-12mmol/L） 由于判断酸碱失衡所用预计代偿公式均使用 AB，故 AB（HCO_3^-）在临床应用上更为重要
SB	SB 是指在温度 37℃、$PaCO_2$ 40mmHg、SaO_2 100% 情况下所测得的血浆碳酸氢盐含量	（25±3）mmol/L	一般认为 SB 不受呼吸因素影响，是判断代谢性酸碱失衡的指标。实际上，在呼吸性酸中毒和呼吸性碱中毒时，由于肾脏的代偿调节作用，SB 也发生继发性增高或降低
BE	碱剩余（BE）是指在标准条件下（温度为 37℃、$PaCO_2$ 为 40mmHg、SaO_2 为 100%），用酸或碱滴定 全血标本至 pH 7.40 时所需的酸或碱的量（mmol/L）	−3～+3mmol/L	一般认为 BE 不受呼吸因素的影响，是判定代谢性酸碱失衡的指标。代谢性酸中毒时，BE 负值增加；代谢性碱中毒时，BE 正值增加。实际上，在呼吸性酸中毒时，由于肾脏的代偿调节作用，HCO_3^- 代偿性增高，BE 正值亦增大；呼吸性碱中毒时，则因 HCO_3^- 代偿性降低，BE 负值亦增大
BB	—	45～55mmol/L	BB 升高为代谢性碱中毒，或呼吸性酸中毒代偿 BB 下降为代谢性酸中毒，或呼吸性碱中毒代偿
AG	AG 是指血清中可测定的阳离子与阴离子总量之差，通常使用的计算公式为 $AG=Na^+-(Cl^-+HCO_3^-)$	7～16mmol/L	AG>16mmol/L 时，反映（$Cl^-+HCO_3^-$）以外的其他阴离子间隙如乳酸、丙酮酸堆积，即高 AG 酸中毒。AG 增高还见于与代谢性酸中毒无关的因素，如脱水、使用大量含钠盐药物、骨髓瘤病人稀释出大量本周蛋白。AG 增高通常见于低蛋白血症

四、呼气末二氧化碳测定

呼气末二氧化碳（$PetCO_2$）监测是使用无创技术监测气体交换功能，对危重症呼吸支持和呼吸管理提供重要指导价值。由于 $PetCO_2$ 和 CO_2 波形能够反映病人的气道状况、通气功能及循环和肺血流情况，异常的 $PetCO_2$ 和 CO_2 波形提示通气功能和肺灌注的异常，因此其监测广泛运用于心衰、哮喘、慢性阻塞性肺疾病、深度镇静等病人的呼吸循环功能监测。$PetCO_2$ 监测还是判断气管插管位置的可靠方法，心肺复苏中 $PetCO_2$ 也是判断复苏效果、自主循环恢复及病人预后的重要指标。

通常的监护仪能够记录呼出气的 CO_2 波形，能够持续对病人气道的 CO_2 进行实时监测。现临床中使用的 NICO 监护仪通过部分 CO_2 重复吸入技术，在进行 CO_2 波形监测和呼吸力学参数监测等的同时，还能够通过 CO_2 容积曲线对心输出量进行计算。

五、肺功能监测

主要指肺容量、通气功能和换气功能的监测。

肺容量和通气功能的指标包括每分通气量（VE）、用力肺活量（FVC）、第一秒用力呼气容积（FEV_1）、峰值呼气流速（PEF）等，通过上述指标可判断通气障碍的程度、类型，结合支气管激发或舒张试验还可对气道反应性和通气障碍的病因进行判断。

六、呼吸力学监测

自主呼吸时，呼吸机是呼吸运动的主要动力，呼吸动力作用在于克服以下三方面的力：①肺与胸廓的弹性回缩力；②肺与胸廓运动的非弹性阻力；③通气过程中，气体在气道内流动的阻力；此外最大通气量、时间肺活量、最大呼气或吸气气流速率也可以间接地反映呼吸动力学的变化情况。

（一）压力

呼吸肌的收缩和松弛，使胸腔容量发生变化，引起一系列压力变化，产生了呼吸运动的动力。可监测到的压力或者通过计算得到的压力包括气道峰值压（P_{peak}）、气道平台压（P_{plat}）、呼气末气道正压（PEEP）、平均气道压等。食管内压的监测也常用于评估呼吸力学及呼吸肌的功能。

容量控制通气时的气道压力（图 18-2）：①气道峰压：机械通气时应保持气道峰压低于 $40cmH_2O$，过高会引起气道压的损伤；②平台压：机械通气时，平台压高于 $30 \sim 35cmH_2O$，发生气道压损伤的可能性大，同时，过高的平台压会引起循环影响；③呼气末压：呼气即将结束时的压力，等于大气压或呼气末正压（PEEP）；④平均气道压：单个呼吸周期中气道压的平均值，能预计平均肺泡压力的变化。

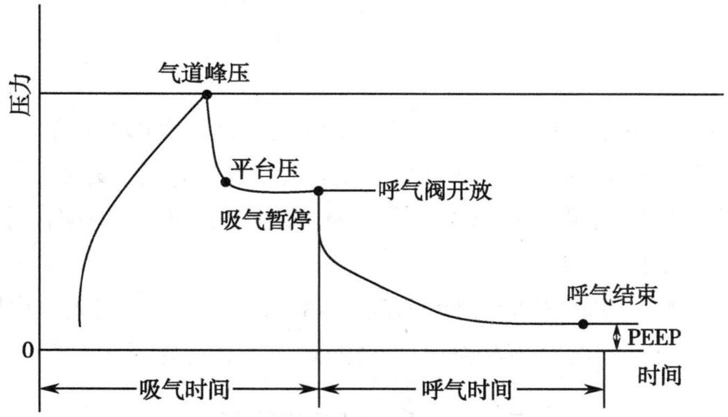

图 18-2　容量控制通气时的气道压力图

（二）顺应性

呼吸系统顺应性主要包括胸壁顺应性、肺顺应性、总顺应性、静态顺应性等。呼吸系统顺应性受胸壁顺应性和肺顺应性的影响。腹压升高、胸壁水肿、肌张力增高、胸廓损伤等因素可导致胸壁顺应性下降；肺充血、肺水肿、肺泡表面活性物质减少、肺纤维化等可导致肺顺应性下降。

（三）阻力

气流在气道内流动时所遇到的阻力为气道阻力，其大小与气流速度、气道的管径、形态、气体的特征如密度、黏滞度等有关。

（四）流速

呼吸过程中，压力的变化也可以导致流速和容积的变化。

七、呼吸机波形监测

机械通气是危重症病人重要的生命支持手段。常用的包括气道压力波形、流量波形、容量波形等，有利于判断病人的呼吸功能，及时调整呼吸机参数。根据压力 - 容积波形能够辅助了解呼吸机做功、病人呼吸做功等，有利于指导呼吸参数调整，并且为成功脱机提供重要帮助。

八、影像学检查

呼吸系统影像学检查对病人的早期诊断，鉴别诊断，疗效评估和预后分析等都有重要价值。

1. 床旁胸部X线检查 床旁胸片是ICU最常用的影像学检查方法，65%的ICU胸片对临床诊断有决定性意义，能够直接观察肺部病变情况，多用于了解人工气道位置、肺内有无感染、肺不张、胸腔积液和气胸等。

2. 床旁超声检查 床旁超声是ICU广泛应用的无创的影像学检查手段，主要被用于检测胸腔积液量及其包裹情况，还可引导胸腔穿刺、引流。与传统超声不同的是，肺部超声除了能显示正常的影像外，更多的征象来自于伪像。蝙蝠征、A线、胸膜滑动征、海岸征构成了肺部超声的基础。

第四节 脑功能监护

一、临床表现

包括严密观察病人神志、瞳孔大小、对光反应、眼球运动情况、病理反射和肢体运动的变化。Glasgow昏迷评分是简单有效的中枢神经系统功能评估方法，满分为15分，分值越低，中枢神经功能越差。瞳孔状态的观察是评估急危重症病人包括心肺脑复苏后脑干功能的重要方法（参照第三章第一节“附1格拉斯哥昏迷量表”）。病理反射、脑膜刺激反应、肌张力、抽搐、震颤等检查和表现可了解大脑和脑干的功能状态，以及脑功能障碍的部位、性质和程度。

二、脑电图

脑电图（electroencephalogram，EEG）是通过脑电图记录仪将脑部产生的自发而有节律性的生物电流放大后获得的相应图形，记录后分析脑电活动的频率、振幅、波形变化，从而了解大脑的功能和状态。脑电图技术曾经主要用于癫痫的诊断，近来逐渐用于昏迷病人、麻醉监测、复苏后脑功能的恢复和预后以及脑死亡等方面的判断。

脑电波具有波形、波幅、频率、位相等特征（表18-3，图18-3）。在成人脑电图中，<25μV为低波幅，25～75μV为中波幅，75～150μV为高波幅，>150μV为极高波幅。

表18-3 基本EEG波形频率

波形名称	频率（Hz）	提示的状态
δ	<4	深睡眠、深度麻醉或脑缺血
θ	4～8	儿童深睡眠、成人困倦时
α	8～13	正常成人安静、清醒闭目
β	>13	清醒、警觉，思考问题或浅麻醉

笔记

各种原因造成的昏迷、颅内手术、控制性降压、低温麻醉以及心肺脑复苏等，使用EEG监测有助于判断中枢神经系统的情况及预后，并指导后续治疗。但是，EEG监测的特异性相对不足，应结合其他监测手段进行综合判断。此外，EEG波形易受到麻醉药和各种伪差影响，例如，眼动、肌肉活动、肢体的动作、同时使用其他仪器等，在判读监测结果时应注意。

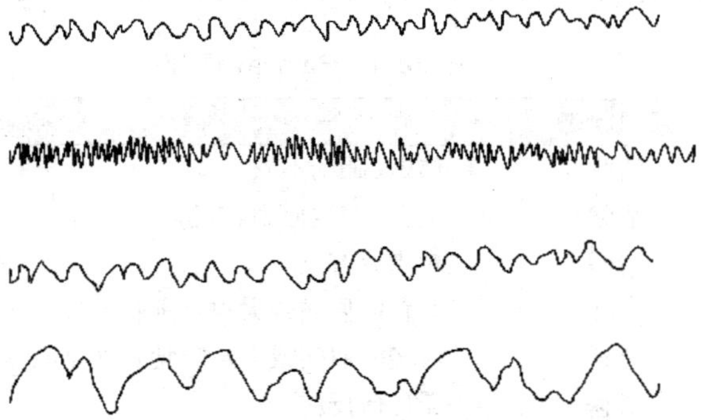

图18-3　脑电图波

三、颅内压监测

颅内压是指颅内容物（脑组织、脑血流量、脑脊液等）对颅腔内壁的压力，成人的正常颅内压为70～200mmH_2O。颅内压增高是许多疾病共有的特征，通过持续动态的监测颅内压，有助于对病人进行诊断，并根据压力变化及时判断病情、指导治疗。

有创监测方法包括脑室内置管测压、硬膜外或硬膜下测压、脑实质内测压、腰部脑脊液压测定等方法，脑室内置管测压是目前临床上最常用的方法，为颅内压监测的金标准。无创监测方法包括视觉诱发电位测定、经颅多普勒超声等。

四、脑血流及代谢监测

脑血流量与脑灌注压和脑血管阻力两方面相关。

脑血流量＝脑灌注压/脑血管阻力

脑血管张力受$PaCO_2$影响最为明显，PaO_2、NO神经递质及交感副交感神经也对脑血管张力具有一定的调节作用。

脑灌注压取决于平均颅内动脉压和平均颅内压的差值。因为平均颅内动脉压不易测定，通常采用平均动脉压估计颅内动脉压。由于脑血管的自身调节机制，当动脉血压在60～150mmHg范围内变化时，脑血流量可维持在较为稳定的水平，动脉血压$<$60mmHg可引起脑灌注不良。另一方面，颅内压的调控在脑血流的调控中也具有重要意义，并且两者相互影响。监测脑血流的方法有：正电子发射断层扫描、经颅多普勒、近红外光光谱法、磁共振灌注成像等。其中，正电子发射断层扫描是评价脑血流的"金标准"，而经颅多普勒在危重症病人监测中应用最为广泛。

反映脑代谢的指标包括：颈静脉球血氧饱和度（$SjvO_2$）和脑血氧饱和度（$rScO_2$）等。$rScO_2$是指脑中混合血氧饱和度，可反映$SjvO_2$，二者都可反映脑氧摄取。

五、脑温监测

临床上常通过监测核心温度推断出脑温度。对于脑温的直接监测可通过插入脑组织或侧脑室的探针直接测定，通常和其他颅内监测设备共用，如脑组织氧含量及颅内压探针。目前，也有使用磁共振波谱成像研究脑温度，但是准确性和精确性有待进一步验证。

六、镇静评估

危重症病人常常需要使用镇静药物，因此要进行镇静程度的评估。临床常用的评分系统有Ramsay评分（表18-4）、SAS评分（表18-5）、肌肉活动评分法（MAAS）等主观性镇静评分方法以及脑电双频指数（BIS）、脑电图、听觉诱发电位指数等客观性评分系统（表18-6）。

镇静治疗需个体化制订镇静目标，理想的镇静水平是既能保证病人安静入睡，又容易被唤醒。

表18-4 Ramsay评分

评分	意识状态	临床表现
1	清醒	焦虑、躁动不安
2	清醒	配合，有定向力、安静
3	清醒	对指令有反应
4	嗜睡	对轻叩眉间或大声听觉刺激反应敏捷
5	嗜睡	对轻叩眉间或大声听觉刺激反应迟钝
6	嗜睡	无任何反应

表18-5 镇静、躁动评分（SAS）

评分	状态	临床特点
7	危险躁动	拔除气管插管或其他导管，翻越床栏，攻击医务人员
6	异常躁动	反复解释后，仍无法安静，咬气管插管，需要肢体约束
5	躁动	焦虑或轻微躁动，试图坐起，言语指令后安静
4	安静合作	安静，易于叫醒，听从指令
3	镇静	不易唤醒，呼唤或轻摇后醒来但又睡着，听从简单指令
2	十分镇静	刺激后醒来，但无法交流，不听从指令，可有自主活动
1	无法唤醒	强烈刺激后反应轻微或无反应，不能交流和听从指令

表18-6 镇静评估方法

脑电双频谱指数（BIS）	用双频分析的方法将脑电图的信号转化成简单的数字信号，持续、量化、客观的监测麻醉和镇静深度。为方便临床使用，病人的意识状态用0～100之间的数值表示。数值越大，反映意识状态越浅，直到完全清醒。目前脑电监测越来越多的应用于ICU病人的神经功能监测中，不仅仅局限于镇静后的监测。在解释BIS结果时，应结合其他临床指标综合判断，同时注意皮肤接触、持续眼部活动、身体移动、异常电子干扰对BIS监测的影响
诱发电位	中枢神经系统在感受外在或内在刺激过程中产生的生物电活动。无创，重复性好，不易受镇静剂的影响，能客观定量的评估镇静状态。临床常用的诱发电位多为感觉诱发电位，依刺激不同又分为听觉、视觉和躯体感觉诱发电位

第五节 肾功能监护

危重症病人中常出现肾脏功能性或器质性变化，继而出现尿量减少、水电解质平衡紊乱、酸碱失衡等急性肾损伤（acute kidney injury，AKI）表现。肾功能监测的主要指标包括：尿量、尿液常规和尿生化检查。

一、尿量

尿量是肾功能监测最基本和最直接的指标。成人尿量<400ml/24h或<17ml/h为少尿，尿量<100ml/24h为无尿。24小时尿量>2500ml为多尿，多由肾小管重吸收和肾脏浓缩功能障碍所致。在有些肾功能损害中，虽然尿量较多，但并不足以排出正常的代谢产物，如非少尿型肾衰竭（表18-7）。

表 18-7 少尿的分类

肾前性少尿	各种原因引起肾脏血流减少及肾小球滤过率下降
肾性少尿	各种原因引起的肾器质性病变
肾后性少尿	尿路梗阻或损伤

二、尿液常规检查

1. 尿外观 主要包括血尿、血红蛋白尿、脓尿、乳糜尿和胆红素尿等。

2. 尿比重 能够反映肾脏血流灌注和肾脏功能，成人正常值为1.015～1.025（表18-8）。

表 18-8 尿比重改变的机制

尿比重下降	见于各种原因引起的尿浓缩功能障碍，如机体水负荷增加、尿崩症、肾衰竭、慢性肾小球肾炎和肾盂肾炎等
尿比重增高	见于各种原因引起的肾灌注不足、急性肾小球肾炎、尿糖、尿蛋白含量增高、高热、心功能不全等
尿比重固定	固定在1.010左右的低比重尿称为等张尿，多见于急性肾性肾衰竭，也见于各种肾实质损害终末期

尿渗透浓度是反映单位容积内溶质微粒的数目，而与溶质体积大小与密度无关，因此尿渗透浓度比尿比重更能正确地表示肾浓缩功能。尿渗透浓度的正常值为400～800mOsm/kgH_2O（表18-9，表18-10）。

表 18-9 尿渗透量

低尿渗量	尿渗透量持续<400mOsm/kgH_2O，见于肾衰竭和尿崩症等
高尿渗量	尿渗透量持续>800mOsm/kgH_2O，见于循环衰竭、脱水、糖尿病等

表 18-10 尿常规指标

名称	正常	异常
酸碱度（pH）	5.4～8.4	增高常见于频繁呕吐、呼吸性碱中毒等 降低常见于酸中毒、慢性肾小球肾炎、糖尿病等
尿比重（SG）	1.015～1.025	增高常见于各种原因引起的肾灌注不足、急性肾小球肾炎、尿糖、尿蛋白含量增高、高热、心功能不全等 降低常见于机体水负荷增加、尿崩症、肾衰竭、慢性肾小球肾炎和肾盂肾炎
尿胆原（URO）	<16	超过此数值，说明有黄疸
隐血（BLO）	阴性（-）	阳性（+）同时有蛋白者，要考虑肾脏病和出血
白细胞（WBC）	阴性（-）	超过5个说明尿路感染
尿蛋白（PRO）	阴性或仅有微量	阳性提示可能有急性肾小球肾炎、糖尿病肾性病变等
尿糖（GLU）	阴性（-）	阳性提示可能有糖尿病、甲亢、肢端肥大症等
尿胆红素（BIL）	阴性（-）	阳性提示可能有肝细胞性或梗阻性黄疸
尿酮体（KET）	阴性（-）	阳性提示可能有酸中毒、糖尿病、呕吐、腹泻等
尿红细胞（RBC）	阴性（-）	阳性提示可能有泌尿道肿瘤、肾炎、尿路感染等
尿液颜色（COL）	淡黄色至深黄色	黄绿色、尿混浊、血红色等就说明有问题
尿渗透浓度	400～800mOsm/kgH_2O	低尿渗量，见于肾衰竭和尿崩症 高尿渗量，见于循环衰竭、脱水、糖尿病等

三、尿生化

1. 血红蛋白尿 血红蛋白尿指尿中含有游离血红蛋白而无红细胞，或仅有少许红细胞而含有大量游离血红蛋白的现象，反映了血管内有超出正常的溶血。由于尿中血红蛋白含量不等，尿色可以呈红色、浓茶色，严重时呈酱油色。

2. 尿蛋白 正常人的尿蛋白含量为 0～80mg/24h，尿液中蛋白质含量超过 100mg/L 或大于 150mg/24h、尿蛋白定性实验呈阳性反应称为蛋白尿。按病因可分为肾小管性蛋白尿、肾小球性蛋白尿、混合性蛋白尿、分泌性蛋白尿和溢出性蛋白尿。

3. 尿糖 在生理情况下为阴性，当血糖水平超过肾小管重吸收能力时出现糖尿。

4. 尿酮体 在生理情况下为阴性。

5. 尿/血渗透浓度比 尿/血渗透浓度比是反映肾小管浓缩和稀释功能的重要指标，正常人渗透浓度可在 50～1300sm/kgH_2O 幅度内。在肾性肾衰竭时，尿渗透浓度常<350mOsm/kgH_2O，尿/血渗透浓度比<(1～1.5)∶1。在血容量不足，肾前性肾衰竭时，肾小管重吸收功能未受损害，尿液浓缩，呈高渗状态，渗透浓度>500mOsm/kgH_2O。

6. 尿液有形成分分析 尿液中的有形成分主要包括细胞和管型等。

血尿和脓尿：肾小球源性血尿常可见异常红细胞，多见于肾小球疾病；非肾小球源性血尿红细胞形态多正常，多见于尿路感染或损伤，也可见于肾间质疾病。当白细胞>5 个/HP 为镜下脓尿，提示尿路感染。

管型尿的出现提示有肾实质性损害，代表肾小球或肾小管存在损害。尿管型可分为透明管型、细胞管型、蜡样管型、颗粒管型、脂肪管型、肾衰管型等。

四、肾功能监测

1. 血尿素氮(BUN) 尿素主要由肾脏排出，肾小球滤过功能降至正常的 1/2 以下时 BUN 才会升高，因此 BUN 并非是反映肾小球滤过功能的敏感指标。除肾脏功能外，BUN 还受感染、高热、脱水、消化道出血、高蛋白饮食等因素的影响。

2. 血肌酐(SCr) 血肌酐是监测肾功能的有效方法，正常值范围为 3.2～7.1mmol/L。血肌酐升高常见于肾小球滤过功能下降。同 BUN 一样，SCr 也非早期反映肾小球滤过功能的敏感指标。若 SCr 在短时间内急剧增高，连续每天升高 44.2μmol/L 以上提示急性肾衰竭。

3. BUN/SCr 肾功能正常时 BUN/SCr 通常为 10/1。当出现氮质血症，且 BUN/SCr 升高时，常提示氮质血症为肾前性因素引起；当氮质血症伴 BUN/SCr 下降时，常提示其为肾脏本身器质性病变所致，如稳定的慢性肾功能不全病人，故比值有助于鉴别肾前性及肾性氮质血症。

4. 肾小管功能监测 肾小管重吸收功能监测的方法包括尿 β_2 微球蛋白监测、肾小管最大重吸收量监测等，肾小管的分泌功能监测包括酚红排泌试验、肾小管对氨基马尿酸最大排泌量(TmPH)等。肾小管浓缩吸收功能监测的方法包括尿渗量和自由水清除率测定等。

钠排泄分数是指肾小球滤过钠和尿排泄钠的百分率，F_ENa 是目前评估肾小管功能的特异性、敏感性和准确性都较高的指标，并且操作简单，成本也低，正常参考值为 1%。计算公式：F_ENa=(尿钠/血浆钠)/(尿肌酐/血肌酐)。肾前性氮质血症时 F_ENa<1%，非少尿性急性肾衰竭或尿路感染时 F_ENa >1%。急性肾小管坏死引起的急性肾性肾衰竭中，肾小管重吸收钠减少，F_ENa 增高；而肾前性肾功能障碍肾小球滤过钠减少，肾小管重吸收功能正常，F_ENa 下降。

5. 肾衰指数(renal failure index，RFI) RFI=尿 Na(mmol/L)/(尿/血肌酐 μmol/L)在肾前性肾衰时，尿钠浓度降低，但尿和血中肌酐浓度增加，因此在肾性肾衰竭时，RFI<1，肾后性肾衰竭时，RFI>2。

第六节 其他器官、系统功能监护

一、肝功能监护

危重症病人因各种原因如肝脏缺血缺氧、感染、中毒、严重创伤等都可引起肝脏原发性或继发性损伤。肝功能监测的指标虽然很多，但多数指标的特异性和敏感性不强。某些非肝脏疾病亦可引起各相关指标的异常。同时，由于肝脏具有巨大的储备及代偿能力，在各相关指标出现异常之前很可能已经存在一定程度的肝功能损害。因此对所采用的肝功能监测指标及其所获结果，应根据病人病情进行具体分析。

1. 谷丙转氨酶(ALT)或谷草转氨酶(AST) 临床上多将 ALT 和 AST 作为反映肝细胞损伤的指标，发生时常明显升高，尤以后者升高明显，其中 ALT 较为敏感。血清中转氨酶的水平可反映肝细胞损伤的程度和范围，但当肝细胞大量坏死时，黄疸升高明显而酶活性仅轻度升高或进行性下降，呈酶-胆分离现象，提示预后不良。

ALT 及 AST 亦存在于除肝脏外的其他脏器如心脏、肌肉等；某些肝脏疾病如酒精性肝病时 ALT 可能无明显升高。

2. 血清胆红素 血清中的胆红素分为总胆红素（TB）、结合胆红素（CB）和非结合胆红素（UCB）三种。根据血清胆红素升高的程度分为隐形黄疸、轻度黄疸、中度黄疸和重度黄疸，并可提示肝脏损伤程度和病因。同时，根据结合胆红素和总胆红素的比值可大致判断黄疸的类型：溶血性黄疸以非结合胆红素升高为主，CB/TB 下降；梗阻性黄疸以结合胆红素升高为主，CB/TB 升高；肝细胞性黄疸两者均升高，CB/TB 变化不大。在肝衰竭（除慢性外）中，血清胆红素测定常呈进行性增高。

3. 血清胆固醇与胆固醇酯 两者主要在肝细胞合成，合成过程中需要多次酶促反应。正常情况下，胆固醇浓度 2.83～6.00mmol/L，当小于 2.6mmol/L 时，提示预后不良，当发生爆发性肝衰竭时，胆固醇酯常呈明显下降。

4. 血清胆碱酯酶活力 胆碱酯酶分为两种，为乙酰胆碱酯酶和丁酰胆碱酯酶，后者主要在肝细胞内合成，爆发性肝衰竭时，此酶的活力明显下降。

5. 血清蛋白质 包括血清总蛋白、血清白蛋白、球蛋白及白球比例的测定。发生肝损害时，最初可能在正常范围内，如逐渐下降则提示预后不良，白蛋白和总蛋白水平降低以及白球比例下降多提示慢性肝脏损害和肝脏储备功能损害，通常其降低程度与肝脏损害的严重程度相平行。

6. 凝血酶原时间(PT)和部分凝血活酶时间(APTT) 凝血酶原时间（PT）和部分凝血活酶时间（APTT）是反映凝血功能的指标。其中，凝血因子Ⅶ是肝脏合成的半衰期最短的凝血因子（约为4～6小时），肝功能损伤时最先减少。

7. 凝血因子测定 Ⅱ、Ⅴ、Ⅶ、Ⅸ、Ⅹ等因子减少。

8. 肝脏损害的其他指标 血清碱性磷酸酶（ALP）、血氨、血浆氨基酸等可一定程度上反映胆汁淤积情况及肝细胞代谢功能。肝炎病毒标志物包括甲、乙、丙、戊及其他病毒抗体的检查有助于病因诊断，细菌学检查有利于确认感染存在，电解质的检测有助于监测病人病情。

二、胃肠功能监护

胃肠功能与危重症病人的病情严重程度和预后密切相关。胃肠功能包括肠道蠕动功能、吸收功能、肠黏膜屏障功能等，现尚无公认较全面准确评估胃肠功能的方法。

危重症病人大多由于感染、创伤、出血、中毒等原因引起胃肠功能障碍。胃肠功能与危重症病人的病情严重程度和预后密切相关。临床表现中，应注意反复评估以下要点：有无恶心、呕吐、呕血及呕吐量；胃液的颜色、性质；大便颜色、形状和量；有无黄疸和出血倾向；腹部症状（腹痛、腹胀等）和体征（肠鸣音等）；有无肝脾肿大和腹水；肠鸣音的变化情况等。

危重症病人易出现消化道应激性溃疡。如胃管中抽出胃液为血性或咖啡色并出现腹胀、黑便、柏油便或血便时应考虑消化道溃疡出血，应立即采取措施控制出血。可早期安置胃管，并注意胃液引流情况，监测胃内压力，注意出血部位，是否有活动性出血，监测血流动力学状态，并定期送胃液及粪便做隐血实验。

为了解机体内酸碱平衡状况和复苏后状况还可测定胃黏膜 pH（pHi），定期检测胃液 PH 或做 24 小时胃 pH 检测。pHi 正常范围为 7.35～7.45，可反映内脏血流灌注情况，并可作为全身低灌注的早期和灵敏的指标。

肠功能包括肠道蠕动功能、吸收功能、肠黏膜屏障功能等，现尚无较明确、全面、准确评估胃肠功能的方法。

1. 肠道蠕动功能　危重症病人出现胃肠蠕动功能障碍时，表现为胃肠蠕动减弱，甚至消失。

2. 吸收功能　由于肠蠕动减弱或消失，进而导致肠胀气、肠内容物积聚、肠麻痹，使消化、吸收功能障碍。

3. 肠黏膜屏障功能监测　肠黏膜监测主要包括肠黏膜通透性监测、血浆内毒素含量测定、细菌移位等。肠黏膜通透性监测是反映肠黏膜屏障功能的重要指标，临床上体现了分子物质对肠上皮的渗透性情况，涵盖具体方法有血浆二胺氧化酶（DAO）活性测定，循环 *D*- 乳酸测定、糖分子探针比值测定及同位素探针法、聚乙二醇类探针法、肠反射系数测定法等。

三、凝血功能监护

危重病人出凝血功能障碍常见，出凝血功能障碍主要表现为易栓症和弥散性血管内凝血（disseminated intravascular coagulation，DIC），而二者均为危重症病人在 ICU 死亡的相关原因。病人常由原发病或医源性因素导致凝血功能障碍。最常见的原因包括肾功能损害、肝衰竭、创伤、出血、抗凝药、输液相关的凝血因子稀释、抗血小板药、体外膜氧合、血液滤过、主动脉球囊反搏等，另外，在评估和治疗疾病时，要特别注意病人是否存在原有基础疾病，如甲型血友病、乙型血友病、vWF 因子及其他凝血因子。

在危重症病人中，感染、休克、创伤、病理产科、脓毒症、大型手术、恶性肿瘤等各种病因引起的凝血功能障碍都可能导致弥散性血管内凝血的发生，并会影响预后。血小板减少在 ICU 较常见，合并凝血时间延长也非常常见，主要可能会出现下列两项以上临床表现：①多发性出血性倾向；②不易以原发病解释的微循环衰竭或休克；③多发性微血管栓塞症状、体征，如皮肤黏膜栓塞坏死及早期出现肾、肺、脑等脏器功能不全；④抗凝治疗有效。DIC 监测实验室指标有血小板、血浆 FIB 含量、3P 试验、PT（凝血酶原时间）、APPT（活化部分凝血酶原时间）、AT-Ⅲ、血浆纤溶酶原抗原、Ⅷ因子、血浆内皮素 -1（ET-1）等。

DIC 常有下列变化：①血小板（PLT）进行性下降<100×10^9，或有下列两项以上血小板活化分子标志物血浆水平增高：β-TG、PF4、血栓烷 B_2（TXB_2）、P- 选择素。②血浆 FIB 含量<1.5g/L 或>4.0g/L，或呈进行性下降。③ 3P 试验阳性，或血浆 FDP>20mg/L，或血浆 D-Dimer 较正常增高 4 倍以上。④ PT（凝血酶原时间）、APPT（活化部分凝血酶原时间）是经常参考的两个指标。PT 延长或缩短 3 秒以上（肝病>5 秒），APTT 自然延长或缩短 10 秒以上。⑤ AT-Ⅲ：AT-Ⅲ<60% 或蛋白 C 活性降低。⑥血浆纤溶酶原抗原（PLG：AG）<200mg/L。⑦Ⅷ因子：活性<50%。⑧血浆内皮素 -1（ET-1）水平>80pg/ml，或凝血酶调节蛋白（TM）较正常增高 2 倍以上。综合分析上述监测结果，辅以其他实验室检查（如凝血因子测定、外周血涂片破碎红细胞、纤维蛋白生成与转换测定等）有助于确诊 DIC。

对危重症病人以下几个方面在凝血功能障碍评估中也占有重要作用，纤溶的判断，血栓弹力图评估（thromboela-stogram，TEG），血凝块波形分析仪等。TEG 目前已被用于创伤后救治、心脏手术、肝脏移植手术术中评估凝血功能状态，有助于低纤维蛋白的判断，减少不必要的血液制品输注，可用于判断凝血功能是否处于低下状态或高凝状态，也可以预测血栓栓塞的风险情况，但 TEG 的缺点是不能测定 vWF、Ⅷ的数目和功能。TEG 可以在床旁应用，因此适合于重症监护病房使用。血凝块波形分析仪可以描述凝血前期、凝血期、凝血后期三个时期，其最早被用于监测 DIC，该方法诊断 DIC 与 APPT 监测相比，其敏感性及特异性高。

第七节　危重症的营养监测与支持

危重症病人通常表现出以代谢紊乱和分解代谢突出为特点的应激代谢状态，其中各种抗调节激素（儿茶酚胺、胰高血糖素等）的分泌增加是其重要机制。应激代谢时糖异生和糖原分解增加，脂肪动员增加，蛋白分解增多及合成减少，这些改变进一步导致能量代谢障碍和器官功能障碍。营养支持是危重症医疗中的核心环节之一。已证明营养状态是影响危重症病人胃肠道功能、免疫功能、并发症发生率等的重要因素，并与病人预后密切相关。

一、营养不良的临床表现和评估

对危重症病人进行合理、正确的营养评估是极其关键的。营养不良的临床类型包括：成人消瘦型营养不良（能量缺乏型），多见于慢性消耗性疾病病人如恶性肿瘤等；蛋白质缺乏性营养不良，主要表现为内脏蛋白质消耗和免疫功能降低，多见于严重应激的危重症病人；混合型营养不良，多见于严重损伤或大手术等的高代谢应激状态或一些慢性疾病病人。临床上营养不良的评估指标有肱三头肌皮肤褶皱厚度、上臂中点肌肉周径等。体重指数是临床上最常用的营养状态的评估指标。通常可以通过体重指数和标准体重来判断能量的消耗情况和计算合理的能量供给。

但危重症病人的体重受体液平衡的快速变化的影响，因此在体重测量和评估过程中应谨慎使用体重指数。

营养评估的实验室指标有血清白蛋白、转铁球蛋白及前铁蛋白水平，氮平衡测定等。在大多数伴有营养不良的危重症病人中，血清白蛋白、转铁球蛋白、前铁蛋白水平均会有一定程度下降，其与营养及代谢状态改变及机体炎症反应等因素有关。其中，血清白蛋白水平下降是预后不佳的一个重要指标。

另外，还可通过免疫功能（淋巴细胞计数）测定、呼吸机功能测定等反映机体功能的指标间接估计营养状态。

二、营养支持

对于危重症病人营养支持的认识在近年来有了很大发展。以往认为营养支持目的在于给予危重症病人提供外源性能量，从而维持机体去脂体重，维持免疫功能及减少代谢并发症的发生。而近些年来，营养支持治疗的目的更多集中在减轻应激造成的代谢紊乱，减轻氧化应激损伤，以及调控炎症反应和免疫功能的方面，并在影响危重症病人的病情发展和转归方面具有极为重要的意义。早期进行营养支持治疗，能够减轻病情，减少并发症的发生，缩短重症监护病房住院时间，并改善病人预后。

（一）危重病人营养支持时机的选择

在经过早期有效复苏后，血流动力学，水、电解质与酸碱严重失衡得到初步纠正后，及早开始营养支持，一般在有效复苏与初期治疗24～48小时后考虑开始。

（二）营养支持方式

营养支持治疗的适应证包括任何程度的营养不良病人；继发于严重感染、创伤等各种原因的高代谢病人；或预计需要长期禁食的无营养不良的病人等。营养支持的途径包括肠内营养支持（enteral nutrition，EN）（通过胃管经胃肠道途径）与肠外营养支持（parenteral nutrition，PN）（通过外周或中心静脉途径）。

1. 肠内营养支持在重症病人中的应用　肠内营养支持是重症监护病房中主要的也是首选的营养支持方式，它具有并发症少、代谢紊乱少、费用低廉、禁忌证少等优势。包括鼻胃/鼻空肠导管或胃/肠造口途径等。对于需要营养支持治疗的危重症病人，目前肠内营养支持是首选的方法（表18-11）。

在进行肠内营养支持过程中需进行耐受性评估，包括病人临床表现、腹部影像学、胃残余量测定、误吸风险评估等。

表 18-11　肠内营养的适应证和禁忌证

适应证	1. 对于不能进食的危重症病人可进行；需在入院后最初的 24～48 小时内早期开始使用，并应当在 48～72 小时内达到喂养目标 2. 胃或小肠途径都可用于危重症病人；对于危重症病人，肠鸣音消失、无排便排气等均不影响开始肠内营养支持 3. 当血流动力学不稳定时，应暂停至完全复苏或病情稳定 4. 在开始前应对体重减轻、入院前营养摄入状况、病情严重程度、患病情况、胃肠道功能等进行全面评估，而不应仅局限于传统的营养评价指标如白蛋白、人体测量指标等
绝对禁忌证	主要包括肠穿孔、麻痹性小肠梗阻、完全性机械性肠梗阻、肠系膜缺血等
相对禁忌证	包括胃肠道功能障碍、胃肠道出血、肠瘘、重症坏死性胰腺炎、急性肠道炎症等。

2. 肠外营养支持在危重病人的应用　肠外营养是从静脉内供给营养，作为手术前后及危重症病人的营养支持，全部营养从肠外供给称全胃肠外营养（total parenteral nutrition，TPN）。肠外营养途径有周围静脉营养和中心静脉营养。

肠外营养成分主要包括碳水化合物、脂肪（包括必需脂肪酸）、氨基酸 / 蛋白质、电解质、维生素、微量元素、液体。如果肠道因运动功能障碍、连续性中断、缺血、阻塞或不能持续、充分实现肠内营养时，应进行肠外营养。对于不能耐受肠内营养支持的病人，小剂量管饲喂养能够预防肠黏膜绒毛功能丧失，常与肠外营养支持联合应用。当存在禁忌证而不能耐受肠内营养支持时，也可进行完全肠外营养（表 18-12）。

表 18-12　肠外营养的适应证和禁忌证

适应证	肠外营养选择的原则是只要胃肠道解剖与功能允许，并能安全使用，应积极采用肠内营养支持，任何原因导致肠道不能使用或应用不足，应考虑肠外营养，或联合应用肠内营养
禁忌证	早期复苏阶段、血流动力学尚未稳定或存在组织低灌注。严重高血糖尚未控制。严重水电解质与酸碱失衡。肝肾衰竭：严重肝功能衰竭，肝性脑病；急性肾功能衰竭存在严重氮质血症时

营养支持在很多危重症相关疾病中都有应用，如重症急性胰腺炎、合并急性呼吸衰竭病人、急性肾衰竭病人、合并心功能不全危重症病人、重型颅脑损伤病人、严重创伤病人、严重感染病人等。

掌握危重症病人营养支持的时机与方法是危重症病人有效实施营养支持的可靠保障。早期经胃肠道给予足够营养仍是首选的治疗方式，通常情况下，不推荐使用常规肠内营养联合肠外营养的治疗方式。对危重症病人要注重原发病的处理及有效的多器官脏器功能支持，仅依靠营养支持很难改变和阻止危重病发展的进程。

（于凯江）

思考题

1. 急危重症监护的基本概念及功能定位是什么？
2. 循环系统监护的主要内容和意义是什么？
3. 肺功能的主要检测指标的正常值及临床意义是什么？
4. 危重症的营养监测与支持的临床意义是什么？

笔记

第十九章　灾难医学总论

灾难（disaster），世界卫生组织定义为任何引起设施破坏、经济严重损失、人员伤亡、人的健康状况及社会卫生服务条件恶化的事件，当其规模超过了事发地区所能承受的限度，不得不向事发区以外的地区寻求援助时，称之为灾难。灾难分为自然灾难、人为灾难及复合灾难三大类。灾难具有破坏性和破坏程度必须超出受累地区的承受能力的特点，这需与灾害相区别。灾害是导致人员伤亡、设施破坏、经济损失、卫生状况与环境恶化的事件。

灾难医学（disaster medicine）是一门研究在各种灾难情况下实施紧急医学救援和医学准备的学科。它涉及灾难预防，灾难现场急救、救援的组织管理和灾后恢复重建等，是一门独立的、多学科相互交叉渗透的新兴边缘学科。因此，在学习临床医学的同时，学习有关灾难救援和管理知识，是培养灾难救援和管理复合型人才的重要途径。

第一节　概　　述

一、灾难医学的历史

（一）灾难医学的发展历程

灾难医学以1976年在德国成立的美因茨俱乐部作为诞生标志，为世界灾难与急救医学学会（World Association for Disaster and Emergency Medicine，WADEM）前身。灾难医学兴起于20世纪80年代，世界性的灾难问题推动了它的发展，美国建立国家灾难医学体系（National Disaster Medical System，NDMS），标志着灾难医学在国家层面受到重视，随后欧洲发达国家相继成立灾难医学体系。1987年联合国号召国际社会开展“国际减灾十年”活动（1990—2000年），规定每年10月的第二个星期三为“国际减灾日（International Day for Natural Disaster Reduction）”。“国际减灾十年”活动创立了灾难医学学科建设的思想和理论体系，它不仅促进了国际减灾事业的发展，也为各国研究灾难和救援提供了机遇，使得灾难医学发展取得突破性进展。从2000年起，这项计划又通过联合国以国际减灾战略的形式得以延续。

（二）我国灾难医学发展现状

我国是一个灾难频发的国家，面对灾难，历朝历代都积累了丰富的应急管理经验。但是，作为一个完整巨大的现代社会系统工程，我国应急管理体系建设的时间并不长。1989年，根据第42届联合国大会第169号决议，我国成立了中国国际减灾十年委员会，专门负责组织减灾对策、开展减灾规划管理，以促进国际间合作。1995年卫生部颁布了《灾害事故医疗救援工作管理办法》。2001年美国“9.11”恐怖袭击事件、2003年SARS疫情暴发后，我国相继完成了应急管理“一案三制”（即应对突发公共事件所制定的应急预案、管理体制、运行体制和有关法律制度）建设。2008年汶川大地震发生后，致力于建设发展中国灾难医学事业的专家学者倡议成立我国灾难医学学术组织。经过筹备和不懈努力，2011年12月7日，中华医学会灾难医学分会在上海正式成立，是我国灾难医学学科发展的里程碑，标志着我国灾难医学进入全新的发展阶段。

二、灾难医学的研究范畴

灾难医学研究内容包括紧急救援、公共卫生及卫生防疫、心理救援、康复、减灾备灾、教育训练及科学普及等。灾难医学是对临床医学各专业(内外妇儿、公共卫生、流行病学、创伤手术学、急诊医学、军事医学、传染病学、社区医学、国际医学等)进行研究，将其运用到防灾、减灾、救灾的实践中，及时解决由灾难带来的健康问题。灾难医学救援是通过灾难伤病员救护工作的组织管理来实施灾难医学涉及的救援活动，需要形成救援预案和体系、规范的灾难医学救援人员培训和教育，建设专业的灾难医学救援队伍、密切的区域与国际间合作及广泛普及灾难医学知识和技能。

三、灾难医学的理念与特点

灾难医学的理念为始于灾前、重于灾中、延于灾后。灾难医学在快速发展的过程中，逐渐形成自己的学科特点：历史短暂，还在快速发展中，理论体系尚待成熟；呈现学科交叉性、社会协作性和国际合作性；重视群体效应，在灾难救援过程中以群体利益最大化为目标。灾难医学是一门实践性很强的学科，与临床医学有所不同。临床医学多是在医院内实施医疗活动，而灾难医学救援是要到达灾难现场，在恶劣和艰苦的环境中，用有限的人力和简便的设备，在紧迫的时间里，对成批伤病员分级完成救治任务。这就需要有与现代医院里不同的组织措施和工作方法。另外，灾难医疗救援的实施需要政府和各级管理部门的统一协调、统一组织、统一指挥，才能有效应对。在学好临床医学同时，了解掌握灾难医学的基础理论、基本知识和基本技能；掌握突发灾难事件与现场急救的医疗救护原则；掌握各种急救的基本方法和技术、学会和掌握危重症的判断和救治决策，以提高处理突发公共事件的能力和政策水平是教学的目的。

第二节　灾难医学救援知识、技能的普及

我国地域辽阔，除地震、洪灾、干旱、台风及泥石流等自然灾难之外，随着经济建设和社会快速发展，灾难谱有所扩大，日常生产生活中的交通事故、火灾、矿难、群体中毒等人为灾难常有发生。各种重大灾难都会造成大量人员伤亡和巨大经济损失，因此，人人全力以赴，为防灾、减灾、救灾做出贡献已成为社会发展的必然。

一、灾难救援的基本概念和知识

1. 减灾　是将社会脆弱性和灾难危害最小化，消除或减少灾难对社会造成的负面影响而采取的措施。其内容包括预防灾难、制定政策和措施以减少灾难危害。

2. 备灾　是在灾难发生前所采取的计划和行动。包括灾难管理体系建设，应急预案的制定，避难设施及场所的完善，灾难宣传、培训及演练等。

3. 灾难救援的基本原则　灾难救援是一个系统工程，需要遵循人道救援原则、快速反应原则、安全救援及自救互救原则、科学及专业救援原则、区域救援原则、检伤分类及分级救援原则、备灾原则。

4. 灾难救援的分期　灾难救援有其自身规律性，为提高救援效率及达到满意效果，灾难救援分为：

(1) 紧急救援期：一般指灾后1周，尤其要重视黄金72小时，针对创伤为主。

(2) 持续救援期：灾后1周至1个月，针对高发疾病，尽量减少人员伤亡及致残率。

(3) 恢复重建期：减灾1个月以后，针对常见病及传染病的防治，建立及恢复功能齐全的各级医疗机构。

5. “三七分”理念　王一镗教授提出现代灾难医学救援的“三七分”理念，是处理灾难救援及发展灾难医学必须遵循的基本理念，内容包括“三分救援，七分自救；三分急救，七分预防；三分业务，七分管理；三分战时，七分平时；三分提高，七分普及；三分研究，七分教育”。

笔记

二、救灾知识的普及

（一）建立普及救灾知识的培训机构和网络

1. 建立急救知识培训基地　相关医疗单位在做好医疗急救工作的同时，积极通过急救技术进城乡、进社区、进学校、进厂矿、进部队等形式，逐步深入开展急救知识、技术普及培训，配置专职人员并设立专项工作经费，对全民开展规范的救生培训，并定期复训、检查。

2. 建立灾难医学智能数据信息网络系统　在充分利用现有教育资源的基础上，选择有条件的高等医学院校或培训中心，逐步建立起以国家级培训中心为龙头、省级培训中心为骨干、临床及社区培训基地为基础的灾难医学智能网络系统。运用现代教育技术，建立形式多样的培训方法，建立灾难医学教育信息网络系统，满足课堂教育与网络教育需要，进行网上培训演练。建立多种形式的微信公众号，对灾难医学知识进行普及和教育。

（二）建设高素质的师资队伍

培养一支能担任基本生命支持培训和基本创伤生命支持（basic trauma life support，BTLS）培训任务的师资队伍是非常必要的，可以加强群众救灾知识的普及培训。由这些经过培训的教师在各个社区及基层组织从事灾难医学普及培训工作。2011 年起，国务院应急管理办公室组织编写灾难救援培训师教材，在全国范围内分区域培训省市级灾难医学培训师，再由培训师来培训社区民众。

（三）宣传普及防灾、抗灾、减灾的知识

针对我国民众过分依赖政府管理灾害风险的传统观念，必须把转化大众传统思想观念作为普及救援知识工作的前提。教育引导广大民众充分认识现代人们的生活中，灾害问题无处不在，无时不在。每一个人必须树立预防意识，自觉掌握防灾、抗灾的基本知识和技能，从而增强自身防范本领。结合我国各地区域实情和灾害特点，通过多种途径和方式，建立区域性的培训中心，增强各类灾害预防及应对知识的普及教育，增强救援知识的区域针对性、实用性。

救援知识的普及离不开舆论宣传引导和媒体传播，既充分利用广播、电台、电视、网络、报刊杂志等平台宣传普及救援知识，同时拓展宣传渠道，创新普及方法，通过宣传展板、横幅标语、散发宣传材料、组建宣讲团等灵活多样的宣传形式，增强宣传效果，营造良好氛围，引导民众不仅要强化防灾、防险意识，更要主动学习救援知识和技能。

三、防灾、抗灾演练

（一）模拟演练

模拟灾害发生现场，如地震、火灾、洪水等，定期在市场、商场、车站等人口相对密集区域组织开展应急避险、自救互救等群众互动式演练活动，增强其防灾抗灾能力。不要仅仅把防灾、抗灾演练当作一种表演，而应认真严肃地对待，要做到形象逼真，让全民参与进来。

（二）加强灾难相关知识的素质教育

要重视中小学生的演练和普及教育，大力开展救援知识进学校活动，把救援知识纳入学生素质教育计划，充分利用学校教育资源的优势，普及青少年灾难救援知识。

四、关注重点人群

普及灾难救援知识时，应十分关注重点人群。重点人群是指医学以外的其他经常接触灾难事件并为救援服务的人员。诸如经常成为最初目击者的警察、消防队员、教师、宾馆服务员、车站码头服务人员及各种重大集会的志愿者。对重点人群定期开展灾难预警训练，加强灾难状态下的心理素质锻炼，尤其对交通警察、司机、消防队员等进行人工呼吸、心肺复苏、压迫止血等基本知识培训，以提高其对灾难事件的医疗救援意识。如每年组织大型急救演习，包括车辆调动、救护、心肺复苏演练、急救知识测验、自救等技术培训，以提高应对灾难的救生能力。只要重视灾难医学知识的普及培训，

并且持之以恒，就会得到相应的回报，在灾难降临时将会有无数的生命获救。

第三节 灾难医学教育与培训

灾难医学教育与培训是指按灾难医学专业学科发展的规律和需要培养人才。灾难医学救援已经从简单的包扎、止血、镇痛等进展到专业化的技术，包括应急预案、精良的装备、训练有素的救援队、方舱医院等等。这需要一个坚实的专业技术基础作支撑，基于此，我国医学高等院校已陆续开设灾难医学课程，教授灾难医学救援的知识和技能，有部分院校还成立了灾难医学系，经过探索和教学实践，灾难医学系在课程、教材、师资队伍建设，实验室、生产实习基地建设等方面取得成效。培养的优秀灾难救援人员必须是既懂灾难救援指挥管理，又懂灾难医学救援技术的复合型人才，需要掌握三个层次的救援技能。

一、通用救援技能

1. 搜索与营救知识 搜索即生命迹象的搜索，是寻找被困者并判断其位置，为营救行动提供依据，而营救则是指运用起重、支撑、破拆及其他方法使存活者脱离险境。

2. 通讯设备使用 通讯系统是灾难救援工作最重要的一环，它保证了全部人员的通信联络。平时设置的通信线路在灾难中可能被毁坏，即使尚未被毁或未完全毁坏，在灾难时常不能正常使用。故在灾难救援中必须要有可替代的备用有线和无线通讯设备，以保证救灾指挥部与灾难现场、交通运输部门、各医疗机构、公安、消防、军警、药械和血液供应等部门的通讯联络，并保持畅通无阻。

3. 野外生存知识 野外生存即人在住宿无着的山野丛林中求生。对于救援队员来说，野外生存也是一项基本业务技能，掌握这项本领有助于提高环境适应能力。

4. 语言和各国人文常识 所谓“灾难救援没有国界”，就是说灾难不分国界，救援队伍不仅仅在当地、在全国各地实施救援，而且可能要去其他国家或地区的灾区实施救援。所以这就要求救援队员要了解被救援国家、地区的人文知识、风俗习惯、宗教信仰等，同时掌握基础外语知识，以更好地开展救援工作。

5. 身体和心理素质 灾难医学救援环境与医院急诊科完全不同，往往是处于极端恶劣或危险的环境，并且面对大量伤员。当灾区情况异常危急，物资缺乏，缺少医疗设备，甚至连食物、饮用水都不能供给时，救援队员还要面对因灾难失去生命的悲惨境况，承受极度的体力消耗与巨大的心理压力。所以，灾难救援要求救援队员除了具备过硬的救援技术外，还必须有强健的身体和良好的心理素质，这就要求在平时的教育培训中，要重视救援队员的体能训练和心理素质培训。

二、医学急救专业技能

1. 灾难现场创伤急救 主要包括通气、止血、包扎、固定、搬运等都是灾难现场中最常用的急救技术。

2. 灾难现场检伤分类 创伤伤病员的早期紧急救治对降低死亡率起着决定性的作用。但对创伤伤病员进行有效的医疗救护，常常受到致伤的原因、受伤的人数、医疗条件和救援人员之间协调及后送的条件等因素影响。灾难事故现场的医疗救护包括灾难事故现场的评估、伤病员伤情的判定和伤病员的分类及给予相应的处理。

3. 心肺复苏 基本生命支持最初4～10分钟是病人能否存活的关键，应尽可能恢复自主循环。高级心肺复苏意味着需要进一步恢复或维持自主循环，获得更为确切的疗效。

4. 相关临床知识技能 需要有相关临床专业技能，如内科、外科救治，专科处理如颅脑外伤、脊柱骨折、腹部损伤等。灾难造成的伤害常常涉及人体各个器官，如地震造成挤压伤，火灾造成烧伤，交通事故造成多发伤，化学危险品事故造成灼伤，恐怖袭击造成枪伤等，这些复杂的问题都要救援队员去面对去解决，在平时培训中要注重这方面的学习训练。

5. 救援医疗设备　在灾难救援的现场没有平时医院里的辅助科室。而且条件设备都特别简陋。所以救援队员必须学会使用常用医疗设备，如心电监护仪、除颤器、呼吸机、便携式超声仪、血尿常规仪器、采血箱等。

三、灾难应急救援演练

应急救援演练是对实际灾难应急救援过程的模拟，包括常规的应急处置流程和设定的关键事件等。灾难应急救援队一旦成立，应常态进行救援演练，目的是为了检验救援预案、救援装备、救援基础设施、后勤保障等。从而发现问题和薄弱环节，提高预案的可操作性，提高应急救援反应能力。

第四节　灾难救援组织与管理

一、我国灾难救援的组织结构

灾难管理的最高行政机构是国务院，地方各级政府是本行政区域灾难事件管理工作的行政领导机构，同时，根据需要提供咨询、决策建议。政府应急管理部门统一指挥、分级负责、协调有序及运转高效的应急联动管理体系，有效协调各应急救援机构及单位，提高救灾快速反应能力实施高效救援。

二、灾难救援组织与管理的发展

我国的应急管理体系大致可分为两个阶段：

第一阶段：防灾减灾。20 世纪 50 年代，我国建立了地震局、水利局、气象局等专业性或兼职性的防灾减灾机构，各部门几乎是独立负责管辖范围内的灾害预防和抢险救灾。这一时期，政府对洪水、地震的预防与应对最为重视，防洪法和防震减灾法都是这一时期颁布的理念上开始强调“综合减灾”，但并无实质性的制度实践。例如，负责推行综合减灾的“国家减灾委员会”只是一个议事协调机构，并非政府职能部门，更无相关法律保障。2002 年，国家发布《安全生产法》，随后逐步成为负责国家安全生产监督管理的中华人民共和国应急管理部，生产领域的事故预防与应对开始被提到更为重要的位置。

第二阶段：综合性应急管理体系。2003 年暴发 SARS 疫情，暴露了我国在新型传染病预防与应对上的不足，这令政府开始意识到单一防灾减灾的传统体制难以应对各种新的威胁。在总结抗击 SARS 疫情的经验与教训基础上，国家开始考虑如何系统地应对各类灾害，着手建立综合应急管理体系。在这套体系中，各类灾难被统一抽象为“突发公共事件”，各类灾难的预防与应对被统一抽象为“应急管理”，进而确立了突发事件应急管理的组织体系、一般程序、法律规范与行动方案，综合应急管理体系初步确立。

三、灾难医学救援组织指挥的基本概念

灾难医学救援（disaster medical rescue）是指灾难发生后，政府、社会团体等各级各界力量，特别是广大民众、医护人员参与救灾，以减轻人员伤亡和财产损失为目标的行动。灾难造成大批量的伤病员，需要现场由他人帮助脱离险境，抢救、治疗和转送。特别是灾难现场的各级医疗机构在一定时间内，也会有成批的伤病员不断地涌入，经过救治再成批地转送。而此时由于灾难的破坏，当地的医疗机构有可能难以正常工作，甚至瘫痪。灾难伤病员的脱险、抢救、治疗、转送等工作的涉及面极广，影响因素众多，为使整个救援工作高效有条不紊地进行，必须要有经过训练的、具有一定组织能力的人进行指挥调度、协调。

四、灾难医学救援组织管理的基本内容

1. 准备阶段的组织管理　面对重大灾难，救援工作需要不同个体和机构参与，平素加强组织和

训练，灾难发生时才能有序开展救援工作。

2. 灾难现场的组织管理　作好伤员的分拣，灵活应用技术力量和组织伤员转运。

3. 医疗机构的组织管理　医疗机构接收大批灾难伤员时，需打破惯例的运行法则，建立一种调度运行模式。

4. 灾后的组织管理　包括组织好心理救援和总结工作。

五、灾难医学救援组织指挥的特点、意义及要求

（一）灾难医学救援组织指挥的特点

大型自然灾难或恶性意外事故一旦发生，来势凶猛，受难面积广，瞬间即可造成巨大财产损失和大批人员伤亡；原有的医疗卫生设备、交通运输、人力资源以及生命给养系统，也可在灾难发生的刹那间遭到破坏，甚至瘫痪；惨不忍睹的财产损失与人员伤亡给人以莫大的精神刺激，造成严重心理创伤及各种应激性心身疾病；灾后一旦暴发流行病，更是雪上加霜。所以，灾难事故医疗卫生救援工作，绝不同于通常的门诊急救、住院治疗和卫生防疫。其主要特点有：

1. 突发性与急迫性　灾难发生后，医疗救援的急迫性不言而喻。众所周知，人为了维持生命，每天必须补充水分和食物，断水 3 天或断食 3 周即有死亡危险。然而，灾难可能破坏、污染水和食物，饮用水极度匮乏，甚至断绝；经历灾难浩劫的生活环境势必恶化，灾民心身健康可能严重受损，伤病员人数骤增，甚至腐尸生虫，导致传染病暴发流行。当务之急就是及时做好饮食卫生、环境卫生、疾病监测和解决营养问题等卫生救援，保证灾后无大疫。

2. 复杂性与不可预测性　灾难所致伤害的性质、种类、程度，与灾难的性质、种类、程度以及当时人群所处的环境条件密切相关，极其复杂，变化莫测，使得灾难医学救援变得复杂而又难以预测。加上救灾防病医学卫生救援队伍来自四面八方，也为协调医学救援增加了难度和复杂程度。

3. 综合性与艰巨性　灾难事故医疗救援是一项复杂的系统工程，不仅要有多学科与医疗卫生技术的综合应用，医疗救护、卫生防疫工作的相互配合，还需要整个救灾系统如排险、运输、通讯、给养、后勤、公安、法制等各个部门的默契配合。只有将各部门综合成为一个有机整体，在各级政府统一调度、统一指挥下，才能根据实际情况井然有序地实施高效率的医学卫生救援工作。所以，救灾防病工作实际上是政府行为，必须有政府的参与和领导，才能完成如此紧急、艰巨、复杂的任务。

（二）灾难医学救援组织与管理的意义

根据灾难医学救援的特点，必须要有专门组织管理人员在现场对人力、物力进行合理调配，维护现场抢救秩序，协调解决各种困难，以提高抢救成功率。

（三）灾难医学救援组织指挥的要求

1. 制定救灾预案　救灾预案是人类遭受灾难后反思所形成的抗争准备之一。医学救援的成败取决于当地政府、救灾防病系统和民众平时防灾、减灾、救灾、防病意识，以及是否按照国家制定的各类“救灾防病预案”做好灾前各种必要的准备，是否具备灾害事故的应急能力。预案制定原则是政府统一、分级管理；部门配合，分工协作；充分发挥群众及公益社会团体的作用。

2. 灾难评估　及时了解、分析、判断灾情是组织实施医学救援的前提。卫生部门领导在灾害的各个阶段都要想方设法获取与医学救援有关的信息，如灾难发生程度、灾情变化、伤病员数量、开展救治情况、卫生资源耗损等。对所了解的信息及时分析、判断，依据灾情伤情评估做出医学救援决策，根据评估针对所遇困难提出解决办法。

3. 周密组织计划　在遭遇灾难后，卫生部门领导应立即到达救灾防病第一线，有力指挥救灾防病工作，尽快地将当地与就近地区的医务卫生力量集合起来，充分利用现有的医疗卫生设备、物资和人力，争分夺秒地进行自救互救。

（1）有效使用卫生资源：救援力量的使用应以保障主要受灾方向、兼顾次要受灾方向，使伤病员得到及时、良好、安全的医疗护送为原则。除集中使用人力、物力，以提高工作效率外，也应考虑保

笔记

持部分机动力量，以应对突发事变时的需要。也可根据具体情况分散使用部分救援力量。

(2) 认真组织协同：灾难发生后，当地政府要采用一切可能的方式向上级、近邻驻军、地方政府、救援组织、社团，报告灾情和发出求救信号。上级政府部门，包括卫生部门，根据灾难疫情信息网络已经监测得知灾区的“灾情”“伤情”“疫情”和“毒情”，根据实际需要，会立即组织并派出“救灾防病医疗队”与当地的、外来的(包括国际救援)、军队的所有医学卫生救援力量协同作战，进行紧急救灾防病工作。严密组织救援协同是提高医学救援效率的重要措施。

4. 搞好卫生防疫　做好灾民心理、食物、饮水、环境卫生，免疫预防，解决营养，以及疾病监测与报告工作，确保灾难之后不发生传染病的暴发与流行。

5. 灾难救援的启动与终止　灾难应急医疗救援涉及多个部门、多个环节的共同协作，因此需要建立一个有效、科学的救援体系和应急预案。根据不同的灾难等级设立不同等级的启动和终止级别，并制定相应的标准和流程，结合建立贯穿全程的灾难应急医疗救援数据库和专家库，将大大提高救援的响应速度，合理优化资源配置，为科学实施灾难应急医疗救援提供统一的决策依据。

六、国家灾难医学救援的组织体系

1995 年卫生部颁布《灾害事故医疗救援工作管理办法》，2006 年国务院发布《国家突发公共事件总体应急预案》后，陆续公布 4 件公共卫生类突发公共事件专项应急预案：《国家突发公共卫生事件应急预案》《国家突发公共事件医疗卫生救援应急预案》《国家突发重大动物疫情应急预案》《国家重大食品安全事故应急预案》。

（一）医学卫生救援组织体系

1. 医疗卫生救援领导小组　国务院卫生行政部门成立突发公共事件医疗卫生救援领导小组，负责领导、组织、协调、部署特别重大突发公共事件的医疗卫生救援工作，国务院卫生行政部门卫生应急办公室负责日常工作。省、市(地)、县级卫生行政部门成立相应的突发公共事件医疗卫生救援领导小组，领导本行政区域内突发公共事件医疗卫生救援工作，承担各类突发公共事件医疗卫生救援组织、协调任务，并指定机构负责日常工作。

2. 医疗卫生救援专家组　各级卫生行政部门应组建专家组，对突发公共事件医疗卫生救援工作提供咨询建议、技术指导和支持。

3. 医疗卫生救援机构　各级各类医疗机构承担突发公共事件的医疗卫生救援任务。各级医疗急救中心(站)、化学中毒和核辐射事故应急医疗救治专业机构承担突发公共事件现场医疗卫生救援和伤员转送；各级疾病预防控制机构和卫生监督机构根据各自职能做好突发公共事件中的疾病预防控制和卫生监督工作。

4. 现场医疗卫生救援指挥部　各级卫生行政部门根据实际工作需要在突发公共事件现场设立现场医疗卫生救援指挥部，统一指挥、协调现场医疗卫生救援工作。

5. 紧急医学救援专业队伍　2010 年，国家按照“统一指挥、纪律严明、反应迅速、处置高效、立足国内、面向国际”的原则组建各类国家紧急医学救援专业队伍，以更好地应对灾难和公共安全事件。我国目前已有两支世界卫生组织认证评估的国际应急医疗队，分别是中国国际应急医疗队(上海)和中国国际应急医疗队(广州)，队伍能随时执行国内外各种突发事件的紧急救援任务，具有自我保障、快速反应、野外生存及现场救治能力。

（二）区域化灾难救援体系

我国地大物博，经济发展还不平衡，各地生活习惯、民俗民风各不相同，各地地理环境、发生灾难的种类等均有各自的特点。所以，因地制宜地建设各地不同的、具有中国特色的灾难救援管理体系显得十分重要。如 2010 年 4 月 14 日发生在青海省玉树县的地震，由于灾区处于高原地区，海拔高，救援过程中，专业救援队员以及搜索犬都存在高原反应问题，使搜索效率、效能受到了不同程度的影响。如果有实力雄厚的青海地区灾难医学救援队和救援组织管理系统，在灾难来临的时候，就不用大批调集其他地区的救援队伍，可以降低组织管理成本，减少国家的人力财力的负担，提高国家、社会、各区域灾难救援的整体效能。长期在当地培训的救援队员对当地的气候条件适应性强，从而可以提高救援效率。所以说建设区域化灾难救援指挥管理体系和区域化医学救援队伍，既是受灾地区对灾难医学的需求，也是国家应对灾难的需要。

第五节　灾难医学救援的伦理问题

灾难伦理学为灾难救援中对医学救援的行为规范、道德品质等进行思考和研究的科学。为医学伦理学在灾难救援中的延伸，并向生命伦理学（bioethics）延伸。而生命伦理学则主要探讨应该如何应用生命科学的问题，即探讨在生命科学实践中“该做什么（obligatory）”和“不该做什么（prohibitive）”的问题。它有4项重要的基本原则：①尊重原则（principle of respect）；②自主性原则（principle of autonomy）；③不伤害原则（principle of non-maleficence）；④公正原则（principle of justice）。

一、灾难伦理学

灾难伦理学是医学伦理学的分支，在灾难情况下很少有时间能仔细详尽地考量对各项医学原则的取舍，与日常医学生物伦理实践相比，灾难情形的特征是时间紧迫及其他资源相对匮乏，因此，一般无法进行充分的伦理咨询或长时间考证。在不同类型的灾难事件之间和其内部，各个原则的相对权重与顺序将呈动态变化。灾难的严重程度以及地理环境、资源、人口、文化，甚至专家意见都影响着医学伦理原则在灾难时的应用。灾难经常发生在边远地区，那里人口复杂，社会的价值观与沿海或中心城市截然不同；大批量伤亡事件会使日常、个体化、以病人个体为中心的医学伦理原则变得无能为力。救援人员面对众多的伤员时，除了应对基本的救援原则除伤情分拣、检疫、超负荷的工作任务外，更棘手的是要决定谁应得到最先的抢救和治疗。

（一）灾难时稀缺资源的分配原则

灾难一般会打乱文明社会的正常运行，尤其会影响社会服务和卫生物资供应。此外，大量伤亡事件会冲击日常医学伦理原则，需要在灾难伦理中添加基于群体性的原则，个体自主重要性有所下降。公正此时含义是在均衡（不是平均）分配资源时的相对公正。公正并不否认无害与仁慈的正当性。然而，当生命在大范围内受到威胁时，均衡比公平更为重要。

（二）灾难时分拣与资源配给原则

灾难中最大的难题是如何分拣和配给，要使群体利益最大化。灾难伦理学理论应该是具有包容性的，不仅要考虑到灾难情境下全体人群的需要，还要考虑到整体利益的最大化和损害最小化的原则。灾难伤员分拣要以平等为基础，因为每个人的生存机会是同样重要的。然而，灾难面前，这也并非总是唯一的原则，使社会结果最大化，有的人获救对国家更有意义，而采取优先的原则。分拣与配给必须遵循的目标是：在资源极为有限时要能帮助最多的人。因此，对等待垂危病人应予安慰直至死亡；轻伤员救治应安排在重伤员之后；处于同一优先等级，时间也是重要的取决因素。优先顺序是随实际需求和社会效益，取决于物质、人力和智力资源而适时改变。在资源不定、需求未知的情形下，以“先后顺序”作为合理的选择。

（三）灾难救援伦理矛盾

1. 人人享有平等的医疗权利与检伤分类确定优先救助的矛盾　在灾难救援中，检伤分类及疏散转运治疗为最基本措施，对于那些有机会经过处理才能存活的伤员优先救治，对提高灾难医学的救治效益是至关重要的，这与人人享有平等的医疗权相矛盾。

2. 人道主义与放弃无效抢救矛盾　人道主义体现人人享有医疗权，但是一旦灾难发生，由于大量资源不合理使用，过多抢救生存无望的危重伤员，而使得可以挽救生命的伤员失去抢救机会，这本身就不人道。

3. 知情同意与紧急救治的矛盾　病人及家属享有知情同意权，在紧急医学救援中，在没有家属及病人同意下，本着生命第一原则可以实施必要治疗措施，尽可能多地挽救伤员生命。

4. 挽救生命与改善生命质量的矛盾　灾难中，大量的伤员面临死亡威胁，迫于现场医疗环境限制，救援人员的责任和义务是最大限度抢救伤员，有时不可避免造成生命质量的下降。

二、灾难医学救援中的品德

品德作为灾难医学救援实践的必备要素，要求参与急救与灾难医疗救援队员要具有崇高的奋斗精神，即救死扶伤，发扬人道主义的理想和信念。灾难医疗救援队员应具有的特性品德、素质主要是：审慎、胆识、公正、管家、警觉、坚韧、忘我和沟通，同样要具备的公德有：仁慈、坦诚、谦逊、尊重、分享等。灾难医学救援队员的特性品德如下：

1. 审慎　审慎（prudence）是指处事沉着慎重、严谨周密、准确无误。这一品德意味能在“正确的地方、正确的时候，以正确的方式、正确的火候做正确事情”。审慎即综合判断力，是灾难情况下医疗救援队随机运行的核心。要会权衡付出与收益、确定分拣目录、选择咨询时机、确定该何时停止高级生命支持、何时进行预防接种、该向公众说什么和何时说，都有审慎的特征。审慎的行为反映的是专业能力，因而是救灾队培养领队或队长时所必须具备的。

2. 胆识　胆识（courage）是指人在处理极端事件中敢于和善于承担与处理风险的勇气和能力，在灾难或多发性伤亡事件的预防和应急中尤为重要。胆识还可表现在缺乏信息时的果断行动；胆识也表现为尽职尽责的救援受灾难者。

3. 公正　公正（justice）是灾难环境中有助于救援者和管理者处置资源、推行节俭医疗和完善救援的管理。公正要求救援人员必须将所管资源按救灾所需，按公平的优先顺序实施。公正要求医者医治一切病人而无论其“年龄、疾病或残疾、信仰、种族、性别、国别、派别、种族、性取向或社会地位”。公正与审慎是培养相互信任所必不可少的，这对担任管理角色的队员更为重要。

4. 管家　管家（stewardship）为“管理他人财产、财务和其他事务的人”。管家这种品质和公正一样，有助于救援人员看管资源、节俭施治，并在管理中有自制和节制。管家之责要求在医疗救援中有效地使用卫生资源。不合理配给会引发救援者的愤怒和受灾者的猜疑，但当大量伤亡事件突然袭来之际，这是在救援管理中不可避免的。虽然很难给出面面俱到的配给方案，以明确救援者在紧迫情况下应该如何配置物资和做出分配决定。但是有伦理意识的、审慎的管家会使所服务的群体的全体成果最大化，而损害最小化。

5. 警觉　警觉（vigilance）是预防的同义词。警觉对灾难预防和应急救援是必不可少的品德。日常医务人员或其他灾难应急人员很少会被要求准备好、有意识、有能力地去帮助他人，更何况做到迅速、胜任、有热情和全天候。事实上，灾难救护总是在正常工作时间之外开展的，需求往往是无法预测和不可控制的，会涉及额外的时间，面对大量的伤病者，而不是个别病人。24 小时常备不懈地警惕守候，不因周末、假日或夜晚而懈怠，保持高度的警觉、毅力和准备是必需的。

6. 坚韧　坚韧（resilience）在灾难环境中，要面对人类苦难及险恶的环境，作为一名合格的救援人员，要具备韧性和乐观的精神，才能避免身心疲惫、临阵脱逃、万念俱灰和束手无策。坚韧能使救灾人员反复补充其情感储备；坚韧非常有助于人从损伤、变化或不幸中恢复勇气。这一自我保护性品德并不是说不要同情、倾听和敏感。一名坚韧的应急救援者敏感又富于同情心，但能在漠然处置与过度关注之间掌握平衡，以免执迷于某一极端。应能显示出可以淡化愤怒的受灾难者、家人和同事的批评的本领。当灾民的生物节律已紊乱时，还要保持灵活性应付灾难似乎很困难，这时，救援队员的心理支持显得更加重要，也更有助于使得民众形成坚忍不拔品德。

7. 忘我　忘我（self-effacing）是舍弃个人利益，节制、谦卑、助人和仁慈，这些都是人类品德的最高水准。忘我包含任劳任怨、自我牺牲和宽容大度的珍贵品质。救援者会切实遵从《日内瓦宣言》：

献身自我，服务人类。

8. 沟通 沟通（communication）技巧在群体掌控、媒体互动、情况通报和灾难指挥中心运转之中是必不可少的关键因素。在应急与救灾团队工作中，沟通是最基本的品德。成功的救灾团队沟通可得到的是：几乎每一种障碍都可以通过良好的沟通解决。灾难指挥组织内的“良好的沟通”有四项结构特征：将心比心、共享权力、开诚布公和协商互动。

第六节 突发公共卫生事件

突发公共卫生事件（public health emergency）是指突然发生，造成或可能造成社会公众健康严重损害的重大传染病疫情、群体性不明原因疾病、重大食物和职业中毒以及其他严重影响公众健康的事件。突发公共卫生事件的范围界定为一个社区或以上；伤亡人数众多或可能危及民众生命财产损失，若不采取措施，事态将扩大。突发公共卫生事件发生后，根据应急处理的需要，应急处理指挥部有权紧急调集人员、储备物资、交通工具以及相关设施、设备；必要时，对人员进行疏散或隔离，并可以依法对传染病疫区实行封锁。参加突发公共卫生事件应急处理的工作人员，应当按照预案的规定，采取卫生防护措施，并在专业人员的指导下进行工作。

一、突发公共卫生事件的特点

（一）突发性

事件多为突然发生，发生紧急，事先没有预兆，不易预测，甚至难以预测，以致难以做出能完全避免此事发生的应对措施。

（二）严重危害性

病人数量多，病情严重或死亡率高。疾病直接影响到相当人数的群体，传播速度快，给社会造成严重危害，影响全体公民，并对整个社会的正常生活构成威胁。

二、突发公共事件的分类及分级

（一）突发公共事件分类

1. 自然灾害事件 包括洪水、泥石流、地震、海啸、暴风雪、干旱、生物灾害和森林草原火灾等。

2. 事故灾难事件 包括工矿商贸等企业的各类生产安全事故、火灾、交通运输事故、核泄漏、化学品泄漏、生态环境污染和破坏等。

3. 社会安全事件 包括恐怖袭击事件、经济安全事件和涉外突发事件等。

4. 公共卫生事件 包括传染病疫情，群体性不明原因疾病，食品安全和职业危害，动物疫情，以及其他严重影响公众健康和生命安全的事件。

（二）根据突发公共事件性质、危害程度、涉及范围划分突发公共事件

1. 特别重大事件（Ⅰ级）

（1）一次时间出现特别重大人员伤亡，且危重人员多，或者核事故和突发放射事件、化学品泄漏事故导致大量人员伤亡，事件发生地省级人民政府或有关部门请求国家在医疗卫生救援工作上给予支持的突发公共事件。

（2）跨省（区、市）的有特别严重人员伤亡的突发公共事件。

（3）国务院及其有关部门确定的其他需要开展医疗卫生救援工作的特别重大突发公共事件。

2. 重大事件（Ⅱ级）

（1）一次事件出现重大人员伤亡，其中死亡和危重病例超过5例的突发公共事件。

（2）跨市（地）的有严重人员伤亡的突发公共事件。

（3）省级人民政府及其有关部门确定的其他需要开展医疗卫生救援工作的重大突发公共事件。

3. 较大事件（Ⅲ级）

（1）一次时间出现较大人员伤亡，其中死亡和危重病例超过3例的突发公共事件。

（2）市（地）级人民政府及其有关部门确定的其他需要开展医疗卫生救援工作的较大突发公共事件。

4. 一般事件（Ⅳ级）

（1）一次事件出现一定数量人员伤亡，其中死亡和危重病例超过1例的突发公共事件。

（2）县级人民政府及其有关部门确定的其他需要开展医疗卫生救援工作的一般突发公共事件。

三、突发公共事件的预警

预警（warning）可分为狭义和广义两类。狭义的"预警"是指预先发出警报，即在事情发生之前发出警报。广义的"预警"是指预测和报警，即在发生或进行之前先行推测或测定，并根据推测或测定的结果进行预先警报。

1. 预警特点和分类　突发公共卫生事件预警是以现实为前提，阻止、控制和消除为目的。预警类别：参照经济监测预警法，根据预测结果、对比阈值确定警情：无警用"绿色"、轻警用"蓝色"、中警用"黄色"、重警用"橙色"、特警用"红色"表示。

2. 预警原则　突发公共卫生事件是客观存在的现象，预警应该按疾病预防学体系规范及要求，通过对某一公共卫生事件从"起点"到"终点"的详细观察与分析，来反映事件形成因素与各种内外因的复杂关联以及发展趋势。

四、突发公共事件的报告

（一）及时向上级领导汇报

突发公共卫生事件情况紧急，必须及时向上级领导汇报。在2006年颁布的《国家突发公共卫生事件应急预案》中明确要求，任何单位和个人都有权向国务院卫生行政部门和地方各级人民政府及其有关部门报告突发公共卫生事件及其隐患，也有权向上级政府部门举报不履行或者不按照规定履行突发公共卫生事件应急处理职责的部门、单位及个人。

（二）有明确的责任报告单位或责任报告人

县级以上各级人民政府卫生行政部门指定的突发公共卫生事件监测机构、各级各类医疗卫生机构、卫生行政部门、县级以上地方人民政府和检验检疫机构、食品药品监督管理机构、环境保护监测机构、教育机构等有关单位为突发公共卫生事件的责任报告单位。执行职务的各级各类医疗卫生机构的医疗卫生人员、个体开业医生为突发公共卫生事件的责任报告人。

（三）及时、准确报告

突发公共卫生事件责任报告单位要按照有关规定及时、准确地报告突发公共卫生事件及其处置情况。

五、突发公共卫生事件的应急反应

突发卫生公共事件一旦发生，将会造成极其恶劣的影响，需要各部门积极配合，上至各级人民政府快速做出有效应答，下至各个医疗机构组织快速配合响应。医疗机构、疾病预防控制机构、非突发公共卫生事件发生地区都应根据2006年国务院颁布的《国家突发公共卫生事件应急预案》的规定做出相应、及时、正确的应急反应。

六、现场处理原则

突发公共卫生事件情况紧急，应立即将受害者脱离现场，送往有条件的专科医院，必要时立即隔离。采取措施最大限度地减少危险因素的扩散，对疑似受害者以及其他有关高危人群，启动相应的医学观察程序，尽快查明事故原因。

第七节 灾后疾病的预防与卫生保障

灾难的发生破坏了人与其生活环境间的生态平衡，同时，公共卫生资源和公共卫生系统也将受到严重的损害，因而形成了传染病易于流行的条件，于是控制传染病便成为抗灾工作中的一个重要组成部分。灾难发生后，随着旧的生态平衡的破坏和新的生态平衡的建立，由灾难所引起的传染病流行条件的改变还将存在一个时期，这种灾难的“后效应”使灾难条件下的传染病防治也有了不同的特征。当灾难的直接后果被基本消除后，消除其“后效应”将成为工作的重点，而且这种工作实际上将成为灾难条件下传染病防治的主要工作。传染病是灾后最主要的疾病，对灾难的易发地区以及灾后和灾民中出现的传染病和其他突发公共卫生事件的苗头，应采取妥善的防治措施，以免发生灾难后的“次生灾难”。通过灾区卫生防疫工作的开展，改善灾区环境卫生，防止传染病的暴发流行，实现大灾之后无大疫。

一、灾难造成传染病流行的机制

（一）饮用水供应系统破坏

绝大多数的灾难都可能造成饮用水供应系统的破坏，这将是灾难发生后首当其冲的问题，常在灾难后早期引起大规模的肠道传染病的暴发和流行。如在水灾发生时，原来安全的饮用水源被淹没、被破坏或被淤塞，人们被迫利用地表水作为饮用水源。在地震时，建筑物的破坏也会涉及供水系统，使居民的正常供水中断，这对于城市居民的影响较为严重，而且由于管道的破坏，残存的水源极易遭到污染。海啸与风灾也可能造成这种情况。

（二）食物短缺

尽管向灾区输送食物已成为救灾的第一任务，但当规模较大，涉及地域广阔的灾难发生时，局部的食物短缺仍然难以完全避免。加之基本生活条件的破坏，人们被迫在恶劣条件下储存食品，很容易造成食品的霉变和腐败，从而造成食物中毒以及食源性肠道传染病流行。食物短缺还会造成人们的身体素质普遍下降，从而使各种疾病易于发生和流行。

（三）燃料短缺

在大规模的自然灾难中，燃料短缺也是常见的现象，在被洪水围困的灾民中更是如此。燃料短缺首先是迫使灾民食用生水，进食生冷食物，从而导致肠道传染病的发生与蔓延。在严重的灾难后短期内难以恢复燃料供应时，燃料短缺可能造成居民个人卫生水平的下降。特别是进入冬季，人群仍然处于居住拥挤状态，可能导致体表寄生虫的孳生和蔓延，从而导致一些本来已处于控制状态的传染病（如流行性斑疹、伤寒等）重新流行。

（四）水源污染

灾难发生时，水源往往被上游的生活垃圾、人畜排泄物、人畜尸体、被破坏的工业建筑废物及医疗废物所污染，特别是在低洼内涝地区，灾民较长时间被洪水围困，更易引起水源性疾病的暴发流行。另外，洪水往往造成水体的污染，导致一些经水传播的传染病大规模流行，如血吸虫病、钩端螺旋体病等。但洪水对于水体污染的作用是两方面的。在大规模的洪水灾难中，特别是在行洪期间，由于洪水的稀释作用，这类疾病的发病并无明显上升的迹象，但是当洪水开始回落，在内涝区域留下许多小的水体，如果这些小的水体遭到污染，则极易造成这类疾病的暴发和流行。

（五）居住环境破坏

水灾、地震、火山喷发和海啸等，都会对居住条件造成大规模的破坏。在开始阶段，人们被迫露宿，然后可能在简陋的棚屋中居住相当长的时间，造成人口集中和居住拥挤。唐山地震时，在唐山、天津等大城市中，简易棚屋绵延数十里，最长时间的居住到一年以上。即使迁回原居之后，由于大量的房屋被破坏，部分居住拥挤状态仍将持续很长时间。露宿使人们易于受到吸血节肢动物的袭击。

笔记

在这一阶段，虫媒传染病的发病率可能会增加，如疟疾、乙型脑炎和流行性出血热等；人口居住的拥挤状态，有利于一些通过人与人之间密切接触传播的疾病流行，如肝炎、红眼病等。如果这种状态持续到冬季，则呼吸道传染病将成为严重问题，如流行性感冒、流行性脑脊髓膜炎等。

（六）人口迁徙

灾难往往造成大规模的人口迁徙。人口流动造成了两个方面的问题：其一，当灾区的人口外流时，可能将灾区的地方性疾病传播到未受灾的地区。更重要的是，当灾区开始重建，人口陆续还乡时，又会将各地的地方性传染病带回灾区。如果受灾地区具备疾病流行的条件，就有可能造成新的地方病区。其二，是干扰了一些主要依靠免疫来控制疾病的人群的免疫状态，造成局部无免疫人群，从而为这些疾病的流行创造了条件。由于灾难的干扰，使计划免疫工作难以正常进行，人群流动使部分儿童漏接种疫苗，这种情况均有可能使这类疾病的发病率升高。

（七）对媒介的影响

许多传染病并不只是在人群间传播，还有其他生物宿主。一些疾病必须通过生物媒介进行传播。灾难条件破坏了人类、宿主动物、生物媒介以及疾病的病原体之间原有的生态平衡，并将在新的基础上建立新的生态平衡，因此，灾难对这些疾病的影响将更加久远。如地震过后，房倒屋塌，死亡的人和动物的尸体被掩埋在废墟下，还有大量的物品及其他有机物质，在温度较高的气候条件下，这些有机成分会很快腐败，为蝇类等媒介生物提供了孳生的条件，常会在极短的时间内出现数量惊人的成蝇，对灾区居民构成严重威胁。洪水退后，溺死的动物尸体，以及各种有机废物将大量地在村庄旧址上沉积下来，如不能及时消除，也会造成大量的蝇类等媒介生物孳生。即使在旱灾情况下，由于水的缺乏，也会存在一些不卫生的条件，而有利于蝇类的孳生。因此，在灾后重建的最初阶段，消灭媒介生物将是传染病防治工作中的重要任务。

二、灾区卫生评估

紧急医学队伍进入灾区后，须在最短的时间内对灾区进行评估，对卫生监督和疾控中心提出建设性意见，为当地卫生管理部门提出决策。目的是确定灾区主要公共卫生问题，然后评估灾难危害性及潜在的传染病风险，评估医疗卫生机构重建的能力。

三、灾后防疫分期

灾后防疫分期分为三个阶段，前二个阶段主要由外援防疫力量完成，后一个主要由灾区当地防疫力量承担。

（一）应急响应阶段

灾难发生初期，对废墟、尸体、临时安置点进行全面消毒杀灭工作，巡视各安置点，及时发现疫情，及早报告，以便及时隔离和控制，发挥救援的应急作用。

（二）现场救援阶段

培训和教育，构建当地防疫力量，对防疫知识和技能的专项培训。

（三）持续发展阶段

对防疫现状进行分析，科学评估疫情发生的风险，调查当地与传染病相关的因素，改进和调整防疫方案。

四、灾后传染病防治与卫生保障策略

根据灾难时期传染病的发病特征，可将传染病控制工作划分为四个时期。

（一）灾难前期

1. 基本资料的积累　为灾难时期制定科学的防治对策，应注重平时的基本资料的积累，包括人口资料、健康资料、传染病发病资料、主要的地方病分布资料以及主要的动物宿主与媒介的分布资料等。

2. 传染病控制预案的制订 在一些易于受灾的地区、如地震活跃区，江河下游的低洼地区等，都应有灾难时期的紧急处置预案，其中也应包括传染病控制预案。预案应根据每个易受灾地区的具体情况，确定不同时期的防病重点。机动队伍的配置，以及急需的防病物资、器材的储备地点与调配方案等，应在预防中加以考虑。

3. 机动防疫队伍的准备 由于灾难的突然冲击，灾区内往往没有足够的卫生防疫和医疗力量以应对已发生的紧急情况。在突发性的灾难面前，已有的防疫队伍也往往陷于暂时的混乱与瘫痪状态。因此，当重大的灾难发生后，必须要派遣机动防疫队伍进入灾区支援疾病控制工作。

4. 人员的培训 针对一些易受灾地区，应定期对相关人员进行训练，使其对进入灾区后可能遇到的问题有所了解。在人员变动时，这些机动队伍的人员也应及时得到补充和调整，使其随时处于能够应付突发事件的状态。

（二）灾难冲击期

在大规模灾难突然冲击的时候，实际上不可能展开有效的疾病防治工作。但在这一时期内，以紧急救护为目的派入灾区的医疗队，应做好以下工作：

1. 环境消毒 对发现和挖掘出尸体的地方进行消毒，对有粪便外溢的地方进行消毒。可用含有效氯 5000mg/L 的含氯消毒剂溶液喷洒消毒，潮湿地方也可直接撒漂白粉。灾民安置点外环境地面用含有效氯 1000～2000mg/L 消毒剂溶液喷洒，消毒时间应不少于 60 分钟。

2. 饮水消毒 将水煮沸是十分有效的灭菌方法，在有燃料的地方可采用。灾难期间最主要的饮水消毒方法是采用消毒剂灭菌。消毒剂种类很多，可参阅使用说明书进行饮水消毒，加入消毒剂后，放置 30 分钟，检验水中余氯应达到 0.7mg/L。如未达到此值，说明投加量不足，但也不能过量加入，以免产生强烈刺激性气味。

3. 尸体消毒 一经发现动物尸体立即深埋或焚烧，并向死亡动物周围喷撒漂白粉。遇难者遗体可用含有效氯 5000mg/L 的含氯消毒剂溶液喷洒消毒，以表面湿润为宜，应尽快火化，若土葬，应远离水源 50m 以上，棺木应在距地面 2m 以下深埋，棺底部及尸体两侧铺垫厚达 3～5cm 漂白粉。

（三）灾难后期

当灾区居民脱离险境，在安全的地点暂时居住下来时，就应系统地进行疾病防治工作。

1. 重建公众性疾病监测系统 由于重大灾难的冲击，抗灾工作的繁重以及人员的流动，平时建立起来的疾病监测和报告系统在灾后的初期常常处于瘫痪状态。因而，卫生管理部门及机动防疫队伍所要进行的第一项工作，应是对其进行整顿，并根据灾民聚居的情况重新建立疫情报告系统，以便及时发现疫情并予以正确处理。监测的内容不仅应包括法定报告的传染病，还应包括人口的暂时居住和流动情况，主要疾病的发生情况，以及居民临时住地及其附近的啮齿动物和媒介生物的数量。

2. 重建安全饮水系统 由于引水系统的破坏对人群构成的威胁最为严重，应采取一切可能的措施，首先恢复并保障安全的饮用水供应。

3. 大力开展卫生运动 改善灾后临时住地的卫生条件，是减少疾病发生的重要环节。因此，当居民基本上脱离险境，到达安全地点后，就应组织居民不断地改善住地的卫生条件，消除垃圾污物，定期喷洒杀虫剂以降低蚊、蝇密度，必要时进行灭鼠工作。在灾难过后开始重建时，也应在迁回原来的住地之前首先改善原住地的卫生条件。

4. 防止吸血昆虫的侵袭 在居民被迫露宿的条件下，不可能将吸血昆虫的密度降至安全水平。因此，预防虫媒传染病的主要手段是防止昆虫叮咬。可使用一切可能的办法，保护人群少受蚊虫等吸血昆虫的叮咬。如利用具有天然驱虫效果的植物熏杀和驱除蚊虫，并应尽可能地向灾区调入蚊帐和驱蚊剂等物资。

5. 及时发现和处理传染源 在重大灾难的条件下，人口居住拥挤，人畜混杂等现象往往难以在短期内得到改善。因此，发现病人，及时正确的隔离与处理是降低传染病的基本手段。人类是某些疾病的唯一传染源，如肝炎、疟疾等。在灾区居民中应特别注意及时发现这类病人，并将其转送到具

笔记

有隔离条件的医疗单位进行治疗。另外，还有许多疾病不仅可发生在人类身上，动物也会成为这些疾病的重要传染源。因此，应注意对灾区的猪、牛、马、犬等家畜和家养动物进行检查，及时发现钩端螺旋体、血吸虫病及乙型脑炎感染情况，并对成为传染源的动物及时进行处理。

6. 对外流的人群进行检诊　灾难发生后，会有大量的人群以从事劳务活动或探亲访友等形式离开灾区。因此，在灾区周围的地区，特别是大中城市，应特别加强对来自灾区的人口进行检诊，以便及时发现传染病的流行征兆。在一些地方性疾病的地区，还应对这些外来人口进行免疫预防，以避免某些地方性传染病的暴发流行。

（四）后效应期

当受灾人群迁回原来住地，开始灾后重建工作，灾后的传染病防治工作应包括以下内容：

1. 对返乡人群进行检诊及免疫　在这个阶段，流出灾区的人口开始陆续返回，传染病防治工作的重点应转到防止在返回人群中出现第二个发病高峰。外出从事劳务工作的人员，可能进入一些地方病疫区，并在那里发生感染，有可能将疾病或疾病的宿主与媒介带回到自己的家乡。因此，应在返回人员中加强检诊，了解他们曾经到达过哪些地方病疫区（如鼠疫、布氏菌病、血吸虫病等），并针对这些可能的情况进行检查，如果发现病人应立即医治。在外地出生的婴儿往往对家乡的一些常见的疾病缺乏免疫力，因而应当加强对婴儿和儿童的检诊，以便及时发现和治疗他们的疾病。由于对流动人口难以进行正常的计划免疫工作，在这些人群中往往会出现免疫空白，因此，对回乡人群及时进行追加免疫，是防止疾病发病率升高的重要措施。

2. 重新对传染病进行调查　灾难常能造成血吸虫病、钩端螺旋体病、流行性出血热等人与动物共患的传染病污染区域扩大，并导致动物病的分布及流行强度的改变。因此，在灾后重建时期内，应当对这些疾病的分布重新进行调查，并采取相应的预防措施，以防止其在重建过程中暴发流行。

（刘中民）

思考题

1. 灾难医学研究内容是什么？
2. 灾难医学教育的基本理念有哪些？对于这些理念你有什么样的理解？
3. 医疗卫生救援事件分为几级？灾难时的分拣和分配原则是什么？
4. 国家紧急医学救援队有什么特点？目前有哪两支队伍获得世界卫生组织认证？
5. 什么是突发公共卫生事件？特点是什么？
6. 灾难造成传染病流行机制有哪些？预防主要有哪些方面？

第二十章 灾难现场医学救援

灾难救援中最关键的是针对伤员的医学救援，现场急救技术是灾难救援中各级救治机构的主要急救手段，急救人员应当根据现场环境和条件灵活组织与运用。正确应用急救技术，为后续治疗争取时间，对降低伤死率、伤残率具有重要意义。

第一节 灾难伤员医疗急救

在进入事故或灾难现场或邻近区域前，应快速而全面地评估风险。如果现场不安全，需要等待消防等专业人员确保现场安全后才能进入。注意现场环境是变化的，结构的移动、燃油的泄露等都可能使曾经安全的环境转为危险的环境。根据灾难类型确定现场安全管理策略，认识现时危险、继发危险和潜在危险，穿戴个人防护装备，采取划定区域、拉警戒线、安置警示标志等缓和策略，核生化现场应区分热区、温区和冷区，确保救援人员、被救人员和旁观者安全。

一、灾难现场伤员初次评估

（一）基本生命支持

在现场，可由非专业人员实施初级生命支持，由专业人员实施高级生命支持。

1. 保持呼吸道通畅（A，airway） 气道阻塞可于数分钟内因窒息而导致呼吸及心搏停止，保持气道通畅是灾难时创伤伤员救治的首要措施。颌面、颅脑、颈椎和胸部创伤时特别应注意祛除导致气道梗阻的因素。颈椎损伤时颈椎的固定常常和气道处理矛盾，必须优先考虑气道，没有神经系统症状的伤员可因颈椎固定获益。

2. 维持呼吸功能（B，breathing） 对有呼吸功能障碍的伤员应及时寻找原因予以排除，有条件时给予吸氧。无自主呼吸则应立即行口对口人工呼吸。

3. 维持循环功能（C，circulation）

（1）心肺复苏：心脏骤停的表现为意识丧失，呼吸停止，颈、股动脉大动脉搏动消失，瞳孔散大，皮肤及黏膜呈灰色或发绀，立即行心肺复苏术。详见第十六章心肺脑复苏。

（2）控制出血：只有控制出血后复苏才能有效，维持循环功能应首先控制外出血，如止血带应用等；若判断为胸腹腔内严重内出血时，则需紧急送到有条件行紧急手术止血的医疗机构。

（二）高级生命支持

1. 控制气道 主要包括 4 种方法：①气管插管：分经口、鼻插管，包括使用喉镜、可视喉镜直视插管，在纤维支气管镜引导下插管，或经皮环甲膜穿刺、导丝引导、逆行气管插管术。②环甲膜切开术：适用于需紧急控制气道者，不推荐 12 岁以下儿童使用，以免术后气管塌陷或狭窄。③气管切开术：适用于喉、气管的急性损伤，气管内插管失败；气管内插管有禁忌时。包括常规标准气管切开和经皮扩张气管切开术。④双腔双囊气管、食管导管经口插管术：在无颈部损伤的伤者，气管插管困难时可考虑应用。

2. 呼吸循环功能维持 气囊活瓣面罩通气作为首选措施，或行气管插管机械辅助通气。开放性气胸应密封包扎伤口。进行性呼吸困难、气管严重偏移、广泛皮下气肿等考虑张力性气胸时，应立即用粗针穿刺抽气减压。发生心脏骤停立即行心肺复苏。

3. 液体复苏 在灾难现场出血未控制时，应实施限制性复苏；在控制出血后应充分、足量复苏，必要时建立 2～3 个静脉通道补液，快速输注等渗盐水或平衡盐溶液 1500～2000ml，并监测血流动力学和尿量等，以指导补液速度和量。成人尿量超过 30～50ml/h 说明液体复苏足够；如果达不到，应怀疑未充分纠正低血容量，或仍然存在大出血，再次评价是否存在心脏压塞、张力性气胸和心源性休克等。但低体温可引起“冷利尿”(cold diuresis)，可能导致低体温伤员复苏中错误的判断，实际上是肾脏钠、水重吸收减少的结果。

4. 药物 心肺、脑复苏初期一般多用静脉系统给药，气管插管后也可气管内给药。详见第十六章心肺脑复苏。

(三) 其他内脏损伤判断

颅脑伤后要严密观察神志、瞳孔大小，肢体活动。胸部伤后要严密观察有无心包或胸腔内积血，有条件时可行胸腔穿刺以明确诊断及伤情严重程度。腹部钝性伤后要特别注意有无腹部移动性浊音及腹膜刺激征，有条件时可行腹腔穿刺以明确诊断及伤情严重程度。

二、灾难现场伤员急救

(一) 止血

根据失血的表现可初步判断失血量。当失血量达全身血量的 20% 以上时，可出现休克症状，如脸色苍白，口唇青紫，出冷汗，四肢发凉，烦躁不安或表情淡漠，反应迟钝，呼吸急促，心慌气短，脉搏细弱或摸不到，血压下降或测不到等。现场常用以下 4 种止血方法。

1. 加压伤口包扎止血法 适用于大多数有活动性出血的伤口。用消毒纱布垫覆盖伤口后，在其上方用棉花团、纱布卷或毛巾等折成垫子，再用三角巾或绷带紧紧包扎止血。

2. 指压止血法 适用于肢体及头面部的外出血。用手指将伤口近心端动脉压向骨表面，以阻断其血液流通。

3. 填塞止血法 适用于较大而深的伤口，用无菌纱布填塞入伤口内，盖上无菌纱布，再用绷带或三角巾包扎固定。

4. 止血带止血法 适用于累及大血管的严重四肢创伤。常用旋压式止血带(图 20-1)。严禁用电线、铁丝、绳索代替止血带。止血带应放在出血伤口上方 5cm，前臂宜在上 1/2 处，大腿宜在上 2/3 处，尽量靠近伤口。不直接缠在皮肤上，须用三角巾、毛巾、衣服等做成平整的垫子垫上；绑扎止血带松紧度要适宜，以出血停止、远端动脉搏动不能扪及为度。使用止血带最长不宜超过 3～5 小时，通常每 1～1.5 小时缓慢放松 1 次，每次 30～60 秒，注意放松前包扎伤口。

(二) 包扎

保护受伤的肢体，避免伤口污染，减少痛苦，控制出血，并固定伤口的敷料和夹板。包扎动作要轻、快、准、牢；先用无菌敷料覆盖伤口后再包扎；不可过紧或过松，四肢要露出指(趾)末端，以便观察肢端血液循环情况。可使用绷带或三角巾包扎。

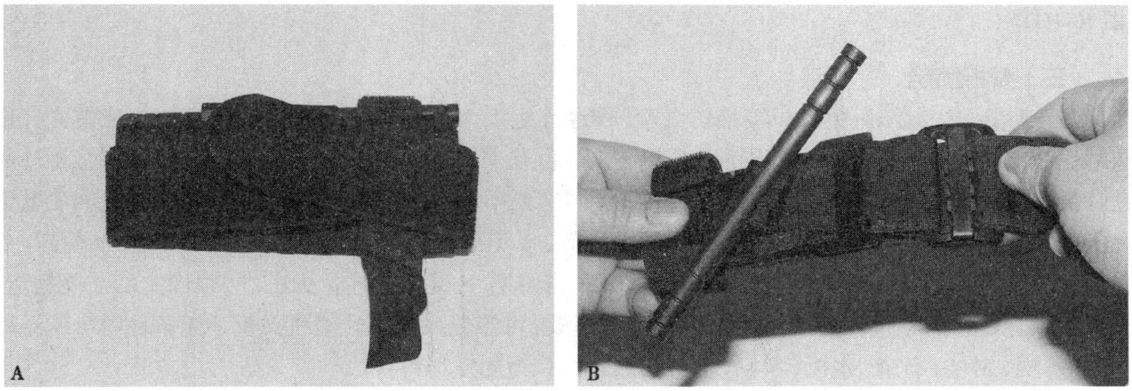

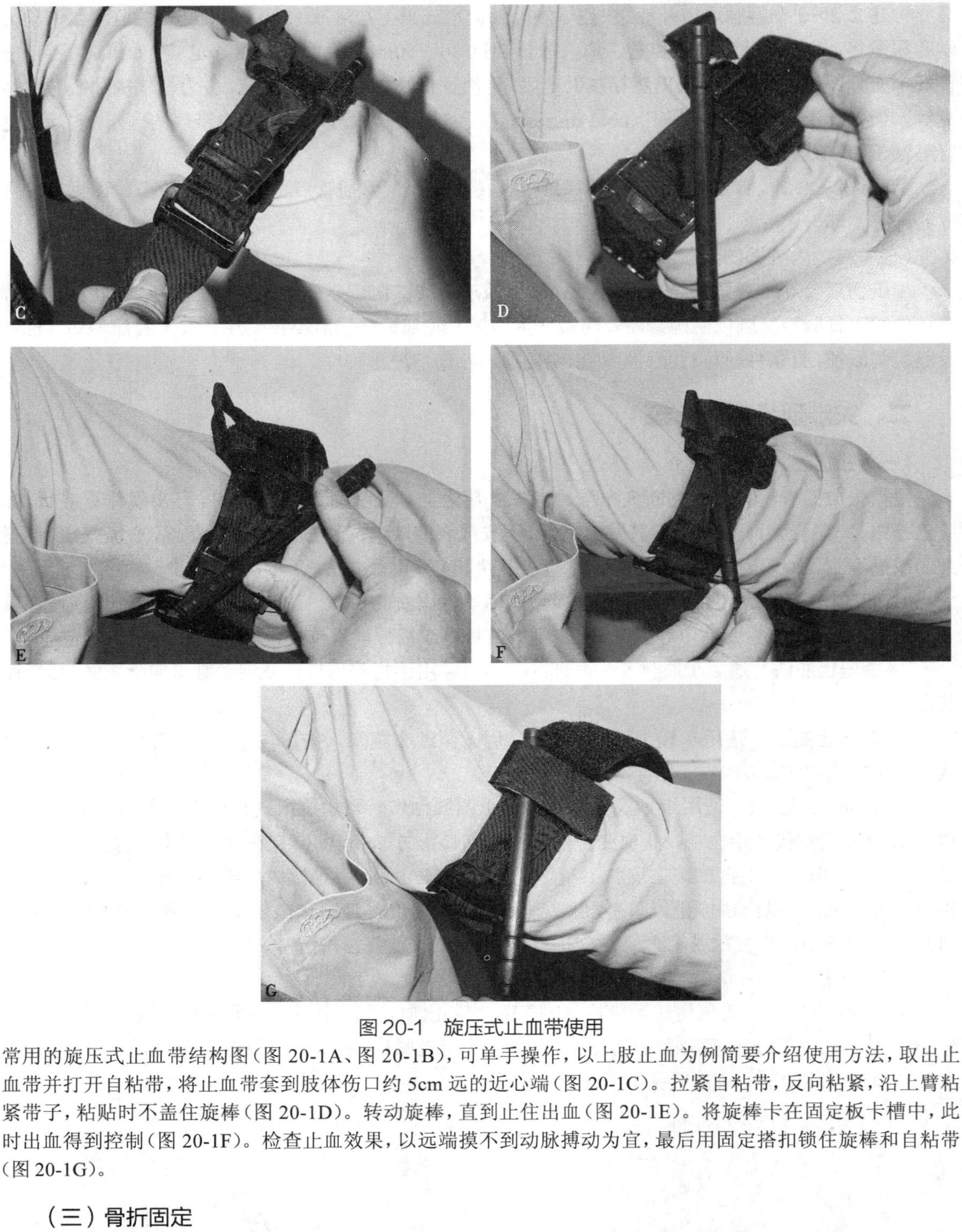

图20-1 旋压式止血带使用

常用的旋压式止血带结构图（图20-1A、图20-1B），可单手操作，以上肢止血为例简要介绍使用方法，取出止血带并打开自粘带，将止血带套到肢体伤口约5cm远的近心端（图20-1C）。拉紧自粘带，反向粘紧，沿上臂粘紧带子，粘贴时不盖住旋棒（图20-1D）。转动旋棒，直到止住出血（图20-1E）。将旋棒卡在固定板卡槽中，此时出血得到控制（图20-1F）。检查止血效果，以远端摸不到动脉搏动为宜，最后用固定搭扣锁住旋棒和自粘带（图20-1G）。

（三）骨折固定

防止骨折端移动，避免骨折端损伤血管、神经等组织，减轻伤员痛苦。固定骨折前，应首先完成基本生命支持等救命措施；对外露的骨折端不应送回伤口，对畸形的伤肢也不必复位；固定范围应超过骨折上下相邻的两个关节；固定时动作要轻，固定要牢靠，松紧度要适宜，皮肤与夹板之间尤其骨突出处和空隙部位要垫适量的棉垫或衣服、毛巾等，以免局部受压引起坏死；应将指（趾）端外露；外固定部位应便于随时拆开，以便迅速解除血液循环障碍；凡疑有脊柱骨折者，必须固定后才能搬运，以免导致脊柱伤的移位。通常采用木制或金属夹板、可塑性或充气性塑料夹板。无条件时可就地取材，如木棍、树枝、布伞、木板、步枪、自身的肢体等作为固定材料。

笔记

（四）搬运

尽快撤离危险现场，并转送到有条件的医院救治。首先应完成基本生命支持和初次伤情评估；在整个搬运过程中，应继续观察伤情变化并及时处理；怀疑头部损伤，上肢、下肢、骨盆骨折或背部受伤的伤员，应平卧运送。

1. 搬运方法

（1）徒手搬运：单人扶行法适宜清醒、伤势不重、没有下肢或骨盆骨折、能自己行走的伤员。背负法适用于老幼、体轻、清醒的伤员。双人可用轿杠式、椅托式、拉车式、扶腋法等。脊柱骨折的伤员应采用三人或四人平托式。

（2）担架搬运：省力、方便，是常用的方法。常用的担架有半身式担架（图 20-2）、全身式担架（图 20-3）、组合式（铲式）担架（图 20-4）、漂浮担架（图 20-5）和其他制式担架，无条件时可用座椅、门板、毛毯、衣物、竹竿等制作临时担架。

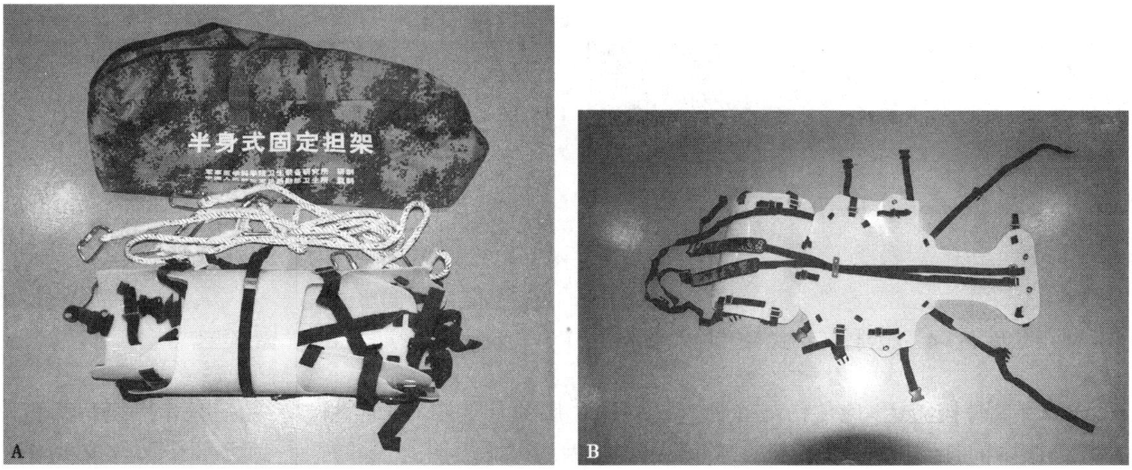

图 20-2　半身式担架使用

半身式担架用于狭小空间内伤员的搬运，可以采用拖、抬、吊等搬运形式。其外包装如图（图 20-2A，图 20-2B）。使用时取出担架，平放于伤病员旁边；将伤病员头、颈部固定后，轻抬于担架上；依次固定肩胸部、腰部、大腿部、双小腿部，最后固定脚蹬带，可以 4 人抬或拖移方式搬运。

2. 特殊伤搬运

（1）脊柱骨折搬运：应防止脊椎弯曲或扭转，严禁用一人抬胸、一人抬腿的拉车式搬运。搬运时必须托住伤员的头、肩、臀和下肢，保持躯体成一直线。颈椎骨折搬运时，要有专人牵引、固定头部，然后多人分别托肩、臀、下肢，动作一致抬放到担架上，颈下垫一小垫子，使头部与身体成直线位置。颈两侧用沙袋固定或用颈托，肩部略垫高，防止头部左右旋转、前屈和后伸。

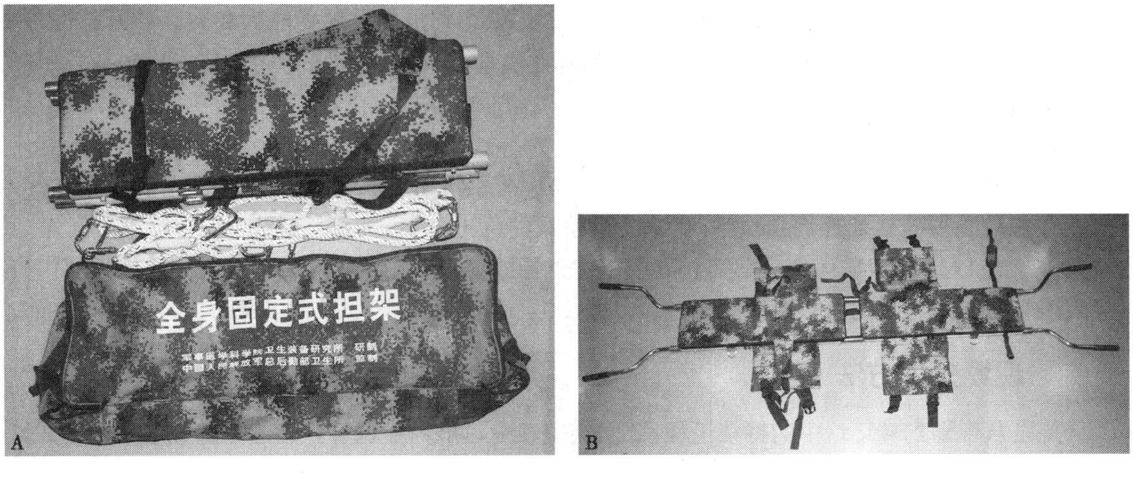

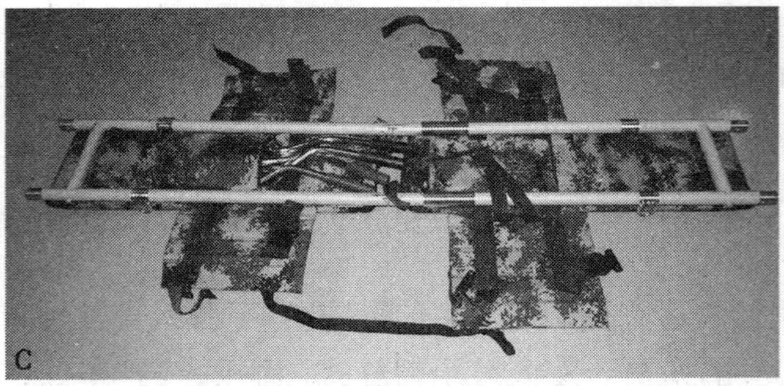

图 20-3 全身式担架使用

全身式担架可在相对狭小的空间内对伤员进行头部、胸背部及腿部的固定、绑缚，可抬行或水平吊运搬运。外包装及结构组成如图 20-3A，图 20-3B；使用时，将全身固定式担架从包装袋中取出、展开，从背面的附件袋中拿出四支把手（图 20-3C）；固定、锁死套筒、把手，将伤员抬上担架，用头部、胸部及腿部固定带固定伤员完毕后，即可进行吊运或抬行操作

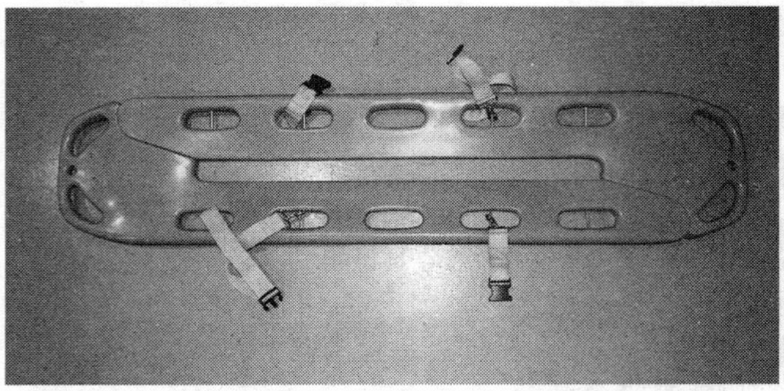

图 20-4 组合式（铲式）担架

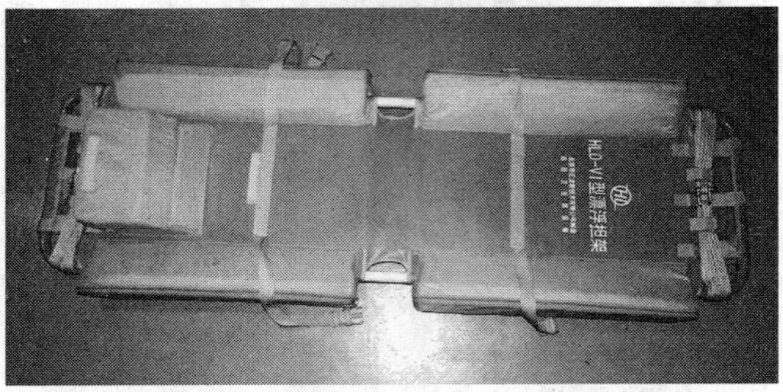

图 20-5 漂浮担架

（2）骨盆骨折搬运：应使伤员仰卧，双下肢髋、膝关节半屈，膝下垫软物；用三角巾围绕臀部和骨盆，在下腹中间打结；多人平托放在木板、担架上搬运。

第二节 伤员现场分拣

现场分拣（triage），也称检伤分类，是为了有效地对伤员实施救治和后送转运，基于生理体征、明显的解剖损伤、致伤机制及伤员一般情况等，对伤员伤情作出判断。

一、现场分拣目的

伤员数量超过了救治能力或医疗资源时，救治的前提是分拣，以明确现场救治和转运的先后顺序。现场分拣应达成 3 个目的：①识别需要立刻抢救的伤员，同时将危害环境和他人的伤员与其他人分开；②将轻、中、重伤员分开，以便确定救治优先权；③判定伤员耐受能力和转运的紧急性。现场分拣是战争及和平时期发生批量伤员救治时的基本原则，是分级救治的基础，基本策略是“最好的医疗资源用于最大量的伤员”，而不是平时单个或少量伤员救治时的“最好的医疗资源用于最严重的伤员，轻、中度伤员仅等待处理”。

现场需要确定伤员救治的顺序，区分需紧急救治、需要限期手术、暂时不需要手术和已死亡的伤员。在分拣后必须确立处理优先次序，确立不同阶段的优先方案，即第一优先（红色）、第二优先（黄色）、第三优先（绿色）和零优先（黑色）。其中零优先指放弃救治伴有明显致命或者无法挽救的伤员，以最大效率地利用有限的急救资源。

二、现场分拣方法

笔记

分拣是从现场到转运途中的持续过程，伤员情况改变可能需要调整开始的分拣策略和结论。

（一）分拣种类

1. 收容分拣　是接触伤员时的第一步，目的是快速将伤员分别安排到相应的区域进一步检查和治疗，如直接将需要紧急抢救的危重伤员分拣出来，送往抢救室或立即就地抢救。

2. 救治分拣　应首先判定创伤的严重度和主要损伤，确定救治措施，再根据救治措施的紧迫程度，结合伤员数量和救治条件统筹安排救治顺序。

3. 转运分拣　以伤员尽快到达确定性治疗机构为目的，根据各类救治措施的最佳实施时机、转运工具及转运环境的特点，区分伤员转运的顺序、工具、地点，以及体位等医疗要求。

（二）分拣依据

除伤前状态、医疗和环境资源等因素外，分拣时应考虑以下因素评估伤情。

1. 生理体征　幸存者需立即明确有无威胁生命的损伤，生理体征异常提示需快速治疗和转运，包括：脉搏<60 次 / 分，或>100 次 / 分；呼吸<10 次 / 分，或>29 次 / 分；收缩压<90mmHg；GCS<14；修正创伤评分（RTS）<12。

2. 解剖损伤　明显的解剖损伤提示需紧急手术，包括：头、颈、躯干、四肢近端穿透伤；浮动胸壁；两处以上近侧长骨骨折；>15% 体表面积、面部和呼吸道的烧伤；骨盆骨折；瘫痪；肢体毁损。

3. 致伤机制　现场分析致伤机制有助于准确分拣，以下致伤机制提示重伤或需进一步检诊。高能量交通伤包括：救出时间>20 分钟；从机动车中抛出，同车乘客中有死亡者，翻滚事故，高速撞击，机动车撞击行人>5km/h，摩托车撞击>20km/h 或从自行车上摔下等。

4. 伤前状态　以下伤前状态提示需到医院进一步检诊：年龄<5 岁或>55 岁；心脏或呼吸系统疾病；糖尿病（特别是使用胰岛素者）；肝硬化或肝病；肥胖；出血病史等。

5. 其他因素　存在导致伤员生理机能衰弱，需要到医院进一步救治的因素，包括因长时间掩埋、封闭、饥饿等。

（三）分拣工具

制式的检伤分类箱（图 20-6）内有登记本、检伤分类伤票、医用耗材等；箱内第一层为两条检伤分类腰带（图 20-7）；其下为检伤分类毯等物品。现场分拣通常用 4 色分拣标签（见文末彩图 20-8）。

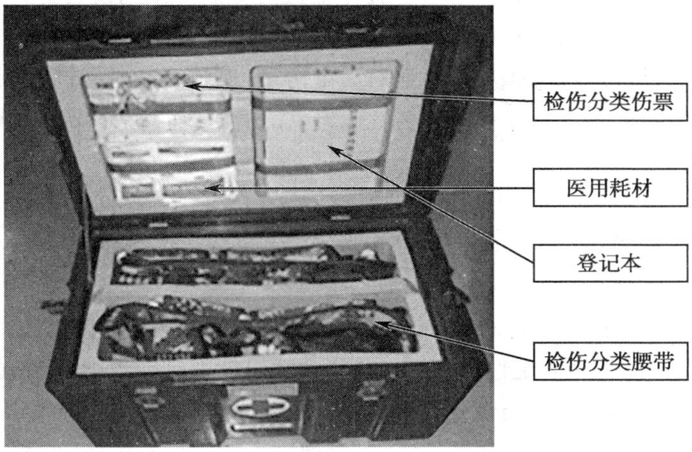

图 20-6　检伤分类箱

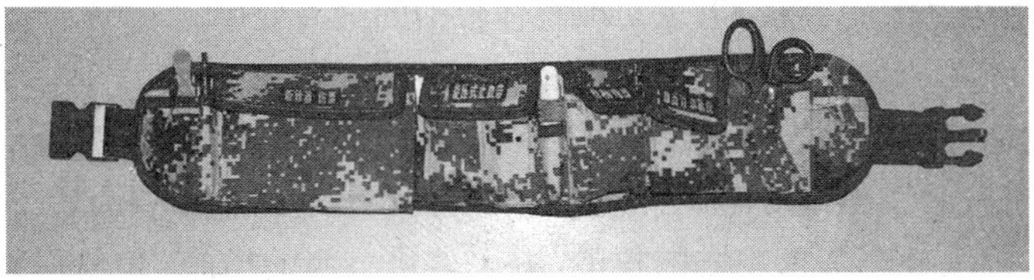

图 20-7　检伤分类腰带

1. 红色 优先救治的标签，指伤势严重，威胁生命，需紧急救治和转运。应维持和（或）恢复伤员生命功能，维持伤员呼吸、循环功能的稳定。

2. 黄色 延迟救治的标签，指伤势较重，但暂无生命危险。应迅速明确并控制创伤后病理生理紊乱，包括进行有针对性的检查和实施各种确定性的救治措施。

3. 绿色 等待救治的标签，指伤势较轻，暂时不需手术，可走动者。应及时确定并处理一些隐匿的病理生理性变化，如低氧血症、代谢性酸中毒等。

4. 黑色 期待救治的标签，用于标示存活可能性小的、无法救治者。

（四）分拣场所

通常需要设立分拣室（帐篷）或分类场。在收治大批量伤员的各级救治机构入口附近，设立专门的场地来接收到达的伤员。应尽量安置在具备通讯、转运、水电供应及物资供应的场所。一般分为下车区、分类区和车辆调整区，伤员应单向流动。要防止轻伤员擅自进入抢救区，必须让他们集中在周围较宽阔的区域中。由于事故或灾难常常突发，所以各项工作需因地制宜，在环境恶劣时，不必苛求条件，而应分秒必争抢救伤员。有时甚至需要直接在转运运输工具上进行分类。

注意分拣应反复进行。一是因为伤情是动态变化的，例如，需紧急处置的伤员在复苏过程中出现并发症恶化，或经短时间复苏治疗无效，特别是在伤员数量较大时，就不得不将其归入期待医疗。二是因为在救治的各个环节，只要有批量伤员等待处置，就必须分出救治顺序。另外，为避免无效分拣或较高的二次分拣率，为后继的救治工作带来困难，分拣不应由低年资医师承担。但由于受多种因素影响，过度分拣占 50% 以上，或分拣不足达 10% 是可以接受的。

第三节 伤员分级救治

分级救治（medical treatment in echelons）是分阶段、分层次救治伤病员的组织形式和工作制度，又称阶梯治疗。目的是充分利用有限资源，及时救治危重者，使绝大多数伤员获益，降低死亡率，提高救治效果。主要用于两种情况：①医疗资源相对于伤病员的需求不足，需要将有限的资源首先用于最需要救治和救治效果最显著的伤员；②危及生命或肢体的严重创伤需紧急救治，不允许长时间转运到大型医疗中心或创伤中心，只能就近在黄金时间内给予紧急救治。灾难（尤其是地震）时，灾区及邻近地区的医疗资源被严重摧毁，同时面对大量伤员，医疗资源（医疗物资、医务人员和医疗场所）无法满足伤员救治的需要，同时，伤员以多发伤为主，伤情重而复杂，决定了灾难中伤员的救治必须遵循分级救治的原则。

一、分级救治原则

（一）及时合理

伤员自然存活时间有限，随着时间延长，死亡概率增大；有效救治时间内救治可延长伤员存活时间，但延长时间有限，只有得到确定性治疗后伤员生命才可能得到挽救；采取措施的时间不同，其效果不同，时间愈早，措施愈合理，伤员伤死率就愈低。根据战伤救治规则，要求伤员在负伤后 10 分钟内获得现场急救，3 小时内获得紧急救治。为此，应做好现场的抢救工作，并积极后送，勿使伤员在现场过多、过久地滞留。条件允许时，救治机构尽量靠前配置。应正确处理即时措施与系列措施之间、局部效果和整体效果之间的关系，以求实现整体救治的最高效率。

（二）连续继承

分级救治本身就是将完整的救治过程分工、分阶段进行。因此，为保证救治工作的完整，各级救治应连续继承，使整个救治工作不中断，各级救治不重复。前一级救治要为后一级做好准备，后一级救治要在前一级的基础上补充其未完成的救治，并采取进一步的措施，使前后紧密衔接，逐步完善，共同形成一个完整、统一的救治过程。为此，每一个医务人员要对创伤的特点、病理过程和伤员处理原则有统一的认识和理解，每一个救治机构要采取某一种相应的救治形式，并按规定的任务和救治范围实施救治。在分级救治过程中没有完成规定的救治任务，将会导致伤员伤情恶化或严重并发症的发生；反之，超出规定的救治范围过多地进行救治也是错误的，因为这样会延误伤员的后送及进一步治疗，或者增加手术并发症，从而影响整个分级救治的效率。另外，必须按规定填写统一格式的医疗后送文书，在分级救治中准确传递伤病员伤情及处置的信息，使前后继承有所依据，保证伤病员分级救治的连续性和继承性。

（三）治送结合

后送的目的是使伤病员逐级获得完善的治疗。所以，救治与后送相辅相成、缺一不可，必须辩证处理二者关系，使之有机结合。各级救治机构应根据环境情况、伤病员数量及结构特点、本机构所担负的救治任务及卫生资源状况、分级救治体系的配置和医疗后送力量等，因时因地制宜，不能只强调治疗而延误伤病员向下一级救治机构后送，也不能一味后送而不采取必要的治疗措施，从而造成伤病员在后送途中伤病情恶化。

二、分级救治组织

对短时间内发生大批伤员的救治，最主要的不是技术，而是高效的组织。地震等灾难发生时，短时间内出现大批伤员，而且受灾地医疗机构存在不同程度的破坏，很多伤员需要后送治疗。

（一）救援模式

救治机构应有明确的任务分工确保分级救治原则的落实，根据灾情严重程度、伤亡人数、医疗资源残存情况等决定，一般分为二级和三级模式：①二级救援模式，即“灾区内基层医院 - 灾区内三级医院（建制完整、运行良好）”。②三级救援模式，更大的灾难发生时，则需启动灾区外的医疗资源，形成三级救援模式，即“灾区内基层医院 - 灾区内三级医院（建制完整、运行良好）- 灾区外医院”。

（二）救援任务

指各级救治机构担负伤病员救治工作的责任，是实施分级救治的基本条件。救治范围是按照统一的救治体制和救治原则，对各级救治机构所规定的伤病员救治技术措施的项目、内容和程度要求，是分级救治不间断、不重复的保证。救治形式是根据灾难环境、伤员的病理发展过程和救治范围，对救治措施所做的区分。

灾区内医疗单位具体承担哪一级救治任务，应根据医疗单位受灾情况、单位时间内的伤员流量、救治技术和条件、与下一级医疗单位间交通状况及转运条件等确定，原则上应主要承担紧急和早期救治任务，特殊情况可兼顾紧急和早期救治、专科救治。

本章按三级模式叙述，二级模式中的第二级承担了三级模式中的第二、三级的任务。

1. 一级救治（现场急救）　主要是紧急处理危及生命的损伤，维持机体生命功能，保证伤员能安全后送转运。技术范围包括通气、止血、包扎、固定、搬运、基础生命支持（如抗休克）等内容。

现场救治是伤员救治的关键，也是最困难的环节。现场救治力量可来自三个方面，一是灾区未受损伤的医疗机构，二是灾区附近医院紧急派往的医疗队，三是机动卫勤分队。2008 年，汶川地震的现场救治始于伤后 10 分钟至数天，包括自救、互救和专业救援等模式，在地震中存留的当地医疗资源起了很大作用，如什邡县 120 急救站在地震后救治了大量伤员，其他医疗单位也现场救治了大量附近的伤员。但仍有为数众多伤员未能得到现场救治即被送往医疗单位，导致较高的死亡率、伤残率和感染率。

汶川地震发生了多例解救后早期死亡，与被压肢体或组织的缺血再灌注有关，导致低血容量性休克、高钾血症、脓毒症或其他毒素快速入血等有关。对于长时间的挤压伤不能盲目解救，在解除压力前应判断伤肢情况，或先用止血带绑扎伤肢近端，对于不能保留的伤肢不应恢复血供。

2. 二级救治　常由灾区附近医院担任紧急救治和早期救治任务，主要是处理危及伤员生命的损伤和并发症，防止并发症发生。其技术范围主要是 3～6 小时内实施紧急手术，如截肢术、大血管修补、吻合或结扎术，对开放性气胸行伤口封闭及闭式引流术，张力性气胸行闭式引流术，实施剖胸、剖腹腹腔探查止血术，开颅减压术，或进行较完善的清创术等。

严格遵循任务分工是落实分级救治原则的关键。但在汶川地震救援中，在二级救援中，大量存在超范围救治情况，如对闭合性骨折早期切开复位内固定等，后果是进一步侵占了有限的医疗资源，或降低了诊疗操作的技术标准，增加了感染发生率、再次手术率等。

也可由医疗救援队以野战医院的形式承担，救援队展开根据受灾情况、任务类型和地形条件，尽量争取集中展开，以便于统一管理。确定展开区域后，根据医疗救援队编配方案，在选取区域内，先划分出各功能单元区域，确定帐篷展开、检伤分类场（见文末彩图 20-9）、车辆停放、保障挂车、发电机、野战厕所等功能单元摆放位置，以便于队伍快速有序展开。帐篷式医疗单元展开定位如图 20-10。

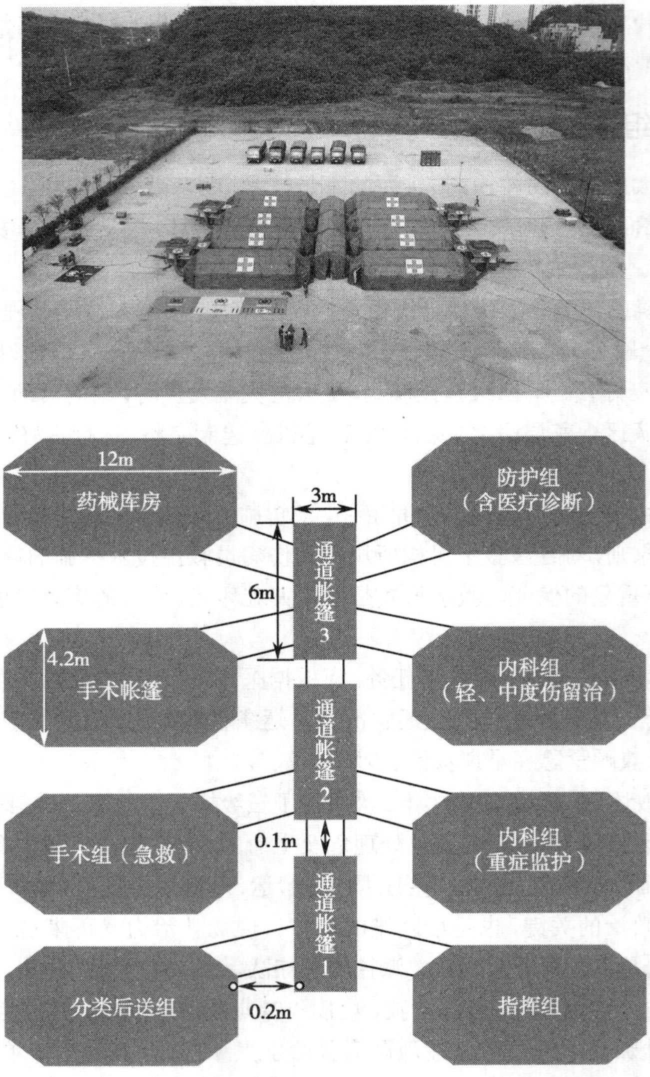

图 20-10 野战医院帐篷式医疗单元展开示意图

3. 三级救治（后方医院的专科治疗） 主要进行专科治疗和确定性手术，对伤后并发症进行综合性治疗，并开展康复治疗。远离灾区的后方医院主要接受治疗时间较长的中、重度伤员。由于环境条件好，技术水平高，资源充足，因此在伤员治疗上无更多特殊之处，但应及时空出床位，调整医疗力量，做好伤员入院的分类和治疗顺序、方案的制订，及时进行专科手术和综合治疗，并及时开展康复治疗。

第四节 伤员转运

伤员转运包括院前转运和院间转运。院前转运指创伤伤员从现场到医院的转送，是院前救治的重要组成部分，是现场急救与院内救治之间的桥梁，应最大限度地缩短运送时间，院前转运的质量与伤者的死亡率与伤残率密切相关。院间转运指创伤伤员由基层医院向上级医院转送的全过程，一般在基层医院稳定生命体征或实施紧急手术后启动。院间转运应该由转出医院、接受医院和转运队伍共同执行，综合决定最好的转运方式。灾难时发生批量伤员，需要实行分级救治，院间转运是实现分级救治的前提。

一、伤员转运分类

（一）院前转运

院前转运指创伤伤员从现场到医院的转送。是院前急救的重要组成部分，是现场急救与院内救治之间的桥梁，旨在最大限度地缩短运送时间，转运的原则是“安全、快速”。院前转运的质量与伤者的死亡率与伤残率密切相关。

专业转运组一旦现场稳定伤员后，即根据优先级别决定伤员转运至最近、最合适的创伤中心救治。转运途中与医院保持联系，需紧急检查、手术者，应通知医院相关人员和设备做好准备。

（二）院间转运

当短时间接收大量伤员，超过医院救治能力，或将要到达更多伤员时，灾区内医院应充当“后送医院”，将所有需要进一步治疗的伤员转运至上一级医院救治。应该强调的是院间转运应以前接为主，避免占用前方已经相当紧缺的医疗资源。

当伤员数量少，医院救治能力能够满足伤员需求时，只选择性地后送严重的、需专科治疗的伤员，此时，医院成为“选择性后送医院”。

承担二级救治任务的灾区医院单位时间内的伤员流量是影响紧急救治和早期救治的关键因素，因此，尽快实施院间转运是节约宝贵的二级救治医疗资源的关键。除救援指挥部决策、转运工具到位等因素外，院间转运的展开主要受交通恢复情况的影响。

医护人员依据相关法律实施创伤院间转运。院间转运适应证通常应考虑两方面因素：①伤情需要，基层医院不能提供确定治疗或处理后出现并发症的伤员。②伤员及家属要求，应该仔细评估伤员伤情后做出判断。禁忌证包括6个方面：①休克未纠正，血流动力学不稳定者；②颅脑伤疑有颅内高压，有可能发生脑疝者；③颈髓损伤有呼吸功能障碍者；④胸、腹部术后伤情不稳定，随时有生命危险者；⑤被转运人或家属依从性差；⑥转运人和设备缺乏相应的急救能力、应变能力及处理能力等情况。

二、伤员转运原则

（一）转运顺序

已经危及生命需要立即治疗的严重创伤者优先转运；其次是需要急诊救治可能有生命危险的伤员；再次是需要医学观察的非急性损伤；最后是不需要医疗帮助或现场已经死亡者。

（二）通信畅通

调度人员在接到求救电话后，明确联系人、联系方式、详细地址、转运路程等情况。接受医院应询问初步诊断、处理情况等，并在途中与转运人保持联系。需紧急检查、手术的伤员，医院应通知相关人员做好准备。

（三）安全评估

转运应遵循NEWS原则：①Necessary，每一步骤是否必要？②Enough，治疗是否充分？③Working，治疗是否有效？④Secure，转运是否安全？转运前应再次全面评估转运的安全性，确保转运安全。

1. 气道 检查气道，确定是否需气管插管。

2. 呼吸系统 转运前记录呼吸状态，检查或安置鼻胃管，以防止使用镇静剂或插管伤员误吸，检查其他所有插管的位置或装置（如胸腔引流管）是否可靠固定。

3. 心血管系统 转运前记录心率、脉搏、氧饱和度和血压。准备控制外出血和再评估用于控制出血的绷带，固定静脉导管，保证足够的血液制品和液体备用。危重伤员应在监护下转运，侵入性通道（如动脉通道、中心静脉压通道、肺动脉导管）应连接于转运监测仪，以便转运中持续的血流动力学监测。

4. 中枢神经系统 开始转运前，需记录神经系统检查结果和 GCS 评分，适当给予镇静药物。需要用固定装置固定头、颈、胸、腰段脊柱。

（四）知情同意

完成转运前伤情评估后，应根据伤情，到医疗单位的距离、时间、地理、气候、伤情是否稳定和局部资源等综合决定转运方式，并结合转运途中可能出现的意外情况、沿途的医疗单位及救治水平等作出转运中安全评估。如病情相对稳定适合转运，向伤员及家属交代病情，告知转运的必要性和途中可能发生的危险性，取得同意并签字后实施转运。

三、伤员转运方式

转运方式应根据病情、到医疗单位的距离、交通条件和气候等因素综合决定。创伤伤员的转运不仅是保障运输问题，更重要的是安全问题。转运工具除具有运输功能外，应具备全程血流动力学监护和有效的生命支持技术，能及时发现病情变化，如及时处理呼吸障碍、心律失常、静脉留置针滑脱或堵塞、气管插管移位、骨折等固定不当等问题，以避免伤员在转运过程中因病情变化而发生意外。转运工具主要有救护车、卫生列车、救护艇和直升机等（图 20-11）。汶川地震医学救援启动了中华人民共和国成立以来最大规模的医疗后送转运，共转运伤员 10015 人，包括 21 次专列（5053 人），91 架包机（3495 人）和 10000 余次救护车（1467 人）。

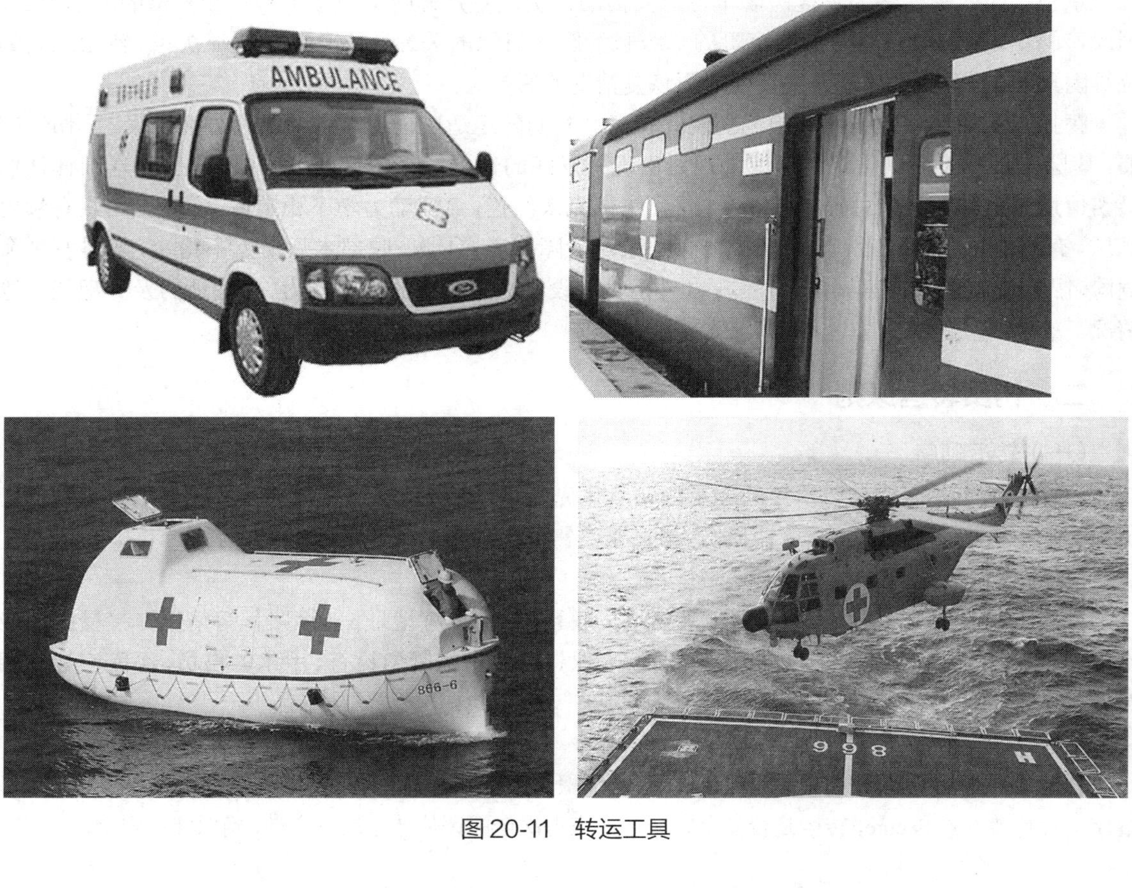

图 20-11 转运工具

（一）转运工具

1. 陆地转运　是我国伤员转运的主要方式，转运工具包括救护车、卫生列车等。除轻伤等原因外，应常规使用监护型救护车实施转运伤员。监护型救护车应具备铲式担架或多功能自动上下车担架，气管插管用物、供氧系统、心肺复苏机、便携式呼吸机、多参数监护仪、除颤仪、负压吸引器，包扎、固定、止血等物品，各类急救药物及物品等。

2. 空中转运　空中转运具有速度快、机动灵活、舒适安全、便于对伤员进行护理等优点，可缩短后送时间，提高后送效率，尤其适用于偏僻山区、岛屿及交通阻塞、道路中断等救护车不可能完成转运任务的情况。天气、地理、后勤和其他因素决定飞行的稳定性，接受任务的最终决定应由飞行员作出，机组人员的安全问题应该放在首位。直升机是空中转运中使用较多的转运工具，其飞行高度在2000～2500m之间，受低气压及高空缺氧等因素影响较小，但受垂直气流影响较大，机身颠簸、晃动大，易引起晕机症。直升机转运较救护车转运伤员发生病情恶化的概率更高，血气胸伤员中易出现呼吸困难，一般采用头朝前卧位（朝向机头方向），以减轻加速度对伤员产生的不良影响。

3. 水上转运　用于海上、江湖水域的船只、岛屿发生灾难时，转运工具包括救护艇等船只，其影响因素显著多于陆地或空中转运，如受水域水文、气象、地理等自然条件的影响，救护人员站立不稳、物品难以固定、无菌区域难以保持、生命体征难以监测、护理技术操作难以完成等也显著影响转运途中监护和救治，故应严格把握适应证，做好转运前准备。

（二）转运方法

1. 转运前准备

（1）伤员准备：应做好伤员的心理疏导，在转运前确保气道通畅，维持呼吸和循环功能稳定，处理危及生命的损伤，确保伤情处于相对稳定状态。收缩压在90mmHg以上可不输液，直接送往医院；收缩压低于90mmHg者应补液维持血压，快速后送转运。合并骨折者应简单固定；中、重度吸入性损伤者，应急诊气管切开或做环甲膜穿刺以防窒息；休克伤员为便于了解肾脏功能，应留置导尿管等。

（2）医务人员准备：做到对伤情心中有数，能正确的估计、判断和处理转运途中可能发生的情况，保持良好的身体状态，准备必要的物品和药品等。

2. 转运中处理

（1）转运中体位：伤员顺车体而卧，以减少车辆行进时对脑部血流灌注的影响（图20-12）。重度昏迷者采取侧卧位；呕吐、咯血、有窒息可能者取轻度头低足高位及头偏向一侧位；胸部损伤有呼吸困难者，应取半卧位，躯体妥善外固定于平车上，以避免剧烈振荡而加重出血和再损伤；颅脑损伤者将头部垫高等，上下坡时要保持头高位，以避免头部充血。

图20-12　伤员顺车体放置

（2）转运中监护和处理：理想的转运中的救治应达到接收医院的水平，转运队伍必须有能力继续进行心肺支持和补充血容量，连续监测血流动力学，提供移动电话通信设备（图 20-13）。主要包括常规心电、血压和氧饱和度监护，危重者应行有创血压、尿量等监测；注意及时清除气道内分泌物，保持气道通畅；加强固定，颈椎骨折者用颈托固定，使头、颈、胸呈一条直线等；避免搬运和行车过程中的颠簸造成静脉通道、气管插管及固定夹板等的移位、脱落和阻塞；保持与拟送达医院的联系，提前告知伤情和到达时间等，以便做好准备。

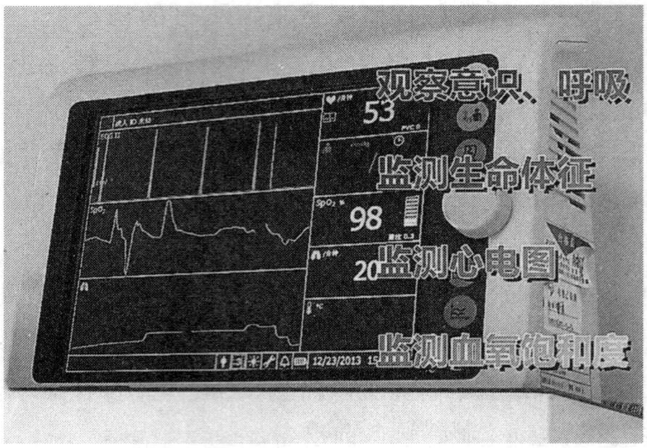

图 20-13　救护车上监测生命体征

（3）随行资料：所有伤员救治记录的完整文件均应同时送达，包括伤员及其病史记录、致伤机制和事故环境记录、所有影像资料等诊断记录、已给予的救治措施和伤员的反应等。

第五节　救援人员自我防护

灾难现场救援的前提是确保救援人员、被救人员和旁观者安全，故应首先应评估灾难现场环境，并采取相应的对策。

一、灾难现场环境安全评估

在接近任何灾难现场时，救援人员首先面对的问题是评估现场是否存在潜在的危险，尤其是可能对救护人员、伤病员、现场公众造成伤害的因素。创伤是由各种能量释放至机体组织所引起，应辨识各种能量预防可能发生的创伤，包括：①动能，其他交通工具、流动的水或泥石流、爆恐袭击等；②势能，不稳定的建筑物、车辆等垮塌压迫致伤，或复杂的地面导致跌倒或摔跤等；③热能，火灾、低温等；④电能，电池，高压电，损坏的电缆或带电设备等；⑤化学能，燃油、化学品、毒品等泄漏或污染等。只有在确定现场环境安全的情况下方可施与救援。未接受相关专业救援训练的人员一般不鼓励自行尝试救援。现场危险及对策可分为以下 3 类：

（一）可见的危险

突发事件现场的环境一般比较差，尤其是自然灾害如地震、火灾、水灾、爆炸、泥石流等现场，救援人员进入的前提条件是确定没有可见的危险，确保自身安全。

（二）无形的危险

毒气泄漏、生物伤害、核辐射等，救援人员在进入现场前，需要采取切实有效的防护措施，如穿戴防护服、手套、口罩、护目镜等，站在上风口，快进快出，尽量缩短停留时间。

（三）潜在的危险

笔记　如灾难现场处于高速公路上、化学物资失火、成群燃烧汽车等，救援人员不可盲目进入和久留，同时禁止吸烟，关闭手机，不使用对讲机，不穿带有钉掌的鞋，不拉动电源开关，禁止一切能够产生静电和火花的行为。

二、现场个体防护

个体防护是利用个体防护装备的物理或化学阻隔作用，消除或控制有害物质，使进入或接触人体的有害物质水平符合人体基本安全和健康的要求。在灾难医学救援过程中，救援人员随时都面临着各类致伤因素，有时甚至是致命的损害。一旦受到损害，则救援人员本身成为被救援的对象，不但不能完成救援任务，还将增加其他救援人员的工作量，占用灾难救援时最为重要的社会资源，故医疗救援人员本身的防护具有重要意义。

（一）灾难现场个体防护分级

一般将防护级别分为A、B、C、D 4级。有害环境要分区管理，根据与有害源的距离和危害程度分为热区、温区和冷区。救援人员要明确责任，在相应的区域内开展救援工作，并穿戴相应的防护装备。

1. A级个体防护　防护对象包括：①接触高压蒸气和可经皮肤吸收的气体、液体；②可致癌和高毒性化学物；③极有可能发生高浓度液体泼溅、接触、浸润和蒸气暴露的情况；④接触未知化学物；⑤有害物浓度达到可立即威胁生命和健康浓度的可经皮肤吸收的化学物；⑥低氧环境。防护装备包括：①全面罩正压空气呼吸器；②全封闭气密化学防护服，防酸碱等各类物质，能够防止液体、气体的渗透；③抗化学物质的防护手套和防护靴；④头部防护安全帽。

2. B级个体防护　防护对象包括：①种类确知的气态有毒化学物质，不经皮肤吸收；②达到威胁生命和健康浓度；③低氧。防护装备包括：①全面罩正压空气呼吸器；②头罩式化学防护服，非气密性，防化学液体渗透；③抗化学物质的防护手套和防护靴；④头部防护安全帽。

3. C级个体防护　防护对象包括：①非皮肤吸收气态有毒物，毒物种类和浓度已知；②非威胁生命和健康浓度；③非低氧环境。防护装备包括：①空气过滤式呼吸防护用品（正压或负压系统），过滤元件适合特定的防护对象，防护水平适合毒物浓度水平；②防护服隔离颗粒物，防少量液体喷溅；③抗化学物质的防护手套和防护靴。

4. D级个体防护　防护对象为非挥发性固态或液态物质，毒性或传染性低。防护装备包括与所接触物质相适应的防护服、防护手套、防护靴等。

（二）个体防护装备

白大衣、工作服等普通服装在以上几类有害环境中对个体几乎没有防护作用，在灾难救援中医护人员应采用正确的个体防护装备。首先是了解灾难现场可能的有害物毒性、入侵途径和对人体的危害程度，然后选择适用、有效的个体防护装备。

1. 个体防护装备种类

（1）防护服：各类防护服的性能有较大的差别，适用范围也不同，包括从防护性能最高的正压气密防渗透防护服，到普通的隔离颗粒物防护服。我国现阶段仅有传染病疫情处理的隔离服标准——《医用一次性防护服技术要求》（GB 19082—2003），但医院传染病房使用的隔离服因无性能指标评价，不能够用于灾难救援。防护服按式样分连身式和分体式结构，按使用方式分为一次性和限次使用的（图20-14）。

（2）眼面防护用具：眼面防护用具都具有防高速粒子冲击和撞击功能。眼罩对少量液体性喷洒物具有隔离作用。呼吸防护用全面罩可以隔绝致病微生物等有害物通过眼睛、口鼻黏膜侵入。在传染病、呼吸病病房、实验室和灾难现场等环境工作时，要佩戴眼镜或其他眼部保护装置。

（3）防护手套、鞋靴：与防护服类似，各类防护手套和鞋靴都有相应的适用范围，不同化学物对手套、鞋靴的防护性能有不同的要求，同时要考虑现场环境的温度、尖锐物、电线或电源等因素，并具有一定耐磨性能。应根据不同灾难现场针对性选择。

（4）呼吸防护器：包括两种，①过滤式（空气净化式）呼吸防护，有防尘面罩和防毒面具，分随弃式面罩（简易型，半面型）、可更换半面罩和全面罩3类。按防护对象分防颗粒物（或防尘）、防气体或蒸气及尘毒综合防护。过滤式呼吸器用于C级防护时。一般考虑选择尘毒组合式过滤元件，颗粒物过滤应选择效率最高级别（图20-15）。②隔绝式（供气式）呼吸防护，隔绝式将使用者呼吸器官与有害空气环境隔绝，靠本身携带的气源（自我控制呼吸仪，self-contained breathing apparatus，SCBA）或导气管（长管供气式）引入作业环境以外的洁净空气供使用。

图20-14　防护服

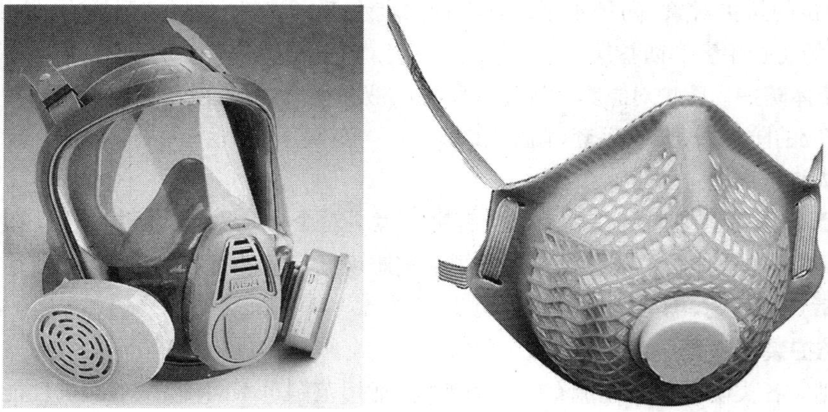

图20-15　过滤式呼吸防护

2. 防护和洗消

（1）防毒面具使用：防毒面具是用来保护人员的呼吸器官、眼睛和面部免受毒剂的伤害，防止放射性灰尘和细菌进入人体。应选配合适的面具，在试戴时感觉头部压力不明显，面罩边沿与脸部贴合的紧密，眼窗的中心位置在眼睛的正前方下1cm。戴上面具，用手掌将过滤器进气孔堵住，用力吸气，如感到堵塞，则说明面具无损坏和佩戴正确。

（2）防毒衣使用：穿戴防毒衣的动作要领可概括为卸下器材、展开防毒衣、穿上防毒衣和戴面具4个步骤。脱防毒衣时背风站立，由下而上解开各系带；脱下头罩，拉开胸襟，两手缩进袖内并抓住内袖，然后两手背于身后，脱下手套和上衣；再将两手插进裤腰往外翻，脱下裤子；后退一步，用大拇指从脑后挑起面罩（或头带）脱下面具；将防毒衣、面具折叠收起；最后将防毒衣、面具包装后放入袋内。脱防毒衣手套和面具时，应防止皮肤接触它们的外表面，以免受染。

（3）洗消：即消除沾染（污染），指利用各种措施，将放射性物质从人员、物体表面上除去或使之减少到控制量以下，以减轻放射性物质对人员的伤害。人员受染后，要尽快进行洗消。在沾染区内，应利用救灾间隙进行局部洗消，情况允许时，可撤出沾染区进行全身洗消。应避免因洗消污染饮用水源。对服装、装具的洗消常用拍打法、抖拂法、扫除法和洗涤法。

3. 防护装备使用注意事项　装备应尽可能做到明确到具体人，需了解每个人员的具体特征，如身高、体重、头面型、鞋号、手型及是否戴眼镜等。救援人员一般配备C级防护装备，院前急救或医院急诊科不仅接收在现场已经除去污染的伤员，也会接收自行前来就诊的伤员，应设有专区对伤员进行洗消，也要配备少量B级防护装置。使用A级和B级防护时，应评价体能等，确认能够在使用重型防护装备时从事指定的作业。

个体防护装备在现场使用过程中会沾染上现场的有害物质，错误穿戴有可能造成新的污染和健康危害。不同的装备穿戴顺序不同，一般先佩戴呼吸器，然后是防护服、眼面护具、手套和鞋靴等；摘除时顺序相反。对救援中受到污染的装备，必须及时洗消。受污染的废物处理应遵守国家有关环保规定，请从事专业污染处理的单位和人员承担。灾难发生的初期，在不明事件性质或有害物质浓度、存在方式不详的情况下，需要以最严重的等级要求进行防护。

防护装备的使用具有显著专业性，只有正确使用才能保证自身的健康与安全，但防护装备会影响业务操作，使用者必须在充分了解每种防护装置的性能和限制、使用方法前提下。才能进行选用和穿着。故有需要使用个体防护装备的单位，应组织使用者进行防护用品的演练，了解每种防护用品的适用性、使用限制、装配方法、佩戴方法、维护保养方法、清洗消毒方法等，并定期检查个体防护装备，注意维护保养，保障防护效果。

在发生化学灾难时，应及时使用防护器材和采取防护措施。灾难医学救援应贯彻抢救伤员和保护救援人员并重的原则，将防护措施作为应对化学灾难的重点，贯穿于整个救援活动的始终。以防护为主，以药物预防为辅。医学救援分队进入现场应选择染毒区的上风或侧风方向。在进入染毒区之前，要按照规程使用防护装备；离开染毒区后，尽快进行人员和器材洗消。

三、继发性创伤应激障碍防治

在灾难救援中，各类救援人员暴露在以往几乎想象不到的生存环境中，不断接触到人生最伤痛的情景，如失去亲人、失去家园和遭受严重创伤等；又不断面对次生灾害的威胁，无论在伤痛程度或是个案数量等方面都非常人所能应对，由于工作性质他们不能离开这些情境，同时又不能让自己的情绪反应阻碍救援工作，这种两难的情况往往造成继发性创伤应激。

（一）继发性创伤应激的影响

继发性创伤应激（secondary traumatic stress）是指在没有直接经历创伤事件的情况下，助人者在助人的过程当中或之后，表现出困扰性或痛苦的心理症状。继发性创伤应激给救援人员带来困扰和难受的感觉，可以表现为：①工作效率下降，注意力集中困难；②判断的敏锐度下降，易造成错误判断，影响工作决定的准确性；③救援人员受到继发性创伤应激影响时，易被个人的情绪反应牵动去建立与受助者的治疗关系，过分投入，而不是根据理性、客观的分析去提供协助；④重大创伤应激也可令救援人员感到无力，对救援工作失去希望和干劲，甚至萌生放弃工作的念头；⑤长期的继发性创伤应激可影响救援者个人的思想、情绪、行为，进而长远地影响其生活、工作。

（二）继发性创伤应激的应对策略

救援人员应准确确立自己在救灾工作中的角色或个人定位，拟定自己的工作方向与步骤。集中处理可控制的部分，暂且放下不能控制的部分；先处理最紧急和最重要的事，将工作分拆、按部就班逐项处理等；将看似无法处理的重大“危机”，通过以上原则转变为能够解决的“问题”，舒缓救援人员所感受到的压力与无助感。具体实施救援前，可以分3个阶段进行不同的思想准备，应付可能或已经出现的继发性创伤应激。

1. 救援前应对策略 在出发前，救援人员应主动设想评估救灾环境，如灾难现场与平常工作环境的不同，混乱、不可预知；工作对象是灾民；工作伙伴是不同专业的陌生人等等，并适应饮食差异、预备自用药物等。

2. 救援中应对策略 应正确应对、及时识别极端的应激反应，包括睡眠、食欲、身体反应等，如头痛、胃痛、思想混乱、注意力不集中、决策困难、情感麻木、易怒、愤怒、恐惧、焦虑、抑郁、无助、绝望、挫折感、活动量的改变等。这些反应是十分正常的，不代表个人能力的不足，不必因这些反应而感到惊慌、自责或愧疚。

若救援人员出现下列极端的应激反应时，应提醒自己或同伴，必要时寻求专业支持：①持续地出现上述生理、情绪、思想和行为反应而没有改善的趋势；②过分地回忆或持续不由自主地想起在救援期间遇见的创伤性画面或体验；③试图在专业领域或个人生活中对事物或别人作出过分的控制；④过分地投入工作而忽略休息或个人基本需要；⑤与其他救助者、朋友、家人疏离，甚至出现严重的人际关系困难，包括因暴躁或愤怒而引起或加剧家庭纠纷；⑥依赖药物或酒精；⑦出现伤害自己或别人的想法或举动；⑧冒不必要的风险。

避免出现极端应激反应的措施包括避免单独救援，以小组形式进行救援工作，并鼓励、要求同伴间互相支持和咨询；工作时间不宜过长，在照顾灾民的同时兼顾自己的身心状态，留意自己的基本需要，如维持适量的营养和休息。

救援人员遇到困难或情绪低落时，主动寻求辅导，救援人员应清楚个人的能力和局限，避免短时间内处理太多具有创伤性的工作；当遇到能力以外的工作时，可适当地提出拒绝。应注意在刻不容缓的救援气氛下，救援人员容易削弱自我照顾的意识，认为在救援期间花时间休息是自私的，只有不断地工作才能作出最大程度的贡献；或认为只有自己才能做某些工作，不能停不来或交由别人负责；或认为轻松下来或继续维持正常的生活是不应该的，甚至觉得幸存者的需要比救援人员的需要更为重要等。出现类似的偏差想法时，救援人员最好先停下来，跟同伴讨论和分析这些想法的正确性，以及它们对自己和整体救援工作的利与弊。

3. 救援后应对策略 应适当放松和恢复，救援人员在完成了救援工作和离开灾区后，最好预留一段调整期，调整期长短、调整方式因人而异，可以是旅游、交流等。在经历生离死别的灾难事件后，人们常常对生命进行反思，甚至改变个人的世界观，救援人员要有这方面的准备，不至于忧虑自己的反应异常，也可以跟其他同伴一起回顾和谈论救灾工作，增进彼此的支持和认同。如果出现逃避跟他人谈论救助工作、过度使用酒精或药物等，或者以不恰当的方式去抑制这些反应时，要及时接受专业人士的帮助。

灾难现场医学救援不同于临床急诊，具有以下5个特点：①现场救援流程包括伤员搜寻与营救、检伤分类、现场急救和转运，具体实施需要根据灾难发生的时间、地点、性质和创伤特点，在黄金时间内给予救治；②救援任务紧迫，救援组织结构松散，救援人员间配合不默契，需要高度统一和指挥，确保救援的效率和效果；③灾难突发，批量伤员突然发生，创伤、疾病种类复杂，伤情不一，且救援环境不安全，场所不稳定，医疗需求和可用资源之间存在巨大差距；④灾难现场对救援人员的巨大精神刺激可导致创伤和各种应激性身心疾病，需要早期进行心理干预；⑤为防止灾后暴发疫情，需要进行灾难现场卫生防疫。总体而言，灾难现场医学救援应及时实施，安全、规范和高效；应采用现场适宜的生命支持技术。对严重创伤遵循分级救治和阶梯后送的原则。现场救援特别要注重保证救援人员的自身安全，以救治更多伤员。

笔记

（张连阳）

思考题

1. 灾难现场救治伤员的主要生命支持措施有哪些？
2. 灾难现场分拣的目的和主要方法是什么？
3. 灾难伤员分级救治的原则和主要方法有哪些？
4. 灾难现场医学救援与临床急诊有何区别？

第二十一章　自然灾难的医学救援

自然灾难（natural disasters）是指主要由自然因素造成的灾难，即由自然界发生异常变化而导致的人员伤亡、财产损失和社会动荡等灾难性事件。自然因素是自然灾难的主要原因，但社会因素也参与自然灾难的形成，人类的各种开发性活动，特别是对自然环境的掠夺性开发，不可避免地会对自然环境造成影响，有时会打破原有的平衡状态或引起自然变异，进而引发或加重自然灾难。自然灾难可分为以下几类：①气象灾难，主要包括水灾、旱灾、台风、龙卷风、暴风、冻害、雹灾、风沙等；②地质灾难，包括地震、崩塌、滑坡、泥石流、地面沉陷、火山爆发等；③海洋灾难，包括风暴潮、海啸、赤潮等；④生物灾难；⑤天文灾难。自然灾难有以下特点：①频繁发生，具有较大破坏性；②常呈链发性，有时导致复合灾难；③一般随机发生，又有一定的周期性；④常突然发生，也有的缓慢发生。

第一节　地　　震

地震（earthquake）是地球板块之间挤压碰撞，造成板块边缘及板块内部产生错动和破裂，快速释放能量，导致地面震动的自然现象。强烈地震可在顷刻间使一座城市变成一片废墟。在地震灾难现场，伤病员、被压埋人员众多，情况复杂，早期救助对抢救生命、减少伤残和死亡具有十分重要的作用。抢救越及时，死亡率越低。救援行动的组织与实施分为五个阶段：出动前的行动准备、赶赴现场（包括运输救援工具、设备）、现场救援、现场救援行动的协调、转移或撤离。

一、地震强度与烈度

用地震震级和地震烈度来衡量地震强度的大小。地震震级是表征地震强弱的量度。以地震仪测定的每次地震活动释放的能量多少来确定。震级通常用字母 M 表示。我国使用的震级标准是国际上通用的里氏分级表，共分 9 个等级。按震级大小可分为以下几类：①弱震，震级<3 级；②有感地震，3 级≤震级≤4.5 级；③中强震，4.5 级<震级<6 级；④强震，震级≥6 级，其中震级≥8 级的又称为巨大地震。通常也把小于 2.5 级的地震称小地震；2.5～4.7 级地震称有感地震；大于 4.7 级地震称为破坏性地震。地震烈度是衡量地震破坏程度的指标。影响烈度的因素有震级、震源深度、距震源的远近、地面状况和地层构造等。震级越大、震源越浅，烈度也越大。一般一次地震发生后，震中区的破坏最重，烈度最高，这个烈度称震中烈度。从震中向四周扩展，地震烈度逐渐减小。一次地震只有一个震级，但不同地区烈度不同。

二、灾难特点

1. 突发性强　地震突发性强，猝不及防。一次地震持续的时间往往只有几十秒，震前有时没有明显的预兆，以至来不及逃避。

2. 破坏性大　地震灾难破坏性大，成灾广泛。地震波到达地面以后造成大面积房屋和工程设施破坏，还可能引起火灾、煤气和有毒气体泄漏等次生灾难。若发生在人口稠密、经济发达地区，尤其是发生在城市，往往可能造成大量的人员伤亡和巨大的经济损失，能与一场核战争相比。地震发生时的伤员不但数目大，而且伤情复杂。

3. 持续时间长　这包含两个意思，一是主震发生以后，近期内还会发生一些余震，虽然没有主震强，但也会有不同程度的发生，影响时间比较长。二是由于破坏性大，灾区的恢复和重建的周期比较长。

4. 周期性　地震对同一地区来讲具有准周期性，就是具有一定的周期性。某处发生过强烈地震，相隔几十年或上百年，或更长的时间，还可能再次发生地震。

5. 预测难度大　与洪水、干旱和台风等气象灾难相比，地震的预测要困难得多。

6. 社会影响深远　地震由于突发性强、伤亡惨重、经济损失巨大，所造成的社会影响也比其他自然灾难更为广泛、强烈，往往会产生一系列的连锁反应，对于一个地区甚至一个国家的社会生活和经济活动会造成巨大的冲击，对人们心理上的影响也比较大。

三、救援原则

地震预报发布后，政府可宣布有关区域进入临震应急期，应按照地震应急预案的要求，组织有关部门做好应急防范和抗震救灾准备工作。地震灾难发生后，各级抗震救灾指挥部应立即组织有关部门和单位迅速查清灾情，提出地震应急救援的配置方案，并按照以下原则和方法，调集人员和物资，全力以赴开展抢险救灾工作。

1. 自救互救　地震后的自救互救能够为抢救伤员赢得有效时间，节约救援时间，降低死亡率。地震发生后，如果被压或被困在倒塌的废墟内，首先要保持头脑清醒，注意观察自身所处的环境。如手臂或其他部位能动时，应用湿手巾、衣服或其他布料捂住口鼻，避免灰尘呛闷发生损伤和窒息，然后逐步清除掉身体上的压埋物，争取脱离险境。不能脱险时，应在面部和胸部掏出一定空间，保持呼吸畅通。如已受伤，应想办法包扎，并用砖块、木棍和可以挪动的物品等支撑身体上方的重物，避免其进一步塌落，以扩大和稳定生存空间。当被阻隔在深部废墟下时，要积极设法寻找和开辟逃生通道，朝着有光亮、更安全宽敞的地方移动。尽力寻找水和食物并节约食用，以延长生存时间，等待救援。不要随便动用室内设施，包括电源、水源等，也不要使用明火，闻到煤气及其他有毒异味或灰尘太大时，设法用湿衣物捂住口、鼻。注意事项：要有强烈的求生欲望，要有自救的勇气和毅力。保持神志清醒，不要急躁。如果身边还有其他被困者，可以互相说话鼓励。注意保存体力，不要盲目大声呼救，当确定不远处有人时，再呼救。

2. 现场救援　地震灾难发生后，地震灾区的各级政府应当立即组织当地驻军、企事业单位、社区居委会、村委会和未被压埋及自行脱险人员等，全力抢救被压埋人员。据唐山大地震资料统计，半小时内挖出的救活率高达99.3%，第一天挖出的救活率为81%，第二天就急剧下降为33.7%。根据房屋居住情况和邻里提供的信息，根据被掩埋人员的呻吟、呼喊、敲击管道墙壁的声音，露在废墟外面的肢体或血迹等，利用现场搜救装备、搜救犬等方法初步判断被埋压人员位置，寻找被困人员。挖掘时要分清哪些是支撑物，哪些是压埋阻挡物，应保护支撑物，清除压埋阻挡物；不要轻易触动倒塌物或站在倒塌物上，避免造成伤亡。挖掘接近人体时，最好用手一点点拨，不可用利器刨挖；应首先找到被埋压者头部，并采取清理口腔、呼吸道异物等措施，同时，依次按胸、腹、腿的顺序将被埋压者挖出来。对不能自行出来的伤员，不得强拉硬拖，先查明伤情，采取包扎措施后再行搬动。对营救出的伤员可以给点水，但不能多喝；对长期处在黑暗中的伤员要用深色布料蒙上眼睛，避免阳光刺激。根据伤员的伤情采取正确的搬运方法。怀疑伤员有脊柱骨折的，搬动要小心，防止脊柱弯曲和扭转。要用硬板担架搬运，严禁人架方式，以免加重骨折或损伤脊髓，造成终身瘫痪。对暂时无力救出的伤员，要使废墟下面的空间保持通风，递送水和食品，再行营救。

医疗救护是抢救生命的关键。因地震发生后，各级抗震救灾指挥机构应迅速组织卫生、医药和其他有关部门和单位，实施紧急医疗救护，协调伤员转移、接收、救治，尽最大努力减少人员伤亡。由于地震灾区条件的限制，大批伤员急需救治，当地的医护人员和医院的病床是难以解决的，因此，各级抗震救灾指挥机构应当迅速判断地震灾难的级别，决策部署分级救治策略。对于一般和较大地震灾难，地方各级抗震救灾指挥机构要迅速组织医务人员、医疗队赴灾区参加现场抢救和检伤分类、早期救治，设置近距离后方医院接收伤员。对于重大和特别重大的地震灾难，国务院和省、自治区、直辖市的抗震救灾机构应在全国范围内组织医务人员、医疗队赴灾区参加现场抢救和检伤分类、早期救治，设置远距离后方医院接收与救治伤员。

现场救援原则："先多后少"，即先救压埋人员多的地方；"先近后远"，先救近处的人，不论是家人、邻居还是陌生人，不要舍近求远；"先易后难"，先救容易救的人，这样可迅速壮大互救队伍；先救青壮年和医务人员，可使他们在救灾中充分发挥作用；先救活人，后处理尸体。特别强调的是，救人时不仅要注意被救人的安全，而且要注意自身的安全，防止余震造成新的伤亡。

3. 抢修、抢通生命线系统 在震后救灾过程中，各级抗震救灾指挥机构应当组织交通、邮电、建设和其他有关部门和单位采取措施，抢修毁坏的交通、铁路、水利、电力、通信等重要生命线系统，保障抗震救灾工作的顺利进行。生命线系统一般可分为交通运输系统（铁路、公路、水路、航空等）、供排水系统、能源供应系统（电力、煤气、输油等）、通信传播系统（电话、电信、广播、电视等）。生命线系统相互联系、相互制约，以网络的形式发挥其社会功能，某一设施被破坏、某一系统功能失效都有可能迅速扩大灾情或影响救援，造成难以估量的损失。生命线工程的抢修原则是：先重灾区后轻灾区；先抢通后完善；先干线后支线；先保重点，后顾一般。

4. 防控次生灾难的威胁和影响 地震发生后，应当迅速控制危险源，封锁危险场所，做好次生灾难的排查与监测预警工作。防控次生灾难的对策主要有两个方面：一是对已经发生的次生灾难进行及时处置；二是对可能发生的次生灾难进行有效防范。不同的次生灾难防范措施是不同的，如供气工程系统紧急（人工或自动）关闭制气、输气、储气用管道阀门，切断气源，控制泄漏；储存有毒、有害气体的车间，应进行中和清洗作业，消除灾难源；供电站和用户地震时自动及人工切断电源，居民熄灭火源，防止火灾发生；细菌生产或储存单位应立即控制或消除传播媒介；对放射性物质应隔离发生源；震后对水库堤坝、河流及易发生滑坡、泥石流的地方进行紧急巡查、监视、上报；及时处理或控制险情；防止水灾，对堵塞的河流进行人工疏流排水，必要时采取爆炸决堤排水。

5. 妥善安排好受灾群众生活 震后各级抗震救灾指挥机构应当尽最大努力解决好灾民的吃饭、饮水、居住、衣物及卫生防疫等问题，满足灾民最基本的生活需要。解决饮水问题的主要方法有：调集瓶装水；调集运水车、消防车、洒水车就近运送清洁饮水；开放自来水厂储水池、配水厂的存水。解决吃饭问题的主要方法有：紧急发动灾区周围地区赶制熟食，筹集饼干、方便面等食品，紧急运送到灾区；灾区人民团结互助，拿出未损坏的炊具和粮食，自由组合，建立大小不同的炊事单位，自力更生解决吃饭问题；有组织地挖掘和发放库存的食品和粮食；组织建立食堂等。居住、衣物是一个较难解决的问题，特别是地震发生在冬天时。其主要措施有：紧急筹集运送帐篷，就地取材，利用震损材料搭建窝棚，建立简易住所和临时住所；启用应急避难场所或设置临时避难场所；设置救济物资供应点，提供救济物品；及时转移安置受灾群众等。

6. 保持灾区社会秩序稳定 地震灾难发生后，灾区的正常社会功能暂时遭到破坏，社会秩序混乱，犯罪率可能增高。为保证抢险救灾工作的顺利进行，地震灾区县级以上地方抗震救灾指挥机构应当组织公安机关和有关部门采取果断、坚决、有效的措施，严厉打击各种犯罪活动，依靠人民群众维护好社会治安秩序。其主要措施有：迅速恢复健全基层保卫组织，加强警察和民兵联防，做好重点保卫目标如党政机关、重要企业、矿山、水库、油库、金库、银行、粮库等处的警卫任务，严厉打击刑事犯罪，开展治安巡逻检查，重点加强维护公共场所秩序，加强交通管理，加强防震棚等临时住房的消防管理。

第二节 水 灾

水灾是最常见的自然灾害，占所有自然灾害的一半以上。我国是世界上水灾最多、灾害最严重的国家之一。水灾主要由暴雨引起。短时间内大量降雨，超过河道的容量，形成洪水；或因排水不畅，大量的水聚积在低洼地带；山区的暴雨容易形成山洪。北方寒冷地区春季冰雪融化也可造成洪水灾害；水库溃坝也造成洪水。

洪水速度快，携带巨大能量，经过之处将房屋、设施、道路、农田等冲毁，同时造成人员伤亡。洪灾后由于生态环境发生重大变化，社会基本秩序也不能正常运转，容易发生各种传染性和非传染性疾病流行。古有“大灾之后有大疫”之说。1998 年，长江发生全流域型特大洪水。超过 1954 年的历史最高水位 44.67 米，最高达 45.22 米。洪水持续时间长。长江干流沙市、监利、螺山、汉口、九江段超过历史最高水位的天数长达 40 多天。倒塌房屋 81.2 万间，受灾人口 81 万人，死亡 3000 多人。

一、水灾对人体的伤害机制

水灾可对人体造成各种伤害，甚至危及生命。包括：①淹溺：淹溺是洪灾造成人员死亡的主要因素。人被洪水淹没造成窒息，可迅速死亡。②撞击：洪水往往流速较快，并且携带大量的石头、树木及其他大块物体，很容易造成水中的人员受伤。大件物体坠落也可造成人体砸伤。③挤压：建筑物倒塌使人受到挤压，可造成肢体受压、骨折甚至毁损。④寒冷：在春秋季的洪水或冰山融化所致洪水，长时间灾水中浸泡可致体温下降。严重者诱发凝血障碍及心律失常而导致死亡。⑤叮咬伤：洪水上涨时，家畜、老鼠、昆虫、爬行动物等均开始迁徙，从而使得叮咬伤增强，并可能感染动物源性传染病。

二、避险逃生与救援

平时应该通过图书、电视、广播、网络等学习水灾的基本知识，未雨绸缪。注意积累灾害时逃生避险的常识。积极参加防灾培训和演习。当危险来临时，这些可能是使自己免于危险的法宝。

中国气象规定，24 小时降水量为 50mm 或以上的雨称为“暴雨”。按其降水强度大小又分为三个等级，即 24 小时降水量为 50～99.9mm 称“暴雨”；100～250mm 为“大暴雨”；250mm 以上为“特大暴雨”。暴雨预警信号分四级，分别以蓝色、黄色、橙色、红色表示。蓝色：12 小时内降雨量将达 50mm 以上，或者已达 50mm 以上且降雨可能持续。黄色：6 小时内降雨量将达 50mm 以上，或者已达 50mm 以上且降雨可能持续。橙色：3 小时内降雨量将达 50mm 以上，或者已达 50mm 以上且降雨可能持续。红色：3 小时内降雨量将达 100mm 以上，或者已达 100mm 以上且降雨可能持续。

1. 撤离到安全地带　洪水来临前，注意收听气象预报和洪水警报。处于洪水下游的居民必须尽快撤离到安全的地方，如地势高处、坚固建筑物顶上。楼房内的人向高层撤离。视洪水状况逐层向上转移。住平房的人撤到指定避难场所。在室外，尽快离开低洼可能淹没的地方，寻找地势较高、不容易被水淹没的地方转移，如堤坝、平台等。

暴雨时，室内人员不要外出。检查电路、炉火等设施是否安全。关闭煤气阀和电源总开关。密切观察房屋漏雨情况和室外水势。地势低处住一楼的居民可在门口放置挡水板、堆置沙袋或堆砌土坎。危旧房屋或在低洼地势住宅的人员及时转移到安全地方。随时准备撤离，备好防灾急救包。室外人员应该停止室外活动和作业，尽快回到室内。在户外积水中行走时，要注意观察，贴近建筑物行走，防止跌入窨井、地坑等。不要过河或桥。不要在山体旁、悬崖下、沼泽地附近通行。在街上行走时注意脚下，防止失足落入暗井或水沟。几个人一起，互相之间用绳子牵着走。发现高压线铁塔歪斜、电线低垂或者折断，要远离，不可触摸或者接近，防止触电。

如果水面上涨，即使水位迅速涨高，也要待在坚固的建筑物里，危险也会比逃出小很多。在建筑物尚未淹没时，可先转移到上层房间，如是平房就上屋顶。如有可能，带些食品和水。如果屋顶倒斜，则可将自己系在烟囱或别的坚固的物体上。如水位看起来持续上升，应就地取材准备小木筏。除非大水可能冲垮建筑物，或水面没过屋顶迫使你撤离，否则仍保持待在原地，等待水位停止上涨。准备漂浮物备用，如泡沫板、木板、塑料板等，一旦房屋被水冲垮，漂浮物可作逃生用。如，大塑料盆可用于儿童乘坐。

2. 落水后逃生 如果不幸落水，保持冷静最重要。身边的任何漂浮物都要尽量抓住，如木板、树枝等，借住它们的浮力浮在水面，寻找机会抓住建筑物、大树等固定的物体。不会游泳者不要紧张、害怕而放弃自救，落水后应该立即屏气。在挣扎时利用头部露出水面的机会换气，并寻找可以抓住的物体。再屏气、换气，如此反复，就不会沉入水底。

3. 山洪避灾要点 在山区，突遭暴雨侵袭，河流水量会迅速增大，很容易暴发山洪。山洪具有突然性和爆发性的特点。在山区行走和中途歇息时，应随时注意场地周围的异常变化和自己可以选择的退路、自救办法。上游来水突然混浊、水位上涨较快时，须特别注意。受到洪水威胁时，应该有组织地迅速向山坡、高地处转移。当突然遭遇山洪袭击时，要沉着冷静，并以最快的速度撤离。脱离现场时，应选择就近安全的路线沿山坡横向跑开。

山洪流速急，涨得快，不要轻易游水转移，以防止被山洪冲走。山洪暴发时还要注意防止山体滑坡、滚石、泥石流的伤害。突遭洪水围困于基础较牢固的高岗、台地或坚固的住宅楼房时，在山丘环境下，无论是孤身一人还是多人，只要有序固守等待救援或等待陡涨陡落的山洪消退后即可解围。如措手不及，被洪水围困于低洼处的溪岸、土坎或木结构的住房时，情况危急，有通信条件的，可利用通讯工具寻求救援。无通信条件的，可制造烟火或来回挥动颜色鲜艳的衣物或集体同声呼救。同时要尽可能利用船只、木排、门板、木床等漂流物，做水上转移。

4. 对淹溺者施救 将溺水者从水中救起，施救者必须注意自身安全。不会游泳的人不应下水救人。儿童不应下水救人。在岸上向溺水者抛绳索、木板、树枝等有可能使溺水者获救。水性好的人可下水救人，下水前最好脱掉衣裤和鞋。在溺水者下游一段距离下水，最好从溺水者背部抱住溺水者。

溺水者被救上岸后，应立即开放气道，检查呼吸。如无呼吸，则给以人工呼吸。大多数溺水者吸入水量不多，不会造成气道阻塞。有自主呼吸者，可排除气道内的液体，推荐倾斜俯卧位，将溺水者俯卧，腹部趴在施救者膝盖上，拍击背部，使气道内的水排出。

如果溺水者心跳已停止，则开始心肺复苏。先清理口腔里的异物。在给予 2 次人工呼吸后，进行胸外心脏按压，按 100 次 / 分的频率按压胸部，按压 30 次后再给 2 次人工呼吸。胸外按压和人工呼吸交替进行，按 30∶2 的比例。产生人工循环，促进心脏复跳。

大部分的外伤是软组织伤，受伤的机制和平时无太大区别。需注意的是水灾中外伤往往有创口污染，容易并发感染，要仔细清洗，可用大量清水冲洗创口，并尽快到医院处理。

三、灾后防疫

由于水位上涨、快速的水流导致工业区、自然水厂、食品厂破坏，粪池、垃圾、化工原料等进入洪水，污染水源。可能出现呼吸道感染，胃肠炎，菌痢，霍乱，伤寒、副伤寒，甲型、戊型肝炎，麻疹，钩端螺旋体病及虫媒疾病等。

饮水是重要问题，要确保饮用干净的水。瓶装饮用水、自来水是可靠的。河水、水池水、地面积水都不可靠，不能直接饮用。可将水放至容器中，每 100kg 水加 1g 漂白粉消毒，沉淀数小时后取上部清亮部分饮用。煮沸后饮用更好。

灾后卫生整顿非常重要。清理垃圾，管束家畜。及时处理各类尸体。不能随意丢弃垃圾，不可随地大小便。必须修建临时厕所和垃圾场。

第三节 山体滑坡与泥石流

山体滑坡（landslides）是山体斜坡上某一部分岩土在重力作用下，沿着一定的软弱结构产生剪切位移而整体向斜坡下方移动的现象，俗称“走山、垮山、地滑、土溜”等。2010 年 6 月 28 日 14 时许，贵州省安顺市关岭布依族苗族自治县岗乌镇大寨村两处发生暴雨导致的山体滑坡，有 38 户 107 人被掩埋。

泥石流（debris flow）是在山区或者其他沟谷深壑，地形险峻的地区，由暴雨、冰雪融化等水源激发的含有大量泥沙石块的介于挟沙水流和滑坡之间的土、水、气混合流。影响泥石流强度的因素较多，如泥石流容量、流速、流量等，其中泥石流流量对泥石流成灾程度的影响最为主要。2010 年 8 月 7～8 日，甘肃省舟曲暴发的特大泥石流，5km、500m 宽区域被夷为平地，造成 1481 人遇难、284 人失踪。

一、灾难特点

1. 发生突然，来势凶猛　山体滑坡和泥石流发生突然，来势凶猛，常常给工农业生产以及人民生命财产造成巨大损失。滑坡可摧毁或掩埋农田、房屋、森林、道路以及农业水利设施等。具有暴发突然、来势凶猛，以及流速快，流量大，物质容量大和破坏力强等特点。泥石流兼有崩塌、滑坡和洪水破坏的双重作用，其危害程度比单一的崩塌、滑坡和洪水的危害更为广泛和严重。

2. 破坏性大　山体滑坡和泥石流的危害具体表现在以下几个方面：①摧毁居民房屋、工厂、企事业单位及其他场所设施。淹没人畜、毁坏土地，甚至造成村毁人亡；②直接埋没车站、铁路、公路，摧毁路基、桥涵等设施，致使交通中断，还可引起正在运行的火车、汽车颠覆，造成重大的人身伤亡事故；③冲毁水电站、引水渠道等水利设施；④摧毁矿山及其设施，淤埋矿山坑道、伤害矿山人员、造成停工停产，甚至使矿山报废。

3. 多种机制致人体损伤　山体滑坡和泥石流对人体的危害主要是淹埋及呼吸道窒息，各种外伤及挤压伤等。泥石流对人体冲击、淹埋致使呼吸道吸入泥浆、造成咽喉直接阻塞发生窒息，也可因吸入少量异物刺激喉头痉挛引起窒息，或因泥石流冲击造成胸部严重创伤导致呼吸困难而窒息。泥石流强烈冲击造成挤压伤、骨折等损伤。

二、救援原则

1. 力量调集　根据现场情况调集照明、防化救援、抢险救援、后勤保障等消防车辆和大型运载车、吊车、铲车、挖掘车、破拆清障车等大型车辆装备，以及检测、防护、救生、起重、破拆、牵引、照明、通信等器材装备，并派出指挥员到场统一组织指挥。应及时报请政府启动应急预案，调集公安、安监、卫生、地质、国土、交通、气象、建设、环保、供电、供水、通信等部门协助处置，必要时请求驻军和武警部队支援。

2. 现场警戒　消防救援人员到场后，要及时与国土资源局的工程技术人员配合，根据滑坡体的方量及危害程度，来确定现场警戒的范围。同时立即发布通告，对滑坡体上下一定范围路段实行交通管制，禁止人员、车辆进入警戒区域；通过电话、VHF、扩音器等多种形式通知滑坡体上下一定范围内的人员立即撤离；启动应急撤离方案，在当地政府领导下组织人员、财产撤离。

3. 侦察监测　山体滑坡事故发生后，往往还会发生二次或多次山体滑坡。消防救援人员到达事故现场时，首先要对山体滑坡的地质情况进行侦察，确定可能再次发生山体滑坡的区域，对其进行不间断监测，确保救援人员的生命安全。

4. 开辟通道　交通部门迅速调集大型铲车、吊车、推土车等机械工程车辆，在现场快速开辟一块儿空阔场地和进出通道，确保现场拥有一个急救平台和一条供救援车辆进出的通道。

5. 搜救被困人员　滑坡体趋于稳定后，启动搜救工作预案，消防部门主要利用生命探测仪、破拆器材、救援三脚架、起重气垫、防护救生器材、医疗急救箱等设备，深入山体滑坡事故现场搜寻救生。在塌方内部遇有人员埋压，利用生命探测仪进行现场搜索，确定被埋压人员的数量及其具体位置，兵分多路，利用破拆、切割、起吊等装备进行施救。同时可用听、看、敲、喊等方法寻找被困人员。在利用破拆、切割、起吊等装备进行施救时，为防止造成二次伤害，可采用救援气垫、方木、角钢等支撑保护，必要时也可用手刨、翻、抬等方法施救。

对呼吸、心脏骤停的伤员及时进行上呼吸道清理、人工呼吸，同时做体外心脏按压等；对气道阻塞行环甲膜穿刺术或行紧急气管造口；对有舌后坠的昏迷伤员，放置口咽腔通气管，防止窒息，保持呼吸道通畅；对长骨、大关节伤，肢体挤压伤和大面积软组织伤，用夹板固定；应用加压包扎法止血等。若伤员大量时，要对伤员检伤分类。注意观察伤员病情的变化。在施救过程中，必须安排国土资源部门技术人员对山体滑坡情况进行监测，如有再次发生滑坡险情，迅速通知现场救援人员撤离。

第四节 海　啸

海啸（tsunami）是当地震、火山爆发、塌陷和滑坡等地质活动发生于海底，引起海水剧烈的起伏，形成强大的、向前推进的、具有强大破坏力的海浪。海啸通常由震源在海底下 50km 以内、里氏震级 6.5 以上的海底地震引起，产生具有超大波长和周期的海啸波，其波长比海洋的最大深度还要大，在海底附近传播也无多大阻滞，不管海洋深度如何，海啸波都可以传播过去。相邻两个波浪的距离也可能远达数百千米，当海啸波接近近岸浅水区时，由于深度变浅，波幅陡然增大，有时可达到数十米以上，骤然形成“水墙”，瞬时侵入沿海陆地，造成巨大破坏和危害。全球各大洋都有地震海啸发生，但是由于太平洋周边为地震和火山活动的高发地带，所以发生在太平洋的海啸占全球 80% 左右。2004 年的印度尼西亚海啸和 2010 年的智利海啸都造成了严重的财产损失和人员伤亡。

一、灾难特点

海啸的破坏力来自突然间水位升高引起的淹没和强烈的水浪冲击。灾难分布与海拔高度有关，并沿海岸线呈带状分布，在海边、海拔低的地方容易被迅速淹没，席卷一空。建筑物遭到严重破坏，造成重大人员伤亡。海啸造成的早期伤亡原因主要是溺水，以及由海浪冲击、海水带来碎片残骸造成的伤亡。其中又以幼童、老年人等体质不佳者居多。海啸发生后，破坏自然或社会原有的平衡、稳定状态而引发次生灾难。主要包括火灾、爆炸以及公共设施破坏造成的水源污染、体温过低、蚊虫叮咬、有毒物质泄漏等，带来的生物性、化学性、物理性损害进一步增加了人员死亡率。

二、救援原则

1. 制订详细的灾难医疗应急预案 海啸过后地面交通完全瘫痪，并且存在潜在的次生灾害，积极调动资源进行空中救援，在转运伤员的同时，向灾区补充充足的医疗设备对于院前急救是大有益处的。由于海啸的不确定性和巨大破坏性，应制订完整和详细的灾难应急预案，并严格、全面地培训医疗急救服务人员。

2. 专业完备的紧急医疗救援 医疗救援仍然以救治灾难造成的创伤为主，同时注意淹溺造成的并发症。在海啸中创伤越严重，存活越难，特别是那些头部、脊髓外伤者，即使被送到了医院急救部，也很难较长时间存活。除了海啸的直接灾害，创伤后并发症，如：伤口感染、肺部感染、肠内感染（如肝炎、痢疾等）；以及烧伤、中毒、叮咬伤等次生灾难也要纳入医院处理海啸的应急预案中。所以在院内灾难救援中，需要成立专门的医疗救治小组，不仅需要内外科医生、麻醉手术人员、护理人员，也需要流行病学和感染学的专家共同协作，才能有效救援海啸造成的直接和次生灾害。

3. 建立海啸预警及疏散预案机制 海啸的巨大摧毁力使得即使进行高效的医疗救援，死亡率仍然居高不下。人类现有的工程技术，如海墙、防波堤、钢筋混凝土建筑物等，在海啸面前也只能提供非常有限的保护。因此，预警和疏散是目前降低海啸造成伤亡最主要的方法。同时，普及公众海啸预防教育至关重要，在海啸易发地区的灾难处理医师应该在此教育过程中发挥其重要作用。

（孙海晨）

笔记

思考题

1. 自然灾难有哪些特点？
2. 地震有哪些特点？
3. 地震救援的基本原则有哪些？
4. 水灾通过哪些机制造成人体损伤？
5. 水灾如何避险逃生？
6. 如何对落水人员施救？
7. 山体滑坡与泥石流有哪些特点？

第二十二章　人为灾难的医学救援

人为灾难（man-made disasters）指人为因素即人类活动导致的灾难。人为灾难可分为以下 8 类：①交通运输事故，包括道路交通事故、铁路交通事故、空难、海难等；②建筑劳动事故；③火灾；④矿难；⑤危险化学品事故；⑥环境污染与生态破坏；⑦核与辐射事故；⑧恐怖事件和人为计谋灾难。人为灾难主要有以下几个特点：①发生频繁；②成因复杂；③损失严重；④可以预防。

第一节　交 通 事 故

交通事故（traffic crash）造成的人体损伤称为交通事故伤，简称交通伤（traffic injury）。一般分为：机动车事故（motor vehicle crash）、摩托车事故（motor cycle crash）、自行车事故（bicycle accident）和行人事故（pedestrian accident）等类型。广义的交通事故也包括火车事故。

自 1889 年 9 月纽约发生了第一起致死性交通事故至今，全世界因交通事故致死的人数已超过 3000 万。目前，全球每年因交通事故死亡人数超过 120 万人，致伤 3000 万人以上，致残约 500 万人。2015 年我国统计道路交通事故造成 58 000 人死亡，199 900 人受伤。WHO 明确指出：道路交通安全是一个严重的人类健康问题。

一、灾难特点

1. 交通事故是最常见的人为灾难　发生频率高，总死亡率和致残率高，和人们生活息息相关，损失大，后果严重。

2. 交通事故的发生与驾驶人、车辆和道路环境三方面因素相关　驾驶人的因素有疲劳驾驶，超速驾驶，酒后驾驶，违规驾驶等；车辆因素有机械故障和设计缺陷等；道路环境因素包括道路设计施工缺陷，恶劣天气造成路面结冰、能见度降低等。

3. 交通事故是可以预防和减少的灾难　通过提升驾驶人素质，制定严厉的法律法规，改进车辆设计和制造工艺，改善道路条件等努力，可以明显减少交通事故的发生。通过加强急救体系建设，提高救援能力，可以提高伤员救护水平，可以提高交通事故伤员的救治成功率。

二、致伤机制

交通事故可造成车内外人员创伤，主要机制有：

1. 撞击　人体与车辆或其他钝性物体相撞而导致损伤。

2. 碾压　人体被车辆轮胎碾轧、挤压导致损伤。

3. 切割 / 刺伤　人体被锐利的物体如玻璃、金属等切割、刺入所造成的损伤。

4. 跌落　交通事故致车内人体飞出车外或车外人体撞击后弹起再跌落，跌落后撞击地面或其他物体造成损伤。

5. 挥鞭伤　车内人员在撞车或紧急刹车时，因颈部过度后伸或过度前曲，导致颈椎和颈髓损伤。

6. 安全带伤　在交通事故中，司机和乘员因使用安全带时发生损伤。

7. 方向盘伤　车辆撞击时，司机撞于方向盘上，造成上腹和（或）下胸部等损伤。

8. 烧伤/爆炸伤　车辆撞击后，起火爆炸引起的复合损伤。

三、伤情特点

在交通事故发生过程中，致人损伤的因素多，致伤机制复杂，伤员个体情况不一，导致伤员的伤情变化差异很大，使得交通伤临床诊断与救治难度加大。特别在严重交通伤伤者表现得更为突出。总体来说，严重交通伤有以下特点：

1. 致伤因素多、机制复杂　在受伤过程中可发生撞击、碾压、挤压、跌落、爆炸和挥鞭作用等，同时还可能因安全带、气囊以及中毒等导致人员损伤。因此，同一交通伤伤员可同时发生多种损伤，而同一类损伤可能出现在多个部位和系统。

2. 伤情严重，死亡率高　由于交通伤的致伤机制复杂，伴随一系列复杂的全身应激反应，且相互影响，容易造成复杂的伤情，多发伤、复合伤、休克发生率高。

3. 诊断难，救治矛盾　交通伤所致损伤部位多，通常为闭合伤与开放伤、多部位与多系统的创伤同时存在，很多伤情症状和体征相互掩盖。病情多危急，需要紧急救治，时间紧迫，且伤员常无法自诉伤情。因此，对其多发伤进行及时、准确、完整的诊断难度很大。由于多器官、多系统受伤，救治过程中可能与治疗原则发生很多矛盾，甚至冲突。

四、现场救援原则

交通伤的救援过程中，现场救援极其重要，其要点总结于表22-1。

表22-1　现场医疗救援要点

1. 环境评估
2. 请求支援
3. 确认致伤机制
4. 初期评估：气道、呼吸、循环、意识、暴露
5. 保护气道、颈椎，给氧
6. 控制外出血
7. 建立静脉通道，输液
8. 后送，记录医疗文件，通报接收医院
9. 整个救援过程牢记“不伤害”原则

（一）现场环境评估和自身防护

交通事故的救援从现场环境评估开始，要确保伤员和施救者的安全。交通事故后的危险因素包括：车辆、危险物质、火灾、灰尘以及伤员的血液和体液等。

救援人员应有良好自我保护意识，采取有效措施来避免自身和其他人员受到伤害，将救援过程中受伤或受感染的危险降到最低。救护人员应该正确评估自己面临的潜在的或正在发生中的危险。最常用和简单有效的方法是设置提醒标志、使用灯光和反光背心等，防止其他来往车辆的伤害。同时还要注意车辆是否会燃烧或爆炸，是否有落石、坍塌等危险等。施救者应进行标准防护。

（二）事故类型评估和伤员分拣

在评估现场环境之后，要评估伤员的数量和严重程度，如需要EMSS、消防、警察等的支援，应在开始救援之前发出请求。确认致伤机制和能量，理解致伤机制能够更好地评估伤员，这一步骤非常重要。

分拣是灾害伤员医疗救援的基本要素。交通事故可能出现大量伤员，分拣的目的是在短时间内熟练地对伤员进行初步的评估，确定伤员需要哪种类型的救护，缩短急救时间，使最需要紧急救护的伤员得到优先救治和后送。现场分拣的原则是经验性的，只能根据简要的病史和体检做出判断。分拣是一个程序化的过程，对每个伤员都采取相同的规范化的步骤进行分拣。分拣系统将伤员分为4类，并有醒目的颜色标志：红色、黄色、绿色和黑色。详见第二十章。

（三）现场急救处理

进行初期评估和分拣，识别危重伤员，按照分拣优先级别进行紧急处理和后送。现场救护的内容：维护呼吸和循环功能，止血、给氧、心肺复苏、骨折固定、保护伤口、减少污染等。

（四）现场救援人员之间的协调

在交通事故现场，参与救援的警察、消防、医疗和其他救援人员一定要明确各自的职责，各施其责，互相协调。预先建立一个地区性的应急预案至关重要。在这个系统中，事先要确定一人（一般为警察或消防部门的主要领导）为总指挥，应具备对发生的重大事故现场做出决策的能力，由其全权负责事故现场的统一指挥、协调。

警察往往是第一时间到达现场。其重要职责包括疏导交通，控制现场或周围的混乱、拥挤，确定警戒范围，保护现场以备调查；负责驱散或控制干扰现场救援、不听指挥的人员，命令有可能阻塞救援通道的车辆离开现场等。应接受初级救护培训，如对活动性出血的止血包扎、简单的气道管理、颈椎的固定等。应继续帮助确认和保护死者遗体，收检和保护各类财产，通知地方当局和家属有关死亡的情况，调查失踪人员，最后决定处理损毁的车辆。

消防人员现场的主要职责是汽车灭火，还应控制任何泄漏的毒物，直接从烟雾之中救援伤者，固定倾斜的汽车（使用气囊或木托），保护其他人员或伤者避免被挂落的电线触电。对伤员行解脱救援，将伤者从损毁的汽车中解救出来，清理和移除现场任何可能造成人员伤害的物品，为现场救援建立照明和电力供应。也应接受初级救护培训，可以立即对严重受伤的伤员给予面罩吸氧及紧急初级救护等。

现场医务人员应用最快速的方法来救护伤者，当伤者众多而医务人员不足时，应该请部分消防和救援人员参加伤员的急救与转送工作。对伤者的分拣是交通事故现场救治中最为重要，也是最难做的工作之一，分拣应该由有经验的医生来负责。

假如事故现场被有毒物质污染，则现场必须要有经过专门培训的洗消人员负责处理。进入现场的人员也要穿戴专门防护服。对伤者也必须进行现场洗消。

五、预防

总结各类交通事故的发生，大多数都是可以避免的。加强机动车行驶的安全教育和管理，可以很大幅度减少交通事故的发生。创伤预防可分为：一是防止创伤的发生，即防患于未然；二是一旦意外发生创伤，应最大限度地减少伤亡人数和减轻损伤的严重程度。交通事故预防主要措施：①教育高危人群尽力避免危险性的行为和采取安全的预防措施。例如，养成良好的驾驶习惯，驾乘机动车时系好安全带，禁止酒后驾驶和疲劳驾驶；②通过严格的法律执行，要求所有的人禁止危险的行为，如超速驾驶和酒后驾驶；③改进车辆设计、制造工艺，提高安全性能；④对道路、环境进行整治，提高安全等级。

第二节　火　　灾

火灾是严重威胁人民生命财产，影响经济发展和社会稳定的常见灾难类型。造成数万人死亡和数以亿计的经济损失。火灾常发生在商场、影剧院等公众聚集场所，工矿企业，家庭和居民聚集区，也发生于车辆、地铁、轮船等交通工具。由于城市高层建筑越来越多，火灾发生也越来越多。高层建筑具有烟道效应，火灾蔓延快，由于建筑高度，人员疏散困难。普通消防灭火设备难以实现高层灭火，高层建筑火灾重在预防，建筑设计施工要符合更高的防火级别。

一、灾难特点

1. 火焰、烟气蔓延迅速　火灾发生后，在热传导、热对流和热辐射作用下，极易蔓延扩大。扩大的火势又会生成大量的高温热烟，在风火压力的推动下，高温热烟气以约 0.3～6m/s 的速率水平或垂直扩散，给人的逃生和灭火救助带来极大威胁和困难。

2. 空气污染、通气不畅、视线不良　火灾通常导致断电，建筑物内光线极弱，加之烟气的阻隔，基本处于黑暗状态。如果火灾在室外，即使在白天，由于烟雾、水气的综合作用，人的视线也受到很大程度的影响，不利于侦察情况和灭火救人。污染的空气中夹带着有毒物质，可能对人体造成伤害。

3. 人、物集聚，杂乱拥挤　火灾的突发性强，救灾形势紧迫，现场常发生人员、车辆、交通、指挥方面的混乱。车辆拥挤，交通堵塞，各级通信指挥的口令、人员的呼喊声混为一片，造成人为阻滞，降低了救人灭火效率。

4. 心理紧张、行为错乱　火灾中，人们处于极度的紧张状态，救生者也面临生死考验，在巨大的心理压力下，面临烈火浓烟，紧张的心理引起思维简单、盲目，最终有可能导致判断和行为的错乱，如盲目聚集的行为、重返行为、跳楼行为等等，都可能造成悲剧。救助人员由于心理压力过大，可能造成轻信、失信、胆怯、“热疲劳”性失调等不理智行为，对救援产生不利影响。

5. 常造成大量人员伤亡和财产损失　火灾常发生于人口密集的场所，加上建筑防火标准不符合国家规范，消防设施不健全，人们缺乏必要的自救逃生训练，发生火灾时常造成较大的人员伤亡和财产损失，甚至影响社会稳定。

二、致伤机制

火灾可通过直接伤害和间接伤害造成人体损伤。

1. 直接伤害

（1）火焰烧伤：火灾中火焰表面温度可达 800℃以上，而人体所能耐受的温度仅为 65℃，超过这个温度值，就会被烧伤。烧伤由火焰、辐射高温、热烟气流、灼热物质等作用于人体而引起。

（2）热烟灼伤：火灾中，通常伴有烟雾，烟雾中的微粒携带着高温热值，通过热对流传播给流动的物质，当人吸入高温的烟气，就会灼伤呼吸道，导致组织水肿、分泌物增多，阻塞呼吸道，造成窒息。

2. 间接伤害　火灾引起烟气爆炸、坍塌、中毒等，造成人体伤害。

（1）浓烟窒息：火灾中伴随燃烧会生成大量的烟气，烟气的浓度由单位烟气中所含固体微粒和液滴的数量决定。烟气的温度依据火源的距离而变化。距火源越近，温度越高，烟气浓度越大。人体吸入高浓度烟气后，大量的烟尘微粒有附着作用，使气管和支气管严重阻塞，损伤肺泡壁，导致呼吸衰竭，造成严重缺氧。

（2）中毒：现代建筑火灾的燃烧物质多为合成材料，所有火灾中的烟雾均含有毒气体，如 CO_2、CO、NO、SO_2、H_2S 等。现代建筑和装修材料中的一些高分子化合物在火灾高温燃烧条件下可以热解出剧毒悬浮微粒烟气，如氰化氢（HCN）、二氧化氮（NO_2）等，上述有毒物质的麻醉作用能致人迅速昏迷，并强烈地刺激人的呼吸中枢和影响肺部功能，引起中毒性死亡。资料统计表明，火灾中死亡人数的 80% 是由于吸入有毒性气体而致死。

（3）砸伤、埋压：火灾区域的温度根据不同的燃烧物质而有所变化，通常在 1000℃上下。在这样高的温度下，建筑结构材料在超过耐火极限时就会造成坍塌，造成砸伤、摔伤、埋压等伤害。

（4）刺伤、割伤：火灾造成建筑物、构筑物坍塌，许多物质爆裂后形成各种形式的利刃物，可能刺伤人体。

三、现场救援原则

火灾的救援包括救人和灭火两个方面，“救人第一”是火灾救援的总原则。消防部队是救援的主力军，广大群众也应掌握自救逃生技术和常用的灭火技术。救援人员在火灾现场实施救援时首先必须进行现场环境评估，注意自身安全的防护，避免自身伤亡。

（一）医疗救援

火灾现场医疗救援应遵循“先重后轻、先急后缓、先救命后救伤”的原则。烧伤是火灾中常见的创伤之一，严重者能引起一系列的全身病理生理紊乱，如休克、呼吸衰竭等。烧伤急救总的原则是迅速灭火，阻止烧伤面积继续扩大和创面继续加深，防止休克和感染。具体措施概括如下：

1. 脱离热源　脱去燃烧的衣服，就地滚翻，用水喷洒着火衣服。切勿奔跑，以防风助火势，越烧越旺。不宜用手扑打以防手部烧伤。不得呼叫，防止吸入高热气流或烟雾造成吸入性损伤。

2. 开放气道　要检查呼吸道是否通畅，清除口腔异物，吸氧。

3. 冷水湿敷　对Ⅰ度～Ⅱ度中小面积烧烫伤可用冷清水局部冲洗肢体、浸泡伤处，头面部等特殊部位用冰水或冷水湿敷，以降低皮肤表面温度。现场对Ⅲ度烧伤和大面积烧伤则无此必要。寒冷季节进行冷疗时，需注意伤员保暖和防冻。

4. 包扎、止血、固定　对Ⅱ度烧伤，表皮水疱不要刺破，不要在创面上涂任何油脂或膏药，应用干净清洁的敷料或干净的毛巾床单覆盖或简单包扎。伤处的衣着如需脱下应先剪开或撕破，不应剥脱，以免再受损伤。对暴露的烧伤创面可用三角巾、消毒敷料或清洁的被单、毛巾、衣服等覆盖并进行简单包扎，以减少创面的污染和再损伤。对伴有外伤大出血者应予止血。对骨折者应作临时固定。

5. 补液　严重烧伤伤员应尽快建立静脉通道，快速有效地补液，预防和纠正休克。未建立静脉通道者可口服加盐水。

6. 镇静镇痛　对烧伤后创面疼痛难以忍受者，要安慰和鼓励受伤者，使其情绪稳定、勿惊恐、勿烦躁。可酌情使用地西泮或哌替啶肌注，或口服止痛药物。

7. 中毒急救　火灾时产生大量有毒物质，均可使人员发生中毒，严重者可导致死亡。呼吸道吸入中毒对人员危害最大。迅速将伤者移至通风处，呼吸新鲜空气，给予吸氧。严重者立即转送医院。

8. 火场上人体从高处跳下或坠落，可伤及多个系统和器官，严重者会当场死亡。应按创伤救援原则进行救援。

（二）灭火

灭火的基本方法有四种，应依据燃烧物质的性质、燃烧特点及火场的具体情况确定采用哪种方法。有些火场，往往需要同时使用几种灭火方法。

1. 冷却灭火法　将灭火剂直接喷洒在燃烧着的物体上，使燃烧物质的温度降低到燃点以下，停止燃烧。用水进行冷却，这是扑救火灾最常用的方法。

2. 隔离灭火法　将燃烧的物体与附近的可燃物质隔离，使燃烧停止。

3. 窒息灭火法　采用阻止空气流入燃烧区，或用不燃物质冲淡空气中氧的含量，使燃烧物质由于断绝氧气的助燃而熄灭。如用湿的衣服、被褥、麻袋等覆盖在燃烧物上，使燃烧物与空气隔绝而中止燃烧。

4. 化学抑制灭火法　将足量的化学灭火剂喷射在燃烧物上，使灭火剂抑制和中断燃烧反应。如用干粉、1211 灭火剂等灭火。

常见的灭火器有泡沫灭火器、二氧化碳灭火器、干粉灭火器和 1211 灭火器，各种灭火器有不同的特点：

1. 泡沫灭火器　适合扑灭一般及油类的火灾，但不能用于扑救带电设备的火灾。使用该灭火器时，将其倒过来稍加摇动，药剂即可喷出。

2. 二氧化碳灭火器　适合扑灭一般及电气设备火灾，但不能扑救金属钾、钠、镁、铝等物质的火灾。这种灭火器的开关有两种形式，一种是旋转式的，像拧开水龙头开关一样；另一种是压握式的，使用时要先拔掉保险插销，一手拿好喷射气体的喇叭筒，另一手压握手把（像骑自行车刹车一样）。

3. 干粉灭火器　适合扑灭一般及油类、有机溶剂和电器火灾。使用这种灭火器时要先拔掉保险插销，然后压握手把即可，有喇叭状喷射筒的应将喷射筒对准燃烧物。

4. 1211 灭火器　是高效灭火器材，适用于扑灭一般及液体、气体、电气设备、精密仪器、计算机等火灾。它具有绝缘性强、对金属腐蚀性小、久存不变质，且灭火后不留痕迹等优点，但由于其化学成分是二氟氯溴甲烷，会破坏大气臭氧层，现在被列为限制使用产品，并将逐步被淘汰。

灭火器应按国家规范配置在醒目位置，加强管理，定期检验，保证其有效性。要组织群众学习掌握灭火器使用方法，定期进行演练。

（三）火灾时自救

发生火灾时，应当报警与救火同时进行。如果火灾处于初起阶段，燃烧面积很小，自己有把握将火扑灭，就应立即采用快速有效的方法将火扑灭。因为这时如果不去灭火而去报警，就会由于耽误时间使小火变大火，形成难以扑救的大火灾。如果发现火灾时，火势已很大，自己难扑救，就应当立即去报警。公安消防部门的报警电话号码是“119”，打报警电话应沉着镇定，清楚、扼要地说明起火地点（区街、单位、楼栋名称等）、燃烧的物质、火势情况等。同时应将自己的姓名及联系电话号码告诉报警台，以便随时联系。报警完毕，应派人在附近交通要道口等候，引导消防车迅速到达火灾现场灭火。

灭火时应注意切断通向火场的电源、燃气源，同时应转移火场附近的易燃易爆危险物品，转移不了的应设法降温冷却。

发生火灾时，如果被大火围困，应保持头脑冷静不要慌乱，根据火势选择最佳自救方案，以便争取时间尽快脱离危险区。自救的方法有以下几种：

1. 发生火灾以后不要为穿衣、找钱财而耽误宝贵的逃生时间。应迅速选择与火源相反的通道脱离险境。逃离火场若遇浓烟时，应尽量放低身体或是爬行，千万不要直立行走，以免被浓烟窒息。衣服被烧着时不要惊慌失措，应赶快在地上翻滚使火熄灭。

2. 如楼梯虽已起火，但火势不很猛烈时，可披上用水浸湿的衣裤或者被单由楼上快速冲下。如楼梯火势相当猛烈时，可利用绳子或把床单撕成条状连接起来，一端挂在牢固的门窗或其他重物上，然后顺着绳子或布条滑下。逃离火场不要乘电梯，防止电梯的电路等被火烧坏而被困在电梯内遇险。

3. 如各种逃生之路均被切断，应退居室内，采取防烟堵火措施。应关闭门窗，并向门窗上浇水，以延缓火势蔓延过程。还要用多层湿毛巾捂住口鼻，搞好个人防护。同时可向室外扔小东西，在夜晚则可向外打手电，发出求救信号。如果烟火威胁严重，有生命危险且楼层只有 2、3 层，被迫跳楼时，可先向地面抛下一些棉被等软性物品，然后用手扶住窗台往下滑，尽量缩小跳落高度并保证双脚先落地，以减少颅脑和内脏损伤。

第三节　矿　　难

我国煤炭的产量居世界首位，但事故频发，造成大量矿工伤亡。煤矿多是井下作业，自然条件复杂，工作面狭窄、低矮、分散，加上井深巷远，底板凹凸不平，矿井上下交通运输频繁，常存在塌方、冒顶、片帮、跑车、礅罐、瓦斯爆炸、电缆失火、透水等不安全因素。另外，井下存在通风、照明、煤尘、湿度、炮声、炮烟、机械声及其他噪音等不良因素，影响矿工的精神状态、视力和听力。这些因素促成了矿难的发生。

常见的矿难包括塌方、瓦斯爆炸、透水等。我国的煤矿均为瓦斯矿井，瓦斯爆炸一直是中国煤矿安全生产的“头号杀手”。

瓦斯爆炸伤是矿山最严重、破坏性最强的群体伤亡事故。瓦斯是井下有害气体的总称。它在煤的生成过程中产生，在开采时释放出来。井下有害气体的 80% 以上是沼气（甲烷），是一种无味、无色、易燃、易爆的气体。井下瓦斯的安全允许浓度<1%，达到5%时遇到火源立即发生爆炸，浓度达到8%～10%时，爆炸力最强。这种沼气爆炸，统称为“瓦斯爆炸”。瓦斯爆炸时的压力为749.8～1013.3kPa。爆炸时的冲击波和反射冲击波压力很大，连续爆炸时的冲击压力更大。当它作用于人体时，将造成多种严重损伤。在井下瓦斯爆炸的瞬间，密闭空间温度可高达2850℃，自由空间温度也高达1850℃。高温可致皮肤、呼吸道的灼伤。瓦斯爆炸时，在氧气不足的条件下可产生一氧化碳。现场检测一氧化碳浓度达0.6%，为允许浓度的400倍，尸检血液一氧化碳定性阳性率达86%。一氧化碳中毒系现场死亡的重要因素。

透水事故是矿井在建设和生产过程中，地表水和地下水通过裂隙、断层、塌陷区等各种通道无控制地大量涌入矿井工作面，造成作业人员伤亡或矿井财产损失的水灾事故，是矿山安全事故中最难预测、危害最大的事故之一。

一、致伤机制

1. 砸伤 井下工作面的片帮、冒顶、塌方、煤块、渣块由高处落下等，均可砸伤人体，导致多部位的损伤，如四肢骨折，颅脑伤，胸腹及内脏损伤等。

2. 挤压伤 矿车等移动物体挤压、碾压人体导致损伤，致使胸腹部、骨盆、四肢等部位损伤。

3. 坠落伤 人体由高处坠落时，多数先为足踝部着地，地面的反作用力向上传导，造成典型的足踝 - 下肢 - 脊柱 - 颅脑损伤。坠落点越高，能量越大，造成的损伤越严重。如果头颅或胸腔直接着地或撞击于突出物上，多造成严重损伤或立即死亡。

4. 切割伤 绞车钢丝绳切割人体，致人体切割伤。

5. 爆炸伤 开山放炮，井下处理哑炮时或违章操作突然爆炸，造成身体多处开放性损伤，引起内脏损伤及出血，以及头、面、颈、胸等部位广泛损伤。瓦斯爆炸造成多种损伤，并产生的多种有害气体。雷管爆炸伤受伤部位广泛，以人体显露部分面部为主，受伤部位出血多、创面不整齐、创面内异物较多、处理复杂且较困难。

6. 溺水窒息 透水事故时，人员躲避不及被水冲走，导致溺水窒息。

二、伤情特点

矿难创伤具有发生率高、死亡率高、致残率高的特点。主要特点如下：

1. 受伤者 以井下矿工为主，大多数较年轻、受教育程度偏低。

2. 时间特点 一年中1～3月份创伤发生率最高，其次为7～9三个月。在一天中，凌晨4～6点为事故高发时间。

3. 受伤部位 依次为四肢(61.3%)，颅脑(14.6%)，脊柱(10.4%)，胸腹(5.28%)，骨盆(1.9%)。

4. 损伤类型 主要骨折，颅脑伤，内脏伤，软组织伤，烧伤等。还常发生窒息、中毒、溺水等。

三、现场救援原则

我国煤矿系统的急救工作由井下和井口保健站、矿医疗站、矿务局总医院三级急救医疗网负责，制定了《全国煤矿创伤急救工作规范》，强调组织领导、解脱急救、转运等各环节的有机结合。确立先救后送、边救边送的原则。增强自救互救意识和技能是矿难创伤救援的基础。矿难救援中如何尽早开始医疗救援是影响救援成功地关键。煤矿救护队是矿难救援的主力，矿难发生后首先下井实施救援。煤矿救护队员的急救技能训练是提高矿难现场救援水平的重要措施。

发生矿区火灾和爆炸时，必须及时采取灭火措施，及时报告，及时撤离人员。井下遇险人员应由在场负责人或有经验的老工人带领，有组织有秩序地选择避灾路线，迎着新鲜风流撤离危险区。位于风侧的人员应戴上自救器或用湿毛巾捂住口鼻，绕道新鲜风流方向撤离。险区无法撤离的人员应迅速进入预先筑好或临时构筑的避难所，等待救援。

第四节　踩踏事件

踩踏事件指大量人流在拥挤空间活动时，由于某种因素发生秩序混乱，导致人群互相推挤踩踏，造成伤亡的事件。

一、成因与致伤机制

踩踏伤亡事件的发生多因重大活动或聚会，现场人数众多，如突发意外情况，缺乏疏导管理，秩序极度混乱，人群惊恐慌张，失去控制，此时的个人在人流的漩涡中很难控制自己，一旦有人摔倒，就会像多米诺骨牌一样发生连锁效应，导致严重踩踏事件发生。死亡者大多数为妇女、儿童及老年人。

主要致伤因素有撞击、挤压、碾挫以及烧伤、烫伤等，这些因素可单独发生在某个伤员身上，也可能几个致伤因素同时作用于一个伤者，造成身体多处受伤。一般伤情比较严重，很多伤者多见多脏器损伤，如颅脑损伤、血气胸、肝脾破裂、肢体及肋骨骨折、脊柱损伤等。伤者的致残率及死亡率均很高。最初受伤的伤者得不到及时救助，混乱中遭受反复踩踏，伤情不断加重。

二、现场救援原则

当发生踩踏意外伤害时，不要惊慌失措，要保持镇静，设法维护好现场秩序，为伤员及时救治创造一个合适的环境。应向周围大声呼救，请求支援。利用各种通讯联络手段，紧急呼救，并及时反馈现场的方位、伤员数量、伤情程度、处理情况等信息。

对于踩踏事件中伤员的伤情判断，与交通事故伤或地震坍塌伤等基本类似，需要特别注意的是在踩踏事件中，伤员有可能多处或反复遭受严重踩踏、挤压，伤情可能较为复杂。现场伤员可能是一个或多个，同一个伤员可能同时有多处受伤。现场救护要分清主次、轻重、缓急。

三、预防

大型活动前周密的部署、场地设施的完善是预防踩踏事件发生的关键。凡是人群拥挤、稠密的场所，其设施一定要符合安全、牢固、科学的要求，不允许出丝毫差错。大型集会的现场组织者，要制定严密的管理措施及突发事件预案，确保现场秩序井然，避免骚动。一旦出现突发意外情况，组织人群按预案进行快速疏散，采取果断有力的措施，有效控制事态扩大和发展。意外伤害发生的原因是多方面的，针对不同原因采取不同对策，积极主动地进行人为干预，则可防止意外发生。

学校是踩踏事件易发地点，小孩子懵懂，容易乱冲乱撞，在上下课或做一些活动时，容易发生拥挤。老师平时就要注意培养孩子处事冷静的态度，培养孩子的秩序意识，在日常生活中，经常灌输相关知识，并组织人员疏散演习。学校要改善和管理好各场地的照明设备，并保持逃生通道的畅通。在集体活动时，人员活动更要有组织，防止恐慌事件的发生，尽量多设置疏散通道。其实最简单的预防措施就是错时下课、错时分流，主动控制人流，避免瞬间人流过于密集。

身处人群相对集中的场所，要加强自我保护意识，遇见意外切忌惊慌。当发现前方有人突然摔倒后，旁边的人一定要大声呼喊，尽快让后面的人知道前方发生了什么事，否则后面的人群继续向前拥挤，就非常容易发生拥挤踩踏事故。如果此时你正带着孩子，要尽快把孩子抱起来。面对混乱的场面，良好的心理素质是顺利逃生的重要因素，力争做到遇事不慌。

在拥挤的人群中，双手交叉抱于胸前，保留安全间隙，避免胸肺受到挤压，保持呼吸顺畅并尽量保持身体平衡，随人流而动，如果身材矮小，还应踮起脚尖，看清前面情况，避免被盲目挤来挤去摔倒。一旦被挤倒，应立即采取自我保护措施，不要惊慌，立即侧卧，身体缩成虾状，双手紧抱头部，这样可以减少可能被踩踏的面积，并有效保护人体最柔软的部位：颈部、胸部和腹部。等人群过后，要迅速爬起离开。如果你已经被挤倒且无法成侧卧状，那也要尽量呈俯卧位，双手抱头，双肘尽量支撑身体，腰向上呈弓形，以尽量保护头、颈胸、腹部等重要部位。

第五节　危险化学品事故

化学品中具有易燃、易爆、毒害、腐蚀、放射性等危险特性，在生产、储存、运输、使用和废弃物处置等过程中容易造成人身伤亡、财产毁损、污染环境的均属危险化学品。危险化学品分为爆炸品、压缩和液化气、易燃液体、易燃自燃和遇湿易燃物品、氧化剂和有机过氧化物、毒害品、放射性物品、腐蚀品八大类，常见的有数千种，每一种危险化学品可具有多种危险性。

危险化学品由于性质活泼或不稳定，容易受外界条件的影响，若在运输、装卸、贮藏作业中，受到了光、热、撞击、摩擦等条件的作用，就极易发生爆炸、燃烧、中毒、腐蚀、放射线辐射的严重事故，造成人员伤亡、财产损失和环境破坏。

一、灾难特点

1. 突发性　危险化学品作用迅速，发生往往是无法预测。

2. 群体性　瞬间可能出现大批化学中毒、爆炸伤、烧伤伤员，需要同时救护，不能按常规医疗办法施救。事故具有发展成为社会公众事件的普遍趋势，激发矛盾，影响社会稳定。

3. 快速和致命性　在事故现场，化学品对人体可能造成的伤害为：中毒、窒息、化学灼伤、烧伤、冻伤等。在较短的时间内可导致多人同时中毒或受伤，病死率高。危险化学品事故的实际杀伤威力与危险化学品的种类和当时气候条件有很大的关系，可造成众多人员死亡、受伤和中毒。硫化氢、氮气、二氧化碳在较高浓度下均可于数秒钟内使人发生“电击样”死亡。其机制一般认为与急性反应性喉痉挛、反应性延髓中枢麻痹或呼吸中枢麻痹等有关。

4. 危害极大　危险化学品事故在危害程度上远远大于其他事故，事关国家公共安全、民众健康。

对人的主要危害是中毒，包括急性中毒和慢性中毒。表现为：①呼吸系统：引起呼吸道炎症或发生化学性肺炎或肺水肿；②神经系统：引起运动障碍、肌肉萎缩、头痛、头晕、视力模糊等；③血液系统：引起溶血、再生障碍性贫血、白血病等；④消化系统：引起出血性胃肠炎、中毒性肝病等；⑤循环系统：引起心慌、胸闷、心前区不适等；⑥泌尿系统：引起肾损伤等；⑦骨骼、眼睛、皮肤的损害，或引起化学灼伤、放射性损伤和职业性肿瘤。

5. 治疗困难和矛盾突出　一种危险化学品的危险性可能是多种多样的。如有易燃性、易爆性、氧化性，还可能兼有毒性、放射性和腐蚀性等。如磷化锌既有遇水放出易燃气体，又有相当强的毒性。硝酸既有强烈的腐蚀性，又有很强的氧化性。同时，化学物质爆炸致复合伤，其损伤复合效应不是各单一致伤效应的总和，而是由于热力、冲击波和毒气各致伤因素的相互协同、互相加重的综合效应，伤情复杂、严重。治疗中最大的难题是难以处理好不同致伤因素带来的治疗矛盾。例如：化学品爆炸很容易导致冲烧毒复合伤，而如何处理好烧伤的液体复苏与治疗肺冲击伤需慎重输液和抗中毒的矛盾是治疗冲烧毒复合伤的关键。

二、现场救援原则

危险化学品突发事件所造成的巨大损失令人瞩目。目前许多国家比较一致的做法是：政府职能部门牵头负责，动用国防、司法、环保、消防、卫生、交通等职能机构，掌握一定的资源，制订高效率的联动方案加以应对。

危险化学品突发事件应急救援工作是一个完整的系统工程，需要一整套合理、高效、科学的管理方法和精干熟练的指挥管理人才，负责应急救援及抢救的指挥，迅速组织强有力的抢救队伍进行加强治疗和护理等措施。同时，还必须充分发挥现场一线救治和应急救援专家组的技术指导作用。

1. 应急处置

（1）创建一条安全有效的绿色抢救通道。

（2）控制危险化学品事故源。

（3）控制污染区：通过检测确定污染区边界，做出明显标志，制止人员和车辆进入，对周围交通实行管制。

（4）抢救受伤人员：将受伤人员撤离至安全区，进行抢救，及时送至医院紧急治疗。

（5）检测确定有毒有害化学物质的性质及危害程度，掌握毒物扩散情况。

（6）组织受染区居民防护或撤离：指导受染区居民进行自我防护，必要时组织群众撤离。

（7）对受染区实施洗消：根据有毒有害化学物质理化性质和受染情况实施清洗和消毒。

（8）寻找并处理各处的动物尸体：防止腐烂危害环境。

（9）做好通信、物资、气象、交通、防护保障。

（10）抢救队伍所有人员还应根据毒情穿戴相应的防护器材，并严守防护纪律。

2. 医学救援　根据病情、接触情况和毒物性质，救治原则为：迅速将伤病员撤离现场，清除毒物以阻止局部进一步损伤和吸入体内；加速毒物排出；对症和支持治疗。

（1）迅速转运：现场正确施救对降低死亡率最为重要，应按照现场救治原则实施现场抢救，根据伤情，对伤病员及时进行鉴别分类，掌握后送指征，使伤员在最短时间内能获得必要治疗。

（2）注意必要的防护措施：①呼吸防护：在确认发生毒气泄漏或危险化学品事故后，应马上用手帕、餐巾纸、衣物等随手可及的物品捂住口鼻。手头如有水或饮料，最好把手帕、衣物等浸湿。最好能及时戴上防毒面具、防毒口罩。②皮肤防护：尽可能戴上手套，穿上雨衣、雨鞋等，或用床单、衣物遮住裸露的皮肤。如已备有防化服等防护装备，要及时穿戴。③眼睛防护：尽可能戴上各种防毒眼镜、防护镜或游泳用的护目镜等。④食品防护：污染区及周边地区的食品和水源不可随便动用，须经检测无害后方可食用。

（3）积极的对症和支持治疗：危险化学品事故造成的复合伤，在临床上病情发展迅猛，救治极为困难，死亡率极高，所以综合治疗是至关重要的，包括吸氧、超声雾化吸入、抗过敏或碱性中和剂的应用、消除高铁血红蛋白血症、适当的体位、保证组织细胞供氧、纠正水电解质紊乱、酸碱失衡等维护重要脏器功能的对症治疗和支持疗法，积极促进机体的修复和愈合。

（4）加强健康宣教：突发危险化学品事故给伤员造成的精神创伤是明显的，要特别注意公众的心理危害程度并立即采取正确的应对策略。

3. 危险化学品事故的预防

（1）加强法制建设，制定和完善相配套的法规性文件：近年来，我国政府相继颁布《中华人民共和国职业病防治法》《中华人民共和国安全生产法》《化学品安全技术说明书编写规定》《危险化学品安全管理条例》《国家突发公共事件总体应急预案》和《国家突发公共卫生事件医疗卫生救援应急预案》等。这些法规和强制性标准的颁布，对危险化学品的管理具有重要的作用。使化学事故的应急救援和事后调查有法可依，为事故的处理提供法律上的保障。为动员社会各方力量防范、应对化学品突发中毒事件提供了法律依据。

（2）构建化学品安全监管体系：加强机构建设，除了进一步加强各政府部门职能之外，为了解决化学品监管职责过于分散的状况，进一步明晰权责，需要建立一种有效、权威的协调机制，提高监管效率，打破条款分割的管理模式，把品种管理和划段管理有机地结合起来，形成统一协调的化学品安全监管体系。

（3）加强重点防范：针对化学事故发生的特点，确定重点目标，对可能造成社会影响广、伤亡重、经济损失大的目标加强防范，同时也要兼顾散发、频发的局限性灾害事故。对人员流动量大而稠密、成分复杂如地铁、车站、码头等重点目标，要配合公安、消防、卫生、建筑、运输等相关部门进行综合管理。还要经常注意和研究化学事故的新动向和特点，以及时采取相对应的防范措施。

（4）强化执法监督管理和安全技术培训：执法检查职能部门要制定相应的执法制度，使检查经常化、规范化、正规化，防患于未然。重点开展中小化工企业安全生产专项治理，对不合格单位坚决整改，创造安全环境。交通安检部门加强对运输企业的监管，加强对危险化学品道路运输的安全管理，控制“流动危险源”，减少事故发生。经常、定期地检查和监督安全操作和防护规程的落实情况，对违规的部门和个人予以坚决地纠正和教育，决不姑息，常抓不懈。

（5）完善市场规则，强化市场监管，审慎开展资质资格认证，依法保护行业利益。重视思想工作和职业道德建设，完善考核激励机制。开展经常性的安全知识宣传和健康教育活动，内容应包括工业卫生防护、化学物的毒性及其预防、现场救护以及正确使用个人防护设备的方法，以建设一支高觉悟的职工队伍。

（6）加强应急准备：化学事故应急救援的基础是全面到位的应急准备。要拟好预案，准备好必要的设备设施和物资、人员配备。医院应了解在化学品突发中毒事件救治过程中需要承担的具体职责和任务，受害者现场救治与分类检伤、受害者住院的系统诊断与治疗、受害者的康复与心理治疗。根据自身工作特点制订相应专业技术预案，完成相应的物资和管理方面的准备，包括防护用品、抢救药品、器材的采购和维护。

（7）构建化学品安全的网络信息体系：加强宣传教育，提高群众对化学事故预防和救援的认识，使其掌握必要的知识和技能以提高自救互救能力。宣传教育要做到制度化、经常化、社会化。可以社区和人群为单位建立事故预防和救援机构，充分发挥群众的积极性和主动性，为化学事故的预防控制提供双保险。

第六节 恐 怖 袭 击

恐怖袭击与每个人相关，虽不常见，但时有发生。2001 年 9 月 11 日基地组织劫持民航飞机攻击美国世界贸易中心大楼和五角大楼，从此恐怖袭击受到国际社会的空前关注。恐怖分子利用多种手段制造恐怖事件，如爆炸、劫机、投毒等。制造爆炸事件是恐怖分子进行恐怖活动最常见的方法，包括自杀式爆炸和汽车炸弹爆炸等。恐怖事件造成大量人员伤亡和财产损失，制造恐怖气氛，威胁社会稳定。

一、灾难特点

恐怖性爆炸事件中由于引发爆炸物品的品种、性能、数量和人体与爆炸源距离以及现场条件的不同，爆炸对人体造成的伤害特征多种多样。爆炸事件现场常发生在易燃易爆物品的生产、储存和使用场所，往往由爆炸引起燃烧，或由燃烧引起爆炸。因此，现场的严重性和紊乱性，大于一般事故现场。爆炸事件对物体破坏的严重程度，主要取决于引起爆炸的物品的性质、数量和爆炸场所与周围环境的距离等情况。在恐怖袭击的爆炸事件中，恐怖分子为了加强对人员的杀伤，往往在爆炸物品外再包裹有大量铁钉，爆炸时铁钉飞溅，人员伤亡更加严重，伤员的伤口处理也更加复杂困难。爆炸发生突然，作用时间短，从发生到作用终止的时间，一般只有数秒钟，对于多数爆炸事件事故现场的人群，根本没有时间反应和疏散、逃跑或自救、互救。爆炸现场还可能存在以下几种险情：一是现场仍有尚未爆炸的爆炸物品，极易因救援、调查人员的移动、撞击等外力作用，引发再次爆炸；二是炸毁的建筑物再次倒塌；三是爆炸后的封闭空间存在毒气；四是电器设备仍然带电。

二、致伤机制

恐怖爆炸致伤机制分为两类：一是爆炸力直接作用伤。由爆炸产生的高温高压气体和高速飞散的各种碎片引起的人体损伤和烧伤；二是爆炸力间接作用伤。爆炸时空气冲击波作用于建筑物，引起门窗玻璃和物件破碎、房屋倒塌等造成的损伤，如抛坠伤、压伤，或由于人群拥挤造成的踩踏伤等。

爆炸伤性状可分为炸碎伤、炸裂伤、炸烧伤、超压伤、弹片伤、抛射伤、抛坠伤、摔伤、压伤、踩伤等。通常在一个受伤人体上会出现多种损伤。

三、现场救援原则

发生恐怖爆炸事件后，应迅速评估现场安全形势，配合警方处置恐怖分子，阻止灾害蔓延。然后将伤员从危险区抢救到安全地点，及时对伤员进行紧急救护。对创伤的伤者，要按照创伤救治原则在现场对伤者进行处理，并尽快转送到医院。

公民平时就要有反恐防恐意识，加强这方面的知识普及和救护培训。一旦发生恐怖事件可迅速自救，如卧倒、滚动、逃离至安全地带。

第七节　核与辐射事故

自1895年伦琴发现X射线以来，核能和放射性元素被人们广泛用于军事、工业、医疗等领域，与普通公众的生活密切相关，给人们带来了巨大的财富。我国核能开发十分迅速，国家已将发展核电作为优化能源结构、调整能源布局和保护生态环境的重要举措。据悉，到2020年，我国的核电总装机容量预计达到4000万千瓦，在建1800万千瓦。

但是，正当核电发展步入一个全新的阶段时，核电的安全问题日益突出。1979年3月28日，美国三哩岛核电站事故，导致放射性物质泄漏，虽未造成人员伤亡，但带来沉重的经济负担。1986年4月26日，前苏联切尔诺贝利核电站4号反应堆发生爆炸，造成大量放射性物质释放，当量相当于广岛原子弹的100倍，被定为7级，成为有史以来最严重的核事故。由于释放持续时间长、放射性活度大，再加上气象条件复杂，污染形成复杂的烟云弥散，造成前苏联西部大部分地区和欧洲许多国家都有放射性沉降。这次事故的死亡人数一直没有定论，直接因辐射死亡数十人，但可能有数十万人因此罹患肿瘤。至今仍有数百万人生活在受污染的地区。

核事故指核设施内部的核材料、放射性产物、废料和运入、运出核设施的核材料所发生的放射性、毒害性、爆炸性或其他危害性事故，意外向环境释放大量放射性物质，导致工作人员和公众受到意外的过量照射，威胁人员生命和健康。辐射事故指封闭型或开放型放射源丢失、被盗以及辐射状指控制失灵或操作失误导致工作人员或公众受到意外的过量照射的意外事故。

一、核事件分级

针对核设施（核电站）而言，根据其发生核突发事件对于场内、外和纵深防御能力的影响，国际上将核事件分成8个级别，用于同公众和媒体的沟通。

0级：偏离　就安全方面考虑无危害。

1级：异常　指偏离规定功能范围，

2级：事件　指场内明显污染或一个工作人员受过量照射，具有潜在安全后果的事件。

3级：严重事件　指有极小量的场外释放，公众受小部分规定限值照射，场内严重污染或一个工作人员有急性健康效应。其效应接近事故且丧失纵深防御措施。

4级：主要在设施内的事故　指有少量场外释放，公众受规定限值级照射；反应堆芯放射屏障重大损坏或一个工作人员受致死性照射。

5级：有场外危险的事故　指场外有限释放，很可能要求实施计划的干预；堆芯放射屏障严重损坏。

6级：严重事故　指场外明显释放，很可能要求实施计划的干预。

7级：特大事故　指场外大量释放，有广泛的健康和环境影响。

二、核与辐射事故的特点

1. 突发性和快速性　核事故往往突然发生，事故发生时要求能及时、迅速、有效地执行好医学应急救援任务。包括医疗救护，饮用水和食物的应急监测和控制，稳定性碘片的发放，应急响应工作人员的个人剂量监测等。因此，核应急必须具有快速反应功能。

2. 损伤多为复合伤、照射种类多样　事故发生后，放射性物质进入大气形成放射状烟云和悬浮颗粒，造成人体外照射。吸入人体的悬浮颗粒造成内照射。悬浮颗粒可沉降到地面、水源和食物，造成持续性危害。除急性外照射和内照射损伤外，常合并其他损伤。除放射性损伤，还可发生多种机械性损伤、烧伤等。

3. 社会心理影响大　由于公众对于核的恐慌，极易引起人群心理紊乱、焦虑、压抑等。由于人们对核知识的缺乏，往往认为灾后的一切疾病都与核辐射有关，导致持久地心理障碍。

4. 影响范围大、持续时间长　核电站爆炸事故形成大量的放射性烟云，扩散到周围地区甚至其他国家，半衰期长的核素长期污染土壤、水源和食物，严重影响人员健康，并造成巨大经济损失。

三、现场救援原则

核与辐射事故医学救援指核设施发生事故或事件后，立即采取医学救援措施，以便最大限度减轻核事故造成的损失和不良后果，避免或减少人员伤亡，保障人员的健康和安全。同时，对于已受伤的人员，积极进行救治，尽量减少伤亡。

根据伤者受照情况、受污染的程度和临床表现，进行分类和分级救治。对于受急性放射损伤或怀疑受急性放射损伤的伤者，则需立即转运到放射损伤专科医疗机构治疗。

（一）辐射监测

核事故时发生体表污染危害的主要来源是产生α、β的放射性核素。故此，体表污染的检测需要配备α、β表面污染测量仪。由于α射线射程短，从而造成α放射性核素伤口污染程度难以测量，需要配置伤口探测仪器。α、β和γ表面污染测量仪，均应放置在去污室的入口、出口和去污处置室，以便动态检测去污情况。伤口探测仪应根据需要放置在污染伤口处置室。

相对于外污染，内污染是指进入人体的放射性核素超过自然存在量。该定义包含两层含义，其一是机体中出现了原本不含有的放射性核素；其二是机体原本含有的放射性核素的含量增加。应该注意的是，内污染不是一种疾病，而是一种机体内部受核素污染的状态，即内污染不一定产生内照射放射病。然而，内照射放射病肯定是内污染造成的，即指内照射引起的全身性疾病。这种全身性疾病既有电离辐射作用造成的全身表现，又有该放射性核素所针对的靶器官的损害。由于放射性核素存在的方式可为固态、液态和气态，因此进入人体的途径也可为多种途径，其中包括经正常皮肤进入体内，如^{3}H、^{131}I和^{90}Sr等；当皮肤有伤口时，其吸收率可大大增加（如：^{147}Pm）。放射性的气体或气溶胶则可通过呼吸道进入体内，如^{131}I。另外，放射性核素也可通过污染水源、食物等，通过消化道进入人体。一般而言，通过调查可基本进行定性诊断；对于可能有过量放射性核素进入人体者，则需定量测定为医学干预提供依据。测量方法包括采集人体的排泄物进行测量，或通过体外直接测量。对于发射γ或X射线的核素，通过全身和或局部测定（甲状腺、肺部等），以期进行内剂量的估算。

（二）辐射防护

辐射防护是一项贯穿于整个医学应急活动中的措施。防护对象主要可分为三类：①公众卫生防护：医学应急组织与相关部门合作，指导公众采取适当防护措施，尽量避免或减少辐射对公众的照射。其措施包括隐蔽或撤退，服用抗放药，对体表和呼吸道进行防护，对可能或已污染的饮用水和食物进行控制，消除体表放射性污染，以及心理效应防治等。②救援人员的防护：采取应急救援控制水平和剂量限制原则；穿戴防护衣具，使用防护器械；实施剂量监测，服用辐射损伤防治药和控制作业时间等。③应急人员防护：首先是其全部活动都应在照射尽可能低的原则下进行，其中包括：不在剂量超过 1mSv/h 的地方逗留；小心进入剂量大于 10mSv/h 的地区；未经允许不得进入 100mSv/h 的地区等。其次，应该采取时间、距离和屏蔽手段防护自己，不在污染区吃、喝和吸烟。最后，要注意甲状腺的防护，按规定服用稳定碘。应在预计照射前 4 小时服用，而照射后 8 小时服用则无保护作用。

（三）现场急救

现场医疗救治主要由核设施的医疗卫生机构组织医务人员和安防人员实施，即有现场医护人员、辐射防护人员和剂量人员。总体本着快速有效、先重后轻、保护救护人员与被救护人员的原则。其主要救治对象可分为两类，即非放射性损伤和放射性损伤人员。实施救治的原则是对伤员进行分类诊断，并积极治疗危重症伤者。对于非放射性损伤伤者，如创伤、烧伤等的救治和常规医疗救护无差别，按通常急救原则进行。对于放射性损伤人员，首先处理危及生命的损伤，然后，再考虑伤者的受照情况，以便对辐射损伤作出合理的估计。对于病情稳定的伤者，除应注意伤者的临床表现外，应详细了解受照情况。对体表、伤口及体内有辐射污染者，应给予及时检查、诊断和必要的初期治疗。

总之，一级医疗救护的主要工作应包括：①对危重伤员的救治。②设立临时分类点，初步确定是否存在体表污染和内污染，并尽可能收集用于受照剂量估算的物品和生物样品。③酌情发放稳定碘或 / 和抗放药。④对于体表污染伤员进行去污洗消；对于内污染者采取促排治疗。⑤填写伤员登记表，根据初步分类诊断，组织及实施后送伤员至二级医院或三级医院。

（四）体表污染的去污洗消和体内污染的医学处理

1. 体表污染的去污洗消　体表放射性核素污染的去污洗消工作，是核与辐射事故医学应急和干预中重要的组成部分。为满足医学应急时对于不同伤者体表去污的要求，完整的去污洗消室应包括 9 个主要功能区：头部、四肢、躯体和全身、伤口和不能站立伤者等的洗消处理区域，以及生物样品取样室、观察室和去污洗消出入口等。整个洗消去污过程均应在放射损伤专科医师指导下，并严格遵循相应规范实施。

2. 皮肤去污　由于放射性核素可借助皮肤静电力或表面张力吸附于皮肤表面，甚至与皮肤蛋白结合形成复合物，从而构成皮肤污染。皮肤去污的目的，一是将体表污染量降低到不足以引起皮肤的急、慢性放射性损伤；其次，防止放射性核素经皮肤吸收，或通过污染食物和水而造成内污染。皮肤去污的控制限值是以污染物为皮肤基底层的剂量率为 0.15Sv/ 年为控制限值。当继续去污效果有所降低，或皮肤出现刺激反应时，即使皮肤残留的污染量仍远高于上述控制水平时，也应暂停去污或每天轻轻清洗 2～3 次。

皮肤去污应严格按照相应的预案或流程实施。在保证生命体征相对稳定的前提下，先清洗容易转移和污染重的部位，再清洗难以除去的皮肤污染。去污过程应使用一次性用具，防止污染转移或扩大。同时，医务人员应按规定做好自己的防护，防止操作时造成二次污染。一次性防护用品作为放射性废物存放和处理，洗涤皮肤的废水均应按规定保留和处理。

3. 污染伤口的处理　污染伤口是指外力作用致使带有放射性核素的物品或碎片，击伤人体组织时所形成的具有放射性核素污染的伤口。这类伤口可分为擦伤、刺伤和破裂伤等。另外，含有放射性核素的化学性烟雾或腐蚀性化合物，作用于人体暴露的皮肤、黏膜或破坏皮肤黏膜的保护层，造成化学性烧伤也可污染伤口，例如眼睛、上呼吸道和消化道黏膜等。

污染伤口的处理既包括对于伤口的外科处理，又包括对于放射性核素即污染物的处理，因此，需要有经验的外科医生和辐射防护专业人员共同完成，以期达到最大限度降低或减少污染物对于局部皮肤和邻近组织的损害；同时，减少放射性核素经伤口吸收造成内污染和靶器官损害。污染伤口的初期处理包括：①放血和使用止血带压迫，防止伤口处的静脉血回流；②及时用敷料擦去流出的血液；③清除可见的异物；④用生理盐水彻底冲洗伤口；⑤深及真皮以下的伤口，应尽快使用各种洗涤剂清洗创面。由于操作者需要借助伤口污染检测仪并随时根据检测结果指导清创，因此，应严格防止检测仪受到污染而误导清创。伤口的基本处理流程为先轻后重、分步实施、严防交叉污染和范围扩大，以及损伤被污染的组织等，防止清创过程加速放射性核素的吸收。对于经上述初期伤口处理，伤口仍然有以下情况者，应考虑外科手术治疗：①虽经初期处理，伤口仍严重污染者；②污染部位在非功能部位；③针刺造成深部组织的污染。总之，污染伤口的处理是一个专业性要求高、需多专业合作、需综合考虑近期和远期效应的治疗过程。

4. 体内污染的医学处理　对于内污染的医学干预，即放射性核素进入体内并需要医学干预的剂量，目前尚无统一标准。因此，该医疗干预需要结合伤者的具体情况，并综合分析和权衡利弊后做出决定。我国 GB 9662—88 电离辐射事故干预水平及医学处理原则推荐，当大于 2ALI（年摄入量限值）应考虑促排是合适的。欧美相关组织推荐：小于 1ALI 者不需要医学干预；1～10ALI 可考虑促排治疗；当大于 10ALI 时，应采取全面治疗措施。总之，体内污染医学处理的原则是抢救生命为先、减少吸收和加速排出。

（1）减少放射性核素吸收的措施：包括脱离污染环境，进行体表洗消去污，减少呼吸道和消化道吸收等。①减少呼吸道吸收的方法：包括彻底清理上呼吸道，包括清理鼻腔、剪去鼻毛、大量生理盐水冲洗和使用血管收缩剂麻黄碱等。对于下呼吸道的污染采取祛痰剂，如碘化钾和氯化氨；对于极毒核素，如 ^{239}Pu 且剂量大于 100ALI 时，应积极采取全麻下支气管 - 肺泡灌洗术。②减少消化道吸收的方法：总体处理原则与经消化道中毒的处理原则相同。对于食入时间小于 4 小时者，常采取漱口、催吐和洗胃的方法。洗胃时间一般不超过 30 分钟，且需收集洗胃液送检测量放射量。洗胃后可使用医用活性炭和泻药促进排泄。对于食入时间大于 4 小时者，可根据相应的放射性元素使用相应的阻吸收剂，如：对于 Sr、Ra 等二价放射性元素，使用硫酸钡和或活性炭 50g 沉淀剂，再使用缓泻剂导泻。对于 ^{90}Sr 和 ^{137}Cs 可使用其特异性的阻吸收剂——海藻酸钠和普鲁士蓝，使其在肠道中的吸收降低。另外，为了防止甲状腺的损害，服用稳定性的碘（^{127}I）阻断放射性的碘在甲状腺的蓄积。一般服用甲状腺片距离放射性碘进入的时间越短效果越佳。但成人服用的总剂量不宜超过 10 片（即 1g 稳定性碘）。小于 3 岁的儿童每次 25mg，3～12 岁的儿童为 50mg。

（2）加速放射性核素的排出：促排的目的是加速进入体内的放射性核素的排出，减少其在体内的蓄积量和缩短其在体内的滞留时间，以期尽可能减少内照射造成的放射性损伤。促排方法包括使用金属络合剂和加速其代谢的措施。①金属络合剂：常用的络合剂包括巯基络合剂，如二巯基丙磺酸钠（DMPS）、二巯基丁二酸钠（DMS）；氨羧基络合剂，如依地酸钠钙（EDTA）、促排灵（DTPA）等。这些络合剂的使用应根据放射性核素的种类合理选用，并采用短疗程、间歇给药的原则，同时注意防止肾功能的损害。②加速代谢的措施：对于均匀分布的核素，如 ^{3}H、^{137}Cs 等，可通过大量饮水和排尿法促进其排出。对于亲骨性的核素（Sr、Ra、Ca），可采用早期高钙饮食，晚期低钙饮食 2 周，加脱钙疗法（氯化铵、甲状旁腺素等）使其排出。总之，阻吸收剂和促排剂均应早期、足量使用，以期达到良好效果。

（3）降低放射性核素损伤：①硫醇类及其衍生物：硫醇类化合物结构中含有自由的或者潜在的 -SH 基，其中备受关注的也是最有效的药物是氨磷汀，它是美国 FDA 认可的放、化疗保护剂，且已经应用于临床。通常推荐的常规剂量为静脉注射氨磷汀 200～350mg/m^2，注射时间不少于 30 分钟。②激素类：天然甾体激素（如雌二醇、雌三醇）或人工合成的非甾体激素（如己烷雌酚、己烯雌酚等）。这些药物在动物实验中都显示一定程度的辐射防护作用，并在照射前后给药均有一定效果。③蛋白酶抑制剂、细胞因子、间充质干细胞和各种天然中药近年来也开始用于防辐射治疗，但均为非特异性治疗措施。

第八节　空 气 污 染

笔记

空气污染（air pollution）指由于人类生产、生活过程产生的污染物进入空气中，达到一定的浓度，持续一定的时间，危害人类或其他生物的健康的现象。人类首次记录的空气污染事件是马斯河谷事件。1930 年 12 月 1～15 日，整个比利时大雾笼罩，河谷工业区有上千人发生呼吸道疾病，表现为呼吸系统症状，如咳嗽、咽痛、声嘶、胸疼、呼吸困难、流泪、恶心、呕吐等。一个星期内就有 60 多人死亡，其中以心、肺病伤者死亡率最高，是同期正常死亡人数的十多倍，还导致许多家畜的死亡。此后，还发生过类似事件，如 1943 年美国加利福尼亚州洛杉矶的烟雾事件、1948 年美国宾夕法尼亚州的多诺拉镇烟雾事件、1952 年伦敦烟雾空气污染事件、1959 年墨西哥波萨里卡事件。其中以 1952 年伦敦烟雾空气污染事件死亡人数和影响最大，并成为各类教科书主要列举的案例。

空气污染的监测是以空气中颗粒物检测为依据。可吸入颗粒物，又称 PM10，指空气动力学当量直径在 10μm 以下的颗粒物。细颗粒物，又称 PM2.5，指空气动力学当量直径小于等于 2.5μm 的颗粒物。这些颗粒物值越高，就代表空气污染越严重。虽然这些颗粒物只是地球空气成分中含量很少的组成部分，但它们对空气质量有着重要的影响。细颗粒物直径小，含有大量的有毒、有害物质且在空气中停留时间长、输送距离远，因而对人体健康和空气质量的影响更大。

根据我国的空气质量标准，将影响空气质量的主要污染物 PM2.5、PM10、SO_2、CO_2、CO、O_3 等的含量经过计算得出一个概念性指数，即空气质量指数（air quality index，AQI）。AQI 将空气质量分为六级，0～50 为空气质量优，51～100 为良，101～150 为轻度污染，151～200 为中度污染，201～300 为重度污染，300 以上为严重污染。

一、空气污染分类

1. 煤炭型（伦敦型、还原型、浓雾型） 以烧煤排出大量的二氧化硫（SO_2）、煤烟和灰尘为特征。二氧化硫有毒，在空气中能催化毒性更强的硫酸雾。本型空气污染与肺癌、慢性支气管炎、肺气肿有密切关系。如 1952 年伦敦烟雾空气污染事件。

2. 石油型（洛杉矶型、氧化型、光化学烟雾型） 汽车排出大量的氮氧化物、一氧化碳和碳氢化物废气及工厂烟囱排放的废气，经阳光紫外线照射作用，生成臭氧、醛类、过氧乙酰硝酸酯，形成光化学烟雾。过去美国洛杉矶市每年有 100 天出现光化学烟雾，主要刺激眼睛，出现眼红肿、流泪、咳嗽、胸痛等呼吸系统症状。碳氧化合物可诱发肺癌。一氧化碳长期作用可使心血管疾病发病率、死亡率升高。

3. 混合型 除来自煤炭和石油的污染物外，还有从工业区排出的各种化学物质。

二、灾难特点 空气污染与其他自然灾难不同，主要有以下特点。

1. 累积性 污染物在空气中逐渐聚集，具有累积性。从污染物进入空气内导致污染物浓度升高，到完全清除浓度渐趋于零，大都需要经过较长的时间。如果不采取有效措施，它们将在空气内逐渐积累，导致污染物浓度增大，构成对人、畜的危害。

2. 危害性 空气污染对人体健康的急性直接危害是以某种或某些毒物急性中毒形式表现出来，其间接危害是加重原有呼吸系统疾病、心脏病，进而加速这些伤者的死亡。在某种特定条件和环境下，如谷地或盆地、无风或微风，出现逆温，若有污染源存在，排出大量污染物，污染物扩散不出去，或者发生某些毒物泄露事故，使得空气中污染物浓度急剧增加，造成空气污染急性危害事件。低浓度的污染长期作用于人体，产生慢性的远期效应。这种效应往往不易引人注意，而且难以鉴别。空气污染对人体健康的慢性危害是由污染物与呼吸道黏膜表面接触引起的，主要表现为眼、鼻黏膜刺激，慢性支气管炎，哮喘，肺癌及因生理功能障碍而加重高血压、心脏病的病情。空气污染对人体健康的危害是多方面的，潜伏期长，不易被人们察觉。

3. 多样性 空气中的污染物有生物性污染物，如细菌等；有化学性污染物，如甲醛、苯、甲苯、一氧化碳等；还有放射性污染物如氡气等。空气污染的多样性既包括污染物种类的多样性，又包括污染物来源的多样性。

三、污染物来源

空气污染物的来源可分为两类：天然源和人为源。

1. 天然源 许多不同污染物和化学物质的形成和散发来自地壳的天然过程，如火山喷发散发的颗粒物质和气态污染物——二氧化硫、硫化氢和甲烷。森林火灾也引发空气污染，散发烟雾、烟灰、未燃烧的碳氢化合物、一氧化碳、氧化氮及灰尘。海啸喷发的颗粒，来自土壤的细菌芽孢，花粉和灰尘也是空气污染的原因。植物也是烃的来源，山林区域上空的蓝色烟雾主要是由植物产生的挥发性有机化合物引起的空气反应。

2. 人为源 人类生产和生活活动所形成的污染源。大量现代电器的使用，造成电磁辐射污染，如带有荧光屏的电视机可产生一种致癌的“溴化二苯并呋喃”毒物。大量的汽车尾气、工厂废气、合成化合物的挥发等均可造成空气污染。

四、防治原则

人类生产、生活与环境、空气相互关联，空气污染必须进行综合防治。

1. 应急防治 关注城市空气污染监测数据，警惕高污染天气和时段。雾霾天减少户外活动，尤其是患有心血管疾病的人和年老体弱者，避免在户外长时间停留；应尽量不要开窗，确实需要开窗透气时，应尽量避开雾霾高峰时段，选择使用室内空气净化设备。雾霾天气出行应避开主干道路，尽量不去人多的地方，空气流通差的超市、商场和医院易造成呼吸系统疾病交叉感染。雾霾天气吸烟是“雪上加霜”，应尽量戒烟。户外工作的人们可选择使用防护口罩，防止或减少污染物吸入人体。在佩戴时，口罩与面部具有足够的密合度，口罩在整体上能有效隔绝口罩外的污染空气，尽量使佩戴者吸入口罩过滤的空气，阻力不应过大，要具有可接受的舒适性。

2. 长期防治 主要有以下几点。

（1）强化法律法规：建立各地区空气环境整治目标责任考核体系，对重点行业制订排放标准，各地区要确定浓度高、范围广、危害大的污染物作为主要监控目标。对空气污染不同的特点施行差异控制，找出当地重点行业、重点污染源及重点污染物，采取不同优先级别的控制对策。

（2）建立联防联控：实施统一规划、统一监测、统一标准、统一监管、统一考核等措施；推进区域内城市联合减排、多污染物综合减排、多污染源协同减排政策。将重污染天气纳入地方政府突发事件应急管理和政府绩效考核指标管理。

（3）植树绿化环境：空气和人类、动植物更有着密切的关系。空气污染会严重地影响人类的健康及绿色植物的生长。而树木对空气有净化作用：高等植物除光合作用保证空气中氧气和二氧化碳的平衡外，还对环境中的各种污染物有吸收、积累和代谢作用，可净化空气。

（4）减少污染物排放：通过立法和行政干预措施达到全面整治燃煤小锅炉，加快重点行业脱硫脱硝除尘改造。提升燃油品质；严控高耗能、高污染行业新增产能；发展公共交通；达标排放放射性物质、禁限排放恶臭物质、防治机动车船污染空气；对未通过能评、环评的项目，不得批准开工建设，不提供土地，不提供贷款支持，不供电、供水；推行激励与约束并举的节能减排新机制，加大排污费征收力度。加大对空气污染防治的信贷支持。开展划定禁止燃烧高污染燃料区域，减少城市燃煤量，提高城市气化率、集中供热率。

（5）推行清洁生产：优化能源结构，推行清洁燃料，培育环保、新能源产业。改善能源结构，发展清洁能源，解决城市中大量使用煤炭产生的空气污染。强化节能环保指标约束，对城市内的民用灶炉限期实行固硫型煤或其他清洁燃料。投资使用清洁燃料的工程项目。

（6）合理使用煤炭资源：解决煤炭资源浪费严重、污染严重的一系列问题，必须走可持续发展的煤炭开采之路。大力提高发展洁净煤的技术，加强煤炭资源的管理，采用高新技术，合理利用煤炭资源，推广新型煤，改进燃烧方式。

笔记

（7）利用气象条件防治：在污染源变化相对稳定的情况下，空气污染状况主要取决于气象条件。污染物在空气中的稀释和扩散受气象条件的支配非常明显，因此，利用气象条件来制约污染源是防治空气污染现实而又有效的途径，而污染气象条件预报则是其中关键，同时还可以为政府搞好城市建设的合理布局和城市环境规划提供科学依据。

（8）提高公众保护空气的意识：树立全社会"同呼吸、共奋斗"的行为准则。地方政府对当地空气质量负总责，落实企业治污主体责任，国务院有关部门协调联动，倡导节约、绿色消费方式和生活习惯，动员全民参与环境保护和监督。

（孙海晨）

思考题

1. 人为灾难有哪些特点？
2. 交通事故可通过哪些机制导致伤员损伤？
3. 交通事故现场救援的要点有哪些？
4. 交通事故伤员分拣可将伤员分为哪几类？
5. 对火灾伤员进行医疗救援有哪些措施？
6. 常用灭火器有几种？各适合何种火灾灭火？
7. 矿难伤员的致伤机制有哪些？
8. 如何预防踩踏事件的发生？
9. 危险化学品分几类？
10. 国际上将核事件分几级？
11. 核事故有什么特点？
12. 空气污染物的来源有哪些？

第二十三章　灾难心理救援

灾难心理救援指在国家有关部门领导下，主要由精神科医师、临床心理学家、社会工作者对灾害相关人群联合实施的紧急精神卫生服务。主要内容有：群体社会心理监测、调控；个体心理应激反应管理、疏导；心理创伤预防及精神障碍诊断、治疗；初步康复性干预。主要对象是：直接受害者及其家属，救援人员，生命线保障人员以及灾害地区以外的易感、高危人群。

灾难对受灾人群生活环境和财产的破坏力极大，更为值得关注的是：在灾难中，幸存者不得不面对灾难带给身体和心灵仅靠自身能力无法抵御的创伤和危机。心灵的创伤也同样需要社会、专业的援助和干预。对灾难幸存者在灾难后早期进行心理援助，可以减轻其恐惧、麻木、回避等急性应激反应的程度，帮助提高应对灾难后各种应激的能力，对那些反应比较严重的幸存者进行早期的心理干预，能够阻止或减轻远期心理伤害和心理障碍的发生率（如 PTSD），对已经出现远期严重心理障碍的受害者进行心理治疗，可以减轻其痛苦水平、帮助适应社会和工作环境、提高其社会功能和生活质量。

灾难创伤分个人和群体两种类型。个人创伤被定义为“突然造成人类防卫精神上的打击，在此摧残作用力下，人类无法有效地面对”。群体创伤则是“破坏人类彼此间的正常关系，而造成社会生活秩序的损害，进而破坏了社区的和谐氛围”。

第一节　群体性灾难应激反应

自 20 世纪 90 年代，我国在处理重大公共卫生事件的救援活动中，开始增加了精神卫生及心理干预的内容。尤其 SARS 危机期间，心理救援首次大规模进入公众视野，成为重大事件应急机制的有机组成部分。2013 年实施的《中华人民共和国精神卫生法》第二章“心理健康促进与精神障碍预防”第十四条规定：“各级人民政府和县级以上人民政府有关部门制定的突发事件应急预案，应当包括心理援助的内容。发生突发事件，履行统一领导职责或者组织处置突发事件的人民政府应当根据突发事件的具体情况，按照应急预案的规定，组织开展心理援助工作。”心理救援采用“生物 - 心理 - 社会医学模式”作为指导思想，充分认识社会 - 心理因素在预防、预警、预报，以及对疾病和社会人群进行有效控制、重建正常社会生活和消除后遗问题等方面的重要意义，并且采取相应的措施。心理救援人员之间，以及心理救援人员与其他救援队伍、管理部门、社区之间，要紧密合作，应用规范的技术。

一、常见的群体应激偏异

灾难发生后，通常把幸存者的心理反应大致分为恐慌、震惊，短期反应和长期反应三个心理应激反应阶段。这些心理反应包括因强烈的恐惧感，无助感和自己身体受伤或亲人丧失而出现的情绪、思维、行为等一系列应激反应。虽然各个反应阶段持续的时间因人而异，却是一个渐进发展的过程。在此过程中，幸存者最开始常表现为对灾难的强烈恐惧，特别是对再次发生灾难的恐惧，表现为心慌、肢体发软、盲目奔跑、跳楼等行为。同时也会出现强烈的无助感、怀疑、困惑、麻木、注意力不集中，以及以否认眼前所发生的事实作为主要心理防御手段。如地震后早期幸存者拒绝、否认事实，警觉性增高的心理防御反应是正常的，是幸存者调动自身防御和应对能力进行心理自救的表现，但是如果这个防御应对反应过于强烈，持续时间超过一个月或更长时间，这种强烈的焦虑和恐惧最终将表现出不同程度的抑郁和悲伤，特别是失去亲人带来的沮丧反应，对未来、生命也失去了生存的信心，会出现频繁的自杀意念，同时会出现持续的生理反应（如心率加快和血压升高等），持续的睡眠障碍，噩梦不断，经常在梦中惊醒、惊叫等心理病理反应。

如果在灾难发生后，出现继发的或后续的应激事件，如不间断的灾难后续发作，幸存者不能及时住在避难所，后续物质和生活援助不能及时到位，紧急心理救援策略没能实施等。这些后续的应激源有可能加剧幸存者的心理病理应激反应，以至出现各种严重的精神病理症状，包括各种不同程度的抑郁、焦虑、自杀以及急性应激障碍（ASD）、创伤后应激障碍（PTSD），许多人还会出现酒精和药物依赖以及人格障碍。

按照医学心理学关于"应激"的理论，个体层面的应激反应大致可分为：警觉期、抵抗期和衰竭期。该理论也可以用来描述社会群体的应激反应。适当应激反应是必要的，但群体水平上过早、过长、过强或过弱的应激反应都不利，应该科学地组织和管理心理救援活动，不然容易导致灾害地区人群出现对救灾、抢险、恢复重建活动不利的社会心理，以及不稳定现象，且救援活动本身也会产生副作用。

在灾难引起的早期应激反应中，可能出现以下偏异现象，直接影响救灾工作，甚至威胁社会安定。

1. 应激不足　表现为麻痹大意，反应迟缓，进入不了警觉期。

2. 应激过度　表现为有些预防措施过滥、过度，卫生机构和管理部门的工作行为忙乱，不计成本和长久代价，管理信息拥堵，公众恐慌，出现迷信、流言等现象。

3. 灾民的精神科问题　灾难后的压力及哀伤反应是对不正常状况的正常反应，包括创伤后压力反应及伤恸反应，这是一种对异常或非常态环境下可能出现的正常反应，幸存者、社区居民及救灾者都可能会经历这些反应。

4. 应急人员的躯体和心理障碍　应急部门的人员也可能在接受抢险任务，以及在处理险情过程中过度紧张、劳累而出现明显的躯体和心理障碍。

大范围灾难发生后，心理救援方面容易出现的突出问题是：缺乏训练有素的精神科医生、心理治疗师；不容易在灾区现场和媒体中展开心理救援工作，甚至可能被非专业活动所淹没；有些经历心理创伤的人因被不恰当的心理辅导和媒体宣传加重了创伤；缺乏有力的归口管理，人员参差不齐，技术不实用，伦理操守不规范，与精神科及其他医疗部门缺乏合作等。

二、社会认知、情绪紊乱与调控

重大灾难后容易发生不良影响的社会心理因素有：

1. 公众对知情权的要求与获取信息的可能性存在差距，由此形成对公共信息发布不信任的态度。

2. 公众对生命安全的追求与社会保障体系、救助措施、医疗体系的功能不足存在差距，由此产生不安全感。灾民获得临时住所、取回财产、得到重建许可、申请政府的补助、寻求保险理赔，以及从国家或私人单位取得协助的过程，经常会被一些规定、繁琐的手续、争论、拖延、失望所烦恼。在灾难救助过程中，被称作第二度灾难。

3. 公众社会交往、互助的需要与社会支持系统遭受灾害破坏的现状不相适应，由此产生困惑、无助无望、失落感或抱怨、淡漠等行为。

4. 公众的科学文化素养、道德素养与社会管理的理性要求、道德和法律要求存在差距，由此产生非理性认识和愚昧、自私、反社会或无政府主义的行为。

5. 现代社会中，部分公民的自立意识、批判性思维发育不足，对于权威的依附、依赖，被动的态度与情感模式仍然较强地发挥作用，在危急时刻可能迅速助长较广泛的高度暗示性，与上述对主流信息的不信任感发生矛盾的结合，容易形成谣言和恐慌的社会心理温床。

第二节 心理救援系统的建立与运作

可以利用各种社会力量，建立扩展的心理卫生和社会支持系统。从社会组织角度看，除了单位、社区、街道、村镇、群众团体、红十字会等正式组织之外，合法的社团、慈善机构、志愿者组织，也应该包括在应急动员力量之内。

从职业角度看，我国现有的心理救援队伍由精神科医师、心理学者、社会工作者整合而成。灾难心理卫生工作者所需的技巧和能力，需要专门的筛选和训练，不同于住院和门诊的临床事务。当一个灾难冲击一个地区，理想上是能够有一组心理卫生专业的核心团队，有特别的训练，可以快速地被动员、熟悉状况及部署。如果受冲击的地区没有这种能力，那么训练有素、经验丰富的灾难心理卫生工作者，可以通过地方的互援协议，在灾难冲击、混乱的时刻，立即给予帮助。

灾难心理卫生工作不适合每一个人，不是所有的人都适合灾难救援工作。在选择专业团队时，应该考虑受灾人口的地域性，包括种族和语言；团队成员的人格特质和社交技巧；灾难所处的阶段；在灾难的因应和复原的努力中可能会扮演的角色。灾难因应和复原工作所选择的工作者，应该不是已经受到灾难严重冲击的人，因为他们对家庭的责任或情绪反应会干扰他们对计划的参与，或是“参与过度”。

根据国家法律和专业技术上的要求，发挥心理救援系统作用的具体措施：

1. 参加突发事件应急处理指挥系统 精神卫生工作者可以作为指挥或咨询、督导、执行人员发挥作用。有条件的情况下，设立专门的心理问题处理部门，负责心理干预措施的制定和落实。

2. 突发事件的监测与预警 针对重点地区、人群，结合自然环境变化和人群生产、生活及社会运作的风险因素态势，运用观察、现场调查、回顾性调查、前瞻性调查、媒体分析、文献资料分析等方法，向决策部门和公众提出预警报告和相应心理干预的建议。

3. 突发事件信息收集、分析、通报 突发事件发生后，及时、广泛和深入地了解相关个体和群体层面的心理行为反应，并向有关部门提交分析报告和建议。

4. 对突发事件分级 提出实施应急处理的技术性方案。制订的方案应包括：

(1) 针对个体和群体的危机干预技术。

(2) 沟通交流技术，支持性心理治疗技术，心理健康教育和咨询技术。

(3) 识别严重心理障碍和建议转诊、会诊的技术，常用精神科药物使用技术。

(4) 现场控制技术以及应急处理队伍心理健康管理技术等。

要求熟悉应急设施、设备、救治药品和医疗器械以及其他物资和技术的储备与调度。以上技术均应有相应手册。

5. 专业队伍的建设和培训 在医疗机构的应急技术培训中，应该有社会心理干预内容。组建的应急医疗队应该按照统一、规范的教材要求，安排充分的心理卫生理论和技术培训。

第三节 灾民社区心理救援服务

一、灾难心理卫生团队的筛选和训练

灾难心理卫生协助需要针对服务地区特点进行配合。当规划心理卫生复原计划时，应该充分考虑到地区因灾难所影响的人口分布及特点。城市、郊区及乡村各有不同的需求、资源、传统，以及价值观，因此必须考虑地区的族群及文化特质，提供的服务要符合当地的文化及表达方式。灾难复原服务若能与当地原有的、被信任机构相配合，将有可能得到最好的接纳及发挥最大的作用。此外，若当地的组织、各个族群和文化团体能整合到服务运输的系统当中，这将是最有效的计划。

心理卫生工作人员需要采取积极、主动接触的方式，他们必须直接去幸存者日常生活的地方。

这些地方包括受影响的临近区域、学校、收容所、救灾指挥中心、供餐地点、医院、小区活动中心等。

（一）灾难心理卫生工作者的角色及责任

灾难心理卫生工作者的角色和责任是多元化的，要确保工作的成功，就必须按照工作人员的特殊技能及人格特质来委派不同的任务。

1. 主动接触个案 能够在受灾邻舍、大型避难所、灾难援助申请中心或其他灾区环境下工作的人，必须能适应非传统的心理卫生服务方法。

2. 大众教育 大众教育需要擅长公开演讲及与媒体接触，需要良好的写作技巧以制作宣传册。

3. 地区的联络 与地区各领导者建立及保持联系，需要了解并能有效处理各团体间协作的关系。要能成功地和当地团体互动，需要了解地方独特的文化、社会网络、正式及非正式的领导者，并擅长与邻里建立人际关系。

4. 危机辅导 对大部分灾难幸存者，不需要长时间的心理治疗，危机处理、短期治疗、心理团体互助支持及工作上的实际援助都十分有效。灾难心理卫生工作者必须对这些方法有所认识并掌握娴熟的技巧。

（二）灾难心理卫生工作人员的资质

理想的灾难心理卫生工作人员必须具备多元化思维能力并熟悉各种助人技巧；必须对各种精神症状的处理、急救技术、危机处理及短期治疗具有丰富的经验；对危机、创伤后压力症候群及哀伤反应及灾难心理学有所掌握。幸存者一般不会自愿前来寻求心理卫生服务，工作人员必须以各种非正式的方法来提供服务。因此，灾难前心理卫生的训练和经验是十分重要的。

工作人员必须熟悉地区中人群服务机构的功能，必须能担任机构的顾问，有向大众进行灾后教育的能力和经验。为能够迅速与不同背景的人建立关系，需要有纯熟的沟通技巧，解决问题的能力，能妥善处理冲突，并了解所有团队运作的方式。

管理者需注意该地区各种心理卫生专业工作上的法规，尤其在个案评估及磋商辅助变成心理治疗时，更需要注意该地区对心理卫生专业执业的要求与保险所认可的要求。

（三）辅助灾难心理卫生工作人员的资质

半专业性的辅助工作人员，尤其是那些熟悉地区大众、为街坊所信任的人，都是主动接触灾民及灾后地区工作的最佳人选。他们可能是心理卫生机构、社会服务、公共卫生，或是地区基层单位的成员，也可能是来自小区的居民。半专业性的辅助工作人员的特性和资格应具备以下条件：

1. 最少具有高中文化程度（可以处理数据并有学习各类新理念、新技术的能力）。
2. 最好是当地人。
3. 其身份最好具有反映该地区居民某一特殊年龄、性别、种族、居住时间的代表性。
4. 拥有强烈的助人动机，喜欢与他人在一起工作，对他人有一定的敏感度和同理心。
5. 能够以一种稳定、成熟及理性的态度工作。
6. 拥有足够的热情、体力，并经常在人际关系中得到足够的响应。
7. 可以与他人合作。
8. 能够与不同价值观的人一起工作，不会把自己的价值观强加于别人身上。
9. 能够接受指导，而不用敷衍的方式响应。
10. 拥有乐观但有现实感的人生观，即健康的个性。
11. 在面对压力时，依然拥有高度的动力来维持主动及丰富的内在活力。
12. 能坚守、尊重幸存者的隐私权。
13. 面对独特的族群时，会运用不同的处理技巧或拥有对灾后复原有用的知识及才能。
14. 懂得自我拿捏分寸，不会过度介入幸存者的复原。

（四）灾难心理卫生团队的训练

心理卫生专业人员经常以为自己的经验及训练，对于应付灾难情况绰绰有余，事实正相反，传统的心理卫生训练并未着重在受灾难影响的人身上。他们的经验常无法应付灾区中千变万化的情况。心理卫生专业人员需要调整原有的程序及方法，创新出高度特殊形态的灾区服务。必须设计特殊的训练方法，以培养人员能适应灾区心理工作的特殊性。

灾难心理卫生的训练能使工作人员明白灾难对个人及地区民众的冲击，也必须能够提供所有关于灾后环境系统和资源的讯息，并且可以帮助工作人员调整自己的态度及方法，以便能有效针对灾难的状况，并帮助其学习如何有效地与灾民接近。

训练可以使工作人员培养出“情绪上的准备”，以帮助他们能更容易适应工作。训练还可以提醒工作人员，其个人因素对于灾区工作的影响，帮助他们处理自己的压力并自我照顾。

二、社区心理卫生服务的意义

心理救援需要密切联系当地民众，以社区作为基地和平台。社区的作用表现如下：

1. 灾后第一时间启动对受灾人员的安全救援，把灾难造成的伤亡降低到最低，及时转移和救助受伤人员。

2. 提供基本安全和生活保障，让受灾人员情绪上尽快稳定，减少恐惧和应激，使灾民基本安全感得以恢复。

3. 迅速吸收、组织、分配社会资源，包括医疗卫生、文化教育、政府及其他渠道的各种资源，提高生存率，减少二次伤害的发生，降低伤残率和死亡率，预防次生灾害的发生。

4. 社区在灾后重建中要及早建立包括心理卫生服务在内的各种社区服务功能。

三、社区心理卫生服务基本原则

1. 统一组织协调 灾后社区心理卫生服务应在政府各级主管部门的统一协调和安排下进入，配合政府的灾后救助任务，融入灾后救援的系统组织和实施，发挥心理卫生专业的特点和优势。

2. 时序性 灾后社区心理卫生服务应遵循灾难医学本身的特点，在灾后不同的阶段提供不同需求的专业服务，遵从灾后应急救援本身的时序特点。

3. 科学救灾与当地文化适应 心理卫生专业人员应特别注重受灾人群本身的文化特点，根据灾民的需求和文化习俗，利用传统文化资源优势、充分发挥灾民自身文化中积极有利的方面；避免忽视灾民感受，把僵化的技术和诊疗程序，甚至把与文化有冲突的理论和方式强加给灾民；要具备基本的跨文化沟通能力，尊重并虚心学习灾民的生活方式、信仰、语言、习俗，理解其认知、情绪和行为特点，包括求助行为、沟通方式、应激反应和哀伤反应方式，获得他们的信任和支持。

4. 职业道德与伦理 应当具有良好的伦理和职业道德，遵循不加重伤害原则。在灾后的急性期，提供情绪的支持和陪伴、生活照料、医疗救治。尽量学会处理精神科以外的医学问题，不以专业范围为由推诿求助者；必要时要协助做护理等工作。

5. 资源整合 心理卫生专业人员的工作应整合到当地政府组织实施的灾后救援工作中，成为政府灾后救援工作的一部分，也需要与其他灾后工作部门的工作整合，如民政部门、教育部门、社工服务、防疫与公共卫生、群众团体等部门共同配合。

6. 区分需求导向，便捷服务 当地的领导干部和灾民代表是社区重要的组成部分，大部分时候需要得到他们的信任，以深入到灾民的家庭、亲友、特困和伤亡严重的民众中，细致访谈、了解需求，分享情感、提供日常生活的帮助，宣讲心理卫生知识，发挥当地灾民的积极作用。有些需要精神医学治疗甚至有自杀高风险的病人常常不会主动求医，不能坐在诊室等病人来。

四、三个阶段的不同任务

社区心理服务要顺应灾后应激反应及康复过程本身的规律，在三个阶段开展针对性的工作，包括急性应急阶段，灾后一周到灾后半年，灾后半年至灾区社区功能基本恢复。

1. 急性应急阶段　从灾难发生到灾后一周，高危人群筛查与处理阶段。此阶段以降低死亡率，提高救治率和存活率，减少伤残发生，稳定和保障幸存人员基本生活和安全为主。

2. 灾后一周到灾后半年　此阶段重点是发现发生心理危机、应激相关障碍、应激伴发的各种认知、情绪、行为问题的幸存者及精神疾病易感的高危人群，并提供精神医学处理、药物治疗、危机干预、心理援助与指导、心理治疗等。

3. 灾后半年至灾区社区功能基本恢复　灾后心理康复与重建阶段。此阶段受灾人员心理社会功能基本建立，应随访各种心理卫生服务的目标人群，帮助他们在三级社区心理卫生服务的系统中得到全面治疗。

五、常见精神卫生问题及其处理

（一）第一阶段（急性激阶段）

1. 常见病理性问题——急性应激障碍

（1）意识改变状态：可出现短暂的环境、人物定向障碍，伴随有明显的行为退化、过分依恋，甚至急性应激伴发的精神病状。

（2）情绪症状：严重的焦虑、恐惧、惊恐发作、哀伤、悲痛、情感麻木、激情状态及激越等均可发生。

（3）行为改变：常见行为的退行、幼稚行为。儿童行为的幼稚化及退行尤为突出，更依恋家人、生活自理能力下降。成人可出现协调或不协调的精神运动性兴奋。

（4）思维和认知改变：可出现明显的语言抑制、对新的信息记忆力下降，而对经历过的创伤性记忆反复闪回，伴随明显的焦虑、恐惧体验。注意力集中困难，思考力及解决问题的能力显著受到影响，思维的效能明显受损。部分病人可出现一过性幻觉、错觉等知觉障碍。

（5）生理性症状：出现显著的生理功能的改变，睡眠障碍最常见，可表现为入睡困难，早醒；许多人会经历噩梦，甚至夜惊。食欲缺乏、疲乏无力、恶心、腹泻、腹痛及其他部位慢性疼痛、心悸、心慌、胸闷、呼吸不畅、尿频等也是应激后突出的生理症状。

2. 心理救援服务要点

（1）参与安置点救援服务：心理卫生人员应在统一组织下，参加灾后的紧急救助，协助各种基本紧急救助。要有基本的急救知识和医学基本知识，紧密配合救人，发现和挽救幸存者，对需要医学服务者提供便捷有效的服务。

（2）心理急救：识别不同年龄人群的灾难性应激反应，快捷评估和处理急性应激伴发的各种心理卫生问题。处理急性应激障碍的病人，防止发展成创伤后应激障碍。对出现严重心理危机的病人，如应激相关的精神病、严重焦虑、抑郁、失眠、严重躯体应激反应等给予有效的药物治疗和心理支持性干预；对有明显自杀念头和行为的病人给予必要的住院或药物治疗。

（3）及时发现和处理：既往已患精神疾病的病人，筛查是否有不稳定、复发或新情况，保护病人、及时治疗，避免对救援工作带来不良影响。

3. 心理救援技术

（1）建立心理卫生服务小组：获得灾民基本人口资料，制定心理卫生状况评估简表，包括基本人口学特征，躯体健康、基本应激反应状况，如意识、情绪、思维、行为、生活自我照顾能力、参与社区活动能力、应激强度，目前有无自杀危险；既往医学及精神健康状况；家庭伤亡情况、财产毁损情况等。

（2）受灾人群的访谈：每组2～3人对安置点的灾民逐户访谈，特别要注意以下技巧：

1）尊重、理解、建立良好的关系；尽量用他们熟悉的语言或本地语言。

2）从关心健康和生活切入，包括随身携带适合灾后的方便日用品、常用非处方药品等。

3）适当的身体检查，如测血压、血糖等，同时观察灾民的精神状况，有效建立关系。

4）运用非言语交流，如友好、关切的目光接触，灾民可接受的躯体接触；注意观察灾民的表情、目光、语言及行为反应方式。

5）适应和尊重灾民的文化习俗，访谈形式不拘，可单独或多人同时进行。

6）倾听为主，了解信息，穿插对关键心理卫生信息的提问；简要记录并提前告知灾民。不可只顾记录或在问卷、量表上评分而不顾灾民的感受。

7）避免使用专业术语，在给予关怀和支持的气氛下用他们能理解的方式提问。

8）每个或每组灾民一次访谈时间10～15分钟为宜，避免疲劳、注意力不集中。

9）重视同房间灾民、社区居民或家属提供的信息；不可随意照相，如必要，应征得同意。

（3）陪护性支持技术：对严重应激状态的儿童、老人、妇女、丧亲者给予适当的陪护性支持，有利于提供安全感、生活照护、表达情感的机会，有利于建立信任关系；同时也是观察的机会，为随后心理急救、访谈提供了机会，为精神卫生评估提供补充。陪护人员尽可能稳定；避免单纯劝慰和空泛的保证。

（4）建立社区安全岛：尽快建立安全、支持系统。根据条件，尽可能让家庭、家族成员尽早见面团聚，社区、村组邻近的灾民在一起，尽快恢复正常化和稳定的生活秩序。例如，儿童稳定化的要素包括：在尽可能与以前相似的环境，与熟悉的人在一起，再获得以前熟悉的玩具，与熟悉的伙伴一起，便于彼此支持、照顾、分享情感，学习应对灾难的经验。

（5）建立临时的医疗服务站，结合综合医学、传统医学在安置点提供医学应激服务，配置必要的常用精神药物以满足临时应激相关障碍及各种精神疾病服务的需求。

（6）针对受灾人员的社区服务包括：

1）本地区化社区心理关爱的活动；在社区环境通过传统文化中的积极信念、格言、故事分享、民族风情、音乐、民俗等，建立社区心理的安全岛。

2）针对心理危机的个体，重点建立个人档案，落实专门专业人员跟进，进一步评估、治疗或心理干预。

3）不同性质受灾群体的团体支持和干预：如学校学生、教师、丧亲者、丧子者、房屋倒塌者、因灾失踪和隔离者。

值得注意的是：药物治疗对较严重的心理危机状态也是重要的措施。但灾民可能对此不理解。对此，专业人员要耐心进行健康教育。可鼓励那些通过治疗好转的灾民成为最有效的健康教育者，利用他们的经验去影响和说服有治疗指征的病人，让他们得到及时治疗。

（二）第二阶段（灾后1周至半年）

急性应激后的灾民往往还会面临慢性的心理社会应激。这些应激来源于个体躯体、心理和社会生活境况的改变。如躯体的残疾和功能障碍，家园丧失，就业和生活目标重建方面等，都会产生现实的困难。严重、迁延病人有可能发展为创伤后应激障碍（post-traumatic stress disorder，PTSD）。提供及时、有效的心理卫生服务将减少近期和远期的心理障碍的发生，减少灾难有关的心理障碍所致的社会功能残疾。

1. 工作模式

（1）配合政府建立起持久稳定的三级心理卫生服务的社区服务，对所在社区居民的心理健康水平建立初步的档案，并进行分类以便提供不同的服务。

（2）分层归类，按需服务，分别干预。四个层面的心理卫生问题分别是：①重型精神障碍及其他应激后相关障碍，需要医学药物治疗、住院或转诊治疗；②有严重心理问题或倾向的特殊个体，需要专门持续跟进个别心理干预和治疗；③具有同类心理问题和现实问题的民众，如妇女、儿童、老人、伤残人员、丧亲者、灾后迁居新址、孤老等，需要提供特殊需求导向的团体心理干预，结合灾后生活适应指导；④一般社区民众，提供心理健康教育、心理康复的指导和扶持。

（3）心理卫生服务与心理健康促进并进：重视灾民及其社区的积极因素，面向发展潜能、复原力和资源，综合开展心理健康促进，而不能单纯认为灾民是无助的和被动的。心理健康促进的措施包

笔记

括：提供生存技术和知识的培训；结合本土文化的资源，发挥优势，促进自愈和适应。

2. 干预技术

（1）文化资源取向的社区心理卫生服务：与当地政府、各种与救援相关的组织机构建立良好的合作关系，建立共同干预工作组。

（2）结合本地文化特点的团体心理干预：如可开展"希望之家"小组活动。参加人员包括社区精神科医师、心理治疗师、社工、安置点管理人员、灾民代表。

（3）个案心理干预：灾后伤员因躯体损伤及心理创伤，需要专门的精神卫生服务。内容包括：对受伤人员心理状况的评估，可采用心理健康状况评估表（SRQ）；对受伤人员建立心理卫生服务档案，并按期随访服务；采用适合受伤人员心理干预技术；对灾后受伤人员合并急重度精神障碍病人的分诊、转诊及治疗；对救治医务人员进行心理干预；对受伤人员家属的心理健康教育。

1）急性期干预：指在灾情发生后1～3个月内针对受伤人员的心理卫生服务。

A. 心理急救：震灾发生24～48小时至1周内，对地震伤员立即进行心理急救（psychological first Aid，PFA）。心理急救是为了满足幸存者当下实际的要求，并不提供深入的心理治疗。

B. 稳定、维持：灾后1周至1个月内，对受伤住院人员进行一般情况及心身状况的基线评估，采用个人干预方案、家庭干预及松弛治疗。评估为中重度者进行认知行为心理干预，必要时进行对症精神药物治疗。目标是找出需要专业心理治疗者，促进其从急性灾后压力反应及伤恸反应中复原，保持心理状态的平衡，降低发生PTSD的可能性，为康复创造条件。

C. 随访、康复：对目标人群的心身状况进行随访。如可使用PTSD-17量表、HAMD/HAMA量表进行评定。此阶段需要对已经发生PTSD的人群进行治疗。心理治疗方法主要包括：眼动脱敏疗法、系统脱敏疗法、认知行为治疗、松弛治疗、家庭治疗等。必要时对目标人群进行对症的精神药物治疗。

2）后期干预：采用多学科联络会诊的心理生理康复模式对受伤人群提供进一步的心理康复服务，促进其伤病（残疾）的康复，重返社会。

（4）心理干预的注意事项：实施心理干预要考虑灾害的阶段性、受灾群众的特征及文化习俗。以下行为不受欢迎，要避免：只关心发问卷、做调查，轻服务；强迫灾民谈自己不愿意谈的内容；强迫当地人员参加"心理咨询培训"；把灾民看成弱者，过分控制和要求灾民，不尊重他们的习俗和文化；强迫他们写自己的经历，然后把他们写的东西带走；扰乱灾民的生活方式，不现实的承诺；复杂的，耗时而困难的作业和游戏；与灾民的需求不符合的心理干预技术；没有组织的反复或轮换人员要求灾民被咨询。

上述两个阶段中使用的心理救援的具体技术，除了要由精神卫生专业人员实施以外，还应该让其他专业医务人员及外行较好地学习和运用。后面第四节对此有较详细的介绍。

（三）第三阶段（灾后半年以后）

阶段目标和工作内容：

1. 恢复灾区社区居民正常稳定的生活秩序，完善灾后康复和重建的设施和基础建设。

2. 培训和督导灾后社区居民心理康复过程所必需的人员，包括精神卫生、教育、乡村通科医生、"赤脚心理师"（指当地经过基本心理咨询培训并在实践工作中不断得到督导和训练，生活在社区，了解当地的文化和习俗，配合社区心理卫生服务的初级心理卫生保健人员）。

3. 在国家、省级、专科医院、县级综合医院及乡镇五级心理卫生服务模式中让病人得到便捷有效的治疗。

4. 社区心理健康的广泛普及、教育，通过义诊、社区文化活动，帮助社区居民具有基本的心理健康知识和对常见精神疾病的知晓率，早期发现和引见病人，消除偏见和羞耻感，提高主动就医率。

5. 整合政府、社会及外来资源，充分发挥社区自身资源，多部门、多渠道合作，开展生产自救、再就业技能训练，创建符合灾区文化的实用康复设施。

6. 重视和挖掘灾民文化资源优势，创新灾后康复模式，如建立自助心理康复团体。本土文化取向的心理康复可以重建居民的自信和价值感。一方面可发现和培养当地的牵头人和“志愿者”；另一方面，在小组活动中发现症状比较严重的受灾群众，转介给精神科医生或专业的心理咨询师。

7. 做好当地通科医师及初级心理卫生人员培训，精神卫生人员应定期根据灾后精神卫生服务需求，培训社区通科医师。培训内容以实用、够用、能用为原则，使社区通科医生具备基本的灾后社区心理卫生服务的知识。定期对社区通科医生及康复小组进行专业督导，对心理康复队人员进行技能培训，系统规范化的培训及示范教学、参加社区心理康复实践，为当地培养一批能够并且愿意从事长久心理康复服务工作的人员，使他们成为社区心理康复的骨干和助手。

第四节　非专业人员的心理救援意识与技能

一、定义

心理救援或精神卫生救援（mental health first aid，MHFA）是指当发生与精神健康相关的突发事件而又无法及时获得专业治疗时，由非精神卫生专业人员向相关个体提供及时帮助。即受过心理救援训练的非精神卫生专业人士可以随时帮助身边一些遇到突发心理事件，但不能及时获得专业治疗的个体。

广义的心理救援既可用于日常生活中偶见的精神卫生突发事件个案，也可用于发生大规模的公共卫生事件、灾难救援之中。

1. 心理救援的目的　①当人们出现自伤或自杀时，挽救他们的生命；②通过援助，避免病情进一步加重；③促进精神健康康复；④对精神疾病病人提供安抚和支持；⑤协助当事人寻求合适的专业治疗或社区康复资源以处理其问题。

2. 心理救援的基本宗旨　是提升公众对精神健康的关注；帮助公众建立对精神/心理问题的正确认识并提高知晓度，消除歧视，促进社会和谐。

3. 心理救援的意义　几项流行病学调查显示，我国各种精神障碍的患病率在17%左右。因此，公众有很高的几率接触到精神障碍病人，而了解精神障碍的知识以及如何援助精神障碍病人的技巧很重要，因为在第一时间实施精神救援的人员通常是非精神卫生专业人员，特别是病人的社会支持网络（如家属、朋友或同事），或者是服务于公众的职业群体（如教师、警察、社区服务人员）。开展精神健康急救培训，可以教会非专业人员识别不同精神障碍的症状以及各种心理危机，并提供第一时间的援助，然后帮助病人获得恰当的专业治疗和其他支持性援助。这些援助，有助于维护当事人和他人的安全，有利于社会的和谐稳定。

4. 心理救援的内容　包括普遍性宣传疏导和现场心理救援工作。具体内容：①减轻受灾群众的恐惧心理：利用各种有效手段（如电视、广播、手机短信、布告等），迅速发布有关灾情的权威信息，以阻止相关谣言的传播。②消除群众的孤独感：大规模的灾难导致很多受灾群众滞留于生命安全受到持续威胁的境地，其社会支持系统可能遭到极大的破坏。救援人员要利用与受灾群众直接接触的机会，向他们传递各级政府和社会各界对他们的关怀和支持，鼓励他们克服和战胜困难。③给受灾群众以希望：在灾区，人们常常感到希望渺茫，因而产生严重的无助感和绝望情绪。要引导受灾群众看到希望，能够坚定他们战胜威胁的信念，形成乐观的态度和对自己命运的控制感，以坦然的态度直面灾难。④鼓励受灾群体相互支持：因受灾群众在语言、文化习俗和受灾程度上的共同性，他们能够进行有效地沟通和交流，而且可以产生强烈的心理认同感，从而促进他们之间的相互支持，增强共渡难关的信心。特别是社区服务人员和志愿者，容易将熟识、受灾程度相似的受灾群众组织在一起，对他们进行适当的个别和集体指导，是现场心理救援的有效措施之一。⑤建立现场救援机构：对严重认知功能障碍、情绪和行为失控的受灾群众，应创造条件，将他们转移至现场心理救援所或类似的机构，给予相应的专业处理，必要时可以使用镇静药物。条件允许时，可将出现严重急性心理应激的受

笔记

灾群众转移至后方，接受强化治疗。对心理挫伤严重的遇难者家属和当事人应该做专门的一对一的心理救援；对灾区一般民众可利用集中讲课或设立流动心理救援站等模式。

5. 心理救援的实施对策　①建立健全灾后心理救援制度是做好灾后心理危机干预的根本保证。②加强对灾难心理救援的心理学研究，对灾后伤员及早进行心理治疗，可舒缓伤员的不良情绪，减轻应激损伤。在高校的心理学专业和医学院相关专业的课程设置中应增加心理救援的相关内容。③认真遴选灾难心理救援工作者。灾难心理救援工作组应是一支以心理学家、精神科医生、护士为骨干的专业心理救援队伍。在心理医生不够的情况下，可选取灾区教师或干部、志愿者等素质较高的人群，由经验丰富的专家进行短期心理救援技能培训，然后让他们协助心理救援组，以扩大心理救援的范围。前者负责灾难现场的心理救援工作，后者进行普遍性的宣传疏导工作。灾难救援工作者应具备5种特征：富有冒险精神，善于交往，乐于助人，有冷静整体把握的能力以及对治疗敏感。④灾难心理救援是一项复杂的、操作性很强的工作。基于灾难心理危机持续时间较长，灾难心理卫生研究工作不但要进行短期的研究，还应进行连续性的跟踪调查，以掌握受灾者的整个心理变化历程。灾难应急期之后，心理救援工作并未结束，某种程度上可能更需要心理救援工作。心理救援工作者撤离前仍需对灾民做足够的心理评估，及时对已救援过的群众进行回访，与心理受伤较重的灾民建立沟通渠道，同时应努力培训当地素质较高的志愿者长期为他们提供心理援助。

二、精神障碍病人的心理救援

心理救援有五个救援步骤（缩写为ALGEE）。

（一）步骤1

接近、评估和帮助（approach the person，assess and assist with any crisis）是接近当事人，发现是否存在危机，以及帮助他们处理危机。对于有精神健康问题的人，以下情况属于危机情境：

1. 伤害自己（如自杀企图、物质滥用、存在非自杀性的自伤）。
2. 体验到极度痛苦（如惊恐发作、经历了创伤性事件或严重的精神疾病）。
3. 行为对他人造成干扰（如具有攻击性，或与现实丧失联系）。

如果没有发现危机情境，那么就要询问他们的感受，以及存在这样的感受多长时间了，这就进入了步骤2。

（二）步骤2

非评判性倾听（listen non-judgmentally）是非常重要的一步。在倾听的时候，将自己关于当事人的判断置于一旁，避免表达自己的评判。大多数经历痛苦情绪和思维的人，希望被体谅、被感同身受地倾听，这对他们很有帮助。非评判性倾听需要同情心和同理心（或共情的能力），运用好言语和非言语性技巧：

1. 真实地听到和理解当事人所说的话。
2. 让当事人感知到可以自由地谈论自己的问题，而不会遭到评判。

（三）步骤3

给予支持和信息（give support and information），存在精神卫生问题的人，一旦感知到有人在认真地倾听自己，多数很容易接受这个倾听者给予的支持和信息。这里的支持包括情感支持（包括共情、给予他们康复的希望等）和现实的支持。同时，也可以询问当事人是否需要一些相关信息。

（四）步骤4

鼓励寻求恰当的专业援助（encourage the person to get appropriate professional help），救援者可以告诉病人一些可以获得帮助和支持的方法。在专业援助下，有精神健康问题的人会有较好的预后，但却不一定知道了解这些方法，如冥想、心理咨询、心理治疗、家庭成员的支持、职业或教育上的帮助、收入和居住方面的帮助等心理社会的方法。这些专业性的帮助是由精神科医生、临床心理学工作者（心理治疗师、心理咨询师）、社会工作者提供的。对于有些当事人，仅有心理、社会的帮助还不够，还需要在精神科医师那里得到包括药物治疗、物理治疗在内的其他专科治疗。

（五）步骤5

鼓励寻求其他的援助（encourage other supports），鼓励病人寻求自己帮助策略，或寻求朋友、家人或他人的帮助。那些曾经患有精神健康问题的人可以由此得到非常有价值的帮助。

在我国的社会文化背景下，由亲戚、同学、同事、战友、同乡等构成的人际关系网络十分重要，构成个人的社会支持系统。对处于危机者，应鼓励其利用社会支持。另外，我国的政府部门、群众团体功能强大，其他正式注册的社会团体，如慈善机构、行业组织，都是可以根据当事人情况而提供帮助的资源。

三、创伤性事件的心理救援

上述“ALGEE五步行动法”基本适用于对创伤性应激反应的初步处理，只是具体内容、做法上另有特点。创伤性事件往往会导致当事人出现创伤后应激障碍和其他精神障碍，并且影响到家人和朋友出现继发性心理损伤。当创伤性事件发生后，不论朋友、家人还是同事、志愿者，恰当的早期干预，均可以有效预防精神障碍的发生或者将精神障碍的严重程度降到最低。

为了科学、有效地应对我国频发的各种公共卫生事件及灾难，应该推广一种针对非专业人员的精神救援培训，即培训非专业救援人员，在创伤性事件发生后，如何第一时间实施系统的、结构化的心理救援，给予处于危机中的当事人最及时的援助，直到危机已经解决或转往专业医生处治疗。

（一）步骤1

接近、评估和救助（approach，assess and assist）：

1. 创伤性事件发生后的评估 一些人会立即产生强烈的反应，这表明需要即刻给予帮助；一些人是延迟反应或恢复很缓慢，这需要规律地评估接下来几天或几周的情况：①在2～4周后，需要观察是否一些人已经功能恢复；②如果仍然没有恢复，需要专业人员的进一步帮助。

2. 创伤性事件发生后的援助 ①确保自身安全；②介绍自己，并解释自己的职责；③表示自己的关注和理解，并询问他们需要怎样的援助；④当与他们谈话时，需要称呼其名；⑤保持镇静，与他们平等地交流；⑥向当事人解释所有的反应都是正常的；⑦如果他们需要相关信息，应该给予准确的信息；⑧注意提供当事人基本的需要；⑨如果他们需要，可以寻求紧急援助；⑩如果与司法相关，可以给予司法的关注；保护他们免于会导致不安的场景、旁观者或媒体。

3. 创伤性事件发生后几周或几个月进行的援助 ①不要强迫人们谈论他们的经历；②如果他们想谈论，那么就倾听并给予支持；③提供实际的援助；④当他们有需要时，鼓励其告知自身的需求；⑤鼓励人们自己关注、照料；⑥做一些他们喜欢的事；⑦帮助人们明确哪里可以获得支持；⑧充足的休息；⑨避免使用酒或其他药物作为应对方式；⑩监测精神健康情况。

4. 注意事项 ①除非本人已做好准备，否则不应该强迫当事人讲出他们的创伤性事件，这会强化或恶化与创伤性事件相关的心理体验。②只有当事人需要讲述创伤性事件时，才应该鼓励他们去述说。③正常化——强调对于不正常的事件可能会有正常的压力反应，告诉他们正在经历一次正常的焦虑反应。很多例子证明，高焦虑状态一般在几周后就会消失。④救援者的自我保护也很重要，需要关注自身健康。

（二）步骤2

非评判性的倾听（listen non-judgmental）：

1. 让当事人能够讨论自己是如何感受的。
2. 认真地倾听，不要认为他们的表现是脆弱的、奇怪的。
3. 不要批评或表达挫败。
4. 不要否定当事人的焦虑或恐惧，而是承认这些痛苦是真实存在的。
5. 运用澄清问题的方法并反馈所听到的信息，以确保倾听到的信息准确无误。

6. 允许当事人沉默。
7. 除了在必要的情况下，尽量避免面质、诘问。

（三）步骤3

给予支持和信息（give support and information）：
1. 尊重受助者，让他们有尊严地接受帮助。
2. 不要因为他们的恐惧而批评他们。
3. 提供持续的情感支持和理解。
4. 提供准确的信息。
5. 给予他们可以康复的希望。
6. 提供日常事务中的现实援助。
7. 不要鼓励他们的回避行为（例如，回避激发他们焦虑的事件）。

（四）步骤4

鼓励寻求恰当的专业援助（encourage the person to get appropriate professional help）：
1. 许多人并不知道有一些有效的治疗手段是可以处理自身无法应对的焦虑。
2. 询问他们是否需要帮助去处理他们的感受。
3. 讨论专业的援助和可以获得的服务。
4. 支持他们去寻求这些服务。
5. 鼓励他们不要放弃寻求恰当的帮助。

（五）步骤5

鼓励寻求其他的支持（encourage other supports）：能够提供援助的其他人群包括了解情况的朋友、家人和同事等；支持性部门、团体，如政府机构、慈善机构、工青妇组织等也很有帮助。

通过上述 ALGEE 五步骤培训，非专业救援人员可以在第一时间做出恰当地、有效地救援，帮助当事人免于进一步创伤，有效预防精神障碍的发生，或可将精神障碍的严重程度降到最低。

（刘中民）

思考题

1. 请简述群体性应激反应的特点。
2. 请简述心理救援的“ALGEE 五步行动法”的要点。

推荐阅读

[1] John A Marx. Rosen's Emergency Medicine. 8th ed. Saint Louis: W. B. Saunders Inc，2014.

[2] Judith E，Tintinalli. Emergency Medicine: A Comprehensive Study Guide. 5th ed. New York: McGraw-Hill Companies Inc，2001.

[3] In Stone CK，Humphries. Current Emergency Diagnosis and Treatment. 5th ed. New York: Lange/McGraw-Hill，2004.

[4] William C Shoemaker，Stephen M Ayres，Ake Grenvik，et al. Textbook of Critical Care. 4th ed. Saint Louis: W. B. Saunders Inc，2001.

[5] Eugene Braunwald. Heart Disease: A Textbook of Cardiovascular Medicine. 5th ed. Philadelphia: WB Saunders Company，1997.

[6] Adams J，Barton E. D. Emergency medicine : clinical essentials. Saint Louis: Elsevier/Saunders，2012.

[7] Khwaja A. KDIGO Clinical Practice Guidelines for Acute Kidney Injury. Nephron Clinical Practice，2012，120(4): 179-184.

[8] Auerbach P S. Wilderness medicine. Maryland Heights: Elsevier/Mosby，2012.

[9] 沈洪，刘中民. 急诊与灾难医学. 2 版. 北京：人民卫生出版社，2013.

[10] 葛均波，徐永健. 内科学. 8 版. 北京：人民卫生出版社，2013.

[11] 赵玉沛，陈孝平. 外科学(上册). 3 版. 北京：人民卫生出版社，2016.

[12] 王建枝，殷莲华. 病理生理学. 8 版. 北京：人民卫生出版社，2017.

[13] 万学红，卢雪峰. 诊断学. 8 版. 北京：人民卫生出版社，2013.

[14] 李俊. 临床药理学. 5 版. 北京：人民卫生出版社，2013.

[15] 沈洪. 实用心肺脑复苏. 北京：人民军医出版社，2005.

[16] 王一镗，沈洪. 心肺脑复苏. 上海：上海科学技术出版社，2007.

[17] 陈灏珠，林果为，王吉耀. 实用内科学. 14 版. 北京：人民卫生出版社，2013.

[18] 王正国. 野战外科学. 北京，人民卫生出版社：2010.

[19] John A Marx. Rosen's Emergency Medicine. Concepts and Clinical Practice. 6th ed. St. Louis: Mosby Inc，2006.

[20] In Stone CK，Humphries. Current Emergency Diagnosis and Treatment. 5th ed. New York: Lange/McGraw，2004.

[21] Parrillo，Dellinger. Critical Care Medicine. Principles of Diagnosis and Management in the Adult. 3rd ed. New York: Elsevier Inc，2008.

[22] 中华人民共和国中央人民政府. 国家突发公共卫生事件应急预案[R/OL].（2006-02-26）[2018-07-31]. http://www.gov.cn/yjgl/2006-02/26/content_211654.htm

[23] 中华人民共和国中央人民政府. 突发公共卫生事件应急条例[R/OL].（2011-01-08）[2018-07-31]. http://www.gov.cn/gongbao/content/2011/content_1860801.htm

[24] Neumar RW，Shuster M，Callaway CW，et al. 2015 American Heart Association Guidelines Update for Cardiopulmonary Resuscitation and Emergency Cardiovascular Care. Circulation. 2015: 132[suppl2]: 315-367.

[25] 王一镗，刘中民. 灾难医学理论与实践. 北京：人民卫生出版社，2013.

[26] Hogan DE，Burstein JL. Disaster medicine. 2nd ed. Hagerstown: Lippincott Williams & Wilkins，2007.

[27] David M. Cline，O. John. Ma，Rita K. Cydulka，et al. Tintinalli' s emergency medicine manual，7th ed. New York:

McGraw Hill Education，2011.
[28] S. William A. Gunn. 灾难医学与人道救援词典. 2版. 孙海晨，周荣斌，译. 北京：人民卫生出版社，2015.
[29] 吴孟超，吴在德. 黄家驷外科学. 7版. 北京：人民卫生出版社，2007.
[30] 中国工程院. 精准医学与创伤救治. 北京：高等教育出版社，2017.

中英文名词对照索引

Z

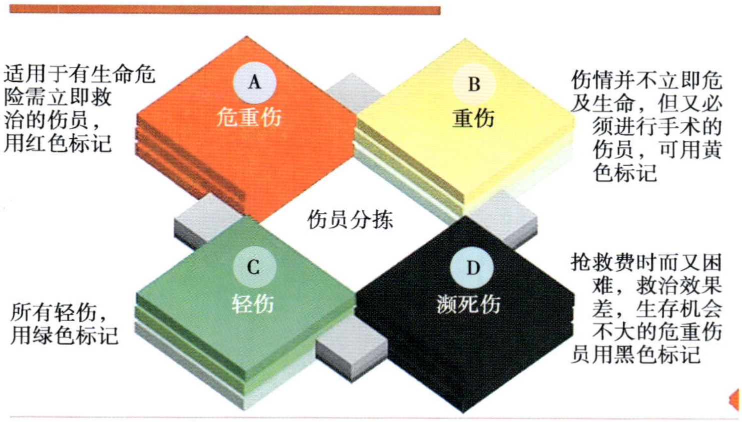

图 17-1 批量伤员现场分拣的步骤说明

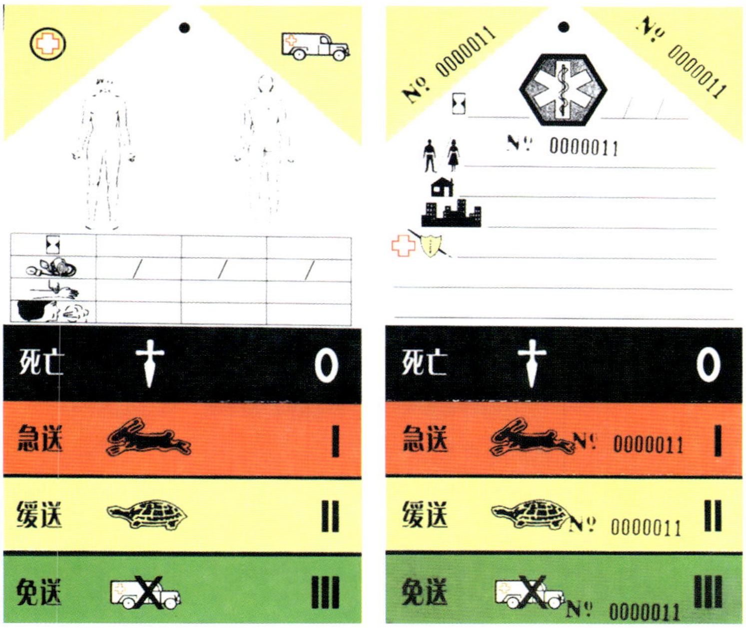

图 20-8

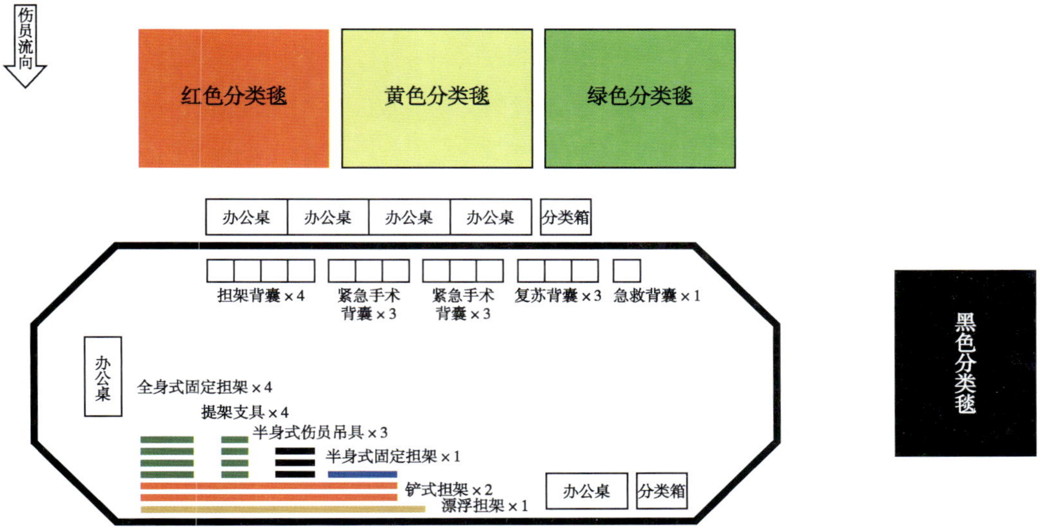

图 20-9